韓国の旧石器文化
The Paleolithic culture of Korea

金 正培 著

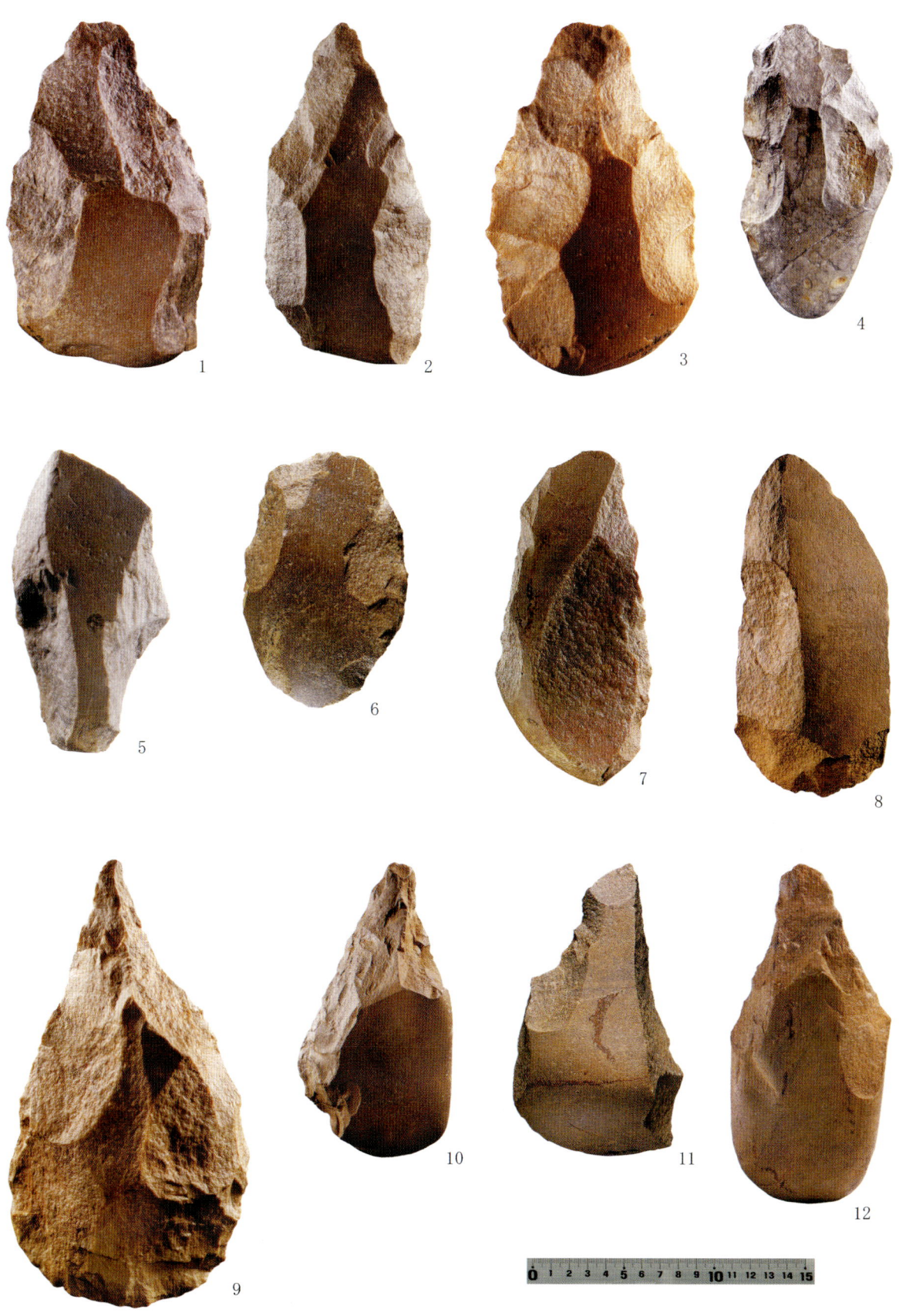

1・5・6 金坡里、2・7・8・9 舟月里・佳月里、3・11 元富里、4 石壯里、10 屏山里、12 全谷里
（12は嶺南大学校鄭永和教授所蔵品）

韓国の前・中期旧石器時代出土石器類（延世大学校博物館編 2001 部分改編）

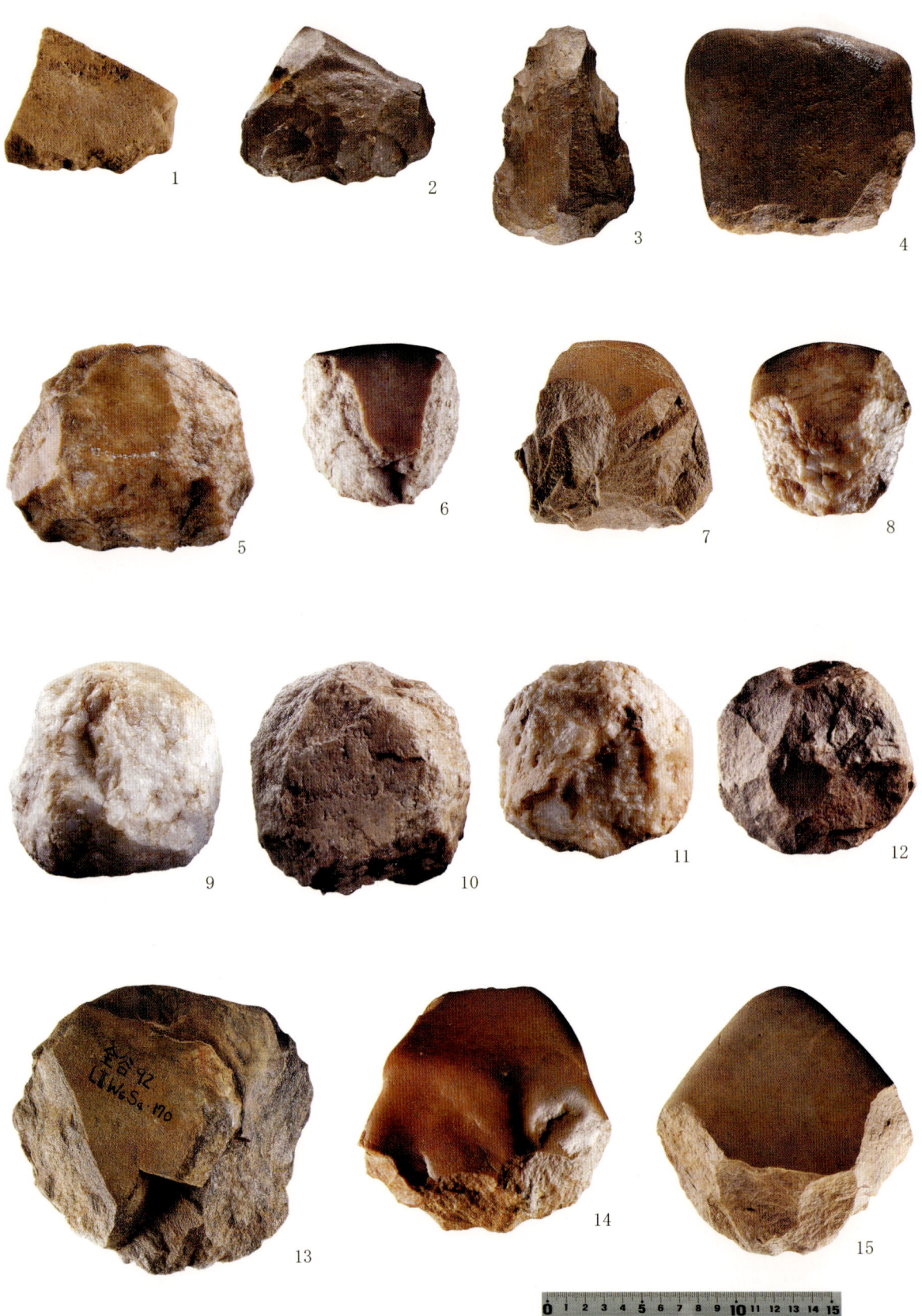

1・7 金坡里、2・3 石壯里、4・5・12 鳳鳴洞、6 元富里、8 内村里、9・15 舟月里・佳月里、10 屛山里、11 上舞龍里、13 全谷里、14 小魯里

韓国の前・中期旧石器時代出土石器類（延世大学校博物館編 2001 部分改編）

1 玉果、2・8・9・19・21 老隠洞、3・14・22・23 月坪、4・6・7・18 石壯里、
5・10・11・12・13 垂楊介、15 龍湖洞、16 三里、17 上舞龍里、20 竹山、24〜28 チャンネ

韓国の後期旧石器時代出土石器類（延世大学校博物館編 2001 部分改編）

はじめに

　1949 年群馬県岩宿遺跡の発掘から本格的に始められた旧石器時代研究の中にあって、常に研究対象として登場してきた主たる石器群研究の現在に至る流れと内容を分析する作業には、大いなる意義がある。その足跡を検証することで、論拠と手法を体得することとなる。考察対象を絞り込んだ理論を構築しながら、更に今後の方向性をも予見することが可能となるのである。

　私の学位論文タイトルは「北東アジアにおける後期更新世の石器群構造変動論」である。ここでは石器群の中身の変遷を、中期から後期旧石器時代にかけて構造的な側面を解体しつつ分析したもので、主に韓半島と九州島を比較対象とし、北東アジアの人類の石器製作とその生活を論じている。

　変化には必ずその前触れがある。いや前触れがあるからこそ変化は成り立っていると言えよう。その前兆を探ることには様々な意味合いがある。旧石器時代の研究において変化とは、まず、石器群の組成変化が挙げられる。組成は大きく石器組成、石材組成、技術組成の 3 つで構成されており、それぞれの組成は社会構造と密接に関わり合いながら"文化"という総合体を組み立てる。

　では、石器文化における変化の前触れとは何を示すのか。一般的に文化の変化には 2 つの要因が考えられ、一つは人類自らの意思、もう一つは自然の営力によるものである。これらは時に単独で、時に干渉しあうことで変化を引き起こし、以前とは異なる新たな姿を形作るのである。この過程は石器文化にもあてはまり、石器器種の変化、石材運用形態の変化、住居形態の変化となって現れている。

　変化の過程とその原因を追ってチェンジポイントを明示することは、石器群構造と形成要因についての理解を促し、石器群探索にたゆまぬ努力を続ける研究者達へ掲示しうる一つの指標になりはしまいか。

　AT 火山灰発源地である九州での石器研究史は周辺大陸、特に韓半島と深く関わりを持って展開されてきた。しかしながら九州地域は火山灰の堆積状況があまりにも良すぎたため調査に支障を来し、厚く堆積した火山灰が出れば調査は打ち切らざるを得なかった。中には堆積の薄いところも部分的には存在したものの、調査対象としては無縁である場合が多く、九州島旧石器時代の研究が AT より新しい石器群を研究の中心に据えることとなったのは必然である。

　一方で、こうした広域火山灰の存在が示す価値は大きい。すなわち非文化層ともいえるテフラの層は人類の活動が大きく制限された時期の証明であり、断続されたこの時期を境に人類生活はいかなる変貌をとげたのか、はたまた単に一時期を設定するメルクマール的役割に過ぎなかったのか、興味は尽きて止まない。

　ここ数年、韓半島にも一つの層を成すまでは至らないものの広域火山灰の痕跡がいくつか発見されつつある。これらの広域降下テフラは大気を通じて九州島と韓半島を一つの時間共同体で結ぶと見なされている。九州島と韓半島は第四紀最終氷期の間、鈴木の最大値を用いれば 150m 位の海面低下になり（鈴木 1977）、最近の研究では 100m ± 20 の海水準低下により、両地域はほぼ陸続きとなり動物や人類の往来があったとされる（斎藤 1997）。

　こうした状況は、当然両地域の生活に新しい生活様式を生み出し、外的刺激は石器器種、石材の運用形態、その他生活の多方面に渡って少なからず影響を及ぼすこととなった。

　果たして両地域の関係はいかなるもので、それぞれの生活形態はどう営まれていたのか。二つの文化はどんな道筋を辿り交わりを見せたのか、紐解いてみよう。

目 次

はじめに

I 旧石器時代における北東アジアのEpoch
1. 韓国の旧石器時代研究
    1) 石壮里以前の研究 ……………………………………………………………………… 3
    2) 遺跡研究と緊急発掘（石壮里遺跡の発見）………………………………………… 6
    3) 層位学と型式学的な研究 …………………………………………………………… 10
2. 日本国九州島の研究
    1) 中期旧石器時代の石器群を探して ………………………………………………… 13
    2) 九州島の後期旧石器時代石器群の登場 …………………………………………… 14
3. 問題提起
    1) 中期旧石器時代と後期旧石器を境にした石器群構造の変化 …………………… 16
    2) 対馬・大韓海峡と旧石器時代 ……………………………………………………… 17

II 旧石器時代と自然環境
1. 後期更新世の自然環境と石器群
    1) 後期更新世末期の海水面変動（日本海・東海の淡水化）………………………… 21
    2) 自然環境と石器群の相関関係 ……………………………………………………… 25
2. 動物化石（骨）に現れる後期旧石器時代と以前の自然環境
    1) 洞窟遺跡と動物化石の分布 ………………………………………………………… 28
    2) 後期旧石器時代以前と以降の動物相 ……………………………………………… 28
    3) 動物化石（骨）と道具 ……………………………………………………………… 30

III 中期から後期旧石器時代へ
1. 日本国九州島の石器群
    1) 鋸歯縁石器と中期旧石器時代 ……………………………………………………… 35
      (1) 剥片にみられる二次加工の意味 ……………………………………………… 35
      (2) 鋸歯縁石器と中期旧石器時代 ………………………………………………… 37
    2) 台形様石器の出現とナイフ形石器との関係 ……………………………………… 41
      (1) 台形様石器の発生 ……………………………………………………………… 41
      (2) 台形様石器の展開 ……………………………………………………………… 44
      (3) 台形様石器とナイフ形石器の共存 …………………………………………… 46
    3) 九州島の石刃技法と剥片尖頭器 …………………………………………………… 47
      (1) 九州島における石刃技法 ……………………………………………………… 47
        ① 九州島における石刃技法の登場 ………………………………………… 47
        ② 九州島石刃技法の技術構造 ……………………………………………… 48
      (2) 九州島の剥片尖頭器 …………………………………………………………… 54
        ① 九州島における剥片尖頭器と石刃技法との関係 ……………………… 54
        ② 九州島出土剥片尖頭器の技術構造 ……………………………………… 55

2. 韓国の旧石器
   1) 石核石器類（礫器類）と韓国の旧石器時代 57
      (1) 両面石器・ハンドアックス (Hand Axe) 57
         ① 両面石器・ハンドアックスの形態と製作技術 57
         ② 両面石器・ハンドアックスの編年的位置と分布 61
      (2) ピック (Pick) 65
         ① ピックの形態と製作技術 65
         ② 編年的位置と分布 67
      (3) クリーヴァー (Cleaver) 68
         ① クリーヴァーの形態と製作技術 68
      (4) チョッパー・チョッピングツール (Chopper and Chopping-tool) 70
         ① チョッパー・チョッピングツールの形態と製作技術 70
         ② チョッパー・チョッピングツールの編年的位置と分布 72
      (5) プレイン (Plane) 72
         ① プレインの形態と製作技術 72
         ② プレインの編年的位置と分布 75
      (6) 多面体球 (Polyhedron) 76
         ① 多面体球の形態と製作技術 76
         ② 多面体球編年的位置と分布 77
   2) 鋸歯縁石器 (Denticulate) と後期旧石器時代の開始 78
      (1) 鋸歯縁石器の形態と製作技術 78
      (2) 大型削器石器群 83
      (3) 鋸歯縁石器の編年的位置 85
   3) 韓国における石刃技法 85
      (1) 石刃技法登場の必要十分条件 85
      (2) 石刃技法の展開 89
      (3) 石刃技法のルーツ 113
   4) 韓国における剥片尖頭器の登場 121
      (1) 剥片尖頭器 (Tanged point) の発生とその技術的基盤 121
      (2) 剥片尖頭器製作工程の分析 122
         ① 形態 122
         ② 石核の用意 123
         ③ 目的剥片の供給 127
      (3) 剥片尖頭器出土遺跡分布と石器群組成 132
      (4) 剥片尖頭器の編年 133
3. 中期から後期旧石器時代への北東アジアの石器群
   1) 前期から後期へ継続する礫器（石核石器）群 138
      (1) 礫器（石核石器）群の出土分布図 138
   2) 北東アジアの石刃技法 145
      (1) ルヴァロワ石器群と石刃技法 145
      (2) 石刃技法の拡散 146
   3) 北東アジアの剥片尖頭器 146

Ⅳ 遺跡（石器群）解釈のための構造的接近

1. 韓国の後期旧石器時代と以前の石器製作
1) 石核石器（礫器）と剥片石器の二極構造 151
(1) 石核石器（礫器）の製作 151
(2) 剥片石器の製作 155
2) 前・中期旧石器時代の石器製作技術 156
(1) 後期旧石器時代以前の石器製作技術 156
(2) 後期旧石器時代へつながる大型剥片の製作 170

2. 遺跡の形成
1) 遺跡に残された過去の時間 186
(1) 旧石器時代遺跡の立地と自然地形 186
(2) 旧石器時代遺跡の類型 187
① 河川流域に集中する遺跡群 187
② 石材運用から見た遺跡構造論 189
2) 石器製作作業内容の分析（特化されたブロック） 190
(1) 後期旧石器時代以前の石器製作空間 190
(2) 後期旧石器時代の石器製作空間 222

Ⅴ 韓国の旧石器時代石器群構造変動論

1. 韓国旧石器時代編年論へのアプローチ
1) 遺跡に付された絶対年代 239
2) 三つの時期と8つのセクション 263
素材原型優先構造 263
石器作りのシステム化 264
機能形態の完成と変化 264
大型剥片と剥片石器 276
後期旧石器時代の始まりと剥片石器群 276
剥片尖頭器石器群と細石刃核 306
細石器文化の渡来 306
土器出現直前の石器群 306

2. ソイルウェッジ（Soil wedge）と広域火山灰による編年
1) 韓国のソイルウェッジと編年 307
(1) ソイルウェッジの形成時期と形成原因 307
(2) ソイルウェッジ検出遺跡の分布 315
(3) ソイルウェッジを用いた編年の構築 315
2) 後期更新世の広域火山灰 317
(1) 韓国で確認されたAT火山灰 317
(2) 韓国で確認されたAT以外の広域火山灰による編年 318

結び 321
参考文献 324
本文挿入注釈 332
韓国語要約 337
あとがき 344

I　旧石器時代における北東アジアの Epoch

1. 韓国の旧石器時代研究

1) 石壯里以前の研究

　韓半島における旧石器時代研究は他の地域と同じく、その対象が旧石器時代における人類活動の究明にあるが、研究歴史は欧米に比べて韓半島の方が浅い。欧米と韓半島の旧石器時代研究の出発点は、ヨーロッパの地質学研究に伴った石器時代研究にある。しかし、その適応と発展、そして方法論の構築あるいは解釈などにおいて、研究水準の差で開きをみせている。もちろんその差はいまだにある、しかし韓半島の旧石器時代研究は研究初期段階と比べて、欧米との差は縮まってきているのである。

　韓半島の旧石器時代研究は欧米の研究と比較すると、石材などを含めた地理的環境と学問的な成熟度からくる違った研究の着眼点がある。そのため韓半島の旧石器時代研究は石器遺物に重点が置かれていて多彩な研究は欠けていた部分が多い。それに旧石器時代の研究を専門にしている研究者の数も絶対的に足りなく、以前実施された多くの調査も非専門研究者らによって行われたので満足な研究は行われていなかった。しかし、基本的なデータの蓄積が除々におこなわれたのも事実で, 今日の石器研究に多く寄与しているのである[1]。

　日本の石器時代研究も欧米の研究法に学んできた点が多いが、それでも応用や展開において韓国より早く根を降ろしていたのである。韓国の石器研究の出発点を多くの学者達は、現在北朝鮮の領土である潼關鎭遺跡(Donggwanjin)での森爲三による1933年の1次調査と、徳永重康と直良信夫による1934年の2次調査に置くことが多い。

　鉄道建設に伴う土木工事の際に絶滅動物の化石（サイの骨）を発見することにより調査が行われた潼關鎭遺跡（当時の吉林省顧郷屯）は、川の浸食により現れた崖面を削りそこから遺物を探す方法をとったが現場が水に近いこともあって調査中はずっと水に悩まされたのであった。層位は5つの自然層に分けられ、化石と石器が出土する層は砂層の2層と3層（下から数える層位）からである。

　徳永の調査は一種の救済発掘の性格をも含んだもので、博物学的接近による絶滅動物の化石の検証と石器の形態分類に主な焦点が置かれていた。それ以来韓半島における旧石器遺跡の調査は、しばらく韓半島北部を中心とした調査が主流を成していた。これらの調査記録は第1次満蒙学術調査団研究報告にも残っていて、更新世の絶滅動物の化石と骨刻器、そして石器が含まれていることを記しているのである（徳永・直良 1934）。しかし、報告書からは出土遺物の個々の形態学的特徴を読み取る水準の情報しか得ることが出来ないので物足りない感があるのである。

　遺跡から出土した骨器のなかに大型哺乳類の骨を利用した槍の形をした遺物があるが、道具であるかは確かではない。また、マンモスの骨などが出土しているが正確な属性分析は行われず、大まかで器形による分類であった。動物の骨以外にも9点の石器と10点程度の剥片あるいは石片が出ていると記してあるが、出土状況や属性分析に関する記載はないのである。そして、石材に関する記載では当時の報告書では碧玉や玉髄そして玄武岩などがあるが、玉髄と書いてある石材は現在の分類では黒耀石のことを言うのであろう。

　潼關鎭遺跡の発見後、韓半島の旧石器時代研究は朝鮮戦争以前までは韓半島北部に中心をおいた活動であった。遺跡の調査は主に、発見が難しい開地遺跡よりは発見が簡単にできる洞窟遺跡に集中していた。この時期の研究は自立的な研究ではなく外部の手を借りたもので、まだ研究の基盤が地に着いていなかった時期でもあった。しかしながら当時作成された記録の中には、その学術的な価値がある貴重なものも多く含まれていたのである。これらの記録は外国の研究者達による記録ではあるが朝鮮戦争の後、旧石器研究の方向性を導く調査であった。

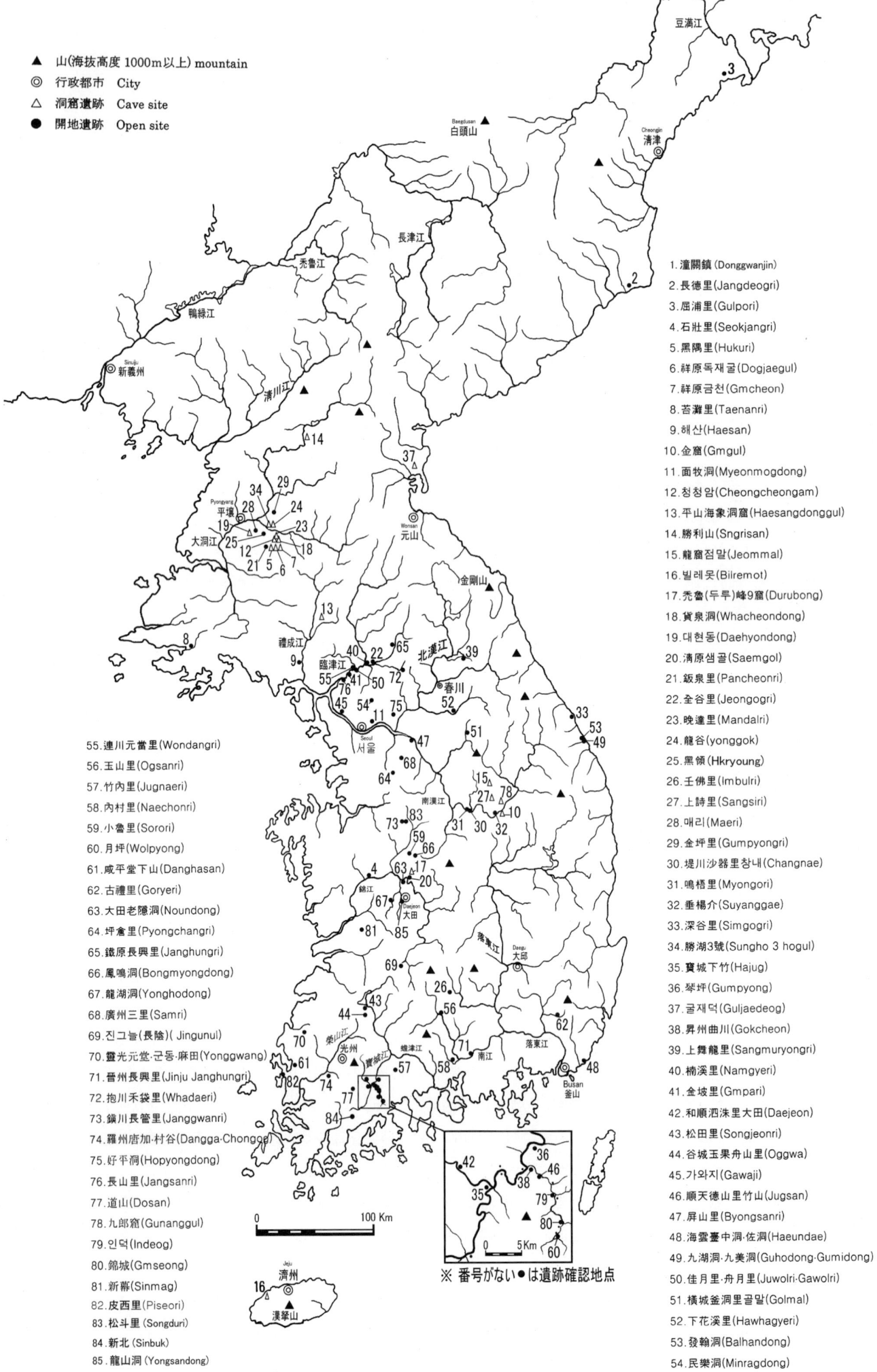

第1図　韓半島の旧石器時代遺跡分布

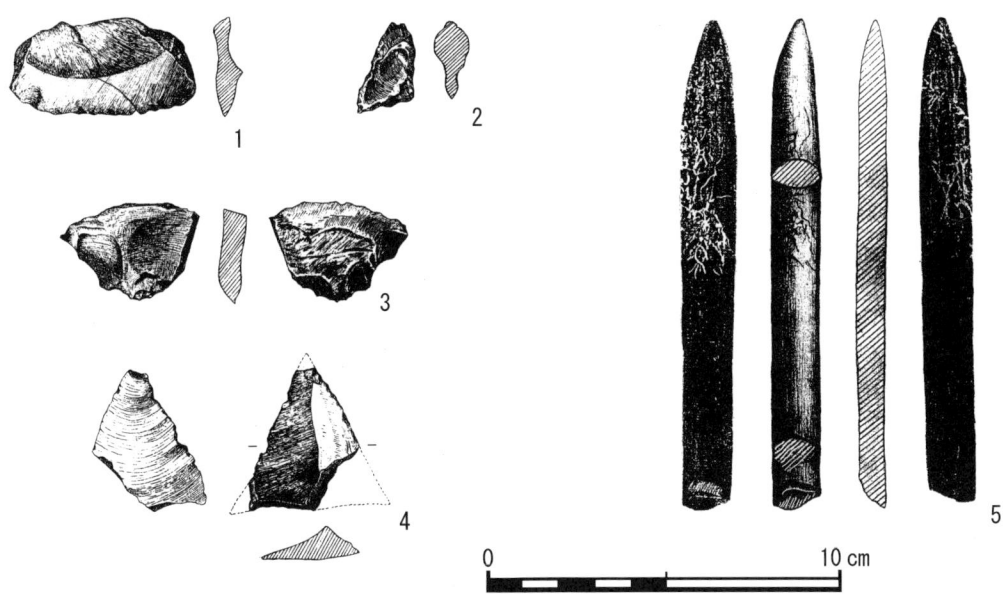

第2図　潼關鎭遺跡出土遺物（德永・直良 1934）

　潼關鎭遺跡を含んだ石壯里遺跡調査以前の研究は、層位学と型式学的研究を基にした形態の区分にその方向性が向けられていた。調査によって得られた資料を分類し地質学的、そして化石学的編年を組む試みのなかで大まかな編年が組まれていた時代であった。大まかな編年の基準になるのはやはり動物の化石であった。1932 年発見の潼關鎭遺跡から得られた内容の記述には、直良信夫や森為三は地層構成と動物相から中部更新世の最上部、あるいは上部更新世という見解を示した。これは石器の型式学的技術学的検討よりは化石学的検討によるもので、まだ本格的な石器研究には至ってないことが伺える一面である。

　第2図は潼關鎭遺跡から出土した石器の一部である。これらの石器から考えてみると次のようなことが言える。まず、1番は削器で中期から後期旧石器時代まで幅広く使われた石器である。2番は削器で不定形剥片を用いて製作したものである。3番は鋸歯縁石器でやはり削器の一種である。4番は尖頭器として報告しているが削器とも言えるもので、割れている部分を復元すると器形は三角形になるのである。このような形態的特徴から初期の研究では三角形の尖頭器として把握していたのである。

　出土石器のなかに韓半島中部地域から出土する、いわゆる "Achulian type Hand Axe" がみられない。そして、石材の面からも後期旧石器時代になってから石器製作に頻繁に用い使われるようになる黒耀石が見えているのは、絶滅動物による年代が古くなっても実際の石器の年代とはずれが生じることを注意してみなければならない。勿論、遺跡の調査が狭い川沿いの崖面を中心に行われたため広い範囲の沖積テラスなどにまで調査が進んでないことと、遺跡の平面的な検出が出来なかったことは資料の信憑性を弱くするが、現在の韓国旧石器時代研究において大きな課題の一つである "Hand Axe" の問題や礫器の出現と拡散過程の一つのルートとも言われていた「北回り」を考える、上でいろいろな問い掛けを残しているのである。

　出土遺物の点数が少ないのであるが、遺物全体の石器組成と利用石材を考えると潼關鎭遺跡は後期旧石器に近い遺跡と見ることが出来る。しかし、潼關鎭遺跡は当時日本国内の学者達に確実な道具が少ないことや段丘の層位が明瞭でないことなどの表向きの理由と皇国史観により旧石器時代の遺跡として認められず岩宿遺跡の発見により旧石器時代が明らかになるまで学会で表に出ることはなかった。

潼關鎭遺跡の調査から30年後、韓半島に韓国人による最初の旧石器時代遺跡の発掘調査が屈浦里(Gulpo-ri)遺跡で行われた。遺跡からは礫片を用いたチョッパー、ナイフ、剥片製尖頭器がみられる。時期の判断基準は、石器の形と製作手法で屈浦I期と屈浦II期の2つの時期に区分されている。調査団によると屈浦I期は前期旧石器時代と記述しているが、ヨーロッパのムステリアン期に該当する時期であろう。そして、屈浦II期は後期旧石器時代に比較している(考古民俗64-2)。これらの根拠は薄いまま後の研究報告ではI期は中期旧石器時代に変更されるが、編年的なベースはまだ出来ていないのが実情であった。

2) 遺跡研究と緊急発掘 (石壯里遺跡の発見)

　屈浦里遺跡調査の翌年の1964年、韓国忠清南道公州郡に所在する石壯里(Seogjang-ri)遺跡の調査が実施される。韓国の旧石器時代遺跡の調査はこれをもってその始発と見ることができる。現在までの発掘調査は12次まで行われ資料がある程度蓄積されてきた。当時までの遺跡の確認は地表面採取による遺物の採取が主な調査方法であった。勿論、古墳などの調査は　韓国では1945年の終戦を意味する"解放"以前からの日本人研究者らの調査によりある程度分析が行われていたのでそれなりの成果があったが、何の標もなく地中深いところに隠れている旧石器時代の遺跡を見つけ出し発掘調査するまでには至ら無かった。また、日本帝国主義のなかで芽生えた皇国史観的立場は旧石器時代の研究にも及んだのでそのような状況の中では古い人類の歴史を探し出すのは難しい状況であった。
　このような状況は日本国内の事情にも合い通じる部分があって、国が自国の歴史さえも正しく研究できなかった暗黒の時代でもあった。当時の韓国学会では石壯里遺跡が旧石器時代である可能性を信じる人達と信じない人達で両分されていて、実際に石壯里遺跡が旧石器時代の遺跡として認定されるまでにはまだしばらく時間が必要な時期であった。しかしそのような状況のなかでも孫寶基を中心に古い年代を探す努力は途切れなかった。
　では、石壯里遺跡の発掘調査から今日に至るまでの研究史をみてみよう。石壯里遺跡発掘調査の始まりはアメリカ人の表採遺物の確認から始まる。当時ウィスコンシン大学の博士課程に在学中であったアルバト・モーア(A. Mohr)の努力と延世大学校の孫寶基の情熱で始められた石壯里遺跡の調査は、1992年の12次調査まで進めることができた。この時期の遺跡調査は延世大学校の調査がメインで、遺跡層位の確認と石器の形態的比較、そして絶滅化石の検出が主な手段と方法であった。
　石壯里遺跡の調査は韓国の研究者達により行われ整理できた調査として意味があるが、まだ遺跡構造分析や石器群の中身の分析には手が届かなかった時期であった。調査の内容をみてみるとまず、石器の形と剥片の接合そして石器の機能等を含んだ石器研究、そして発掘で分かった石器類の用語の整備(韓国語化)、そして住居跡などの痕跡と自然環境の復元のための資料の蓄積などが行われてきた。
　全谷里(Jeongog-ri)遺跡の発見は、1978年在韓米軍の兵士が景畿道連川郡全谷里を中心とする地域の基盤岩が玄武岩の溶岩台地を囲むように流れる漢灘江周辺で、両面調整された石器(Biface)を拾ったのがその発端である。その石器の中には、アフリカやヨーロッパの前期旧石器時代に良く見かけるアシューリアンタイプ(Acheulian type)のハンドアックスが含まれていた。
　このような事実から当時ソウル大学でいち早く状況を把握し、翌年発掘調査に踏み込むがその時から有名な全谷里遺跡の時期問題が生じるのである。全谷里遺跡の発見は東アジアの石器研究に大きな一石を投じた大発見であった。特にアシューリアンタイプのハンドアックスは全谷里遺跡での発見以前までは、1956年調査が行われた中国の丁村遺跡やロシアでの発見はあったもののまだ存在が認められなかった時代であった。

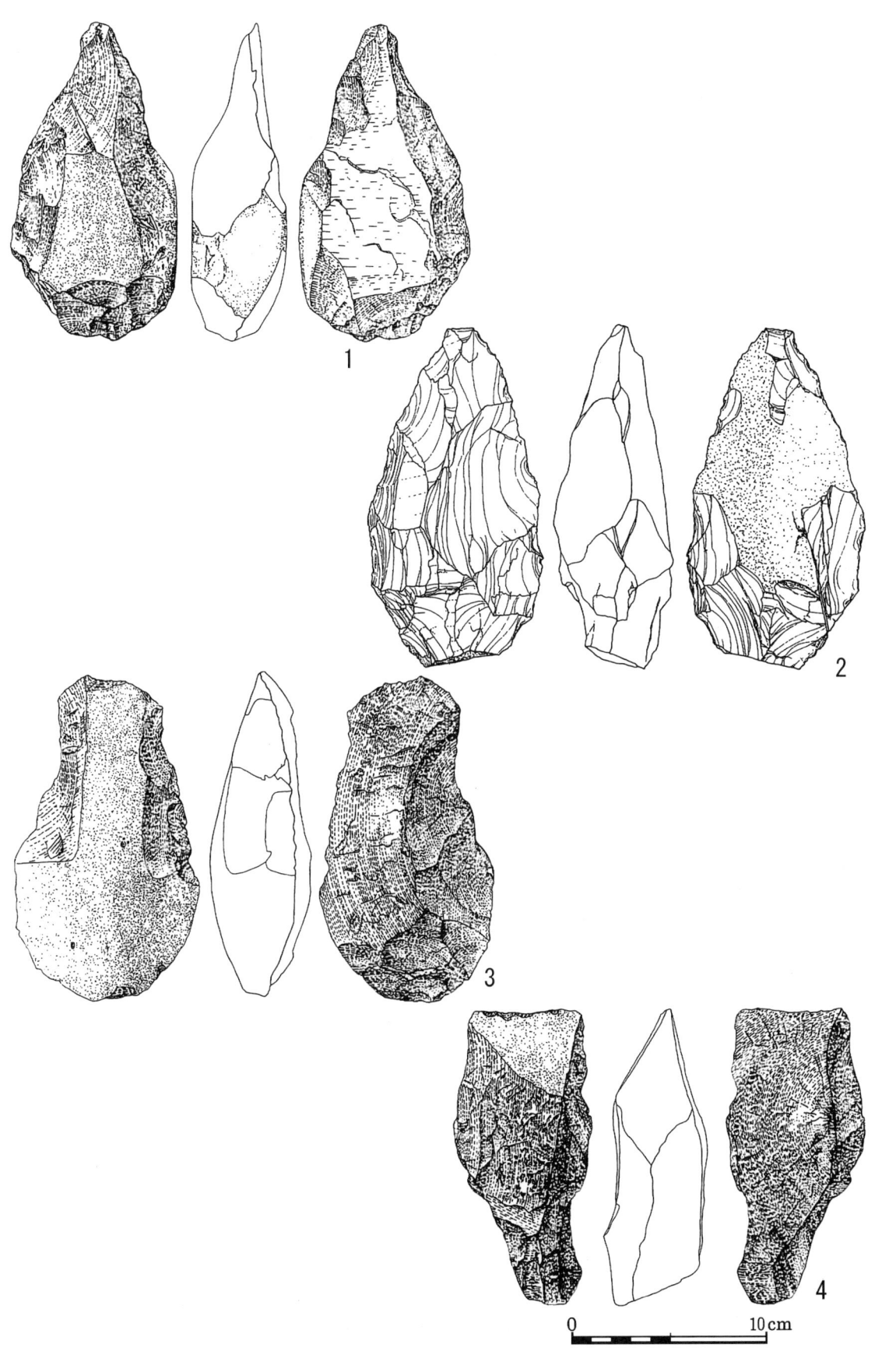

第3図　全谷里遺跡出土ハンドアックス石器群（文化財管理局文化財研究所1983）

Moviusの両文化説、すなわちアフリカ、ヨーロッパ、中近東、そしてインド南部地域とジャワなどを中心に存在が知られたハンドアックス文化と、東北アジアの中国、韓国、日本のチョッパー・チョッピングツール文化の二極構造により石器文化は大きく両分できるとする説明は長らく学会で通用されてきた（Movius 1948）。しかし、学説に終止符を打ったのが極東の地である韓半島でのアシューリアンタイプハンドアックスの発見であった。

　全谷里遺跡の発掘は1979年から始められ、最近の2002年まで行われているが、3つの大学が分担して発掘調査を行い、1983年に内容がまったく異なる別々の結論が出た最初の報告書が出たのである。当時の発掘調査は、まだ確立されてない技術形態学的分析よりは自然地形や形態属性分析に焦点が合わせられていた。

　このような傾向は報告書にも出ているが、石器の形態から中期アシューリアンに該当する遺跡としたのである。また、地層の分析では遺物包含層の赤色層を風性、あるいは水性起源のレス（less）として判断したのである。それにより、この台地を沖積台地として把握するに至った（ソウル大学校　1983）。

　全谷里遺跡周辺の自然地形を分析する作業と出土遺物である石器類の分析はもっと難しい状況に陥るが、主な石器出土層は赤色粘土層の下部に当たる。赤色粘土層は他の発掘トレンチでも大差なく遺物を包含しているので、この時期に人類の活動が一番活発であったことが推察できるのである。

　また、黄龍渾は全谷里のアシューリアンタイプのハンドアックスをサンゴアン（Sangoan）石器との類似点を挙げて遺跡の年代を説明を試みた。サンゴアン期では4万年前頃までハンドアックスを製作していたことを例に挙げながら、全谷里のハンドアックスの年代が、前期旧石器まで遡ることには慎重を期しなければならないとした（慶熙大学校　1983）。

　全谷里の両面調整された石器は形態上では前期旧石器時代の様子を帯びているが、発掘層位の面から見ると前期旧石器よりは新しい面からの出土傾向を見せている。そのことから、石器の形態が古い時期の石器とほぼ同じであることから前期旧石器とする見解と、出土層位の面から後期旧石器時代あるいは中期旧石器時代の終わり頃を越えないとする見解の、二つの学説が未だに対立する難しい問題を学界に投げかけたのである。

　同一遺跡内の地点を異にして、それぞれの調査団による発掘調査は、調査団間の連携がうまくいかない場合一貫性がなくなる。そのような調査は遺跡全体を一つの連鎖性とそれぞれの客観性を維持することができなくなる。広い地域に散在する調査グリッドを統一した計画の下で総合的に比較する基準がないまま行われた調査は、遺跡の性格を究明することも難しいが基本的なデータの提供にすら問題を招くのである。全谷里問題については後ほど本文の中で詳しく述べることにするが、韓国旧石器学会での混乱はしばらく続きそうだ。

　前期と中期の問題で混乱が増していくなか、もう一つの大きなメルクマール的な事件が起こるのである。李隆助教授が率いる忠北大学校による垂楊介（Suyanggae）遺跡の発掘調査である。この遺跡の調査は長らく実態が掴めなかった後期旧石器時代における韓国の状況を知る大きな糸口を提供するのである。それは対島・大韓海峡を挟んで九州島と韓半島の繋がりが点線から実線に変わるほどの大きな発見であった。

　垂楊介遺跡から発見された剥片尖頭器は日本の旧石器時代研究の中で、九州島を中心に分布する後期旧石器時代に作られた基部に加工を施した茎を持つ特徴がある石器である。その剥片尖頭器が韓半島で、それも後続する時期に位置つけられている細石器と共伴するというセンセーショナルな事件であった。遺跡発見当時、日本の研究者達は伝統的な位置付けに順番を与えていた両者の新しい関係に戸惑いを持ちながら注視したが、その後の研究方向性を左右する大きな事件であった。

　また、垂楊介遺跡の発見はもう一つの意味を持っているのである。80年代韓国が高度成長の時期に入るにつれて生じる、開発に伴う事前調査の波の先駆けである点だ。この時期から韓国の各地域でダムなどの大型建設に伴う水系流域の調査が活発に行われる。まさに第1次緊急発掘の波が押し寄せたのである。このような大単位の発掘は国家プロジェクトとして一定の計画の中で動いたのである。しかし、これらの計画では短い計画設定期間と経験不

足による調査機関の設定や期間、資金運用、そして間違った認識からくる方法論的な失敗で、まともな調査が出来ないまま水没した遺跡もかなりあったのである。

救済調査のため急ぎ、十分な時間もなく調査の手順も踏めず、ただ目の前の遺物を取り上げることしかできなかったため、貴重な一次資料が十分に記録できなかったのは非常に残念である。しかし、それはともかく数万年、いや数十万年にも遡る人類の痕跡が次々と公にされてきたのは緊急発掘が果たした大きな功績でもあろう。

遺跡は作られて残された時点から消滅に向かって走る、まるで生き物のような運命を持っている。遺跡はそれぞれの定めがあり、運命の長短がある。そのなかで人による発掘行為は一種の破壊とも言えるものである。善意にしろ、悪意にしろ遺跡本来の寿命に人為的な力を加えた結果になる。遺跡の発見そして、調査に出会う機会はいくら優れた考古学者であってもそれほど多くない。だからこそ慎重で正確なデータを読み取る作業と得られる全てのデータを見逃さないように努力しなければならない。しかしながらこの大規模な調査の波は、大事な資料を記録に収める間もなく、次から次へと広がっていたのであった。

垂楊介遺跡の調査は、そのような時代的な背景のなかで学史的に大きな役割を果たしている。勿論、出土層位の区分や石器の型式学的研究、そして石材の研究など多くの課題を持っているのは事実である。しかし、垂楊介遺跡が果たした大きな功績は、石壮里遺跡調査以来全谷里遺跡の調査により一時方向性が見えなくなっていた韓国の旧石器時代研究を東アジア的な視点の上に乗せようと働きかけた事だとも言えよう。

全谷里遺跡の研究が層位学的研究であるとすると、垂楊介遺跡の研究は型式学的研究とすることができる。現在に至る垂楊介遺跡の研究は石器の器種ごとの研究、すなわち石器の属性研究あるいは型式学的技術属性の研究とも言える。遺跡から出土した大量の剥片尖頭器や細石刃核の技術形態学的分類は、アジアの各地域から出土した石器類を比較の対象にした。韓国内における比較研究の前例はあったが、具体的に直接比較できる資料を用いた点で以前には見られなかった試みである。そして、新しい観点により研究者達の視線が遠いヨーロッパから、アジアに目が向けられる役割を果たしたのである。

李隆助は垂楊介遺跡出土細石核を3型式11技法に分類し、そのなかで峠下技法や湧別技法などアジアに広く分布する製作技法との接点を探し出そうとした（李隆助・禹鍾允　1994）。しかし、これらの研究は遺物個々に目が向けられ、まだ遺跡全体には目が向けられていないため、一つの器種の形態分類は行われたものの遺跡全体像は未だに把握しきれてないのである。韓国の中部地域で、九州島ではすでに存在が知られていた石器である剥片尖頭器が出土することは、日本の旧石器時代の歴史を考える上でも重要なことである。

また、アジア全体を考える上でも欠かせない貴重な資料的価値があることは分かったが、分布範囲や遺跡の性格が整理される前に次から次へと剥片尖頭器が韓国の各地から発見されるに至った。剥片尖頭器を出土する遺跡は、ほぼ韓国全土の水系に沿って発達した河岸段丘上に分布範囲を示している。それはまだ水系流域を中心とした発掘調査が多いためで、決して水系周辺にしか存在しない、ということではないと考えている。従ってこれからの出土範囲は山地や丘陵地など、河岸段丘以外の地域に広がる可能性が高い。

剥片尖頭器の出土により活気付けられた旧石器時代研究はその勢いで一気に編年の問題にも挑戦してみる。しかし、韓国の編年を考える上で基準になるデータが不足していたため、なかなか研究が進めなかった。ところで、1990年代の第2次緊急発掘の波が押し寄せた時、各遺跡から集められた層位資料のなかに、ソイルウェッジ（Soil wedge）が特徴的に存在することに目を向けた研究者達は、旧石器時代の編年研究に解決の糸口を見出す努力をするようになった。

最近は資料の蓄積によりソイルウェッジの枚数が一枚ではなく、少なくとも2枚以上で、遺跡によってはそれ以上もあることが分かるようになった。このような現象が全国的に見られることから、日本のテフラのように年代を決める基準資料として注目されてきたのである。

そして、旧石器時代研究は前期旧石器時代論から脱皮し、徐々に韓国南部の全羅道を中心とした新しい発見などにより後期旧石器時代の研究中心を成すようになった。後期旧石器時代に関心が置かれるようになる過程で周辺諸国の研究が大いに役に立ったのであるが、そのなかでも日本の先行研究例は石器の分類や層位学的基準作りに大いに寄与したのである。

3）層位学と型式学的な研究

旧石器時代の考古遺物は人類の骨、動物の骨、木製の道具、骨刻器等を含めた有機物製道具、そして石器で構成されているが、それらの遺物が同時に出土する場合は数少ないのである。それらの考古遺物を韓国で発掘調査する時一番問題になるのが、遺跡別に状況が異なる出土層位を比較する際の標準になる、基準遺跡がないことである。基準遺跡というのはすでにあるものではなく一般的な時間の累積過程を経た遺跡を比較分析して作るもので、複数の遺跡を比較分析することにより該当地域の一つの標準をつくることができる。

遺跡間比較を行い標準遺跡を作る時、大事なのは同じコンテクストを持つ遺跡同士で遺跡形成が時間的・空間的共通性を持つことを前提にしなければならないことだ。現在までの調査成果によると韓半島中南部（韓国）の旧石器時代遺跡は水系に接する地域に主な分布が認められる。

このような事実はまだ発掘調査が全国的に進んでないため確実にいえないところがあるが、現在までの調査成果をもとに分析を進めると旧石器時代の人類は生活の基本的条件として水系流域を選択したことがいえる。水系を中心に食料の補給と道具の補給を念頭においた移動生活が、ある決められた空間的範囲内で繰り返し行われた。

一定の空間的範囲を持つ集団同士は集団間に共有できる空間を維持しながらお互いに集団固有の精神的地理的空間を所持していた。旧石器時代の生活は狩猟採集をベースにした経済戦略のもとで行われた。そのような、彼らの経済行為が今日の遺跡発掘調査により遺構と遺物として残されている。遠い昔の生活を復元するのは容易ではないがそれを復元するためには幾つかの基本的なことをクリアしなければならない。その一つが旧石器時代人が活動していた年代の把握すなわち、遺跡の年代を知ることである。

これは言い換えれば、遺跡に残された遺物や遺構に時間的意味を与える作業である。この作業を通じて、一つの遺跡が独立したイベントの場であったことが証明されるのである。もう一つは、その遺物や遺構の平面的な広がりの把握である。これは遺跡の年代を決めることと同じく大事な問題で、遺跡に残された個々の考古学的証拠に関連性を与える作業である。このような時間的空間的意味を把握するため用いる考古学的手法が層位学である。

韓国の旧石器時代遺跡が川に沿った形で分布することは前述したが、その代表的な遺跡例として全谷里遺跡を挙げることができる。1979年の調査から20年以上が過ぎた現在、前期旧石器時代と後期旧石器時代に分けられた年代観は、現在は数度に及ぶ調査の結果により中期旧石器時代にしようとする動きがある。しかし、まだその決着はついていない。

層位の内容を見ると2枚の生成年代を異にする玄武岩基盤岩があるが、その下の方の玄武岩の年代がK-Ar年代測定法で50万年前という結果が出ている。それを根拠に基盤岩の年代を遺跡の上限にすると、理論上台地上の遺跡は50万年近くまで遡ることが可能であるという考えであった。

最近の発掘調査で養蜂場ピット（堆積状態が良好な深いピット）の土層断面を観察し、地表下1m付近で年代測定値が約95,000年前とされた、九州島を起因とするK-Tz（鬼界葛原）広域火山灰を検出したのである。調査団はこの広域火山灰は全谷里遺跡の年代を決めるのに有効に活用できるとの判断で、地層の堆積がほぼ1m単位で基盤岩まで繰り返し現れることから、堆積が一定の周期を持っているとした。そして、その一つの周期が100,000年とみて、一番下の7.3m付近の基盤岩が500,000年という年代から考えると、深さ3m付近の砂質粘土層からの石器は、

およそ 300,000 年前の石器になるという計算に至った（裵基同 2002）。

しかし、このような結果は幾つかの問題を内在しているのである。まず、K-Tz の生成原因と堆積状況である。火山灰は風に乗って移動するし、拡散方向や堆積にも風や水そして 2 次的な原因に左右されるということを考えることができる。そのようなことは K-Tz が 95,000 年という年代を持つが、遺跡に実際に堆積した年代とはずれが生じる可能性をもっている。まだ韓国での火山灰の分析がさほど広がってないことと、堆積証拠をみつけることの難しさにも関わるものである。最近、火山灰が検出された遺跡としては全谷里・古禮里・竹内里・晋州長興里などの遺跡で資料の蓄積が行われた。

垂楊介遺跡は韓国の後期旧石器時代の標識遺跡としての条件が揃っているが、全体像が見えないため深く論じることは困難である。しかし、今までの研究発表などを参考にして遺跡を考えるとやはり層位の問題が出てくる。遺跡は川の合流点に位置することから水の影響を受けたことが考えられる。ここで問題になるのがⅣ文下層出土の珪質頁岩製剥片尖頭器と細石器の共伴である。他の旧石器時代の遺跡も垂楊介と似ている要素をもっていて地層の分層は最大の課題であり先決事項でもある。

また、石壮里遺跡も 27 の層を分層したものの、文化層の設定には石器の技術的進化論に合わない部分がある。川に面した遺跡はその生活面が残り難い。したがって、地形の生成過程を復元することは遺跡の時期を決定するのに最重要課題である。地層のなかに埋もれている過去の出来ごとを正確で緻密な分析を通して研究することが、現在の韓国旧石器時代研究には先決課題であろう。

韓国研究者たちの層位に関する研究は全谷里遺跡がその実質的な始めである。金元龍氏により始められた研究はソウル大を中心とする研究者達が率いているが主な研究の方向は裵基同による基盤岩年代の割り出しや火山灰分析（李鮮馥 1996）、先史環境の復元を試みて自然科学的地質的立場から接近した分析（李東瑛 1995）がある。そして、日本の研究者達と共同研究による火山灰の分析等をあげることができる（李起吉 2000、朴瑛哲 2000）。

このような層位学的接近は、現在も欧米や日本の研究者達との共同研究で資料の蓄積が行われているが、それとは反対に型式学的接近は一部の研究者を除いては手探り状態である。韓国における石器の型式学的分類研究は、まず、孫寶基や金元龍そして鄭永和、崔茂藏等による 70 年代の研究が挙げられる。

特に用語の作成に関心が多く持たれたが、分類の内容は孫寶基の大胆で大まかな器種分類による韓国語化された用語を除けば、フランスの石器用語の訳をそのまま持ってきた内容が多かった。そして、欧米の用語を用いた石器用語の中には韓国では存在がまだ認められていない、ルヴァロワ尖頭器や剥片など在地の研究法に合わないところも多かった。

1980 年代からは発掘調査が国土開発の波に便乗して調査件数が増えるのである。代表的な発掘調査が垂楊介遺跡の調査である。1983 年の最初の発掘調査から 20 年が過ぎたが、まだ精細な内容は総合報告書の刊行を待たなければならない。ただし、部分的な研究はそのあいだ忠北大学校の李隆助を中心に行われた。細石刃核は製作技法の側面から打面を基準に 3 型式 11 技法に分類された。

分析によると湧別系の細石刃核を含む多様な形態の細石刃核が存在することがわかるようになった。一方、剥片尖頭器の研究は忠北大学校の李隆助を中心に 1984 年の発掘報告書から持続的な研究が行われ、技術形態的側面からの分析により大きく 7 つの類型に分けられた（李隆助・禹種允・孔秀眞 1999）。

80 年代には韓国旧石器学会に大きな論争が、一人のアメリカ人研究者により起こされたのである。ことの発端は韓国文化広報部の招待で韓国を訪問した J. D. クラークによる堤川チョンマル洞窟遺跡と石壮里遺跡の下層に関する見解で、既存の韓国学会で広く知られた定説を覆す意見が述べられからであった。チョンマル洞窟は人類の行為による骨器の生産は勿論、石器も人工的な加工が加えられていないとしたのである。また石壮里遺跡の上部層出土の石器類は元位置を保つとし、アジアに広く分布している石器類との関連を言及した。しかし、下部層の石片類

に関しては人工的な加工は見出せなかったとした。

　これらのクラーク氏の言及に忠北大学校の李隆助は、ジョンマル出土骨器類からの製作痕ともいえる痕跡と動物による痕跡は、その形が違うとした。また、遺跡から検出された被熱の跡を説明するのには、人類が存在していたと見るしかないと主張した。このような両方の主張は結局クラークの方に分配が上がったような形になったが、遺跡を判断する時、広い分野の専門家による検証が必要であることの間接的な証明になった問題であった[2]。1980年代から本格的に、始まった後期旧石器時代の石器群に関する研究は韓国全域に広がり、北の江原道から南の全羅南道まで発見されるようになった。そのなかで一番目に付くのが剥片尖頭器の全国的な分布である。

　垂楊介に匹敵するか、それ以上の大量の剥片尖頭器が出土したジングヌル（長陰）遺跡が2000年に発見され、現在も研究が続いている。剥片尖頭器が石核と接合し、製作過程が明らかになった古禮里(Gore-ri)遺跡の石刃石器群の分類と中期旧石器時代から後期旧石器時代までの重層文化層を確認することができた竹内里(Jugnae-ri)遺跡などの発見が有名である。

　ジングヌル（長陰）遺跡は全羅北道に位置する遺跡である。垂楊介遺跡よりも剥片尖頭の出土点数で勝り、現在報告書を製作している途中であるが狩猟地であり石器を製作した製作址の性格を帯びた後期旧石器時代の遺跡である。出土している剥片尖頭器を分類すると、今まで出土してない断面三角形の基部加工ナイフ形石器のような形の剥片尖頭器も出土している。

　これらの剥片尖頭器は全て同一層からの産物であるが、ここでも細石刃核を共伴している。しかし、他の同じ時期に相応する遺跡からの出土が認められる角錐状石器がみられないことと、石材が在地産の流紋岩、凝灰岩、などを利用しただけで、黒耀石のような石材は見られないことは注意する必要があるだろう。また、形態の分類は出土遺物を技術的に分析するための基本的な作業で、形態の中には技術要素が含まれているのでこれもやはり遺跡を研究するのには欠かせない作業になるのである。

　遺跡の調査は現場での作業が調査成果を大きく左右するのである。調査現場では地層ごとの詳細な分析と記録、そして客観的な判断を下すことにより遺跡本来の性格を正確に読み取ることができる。そのためには自然科学者の協力は現場からのデータをより信憑性のあるものにしてくれるし、より総合的に考察できる機会を与えてくれる。

2. 日本国九州島の研究

1) 中期旧石器時代の石器群を探して

　九州島の旧石器時代研究は火山灰という、今では編年を決める有効な資料として利用できる自然の産物の火山灰が多く存在する。しかし、その自然の産物があまりにも厚く堆積したため、その下にあるとする後期旧石器時代より先行する時期に関する研究はさほど進展が見られない状況であった。

　ところが、1951年に行われた早水台遺跡の調査により後期旧石器時代より古い石器時代があることが知られるようになるのである。しかし、当時の調査ではまだ旧石器時代の遺跡としての自覚はなく、縄文時代の遺跡として扱っていた。

　1964年に行われた3次調査の時、地質学者松井健の見解に従いK2トレンチの5層と6層に、大陸と韓半島の前中期旧石器時代の石材として用いられた石英石器群をR/W間氷期として認定したのである（大分県教育委員会1965）。

　早水台の石器を後期以前の石器として認める根拠として、3次調査を行った芹沢長介を含めた研究者達は、まず石材が大陸の方で古い時期に頻繁に使われた石英であることをあげた。このような状況は本州の方でも影響が及んで、星野遺跡第1地点の珪岩製石器をその根拠とし、同類の石器として扱いながら、その理論的根拠を中国の周口点第1地点の石器群を比較の対象にした。

　当時の研究で前期旧石器時代のイメージは珪岩製石材を利用して、削器類が少なく両面調整された核石器を主類にする石器群であった。遺跡の年代として芹沢は、遺跡が位置する海岸段丘が下末吉海進時に生成されたとみて、その上に形成された石器群は10万〜12万年前の早水台最下層石器群と評価した。

　しかし、早水台におけるこれらの研究は一部有効な石器類を除いて、基盤岩である石英の部類を中心に行われたのである。言い換えれば人工品でない石器と石器の可能性がある遺物であっても、原位置からの出土ではないということになる。さらに、自然科学的な検討でもAso-4より上位になる可能性が高いという結果に終わった。

　早水台遺跡の調査はいまだ経験が少なかった未知への探求であった。そして、ほとんどの研究が2000年秋の捏造事件により根っこから揺さぶられてしまい、後続の研究は現在足踏み状態ともいえる。しかし、ここでもう一度足元を固めて基礎研究を進めなければならない。基礎データは韓半島や周辺大陸に多く存在していて、そこからいろいろなヒントを貰うことが出来るだろう。

　前・中期旧石器時代を探す時、韓半島の場合九州島と一番近い距離的な条件からも考えることが出来る。それに後期旧石器時代になると石器製作技術や物流が頻繁に行き来しているのである。そのため、後期旧石器時代から遡る過程を通じてより古い時期からの石器文化の流れを掴み取ることができるのであろう。

　韓半島の古い時期、すなわち前・中期時代は今日までの状況から言うと前期旧石器時代の模様は未だはっきりしてないのである。それは中期旧石器時代を含んだ全ての時期に当たることではあるが、最近ここ数年の研究から後期旧石器時代における韓半島と九州島とはかなり近接した様子を示している。しかし、後期旧石器時代より古い時期に入ると礫石器が増えるし、石材も豊富な在地産石材である石英類を用いるのである。

　さらに石器の形態は、いわゆるアシューリアンタイプのハンドアックスを組成に含む、チョッパー・チョッピングツール等の重くて大型のものが多い。これらのことは世界的にみられる様子で、九州島にもそれに類似した地域的な特徴を持つ九州島に適した石器文化があったはずであろう。

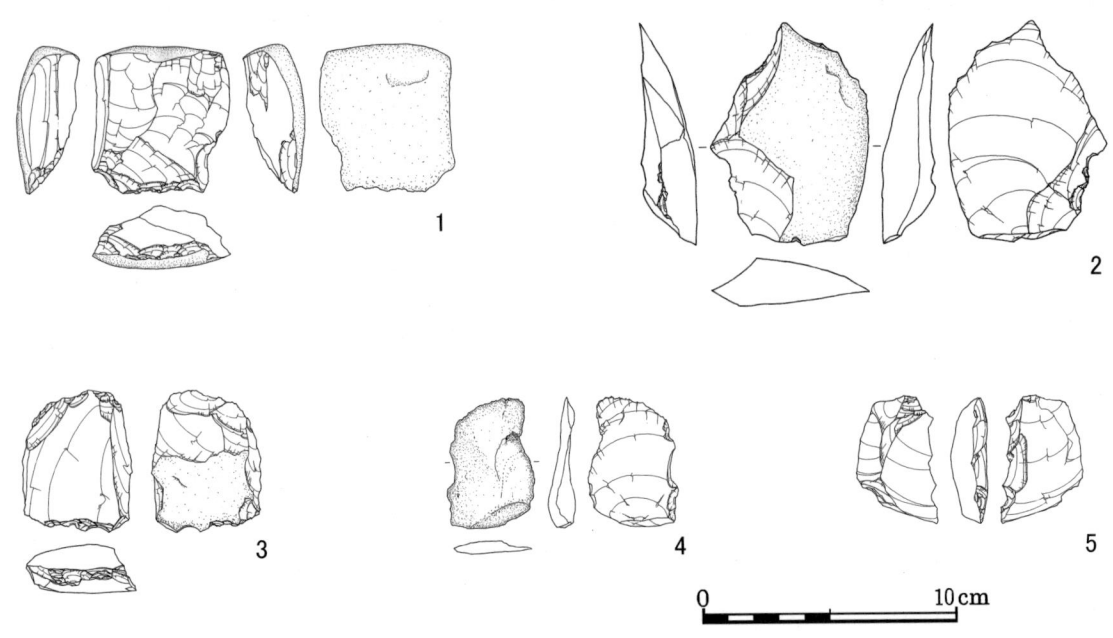

第4図 後牟田遺跡出土鋸歯縁石器類（後牟田遺跡調査委員会 2002）

2）九州島の後期旧石器時代石器群の登場

　九州島における旧石器時代の研究が、2.5万年を遡る年代まで可能になったのは、大きな壁として立ちはだかっていた分厚い火山灰の下を、ここ十数年間の開発事業に伴う発掘調査ができるようになったからである。旧石器時代の調査は九州島ほぼ全地域で行われたが、その中でも宮崎県の最近の調査は目を見張るものが多い。
　宮崎県の後牟田遺跡は後期旧石器時代初頭の遺跡として、中期旧石器時代から後期旧石器時代に渡る遺跡であることが近年の調査から分かるようになった（後牟田遺跡調査委員会　2002）。これらの遺跡の調査が象徴することは多いが、そのなかで後期初頭の石器作りは縦長剥片より横長あるいは不定形で、ある程度厚みを帯びた素材を用いて部分的な加工を施したものが多いのは、後期旧石器時代初期段階の石器製作技術を知る上で貴重である。このような状況は岩戸Ⅲ文化層、石の本8層でもみられることで、実年代測定値がお互いに接近している。
　これら4つの遺跡からは石刃技法による縦長の剥片剥離が見られないという点と、石器に厚みがあるという点が共通項として挙げられる。また佐藤宏之は二極モード論をあげて、後期旧石器時代初期段階の石器群は縦長剥片と横長剥片が存在するとし、この構造は後期旧石器時代前半期に典型的に見られるとした（佐藤　1991・1992）。しかし、九州島の中から見ると少なくても後期旧石器時代初期段階では佐藤や安斎が言ったような二極構造は、別の形の二極構造になるのである。
　後牟田や岩戸、石の本などの遺跡ではもっと単純で、石核石器と剥片石器の構造が際立つのである。これは生活方式にも根本的な原因があると思うが、佐藤が言ったように石刃技法が発生するまでには見えないのである。
　このような構造は在地産石材を利用する方式をとっていることからも分かるが、韓半島の前期・中期旧石器時代石器群が在地産の石材を用いることによって重くて、厚い石器が自然に作れるようになることに相関するのである。
　九州島の後期旧石器時代前半の姿は岩戸遺跡G～K層すなわち第1次発掘調査時の第Ⅲ文化層と同じ層から出

土する調整痕のある剥片類に見出す事が出来る。これら調整痕を有する剥片はそれ以前の段階の石器、すなわち礫器製道具からの流れの線上に乗るものである。

　九州島の後期旧石器時代の登場は上に述べたような部分調整を施している、所謂ナイフ形石器の初期的形態の石器にも話を進めることが出来る。しかし、ここではナイフ形石器を、定型的な形態を持ち技術的にも諸要件を満たすものとしての必要十分条件を揃えたものに限定したい。

　今から3.5万年前後を境に登場し始めた石器群、すなわちKj-P1（九重第1軽石）の噴火からATの噴火までの時間帯を持つ石器群を本州の石器群と比べるとある部分では本州の様子とは異なる部分がある。それは九州島が持つ地理的位置からくる文化の特殊性とも言えるもので、距離的に近く特に最終氷期の末期にはほぼ陸橋になっていた韓半島とは地理的文化的共同体としての同一文化圏であった。代表的な例として剥片尖頭器の存在を挙げることが出来る。

　剥片尖頭器は後期旧石器時代に入ってから開発され始めた狩猟具で、茎部の作りと素材の鋭い側縁を刃部として利用するのに特徴がある。それと類似する素材の運用と基部加工技術そして、道具としての運用の仕方が似ているナイフ形石器が本州を中心に展開している。

　剥片尖頭器が発生する寸前までよく作られ使われた削器類は両地域から共通因子として見られる。鋸歯縁石器と大型削器類は九州島では台形様石器とナイフ形石器、そして剥片尖頭器として形が変わり使われた。

　石器類のなかの剥片尖頭器やナイフ形石器、そして台形様石器は酸素同位体元素ステージ2の時期すなわち、最寒冷期に発生した技術である。技術的な根源は、大陸内部の方にある遺跡の調査を進めることにより明らかになるだろう。従って、今の段階では九州島あるいは日本列島内部で石器製作技術の根源を求めることは難しい。新種の石器製作技術は、気候の寒冷化に伴う動物の移動がもたらした人類の移動によるものであろう。

3. 問題提起

1) 中期旧石器時代と後期旧石器時代を境にした石器群構造の変化

　最終氷期の酸素同位体元素ステージ3の寒い時期になると石器製作は極端に効率を追求して、石材の選択が以前の時期とは急変するようになる。そして石器は重くて分厚かった石核石器から剥片を取り2次加工を忠実に施す製作技法に変わるようになるが、構造はどうなっていたのか。寒さと連動した生活構造からくる生活方式の変化が石器製作の全てのシステムを変えたのである。

　寒い気候の下で暖かい南に向かった動物達を追いかけて移動する旧石器時代の人類は以前の気候の変化が緩やかであった時期の生活方式から寒さに適応した新方式をとることにより、小さくてほぼ完成された形態を持つ狩猟具や加工具を持つようになる。改良された新しい技術を有する石器を製作するための、新しい道具の製作に適した石材の開発をしなければならなかったのが中期旧石器時代と後期旧石器時代の境になるのである。

　新しい技術、あるいは文化の発生は必要に応じた自然的な流れであり、以前の文化は新しい文化に吸収され自然と退化、または改善されてしまう。新しい文化の発生、あるいは以前の文化と異なる文化の起因としては気候の変動によるものが多い。証拠として、18,000年前を前後して登場する細石器も酸素同位体元素ステージ2の中盤以降の温暖化の時期と連動するし、韓半島や九州島が中心で当時期に多く見られるようになる剥片尖頭器もそうである。

　従って、この論文では自然科学的データを用いて考古学的分析手法による画期の構造を分析し、旧石器時代の人類の生活を復元するのを目標にしている。そのために、中期旧石器時代の石器群から当時の人類の行為を石器製作システムから復元し、後期旧石器時代の石器製作と比較する作業を通じて移行時期の激しい変動を捉えたい。

　また、石器製作システムの分解、石材供給方式と遺跡に残された人類の行動パターンの分析、自然環境の変化に関する研究の応用、そして、遺跡に残された自然環境復元のバロメーターでもある動物化石の分析などを行わなければならない。あのような分析を通じて、韓半島と九州島における酸素同位体元素ステージ3から2への変化の構造的分析をしてみる。それらの一連の研究から出された分析結果により、今まで言われてきた通りの石器の伝播や石器製作システムの全貌が明らかになるのであろう。

　石器製作システムは石材と連動した在り方を採っている。良い石材の供給は良質の石器の製作を可能にしてくれる。そのような事実は人類が良質の石材の確保に高い比重をおいた生活様式が生まれることに大きく寄与するのであった。良質石材の確保あるいは選定は、旧石器時代の人類にとっては食料の獲得と深く関わることで、人類の行動パターンは常に飲料水を含めた食料の獲得と生活必須道具の維持と管理に追われたのである。

　必須生活道具である石器の製作に関する最近の研究では認知考古学という研究分野がある。人類の脳の発達に直接関わる脳容積と脳の利用を示す頭蓋骨に残された筋肉の痕跡を分析したものから、石器を作る時の3次元的な設計図の用意があったということを説明する研究もある (S.Mithin 2000)。

　しかし、古典的考古学による分析では、それらの解釈は学術的根拠より想像の域を越えていない資料操作である。それでここでは考古学的手法による分析を目指している。出土した遺物に対して一つ一つ分析を行いそれぞれがどのような意味合いを持つのか、残された遺構と遺物から遺跡の性格究明のためのどのような資料を活用するのか、などの資料運用の仕方を提示してみたいのである。そして、浮き彫りになった事実を用いてその構造を分析究明する目標に剥片一点一点の重みが増すはずである。

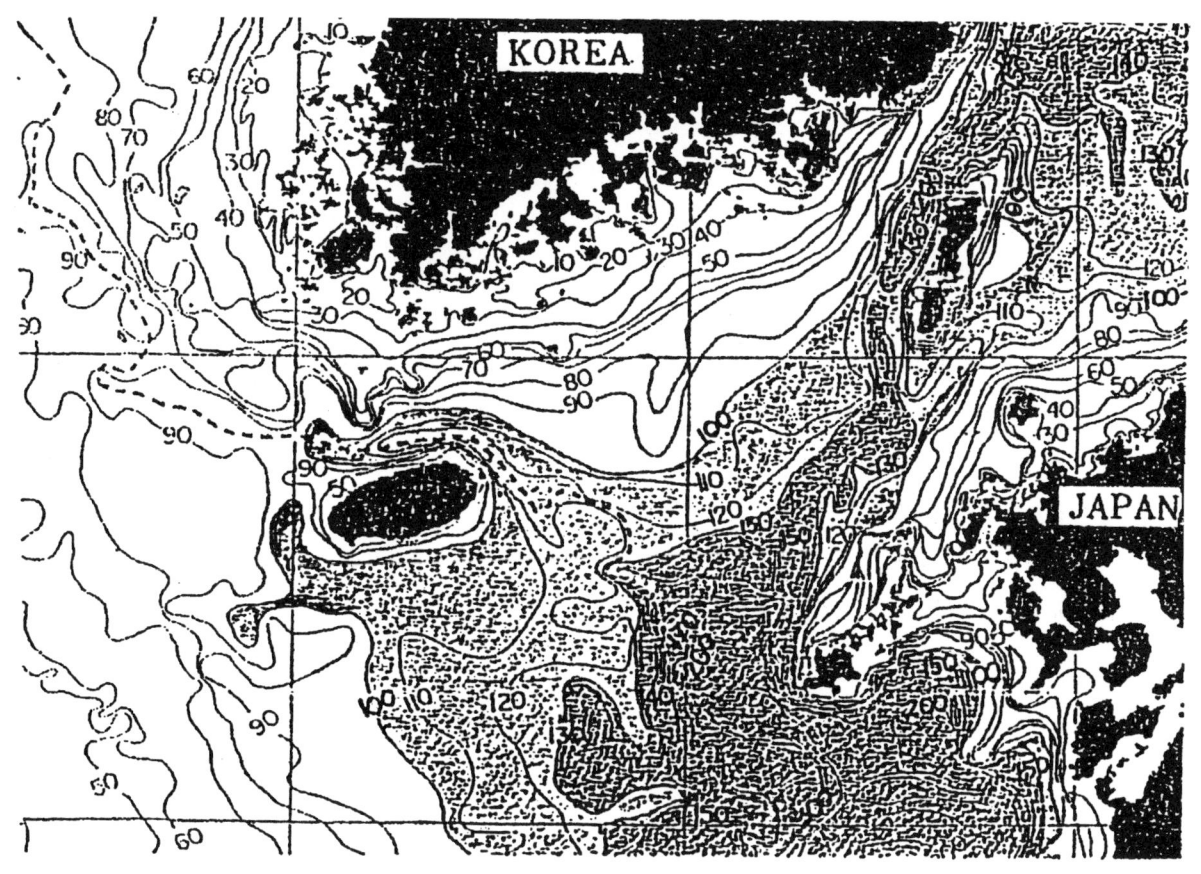

第5図　対馬・大韓海峡の海図（大場 1983）

2) 対馬・大韓海峡と旧石器時代

　対馬・大韓海峡は最終氷期最寒冷期には現在より水深がおよそ120m程度低くなり、現在の水面から海底までの距離の120〜130mを考えるとほとんど小さな川あるいは陸続きになっていた。このような事実は最近の第四紀学に関連する海底コアの分析などの多方面からの分析あるいは野外調査でその全貌が明らかになっている（中川　他3名 2002）。

　海水面が下がったことにより韓半島と日本列島はほぼ陸続きになった。大陸と陸橋になり、まず動物達が寒さを逃げるように南の方へ移動することにより人類も追うように移動を開始する。このような哺乳類の移動に関する論文のなかに、川村は「移動力が大きい大型種の哺乳類動物は対馬・大韓海峡に氷の橋が形成されることにより移動が可能だ」としながら、もし陸橋がなくても狭い海峡であれば泳いで渡ることが可能であると考えている（川村 1998）。このようなことは完全に陸続きになってないことを念頭におきながらも、最終氷期最寒冷期の間韓半島と九州島は行き来できる環境であったことを意味する。

　さて、上で述べたように狩猟あるいは気候の変動などの何らかの原因により韓半島と九州島は行き来する生活圏が形成されていた。両地域から出土した類似した石器などの考古学的な証拠も見えている。後期旧石器時代の最終氷期最寒冷期には気温の低下によって、採集経済の比重の低下を促し、また狩猟経済の比重が高くなる原因を提供したのである。生活様式の変化は生活道具の変化も伴うことで以前の時期には見られない、より洗練され機能面

を追求した狩猟用の石器類すなわち槍類の製作を促した。その結果現れたのが剥片尖頭器であり、以前の石器製作体系からは別の次元をみせているのである。

このような石器製作体系は九州島では見られない体系で最終氷期最寒冷期のある時期に突然現れたもので、九州島にあった既存集団による発展論的解説より外地からの移入を考えるのがより自然な解釈になるはずである。言い換えれば、今日までの発掘調査の結果に従えばAT降灰以降の出来ごとで、AT降灰以前の台形様石器やナイフ形石器という石器類からは系統を異にするのである。

また、韓半島では石核石器（礫器）類の発達が後期旧石器時代以前から認められるのであるが、そのような石器群構造が九州島ではあまりみられない。隔てた両地域の石器製作システムが後期旧石器時代では共通する因子をもつのは、両地域が関係をもち一つの文化的共通要素を持っていたことの証明にもなるのであろう。

従って、本書ではAT降灰以前の韓半島と九州島における石器製作システムを分析し、後期旧石器時代の初期段階における石器群の構造的分析を試みる。そうすることにより、最終氷期における韓半島と九州島の関係解明ができる。また、最終氷期の人類の生活を石器製作システムの側面から復元し、中期旧石器時代から後期旧石器時代までの生活復元までをも模索することを本書の目的にしている。

II 旧石器時代と自然環境

1. 後期更新世の自然環境と石器群

1) 後期更新世末期の海水面変動 (日本海・東海の淡水化)

　後期更新世になると汎地球的次元の気候変動に見舞われるようになる。地球の気温が今と比べると 10℃近く年平均気温が下がりそれに伴う自然環境が変化するのである。自然の変化は、まず既存の動物より寒さに適応した種の繁殖と、寒さに弱い種の移動あるいは消滅を促した。これら自然界の動きは次第に人類の生活にも影響を与え、慣れない新環境への適応を強いられた。

　そのような過去の気候変動の実態を把握するため、最近は日本列島と韓半島の間に海底コアを入れ、最終氷期最寒冷期の気候を復元する研究が進んでいる。そのなかでも、氷期の間に韓半島や大陸と日本列島が陸続きになったかに関する研究は、人類の歴史復元においても大きなテーマである。

　日本海・東海は現在 140m より浅い 4 つの海峡を通って海水が流入している。しかし、最終氷期最寒冷期になると2つ、あるいは 1 つの狭い海峡[3]があるだけである。今日学界では最終氷期最寒冷期の対馬・大韓海峡の海水流入に関して 2 つの意見に分かれている。一つは海水準が 120m 下がったとしても水深 10m 前後の海が残っているため完全な陸続きにはならなかったとする意見、そしてもう一つは海峡の海水準が下がることにより狭くなってしまい暖流 (黒潮) の流入、すなわち潮の流れが変わることにより海水の流入が次第に減ってしまい、日本海・東海が淡水化していく過程で狭くて浅くなった海峡は砂積により陸橋ができたとする意見の 2 つである。

　後期更新世の氷期には気候変動に伴う海水準の変化や暖流の遮断、大量の塩分濃度が低い移入冷水の流入は、海に面した周辺地域の降水量や年平均気温にも敏感に反応していた。また、斎藤は最終氷期最寒冷期の陸成堆積物と海成堆積物の分布を調べ、それによる最終氷期の西海・黄海の陸地化が行われたのを説明した (斎藤 1998)。

　最終氷期最寒冷期の陸棚表層での貝類の堆積は海退期と海進期にそれぞれ移動をすることにより ± 20m の深度移動が起きたことを含んだ過去に起きた変化の痕跡が、海中に堆積し外変をあまり受けないまま残っている。この点に着目して始められた海底コアの研究は (第 6 図参照)、海底の埋没地層のなかに包含されている過去の痕跡を探し出して資料化する作業である。岩相、底生有孔虫などの組成、鉱物の元素組成、炭酸塩・珪酸塩・有機物などの含有量が反映されている。そのような資料の中から、塩分濃度の調査からは日本海・東海が過去どのくらい湖化したのか、そして黒潮の移動方向などを調べることが出来る。

　塩分濃度は最終氷期の日本海・東海が淡水化されたのかどうかを知る上で、貴重なデータを提供している。このデータによると最終氷期中期から後期の寒冷化の時期には世界的に海水準が低下するが、そのような変動は日本海・東海にも同じことである。狭くなった (あるいは閉じた) 海峡からの暖流の流入がなくなり河川水が増加したため、日本海・東海の表層水は低塩分水になり浮遊性有孔虫などに酸素が供給できなくなったことが海底コアの調査からも分かる。

　最終氷期の海水面が現在より、100m 〜 120m 下がることにより韓半島西海・黄海は陸化するのである。80m 位下がるとしても韓半島西海・黄海の半分は陸化する。韓半島西海・黄海の陸地すなわち、古朝鮮低地が現れることにより中国大陸の方から南下してきたアムール要素の大型動物群の中にはナウマンゾウやヤベオオツノジカなどに代表される大型動物が多くなっていた (鹿間・大塚 1971)。

　古朝鮮低地の陸地化は海水準の低下により可能になった。根拠として対馬・大韓海峡の水深を調査した例があるが、32,000 年頃 26m を切った水深は 23,000 年頃には 12m まで浅くなり 16,000 年には 6m で安定するようになる。このような数値は塩分推定誤差に起因する計算で日本海・東海への淡水流出量を 100 ㎥ とした場合、最終氷期最寒

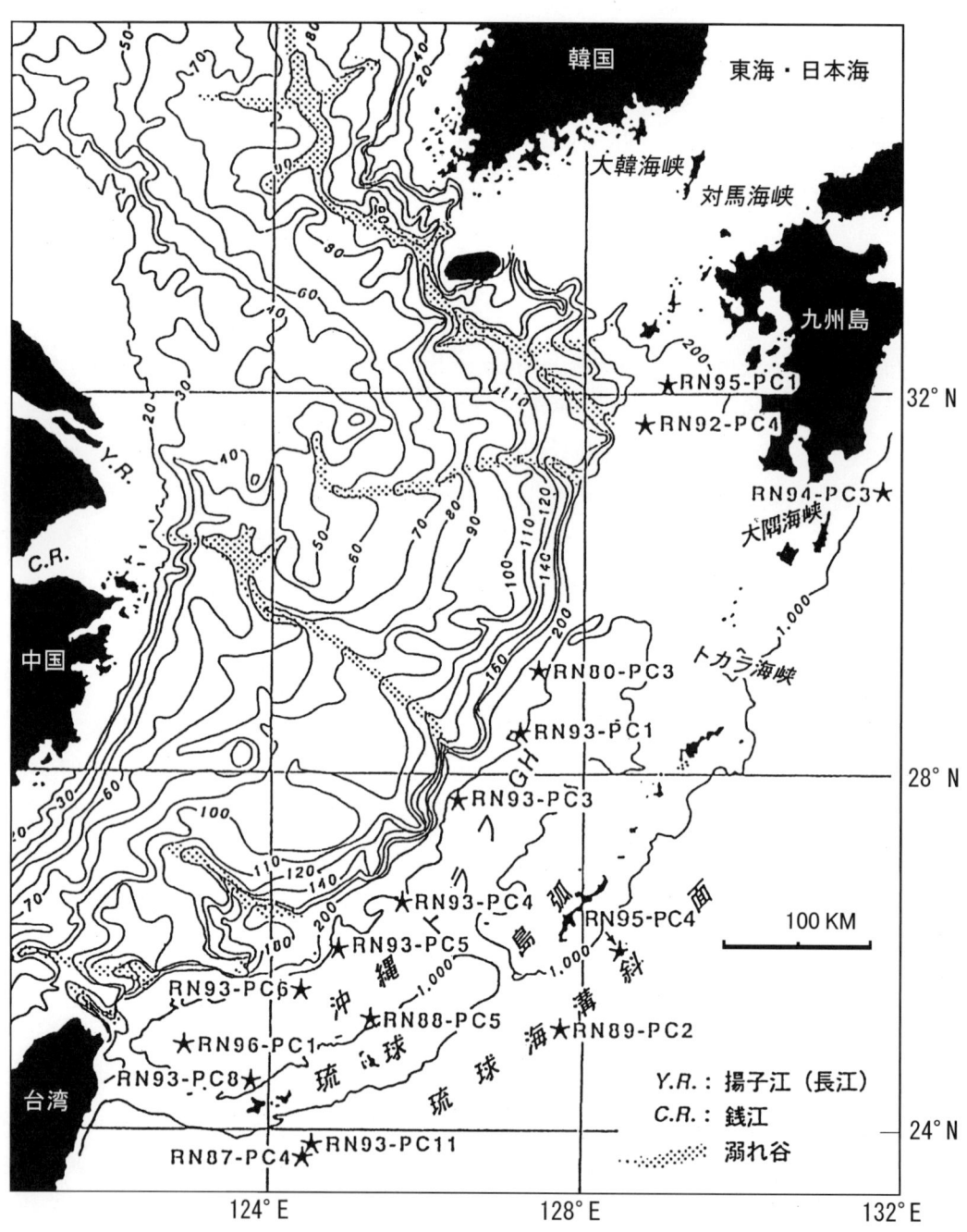

第6図　琉球弧周辺の海底コア調査地点（氏家 1998 部分改変）

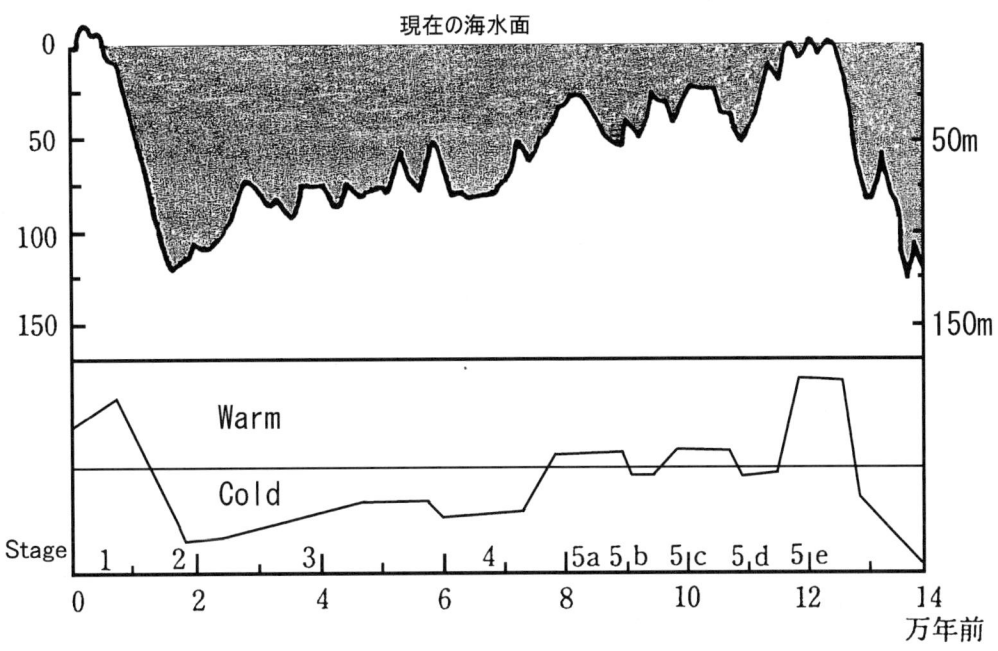

第7図　海水面変化曲線と各ステージ気温変化 (Shackleton 1987　部分改変)

冷期の海峡の水深は2m以下となる（松井　ほか1998）。

　このような新しい計算もあるが、一般論的な立場をとると水深6m以下とみて最終氷期最寒冷期には塩分濃度の低下と流速の低下による一時的な漂砂により埋積され現れた陸橋，あるいは氷結による氷橋が形成されていた可能性は高いと見てよいだろう。

　古朝鮮低地が陸地になっていた頃の堆積物に関する調査が過去20年間行われてきたが、そのなかで幾つか注目される結果がある。調査は音波調査や堆積物調査が主に行われたが堆積物に関する調査報告では酸素同位体ステージ3に対比される堆積物が陸棚下に10～30mの厚さで広く分布している。その大陸棚からは多くの哺乳動物化石が産出している（大塚　他1997）。水深122mから産出したシカの化石 (Elaphulus) の放射性炭素年代値は25,750BPという結果も出ている（中村　ほか1996）。

　1971年、大木は鹿児島大学水産学部所属の練習船に乗り奄美大島西方の水深122mの大陸棚からシカ科 Elaphulus 属の下肢骨をトロールにより採集した。トロールが行われた場所から2つの地点で採集したカキ (Osrea gigas Thunberg) の年代測定結果が、^{14}C で 15,200 ± 800B.P. と 12,400 ± 500B.P. という結果がでた。

　また、これらの結果を参考に大塚らは研究を進め、長崎県男女群島沖及び瀬戸内海の小豆島沖からナウマンゾウなどと共に絶滅種である E. menziesiaus (Sowerby) が採集された。採集されたシカ科の大腿骨は後期更新世の E. menziesiaus になる可能性が大きく、韓半島西海（黄海）の底陸地の広い範囲にはナウマンゾウ・Elaphurus などで代表される動物相が分布していたとした（大塚・大木・早坂　1977）。

　このように韓半島の西海（黄海）は中期から後期旧石器時代の生活を復元するのに貴重なデータを提供してくれている。話を九州島と韓半島に戻すと、気候変動により形成された陸橋は移動力が大きい大型哺乳類の移動を可能にした。このような大型動物は例え陸橋でなくとも泳いで渡ることも可能である。

　しかし、すべての動物が陸橋の出現をもって移動したかとすると、それにはこれからの調査によるデータの蓄積を待たなければならない。小型の動物は陸橋が出来たとしても気候や植生そして、天敵の有無などに大きく左右されたはずである（河村　1998）。

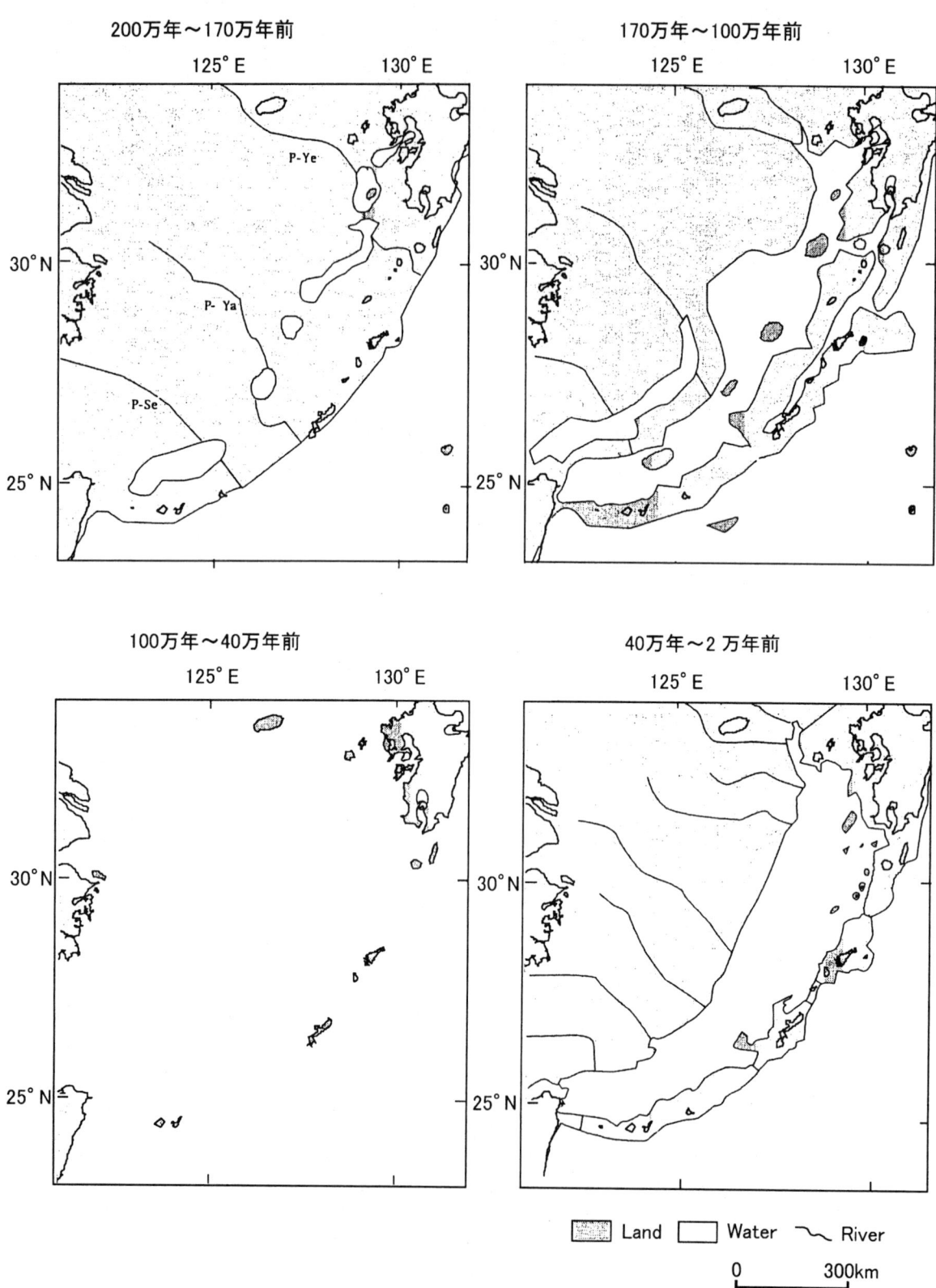

第8図 琉球弧周辺大陸の過去200万年前から2万年前間の陸地化 (木村 1996)

1. *Megaceros giganteus* ギガンテウスオオツノシカ
2. *Sinomegaceros yabei* ヤベオオツノシカ
3. *Praemegaceros verticornis* プラエメガセロス＝ベルティコルニス
4. *Cervus elaphus* アカシカ
5. *Alces alces* ヘラシカ
6. *Rangifer tarandus* トナカイ
7. *Dama dama* ダマシカ

第9図　オオツノシカ及び大型シカの復元図（鹿時　1979、Stuart 1982 部分改変）

2）自然環境と石器群の相関関係

　本論文の主な対象時期である後期更新世は地球の歴史のなかで変化の幅が大きかった時期の一つである。最終氷期でその中でも最終氷期最寒冷期がこの時期（酸素同位体元素ステージ3と4）に行われ人類の歴史のなかでも旧人から新人への進化が見える時期である。
　ではこの時期の人類が直面していたはずの自然植生をみてみよう。前で述べた通り韓半島の西海（黄海）海水面が下がることにより陸地化したので韓半島の西地域は広大な平野のような風景が広がっていた。日本列島の九州島は最終氷期最寒冷期には韓半島とほぼ陸続きになるため大陸の動物が行き来していた可能性が高い。
　しかし、現在この地域は海の中に沈んでいるため資料を得るのはむずかしい。海底コアで採集した資料と現在の陸地部での発掘調査による出土資料を中心に、最終氷期最寒冷期の植生を見ると、九州のスギ属は急速に減少し、ほぼ消滅するのである（安田 1990）。
　このような自然界の変動は、日本海（東海）の変動と連動した動きとして把握されているが、当時の日本列島は寒冷で乾燥した気候に変化した。このような針葉樹と草原が優勢な3万年前後の自然環境のなかで、小型馬、ヘラジカ、オーロクス、バイソンなど3.5〜3.2万年前の寒冷で草原的環境に適した北方の大型哺乳類動物が、ニチ

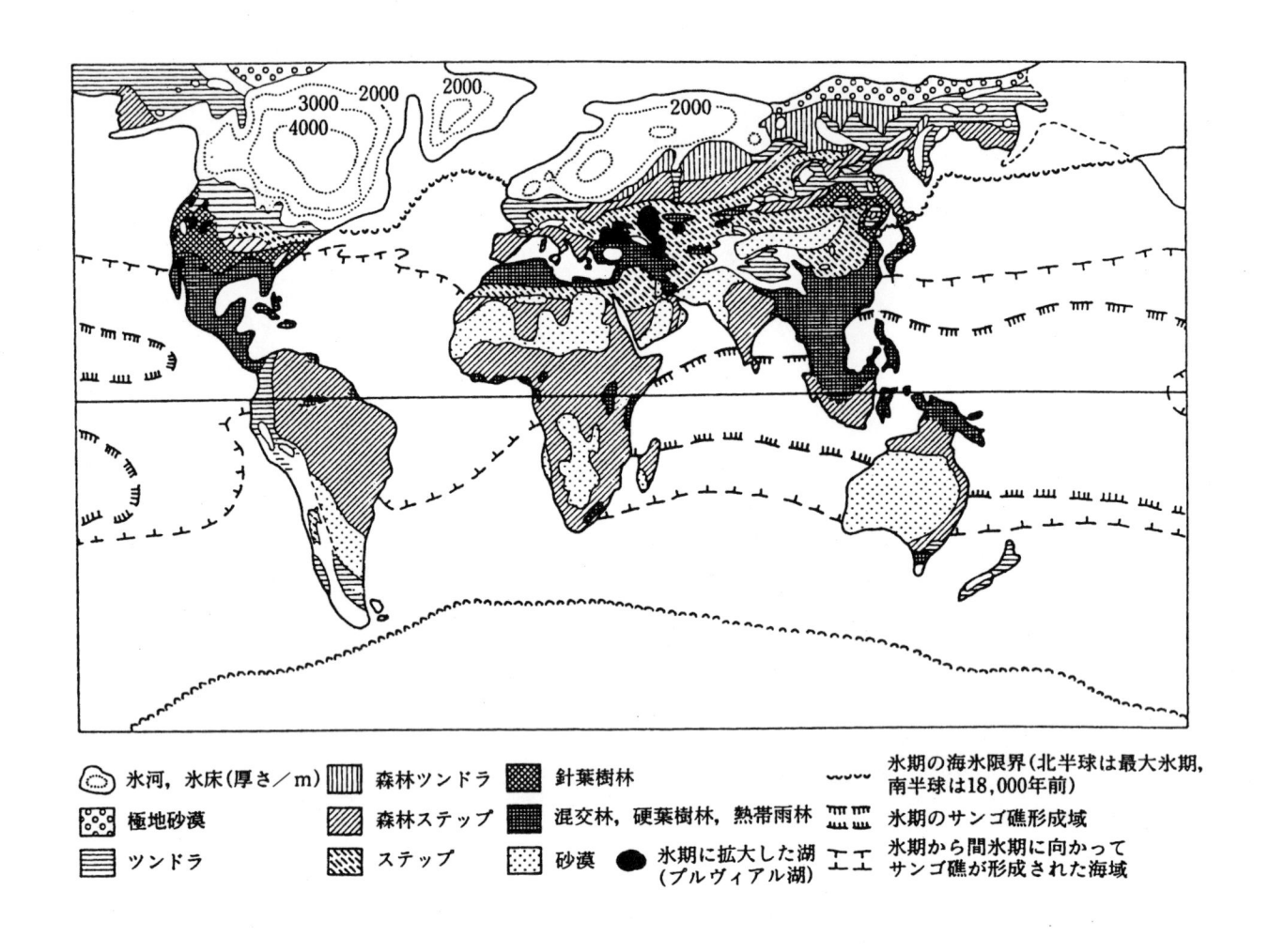

第10図　ステージ2(1.8万年前)の世界（小野・五十嵐　1981）

キンカモシカ、ニッポンムカシジカ、ヤベオオツノシカ、トラ、ヒョウ、ムカシアナクマなどの温帯型森林性動物に変わる時期（3.2万年前の鹿沼軽石層に覆われた上部葛生層出土資料）である。

　このような時期は自然環境の変化幅が大きいため、当時の人類の生活にも少なからず影響を及ぼしているのである。考古学的にみると丁度この時期から以前の石器製作システムとは異なる構造の石器作りが始まる。いわゆる後期旧石器時代の始まりである。後期旧石器時代を決定付ける革新的な製作技法が登場する。すなわち、石刃技法の出現である。

　新しい石器作りは人類史のなかではネアンデルタール人がクロマニョン人に入れ替わる時期、すなわち旧人から新人への過渡期に現れた技法である。新人の発達した脳構造は現代人にほぼ近い構造と脳容積をもつことにより、以前の石器作りとは異なる石器製作システムを利用した新しい形態の石器類が登場するのである。ここで注目すべき点は石器作りに欠かせない石材、すなわち石を製作目的に合わせて選定する作業と石材確保のための移動を念頭においた生活形態も始まることである。

　この時期の気温は寒くなる一方で、いわゆる最終氷期最寒冷期（2.1万～1.8万）に向かって気温が下がって行く。5万から3.3万年前の間の亜寒氷期が終わり掛けた頃であった。温帯型森林性動物に変わるのとほぼ同時に石器に対する需要も別の方法により補われた。

シカ類で代表される動物を狩ることから発生した尖頭器は形態的に先端が尖ったものであるが、まだ新石器時代の弓のようには飛距離が出ない。そして、森林が広がっていた環境のなかでは飛ばせる距離にも制約を受けるし、以前の大型動物のように発見あるいは狩りが単純ではなくなるような環境であった（Jochim　2000）。

　狩猟の対象の変化により道具の体系も複雑になり始めた時期に登場した石器としては、台形様石器やナイフ形石器そして剥片尖頭器などの石器がある。これらの石器は中期旧石器時代の石器と比べると、まず小型の傾向を帯びている。石器を小型化することにより移動と狩猟の効率を良くすることを図ったのである。

　そして、複合道具の繁盛である。シャフトに石器を挿し込み、皮や植物性紐や自然接着剤などを使って軸に固定した複合道具は携帯に適した小型化と軽量化を可能にし、道具としての性能性と機能性を以前よりも増したのである。

　小型化で軽量化した石器はメンテナンスにも容易に対応していた。便利になった石器製作やその補充は、森林の発達とそれにちなんだ動物相と深い関連がある。後期旧石器時代以前の礫器の製作工程を踏みながらまったく新しい技術を用いて作った石器が登場するのも最終氷期最寒冷期に近い頃からである。

2. 動物化石（骨）に現れる後期旧石器時代と以前の自然環境

1) 洞窟遺跡と動物化石の分布

　韓国の土壌は基本的には日本と同じく酸性土壌なので有機物が残り難い環境である。そのような条件の下では開地遺跡では石器類以外は、泥炭層や石灰岩などに覆われない限り旧石器時代の遺物としては残らない。しかし、韓国では幾つかの良好な堆積状況を維持しながら保存され、動物の有機体なども残されている洞窟遺跡が存在する。
　残されたそれら動物の骨類や石器類が出土する遺跡の分布は韓国で有名な石灰岩地帯である忠清道に集中している。勿論それ以外の地域でも洞窟は存在するが現在までの調査状況からは垂楊介遺跡がある忠清道の方に多く分布している。
　遺跡としてはほとんどが洞窟遺跡で、金窟 (Gm-gul)、龍窟ジョムマル、ドル峰 (Durubong)、上詩里 (Sangsi-ri)、九郎窟 (Gunang-gul)、そして出土状況が不明瞭なところから再検討の余地を残している済州島のビルレモッ遺跡などがある。また、北朝鮮の方には平壌市周辺に調査が行われた洞窟遺跡が10例程度あるが、詳細な内容が知られてないので資料としては大いに利用できないのが現実である。
　これらの洞窟からは動物の化石と石器が出土している。既知の通り洞窟の発見は石灰岩地帯に広がる幾つかに分けられた洞窟の支流が石灰岩採掘のために行った発破により現れた場合と、地元の人々たちにより発見され研究者の目にとまり調査が行われるようになったケースの二通りがある。
　洞窟の一部分を緊急発掘し、記録に残すことがほとんどだが、九朗窟のように学術的な調査が行われた場合もある。洞窟遺跡は形や伝わる民話などの伝説により早くから調査の的になっていた。しかし、調査は行うものの調査により現れる資料は数的にも限界があるし、方法論をみてもまだ定立されてないのが現実である。また洞窟の形成過程やもとの地形の復元など基本的なデータも揃っていないのである。
　調査した洞窟遺跡のなかで金窟の場合は、現在も川の氾濫により川に半分沈むことがあるがそれらの水流の影響は調査報告書には書かれてないのである。また、九朗窟のように山の頂上に近い斜面に位置するのもある。
　それらの標高を比較してみるとドゥルボン2窟が140m以上、9窟が120m以上、金窟が135 m、龍窟 (Yong-gul) が430mなどの標高をもっている。これらのことは当時の人類が低地だけではなく、森林が発達した標高が高い場所も生活の場として選んでいたことを示している。

2) 後期旧石器時代以前と以降の動物相

　韓国考古学史のなかに幾度なく登場するのが龍窟である。龍屈からは7枚の層が検出されたが、Ⅶ層は新石器時代の層で土器が出土している。旧石器時代の文化層はⅠ層からⅤ層までで、Ⅴ層から出土した熊の下顎骨をU/Th/Pa 測定による測定した結果が 66,000 ± 30,000 〜 ± 18,000B.P. である。しかし、それより下のⅣ層から出土した猫科の歯の測定結果が同じ方法で測定したが、40,000B.P. という結果になった。
　相反する結果は測定する資料が違う層位から出土した遺物であっても測定方式の選定あるいは測定手順そして、資料の保存状態などにより年代が古く出たり新しく出たりする危険があることを示している。接近した年代値は調査方法にも再考の余地を残すものである。
　層位学的に考えると下の層から出土したものは後で堆積した層より古いのが常識であるが、龍窟遺跡から出土

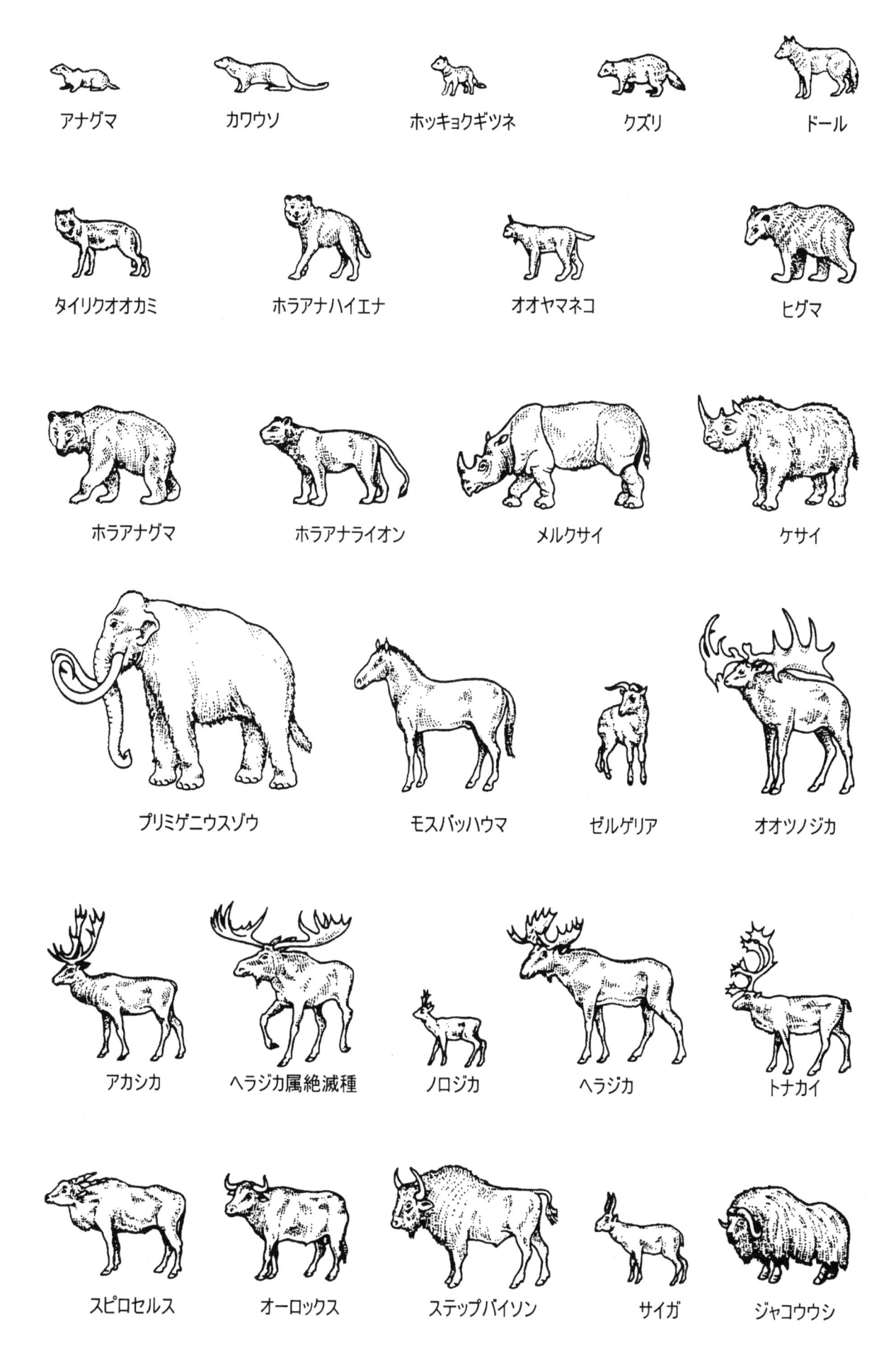

第 11 図　シベリアの第四紀後半の主な哺乳類 (Kahlke 1981)

した遺物からの年代は逆であった。これらの原因としては次の3つの可能性を考えることができる。まず、出土層位はあったものの年代測定値だけが正常ではない場合。二番目に層位が攪乱により元の場所から遺物が再堆積あるいは移動した場合。そして、三番目に調査者の分層間違いを挙げることが出来る。

金窟は前期旧石器時代から青銅器時代までの文化が層を成して残った遺跡で、前期旧石器時代の文化があると把握した8層であるI文化層から動物の化石と石器が出土した。そして、出土した石器の形態から文化層の年代が60～70万年前として報告者は考えたのである(孫寶基1990)。この層からは動物の化石として、シカ(*Peudaxis gray Zdaansky var.*)が出土しているだけである。

金窟のII文化層からは5科5種の動物の化石が出土した。そのなかで興味深いのは、I文化層で唯一に認められたシカ科の動物化石が、30万年ほど時間差があるII文化層でも出土していることである。

また、ESR法による骨の年代測定値は180,000年という結果が出たが、報告者は気候上合致しないことから、文化層の年代を45～35万年前くらいに考えている。これらの動物化石に関しては、石灰岩地帯である金窟一帯に散在する幾つかの洞窟遺跡からも同じ種のシカ[4]が出土する傾向をみせている。

ドゥルボン洞窟からは多数の動物化石が発見されているが、それらの動物化石のなかには標準化石(index fossil)として利用できる化石が含まれていた。動物の化石(骨)[5]はサル科(*Cersopithecidae*)、クマ科(*Ursidae*)、ハイエナ科(*Hyaenidae*)、サイ科(*Rhinocerotidae*)、ゾウ科(*Proboscidae*)などの動物化石が出土している。これらの化石は中期更新世から後期更新世の間に存在していた動物である(李隆助 1998)。これらの動物化石は他の遺跡出土動物と比較することにより遺跡の年代を決めるのに有効である。

遺跡から出土した動物の化石は遺跡間の気候の差や時間的な流れを把握するのに良いデータを提供してくれる。金窟のI・II文化層(中期更新世)とIII・IV文化層(後期更新世)の動物化石を比較してみると、メルクサイは中期更新世にも後期更新世にも存在する動物で、当時は暑くて湿潤な気候が続いていたことが分かる。

しかし、ウマ(*Equus*)の骨がI・II文化層にはないがIII文化層では存在することから、III文化層すなわち後期更新世に変わる時期では、涼しい草原風景が存在していたことを間接的に証明している。このような気候は、金窟II文化層では暑い気候で住むハイエナ科がいるがIII・IV文化層では認められないことからも分かることである。

3) 動物化石(骨)と道具

韓国の旧石器時代遺跡から、動物化石と石器が同一層位から出土した例は少ない。土壌の性質が骨類の保存に適した環境の遺跡が稀ではあるが存在する。その代表的な例としては、潼關鎮遺跡で出土した石器と骨類がある。遺跡からの出土資料は本論文1章にも触れてあるが、石器はわずかな点数しか出土していない。

韓国の旧石器時代遺跡出土骨刻器だけの問題ではなく、世界中の骨刻器は遺物の認定に苦労している。ヨーロッパやシベリアで見ることが出来るヴィーナス像のように、誰がみても人工品であることがわかる遺物もあるが、われわれが直面する問題は簡単に把握できない複雑性を帯びている。

動物が死んだ後、骨に生じる2次的な変形はいろいろな原因を考えることが出来る。1次的な死亡原因を提供した原因体、すなわち大型肉食動物による痕跡も小型骨には痕跡として残るし、自然の力学の中での落盤石や凍結そして、乾燥などによる変形もその痕跡が残るのである。ところで問題はそれら2次的な痕跡、あるいは1次的な痕跡が人工的な加工とさほど差がなく、見る側の経験と技術によりその分類は全然違ったものになる。

肉食動物は狩により獲った獲物すなわち動物の肉、筋、脂肪、腸器そして、骨の中にある骨髄などを食べるが最初の狩をした肉食獣が必ずしも最後の骨髄まで食べるとは限らない。一匹の動物の解体には大型の肉食獣から小

型のネズミのような動物までいろいろな分解者が登場する。

　今日の骨に関する研究は、科学の発達により目に見えなかった部分までもその対象にしている。出土した削器類についた脂肪酸を分析したり、骨に残っている痕跡を調べそのなかの人工性を探したりしている。そのような研究のおかげで骨変化学のような比較的新しい研究分野もできている。今まで曖昧であった芸術性の認定も科学的データの蓄積が進むことにより、一層納得がいく客観的な資料としての位置を探すことができるのである。

　人類の活動により骨に残された変形、あるいは彩色は目的から大きく二つを考えることができる。一つ目は象徴物としての骨の利用である。骨が持っている精霊的な雰囲気を用いた変形と彩色は古い時期から行われたと思う。これらの行為がもっとも発達した時期は欧米の編年でみると、オーリニャック文化から始まる後期旧石器時代に入ってからである。これらの人為的に変形された骨は呪術的な意味をもち、人々の精神世界に大きく関わったと思われる。

　もう一つは道具としての適合性である。骨が持つ硬さは人類史のなかで早い段階から利用されたと思われる。骨そのものを人類以外の霊長類が利用した場合もあるため道具としての目的を実現する過程、すなわち加工という技術をもつものが骨角器に見えたものである。

　それら加工された骨角器には石器にみえる技術が集約されていて高度の製作技術が必要である。骨自体を加工して石器と同じ機能を持つ道具として使った例もあるが、短絡的な道具の生産段階を超えた複合道具として用いた技術も後期旧石器時代の中葉あたりから見え始める。細石器と骨品との合体である。

　骨が持つ精神的な要素と機能論的な要素が組み合わされたものが複合道具類である。欧米の投槍器のなかには骨を用いたものでウマなど動物の姿を彫ったものもある。これはまさに精神的な面と機能的な面を合わせた骨の利用である。しかし、上で述べたような原因以外にも骨には人類の行動の跡が残ることがある。

　狩猟あるいは横取りを含めた食料の獲得のあとに行われる解体の痕跡である。肉と毛皮の剥離や骨に付いた筋の分離そして、肉の分配などによるいろいろな痕跡が骨には残っているのである。これらの骨に付いた石器の使用痕跡を研究することにより、人類の動物解体作業の有無や解体の手順までもが把握できる可能性をみせている。

　動物の骨の出土状況を見てみると特別な事例を除ければ骨の多くは砕かれていることをみる。その原因は色々なことを考えられるが、人類の活動と関連して栄養が高い骨髄を摂取するために砕いたする見解がある（趙秦變 2002）。それら砕かれた骨には打点やバルブがしっかり残っていてまるで頁岩製の石器をみるようである。

　韓国の遺跡から骨角器が出土したところを見ると次のようである。ドゥル峰9窟の下の層から96点のリタッチの痕跡を有する小型の道具が出土している。その中身をみると、1～3cmのものが60%以上を示している。大きくても10cmを超えるものはほとんどないのである。ドゥル峰9窟の上の層では67点出土しているが、やはり大きさは3cmより小さいのが半分で5cmのものもある。ドゥル峰2窟では削器、鋸歯縁骨角器、ノッチ、錐などが出土している。そして、この遺跡からはヒトの顔のような人面芸術品や動物模様の芸術品、シカの足の指から作った装飾品が出土している。

　ジョムマル龍窟のⅣ～Ⅵ層では削器、鋸歯縁骨角器、尖頭器、槍先などが出土している。また人面が彫られた骨[6]も出土している。上詩1岩陰遺跡からは681点の骨刻器が出土している。層位別に見ると9層から295点、7層114点、11層112点になるが器種別に見ると削器218点ナイフが91点、尖頭器91点、搔器55点になる。金窟Ⅲ文化層も骨刻器が多数出土しているが尖頭器、鋸歯縁石器、ノッチ、ノッチある尖頭器、搔器もみられる。金窟Ⅳ文化層からはシカのあばら骨を利用した尖頭器とノッチ、削器が出土している。

　このように韓国における骨角器を有する遺跡をみてきたがこのなかには客観的認定が欠如しているものも含まれている。事実上報告書が出された遺跡の研究はあまり活発でないのが現状である。遺跡の研究は持続的な研究と多角的な研究により成り立つもので、一回報告された遺物に関する再考などを含めた努力が必要な状況である。

従って、報告書に書いてある遺物に関する継続的な研究と第三者による検証が必要である。そのためには、資料の観察機会の開放が先決されなければならない。また、自然科学分野の研究者との共同研究などによる多角的な側面からの再接近も必要である。

III 中期から後期旧石器時代へ

1. 日本国九州島の石器群

1) 鋸歯縁石器と中期旧石器時代

(1) 剥片にみられる二次加工の意味

　現存する旧石器時代の遺物のなかで、もっとも数が多いのは石製道具を作る際発生する剥片に違いない。実際人類が石器を作る時の一回の行為（剥片剥離）には回数以上の剥片が剥がれるのである。剥がれた剥片が最終的な目標だったのか、あるいは過程であったのかは重要なことでわれわれ研究者はその判断を下すためにいろいろな状況と証拠を求め忙しくなるのである。

　剥片には大きく見て三つの類型がある。ひとつは道具（Tool）を作る過程で生じる残滓でそれ自体が目的ではない過程産物としての剥片（消費剥片）。もう一つはある製作意図をもって計画的に作り出される目的産物としての剥片（目的剥片）。
そして、意図しなかった偶然発生した剥片の目的剥片への転用である（機会剥片）。このような剥片たちは各遺跡で過去の記録として残されている遺物で、遺跡の性格を知るためには貴重な情報を提供してくれるのである。

　これら三つの類型の剥片には石器製作段階の製作過程説明書が隠れているが説明書の中の一つが二次加工痕すなわち、リタッチともいわれるもので、二次加工痕にもいくつかの類型がある。まず、石器製作を意図したままに進行するための目的剥片剥離以前準備段階の二次加工がある。この加工により製作者が考えた目的剥片の安定した形と量の生産が可能になる。

　この段階の二次加工は本格的な生産に入る前の準備作業の性格を帯びるものである。もう一つは目的剥片剥離以後の二次加工のことで、この加工は製作工程の最終段階で行われる。すなわち、剥がされた目的剥片に細部調整（retouch）を加えることにより石器器種本来の意図した機能に適した機能外観を作出のである。

　目的剥片剥離以前の二次加工が生産と規格に関わる加工で、目的剥片剥離以後の加工は機能と成形に関わることが予測できる。このような観点から石器製作過程のなかで二次加工が占める重要度は非常に高いことがいえる。しかし、石器作りに大きな役割を果たす二次加工の発達と多様化は後期旧石器時代の石器作りに入ってからで、それ以前の段階では二次加工が石器作りで占める比重は後期旧石器時代より少ないのである。

　上で二次加工の話を述べてきたが二次加工はリタッチ（retouch）の意味合いが強いことが想定できるだろう。リタッチは製作者の石器本来の機能に関する熟知度のバロメーターでもある。石器の機能を十分に理解した上での製作は完成後、道具としての機能が120%発揮できるからである。

　九州島の後期旧石器時代の遺跡から出土した石器類に施されている二次加工のなかにもそのような現象が見られる。それは鋸歯縁石器やナイフ形石器、そして細石器のことである。3種の石器に施されている二次加工は石器の機能を十分に生かす高度に熟練された技術であり一つの文化ともいうべき革新的な出来ごとでもある。

　九州島に分布する旧石器時代の遺跡は、ここ十数年で飛躍的に数が増大した。その原因としてはシラス（AT火山灰）の厚い壁を打ち破る大工事が、九州島全域で行われることにより機械による掘削が行われたのが大きく影響している。過去の調査であれば関東地域でローム層が検出されれば、もう人類の活動はないこととみなして調査を終了したのと同じく、シラスがみえれば調査不可能と認識していた。

　しかし、最近では報告事例も増えることにより調査担当者達も認識が変ってきたのである。そのような社会的な環境のなかで増え続ける調査例は資料の数量的な増加を招き、ある程度資料の蓄積が行われたことにより関連研

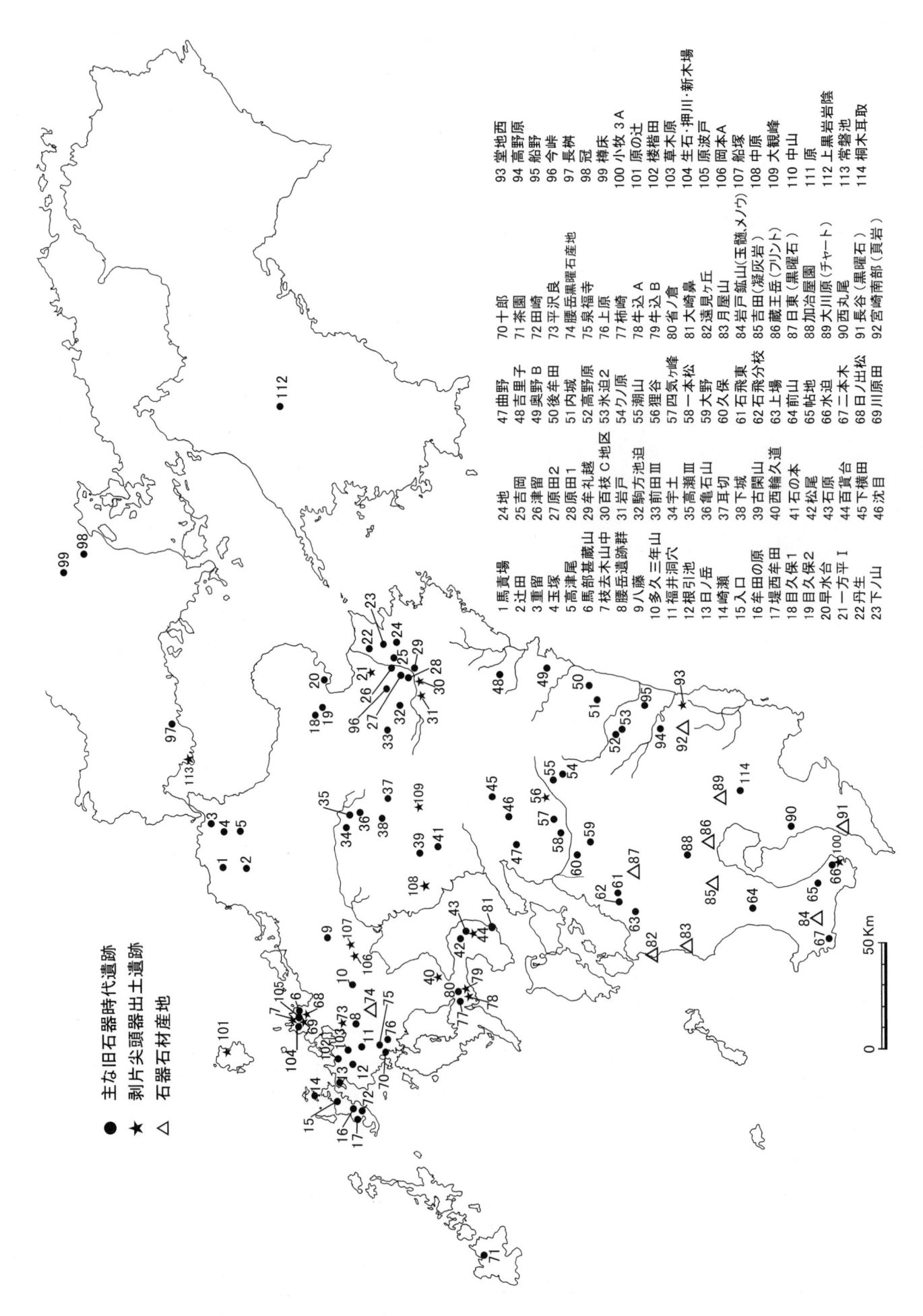

1 馬貴場	24 地	47 曲野	70 十郎
2 辻田	25 吉岡	48 吉里子	71 茶園
3 重留	26 津留	49 奥野 B	72 船崎
4 玉塚	27 原田 2	50 後牟田	73 平沢良
5 高津尾	28 原田 1	51 内城	74 腰岳黒曜石産地
6 馬部甚蔵山	29 牟礼越	52 高野原	75 泉福寺
7 枝去木山中	30 百枝 C 地区	53 水迫 2	76 上原
8 腰岳遺跡群	31 岩戸	54 ワノ原	77 柿崎
9 八藤	32 駒方池迫	55 潮山	78 牛込 A
10 多久三年山	33 前田 III	56 狸谷	79 牛込 B
11 福井洞穴	34 宇土	57 四気ヶ峰	80 省ノ倉
12 根引池	35 高瀬 III	58 一本松	81 大崎鼻
13 日ヶ岳	36 亀石山	59 大野	82 遠見ヶ丘
14 崎瀬	37 耳切	60 久保	83 月屋山
15 入口	38 下城	61 石飛東	84 岩戸鉱山(凝灰岩)
16 牟田の原	39 古閑山	62 石飛分校	85 吉田(玉髄,メノウ)
17 堤西牟田	40 西輪久道	63 上場	86 蔵王岳(黒曜岩)
18 目久保 1	41 石の本	64 前山	87 日東(黒曜石)
19 目久保 2	42 松尾	65 帖地	88 加治屋園(フリント)
20 早水迫	43 石原	66 水迫	89 大川原(チャート)
21 一方平 I	44 百貫台	67 二本木	90 西丸尾
22 丹生	45 下横田	68 日出松	91 長谷(黒曜石)
23 下ノ山	46 沈目	69 川原田	92 宮崎南部(貢岩)

93 堂地西
94 高野原
95 船崎
96 今峠
97 長樹
98 冠
99 樺床
100 小牧 3 A
101 原の辻
102 楼楷田
103 草木原
104 生石・押川・新木場
105 原波戸
106 岡本 A
107 中原
108 大観峰
109 中山
110 中山
111 原
112 上黒岩岩陰
113 常磐池
114 桐木耳取

主な旧石器時代遺跡 ●
剥片尖頭器出土遺跡 ★
石器石材産地 △

第 12 図 九州島の旧石器時代遺跡分布

究も活発に行われている。特に近い距離から来る自然環境と文化面での類似性は、研究者の間で韓半島との比較研究が必要であるという共通的な認識を作っている。

そのような状況で、ここではAT火山灰を境にした下位石器文化と上位石器文化を詳しく検討することにより、九州島と韓半島の旧石器時代を探ってみる。AT火山灰降灰以前の遺跡としては多くの遺跡があるが、層位的につながりを持つものとしては熊本県の遺跡では狸谷、下城、耳切、曲野、石飛分校、沈目遺跡、佐賀県の枝去木山中、百花台遺跡、大分県の岩戸遺跡、そして宮崎県の後牟田のデータを観察してみる。

これらの遺跡でみられる二次加工は、各器種別に異なりを持ちながら総体的には一つの進化論的道を辿るのである。二次加工における進化論は後期旧石器時代以前にその起源を求めることができる。前期旧石器時代の機能部作出のための加工や形作り加工はバイフェイス（Biface）、いわゆるハンドアックスの時期からみられるが連続的な二次加工が石器全体の工程から占める割合は少ない。 むしろ、はじめから機能にもとづいた石材選びが行われ二次加工は必要最小限に行われた。この段階は一次的な石材選択が石器の機能を念頭に置いた石器機能形状優先選択であったことが傍証されるのである。

しかし、中期旧石器時代に入ってからは石器の量的確保と機能改善のための一部の石材選択が認められるようになる。石器の機能的分化と発達による製作工程の多段階化は二次加工の頻度を増やす結果となり、結果的に石器の最終形態には、機能強化のための改良が各部位に表われる。

この段階は石器機能に適した石材選択と製作工程の規格化を念頭においた二次加工を根幹にする。また、石器作りはより三次元的設計図により石器最終形態に規則的で連続的に二次加工が施されるようになる。

石器作りは後期旧石器時代になると、一層精密化された三次元的石器製作設計図の完成と応用による多様化が表れる。石器作りでみられる二次加工は規格化され一律的制限と規則を持つようになる。

後期旧石器時代以前は最小限の二次加工による石器作りが広地域的にみられたが、後期旧石器時代になると石器製作道具の開発による多様化は、二次加工の広い応用と大規模の製作活動で強い地域性をもつ集団により代表されるようになる。

(2) 鋸歯縁石器と中期旧石器時代

中期旧石器時代は石器機能に適した石材選択と製作工程の規格化を念頭においた二次加工が多数の石器にみられる。特に、鋸歯縁石器にみられる二次加工は非常に強い機能優先加工をみることができる。鋸歯縁石器は韓国にも見られる器種として、位置付けはやはり中期旧石器時代に起源を求めることができる。 厚手の剥片を用いた部分二次加工により作られた刃部の形状は鋸のようで、縁に鋸の歯のような刻み目がある一種の削器である。しかし、ここで言う鋸歯縁石器とは、後期旧石器時代の末期と縄文時代にみられる定型性を帯びた規則的な二次加工による鋸歯縁石器とは区別するもので、製作技術が違うものである。

九州島の鋸歯縁石器は石の本8区、沈目、後牟田、などでみられる。石の本8区のⅥb層出土鋸歯縁石器は、主に腹面からの粗い数回の片面刃部作出加工による刃部作出が行われている。このように規格が揃ってない古拙な剥片剥離技術からくる石器素材運用の一形態として表われる。九州島では後期旧石器時代の初期段階の遺跡でも確認できる。

1cm以上の厚さを持つ幅広剥片を用いる鋸歯縁石器の刃部は一回性で重なり合わない刃部加工、すなわち再調整をほとんど施さない刃部をもつ。鋸歯縁石器には直刃の場合と円刃そして内曲刃の3類型があるが、内曲刃の場合はノッチとしての性格を兼ねている場合もある。石器の厚さは石の本8区では1cm強〜約3cm、沈目の場合は1.5

(1〜15 石の本、16〜18 沈目)

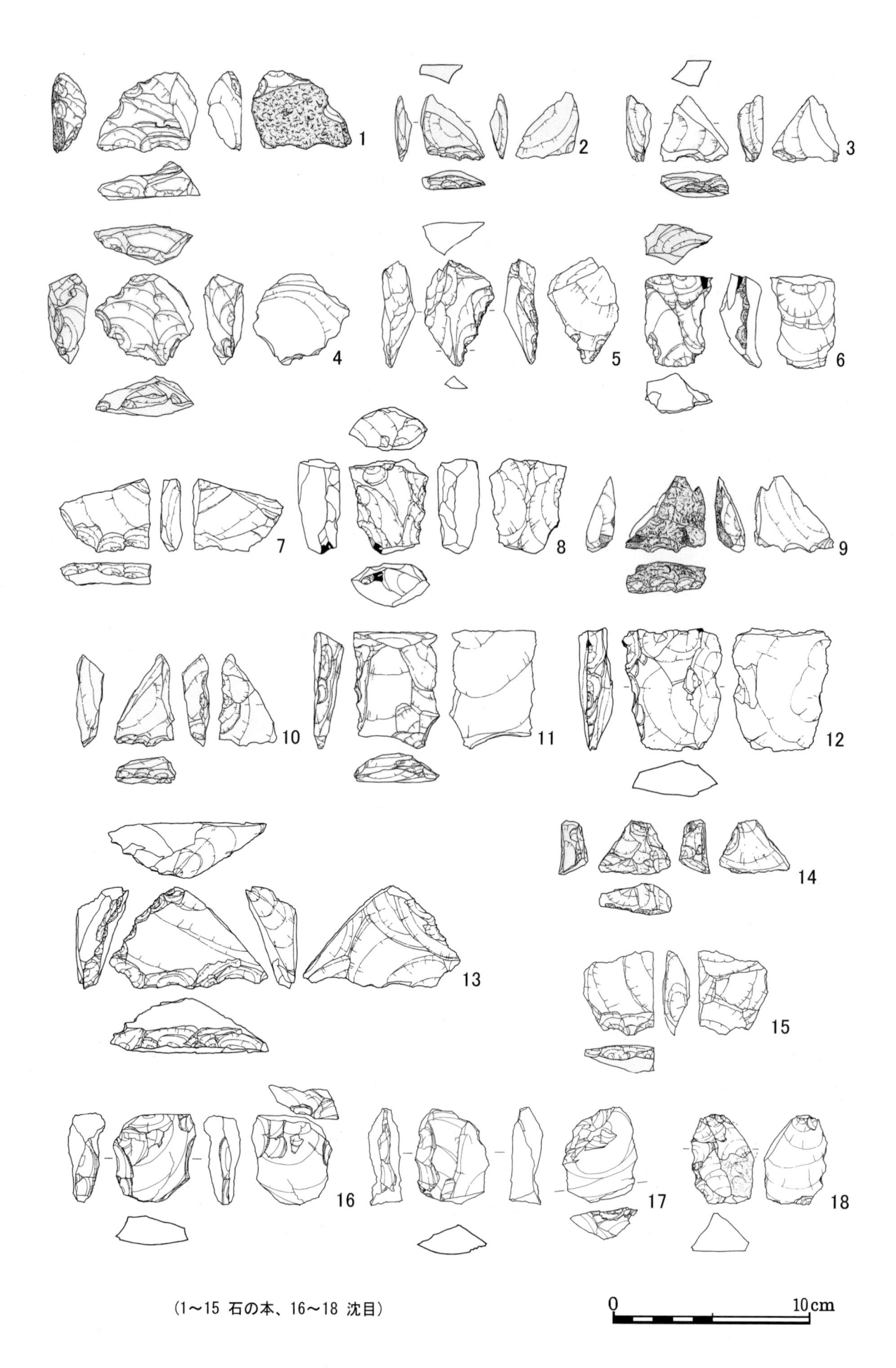

第 13 図　九州島の鋸歯縁石器 I

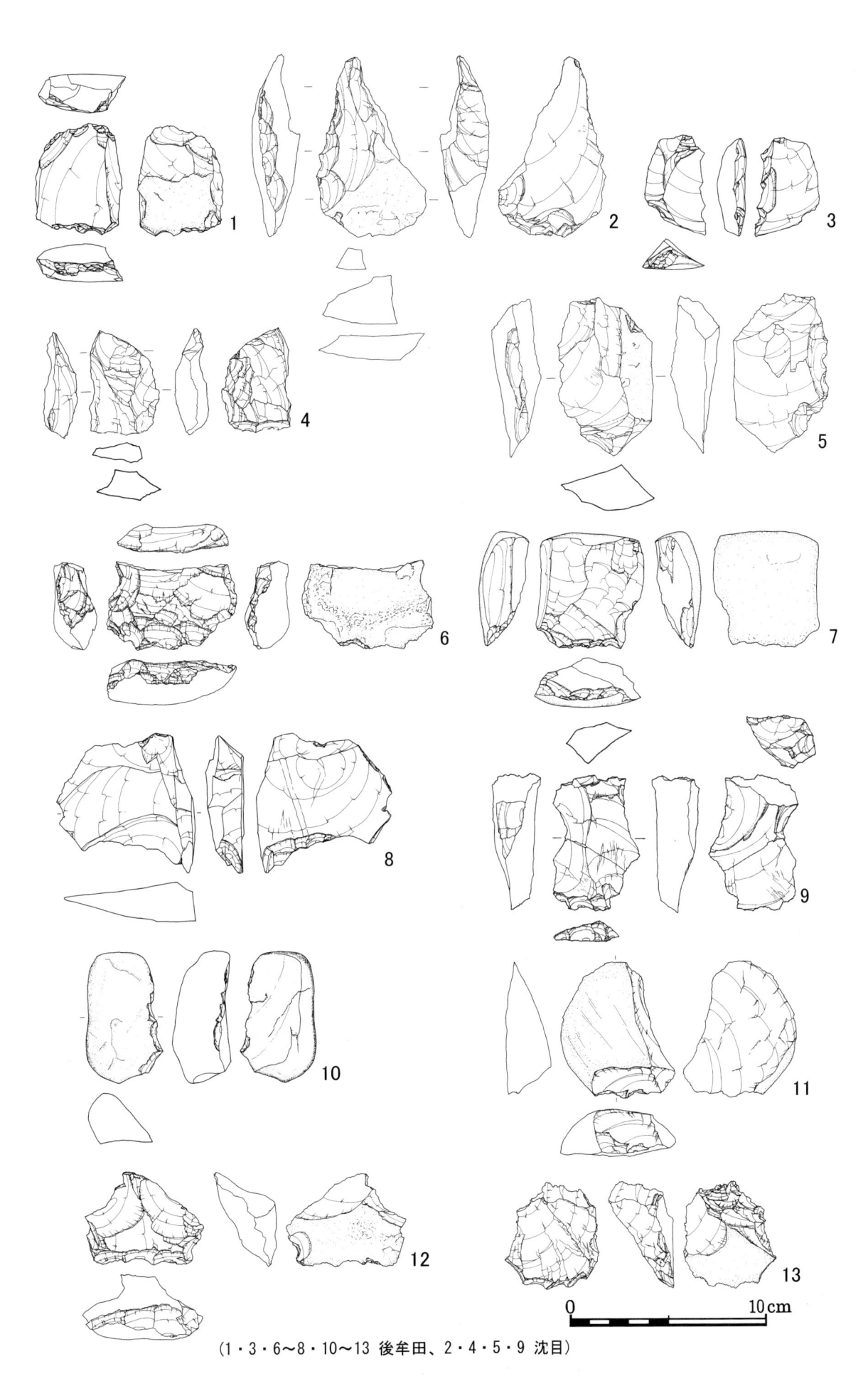

(1・3・6〜8・10〜13 後牟田、2・4・5・9 沈目)

第14図　九州島の鋸歯縁石器Ⅱ

遺跡名	番号	長さ	幅	厚み	重さ	刃部長さ
石の本	図13-15	4.2	3.6	1.3	22.7	2.7
石の本	図13-10	4.4	3	1.35	16.1	3.2
石の本	図13-3	3.2	3.5	1.3	12.3	3.4
石の本	図13-11	5.8	4.2	1.5	46.1	5.4
石の本	図13-6	4.9	3.45	2.05	27.4	4.6
石の本	図13-9	3.95	4.2	1.4	19.9	4.1
石の本	図13-1	3.9	4.85	1.8	33.5	4.9
石の本	図13-12	6.2	5.03	1.62	61.2	6.2
石の本	図13-13	4.95	7.9	2.8	69.8	8.5
石の本	図13-8	4.7	3.95	2.2	42.9	3.5
石の本	図13-7	3.55	4.7	1	23.1	5.2
沈目	図14-9	6.9	4.6	1.5	0	3.4
沈目	図14-2	10.95	718	2.98	150.07	9.4
沈目	図13-17	4.36	4.85	1.51	27.84	3.8
沈目	図14-4	5.4	3.6	1.7	26.59	3.3
沈目	図13-16	4.6	4.3	1.9	32.94	3.2
沈目	図14-5	8.1	5	2.6	85.94	6.1
沈目	図13-18	2.7	2.9	1.2	6.1	4.3
後牟田	図14-7	6.1	5.5	2.4	109.5	4.6
後牟田	図14-1	5.9	4.1	1.7	63.5	3.4
後牟田	図14-6	7	4.5	2.1	89.2	6.3
後牟田	図14-11	7.1	5.2	1.1	99.6	4.4
後牟田	図14-13	6.1	5.6	2.4	64.4	4.5
後牟田	図14-10	4.4	6.9	2.6	81.4	5.3
後牟田	図14-3	4.7	3.7	1.5	24.4	5.1
後牟田	図14-12	6.2	5.9	2.4	63	5
後牟田	図14-8	5.2	7.1	2	81.3	4.1
平均		5.387407	31.11593	1.848519	51.14	4.737037

※表採が3点あるが測量データ不揃いのため除外

第1表　九州島出土鋸歯縁石器データ

～2.6cm、後牟田では1.1～2.6cm(第1表の九州島鋸歯縁石器のデータを参照)である。

中旧石器時代の石器作りを踏襲している製作技術として鋸歯縁石器製作技術は参考にするべきである。規格化されてない剥片剥離による素材生産と交互剥離に依存しない刃部加工、そして重複されない刃部作出は特徴ある石器形状を作り出した。これらの特徴は石の本8区出土石器からもよく表われているが第13図15では厚手の幅広素材の背面からの3回の剥離により刃部を作出している。

第13図の10も1cm以上の厚手の剥片を利用したもので、3回の剥離により刃部を作出しているが、両方ともに刃部の長さは3cmに接近した数値であった。ナイフ形石器的な削器の場合に求められ、長い刃部が得られる最長縁部に削器刃部が施される一般論とは合わない結果を出している。このような結果は後期旧石器時代以前の石器製作からの習慣的行為である可能性がある。

石の本8区出土鋸歯縁石器類は11点である。報告書にはこれら全てが削器類に分類されているが、削器と鋸歯縁石器の刃部の長さや厚さ、そして重さではさほど違いが見られない。ただ、製作において削器は二次加工＋細調整で刃を揃えている点が鋸歯縁石器と大きく違うのである。しかし、素材の選択や運用ではほぼ同じ工程を辿ることができるのである。

その例を第13図の1から見ることができる。原礫面を有する断面菱形の厚さ1.8cmの剥片に最長部を刃部として利用するため2回の剥離により揃えた側縁に、4回の細調整が施された削器である。細調整がなかったならば、鋸歯縁石器として分類できるものである。このような観点からも鋸歯縁石器は意識的に作り出した一つの道具であるといえよう。

さて、鋸歯縁石器の出土層位と組成をみると石の本8区ではⅤ層からⅥb層にかけて出土している。ここでいうⅤ層というのがAT火山灰検出層であるが主な鋸歯縁石器はⅥb(赤褐色粘質土)層から出土しているため主出土層はAT火山灰より下の層であるⅥ層になる。沈目遺跡ではⅤ層がAT火山灰堆積層で、鋸歯縁石器は下のⅥ-b層(黄褐色土層)から出土している。

このような傾向は石の本8区とほぼ同じ時期に鋸歯縁石器が盛んに生産されていたことを傍証している。後牟田の場合はⅡb文化層とⅢ文化層から出土しているが、Ⅱb層の上にⅡ層があってその上にAT火山灰が乗っている。これら3つの遺跡から出土した鋸歯縁石器は全て、AT火山灰降灰以前の文化層になるのである。

2) 台形様石器の出現とナイフ形石器との関係

(1) 台形様石器の発生

九州島における後期旧石器時代の開始は、剥片に二次加工を施した小型剥片製石器の登場をもって論じることができる。そして、絶対年代に換算すると、後期旧石器時代の始まりは約3.5万年前とするのが今日まで日本列島の旧石器時代研究者たちの主な編年観である。

後期旧石器時代が始まった頃の九州島の状況は一部礫器を組成に含んだ局部的側縁加工石器により代表される。そのなかで石器製作に規則性を持つ横長剥片と不規則的な不定形剥片を利用した二次加工を有する剥片石器が認められる。一種の削器の開発により切り開いた、より規則的なシステムを備えた石器製作が芽生える時期である。そのような技術の開発により登場する石器群のなかに台形様石器がある。

台形様石器にみられる最大の特徴は、後に続くナイフ形石器に技術遺伝子として石器製作システムに組み込まれる素材の自然縁を刃部として用いる点と茎部を作り上げるところにある。以前の段階の石器にみられる刃部作出

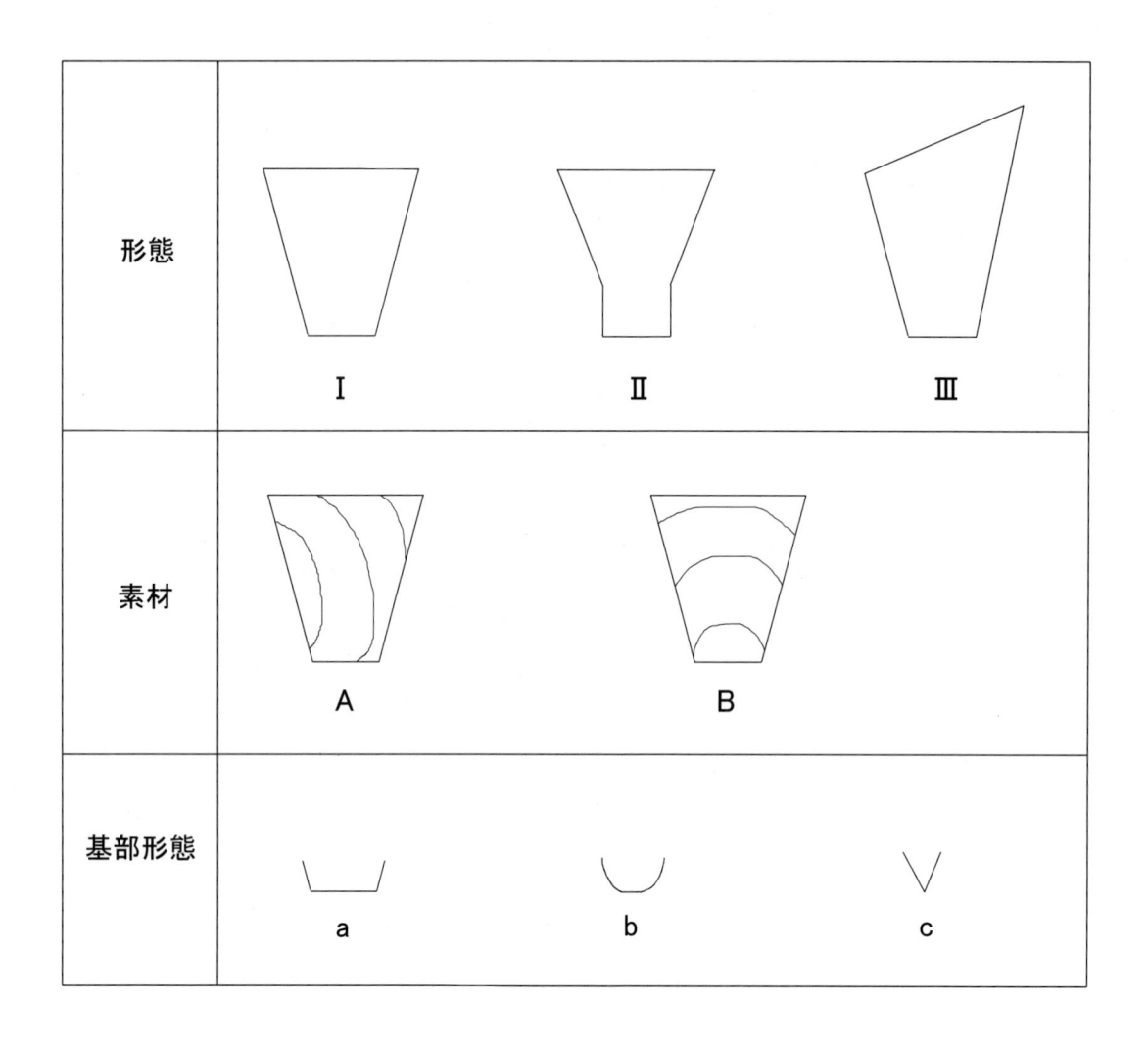

第15図　台形様石器分類模式図

　は周縁の部分あるいは全体の加工であったが、新段階の石器作りでは空白の美を生かすような刃部選択と基部の加工がみられる。
　すなわち、道具の機能を最大限に生かすための合理的でシステミカルな作業構造を作ったのである。台形様石器は素材が持つ鋭い縁辺を生かして基部に細かい加工を施すことにより組み合わせ道具として、そして複合道具として成り立つ革新的な石器である。
　ヨーロッパや西アジアの地域では、ルヴァロワ尖頭器により代表される複合石器が中期旧石器時代から製作されていた。ところで、九州島では台形様石器の段階から石器類に道具の機能部としての役割に合う形に仕上げる工程が現れ始められ、後のナイフ形石器や細石器文化に引き継がれる。
　台形様石器は、機能部と構造部に関する設計が徹底していて、製作工程管理が広域化された石器である。そして、ルヴァロワ尖頭器が目的的剥片作出のための工程を一本化した生産ラインに固執した反面、台形様石器はより合理化された大量生産を目的とした工程をもっている。

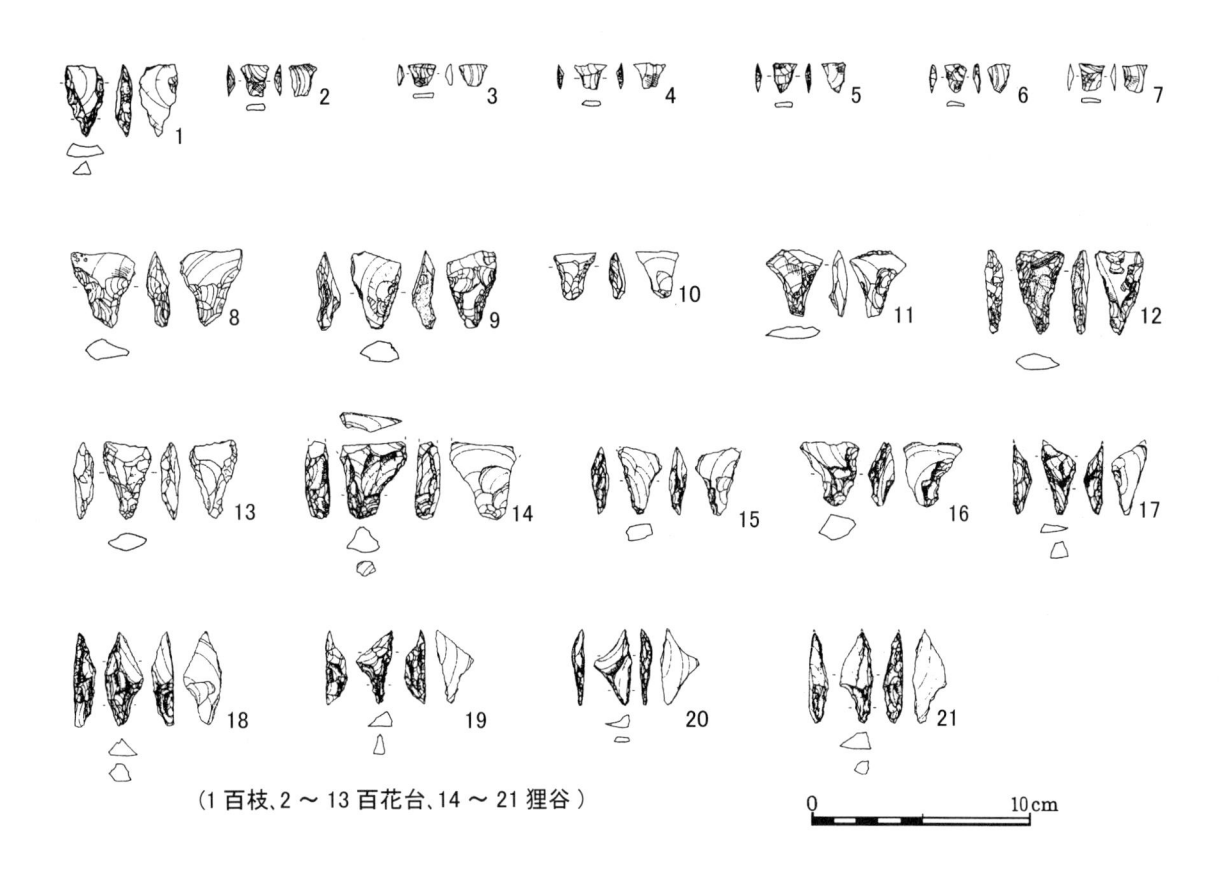

第 16 図　九州島出土台形様石器

（1 百枝、2 ～ 13 百花台、14 ～ 21 狸谷）

　台形様石器の発生を考える時、九州島の状況をみるためには AT 火山灰降灰以前の時期を考えてみる必要がある。後牟田の場合鋸歯縁石器を組成に含み、厚手の剥片を用いた周縁調整削器が使われた時期と、基部加工のナイフ形石器、いわゆる祖形ナイフ形石器ともいわれる部分加工石器が使われた時期とが、その発生に深く関わるのである。しかし、後牟田では台形様石器を本格的に作った痕跡はなく、より大雑把で規則化されていない剥片剥離が認められる。3 地点Ⅲ文化層（7b 層下部～ 8 層上部）出土扇形石器やナイフ形石器といわれる石器は大きな範疇からみると台形様石器の範疇に入る石器である。

　Ⅲ文化層の下位文化層から出土する石器のなかに小形部分加工石器や小形側縁基部加工石器が出土している。これらは後に続く、すなわち AT 火山灰降灰直前までの文化層に脈絡が続くのである。小形側縁基部加工石器からみられる特徴は小形横長剥片を素材にして、側縁に二次加工を施すが、加工方向は背面からの加工によるもので両面からの加工はみられない。このような加工法は鋸歯縁石器の刃部加工にもみられる方法で、当該時期の二次加工が腹面、あるいは背面のどちらか一面から行われることによって石器が作られたことを示すものである。

ところが側縁加工技術は後牟田ではⅣ文化層、Ⅴ文化層にみられることから、九州島における台形様石器の発生は後牟田Ⅴ文化層が形成された頃にその起源を求めることができる。他の遺跡では、岩戸遺跡Ⅰ文化層出土ナイフ形石器、曲野遺跡Ⅵ層出土台形様石器、石の本8Ⅵb層の二次加工剥片などが比較的古い段階の台形様石器になるのである。また百花台型方台形様石器がⅥ層から出土している。

かつて安斎は、中期旧石器時代からの側縁調整技術が、後期旧石器時代の台形様石器に繋がるという漸進的な進化論に沿った石器進化論を唱えた（安斎　1988）。また佐藤は、ナイフ形石器と石刃技法、および台形様石器は横長・幅広剥片剥離技法という新旧両伝統の二極構造を持つとした。しかも、両者が同一社会に共有され選択性を持つ技術であった可能性が高いとした。

単一の特定技術と特定社会集団が、一対一に対応するのでなく社会は複数の技術を所持し、経済的・機能的・集団的要望により、技術を選択的に行使・発現するとした（佐藤　1988）。このような観点を基本に佐藤は台形様石器について、平坦剥離による基部調整と、一次剥離面と主剥離面がつくる縁辺を刃部として設定した略梯形・菱形・鱗形を呈すると定義付けながらナイフ形石器とは区別して分類を行った。

佐藤の台形様石器の分類は大きく分けて3つになる。分類は台形様石器の平面形態と素材剥片の性格、素材の用い方、そして基部加工の有無を根拠にして行われた（佐藤　1988）。佐藤の後発的で修正的な技術形態論は、ある意味では総合評価的まとめに準じた論の展開であったため、ある程度共感する部分が多い。佐藤は安斎の斜軸尖頭器が中期旧石器時代からの伝統を引きついた石器であるという理論をベースにしているため、論拠が物足りなく、傍証できない資料の分析を引用している。

斜軸尖頭器にみられる側縁調整からの進化論的発展論は、その理論基盤をナイフ形石器の拡散に求める作業を長年続けた。しかし、理論の根拠である斜軸尖頭器段階の設定根拠は2000年の旧石器捏造事件により崩れ、構造の把握には至らなかった。結局、氏の斜軸尖頭器石器群は存在が曖昧になる結果を招いたのである。

九州島における台形様石器は分類上、Ⅰ狸谷形型、Ⅱ百花台型、Ⅲその他の3類型にすることができる。主な型式的な分類には刃部の状態（直線なのか斜線なのか）、基部の形態、などの形態的な区分と素材の用い方、二次加工の在り方を基準にした分類である。それによると台形様石器の特殊な形からくる機能性は、組み合わせを前提にした道具の一線で考えることができる。

そのような台形様石器の類型は次のようである。直線の刃部が器軸に対してほぼ90度の角度を維持した形態を"Ⅰ類"、直線の刃部が器軸に対してほぼ90度の角度を維持していて基部に抉りがある場合"Ⅱ類"、刃部が器軸に対して斜めに交わる場合を"Ⅲ類"。素材が横方向剥片を用いた場合"A"、縦方向の場合"B"。また、二次加工によって基部が角をもつ場合"a"、基部が丸みをもつ場合"b"、尖鋭になる場合"c"。このような基準から分類を行うと九州島出土、台形様石器は3つの分類範疇で考えることが出来る。

(2)　台形様石器の展開

九州島における台形様石器の登場と広がりは後期旧石器時代に入ってからであるが、出現初期の模様をみると狸谷Ⅰではその存在がナイフ形石器に隠れてしまうのである。狸谷Ⅰ期にはナイフ形石器を利用した狩猟生活が活発に行われた。ナイフ形石器が27％を占め、掻器類や削器類などの加工具も充実していることが分かる。

また、石材は珪岩と黒耀石を主体に石器作りが営まれているが、面白いのは石器すなわち道具を作る加工具においては、磨石・敲石には砂岩を主に使っているのが目に付く。このことから石器づくりに関する製作者の石材に関する理解が深く石材を用途に合わせて選択使用していたことが推察できる。

後牟田ではⅡb層から水晶製の台形様石器が出土しているがその数は1点しかなく、遺跡全体としても5点し

か出土してない。ここで興味深いのは水晶の利用である。幅広剥片を素材として用いたもので打面側を基部にして主剥離面からの剥離により調整加工が施されている。しかし、Ⅱb層からの台形様石器と言われるものはこの1点のみで全体的な工程は把握されてないのである。従って、可能性は残すものの上の層であるⅡ層からの出土遺物を持って台形様石器の使用が行われていたというのが現実的である。

　この、Ⅱ層の台形様石器は基部の位置に打面が来ない、すなわち素材を横に用いる方式をとっていることと比較しても、水晶製の側縁に二次調整がある剥片を台形様石器にするのはまだ躊躇する余地を残すのである。このような状況から考えると後牟田の台形様石器類の出現はⅡ文化層以前までには技術は入っていたとすることができるが、存在は不安定で少数の量しかなかったのである。後牟田ではⅡb層になるまでに台形様石器が出現する技術的基盤、あるいは条件はなかったことがいえるのである。

　ところで、Ⅱb層が属している層というのは九州島ほぼ全域で安定した堆積をみせているいわゆる、黒（暗）色帯層のことで、AMS法で27,000～30,000年前という測定値が出ている（木崎　2002）。台形様石器は展開期に入ると、急激な勢いで領域を拡張していく。

　そもそも、技術的な基盤に関する分析からもナイフ形石器との境がそれほど明瞭ではないが、ブランティングを有することや主要剥離面と背面から成る剥片の鋭い一辺を刃部として用いることなどにみえる技術的特徴により、いまだに学界ではナイフ形石器との関係で二分されている。

　小田静夫は、台形様石器の出土量や遺跡集中分布度から、九州島西北部の台形様石器を中心に扱いながらナイフ形石器とは別に分類すべき石器であるとした。また、台形様石器の使用方法は鏃のような使い方であると予察した（小田　1971）。

　しかし、台形様石器といっても形態の中には私が分類したⅡ類系のような斜刃の場合や凹刃の場合、非安定的な重さの不均衡からくる飛距離の制約、あるいは刃部優先の形態になるため、鏃としての専門性は弱くなるのである。要するに台形様石器は、刃部の素材縁辺利用と器軸に直交する刃部の位置に意味がある石器であろう。

　遺跡から出土する台形様石器はそれほど量的に恵まれてないが、前述した黒色帯下位に位置する耳切遺跡A地点Ⅰ石器文化層の場合39点出土している[7]。しかし、その中身をみると掻器ともいえるような石器を除くと実数量は、その半分くらいにしかならないのである。当時期の台形様石器に伴う石器類としては削器、基部加工石器、掻器、二次加工剥片、不定形剥片などが基本的な組成である。国府型・茂呂型・杉久保型などに代表される本格的なナイフ形石器[8]は含まないか、あるいは基部に加工がある剥片として形態分類の枠に含まれる程度である。

　量的に少量である台形様石器は、次にくる台形石器とは素材の用い方からみても差が大きい。まず、幅広剥片あるいは縦長剥片を主に利用する台形様石器が石刃あるいは縦長剥片を用いて規格性に優れた大量生産にも対応できるようになる。従来の研究によると台形様石器の方が早く根を下ろしたことになるが、日本列島に現れ始めた頃は、九州島と北海道にみえる側縁加工[9]のいわゆる切出形石器と形態上の特徴が類似している。

　そして、次の段階になると北と南の両者は本州中央部と瀬戸内海を中心とする新しい地域的な単位をつくり各地域で盛んになるのである。これら台形様石器群は簡単な石器組成のなかに局部磨製石斧含むのを特徴とする石器群で、AT火山灰の降灰以降に実質的な定着が始まる。

　九州島後期旧石器時代の初期から社会的に重要な道具としての役割を担ってきた台形様石器はAT火山灰降灰後、韓半島方面から南下してきた新しい技術構造をもつ剥片尖頭器の登場により大きく揺れるのである。現在までの出土状況から考えると、新しく突如出現した剥片尖頭器石器群は、本拠地ともいわれる韓半島からAT火山灰降灰以降一気に九州島に広がるのである。

　在地に広がっていた既存の台形様石器やナイフ形石器類に代表される道具類のなかに、石刃技術を携帯した外来系の集団が登場したことによって、九州島に新しい風を吹き込んだ[10]。剥片尖頭器製作技術はその後、在地の台

形様石器製作技術に吸収され在地化する。機能役割も、まもなく在地系の石器製作技術システムにより作り出されるナイフ形石器や尖頭器に譲るのである。

ところで、一時期空白地域としていた時期を乗り切った台形様石器はその後、石器群全体に波及した小型化の波に乗せられるが、新しい石器製作技術である細石器文化の波にさらに押され小型化の道を歩み細石器の出現をもって完全に細石器と入れ替わるのである。

(3) 台形様石器とナイフ形石器の共存

台形様石器を型式分類したことがある研究者はみなナイフ形石器との型式と技術的な同質性からくる類似性のため分類の基準作りに悩まされる。ナイフ形石器は北東アジア周辺諸国にもその存在が僅かに認められるものの、実質的な技術構造を持って展開していたのは日本列島に限られる。

何故であろうか、簡単な答えを求めるある研究者達は一つの地域性により区切られる特殊な文化としているが全貌は未だに解明されていない。ただ、製作技術の内面に潜在する技術遺伝子の構造分析による新しい方法論が、ここ20年来行われている。

台形様石器に認められる素材が持つ横軸の自然縁が、ナイフ形石器では縦軸の刃部として用いる発想の転換がみられる。ナイフ形石器とは日本列島の後期旧石器時代に入ってから作りだされた石器である。

主な素材は縦長剥片、横長剥片、そして石刃を用いて素材の鋭利な縁辺を刃部とし、それ以外の縁辺にブランティング (blunting) という急角度の調整を施した刺突や切り削りのための複合機能石器である。刃部以外の縁辺に施すブランティングの部位により基部加工、一側縁加工、二側縁加工、部分加工などに形態分類が行われたが、これらは時期と地域によりさまざまな傾向がみえる。

ナイフ形石器[11]は大きく国府型ナイフ形石器、杉久保型ナイフ形石器、茂呂型ナイフ形石器に分けることができる。ではそれぞれの特徴をみてみる。国府型ナイフ形石器は大阪の国府遺跡出土資料を標式とするナイフ形石器で、翼状剥片の腹面からの加工により柳葉状の器形を作り出した中・大形石器である。一側縁に施した加工がほぼ直線的であることと刃部が円縁であることが最大の特徴である。素材となる翼状剥片を剥ぎ取る瀬戸内技法を技術的基盤とする。

茂呂型ナイフ形石器は、東京の茂呂遺跡出土ナイフ形石器を標式遺物とする縦長剥片を素材に用いる。先鋭な先端部と側縁の一辺を刃部とし、その反対側にブランティングを施した石器である。基部加工は一面に留まらず両面の側縁に施すこともあるが打点は大抵成形調整により取り除かれる。茂呂型ナイフ形石器はAT火山灰降灰前後に作られたもので西南日本にも分布を見ることができるのである。

杉久保型ナイフ形石器は、長野県杉久保遺跡から出土した石器を標式とする石刃製のナイフ形石器である。器形の特徴としては細身の素材 (石刃) に基部あるいは先端の部位に調整を施していることを挙げることができる。調整は基部と先端に施されるが基部の場合は両面に施す場合もある。すなわち全体的な形状補修はなく機能部に調整加工が集中的に行われる石器で、AT火山灰降灰以降に表われることから石刃技法をベースにした後期旧石器時代中葉以降の道具であると言える。

代表的なナイフ形石器以外にも時期と地域ごとの特徴を備えたナイフ形石器が存在する。東山型、広郷型、狸谷型、九州型ナイフ形石器など各地域に分布を置く多様な形態のナイフ形石器である。これらのナイフ形石器と台形様石器は時期を異にするが、台形様石器は後期旧石器時代の初期 (約33,000年前) からみられAT火山灰降灰後圧倒的なナイフ形石器を含めた尖頭器の勢力に押され、存在が希薄になっていく。

しかし、ナイフ形石器は台形様石器の周縁調整技術と素材剥片の鋭い縁辺を残すという基本的なシステムを受

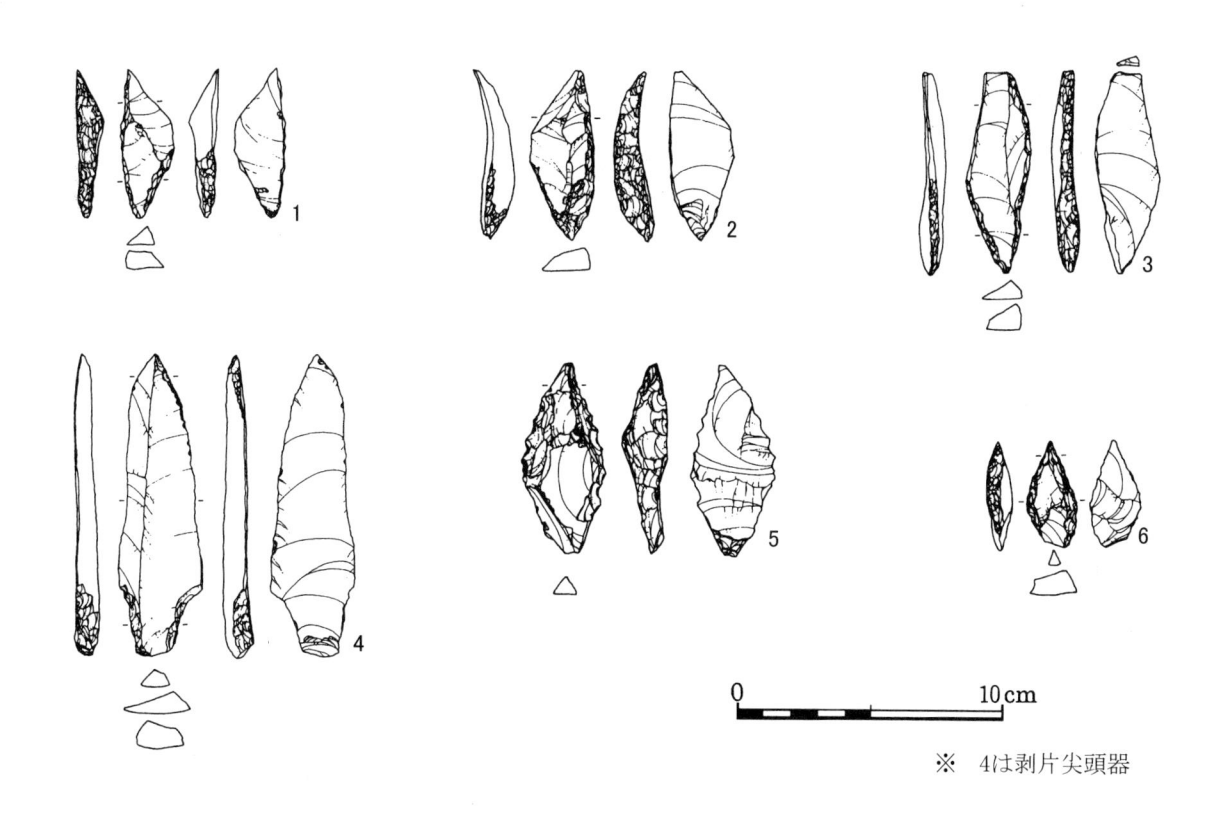

第17図　百枝遺跡出土ナイフ形石器（三重町教育委員会 1985）

※　4は剥片尖頭器

け繋いでいる。ヨーロッパではナイフ形石器は3.6万～3.2万年前の石刃製の尖頭器として知られているシャテルペロン型尖頭器（Chatelperronnian point）が盛行した時期にはすでに広がっていたが、日本列島ではどうやらそれよりは遅れて石刃技法によるナイフ形石器が全盛期を迎えるのである。

3)　九州島の石刃技法と剥片尖頭器

(1)　九州島における石刃技法

①　九州島における石刃技法の登場

　九州島における石刃技法の始まりはAT火山灰降灰以前になりそうである。百花台遺跡から石刃製のナイフ形石器が本格的に出土するのはⅥ層からである。Ⅶ層からも数的には少ないがしっかりした石刃核が出土している。ただこの段階の基本は、横長剥片剥離による素材を横位に用いた台形様石器や角錐状石器が見られる時期である。
　そのような傾向の中に剥片を縦に用いようとする傾向をみせる剥片尖頭器がいくつか石器群に認められるようになる。岩戸遺跡D文化層に1点出土している剥片尖頭器も剥片を縦に用いたもので下位のGやHなどの文化層からは縦長の素材剥片を剥がす動きは見られない。そのような事実は以前の剥片剥離システムとは異なる新しい剥片剥離システムが、東の瀬戸内以外の地域から入ってきたことの傍証になると思われるのである。

(1〜6 曲野、7〜11 耳切)

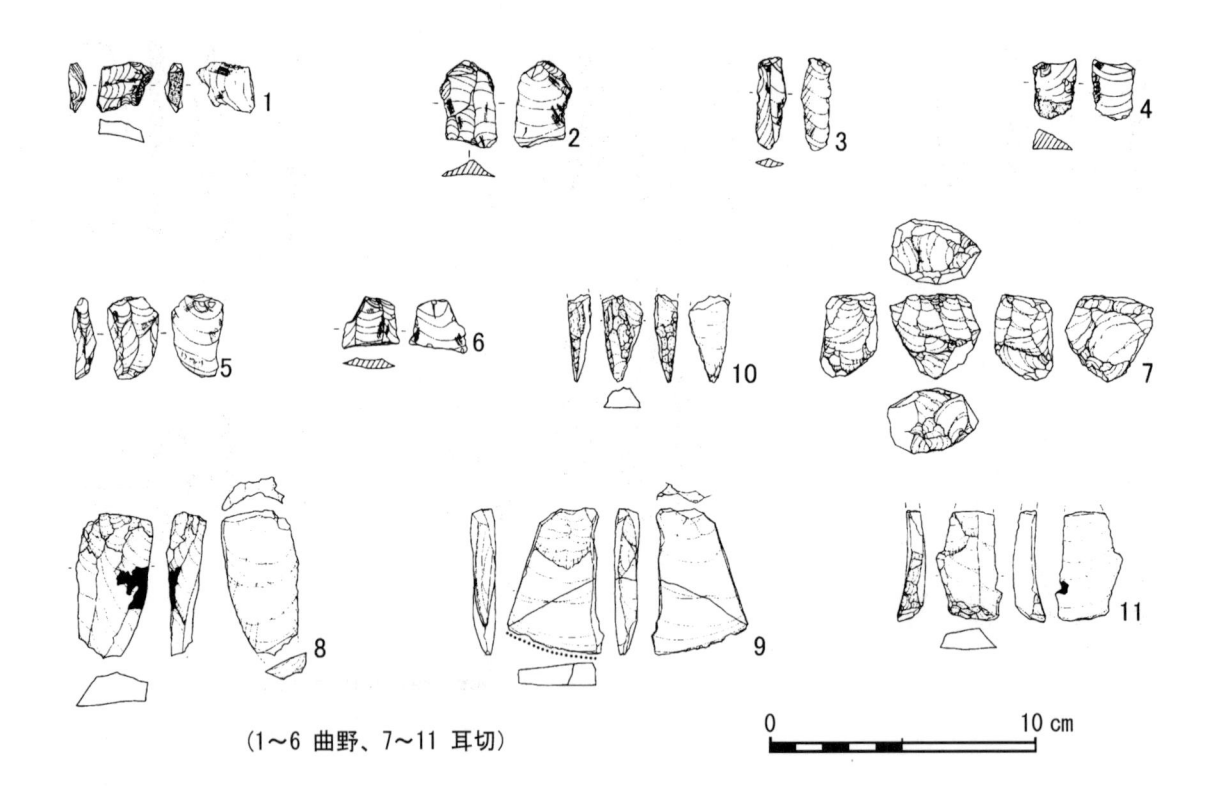

第 18 図　九州島出土石刃技法関連資料

　百枝遺跡Cの方にもⅡ文化層（AT上層）で剥片尖頭器と素材を縦位に用いたナイフ形石器が主に出土するが、剥片を縦位に使う傾向が見られるのはAT降灰以前の文化層であるⅢ文化層からであり、石刃技法との関連からみても興味深いことであろう。しかし、実質的な石刃技法が普及するのは安蒜の5期区分によれば、第Ⅰ期の終わり頃から登場する北陸・東北地域を除けば第Ⅲ期になってからであろう。
　ところが石刃技法の展開については九州島における起源ははっきりしていないのが現状である。石刃に関して安斎は「2項モード論」を挙げて"剥片モード"の台形様石器から"石刃モード"の台形石器に移り変わるが、"石刃モード"の開始期が九州島では後期旧石器時代開始期には見られないとした。そして安斎は、萩原の言う早期の"石刃モード"に関して、現在は不明瞭な点が多いとしながら編年に疑問を表した（安斎　2000）。
　九州島における石刃技法の出現は現在のところ耳切A地点Ⅰ文化層[12]、曲野Ⅵ層、そして百枝Ⅵ層などを挙げることができるがこれらの層はいわゆる黒色帯[13]といわれる層である。従って九州島における石刃技法の始まりは、2.7万〜3.0万年頃とみることができる。

　②　九州島石刃技法の技術構造
　九州島における石刃技法は黒色帯になってから展開がみられる。しかし、展開というものは石器製作システムのなかからみるとまだマイナーな存在で、石器作りは横長剥片を作出して希望器形に近づける方式の中に部分的に縦長剥片と石刃技法が入り込んだような構造をみせているのである。それに、石刃技法のプロトブレード的な要素は

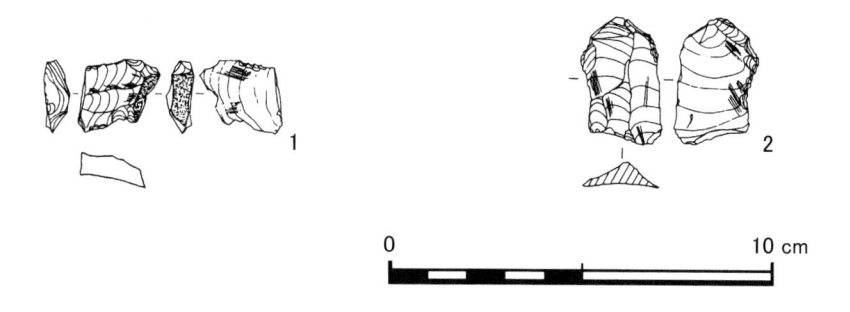

第19図　曲野遺跡出土縦長系剥片

　いまだ確実でない。そして、自生論的な立場にしろ、東北・北陸あるいは中国・韓半島からの伝播論にしろ、まだ明瞭でない部分が多い。

　石刃とはなにか、そして技術の根幹になるものはなにか。現在までの定義によれば石刃というのは長さが幅の2倍以上になる剥片のことである。また、石核には平行する縦長の剥片を連続的に剥がした痕跡を有するものである必要性がある。

　従って不連続の縦長剥片はその形態が平行する両側縁をもったとしても定義付けに混乱を与える余地がある。なので、石刃核には長さが幅に比べ2倍以上で、連続して平行する稜線をもつもの、あるいはその意思（証拠）が見られる必要性がある。

　百枝遺跡の下部Ⅲ層出土石刃技法関連資料をみるとナイフ形石器がある。Ⅲ層からはナイフ形石器が15点出土しているが（このうち3点は接合資料）技術的基盤をみると第17図の1には打点は見えないが、リングの方向から打点部を上位に置いたもので縦長の剥片利用をみせている。2番は打点を基部に置いたもので基部の主剥離面側のバルブを取り除いてある。3は打面を基部に置いて加工を施したもので背面の稜線が両側縁に平行する。

　このような観察から残りの12点を観察すると、まず背面には素材剥片の両縁に平行、あるいは方向を同じくする稜線が走っている。また、主剥離面側の剥離方向と背面にあるネガ面の旧作業面の剥離方向は同一である。背面にある古い作業面は最小2面から最大5面までが確認できる。

　このようにナイフ形石器の製作から検出できる製作技法からは、石刃技法の定義に符合する項目がいくつもある。このような傾向は、Ⅱ文化層出土第17図4の剥片尖頭器で頂点に達するのである。しかし、同じⅢ文化層の狩猟具である尖頭器をみてみると5番は主剥離面に横と縦に走る2つの剥離痕をもっていて背面と主剥離面にみえる剥離方向は一致しないのである。

　また、第17図6には周縁する側縁調整が施された尖頭器で、剥離方向をみると主剥離面には複数の剥離痕があるし、背面にも剥離方向が直交するような剥離痕が2面確認できる。このような状況から考えると百枝遺跡では、同一文化層に石刃を素材にしない剥片製石器製作システムと、石刃を素材とする石器製作システムの異なる二つの石器製作システムが共存していたことがわかるのである。

　では、異なる石器製作システムを保持する傾向が同じ時期の他の遺跡からも見ることができるのであろうか。九州島の曲野遺跡下部の石器群はAT火山灰と阿蘇4火山灰の間にナイフ形石器[14]（切出形石器）と台形様石器が出土している。石器出土層は赤褐色粘質土（いわゆるローム層である）で黒色帯とは直接対比が難しいがAT火山灰

下位の文化層として比較してみる。

　出土している石核は約5cm大の大きさを超えないもので両面調整されているものと、大きさ約2cm大の小形で礫面を残す2種類がある。後者の石核はそれほど多くの作業面を残してない。また類型Ⅱの台形様石器は素材を横位に使ったもので、多様な形をしている。言い換えればあまり一貫した工程が見られないランダムな作業が進んだ石器づくりであった。

　それに比べ台形様石器は形態が揃っていて規格性もあるが、石材はナイフ形石器といわれるものと同じで、横位での素材の運用であった。しかし、スクレイパーとしているものの中には、第18図の1・2のように主剥離面とは逆方向ではあるが連続した縦方向剥離が見られる石器もある。

　また、剥片類にはナイフ形石器や台形様石器には見られなかった縦方向への素材運用の傾向が認められる剥片類があって、石器群全体に縦方向への意識が芽生え始めていることが言えそうである。このようなことは第18図3・4・5・6などの剥片からも確認することができる。実測図はないが資料の中には背面に走る3面の作業面すべてが縦方向であり、規格も石刃といっても過言ではないほど石刃作業面の特色を帯びた資料もあるのである。

　これらのことから曲野遺跡では主な道具であるナイフ形石器や台形様石器をつくる作業工程の中に、素材の縦方向利用はなかったものの、剥片類の生産や削器など加工具類には縦方向への転換がみられる。このようなことは管理的な狩猟具の主石器類と加工具の間では生産に合わせた意識構造の差があったことを示しているのであろう。

　このようなことから当時の石器生産システムのなかには狩猟具（主流）と加工具（非主流）があって社会構造のなかで上位道具であった主流は下位道具である非主流の変化から技術構造が変わっていくのが分かる。言い換えれば狩猟具は加工具の技術開発により影響され発展していくことであると予測することが可能であろう。

　耳切遺跡A地点下位の文化にみられる石器製作の傾向は、Ⅰ文化層では台形様石器、ナイフ形石器、削器、剥片類、石核類が出土しているが、縦位と横位の剥片を同時に使える多様性を持っている。台形様石器では横位での石器素材の展開がみられるがこの横位展開というのは、Ⅰ文化が以後の段階であるⅡ文化の縦長剥片を利用する石器生産構造から考えても特別な生産構造を持っていることを想像することはさほど難しくないはずである。

　しかし、台形様石器生産のための横位素材運用構造の中には、僅かながら縦位素材運用の面々もみられる。耳切遺跡出土第18図の7～11などには、しっかりとした縦長剥片を取る意思がみられる資料が含まれている。このような縦位への努力は次のナイフ形石器が主軸であるⅡ文化層ではしっかり定着するのである。

　Ⅱ文化層はⅠ文化層と同じく黒耀石を主石材として用いる[15]が、剥片運用の仕方をみるとナイフ形石器では縦位での素材の運用がみられる。縦位に用いられるナイフ形石器には背面にもしっかりした縦位の剥離面を残す。このことからナイフ形石器生産には安定した縦長の剥片をとる技術が存在していたことがいえる。

　ところで、基本的には縦長剥片を利用しない台形様石器であるが、しっかりした縦長剥片をとる生産技術が存在する時期では、生産技術がどのようになるのだろう。

　Ⅱ文化層でも台形様石器が出土しているので素材運用の仕方をみると、前の段階であるⅠ文化層では横位で素材を用いていたが、Ⅱ文化層では場合によっては縦位での台形様石器も見られるようになる。しかし、まだ台形様石器の生産では横位の素材を多く利用しているのが基本になっている。ただ、ここでいえるのは台形様石器製作に強い影響力を発揮していた横位素材運用方式は、時代の流れの中で少しずつ縦位への変化の兆しを見せていることである。

　このような動きは次のⅢ文化層の段階になるともっとはっきりしてくるが、出土する石器のなかに横位で素材を用いた石器、あるいは剥片はほんのわずかな数しかみられなくなるのである。またⅠ文化層で中心的な役割を担っていた台形様石器はもはや見えなくなりナイフ形石器類を中心とする石刃製作システムを携帯した外来系の性向がみえる尖頭器類が加わるようになるのである。

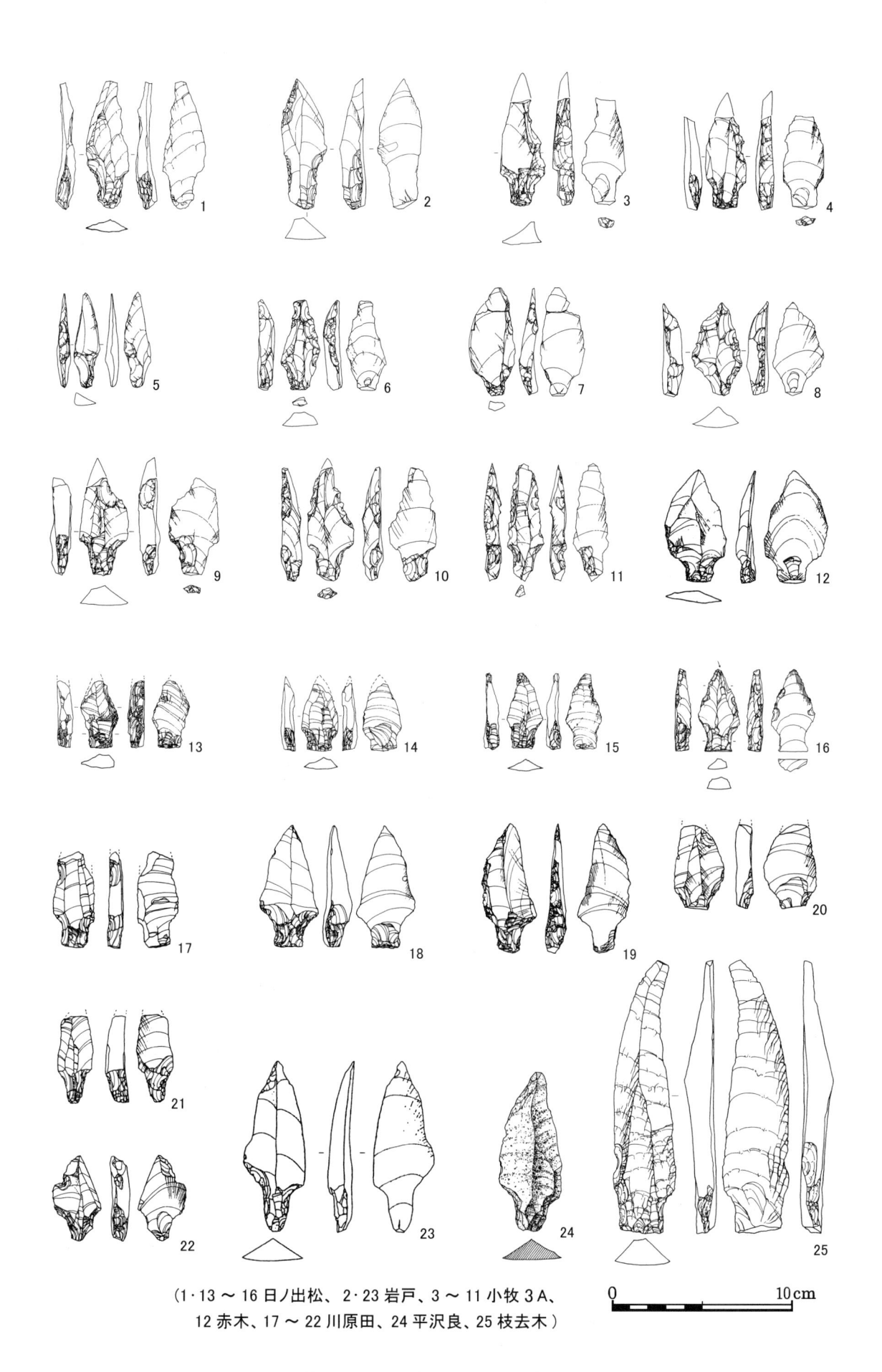

（1・13～16 日ノ出松、2・23 岩戸、3～11 小牧3A、
12 赤木、17～22 川原田、24 平沢良、25 枝去木）

第20図　九州島出土主な剥片尖頭器 I

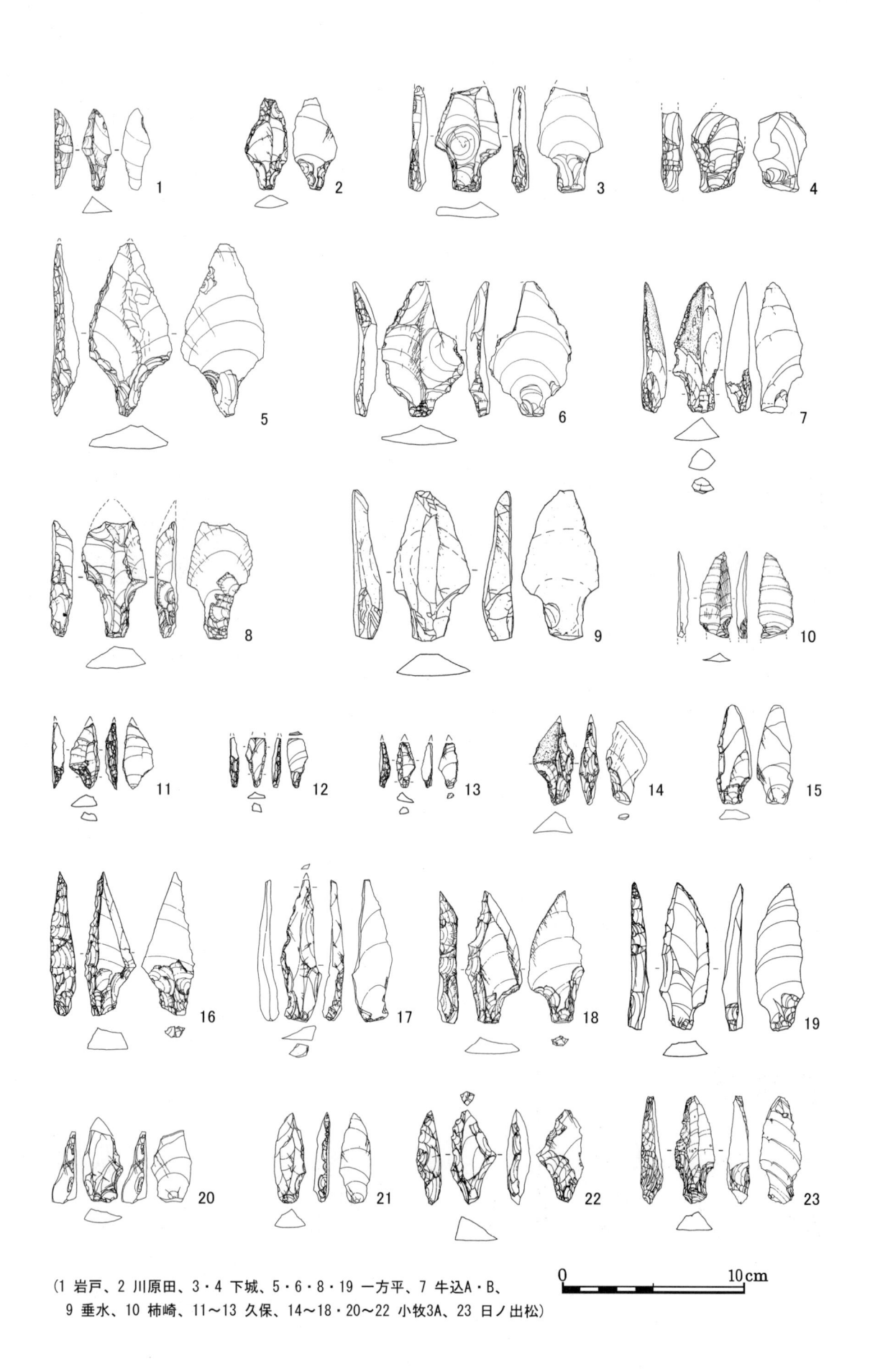

(1 岩戸、2 川原田、3・4 下城、5・6・8・19 一方平、7 牛込A・B、
9 垂水、10 柿崎、11〜13 久保、14〜18・20〜22 小牧3A、23 日ノ出松)

第21図　九州島出土主な剥片尖頭器Ⅱ

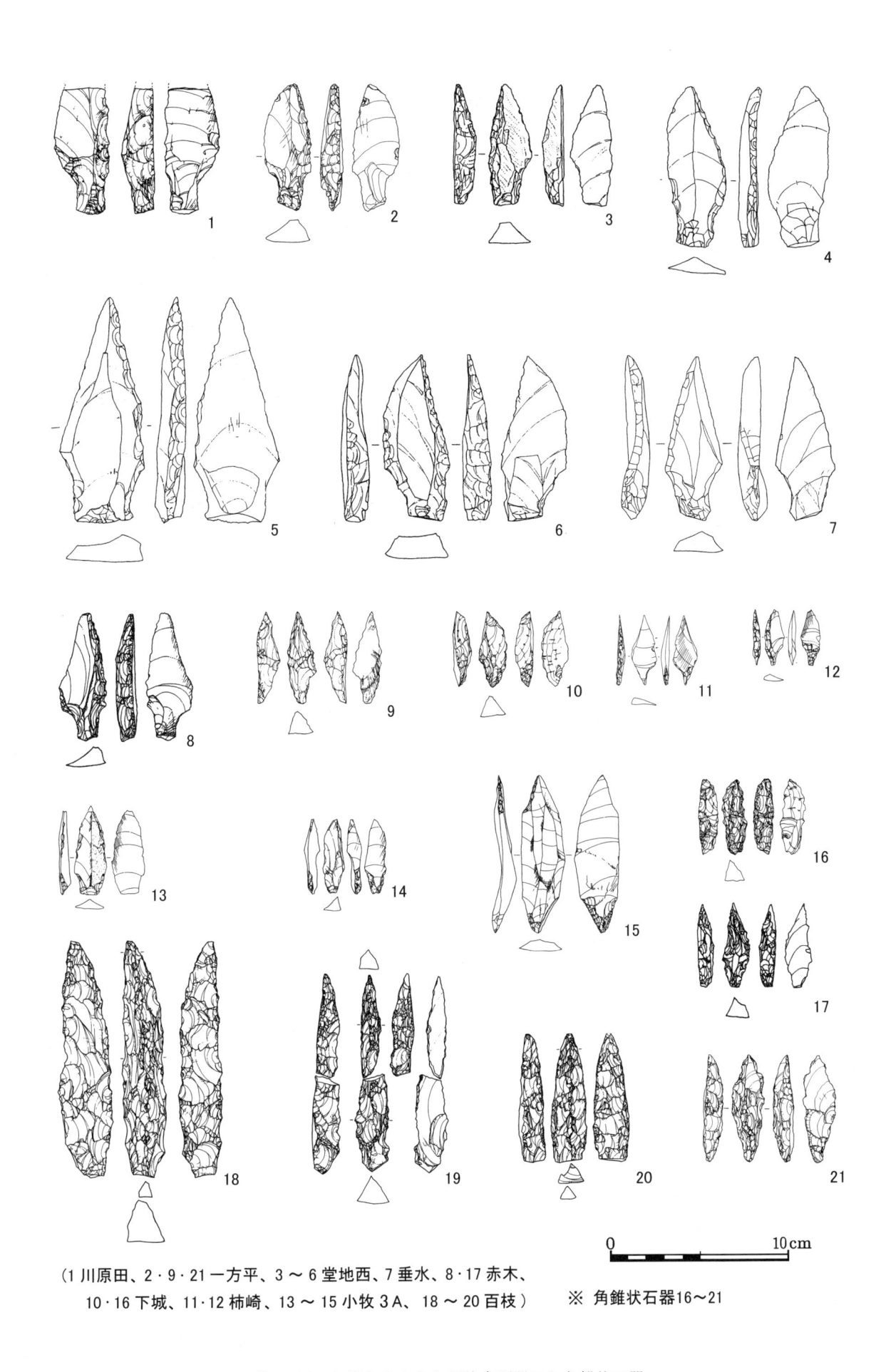

(1 川原田、2・9・21 一方平、3～6 堂地西、7 垂水、8・17 赤木、
10・16 下城、11・12 柿崎、13～15 小牧3A、18～20 百枝)　　※ 角錐状石器16～21

第22図　九州島出土主な剥片尖頭器Ⅲと角錐状石器

(2) 九州島の剥片尖頭器

① 九州島における剥片尖頭器と石刃技法との関係

　日本列島に石刃技法が見られるようになるのはナイフ形石器が出現した後、AT火山灰の降灰前後からである。そして、時間差を置いてAT火山灰降灰以降になってから剥片尖頭器が九州島に表れるようになる。石刃技法と深い関わりをもちながら製作され、使われてきた剥片尖頭器と石刃技術の関係を九州島内からみてみよう。

　AT火山灰降灰以前の段階で発生し、盛期を見せていたナイフ形石器が、石刃技法による制約から抜け出し石刃技法に関与されない多様な形態のナイフ形石器が多く登場するようになった後、あるいはほぼ同時に剥片尖頭器は一気に九州島に広がるのである。そのようなことから、ある程度石刃技法が広まる適応の段階を経て、剥片尖頭器が広がったことになるのである。

　石刃技法は石核の段階から石核調整や打面調整などの準備過程が必要な石器製作技法で、出現には前段階からの進化論的な証拠がない場合はどうしても外地からの移入を考えるようになる。アジア的な立場から石刃技法の移入時期を考えた加藤真二は、中国の石刃技法の成立を考えるのには寧夏自治区水洞溝遺跡と山西省峙峪遺跡の例をあげ説明する。

　水洞溝遺跡の実年代はウランシリーズ年代法で38,000±2,000、34,000±2,000B.P.、放射性炭素年代測定で16,760±210B.P.、25,450±800B.P.とでている（陣ほか1984）とし、峙峪遺跡のAMS法による約32,000年前の年代をあげて説明している（加藤　2000）。

　加藤は泥河湾地区の河北省新廟荘石器文化のなかにある石刃状剥片がまとまって出土していることに注目し、平行する数条の稜と背面を構成するものが主剥離面と同じ方向であるものと90〜180度ずれるものがあるとした。そして、石刃状の剥片がナイフ形石器、船形石器、削器の素材となっているが一般的ではないとした。

　諸遺跡からの出土遺物から縦長剥片剥離が可能な技術（劉家岔段階）→石刃や縦長剥片剥離が顕著化する（新廟荘段階）→石刃技術の石器製作技術への組み込まれる（峙峪段階）の3段階の過程を設定した。このようなことから中国における石刃技術の成立が50,000〜35,000年前とした。この頃には製作技術的な基盤もすでに成立していたと考えた。

　加藤はまた、日本列島における石刃技術の成立に関して、立川ロームX層上位には出現したとするが詳しい内容はまだ説明が十分とはいえないとした。外から伝播された石刃技法という観点を支持する加藤の結論によると、日本列島に石刃技法が出現するのは30,000〜28,000年前ということになるのであった。この段階の日本列島ではすでに横長剥片剥離技術が存在していて、台形様石器を作る技術があったとした。在来の横長剥片剥離技術に縦長剥片剥離技術、そして石刃技法があとから並行するようになるとしたのである。

　そういうことから加藤は日本列島における石刃技法の起源は従来存在していた剥片剥離技法からの部分的な進化であって、中国の水洞溝で見ることができる地域間伝播があったとしても石刃技術に関わる部分的な伝播があるとした。加藤の論文では中国・韓国・日本それぞれの地域ごとの在来剥片剥離技術の発達過程からの石刃技法の発生に話は帰結するのであった。

　現段階で一番古い石刃石器群は関東方面を基準にすると祖形石刃はX層相当の層からであるが実際に活発に見え始まるのは立川ロームⅦ層からである。前の時期の様子は不明な点が多いため現在のところ、基部加工石刃様の縦長剥片剥離が認められる時期をX層段階としておくのが無難かもしれない。

　木崎はこのような状況と関連して、九州島における石刃技法の登場を多様な剥片剥離技法が存在する第Ⅰ期の次にくる、駒方古屋石器文化や堤西牟田Ⅰ石器文化が主に挙げられる第Ⅱ期に入ってからであるとした。また、縦に長い規格性に富んだ、新しい剥片剥離技術は九州島ナイフ形石器発達が東日本からの移入、あるいは影響により

生じたもので、根幹にある石刃技法の根源も東日本からの波及にあるとした（木崎 1989）。

　九州島における石刃技法の確立に関する論のなかに安斎による「2項モード」論がある。安斎の「モード」[16]は縦・横剥片系と石刃系により成り立っていて台形様石器は「剥片モード」でナイフ形石器は「石刃モード」としている。「石刃モード」の開始について、熊本県の石の本と耳切、大分県牟礼越遺跡などの遺跡からはAT下層からはみえないことからAT火山灰降灰以後になるとした。

　このような観点から話を進めると、「剥片モード」よりは「石刃モード」に近い剥片尖頭器は、AT降灰以後に登場する「石刃モード」との関係が深い。両者ともにAT降灰後登場し始めることには剥片製作システムに石刃製作技術がAT以後移入されてきたことの直接的な証拠になるかも知れない。

　ところで、日本列島で学史的に最初に剥片尖頭器が出土した遺跡は明治大学が1960年発掘調査した佐賀県平沢良遺跡である。遺跡からは安山岩製の剥片尖頭器が1点（第20図の24）出土している。また、初期段階の剥片尖頭器としては岩戸D文化層出土1点（第20図の23）がある。剥片尖頭器が出土した層は厳密にいうと火山灰の中、すなわち火山灰が混ざった層である。

　文化層からは13点のナイフ形石器が出土しているが、形態の中から第20図1・第21図2のように基部に抉りを意識した加工が認められる。これらのナイフ形石器として分類された剥片尖頭器類は一種の新技術の接木による現象で既存のナイフ形石器類の製作方式にも剥片尖頭器製作に用いる新しい製作技術が移行していく過程を見せているものであると思う。

　岩戸遺跡D文化層から出土している剥片尖頭器がもっている技術形態的な特徴からは縦長剥片剥離による縦長剥片素材であると判断でき、それらを剥がしたであろう石核も出土している。石核は、礫に打面を作りそこから方向を変えながら剥片を剥がしたものである。すなわち、打面転移をしながら縦長剥片を剥がしているのである。石材はホルンフェルスで石核と剥片尖頭器で一致している。

　岩戸遺跡出土剥片尖頭器は報告書では第20図23の1点しかないとしているが、しかし第20図2・第21図1も分類上では剥片尖頭器に入れるべきであろので、合わせて3点出土している。この3点の剥片尖頭器以外にも縦長剥片を剥がしたままの状態、すなわち素材の段階で留まった剥片類もある。

　基部の背面側の縦に走る稜線を取り除く作業は石器を軸（shaft）に嵌め込む時の障害を除く意味とシャフトのなかでの安定した装着感のための作業[17]であろう。このような傾向は牛込A・B遺跡出土剥片尖頭器、西輪久道、日ノ出松にもみられる。剥片尖頭器にみられる基端加工である。ナイフ形石器や尖頭器にはそれほど見られない加工技術である。このような技術が韓半島やシベリア、そして中国の剥片尖頭器ではどのように使われ、加工が施されているのかはこれから注目する必要がある。

　② 九州島出土剥片尖頭器の技術構造

　九州島の剥片尖頭器出土遺跡は以前、吉留が資料集成した頃、すでに141ヶ所あった（吉留 1997）。その後は九州島にも開発が進み大型工事に先立つ調査が増えたので剥片尖頭器出土遺跡の数は200ヶ所程ある。出土した剥片尖頭器は石材の面からみると火山岩系統が多いが、そのなかでも安山岩や頁岩の利用が目立つ。それ以外には黒耀石も入っているがそれほどの数量的増大はみられない。石材に関連した数値は剥片尖頭器石器群がもつ一つの特徴として特色をみせているのである。

　剥片尖頭器は石刃あるいは縦長の剥片の打点部位を下位において基部に抉りを入れる、すなわち舌部とも茎部ともいえるシャフトをつくるという最小公約数的要素を満たさなければ成らない。この要素を満たすということはナイフ形石器との区別を容易にできる助けにもなるはずである。その基本的ともいえる条件は韓国や九州島そして北東アジアの諸地域で発見している剥片尖頭器の共通因数にもなる。なんらかの文化共同体の強い絆を感じさせる。

日本国内の研究者達による既存の研究では剥片尖頭器をナイフ形石器の範疇で考える傾向がある。剥片尖頭器にある急角の基部加工と素材剥片の側縁を刃部として用いることなどでナイフ形石器の一種とすることができる。しかし、剥片尖頭器が持つ、ヨーロッパから北東アジアまで存在する広範囲な地域性から考えると、極端で局地主義的な発想ともいえる研究方向である。剥片尖頭器を最初に発掘した杉原荘介は平沢良遺跡出土剥片尖頭器を尖頭器として見抜いていることは、石器の本来の機能形態学的な分析からみてもナイフ形石器とは違った一面があるからであろう。

　また、竹岡俊樹は最近の彼の著書で剥片尖頭器を技術的属性から通常大形で厚い石刃を素材とするとし、加工部位によってA、B、C、の三つの形に分けた[18]。そして、素材の用い方や加工技術からナイフ形石器として認識すべき石器とした(竹岡2002)。しかし、竹岡の分類は加工部位だけの分類で、実質的特徴を成す基部調整石器群のなかのバリエーションで一括した。これは氏のもつ基本的文化コンセプトである文化間模倣や多文化共存にも矛盾する分析であろう。

　剥片尖頭器は製作において縦長剥片剥離技術、あるいは石刃作出を基本的に備わっていなければならない。出土した剥片尖頭器は一律に基部側に打点をおいた断面三角形あるいは台形の縦長剥片(石刃)を素材に利用する。遺跡によっては主剥離面の基部側に加工を入れるものもあれば入れないものもある。

　それが時期差であるのか地域差であるのか、あるいは一つの多様性なのかはまだはっきりしてない。ただ、基部側にバルブの盛り上がりが著しい場合、あるいは想定した基部形態の厚みと異なった場合は基部の盛り上がりを除去する作業[19]を行っている。しかし、一律的な主剥離面側の加工はみられなく洗練された素材剥片形状と素材剥片規格が揃った時、加工はほとんど施さないのが一般的である。

　九州島における剥片尖頭器が出土する時期は現在までの発掘調査によるとAT降灰以降になる。その時期になると以前の段階ではみられなかった角錐状石器がみられる。この石器製作技術は九州島ではみられなかったもので、外来石器である可能性が高い。角錐状石器は剥片尖頭器とも時期を共にするが、既存の剥片尖頭器に角錐状石器が付加えた形で両者の関係は接近した時間幅をもった関係である。しかし、素材の運用は異なりながら形態的な特性は剥片尖頭器と槍先形尖頭器のあいだを取っている。

　ここでは、剥片尖頭器製作集団と角錐状石器製作集団は系統を一緒にする、時間差をおいた集団の活動と予想することが可能であろう。剥片尖頭器は素材生産の段階でほぼ目的に近い器形が用意され製作者の意図により加工が部分、あるいは全面に加工を施す。ここで重要なのは部分利用である。器形背面全体に加工が施してある角錐状石器と部分加工の剥片尖頭器との最大の差は、石器背面全体に加工が施してあるのかいないのかと、断面が正三角形に近いかが重要な判断基準になるのであろう。

2. 韓国の旧石器

1） 石核石器類（礫器類）と韓国の旧石器時代

韓国の旧石器時代を理解するのにはまず石核石器類（系統Ⅰ）をみる必要がある。韓国の旧石器時代は便宜上前期（15万年以前）、中期（15万～3.5万前）、後期（3.5万前～1.2万年前）と分けることができる。しかし、実態に関しては未だに意見が分かれており、まだしばらくは資料の蓄積をまたなければならない。従ってここでは今までの石器群の様子や技術的な側面からのアプローチから得られた分析結果に基づいた石核石器類の編年上の位置と内容を把握することを試みる。

韓国では石核石器類のなかを両面調整の石器と片面調整の石器に大別することができる。ハンドアックスやチョッピングツールは両面調整石器類に含まれるもので、チョッパーや削器類などは片面調整の石器になる。しかし、問題は二つの分類で終わらないことにある。両面調整と片面調整のどちらにも入らないものとして多面体石器が存在することは、韓半島における旧石器時代が単に両極的構造論で石器群全体が説明しきれない限界を露出させるのである。

現在までの石器群の編年的な流れを大まかに考えると、まず重くて粗末な石核石器類の時代があり、そのあと不規則的な剥片石器類の時代、そして定型的な剥片類を生産して石器に仕上げる時代へ移っていくというように、大まかな筋書きを書くことができる。

韓国の学界で石器群の変遷を考える上で参考にされたのが進化論的な石器発達論であり、人類の起源地といわれるアフリカの石器群と比較し、欧米の旧石器時代研究からの踏襲により順番が決められてきた経歴がある。しかし、欧米の石器群変遷とはかけ離れた石器類の登場により進化論的起源論では旧石器時代を全部理解することが、不可能であることが最近までの発掘調査により少しずつ分かってきているのである。

韓国の旧石器時代を代表する石器類のなかにハンドアックスがある。ハンドアックスの形態上の特徴はあたかもアフリカのアシューリアンハンドアックスに近似していていまだに類アシューリアンハンドアックスやアシューリアンタイプハンドアックスともいわれている。このようなことから、最近までアシューリアンタイプハンドアックスの東限はインドまでだったのが、いきなり極東の韓半島まで伸びることになっている。

ただ、伝播論的方法ではあまりにも無理があるので、韓半島で確認できるハンドアックス群をアシューリアンハンドアックスとは別個の石器である認識から入らないと、韓国の旧石器時代に関する理解はますます難しくなるはずである。

（1） 両面石器[20]・ハンドアックス（Hand Axe）

① 両面石器・ハンドアックスの形態と製作技術

そもそも"ハンドアックス"（握槌）は一名、"両面調整石器（Biface）"のことで、アフリカの前期旧石器時代に起源をたどることができる古い道具である。現在韓半島で出土しているハンドアックスはアシューリアンタイプに非常に類似しているが実態をアシューリアンハンドアックスと呼ぶ研究者は一人もいない。系統上の関わりはこれからの周辺諸国との共同研究が進むことを待たなければならないが一概に技術伝播論では説明できないのが現状である。

ハンドアックスの剥片剥離をみてみると、以前は粗雑な数回の剥離により生成されたフォームをそのまま利用

韓国の旧石器構造系統図

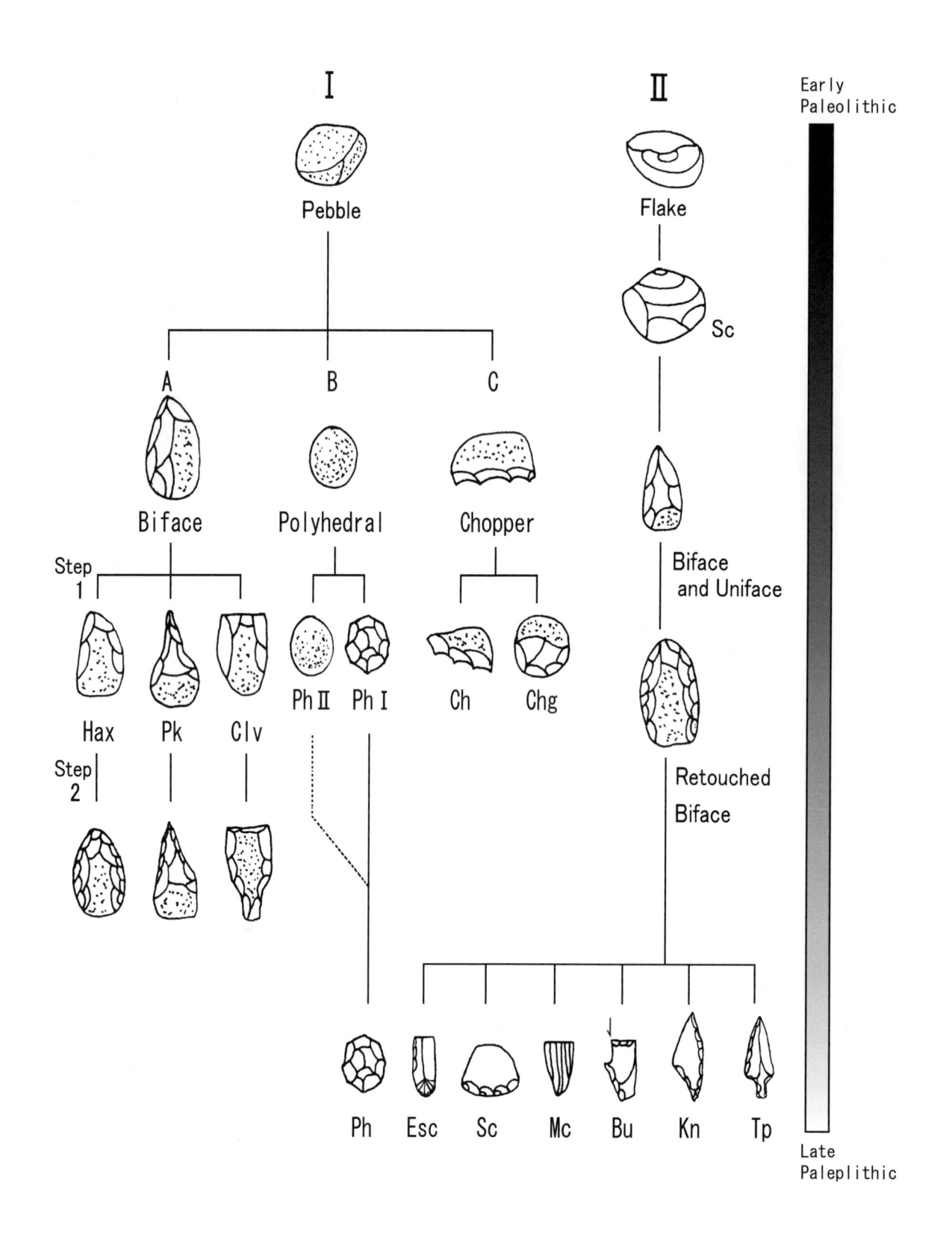

第 23 図　韓国の旧石器時代石器構造図

するアッベビリアン (Abbevillean) とより形がとれたアシューリアン (Acheulian)[21] の二つに分けていた。しかし、現在はそのような分類の意味がなくなり、アシューリアンハンドアックスという名で呼ばれている。ハンドアックスは剥片、ないし礫に加工を施し表裏に調整加工が及んでいる。しかし、加工の度合は石材の形や石質、そして必要に応じ様々であるため一概には定義できない。

　両面石器・ハンドアックスの形態は基部の方に近いところに最大幅がある形で先端の方が基部より細くなっている。全体の器形は三角形や心臓形、アーモンド形、そして基部に最大幅が寄っているダイアモンド形を示す場合が多いが中には楕円形や斧形を成す場合もある。側面形は先端の方に行くにつれ鋭くなるが基部あるいは中心部の方には厚みをもった器形が多い。

　両面石器・ハンドアックスの加工の度合による分類ではⅠ類は自然面を多く残していて基部を除いた側縁に加工を施した石器。Ⅱ類は器面全体に調整が施されたものでⅠ類より尖端が鋭い。Ⅲ類は3つの類型のなかでもっとも加工が施されている加工度が高い類型。

　これらの器形が多く出土している全谷里遺跡におけるハンドアックスの詳細をみると、全谷里遺跡出土のハンドアックス・両面石器類の中の多くが自然面を残していることが目に付く。多くの石器が加工が施されてない基部を中心に自然面がそのまま残っている。このような自然面は作業工程のなかで生じるひとつの過程というよりは、最終的な機能形態に深く結びつきが有る作業行為であろう。

　そのような機能形態の側面からのアプローチに関する話を進める。金窟遺跡出土ハンドアックスや全谷里または、その他の遺跡から出土したハンドアックス類には、例外なく基部の一部あるいは全面に自然面が残存している。製作過程が終了した時点での石器にみられる自然面は均衡がとれた形態と重さの配分や石器としての機能に適した残り方をしている。このような自然面の残し方はチョッピングツールやピックなどの他の器種でもみられることで、一つの石器群のなかに共通してみられる製作行為であった。

　また、石器器体全面に及ぶ剥片剥離技術や刃部加工の程度から考えると、基部に自然面を残すという行為は考えづらい。刃部側にだけ深くて細かい両面調整を施した後、基部には加工がぴたっと止まるというのは製作プロセス上効率、あるいはバランスが取れてない製作技術なのである。しかし、実際の石器類に見られる製作技術は緻密で適時に適所を敲いて作っているので、機能に適した石器作りの側面から考えても、残った自然面は製作工程のなかで計算された製作技術である。

　では、今日までの発掘調査の成果により世に知られたハンドアックス類とはいったいどのような石器であったのか。遺跡から確認できるハンドアックスの数は少ないが製作行為のなかに確実に含まれていたことを考えると、重くて大きい万能包丁のようなハンドアックスは、携帯する基本的な道具のなかに入っていた管理的傾向が強い石器であった可能性が高い。そのため遺跡には製品が少なく未完成の製作途中の石器が多く残されていたのである。

　ハンドアックスの存在は当時の生活を理解する上で非常に重要な役割を果たす。今日までの石器の製作実験や使用実験で得られた情報は現在姿がなくなった当時の生活を復元するのに役に立っている。これらの情報から、ハンドアックスは大型刃物に当たると考えることができる。また、ハンドアックスが、狩猟あるいは偶然に獲得することができた動物の解体に使われた道具であると判断できる。

　このようなことは現存する先住民族の生活からも知ることができる。もちろん、現在の先住民族が遠い昔の前・中期旧石器時代の人々の生活環境と同じではないことを大前提にすることはいうまでもないが、彼らから得られるデータは貴重な経験を与えてくれる。

　渡辺の著書によるとアフリカの先住民に石器をみせ、用途を知らせないまま何に使うかに関する調査をしたのがある。渡された石器の重さを感じたかれらは、まず迷うこともなく動物の解体に石器を使い始めた。少してこずりながら見る見るうちに大形獣を一匹解体して見せたのである。これに関して渡辺は石器の重量は脂肪と皮を別ける

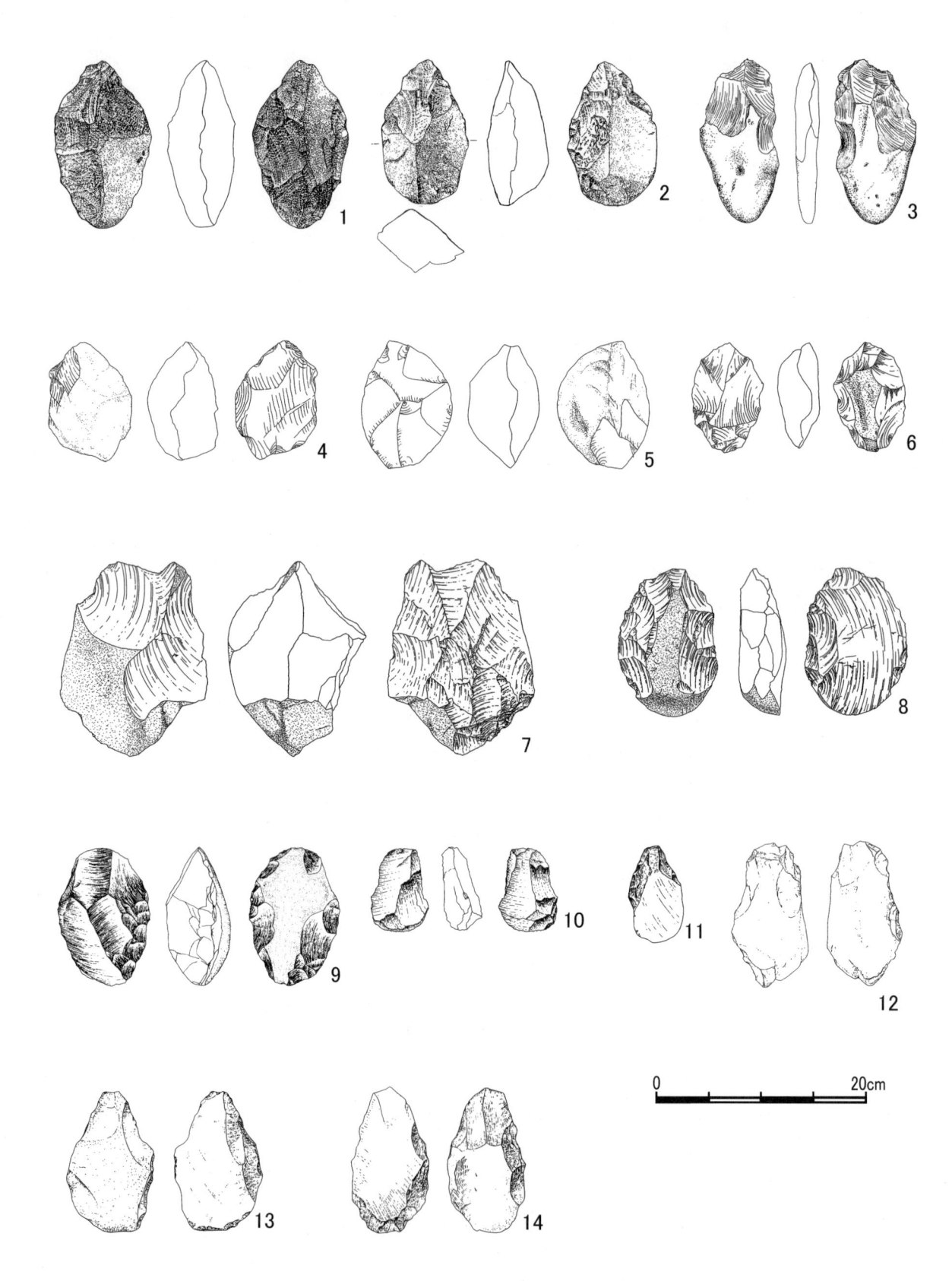

(1・2 全谷里Seoul univ、3 石壯里、4〜6 全谷里慶熙大、
7・8 舟月里・佳月里、9・10 金坡里、11〜14 金窟)

第24図　韓国出土ハンドアックス（Hand Axe）Ⅰ類

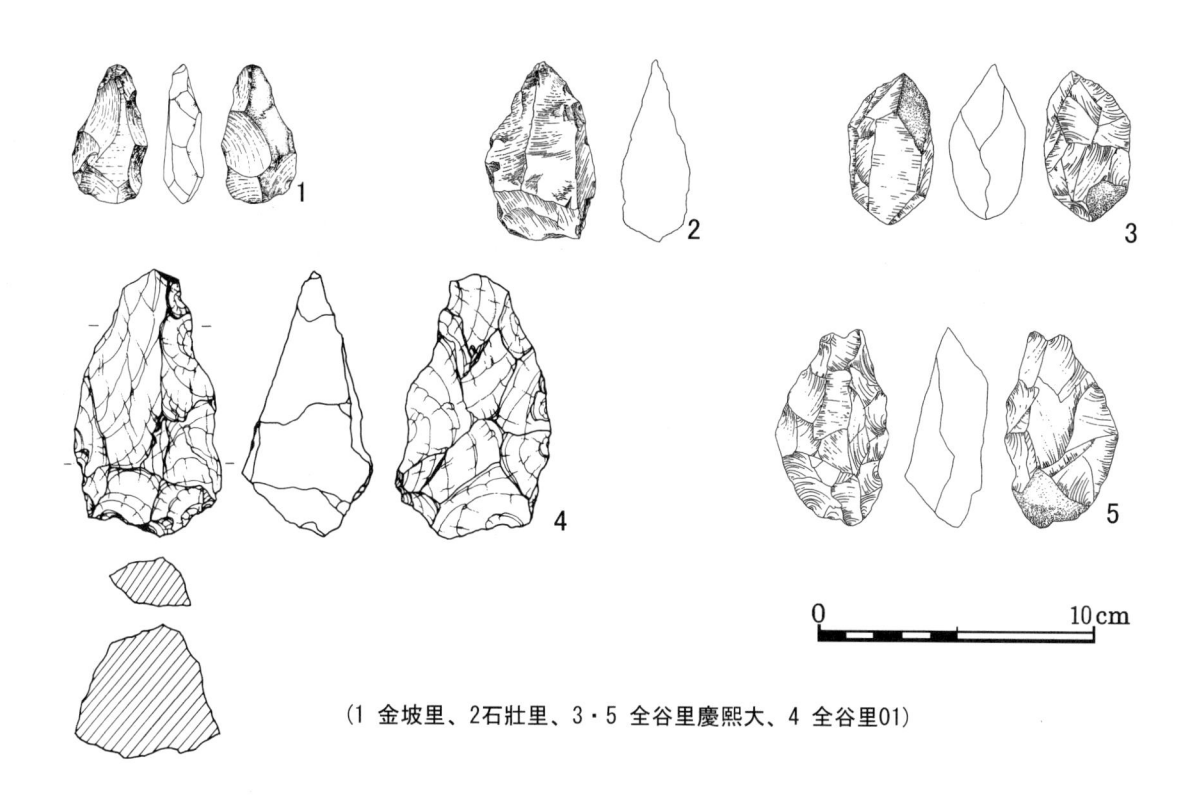

(1 金坡里、2 石壯里、3・5 全谷里慶熙大、4 全谷里01)

第 25 図　韓国出土ハンドアックスⅡ類

のにすなわち旧石器時代の生活に欠かせなかった獣の表皮を胴体と分離するのにちょうど良い重さであることと、肉の分配時の邪魔になる骨や筋を切るのにも上手く対応できるとした (渡辺　1985)。

②　両面石器・ハンドアックスの編年的位置と分布

ハンドアックスが韓半島に登場し始めたのはいつ頃なのか。現在までの調査によれば、全谷里遺跡の基盤岩[22]の年代から考えると 30 万年以降になる可能性が高い。石器の年代が前期旧石器時代までさかのぼることができるということが可能になるが実態に関してはいまだ不明な点が多い。謎の大きな原因は前期旧石器時代と中期旧石器時代の境界が定かではないためである。しかし、ハンドアックス石器群は後期旧石器時代になると姿を隠すため、終わりは少なくとも中期時代までである。ではハンドアックスはどのようにして韓半島に現れ、どのような過程を経て消滅していったのか。

ハンドアックスの機能部集中加工技術は、後の石器作りの技術体系にも面影を残しているのであるが、具体的な例をあげながらみてみよう。方形で厚さ約 6cm の扁平な礫は石器作りに適した素材で、製作者の意図した石器作りが石器成形以前の段階で 3 次元的な立体映像で設計されていたことを見せてくれる資料である。

このことから石器に残っている礫面は機能部以外の部位に留まることと、機能をより効果的に利用するための手でつかむ部位にもなることが計算されていたのであろう。このような傾向は連川全谷里遺跡 (第 24 図 1・2) や連川元當里遺跡出土ハンドアックス、舟月里・佳月里 (第 24 図 8)、公州石壯里 (第 24 図 3)、清州市鳳鳴洞遺跡、そして東海市九湖洞遺跡などの韓半島中部地域を中心とした分布をみせている。

ハンドアックスは厳密にいうと礫面付き両面調整石器と区別されるが、ここではハンドアックス・両面調整石器

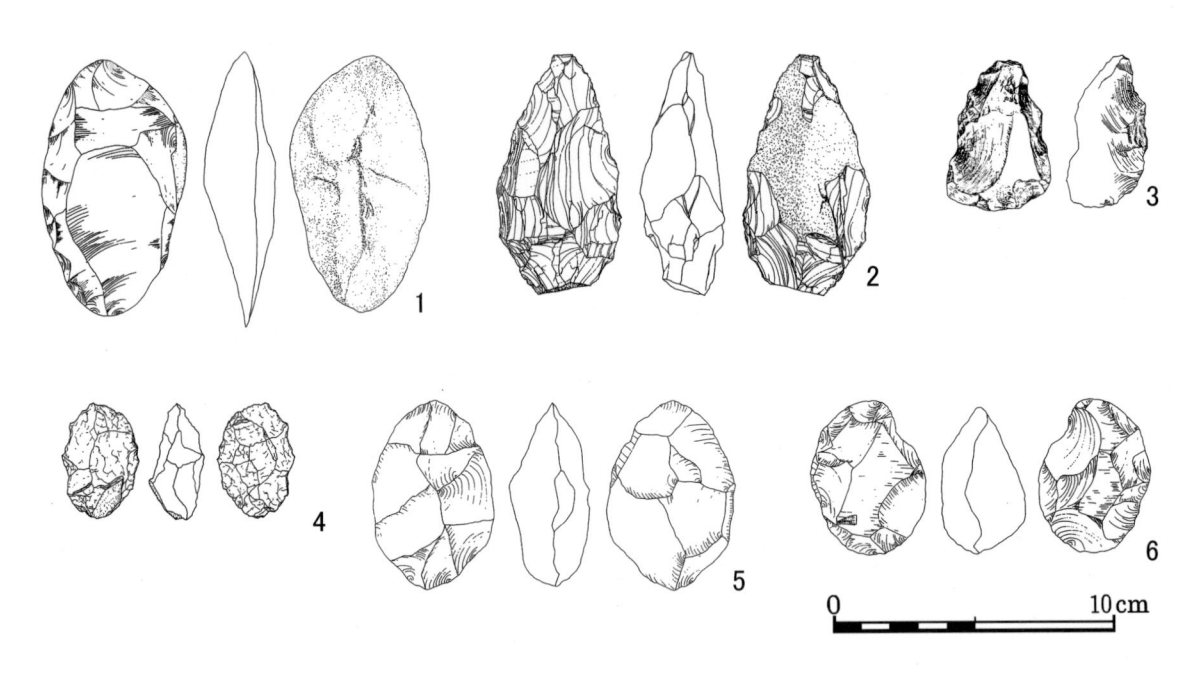

(1・4・5・6 全谷里慶熙大、2 全谷里Seoul univ、3 石壯里)

第26図　韓国出土ハンドアックスⅢ類

として分類している。金坡里遺跡出土石器の礫面の意図的な残存を前論したが、それに匹敵する資料として石壯里のハンドアックス（第24図3）がある。この石器は斑岩製で、長さ15.3、幅7.4、厚さ3.8cm、重さ2.73kgの比較的薄い板状の礫を用いて作ったものである。そして、石器の片面の方に加工を多く施していることから製作者の意図では表裏の区別をしていたかも知れない。

石壯里遺跡報告書には中期旧石器文化層から出土していると記述されているが、臨津江・漢灘江沿いの遺跡から出土しているハンドアックスとは石材や製作技術で性格が少し違う。韓半島でいうハンドアックスは一般的に重くて粗雑な石器（Heavy duty tool）を指しているため、石壯里の扁平で厚みが少ないハンドアックスは、その性格が全谷里遺跡などのハンドアックスとは違っていた可能性が高い。

このような観点から考えると韓半島におけるハンドアックスの分布南限は石壯里遺跡を中心とした周辺地域になることが予想される。実際に今日までの発掘調査や地表面調査では、石壯里遺跡より南の地域からはまだ発見例がない。しかし石壯里遺跡以北でも、石英や脈石英、そして珪岩などの在地に豊富にある石材を使って適時製作と廃棄を繰り返しながら生活を営む集団でさえ、両面調整が鮮明に施され、礫面をバランスよく残したハンドアックスを残す例は少ない。多くの遺跡からは数点が出土するか、あるいはほとんど出土してない。

ハンドアックス類のなかで最も大きな割合を占めるのが、両面調整石器である。この石器の素材運用の仕方をみると、石核を利用したものもあれば厚手の剥片を用いたものも多く存在する。ただ、このような両面調整石器も数量においてやはり石器群全体のなかに占める割合は少なく、石器群のなかでは特徴的な形態から目を引くようになったのである。

実際の遺跡からの数値を検討してみると、金坡里遺跡出土石器群中のハンドアックスの比率は、ユニフェイス

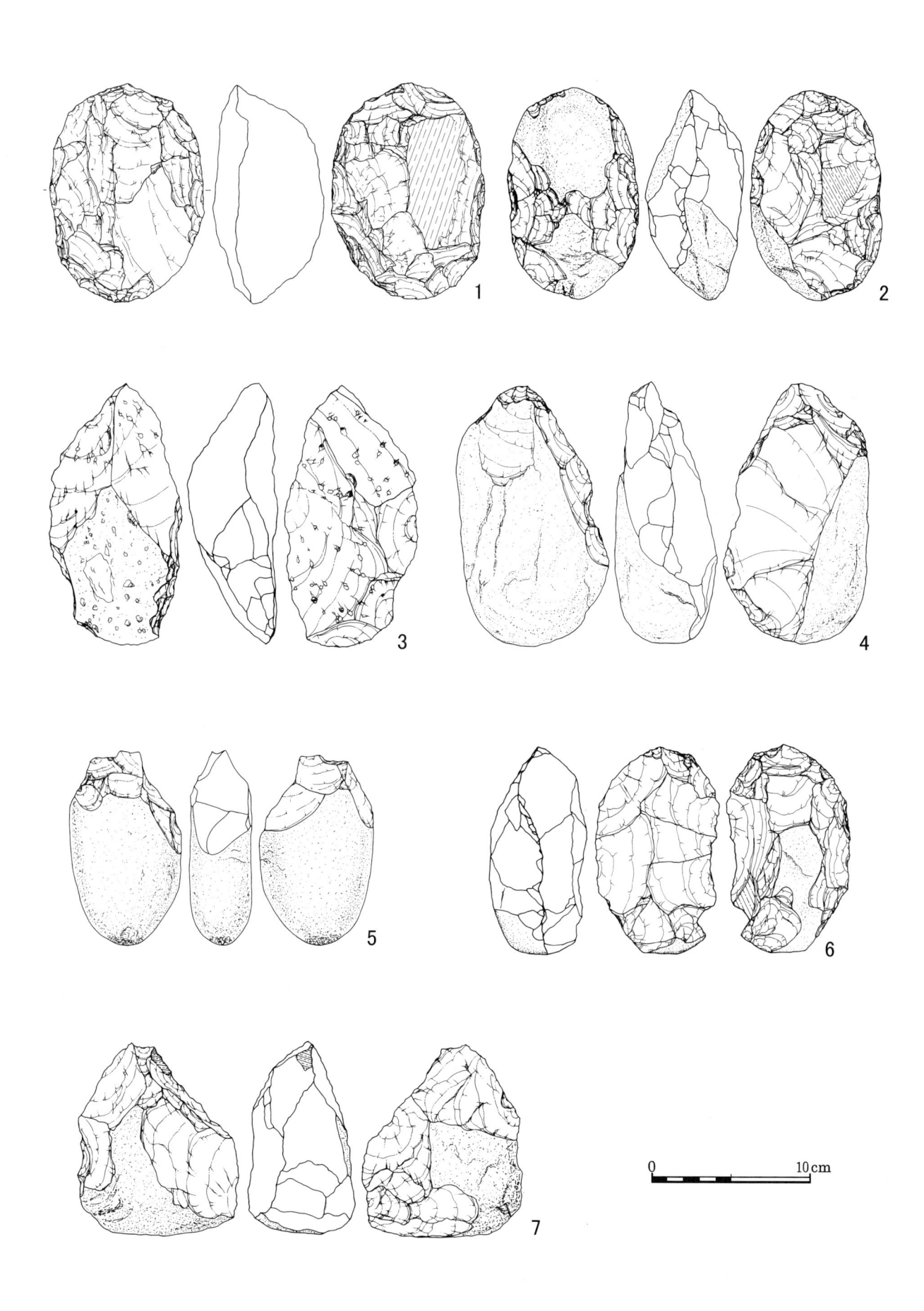

第 27 図　全谷里遺跡出土ハンドアックス類（文化財管理局文化財研究所　1983 改編）

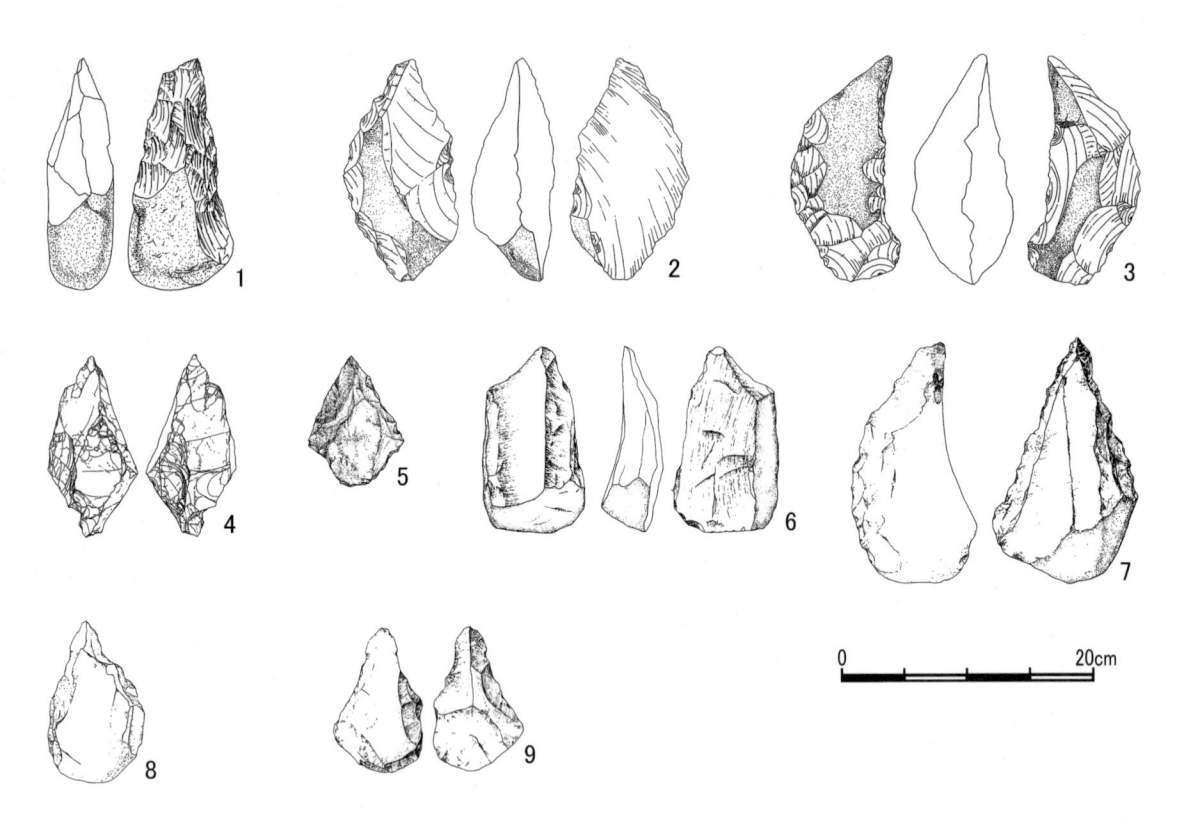

(1 舟月里・佳月里、2・3 全谷里慶熙大、
 4 全谷里Seoul Univ、5 石壯里、6 金坡里、7〜9 金窟)

第28図　韓国出土ピック (Pick) Ⅰ類

　形態的な特徴から5つに類型化することができる。まず、左右のバランスがとれた両面調整あるいは片面調整の器体で、先端がそれほど極端に尖ってなく器長もずんぐりした感じのものをⅠ類型とする。この類型に分類できる石器は、屛山里、三里、全谷里などでみられる。5つの類型のなかでもっとも洗練されてバランスが取れた器形を整えた両面あるいは片面調整の器体に細く尖った先端を持つⅡ類型。三角形で両側縁に加工を入れたⅢ類。舟月里や全谷里などで見られる、ハンドアックスを半分斜めにカットしたような形態でアンバランスな器形をしているⅣ類型。そして、自然面を多く残しながら尖端の一部に両側縁から加工を入れるⅤ類に分類することができる。

　ピックは作り方がハンドアックスと類似する部分が多いが、器形作りはハンドアックスより雑である。石器作りの素材は礫面付きの15〜30cm大の大形剥片か礫をそのまま用いて作る。そして、加工の度合は数が少ないⅢ類型を除いて、ほとんどのピックは先端部に二次加工を施し先端を作り出すだけで器形の整形はさほど行わない。従って、両面に施す剥離も一面だけのものが多く両面に加工を施したものでも先端のほうに近いところに施してある場合が多い。そのため胴体は厚みがある三角形や菱形、そして台形などを呈している。

　では、ピックの中で加工度の高いⅢ類型はハンドアックスと比較すると、どのような加工上の違いがあるのか。まず、ハンドアックスの加工の方法について述べる。韓半島の中部地域を流れる漢灘江沿いの金坡里遺跡から出土したピック（第30図1）は珪岩製の礫を用いたもので大きさは縦17.8、幅10.2、厚さ6.4/cm、重さ1176.5/gである。

　この石器は両面加工品で刃部が尖っていて基部の方は礫面を残している。器体全体に及んだ加工は求心剥離によ

(Uniface)を含む97点のツール中、地表面採集6を含めて17点になる。また、漢陽大学校が調査した全谷里遺跡の2001年全谷里遺跡報告書に拠れば、1地区出土ツール類中のハンドアックスは29点中5点であったが出土品は1点だけで他は地表面採集によるものである。

全谷里遺跡出土5点のハンドアックスといわれる石器は筆者の観察に拠れば、出土品1点を除いては製作途中のものであるか、他の石器への転用がみられる。従って出土比率も原位置出土品としてカウントするのには無理がある。地表面採集品以外の数字で考えると19点の出土品の内、ハンドアックスは1点(第25図4)しかない。

それも礫面付きの均衡がとれたハンドアックスは1点もないことになる(第26図2・4・5・7)。また、2地区(第26図1・3)、3・4地区(第26図6)の出土ツール総34点中3点がハンドアックスであった。このように全谷里遺跡のそれぞれの地区における石器製作行為に、ハンドアックスが中心を成していなかったことが明らかになった。

そのような結果は、アシューリアン期における石器群組成中のハンドアックス比率が、約30%程度であるという調査結果にも表れている(J.D.Clark 1966)。これは、ハンドアックスの役割が少なくなり道具の専門化、すなわち機能分化が進んだ結果であろう。

実際に両面調整石器(Bifacial tools)のなかには用途に合わせた形態的特徴をもつ石器が多様に分布するため、いわゆる原始的生産構造から戦略的生産構造へと進化する石器群組成を見せてくれるのである[23]。このような石器群組成は後期旧石器時代にもみられる組成で、不規則的な礫器製作から規則的形態を維持した目的に合わせた石器の生産が可能になったことを示している。

従って、ハンドアックス石器群は、後期旧石器時代以前30万年以降のスタンスで編年を組むことが可能になると考えられる。これによって、韓半島に人類が進出した時期が北京原人の活躍した時期、すなわち60万年前以降の人類の北東への進出に合わせる形で理解する上でも話の筋がとおるはずである。ただ、まだ発見できてない60万年前から30万年前までの間の人類の痕跡を韓半島で探す作業がこれからも時間をかけなければならないのは言うまでもない。

ハンドアックスの形態的な特徴から編年を考えると初期のハンドアックスは粗雑な形で礫器の表面に雑な剥離を行い、形を作り出した、いわゆるプロトハンドアックスになる。次の段階になると、成形のあと二次的な加工を刃部に施すようになる。この段階になると、大形剥片を素材に運用し始める。

ハンドアックスは末期になると素材の選別段階から最終形態を意識した素材選択がみえる。その代表的な例が、石壮里のハンドアックスである。薄い楕円形の板状礫に簡単な剥離を加えて刃部を作る。ただし、礫面を意図的に活用する段階になると、プロトタイプのハンドアックスに比べて軽量化が進むようになるのである。

(2) ピック(Pick)

① ピックの形態と製作技術

ピックの素材はハンドアックスと同じく両面調整石器の範疇に入る石器で、ハンドアックスとは形態的な特徴から分離できる。形態的には基部が広く、先端の方は鋭く尖っていて、断面は三角形や台形、そして楕円形などがある。佳月里遺跡のピック(第27図4)をみると23.5cmの大きさの美しく剥離された器体が目に付き、石器全体の礫面をほぼ全部取り除くような成形加工を施している。

このような加工はめずらしいもので、一般的な加工とされる全谷里や屏山里などのピックの場合、ハンドアックスやチョッピングツールの場合と同じく、基部の方に礫面を残したまま機能部である先端の方を鋭く作り上げる。剥離作業が進んだ結果、器体の平面形は大型の錐を連想し、全体的には楕円形の方に三角形を足したような形をする。簡単にいうと、器体平面形は丸みを帯びた器軸に長い三角形になるのである。

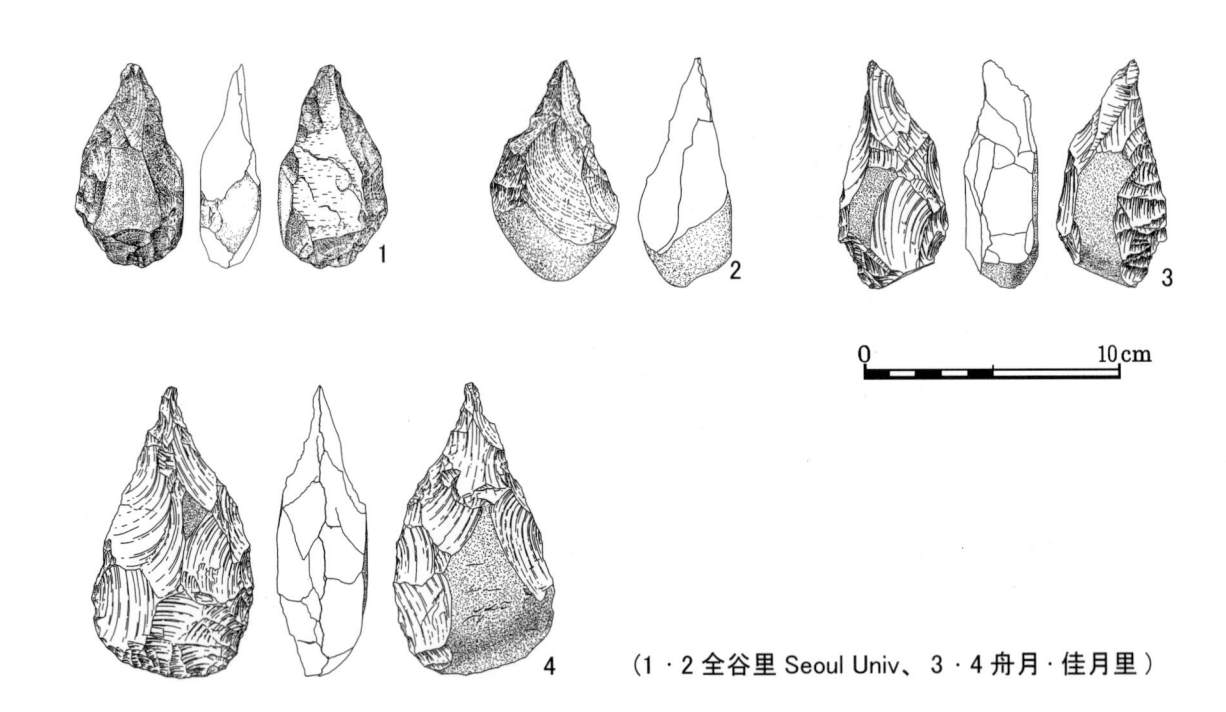

第 29 図　韓国出土ピック (Pick) Ⅱ類

（1・2 全谷里 Seoul Univ、3・4 舟月・佳月里）

り整形加工が行われ、尖端の方に二次加工が施されている。この遺物で興味深い点は、両面にほぼ同じ面積の礫面を有することで、残り方は表と裏が類似している。

このような現象は、同遺跡出土の他遺物にみられる器体全面に加工が施されている石核があることから考えても、ただ技術が足りないため残された礫面ではなく、製作者の意図により残された礫面であることが考えられる。一見単純にみられるハンドアックスであるが、加工のためには礫の選定→礫面の荒削り→成形→刃部形成の順に石器の製作工程が行われている。これら一連の石器製作工程のなかで一番目を引くのは石器製作素材の選定にある。刃部の礫面は取り除かれたため、原型は推測するしかないが残っている剥離面をもって辿っていけば扁平で丸みをもった方形の礫になる。

例外的な加工の度合をもつⅢ類型の場合、製作工程は他の類型に比べても、ハンドアックスと比べても複雑で手の込んだ作り方をみせ、数的な面でも少ない。このような複雑で熟練された技術を行使して類型Ⅲが製作された理由は何であるのか。可能性としては、ハンドアックスとピックの複合機能石器を考えることができる。ハンドアックスでも、全面に加工が施され基部の方に二次加工が施されているのはそう多くはない。

ただし、この場合ハンドアックス石器群に複合機能石器という概念があったかどうかであるが、その可能性は今のところ皆無に近い。とすると佳月里のピックのようなものの場合どのような解釈をすることができるのか。

それに関しては、理想に適う完成品という側面を考えることができるはずである。佳月里のピックを観察すると、先端の方に新しい剥離がみられるが稜線を中心とした2つの面に残っている剥離痕は基部の細かい二次加工より新しい。そして、器体全体を周縁するような二次加工はこの最終的な2回から3回にかけての大きな求心剥離の方で

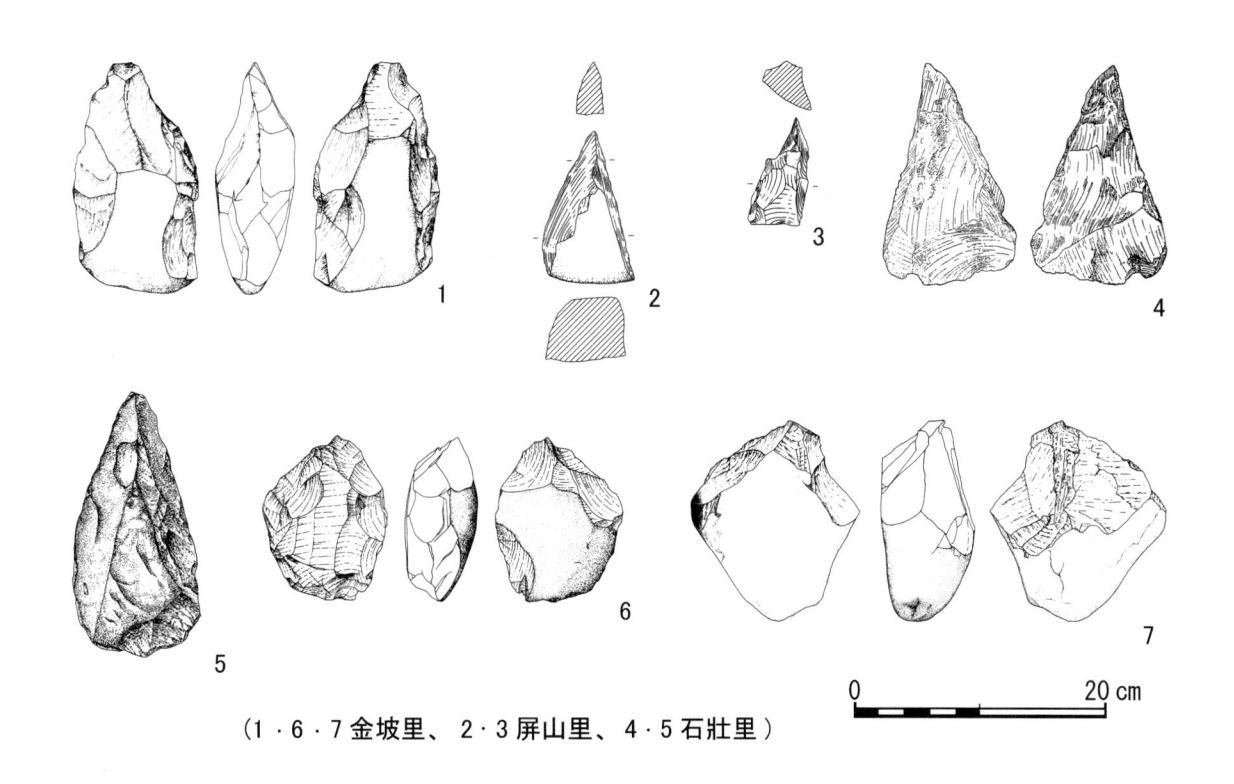

(1・6・7金坡里、2・3屛山里、4・5石壯里)

第30図　韓国出土ピック (Pick) Ⅲ類

は見当たらない。また、二次加工は先端の方にも施してあるが2〜3回の剥離により作り上げている。同じ遺跡から出ている他の遺物と比較すると完成度は格段に高い。

② 編年的位置と分布

ピックは世界的に広く分布する礫器で、年代的幅は前期から中期旧石器時代にかけて存続した石器である。中国でも三稜大尖状器と呼び名は違ったものの形状は同じである。佳月里遺跡のピック(第29図4)、舟月里、興洙窟、九湖洞、全谷里、三里、屛山里、そしてまだ発掘調査は行われてないが南漢江流域にも分布が認められる。しかし、全羅道や慶尚南道という地域からはまだ存在が確認できていない。

ピックは前期旧石器時代から中期旧石器時代にかけて登場する石器である。しかし、後期旧石器時代になると前期や中期旧石器時代の石器とは異なる、いろいろな方面から新しい動きが出てくる。そのような時代の編年軸から考えると韓国おけるピックの位置付けは中期旧石器時代までに遡れるのが一般的なことになる。

しかし、江原道東海市の海岸段丘上に位置する九湖洞遺跡からはハンドアックスやピックといった前・中期旧石器時代の遺物が後期旧石器時代の層から出土している。九湖洞遺跡を除けばピックは中期旧石器時代までの遺跡から出土する遺物で、地域的な範囲も臨津・漢灘江流域を中心に忠清南道周辺までにいたる。まだ調査が全国に行き届いてないこともあるが、内陸水系に沿った移動生活が前・中期旧石器時代の人類の生活範囲になることと深い関わりをもつのであろう。

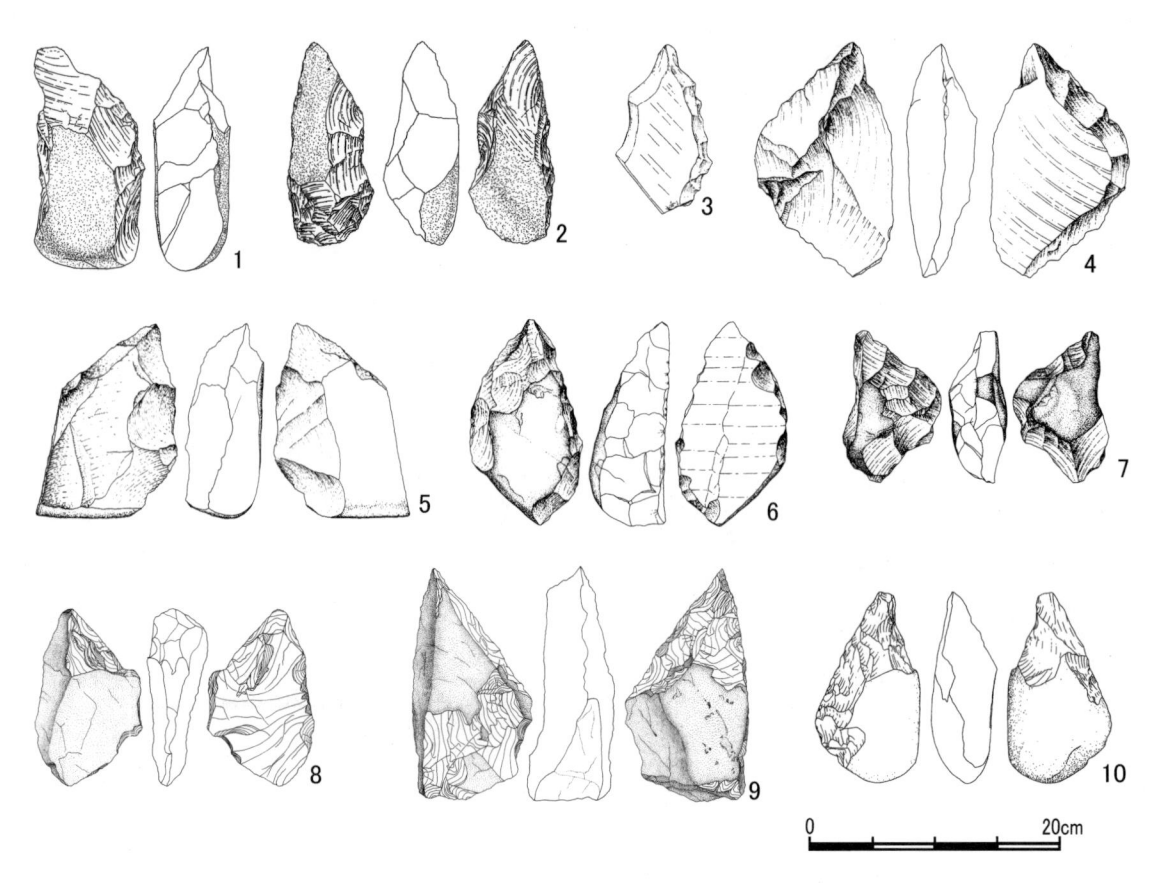

(1・2 舟月・佳月里、3 金窟、4～7 金坡里、8・9 發翰洞、10 屛山里)

第31図　韓国出土ピック（Pick）Ⅳ類

(3)　クリーヴァー（Cleaver）

①　クリーヴァーの形態と製作技術

クリーヴァーは訳すと大型の肉切り包丁になる。名前から連想するように切るための機能を主に考えることができる礫器で、ハンドアックスの技術的なメカニズムに深い関わりを持つ両面、あるいは片面調整が施された器体の器軸にほぼ直交する刃部を形態的な特徴とする。

刃部の調整は連川元當里のように刃部にリタッチが行われたものもあれば、全谷里（第33図13）や金坡里（第33図16）のように素材の鋭い縁をそのまま刃部として用いるものもある。また、素材の鋭い縁と調整加工により形成された刃部が合わさった、第33図2・7・13のような石器もある。

クリーヴァー製作に用いる素材は大きくみて二つある。一つは礫で、もう一つは大型の剥片である。礫の場合板状礫と方形の礫、そして不定形が用いられるが、そのなかでも長方形の丸みのある礫が良く使われている。これは直刃を作り出すための配慮で、大型石器であるクリーヴァーの厚みを維持するためである。

大型剥片の場合、一面に礫面を有する剥片の比率が高い。素材の用い方については全谷里の場合、横長剥片を好んで用いた一方、金坡里では縦長の剥片を利用する割合が高くなるのである。Ⅰ類型は全体に丸みを持つもので

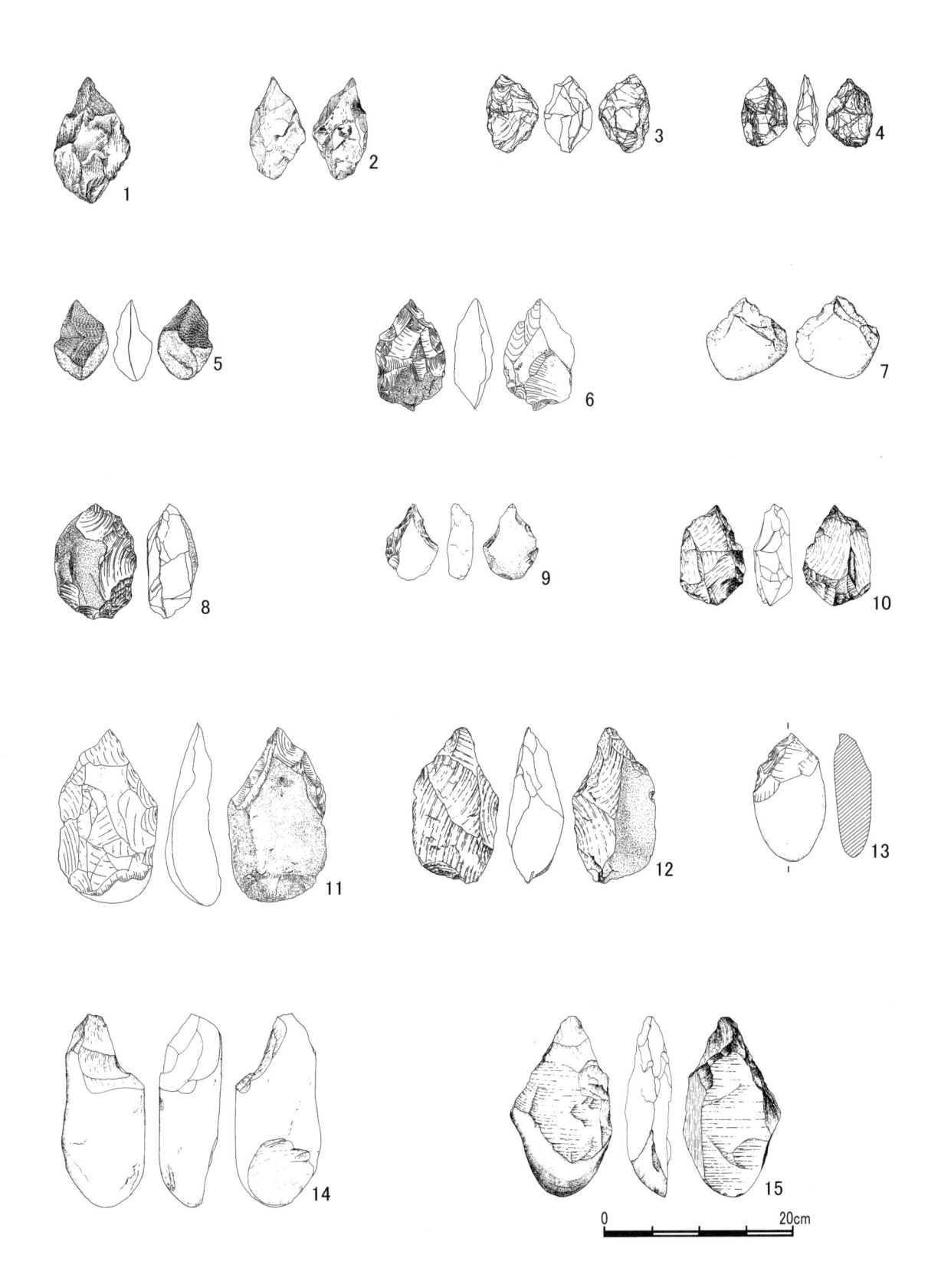

(1・2 石壯里、3・4・7 全谷里Seoul大、、6 全谷里慶熙大、8 全谷里建国大、
9・10 舟月・佳月里、11 屛山里、12 皮西里、13～15 金坡里)

第32図　韓国出土ピック (Pick) Ⅴ類

刃部がほぼ直線。Ⅱ類型は基部に抉りがあるもので、台形様石器のような最もきれいな形をしている。

石器素材利用状況の変化からも分かるように長い時間幅を持つ礫器であるが、徐々にゆっくりした変化をみせているが、同じ器種の石器から読み取れる。次にクリーヴァーの製作過程を辿ってみよう。クリーヴァーの素材は上で述べたとおり石核（礫）、あるいは大型剥片を用いるが基本的な構造は素材の差に関係なく同じである。

最大の形態的な特徴は器軸に直交する刃部である。剥片素材の場合、刃部作出のための剥離の際に礫面と剥片が成す角度は鋭角になるように剥がす。鋭角を維持するように剥がれた剥片は厚みを持つ剥片になるが、刃部の方はほとんど素材縁を残しながら基部の方を除いては求心剥離により成形が行われる。ここで重要なのは成形加工が一面にのみ、それも背面の方に行われることである。

このような製作技術というのは定型化する、すなわち欧米のムステリアンポイントのように特化した道具を作る概念の下で生まれた技術である。そして、石器製作過程にみる剥片の用い方は、以前の段階に比べると計画的剥片生産と最終目的に合わせた剥片生産の技術が向上したことを示している。

素材剥片作出技術は石器製作技術を進歩させる。以前の段階の礫器製作過程にみられた三次元的設計図により、発達した中間過程を取り入れることができた。それにより、まだ予測できていない製作作業の結果に関する通念的形態の完成された製作システムである。話がややこしくなったが、簡単にいうと以前の段階では目的に合った素材を探すことで石器作りが始まったが、クリーヴァーの製作システムでは、目的にあわせた素材生産を製作者が行うようになったのである。

石核を素材として探すのではなく、人工石核から目的剥片を生産するシステムになるのは、ムステリアン文化になってからであることを述べてきたが、そのような段階は中期旧石器時代になってからのことである。全谷里遺跡を含んだ金坡里遺跡の基盤岩をなしている玄武岩の年代が50万年前になるという発表があったが、石器の技術学的特徴からはそれほど古くなることはむずかしいのである。

クリーヴァーがもつ技術的な属性から考えると、韓半島では後期旧石器時代以前の中期旧石器時代に属すると言える。そして、分布範囲は現在のところ韓半島中部地域の漢灘・臨津江流域水系が中心を成している。

(4) チョッパー・チョッピングツール (Chopper、Chopping-tool)

① チョッパー・チョッピングツールの形態と製作技術

形態的にチョッパーやチョッピングツールはハンドアックスやピック、そしてクリーヴァーより古拙な石器である。形態をみると円形に近い形をしていて断面形は円盤形や方形をしており、基部には礫面が残存している場合がほとんどである。機能的な観点から見ても肉をぶち切るためには重さと鋭さを兼ねた形態にしないと道具の効能は半減するはずである。

チョッパーの場合一般的には片面にしか刃部は形成されておらず、チョッピングツールは両面の刃縁に刃部形成のための加工が施されている。そのため両者の区別はさほど難しくない、ただし両面調整された石器のなかには石核と両面調整石器（Biface）やチョッピングツールとの境が曖昧なものもあるため、しばしば器種選定に悩む時もある。

片刃あるいは両刃の刃部形成のための剥離順はランダムで、決まった順番はないが、概ね外側から刃部の中央に向かって剥離を入れていくのが普通である。刃部形成のための剥離は通常器面の全体に及ぶことは少なく、チョッパー・チョッピングツールどちらも一部分に礫面を残し、手でつかむ時の握る部分として残している。また、刃部作出の際の剥離は粗雑な数回の剥離で終わるので刃部調整のための細かい二次加工は行わないのが一般的である。

平面形は大抵刃部の反対側は礫面が残存しているため丸みを帯びていて、刃部も丸みを帯びているⅠ類型、刃

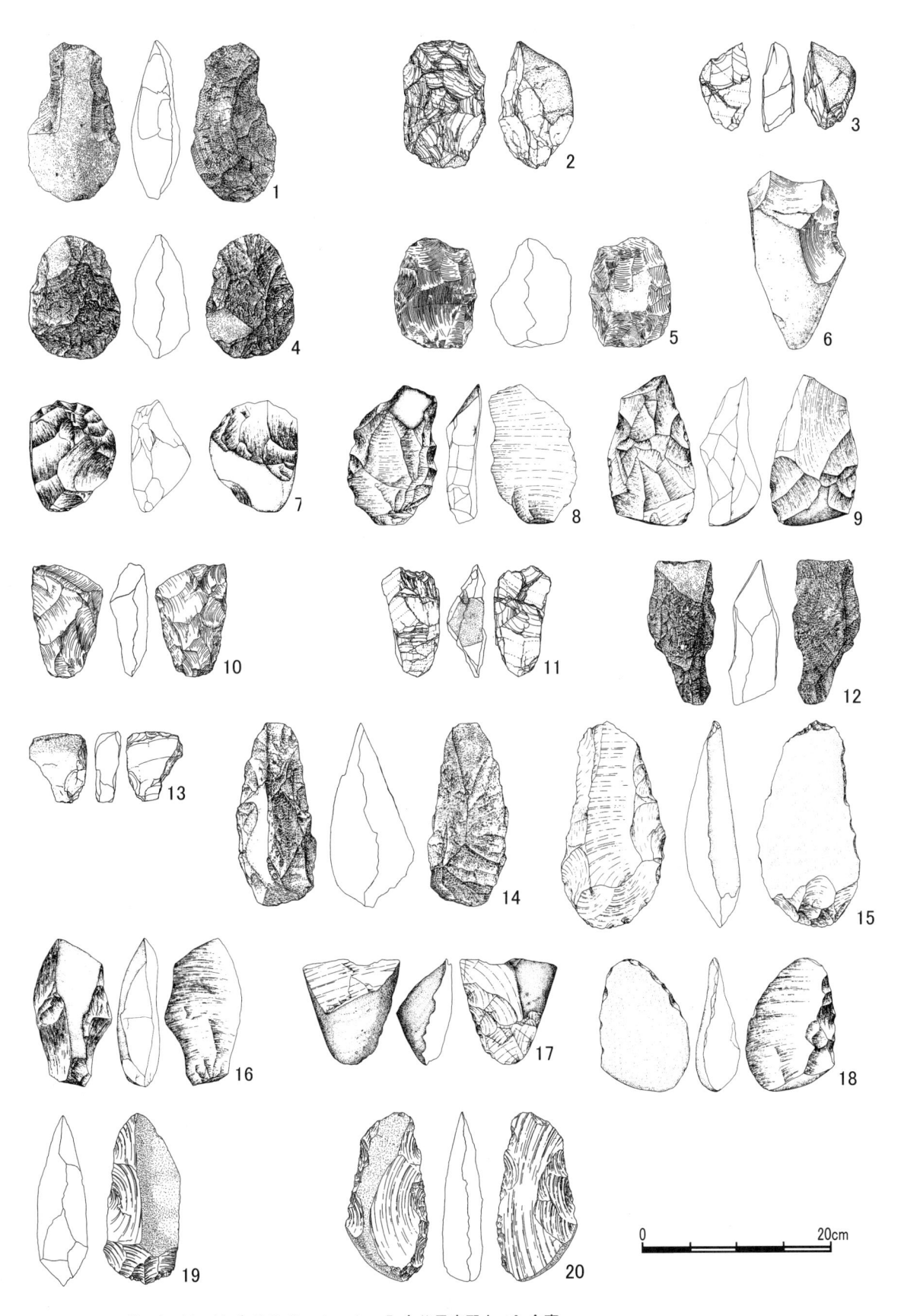

(1〜4・11〜14 全谷里 Seoul univ、5 全谷里慶熙大、6 金窟、
7〜9・15〜18 金坡里、10 石壯里、19・20 舟月里・佳月里)

第33図　韓国出土クリーヴァー (Cleaver)

部が台形の様に突出しているⅡ類型、そして刃部が直線のⅢ類型がある。これら三つの類型のなかでチョッピングツールの場合Ⅰ類型がもっとも多い形態である。チョッパーの場合はⅢ類型で刃部が鋸歯のようにジグザグになっている場合が多い。

　　　　② チョッパー・チョッピングツールの編年的位置と分布
　チョッパー・チョッピングツールは前述したが、長いタイムスパンを持つ石器である。そして、後期旧石器時代にまで使われる石器として製作が行われ、その製作技術も大きく変わらないまま維持されてきた器種である。つまりこの石器には後期旧石器時代以前の段階から継続されてきた強い伝統により守られてきて、特徴ある形態は変わることもなく続いてきたのである。

　また、チョッパー・チョッピングツールは、他の後期旧石器時代以前の伝統的な石器群が韓半島中部地域に留まったのとは対照的に韓半島全域で後期旧石器時代に至るまで製作され使われたのである。さらにもっと驚く点は、石器製作の際に使う石材が中期旧石器時代以前の石材として多く使われてきた石英や珪岩を用いることである。

　既知のとおり、中期旧石器時代の後半になると人類は新しい石材を開発してより石器製作に適した石材を使うようになる。しかし、チョッパー・チョッピングツールに関しては、勿論例外もあるが中期旧石器時代以前の石材をより好んで用いるのである。そのため、研究者の間では礫器伝統という名で保守性を唱える場合も生じる。

　同質の石材が使われたということにより、その内面にある技術的な問題にも目を向けなければならない。技術的な問題に関しては礫器伝統[24]という捉え方もあるが、より適合した石材を選んで使っているという捉え方もある。

　(5) プレイン (Plane)

　　　　① プレインの形態と製作技術
　プレインというのは一名"Rabot"ともいわれる石器で、一種のチョッパーのような片面（腹面）側からの加工を施した石器のことで、厚手の剥片か礫を用いた大型石器である。形状は片面に刃部を作り出す為の加工が急な角度を成しているため、厚みがある馬蹄形に近い形状の礫器である。石器の機能としてはプレイン（鉋）という名から分かるように皮なめしや木を削る役割をしたのではないかと考えられている。

　形態的な面からみてみると、原始的な掻器の形をしているのが分かる。しかし、後期旧石器時代の掻器が約3cm大の大きさに扁平な形をしていることに比べると、約10cm大の大きさに5cm以上もする厚さからは掻器とは計量的な面でも違っていることがわかる。

　プレインの形態をみると、2つの類型に分けられる。Ⅰ類は背面の多く、あるいは刃部以外は加工がほとんど施されていないものである。Ⅱ類は腹面が平らな礫面あるいは平らな主剥離面をもつ厚手の剥片製である。素材面は剥離面か礫面で覆われているが、それは石器製作の際に器形成形という過程が行われていないことを意味する。また、後期旧石器時代の掻器が背面に多くの成形の跡を残していることに比べるとプレインの高い背はむしろ機能的な次元から必要な部分であったと考えられる。

　その例として、小魯里遺跡の後期旧石器文化層から出土したプレイン（『韓国の旧石器』189pp. no 266）をみると扇形刃部がある。刃部は数回の腹面からの加工により形成された後、細かい調整が数回行われることで製作は終了している。残存する礫面の状態から、石材選定には厚みがある方形の礫が用いられているのが分かる。また、石壮里遺跡の中期旧石器時代文化層から出土したプレインの計測データを同遺跡出土掻器と比較してみると次のような点が分かる。

　両者を6つの項目の計測値によって比較してみると、特に目立った差はみられなかったが、重さにのみ顕著な

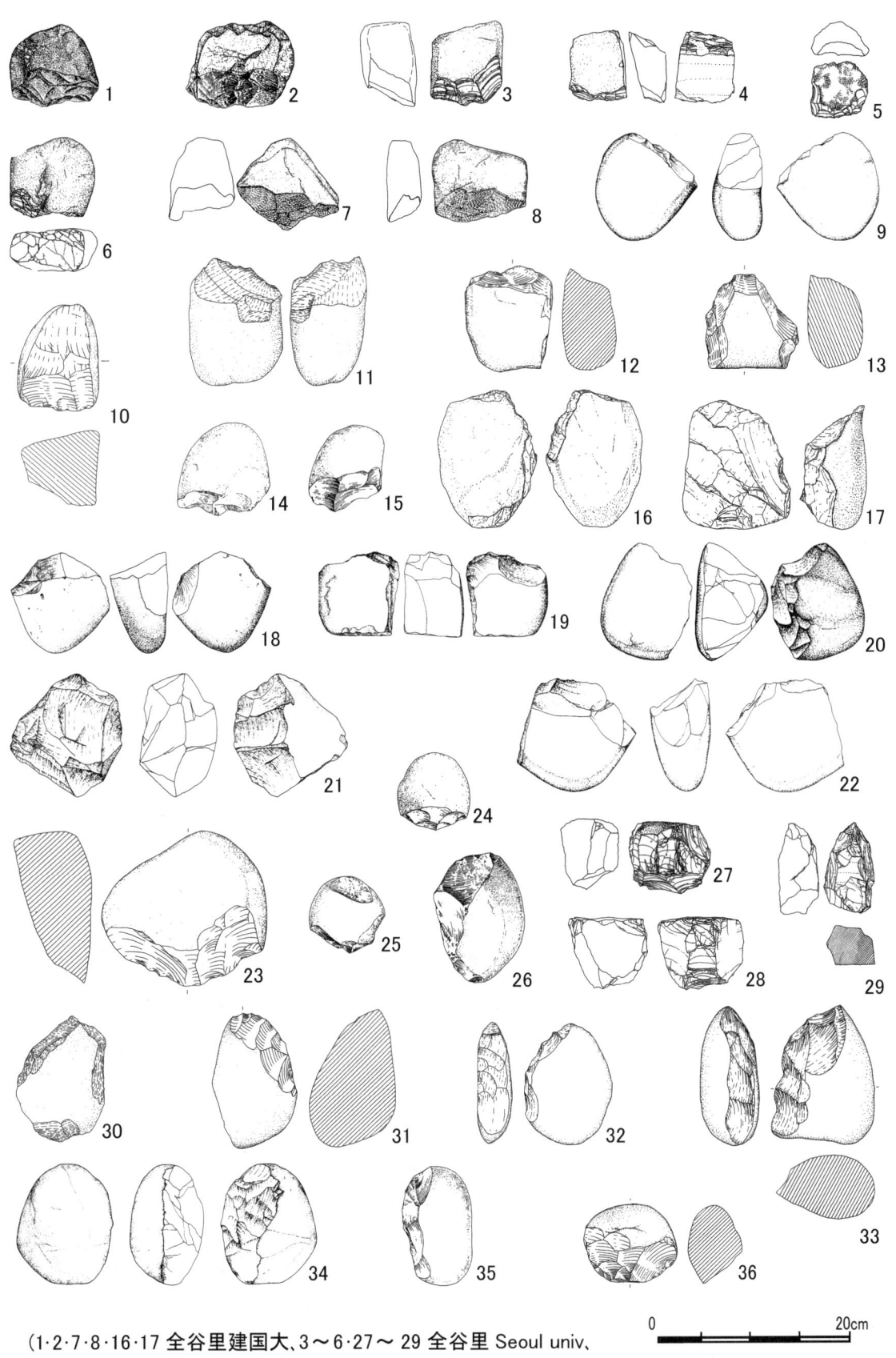

(1・2・7・8・16・17 全谷里建国大、3〜6・27〜29 全谷里 Seoul univ、
9・18〜22・34 金坡里、10〜13・23・30・36 屏山里、14・15・24〜26・35 金窟)

第34図　韓国出土チョッパー類

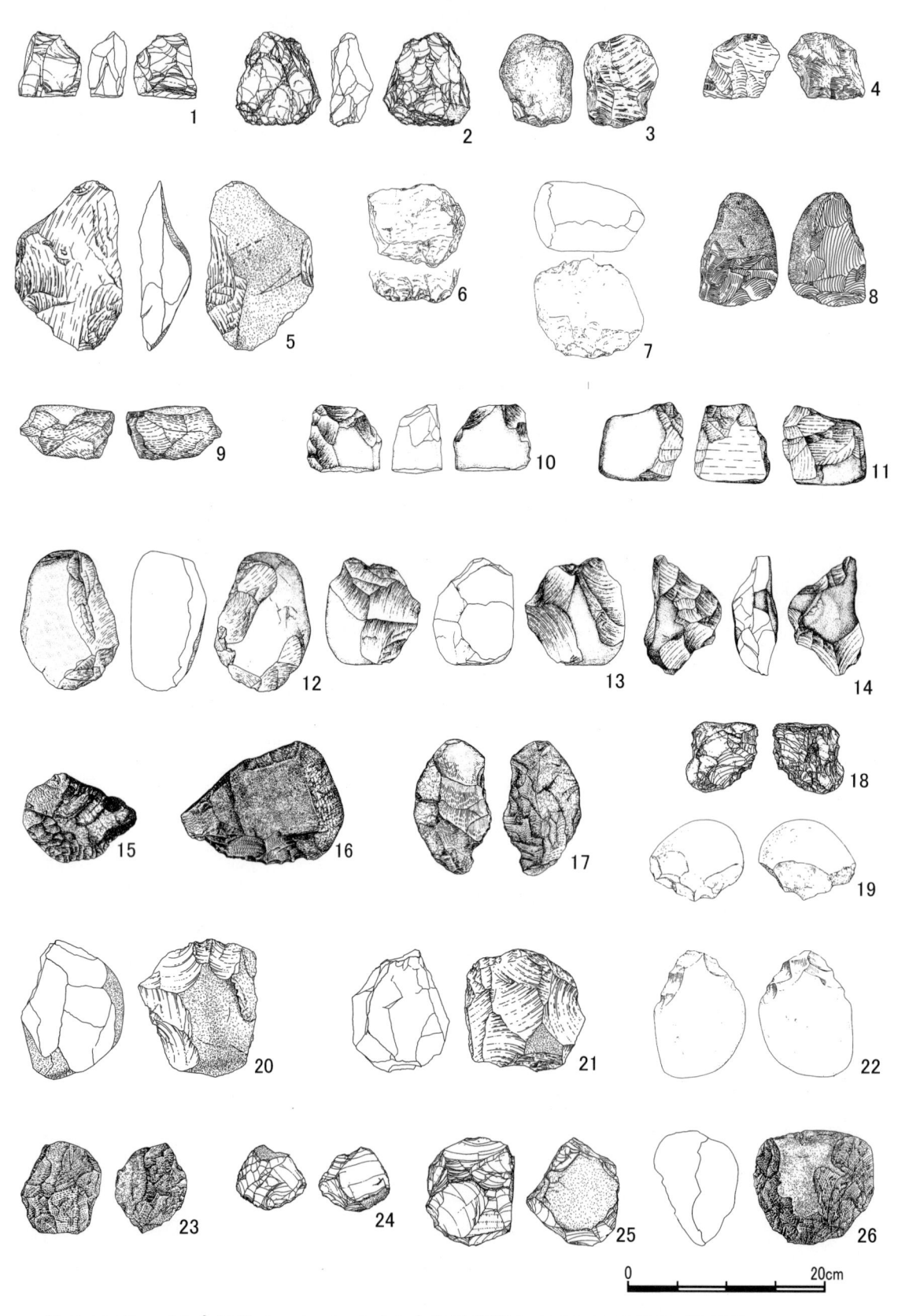

(1・2・18・23〜26 全谷里 Seoul univ、3・4・8 全谷里慶熙大、5・20・21 舟月里・佳月里、6・7 道山、9 屏山里、15〜17 全谷里建国大、19・22 金窟)

第 35 図　韓国出土チョッピングツールⅠ類

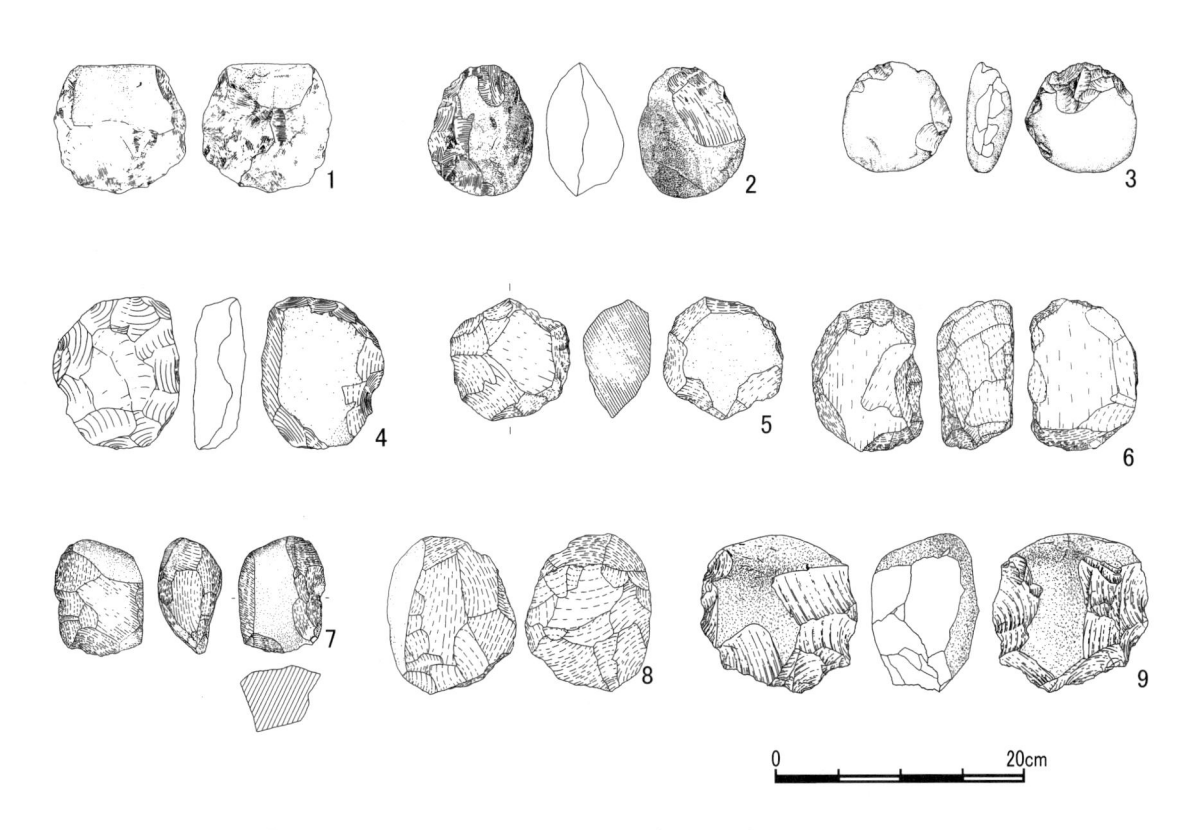

(1・2 全谷里慶熙大、3 金坡里、4～8 屏山里、9 舟月里・佳月里)

第36図　韓国出土チョッピングツールⅡ類

差がみられた。そのようなことは、両者が似ているもの同士で機能に重さが関わるかどうかということを表している。後期旧石器時代になり、プレインが少なくなっていくのは掻器の発達や他の専門的な役割を果たしている石器があるためではなかろうか。

②　プレインの編年的位置と分布

プレインは中期旧石器時代から後期旧石器時代まで製作され使われてきた石器で、掻器や削器などの道具とともに使われた。簡単な形態からみると古い礫器文化に伴ってもおかしくない石器であるが、重くて大きい器体と急な刃部角度による削りの性能の良さで使われてきた石器である。

プレインが出土している遺跡は、石壯里や小魯里など韓国中部地域にその範囲がみられる。それは反対にいうと、ハンドアックスやピックなどの礫器が出土している漢灘江流域の前期・中期旧石器時代の遺跡にはその存在が見られないことを傍証することになる。このような重くて大きい石器が移動生活を頻繁に繰り返しながら生活を営む中期・後期旧石器時代の人類に使われたのは、生活構造や石器製作の複雑さを物語っていることになり、出土数は多くないが特殊な機能性と形態性を注視しなければならない。

器　種	長/cm	幅/cm	厚さ/cm	重さ/g	刃部角度	刃部長/cm
プレイン	10.97	7.48	4.32	310.5	68.57	6.57
搔　器	8.86	4.98	3.13	158.6	71.83	3.53

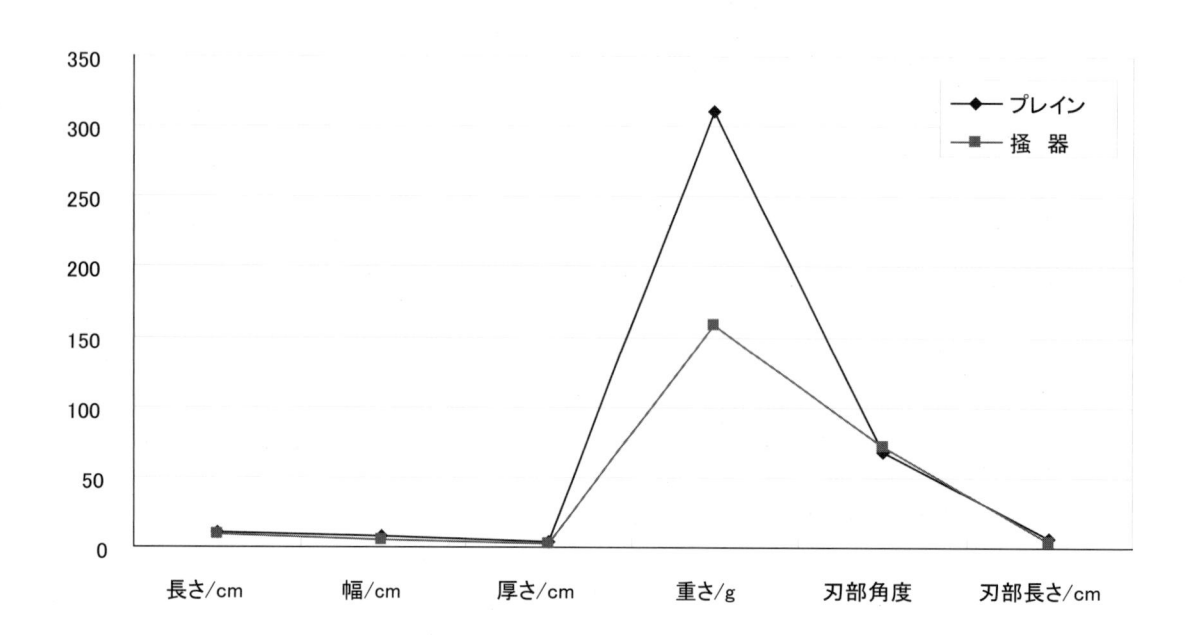

第2表　韓国出土プレインの数値対比表とグラフ

(6)　多面体球 (Polyhedron)

① 多面体球の形態と製作技術

　韓国の旧石器時代の遺跡から出土する石器のなかに多面体球は豊富な出土量と幅広い時間幅、そして分布範囲の広さを誇る礫器である。形態的には頻繁な打点移動により剥離面が多く残された結果、蜂の巣状の剥離面がたくさん残っている。石器全体の器形は丸みを帯びた多面体（Ⅰ類型）やほぼボールのような球体（Ⅱ類型）、そして上下に狭い対向する平らな礫面を有するもの（Ⅲ類型）などが有名である。また、アフリカのオルドヴァイ渓谷やクービ・フォラや中国などからも出土しており、広域で使われた石器である。

　今日の遺跡調査の際、時代を問わず、必ずといっても良いほどいくつかの多面体球が礫器類と混ざって出土している。しかし、石器としての機能や製作手順に関しては、理解を得たとはいい難い。それは、石器の形態的な特徴は皆、さほど変わりはないがその中に見える剥離の手順や廃棄あるいは遺棄の仕方、そして最大の疑問である何故作ったのかについてはいまだ意見の一致をみていない。

　しかし、いくつかの仮説あるいは可能性は立てることができる。まず、正方形に近い丸みを帯びた礫の用途の転用である。大人の拳大ほどの多面体球はハンマーストンとして適した条件をそろえているため長時間叩かれ続くと

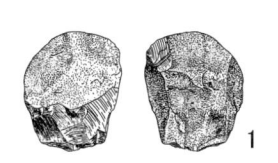

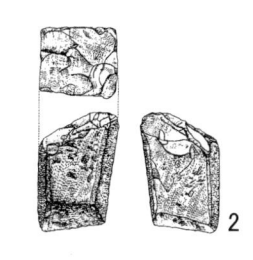

（1 全谷里慶熙大、2 全谷里建国大）

第 37 図　韓国出土プレイン類

角が取れて円くなる。一部自然面を有した丸みをもつものがⅡ類型の多面体球になる。

　それとは反対に角がある程度残っていて、上下に平らな礫面あるいは剥離面が残っていて、まるで石核の打面のように残っているⅢ類型もある。このⅢ類型はⅠ類型[25]に比べると剥離面の間隔が広く剥片を剥がすための配慮がみえることもあって、ⅠやⅡ類型とは少し異なった役割を果たしていた可能性がある。Ⅲ類型の平らな対向する礫面はあたかも打面のようで打点をしっかり残しているものもある。

　3つの類型は3つの共通点がある。大きさが揃っていることと剥離が石材を回転しながら打点移動を行うことにより器形全体がバランスよく仕上げられていること、そしてほとんどの多面体球が石材には石英を用いることである。もちろん大きさの方は大中小のいくつかのグループにまとめることができるが、大きさがいずれかのグループのなかから逸脱することはほとんどない。

　時代が変わっても石英をもっぱら用いていることは、多面体球には石英岩を用いることという強い社会的な通念があったかも知れない。そして、交互剥離や頻繁な打点移動は当時の石器作りの技術を知る上で貴重な端緒を提供してくれる。

　このような事実から考えると、多面体球は石核の性格を持っていたものが再利用されミサイルストーンなどの投石器になった経路と、最初から多面体球を作るための剥離を行った結果丸みを帯びた多面体になったという経路、そして石核として利用し尽くした結果残った経路の3つを考えることができそうである。このような3つの過程を考えることができるが、遺跡から出土している石器の計測数値のほとんどが同じ規格になっているのは興味深い現象である。

　② 　多面体球の編年的位置と分布

　多面体球は前期旧石器時代の遺跡である全谷里、舟月里・佳月里、金坡里、元当里などの遺跡から、後期旧石器時代の禾袋里、垂楊介、三里、竹内里、坪倉里、民楽洞、九湖洞・九美洞などの後期旧石器時代にまで長いタイムスパンをもって存続していた石器である。

　石器の出土分布も韓国全土に渡って出土していて特に地域性を持たない。従って多面体球は、時代や地域を越えて幅広く使われた石器であることは確かである。ただ、非地域性といわれる性格の中に多面体球はどのような役割を果たしていたのか、そして石材供給方式が変わっていく中でどのように石材を調達し、製作したのか。

　後期旧石器時代にもこの石器が出土していると前述したが、遺物出土状況はいまだ確かでない部分が多い。遺跡のなかでも単独で出土することが多いし、製作過程で生じる剥片や砕片などがほとんど報告されてない状況では実態をつかむのにはまだしばらく時間がかかりそうである。

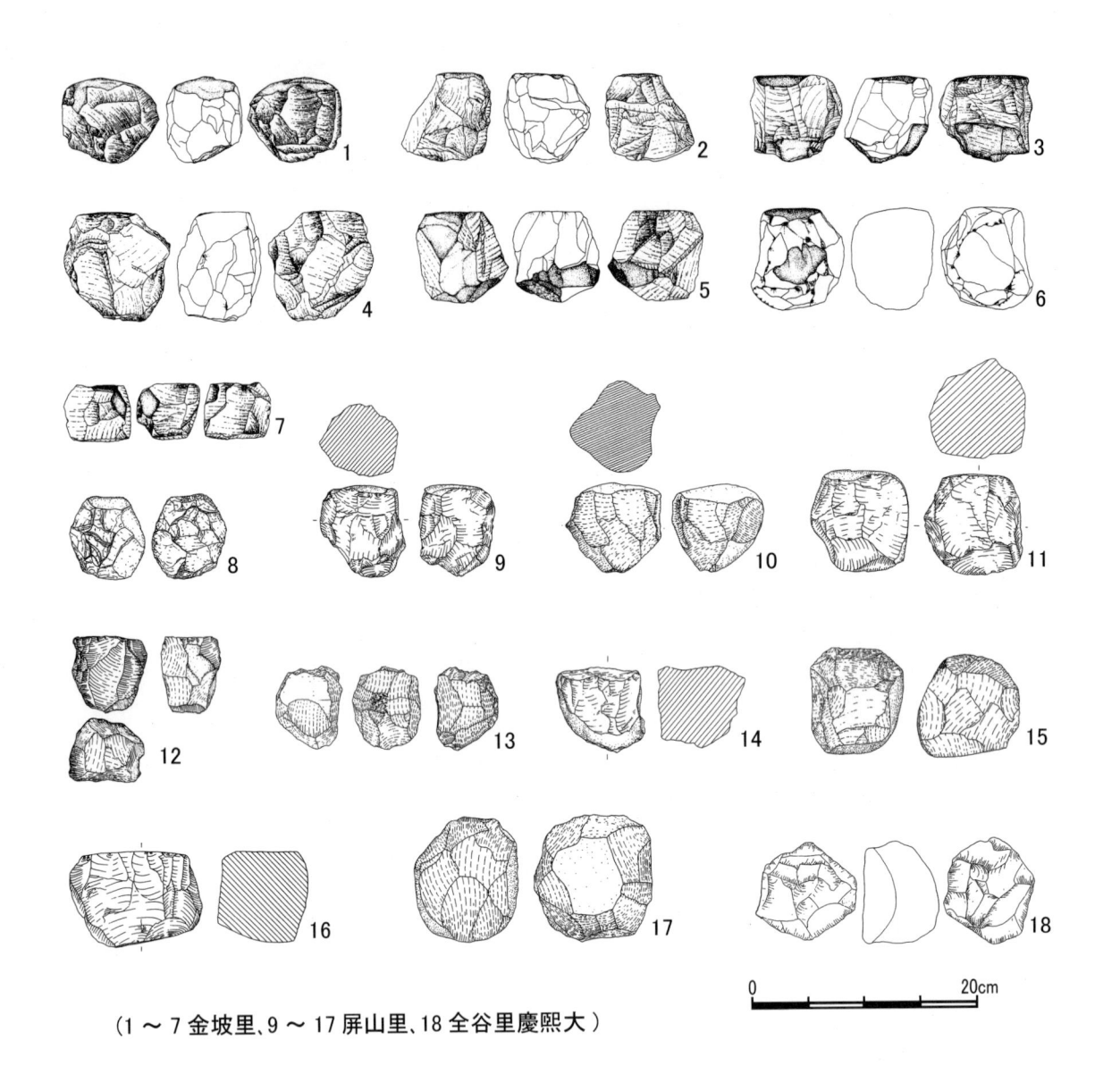

(1〜7金坡里、9〜17屏山里、18全谷里慶熙大)

第38図　韓国出土多面体球Ⅰ類

2) 鋸歯縁石器 (Denticulate) と後期旧石器時代の開始

(1) 鋸歯縁石器の形態と製作

　韓国の遺跡のなかでチャンネ遺跡が、もっとも典型的な鋸歯縁石器を出土している。チャンネ遺跡は後期旧石器時代の遺跡で、川の合流地域に位置する住居址を有する遺跡である。報告者によると後期旧石器時代後期に近い遺跡としている。

　実際に黒耀石を使った石器類や細石器関係の石器類が出土しているため、層位が不確実な現在の状況の中では、後期旧石器時代の晩期に近いと言わざるを得ないかも知れない。しかし、薄い包含層の現実を勘案しても出土している石器の形態学的特徴から文化層が複数枚ある可能性があり、報告より早い時期になる可能性がある。

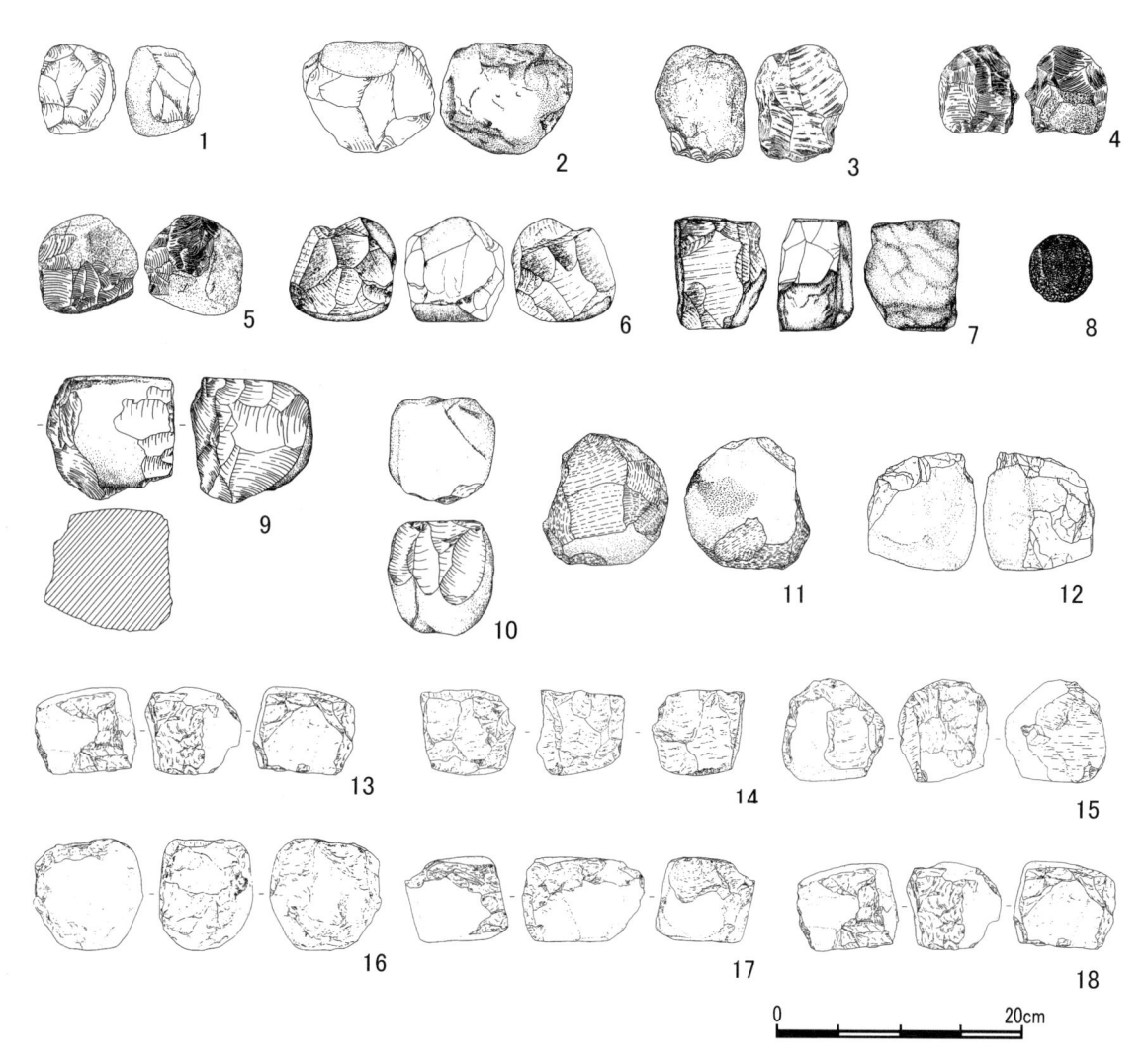

（1〜5 全谷里慶煕大、6・7 金坡里、8〜10 屏山里、11・18 全谷里建国大、12〜17 道山）
※　18は類型Ⅲ

第39図　韓国出土多面体球Ⅱ・Ⅲ類

　石器の時期を決める時、主に用いるのは石器が出土している地層の理化学的分析により実年代がでる自然科学に頼るところが多い。しかし、石器本来がもつ形態を研究すること、すなわち型式学的研究により大まかな流れをつかむことができる。

　チャンネ遺跡では後期旧石器時代の石器と、それ以前の時期に属する石器の形をしたものが入り混じっている可能性がある。それは、大型の削器や掻器、石英岩製の石器や剥片の存在、そして大型削器のなかで目を引く鋸歯縁石器[26]の一群が検出された。珪岩を用いた素材剥片類は礫面を有する横長剥片を主に使って刃部を形成する。

　加工技術をみると、腹面側からの一回性の連続剥離により刃部に凹凸を付ける。後期旧石器時代中盤以降の掻器や削器の作り方と比べてみると、大まかな刃部形成の後細かいリタッチにより刃部を仕上げる技術を取ることが主流になる後の製作技術より、粗雑な技法が駆使されている。

　石材が前・中期旧石器時代に良く使われた珪岩や石英になると、形状は一層古さを増してくる。全谷里遺跡の石

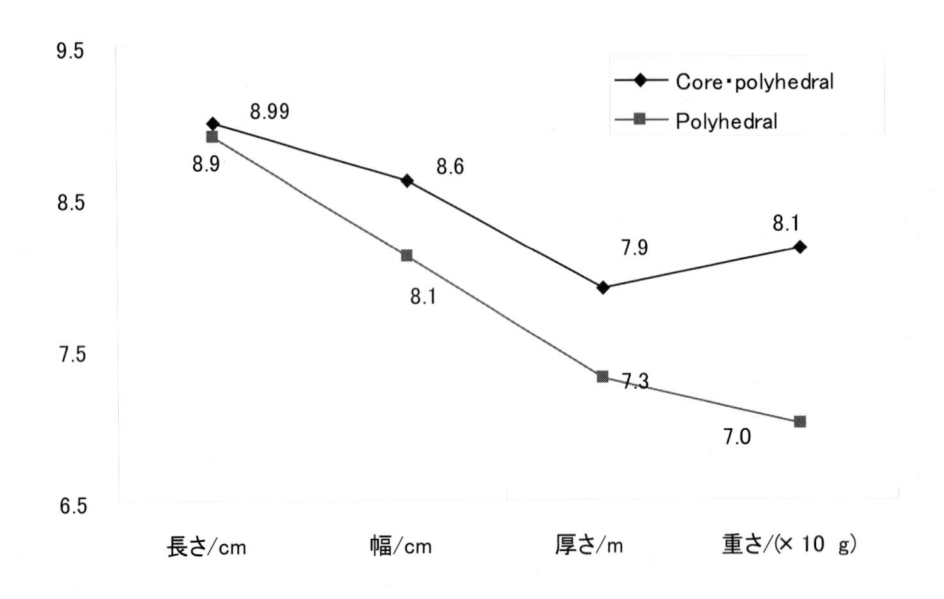

第3表　多面体球と多面体石核（Core・Polyhedral）の平均率

器（第40図8・9）は珪岩製の礫を用いて鋸歯縁石器に仕上げたものであるが、腹面の方は平らな礫面をそのまま用いて3回程の剥離により刃部を作り上げている。最終形態は刃部を除いて、丸みを持ち刃部の角度が急なものに仕上げている。

　また、石壮里遺跡出土の鋸歯縁石器（第40図12）は石英製で礫面を有する剥片を用いたもので10cmを超える大きさを持つ大きな鋸歯縁石器で、やはり刃部は腹面からの数回の剥離により刃部が作られている。刃部は連続する剥離によるものではなく、相重ならないように間隔をわざと置いて刃部を作り上げる。

　これら鋸歯縁石器の技術的特徴は、中期旧石器時代からの伝統である大型剥片を用いることである。龍湖洞出土の鋸歯縁石器は鶏冠状断面三角形の約9cmの剥片を用いたもので長い鋸歯状の刃部を作り出す。ここでも刃部は重ならないように剥離が行われ間隔を空けている。

　中期旧石器時代の遺跡としている竹内里1文化層出土の石器（第40図9）をみると、やはり礫面付き横長剥片を礫面側からの剥離により鋸歯縁石器に仕上げている。

　全谷里の石器も横長剥片を用いたもの（第40図6）で、大雑把な剥離により刃部を作り出している。しかし、素材剥片は特に規格性はなく縦長剥片も使われたが、約8cm程度の大きさと4cm程度の厚さの断面が得られた場合、鋸歯縁石器として用いることができる。

　鋸歯縁石器の形態は、素材の面からみると礫製と剥片製の二つに分けることができる。礫製はチョッパーからの系統を引くもので、形態的特徴は重さや大きさを除けばほぼ同じである。しかし、剥片製になるとチョッパーとは系統が違うものになるのである。

　後期旧石器段階によくみられる鋸歯縁石器は剥片製のものが圧倒的に多くなる。しかし、鋸歯縁石器は中期旧石器時代段階の剥片運用システムを踏襲しているため、作りは大型で不自然なほど簡略された刃の付け方をしている。

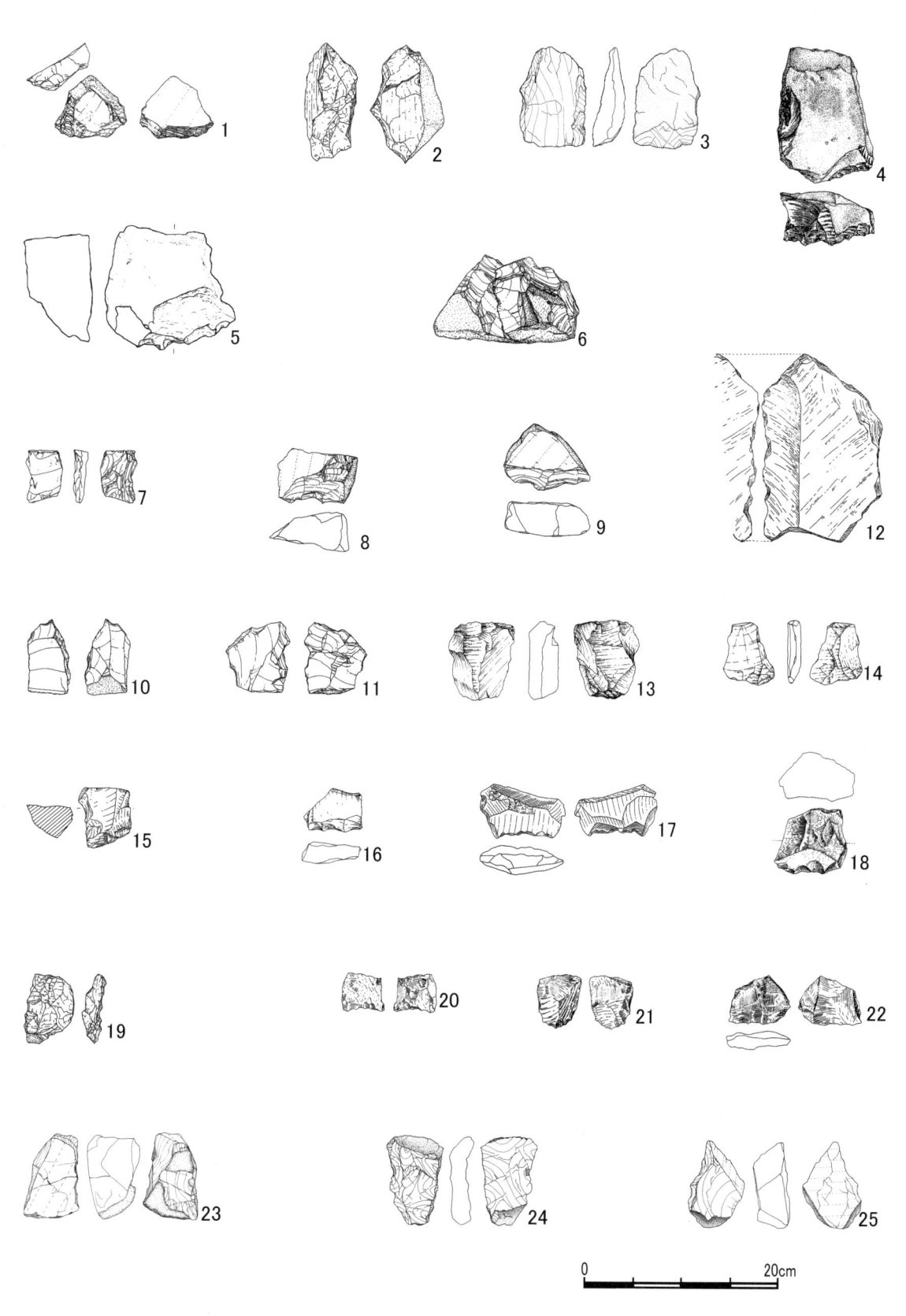

(1・6～11 全谷里 Seoul univ、2・17～19 全谷里建国大、3・23～25 發翰洞、
4・12 石壯里、5 道山、13・14 金坡里、15 屛山里、16 堂下山、20～22 全谷里慶熙大)

第40図　韓国出土鋸歯縁石器類

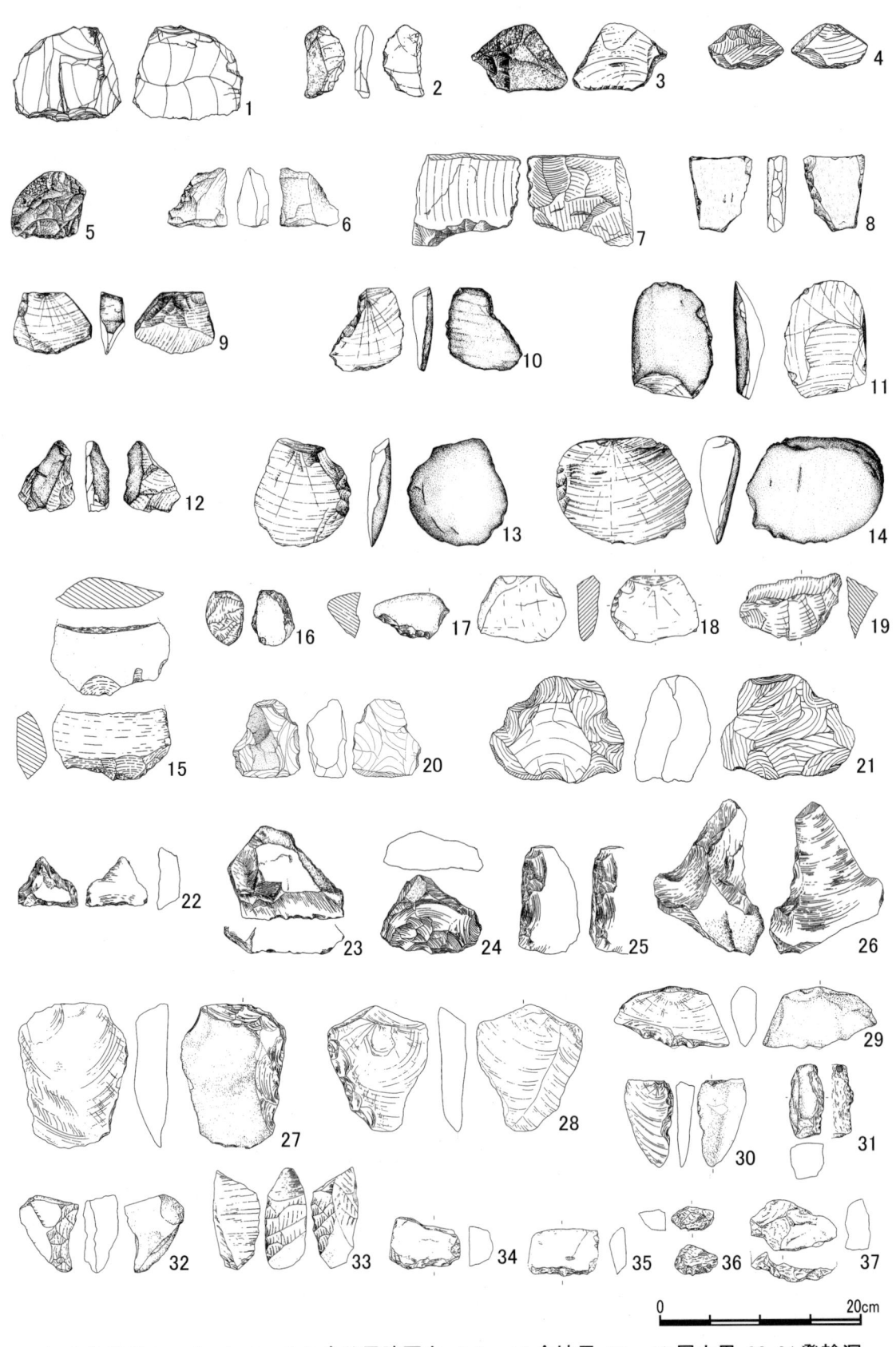

(1・2 全谷里 Seoul univ、3〜5・7 全谷里建国大、6・8〜14 金坡里、15〜19 屏山里、20・21 發翰洞、22〜26 石壯里、27〜31 竹内里、32・33 堂下山、34〜37 道山）

第41図　韓国出土大型削器類

(2) 大型削器石器群

　中期旧石器段階の剥片運用システムは大型剥片を方向に構わず用いると言うことを説明した。そのような例は中期旧石器時代の遺跡からはよく見られることで、背景には大型石器の製作伝統と新しい石材の開発が深く関わる。このような大型剥片を使う傾向は、中期旧石器時代とそれ以前にまで遡ることができる。

　韓半島中部地域を中心とする礫器文化圏の中心を成すのが漢灘江流域である。その地域の石器作りの素材として礫を用いる習性は韓半島でみられるひとつの伝統として、後期旧石器時代の中盤以降にまでも石器石材組成に含まれている。漢灘江流域には、ハンドアックスを主とする一連の礫器石器群が分布している。礫器類は形態的な特徴と地質的な検討から、中期あるいはそれ以前の前期旧石器時代に該当する。

　江に沿って発達する段丘に広がる遺物包含層から出土した大型剥片製の石器を見てみよう。全谷里遺跡第第145図の5削器[27]の場合、背面に2条の縦方向に走る剥離面を有する腹面と背面に求心剥離による剥離面を有する10cmを越す剥片の周りに刃部を形成している。側面に礫面を有するが剥片を素材として用いたものである。また、剥片製石器のなかには背面が礫面で覆われたもので横長剥片を用いて加工を非連続的に最大素材縁に施しているのもある。

　削器とは性格は少々異なるが、全谷里遺跡から出土した遺物の中に大型の剥片を素材に用いて片面の1側縁に加工を施しているものがある（第159図6）。片面だけの加工により反対面には素材面が残っている背面の左縁に施されている刃部作出から、削器に近い機能を想像することができる。

　縦型の剥片だが、意識的に縦方向を目指しているかは資料の増加を待たなければ成らない。また、形態的にはホアビン文化やバクソン文化などでみられる形を呈している。

　全谷里2地区漢陽大発掘調査時に出土した第44図の3は、珪岩製の20cmを越す縦型剥片である。加工は施していないためまだ素材剥片に過ぎないが、剥片作出の可能性をみせる例である。また、出土数はさほど多くないが第44図の1のように剥片を削器として仕上げた例や、第44図の2のように15cmの長い剥片を削器として加工した例もある。

　このように大型剥片を作出して削器として加工を施している例を見てきたが、後期旧石器時代以前の段階では大型剥片を計画的に連続して剥離する技術はなく、偶然生じたであろう大型の剥片を石器作りの素材に用いたといえる。大型剥片は形態的な特徴から、製作がランダムになるか生産量が少ないかということがいえる。

　剥片の大きさが大きいと、当然のごとく原石の大きさも大きくならなければならない。それは移動生活を強いられている旧石器時代のヒトには、原材料の供給や大型削器を使う対象物、すなわち大型獣や加工対象物がなければならないことも意味する。

　また、剥片の製作に当たっては、大きな原石の入手にかかる経済的諸活動から得られる対価がごく少量しか見えてこない。後期旧石器時代以前の段階では、削器は一回性の性格が強かった。そのため、より万能的で機能的とも言うべき石器であったハンドアックス（Biface）を製作することにより、後期旧石器時代の削器に求められた多角的な機能が満たされていたのである。

　では、後期旧石器時代以前の時期に削器は要らなかったであろうか。いや、遺跡から出土する石器組成のなかに削器は基本組成として含まれている。削器はかならず必要な道具で、工具箱の中には必要に応じて使用できるように常に収納されていた。実際に全谷里から出土した石器組成をみると、削器はその数が断然多いのである。

　そのようなことから、前・中期旧石器時代といった礫器（石核石器）を主に使用した生活が行われた時期よりは礫器（石核石器）類の役割がほとんどなくなった時期に多く使われた。言い換えれば後期旧石器時代に近い時期から、礫器類に代わっての需要増加が大型剥片を素材にした削器類の生産システム浮上の原因になるのであろう。

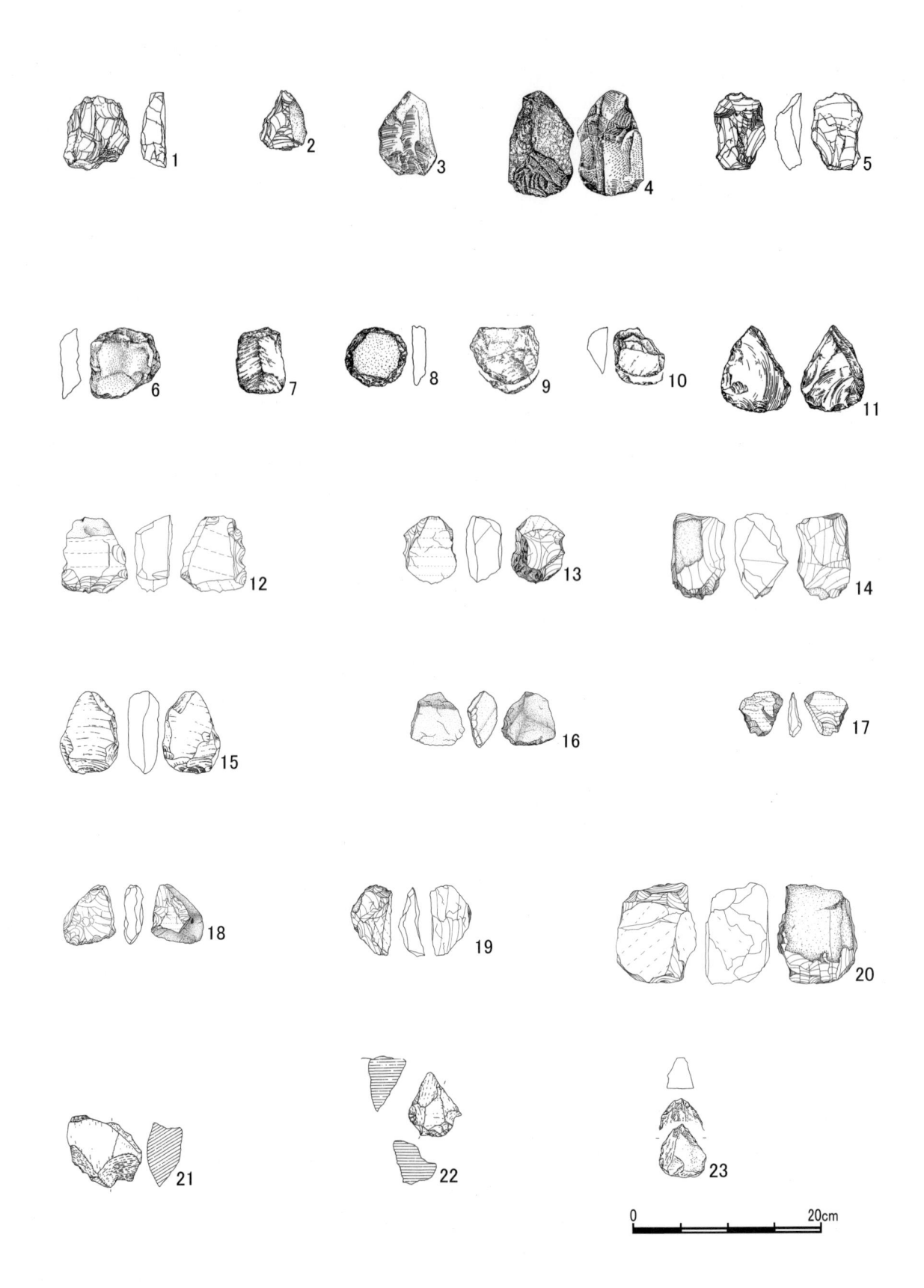

(1～3・5 全谷里 Seoul univ、4 全谷里建国大、6～11 石壯里、12～14・16～20 發翰洞、
15 堂下山、21・22 屛山里、23 道山)

第 42 図　韓国出土掻器類

(3) 鋸歯縁石器の編年的位置

　鋸歯縁石器は特殊な鋸歯状の刃部を作ることに形状的特徴がある。そのため、一般の削器類と区別することが容易である。しかし、登場時期や消滅時期、そして使用用途などはまだ本格的な研究が行われてない石器である。鋸歯縁石器はムスチエ文化にみられ始め、後期旧石器時代、そして新石器時代にまで存続している。
　しかし、韓国でみられる鋸歯縁石器は、ムステリアン石器群でみられるものより粗雑な作り方をしている。勿論、そのような印象を受けるのは石材が異なっているからであるが、刃部の作出技術がムステリアン石器文化に比べると、単発で不連続な刃部作出であることにその原因を見出すことができる。
　初期段階の鋸歯縁石器の出現様子をみると、金窟遺跡にその様子をうかがうことができる。金窟は南漢江沿いの洞窟遺跡で、剥片尖頭器の出土により有名になった垂楊介遺跡からは直線距離で5kmの場所に位置する。
　遺跡からは全部で7つの文化層が検出され、下からのⅠ、Ⅱ、Ⅲ、Ⅳ文化層が旧石器時代に該当する。鋸歯縁石器はⅢ文化層（4地層）から出土しているが、絶対年代にすると107,450B.P.という数値がえられている。
　すなわち、中期旧石器時代の早い段階に相当する文化層である。このⅢ文化層からはハンドアックス、ピック、チョッパー、クリーヴァー、削器、掻器、ナイフ、ドリル、プレイン、ノッチが出土している。このようなことは、チョッパーが多く（45点）出土していたⅡ文化層に比べると、削器が増えチョッパーが減っている石器組成をみせている（孫寶基 1985）。
　チョッパー類が担っていた機能を削器と鋸歯縁石器が補うということになったが、実際に鋸歯縁石器はものを切る、特に木材に関わる働きをしていた可能性が高い。このような結果から考えると、礫器が減り剥片製の道具が増えると同時に鋸歯縁石器が登場し始めるというのがわかる。
　また、石壮里遺跡の礫器文化層から出土した厚手の剥片製の鋸歯縁石器が、中期旧石器時代の層から出土したことからも、鋸歯縁石器の出現は中期旧石器時代にまで遡ることが可能である。

3) 韓国における石刃技法

(1) 石刃技法登場の必要十分条件

　いわゆるひとつの産業革命といえる、石刃技法による定型化された石刃の大量生産は、早くからH. Breuilや D.A.E.Garrodなどの欧米の研究者達により研究されるようになる。しかし、主な研究上の関心が中期旧石器時代のルヴァロワ技法に向けていて、その起源や拡散に関する研究が行われた（H. Breuil 1937、D.A.E.Garrod 1938）。
　中期旧石器時代のルヴァロワ剥片を連続的に剥ぎ取るルヴァロワ石刃がルヴァロワポイント製作技法とは違う方式であることは、以前の石核調整技術復元の研究から連続して縦長の剥片を剥がす生産剥片作出技術の構造の研究に目を向けさせた。
　石刃技法（Blade technique）は石器製作のための素材剥片を生産する技術の一種である。石刃技法により作出された剥片の形状は、長さが幅の2倍以上あり、並行する側縁や稜線をもつ断面三角形あるいは台形を呈する。石刃技法により作出された縦長の剥片、すなわち石刃生産が持つもう一つの特徴は単発的で偶発的な一回性の生産ではなく、連続して石刃を生産するための工程を用意していることにある。石刃を連続して作出するためには石刃作出作業に移行する前の準備過程を踏まなければならない。

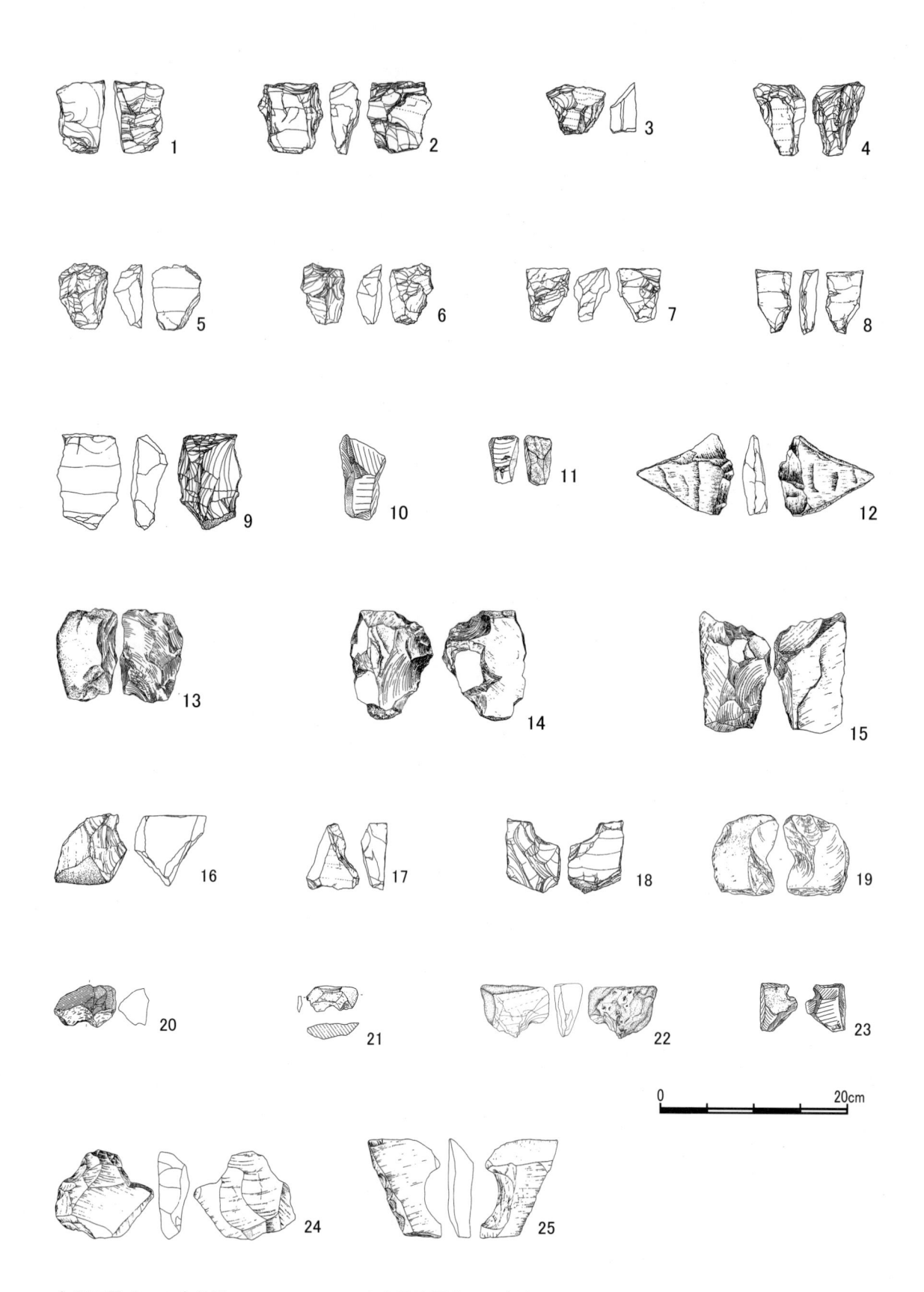

台形石器（1～9 全谷里Seoul univ、10・11 全谷里建国大、12 金坡里、13～15 石壯里）
ノッチ　（16～18 全谷里Seoul univ、19・20 竹内里、21 屛山里、22 發翰洞、23 全谷里建国大、24・25 堂下山）

第43図　韓国出土台形石器・ノッチ類

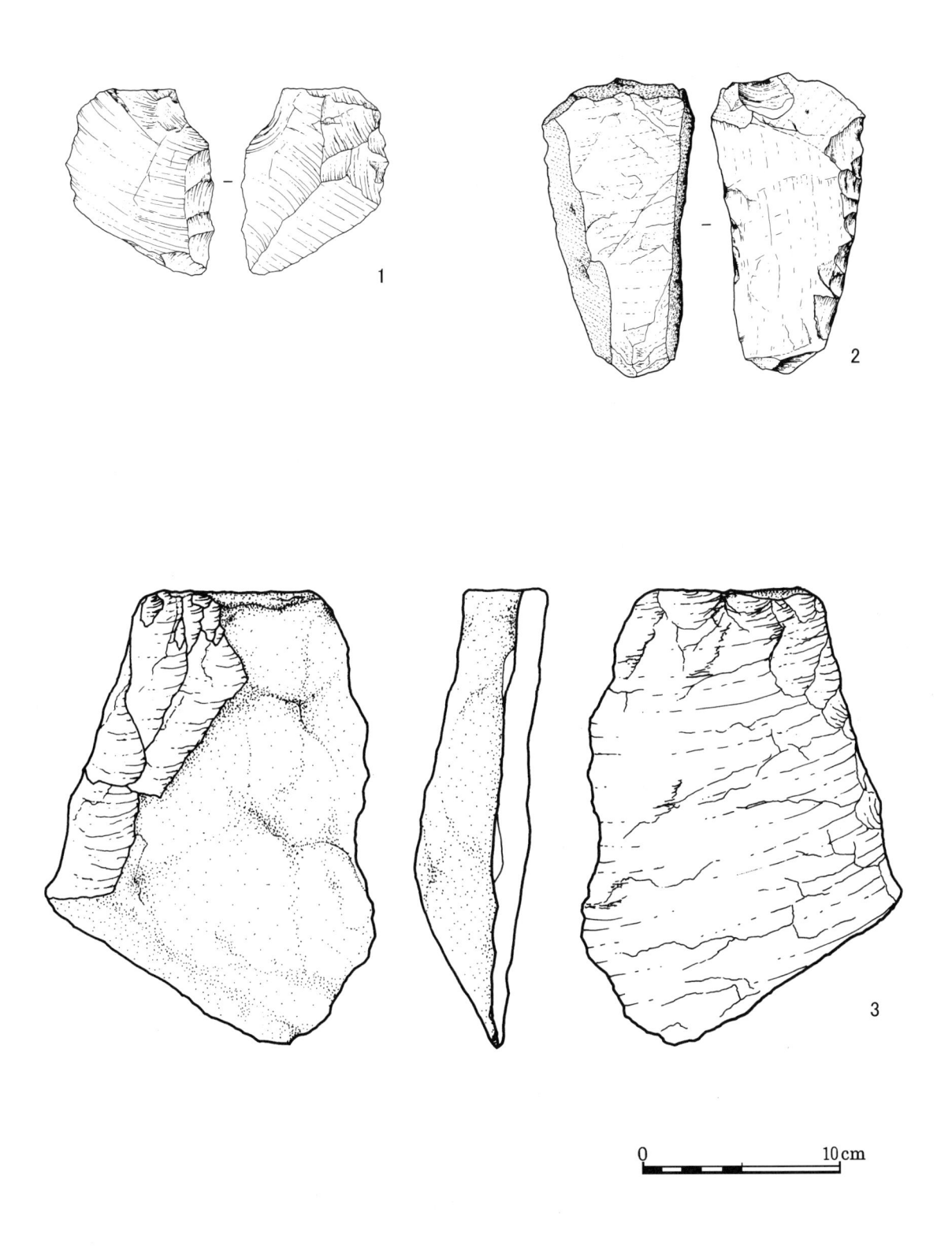

第 44 図　全谷里 01 出土二次加工を有する大型剥片類（裵　基同ほか 3 人　2001）

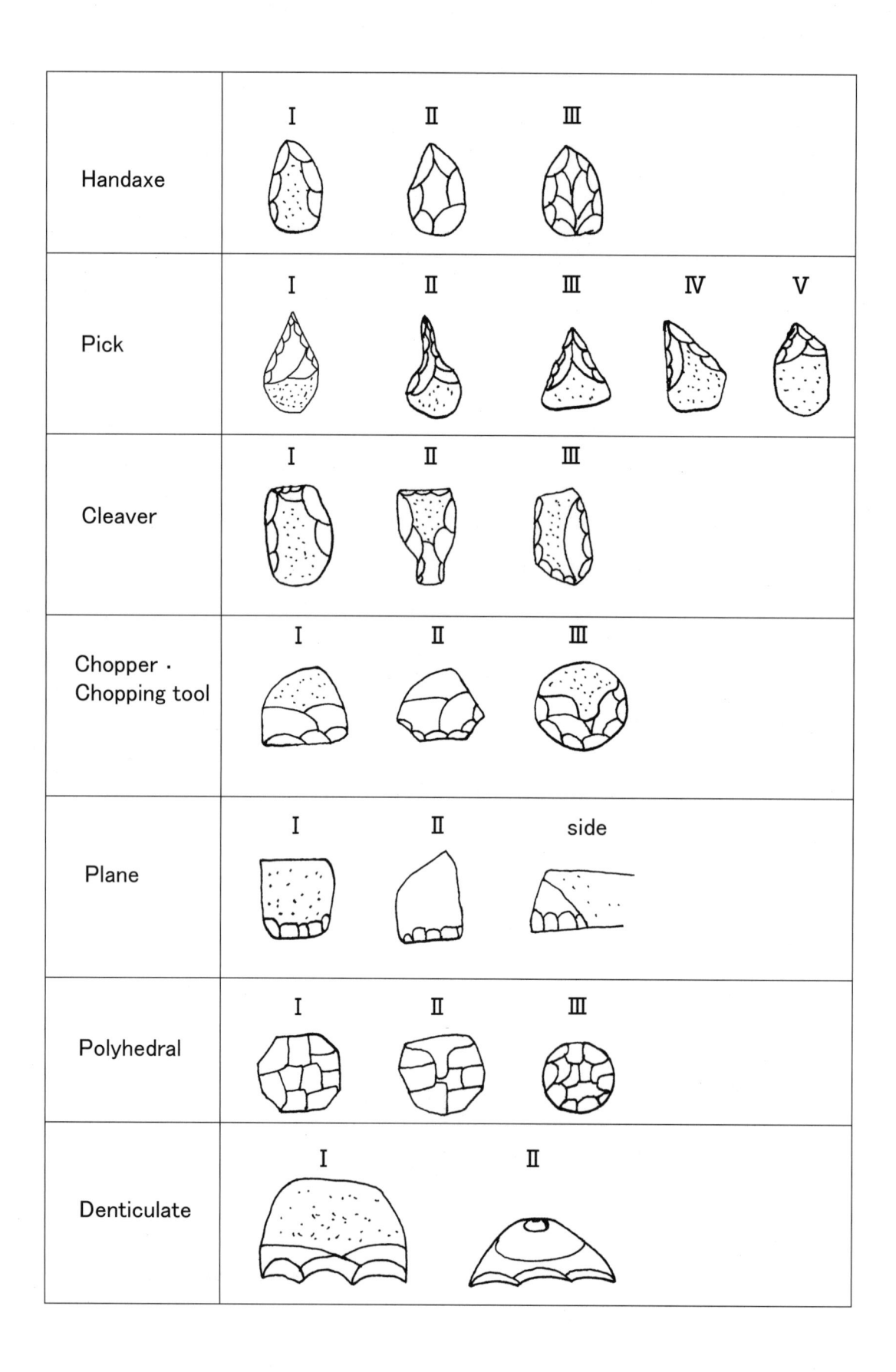

第 45 図　韓国出土石器の類型区分

全ての石器がそうであるが、石刃は計算された力学的な力の配分と石の割れに対する先見的知識の基で作り上げる、技術集約型の規格剥片生産システムである。石刃を量産するためには剥離に適した準備された石核が必要である。

　石刃という規格剥片を連続して剥離するためには、石刃作出に力を意図した方向へと正しく伝達するための平らな打面を有する石核が要る。体の運動エネルギーは衝撃と作用反作用のエネルギーに変化して石核に伝達され剥片が剥がれる。石刃を剥がす際の無駄な力の消耗を避け、予定した長軸方向に走るようにコントロールするため、平らな打面の準備をしなければならない。

　通常石刃核打面は一面でも2面でも構わないが、長軸方向のどちらかの極端部の方に設けなければならない。その基本的な配慮は、以前の時期にあった礫器製作の際に使われた石器製作技術とは大きく異なるのである。中期旧石器時代や前期旧石器時代の石器は礫器が主な道具として用いられた。

　礫器は言葉どおり礫を素材に作ることが基本なので、石核を中心に仕上げ形状を想像することにより石器製作設計図が立てられていた。しかし、時期が移り変わり気候の変動とともに狩猟対象に変化が起き、使用道具の変化も余儀なくされ、製作技術の変化を招いた。

　製作道具の変化は、以前まで受け継がれた石器製作の設計図の変更を強いられた。その結果、生まれたのが縦と横の2つの構造をもつ剥片を素材にする石器の製作である。剥片石器の登場は石器製作開始の段階では見えない道具の最終形状を想像しながら石器をつくるため、全工程の連鎖を熟知しておく必要がある。

　石器製作工程連鎖は石器素材の選択から作業開始以前の予備加工、そして剥がされた石刃を用いた道具の最終形態や機能的な役割までをもシステム内で計算していた。また、石刃を生産できるようになることからヒトは大量生産のための規格化[28]の道を歩むようになり、目的とする機能に合う専用道具の出現の割合も高くなるのである。

　また、石刃の製作には石刃核の製作が必要不可欠である。石刃核なしでは石刃ともいえないほど、そのプロセス上の比重は高い。時折、石刃核の側面部位にできる作業面準備に関わる鶏冠状部位の削片剥離を施す。この鶏冠状削片（crested flake）剥離は、いわゆる中期旧石器時代のルヴァロワ技法にみられる側縁部調整のことである。

　石刃の製作技法にみられる特徴の中の一つは、礫あるいは剥片素材の側縁を一周する、すなわち周縁する加工を施す比率は極めて低く側縁の加工の程度は多くても、接する二側縁に加工が続くものが存在するくらいである。そのような加工を施しているものには、コンヴァーゼント型削器ともいわれる斜軸尖頭器も属する。このような部分的な側縁調整と剥片の縦方向への利用が韓国における石刃技法の始まりに深く関わるのである。

(2) 石刃技法の展開

　石刃技法の発端は縦長剥片の大量生産にある。勿論前期旧石器時代から剥離された剥片のなかには縦長の剥片が偶発にしろ、存在することは確かである。とはいうものの、縦長剥片が数枚発見されたことによりすぐ縦長剥片の製作技術と結びつくのとは言えない。石刃技法の場合も同じで、両縁が並行する石刃状の剥片数枚が発見されただけでは石刃技術の発生とはいえないのである。

　石刃技法の存在は、石核の存在をもって立証されなければならない。連続して行われる剥片剥離に耐えるためには、石核は構造的な面で完成度が高くなければならない。構造的に縦に長い形状を維持しながら、安定した打面を確保することは剥片大量生産のためには欠かせない大事な前提条件である。そのような条件が揃った時、縦長剥片の連続生産システムが用意されるのである。

　今日までの韓国の研究によると、韓国における石刃技法の始まりは韓国南部の慶尚南道地域に所在する古禮里遺跡にあるとしてきた。この遺跡は丹場川が流れる低い段丘上に位置する原産地型で安山岩を利用した2枚の文化

層から石刃技法が検出された。

　2枚になる文化層の内、下位文化層のⅢ層下部からAT火山灰が検出されたことにより後期旧石器時代の遺跡であることと、年代が2万5千年前後の遺跡になることが知られている。遺跡からは石核に接合できる状態の剥片尖頭器1点と、単独の剥片尖頭器数点が出土していることにより韓国の剥片尖頭器編年上最古期に位置付けられていた。

　古禮里遺跡の分析結果をもちいると、単純な記録の塗り替えのような編年を組むことはできる。しかし、古い年代をもった遺跡の発見により、順番をつけることが編年のすべてではないのであろう。張は古禮里の石刃核130点を分析した結果、剥離方向と形態を基準に石刃用石核（Ⅰ類）7型式と非石刃用石核（Ⅱ類）5型式に分けられた[29]（張龍俊　2001）。

　しかし、ここでの張の分類は石刃核の製作プロセス上現れるすべての可能な数を実数としているため全体作業工程に関する分析が散漫になっている。たとえば、技術的な分類がある反面、形態的な分類がある。それにより同じ製作技法のものを単に時間差があるだけで類型化してしまい、石器作りの全体工程を視野に入れた類型化にはならなかったのである。

　古禮里遺跡から出土した石刃核は下部文化層が中・小型で、上部文化層に20cmにも達する大型石刃が出土していることからみると、時間の経過につれ石刃が大型化する傾向がみられる。そのようなことは石刃の一般的な進化論的論の小型化という流れとは逆になるが、短期間での変化という側面からみると可能なことで、上部と下部の両石器群はあまり時間差をもたない製作活動の痕跡としてみることができるのであろう。

　遺物は2つの地点でほぼ同じ分布状況をみせているが、東の方がより密集度が高い。出土遺物はⅢ文化層からは石刃（中・小型）、剥片尖頭器、石核、削器、鋸歯縁石器、ナイフ、剥片がⅡ文化層（上部）大型石刃、石刃核、大型方形剥片、石刃、削器、ポイント、ノッチ、錐、ナイフ、剥片尖頭器が出土している。遺跡は安山岩産地に位置するが石器のなかにはホルンフェルスを多く利用している。そして、調査区からは石英岩も多く出土しているが、石英岩製の道具は一つも出土してないのである（第46図〜第54図参照）。

　龍湖洞遺跡は大田に近い錦江流域の河岸段丘面に位置している遺跡で、4つの文化層が確認されている。4枚の文化層の内Ⅰ文化層からは掻器、削器、尖頭器、鋸歯縁石器、チョッパー、石核、剥片、石英剥片などが集中している石器製作址と炉が1基検出されている。Ⅱ文化層からは掻器、削器、鋸歯縁石器、チョッパー、台石、石核、剥片、多面体球、剥片尖頭器、磨石が出土している。Ⅲ文化層からは磨石、ポイント、多面体球、石核、剥片、そして剥片尖頭器が1点出土している。Ⅳ文化層からは削器、チョッパー、多面体球、石核、剥片などが出土している。

　どころで、石刃はⅡ文化層から出土しているがⅢ文化層出土剥片尖頭器の素材が石刃製であれば、6.5万年前以降から4万年前後の間には石刃技法が出現するということになる。

　竹内里遺跡は全羅南道の順天に近い地域にある段丘上の遺跡で4つの文化層が検出されている。一番上の文化層である4文化層からは石核、剥片、砕片、石刃、礫、チョッパー、チョッピングツール、多面体球、掻器、削器、ノッチ、鋸歯縁石器、ナイフ、錐、彫器などが出土している。Ⅲ文化層からは剥片、砕片、削器、ノッチ、プレイン、礫などが出土している。Ⅱ文化層からは石核、剥片、礫、削器、ノッチ、プレイン、そして二次加工が施された剥片類がある。Ⅰ文化層は中期旧石器時代の石器群で石核、剥片、二次加工剥片、礫、チョッパー、チョッピングツール、両面調整器、クリーヴァー、多面体球、削器、ノッチ、鋸歯縁石器、錐、彫器などが出土している。このような4枚の文化層のなかで石刃は最上層から検出されているが石刃核は出てない。

　月坪遺跡（第133図〜第140図参照）は行政的には全羅南道順天に位置し、川が遺跡の周りを瓢箪のように囲んで、もう一つの小川と合流して流れている低い丘陵地に位置している。遺跡からは4つの石器文化層が確認されたが、報告書では最上層のⅣ文化層を主に扱っている。石刃は褐色粘土層から出土していて、出土遺物全体をみる

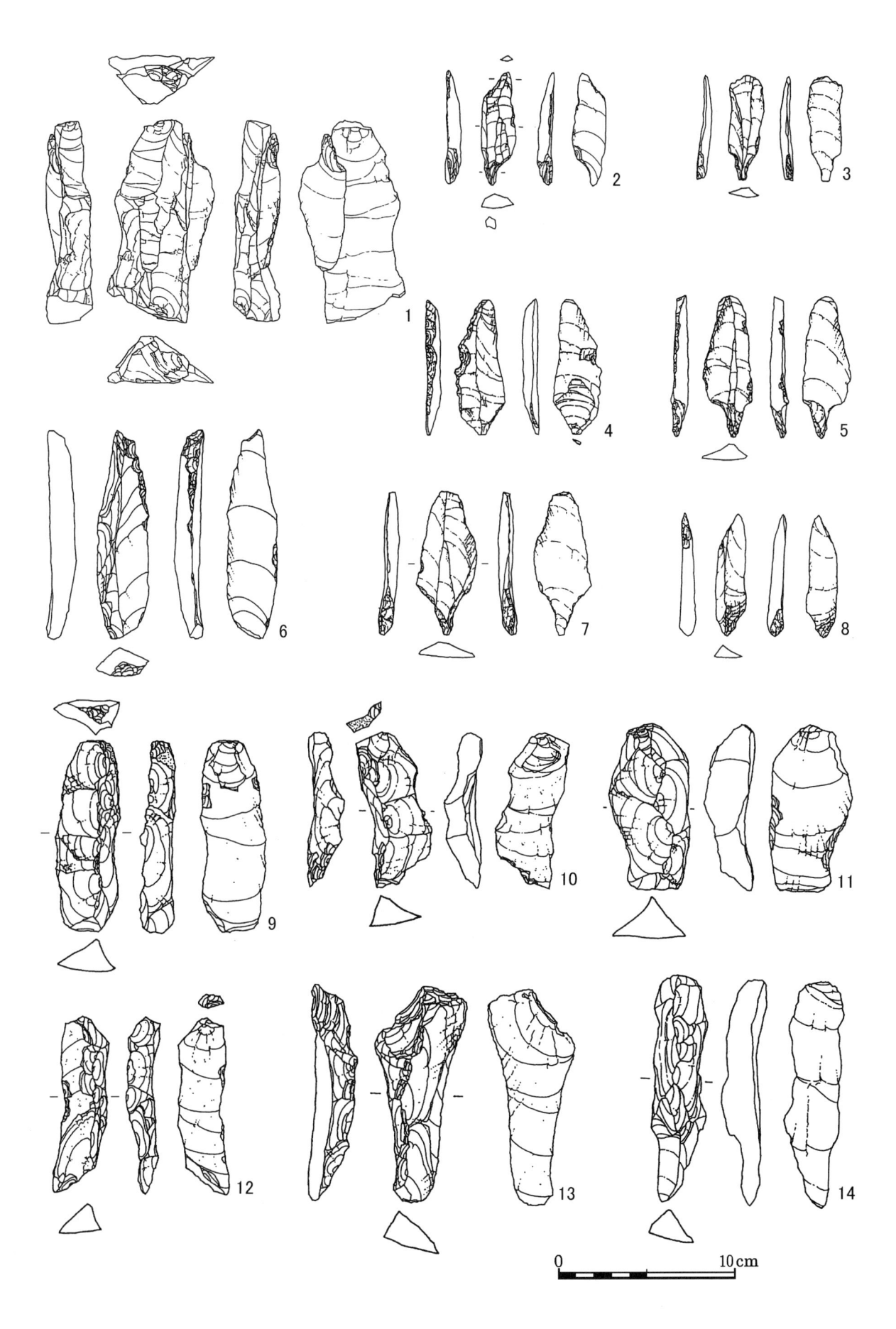

第 46 図　古禮里遺跡出土石刃関連資料 1

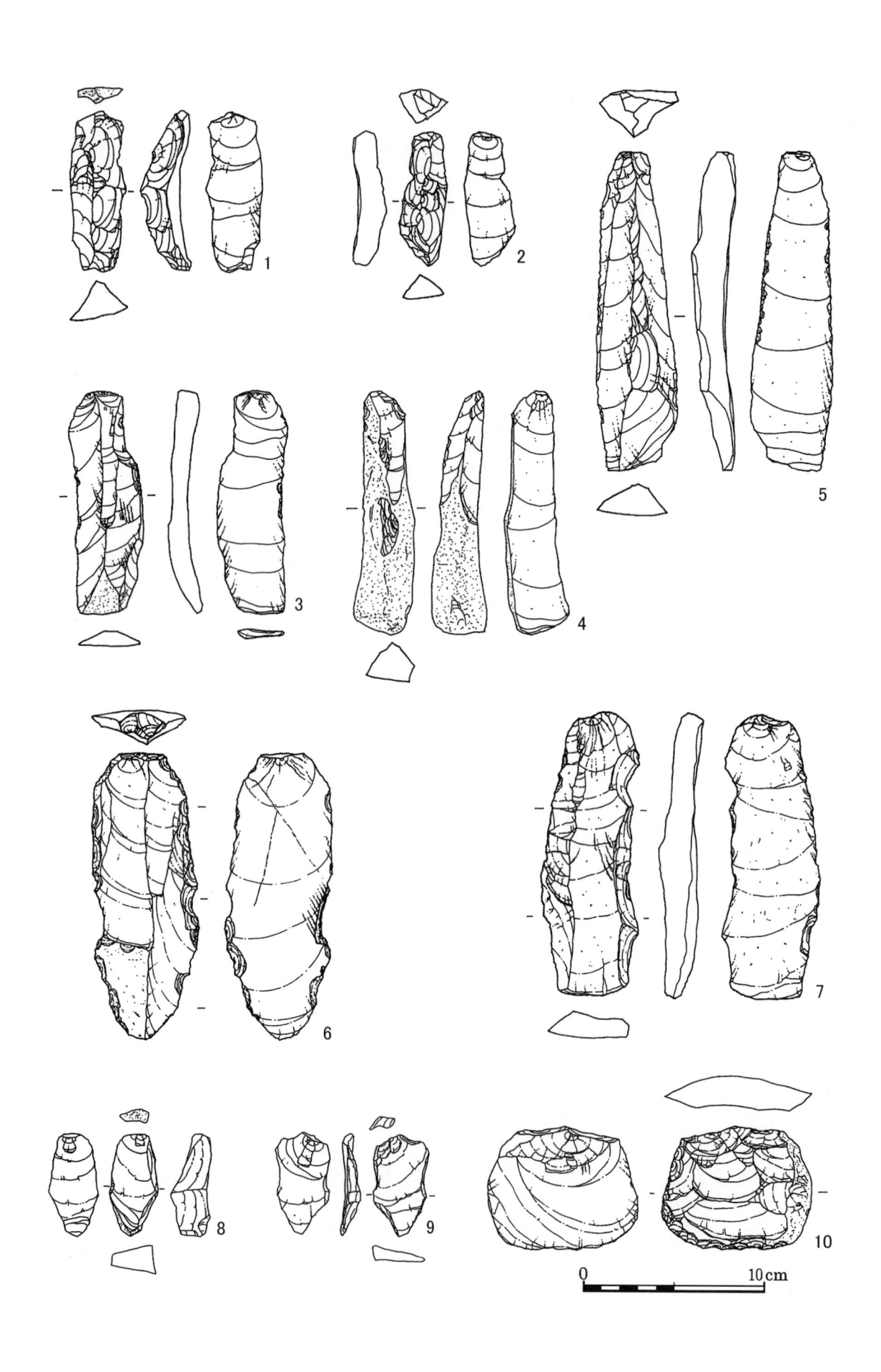

第 47 図　古禮里遺跡出土石刃関連資料 2

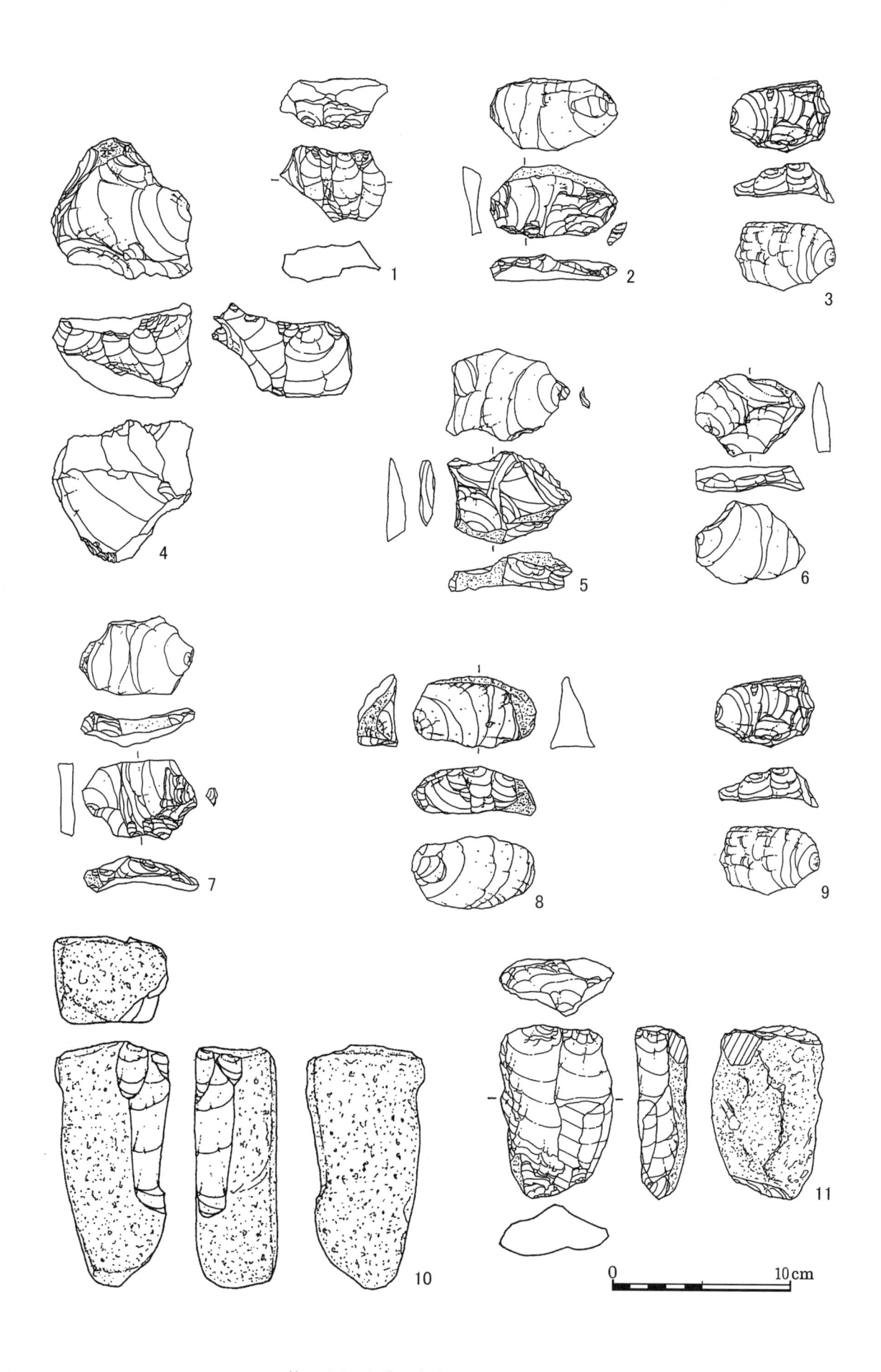

第 48 図　古禮里遺跡出土石刃核関連資料

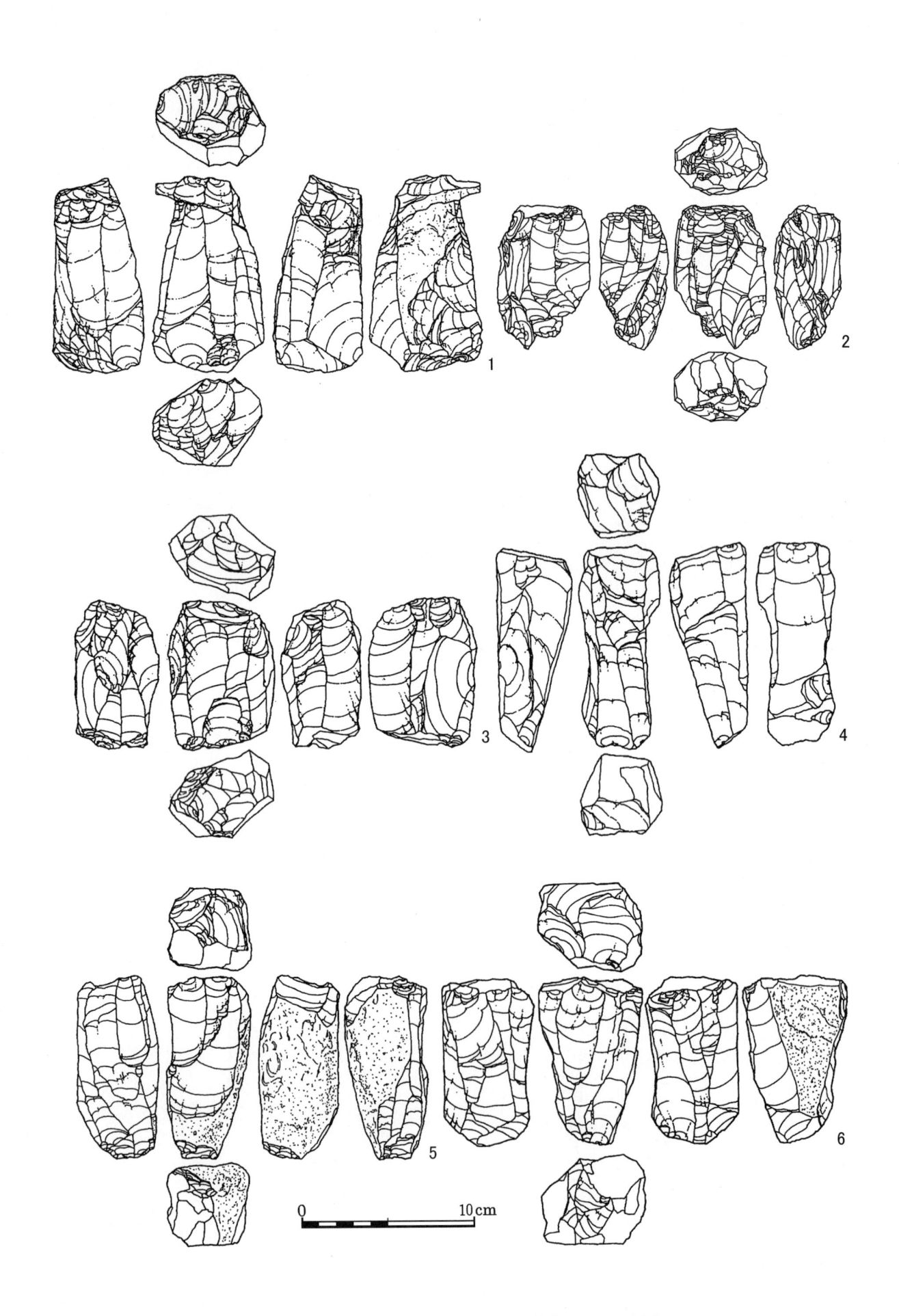

第 49 図　古禮里遺跡出土石刃核 1 (張龍俊 2001 を改編)

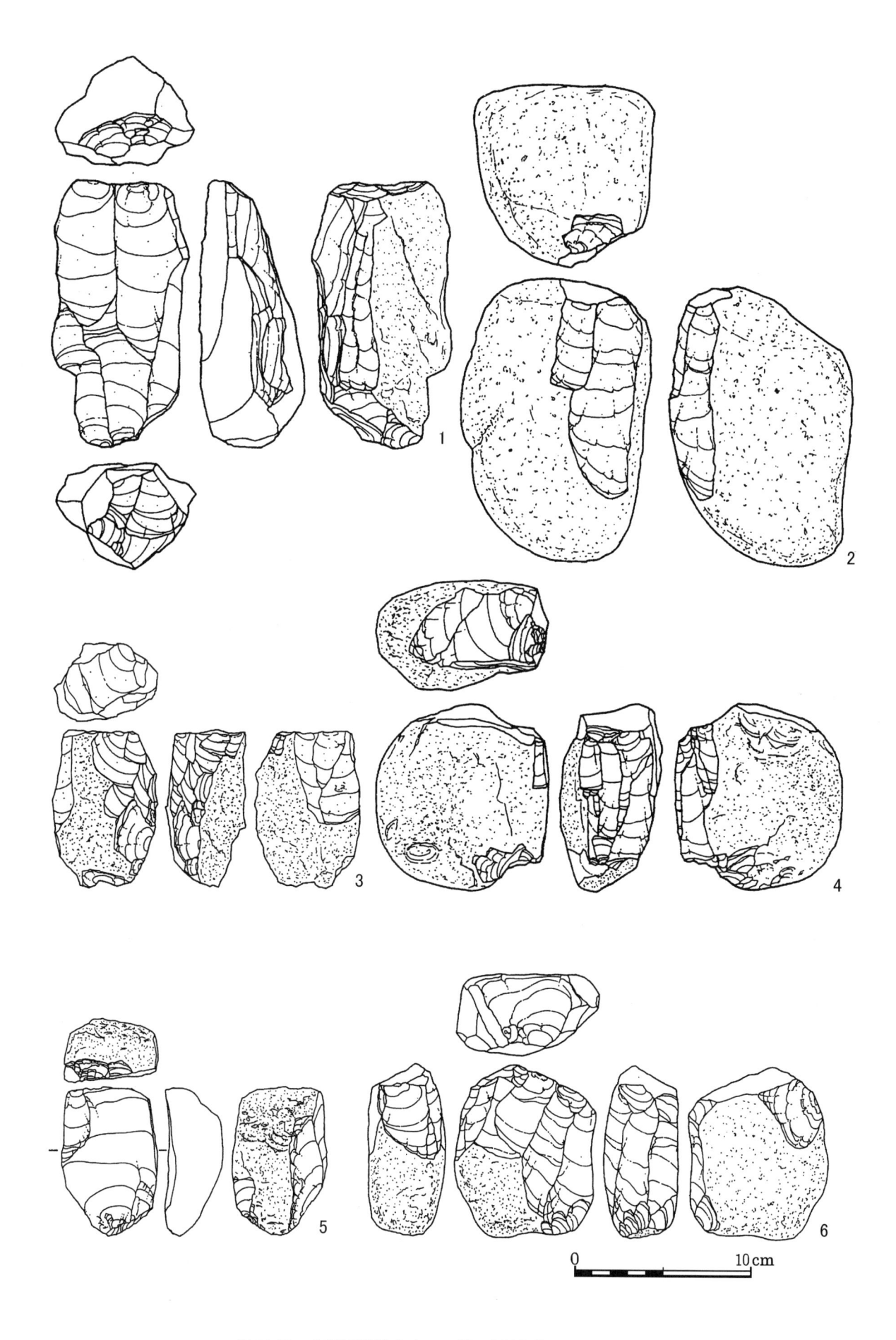

第 50 図　古禮里遺跡出土石刃核 2（張龍俊 2001 を改編）

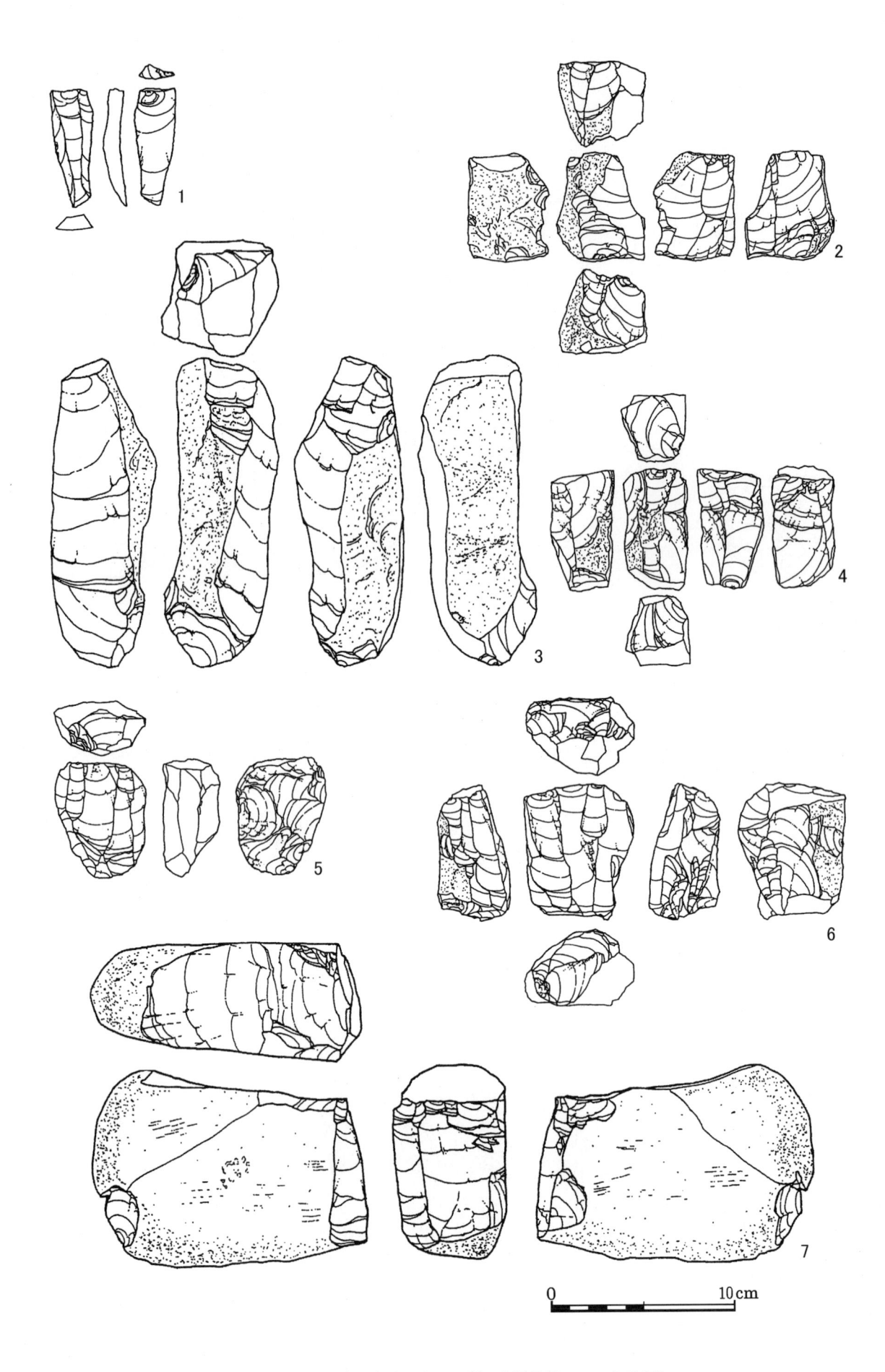

第 51 図　古禮里遺跡出土石刃核 3（張龍俊 2001 を改編）

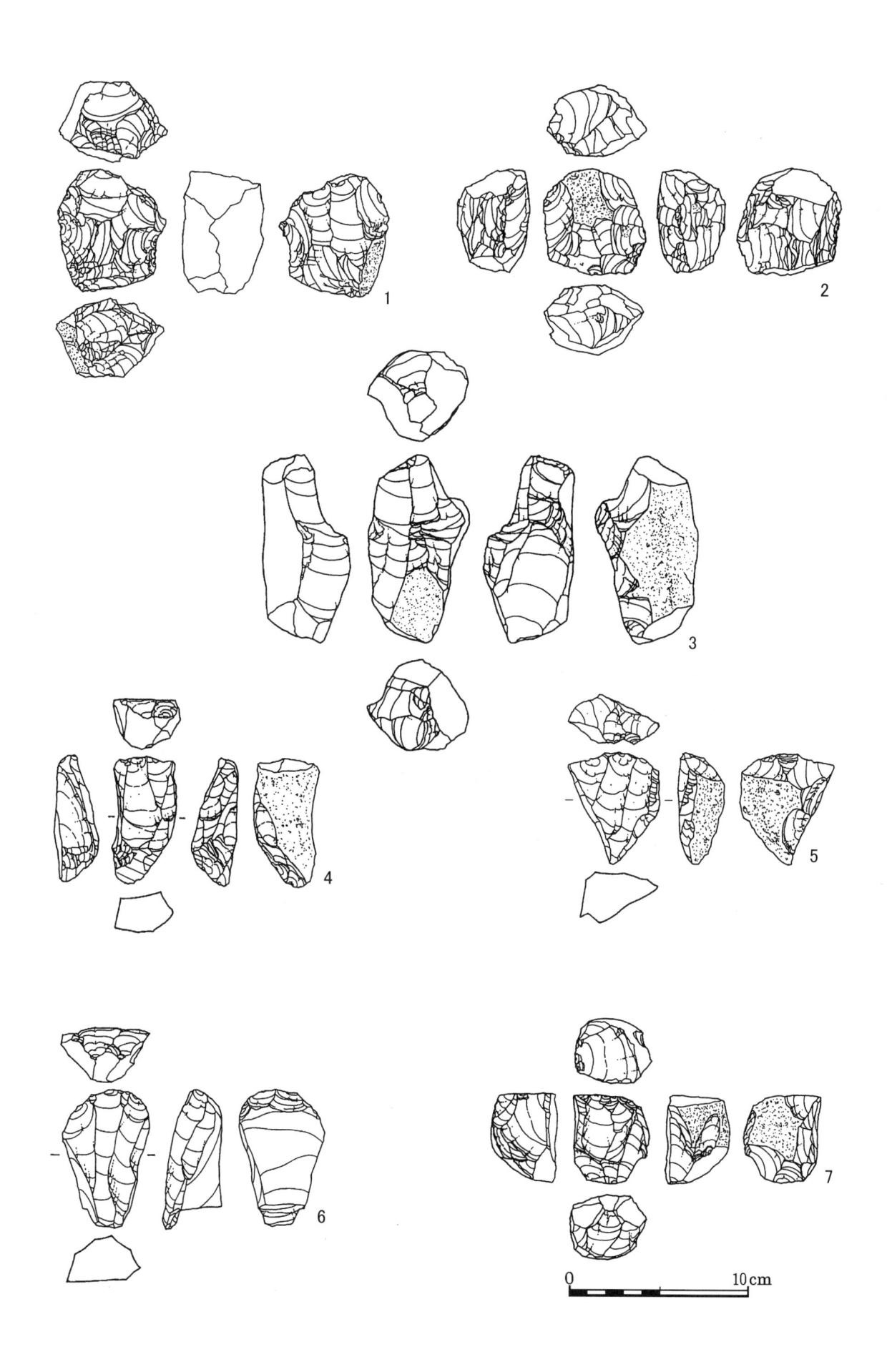

第 52 図　古禮里遺跡出土石刃核 4 (張龍俊 2001 を改編)

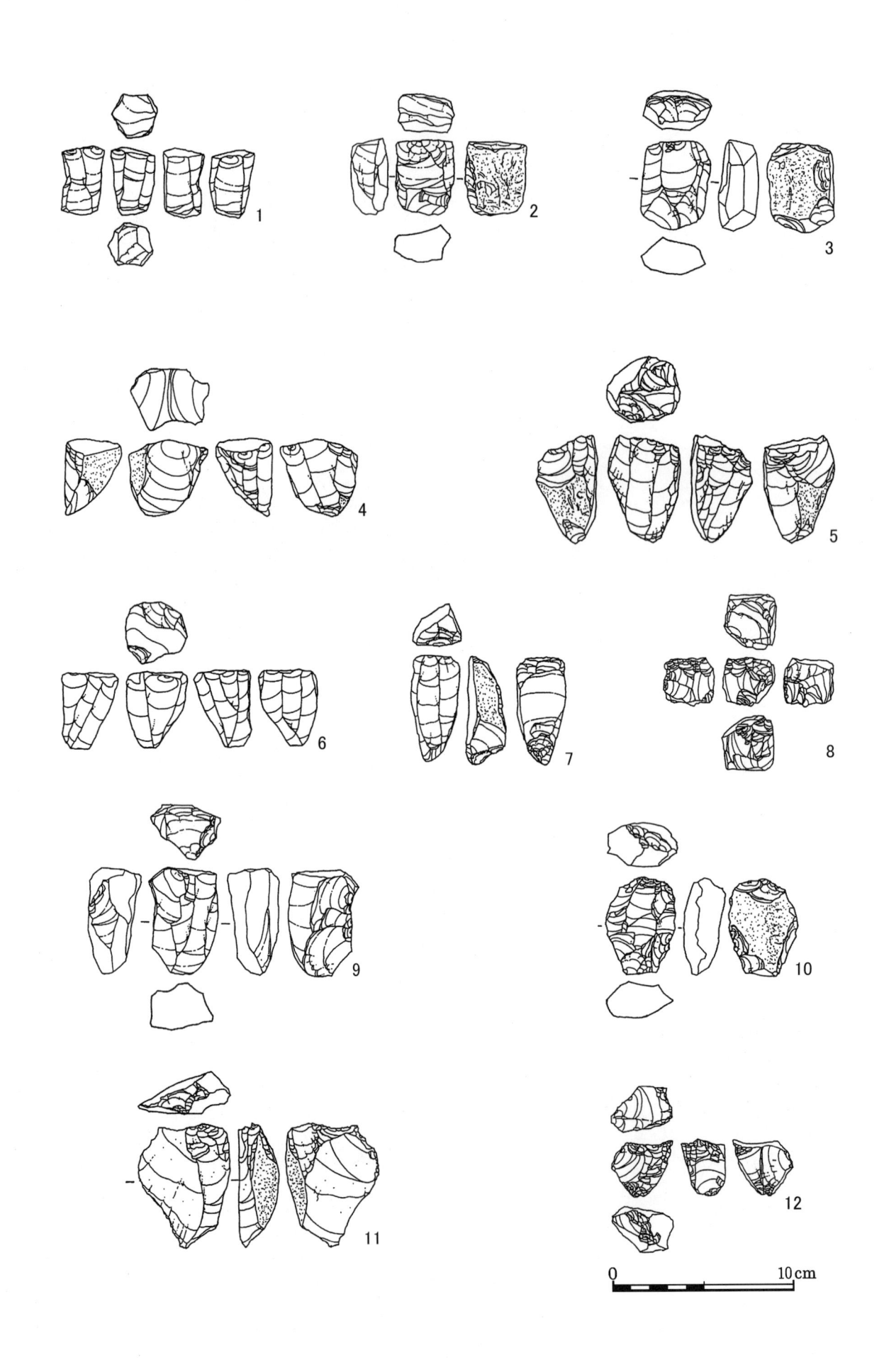

第 53 図　古禮里遺跡出土石刃核 5（張龍俊 2001 を改編）

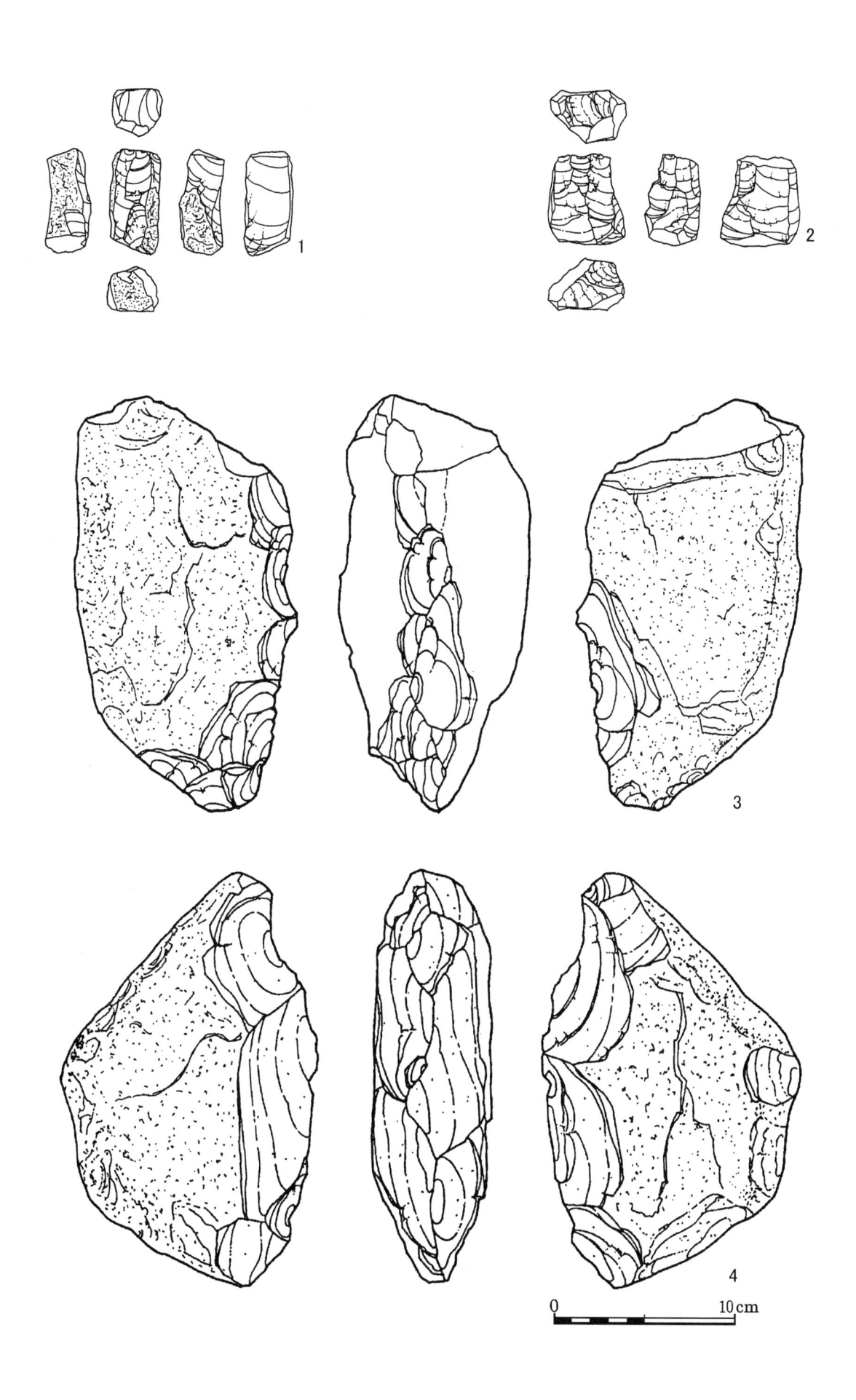

第 54 図　古禮里遺跡出土石刃核 6 (張龍俊 2001 を改編)

と石核、剥片、礫、二次加工剥片、ハンマー、台石、細石刃核、細石刃核、打面再生剥片、細石刃、石刃、打面再生剥片、削器、掻器、彫器、錐、尖頭器、剥片尖頭器などがある。

　ジングヌル遺跡は全羅道と忠清道の境にある鎮安に近い錦江最上流の遺跡である。遺跡からは剥片尖頭器を含む細石器、そして大量の石刃技法関連の遺物が出土している。まだ報告書が出てないので全容を知ることはできないが、現場で実見した資料と現場説明会で展示された資料からは細石刃核と剥片尖頭器が同一個体から剥がされ作られているのが確認できる。

　石刃を含んだ流紋岩製の剥片石器類が出土しているのは、褐色粘土層下部と一部の暗褐色粘土層の最上部である。この二つの層から検出できた遺物以外にも下位の赤褐色粘土層と暗褐色粘土層の境からローリングを受けたとは思うが石英岩製の石核と多面体球などが4点ほど出土している。このことから調査担当者は中期旧石器文化の可能性を推定している（李起吉　2001）。

　その中で、後期旧石器文化層からは約1万点あまりの石器が検出された。出土遺物は石刃核、石刃、剥片、剥片尖頭器、削器、掻器、錐、彫器、そして大型の鶏冠状石刃などである。また、遺跡からは炉がいくつも検出されているが、そのひとつから得られた炭をAMSにかけた結果、22,850 ± 350b.p. という年代が出ている。

　老隱洞 (Noun-dong) 遺跡は忠清南道の大田に近い地域に位置していて遺跡の南と西北方に川が流れている低い丘陵地上の遺跡である。遺跡からは3つの文化層が確認され、2層から検出した炭を年代測定にかけた結果、22,870 ± 110 B.P. が得られた。石刃が出土した後期旧石器文化層からは、多様な石材を行使して（ホルンフェルスが70％）細石刃核、細石刃、削器、掻器、彫器、ノッチ、鋸歯縁石器、チョッパーなどの石刃製の石器が出土した。

　石壯里（第87図～第98図参照）遺跡は忠清南道公州に位置する遺跡で、錦江の河岸段丘にある。遺跡からは前・中・後期の重層を成して石器が出土している。石刃技法が見られるのは後期旧石器文化層のⅡ文化層（10～12層）で、削器、尖頭器、荒屋型彫器、細石刃核、細石刃、チョッパー、鋸歯縁石器、両面調整器、剥片尖頭器、錐が出土する。住居址からでた炭を年代測定にかけた結果によると20,830 ± 1,880 B.P. になる。石壯里の石材は珪岩、斑岩、片麻岩、角閃石、片岩、流紋岩、黒耀石、砂岩、泥岩、凝灰岩などが用いられている。

　垂楊介遺跡（第67図・第68図参照）は忠清南道丹陽に属する河岸段丘上の中・後期旧石器時代の遺跡である。遺跡の前は南漢江が流れていて、遺跡から1.5km位しか離れてない距離に頁岩の産地を抱えている原産地遺跡である。石刃関連遺物は後期旧石器文化層から出土しているが、大量の剥片尖頭器と細石刃核が供伴していることから、両者の時期に関して同時性が疑われたが判定はまだ先になりそうである[30]。49ヶ所の石器製作址と出土遺物としては削器、掻器、彫器、石刃核、石刃、細石刃核、細石刃、スポール、剥片尖頭器、尖頭器、船形石器、角錐状石器、剥片、砕片、二次加工剥片、台石、ハンマーなどがある。

　金窟（第69図～第71図参照）は垂楊介遺跡から南西方向に5km離れた距離にある南漢江沿いの洞窟遺跡で前・中・後期旧石器時代の重層遺跡である。石刃はⅣ文化層から確認できるが出土遺物としてはチョッパー、クリーヴァー、削器、掻器、石刃、彫器、ノッチ、鋸歯縁石器、尖状器、錐などがある。

　好坪遺跡は江原道との境に近い京畿道南楊州に位置する緩やかな丘陵地帯に位置する遺跡で、大量の黒耀石と石英岩、そして流紋岩などで構成される石器製作址を含んだ後期旧石器時代の遺跡である。遺跡からはチョッパー、多面体球、剥片尖頭器、石刃、掻器、削器、彫器、錐、細石刃核、細石刃、尖頭器、などが出土している。3層下部から検出した炭を年代測定にかけた結果、22,200 ± 200 B.P. が得られた。

　竹山遺跡からは削器、掻器、は、細石刃、細石刃核、剥片、チョッパー、ブランク、石刃、剥片尖頭器が出土している。

　以上のような石刃を有する各遺跡は、後期旧石器時代の代表的な石器である剥片尖頭器を含んだ縦長剥片剥離

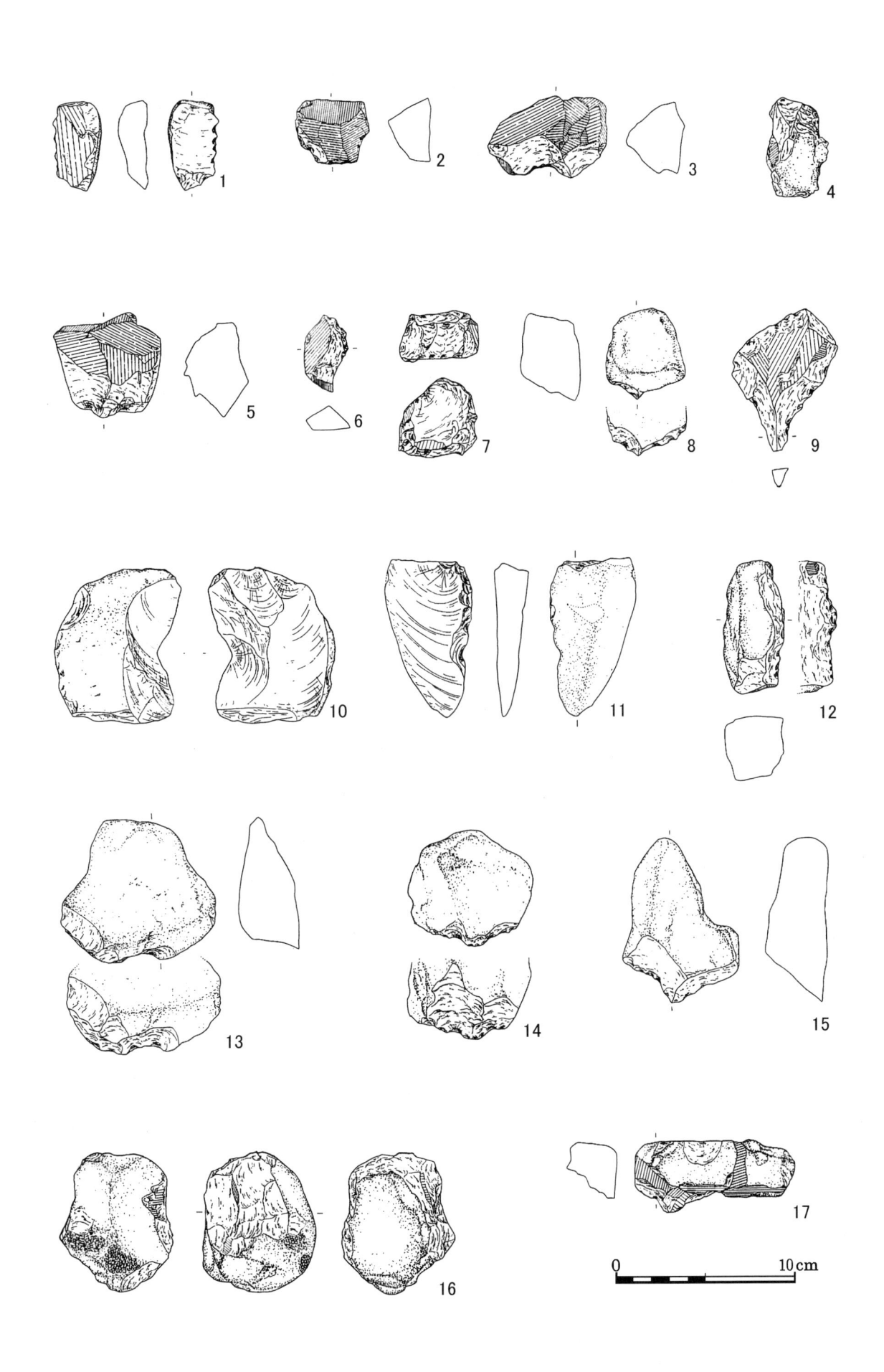

第 55 図　竹内里遺跡 I 文化層出土遺物 1（李起吉 2000 改編）

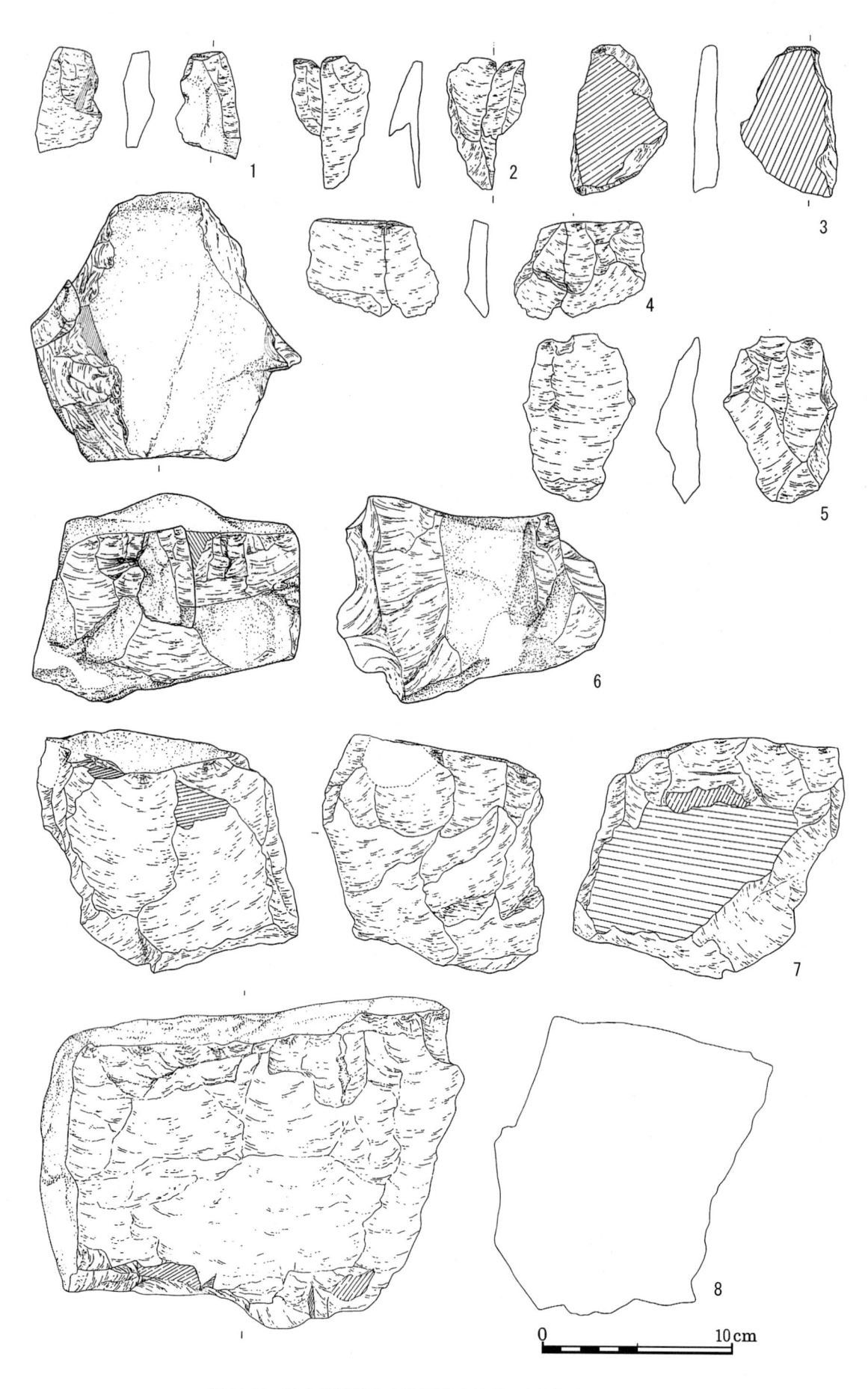

第 56 図　竹内里遺跡 I 文化層出土遺物 2（李起吉 2000 改編）

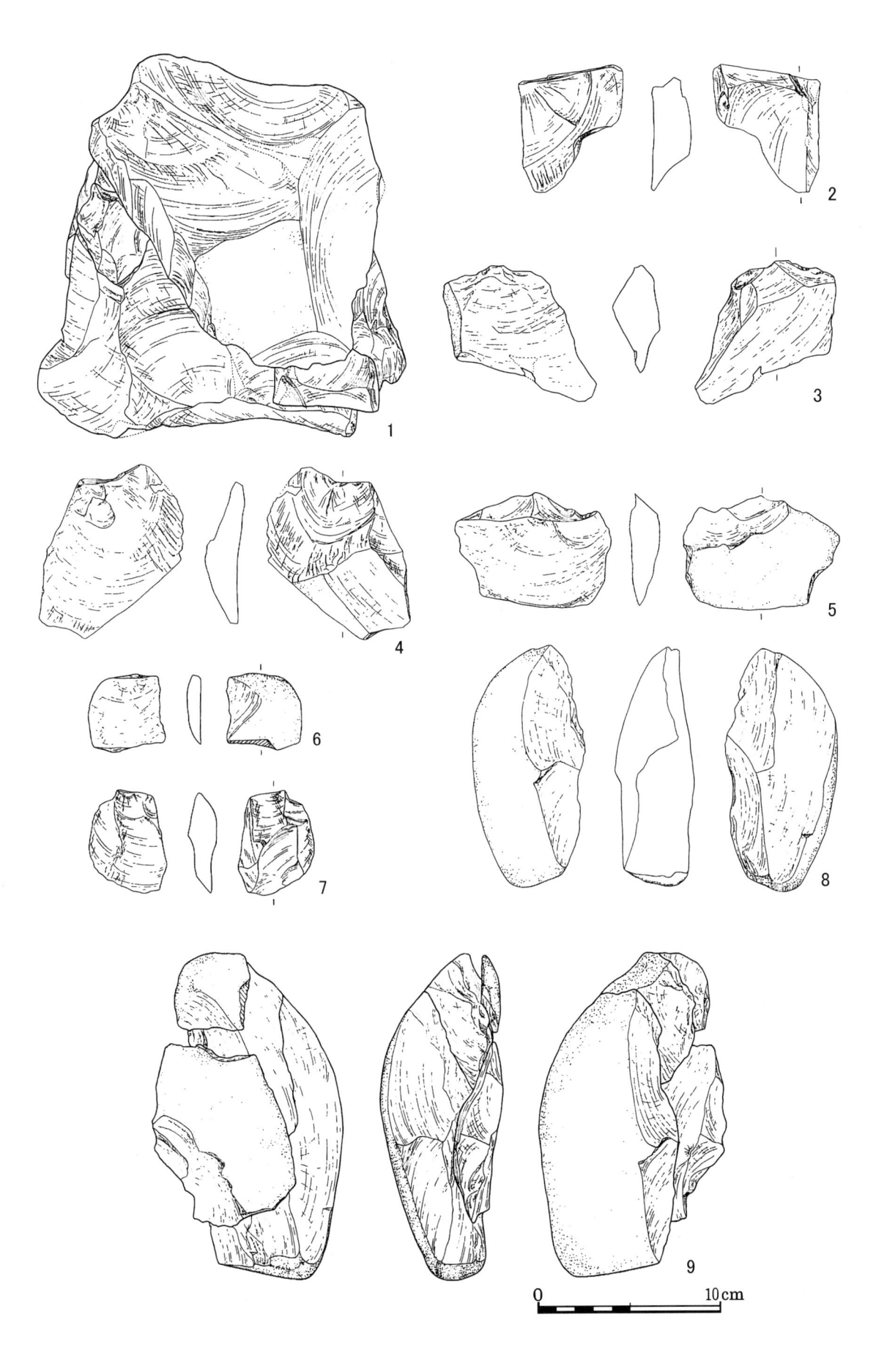

第 57 図　竹内里遺跡 I 文化層出土大型剥片接合遺物（李起吉 2000 改編）

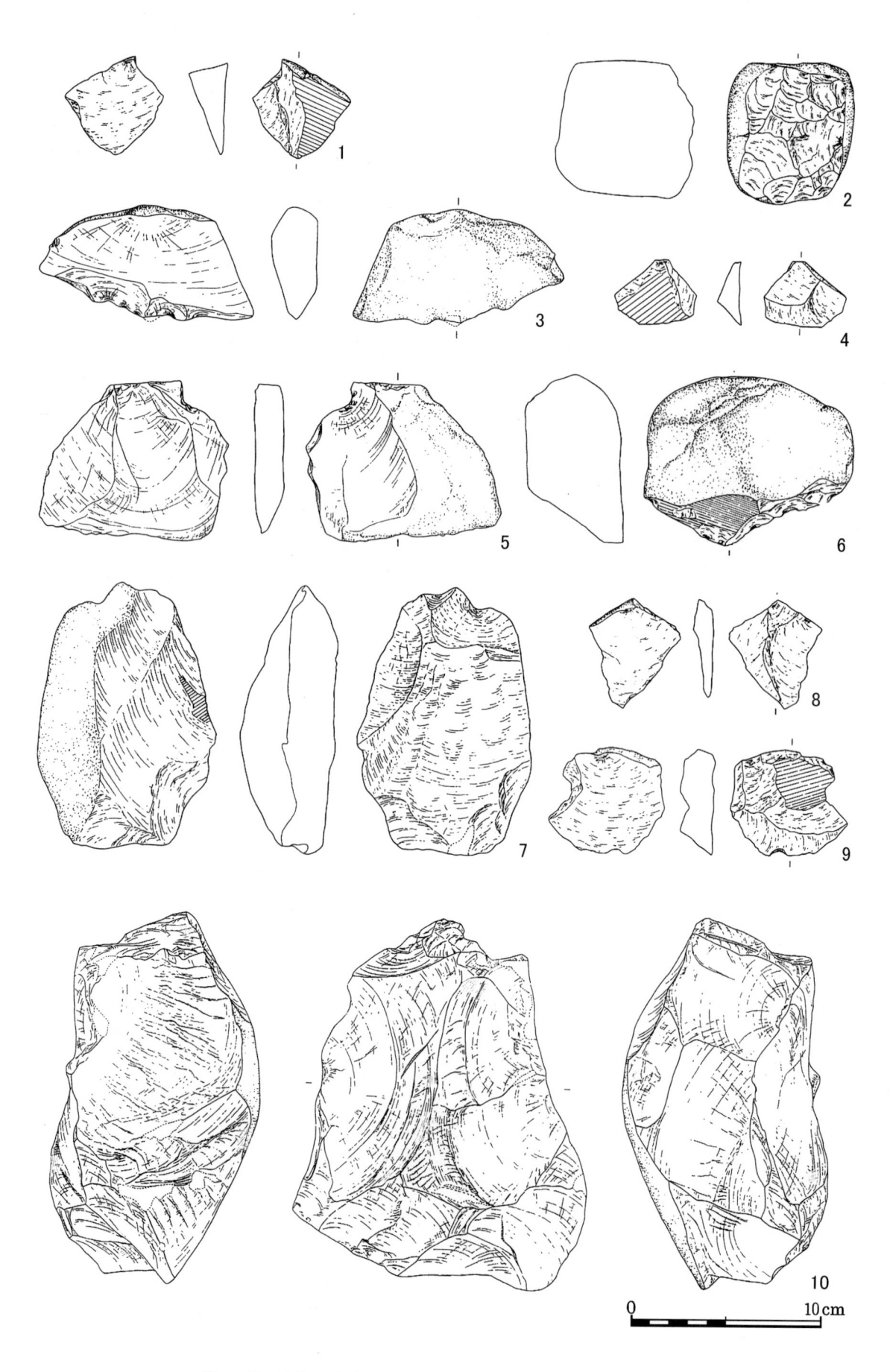

第 58 図　竹内里遺跡 I 文化層出土大型剥片 1 (李起吉　2000 改編)

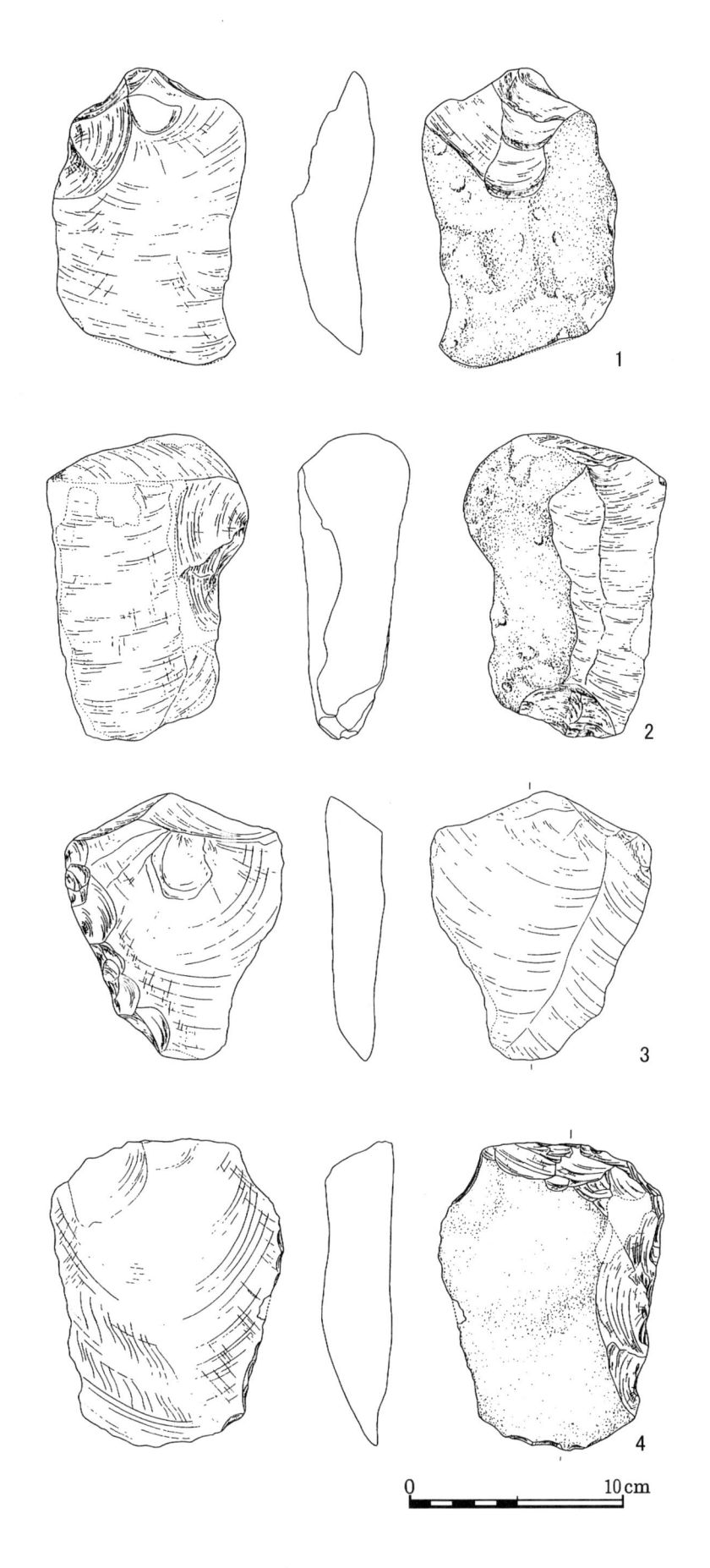

第 59 図　竹内里遺跡 I 文化層出土大型剥片 2（李起吉 2000 改編）

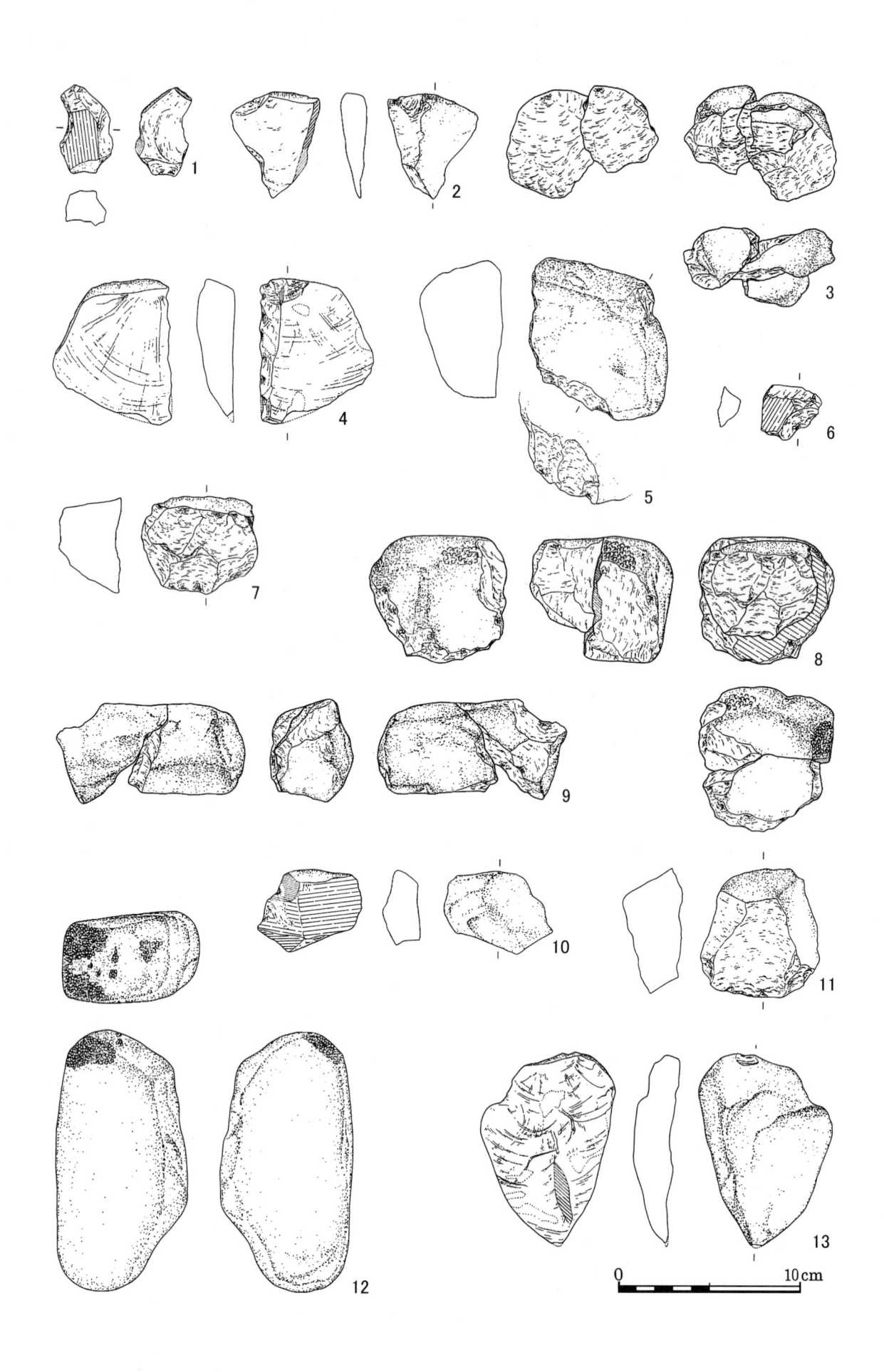

第 60 図　竹内里遺跡Ⅱ文化層出土遺物（李起吉 2000 改編）

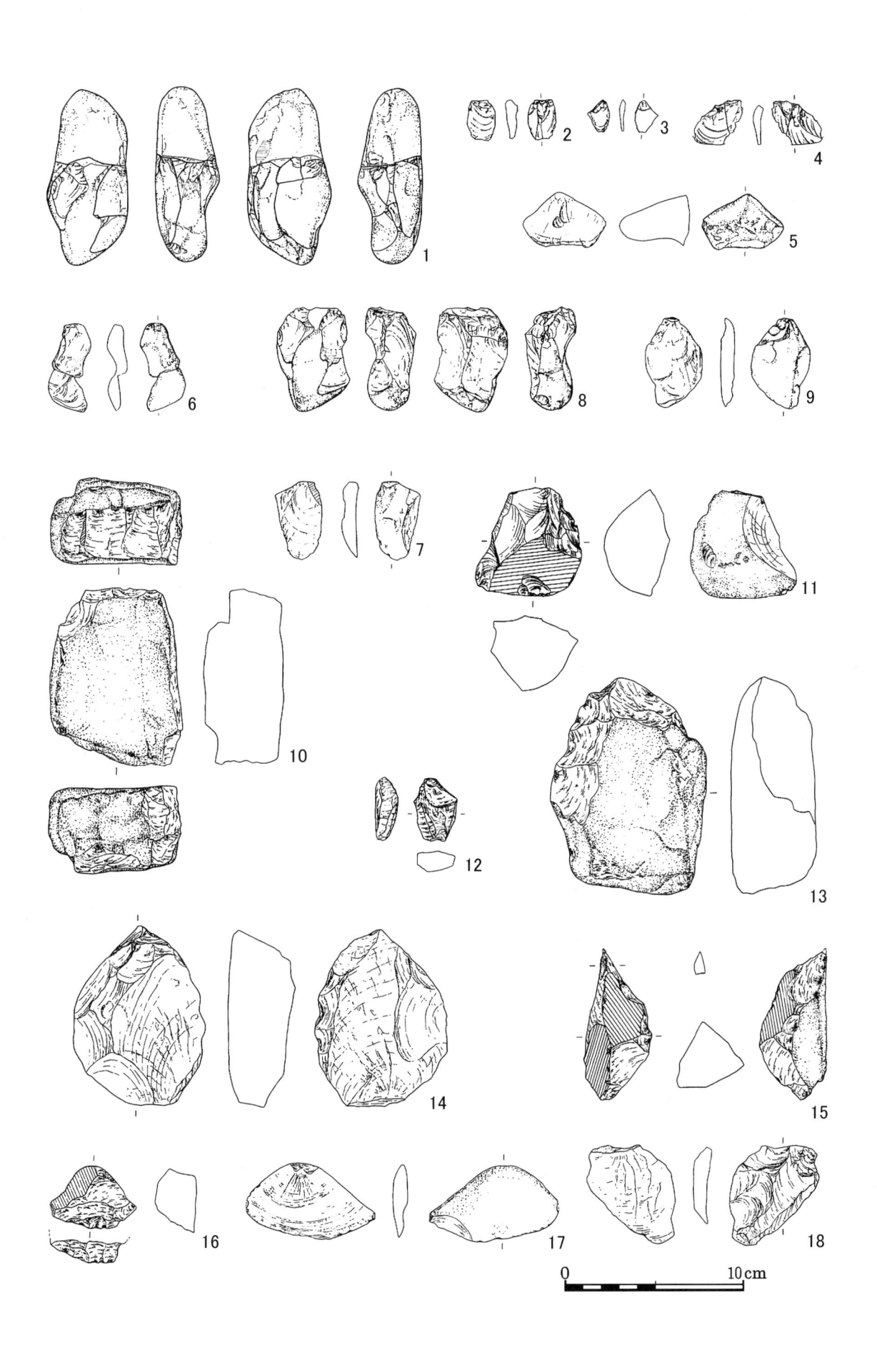

第 61 図　竹内里遺跡Ⅳ文化層出土遺物 1（李起吉 2000 改編）

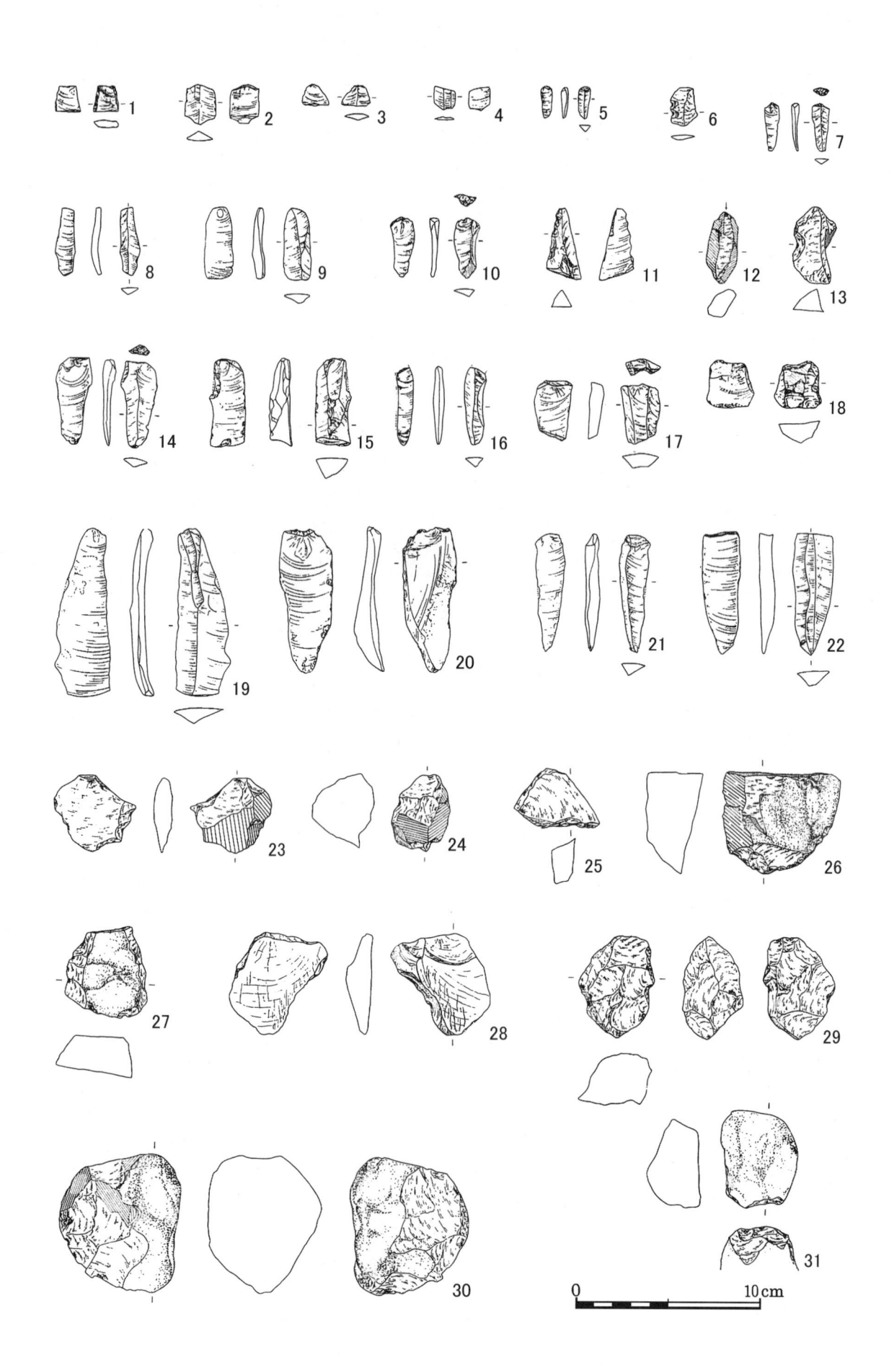

第62図　竹内里遺跡Ⅳ文化層出土遺物2（李起吉　2000 改編）

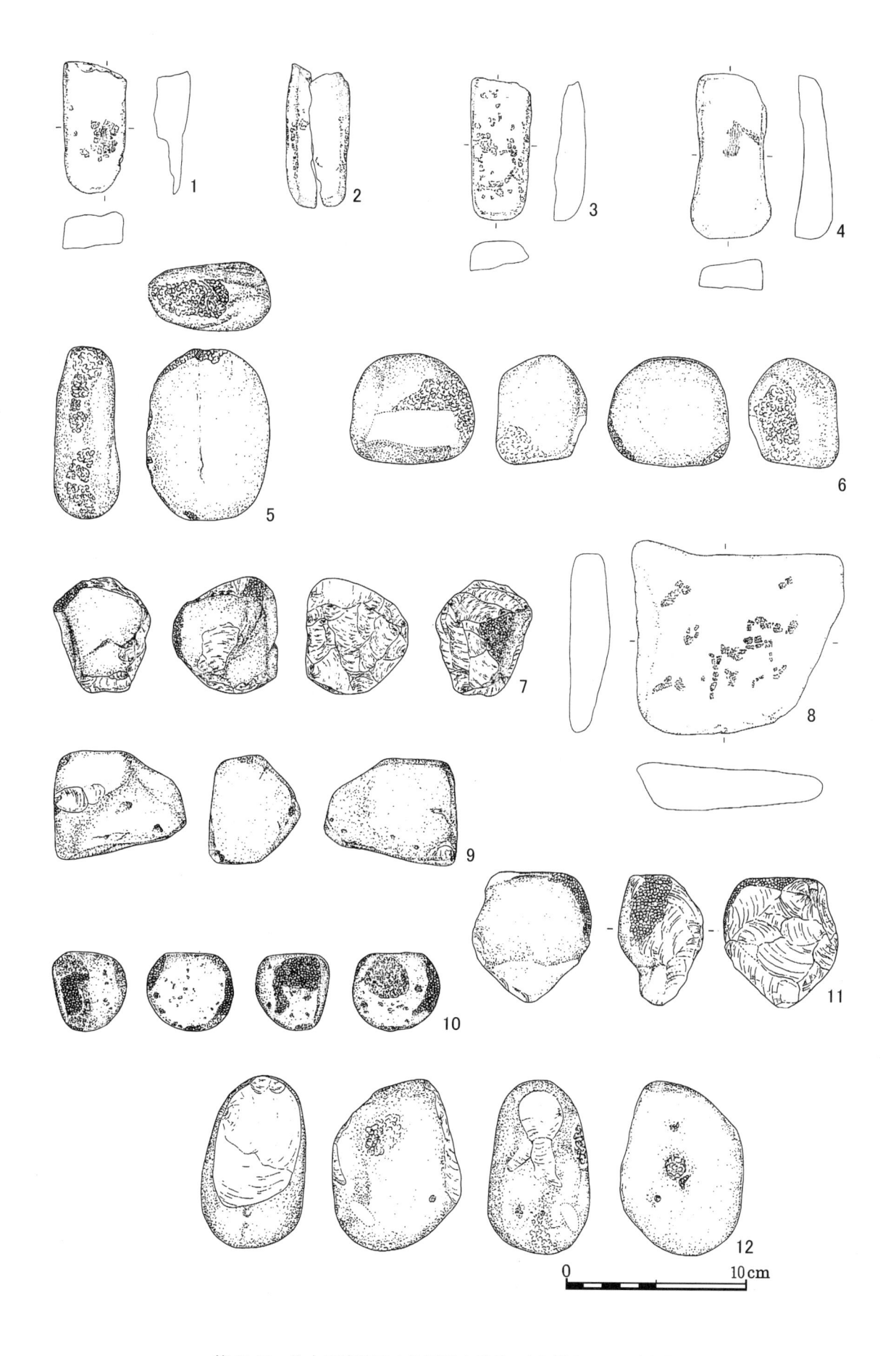

第 63 図　竹内里遺跡Ⅳ文化層出土遺物 3 (李起吉 2000 改編)

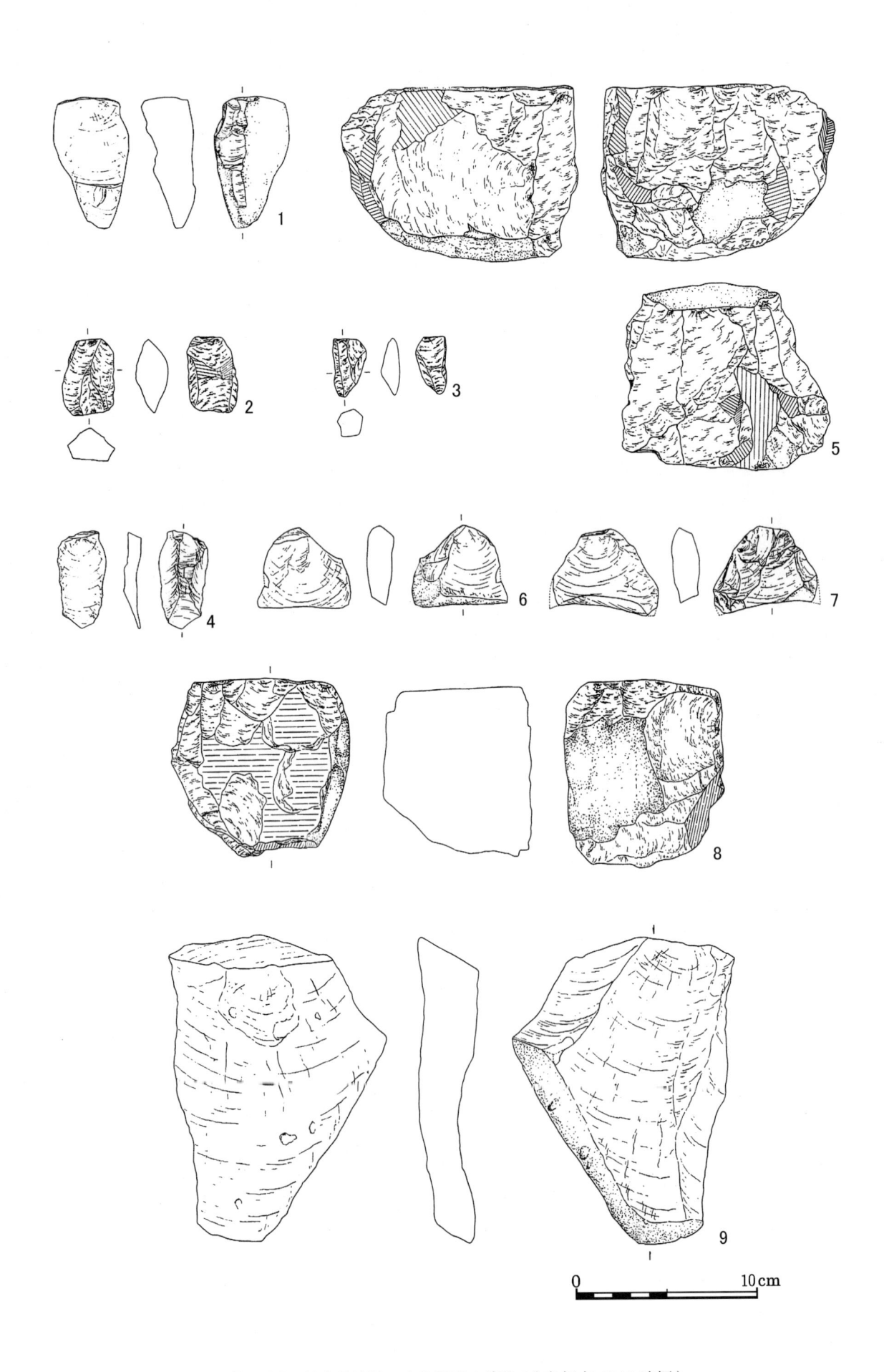

第 65 図　竹内里遺跡Ⅳ文化層出土遺物 5（李起吉 2000 改編）

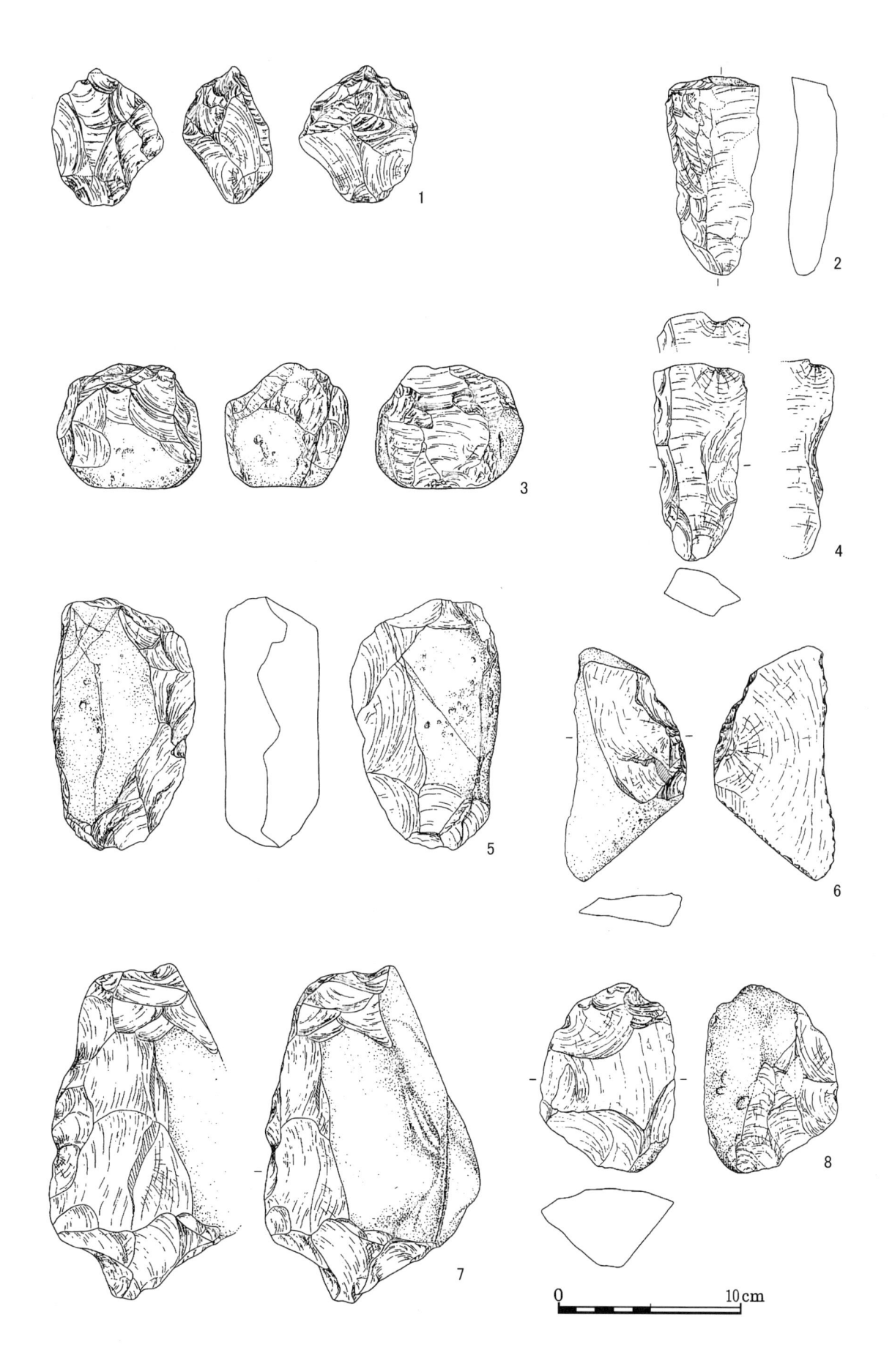

第 64 図　竹内里遺跡Ⅳ文化層出土遺物 4 (李起吉 2000 改編)

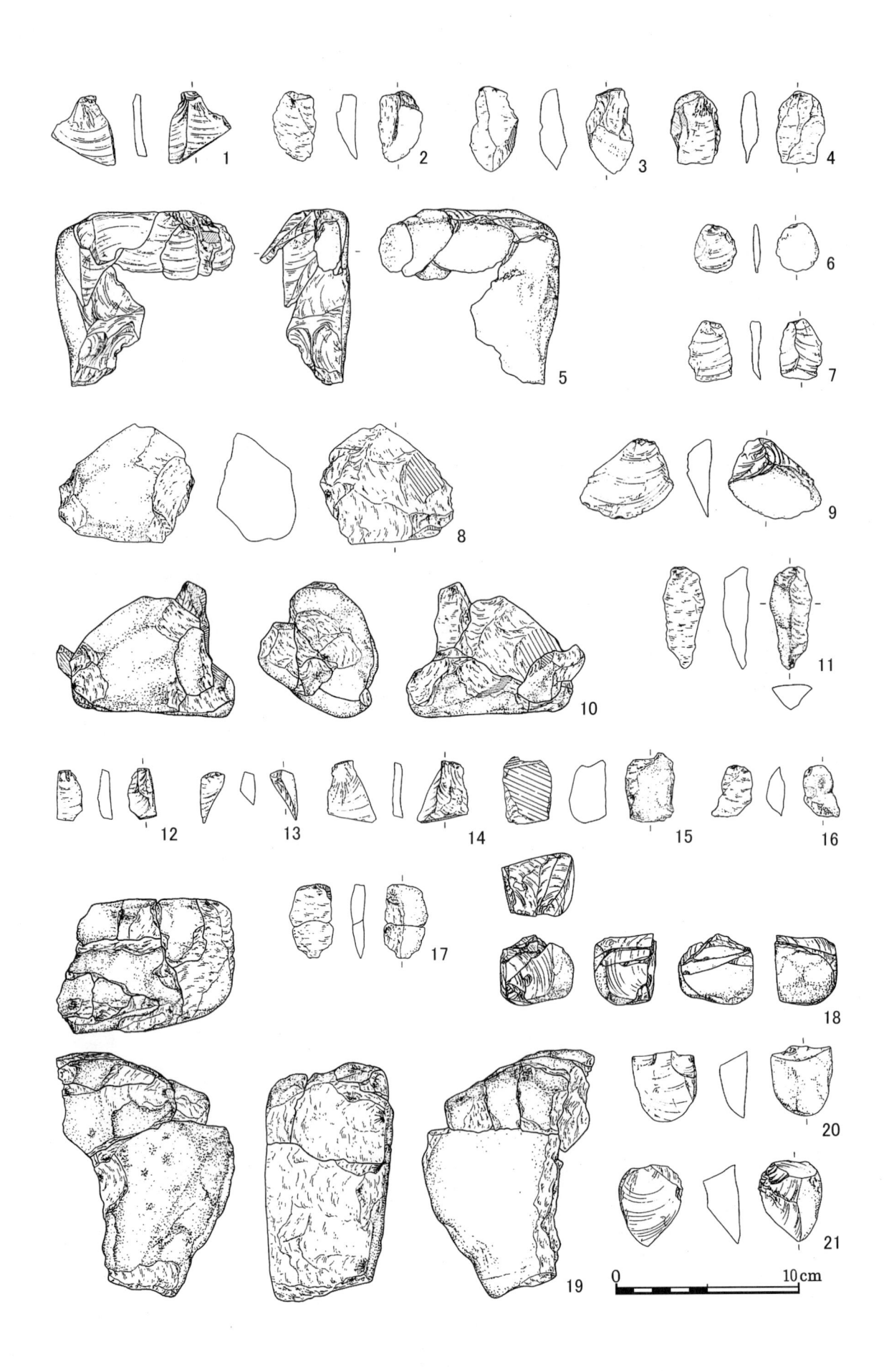

第66図　竹内里遺跡Ⅳ文化層出土遺物6（李起吉 2000 改編）

が主軸を成す文化内容を示している。また、時期的に遅れてくる細石器文化もやや早い時期から時間幅を長くもって、剥片尖頭器と供伴している。剥片尖頭器は全国的な出土状況から、地域性はほとんどないといって良いが、漢灘江流域の遺跡群と東海・日本海沿いの遺跡からはまだ存在が確認できていない。そのようなことから剥片尖頭器は東の山脈を越えた海岸地域までは含まない内陸水系を含んだ中部から南部地域、そして西の方に拡散するのである。

韓国の西の海（黄海）はＬＧＭを含んだ旧石器時代には幾度かの気候変動により陸地化されていた。そのような当時の環境により、石刃石器群が北から南へ向かうルーツ上に韓半島を利用できるようになった。石刃技法を携帯した移動狩猟民は石材の確保と狩猟の継続を深く結びつけながら火山岩が豊富な韓半島の南部地域を一つの拠点として回帰しながら移動していた。

(3) 石刃技法のルーツ

アジアにおける石刃技法の起源を、現在のところ中国のオルドス地方にある水洞溝遺跡などに求めることができるとしているのは、加藤や稲田などの研究者達である。稲田は1923年発掘調査が行われた水洞溝遺跡出土資料を観察し、石刃核にみられる特徴を5つに分けて説明した（稲田 1994）。

それによると5つの特徴とは、稜付石刃にみられる背面中央稜の調整が片方にしか行わないこと、調整が行われてない側面には縦方向の剥離痕があること、横断面は不等辺三角形であること、背面中央稜の調整が打面にある調整に連続すること、そして石刃の末端に反対側の打面にある調整と同じく中央稜の調整に連続する調整をもつことである（第72図参照）。

また、稲田は水洞溝遺跡出土20点あまりの稜付石刃、いわゆるクレステードブレイドの存在は上の特徴と合わせて考えると、後期旧石器時代の一般的な石刃技法としては異質であるとした。後期旧石器時代の一般的な石刃核から考えると稜付石刃は稜線が石刃の中央に位置しなければならないし、片面調整よりは両面調整の方が多い。そして、断面形は不等辺三角形になるより、なるべく正三角形に近い方が次の石刃作出時有利な稜線を用意することができる。

有利な稜線は石刃の側縁に方向性を与え両縁が並行に走ることをサポートしてくれる。いわゆる、石核の作業面側にみられる稜線は石刃剥離時において作業し易い打面の形成をするために木口を上手に残す役割に近い。以上のようなことをあげながら稲田は、水洞溝の資料がアジアのなかで直ちに石刃技法の発端になると判断するよりは、アジアの旧石器文化展開という大きな過程のなかで考察するべき問題だとした。

水洞溝遺跡からは最近年代測定が出ているが、ブルイュが考えたようにムスチエ文化とオーリニャック文化の間に該当する文化としてみていた年代よりはやや新しい結果が出ている。^{14}Cでは17,250±2,000 B.P.と26,230±2,000 B.P.、ウラン法では34,000±2,000B.P.と38,000±2,000 B.P.という結果であった。このような年代値は韓国の石刃技法の起源を考えるのに一つの方向性を示した年代幅で、現在の韓国での発掘結果から考えると水洞溝遺跡は韓国の石刃技法の発生地としての資格条件が満たされてないことになる。

一方、韓国の方に話を戻すと2000年度に調査が行われた龍湖洞遺跡がある。この遺跡は忠清南道を流れる錦江に沿って発達する河岸段丘上に位置していて、4つの旧石器文化層が検出された。その4つの文化層のうちⅡ文化層の下の方から出土した炭化物を放射性炭素年代測定にかけた結果、38,500±1,000B.P.という測定値が出た。

そのような測定値から一つの問題が浮き彫りになるが、炭化物が検出された地点を挟んで上に位置するⅡ文化層と下に位置するⅢ文化層から上下で合わせて2点の縦長（石刃）剥片[31]を素材に用いた剥片尖頭器が出土していることである。韓国における剥片尖頭器は石刃技法の発達と共に広がったイメージが強いため、もしこの2点が石

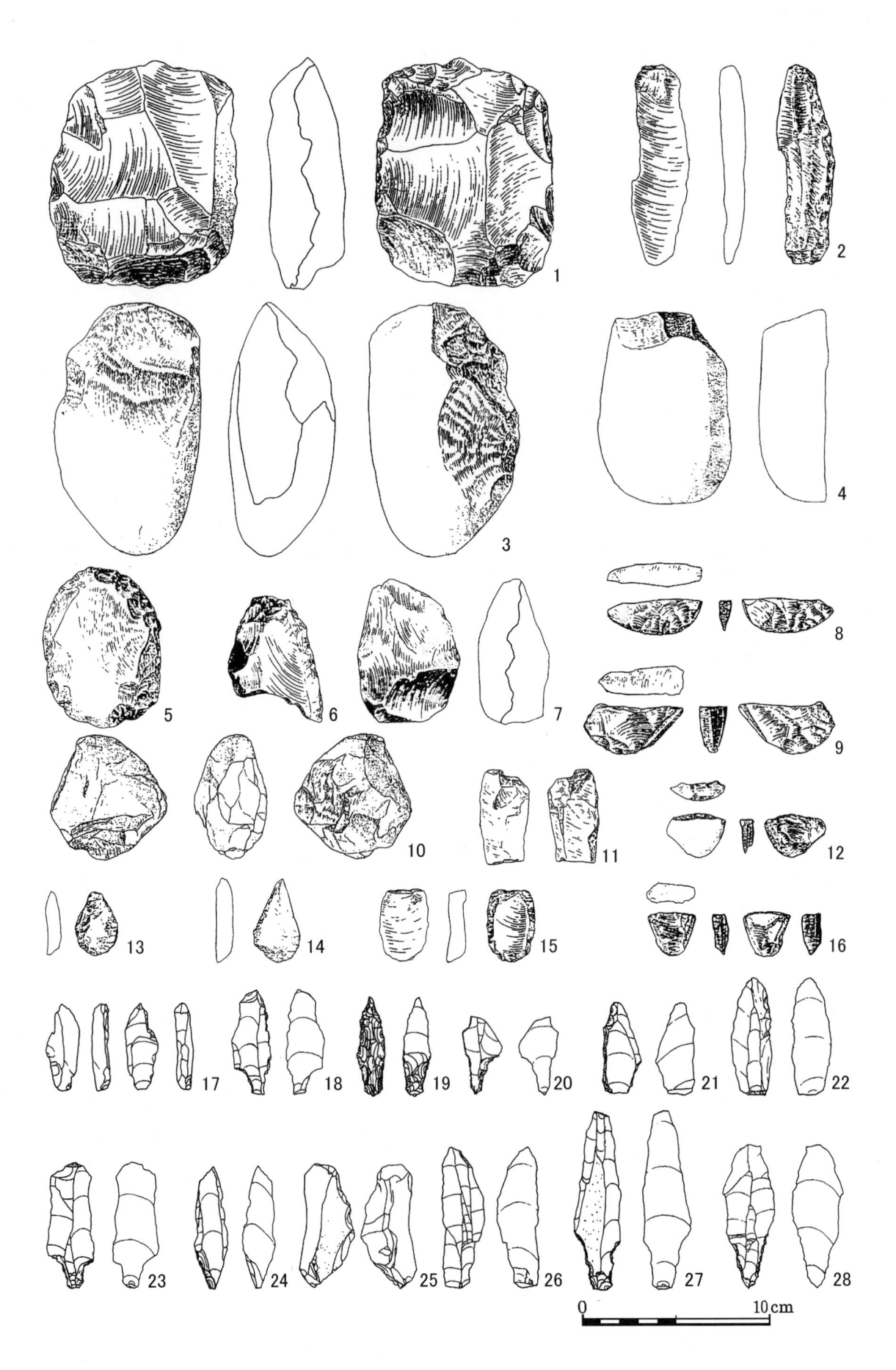

第 67 図　垂楊介遺跡出土遺物 1（李隆助 1985 を改編）

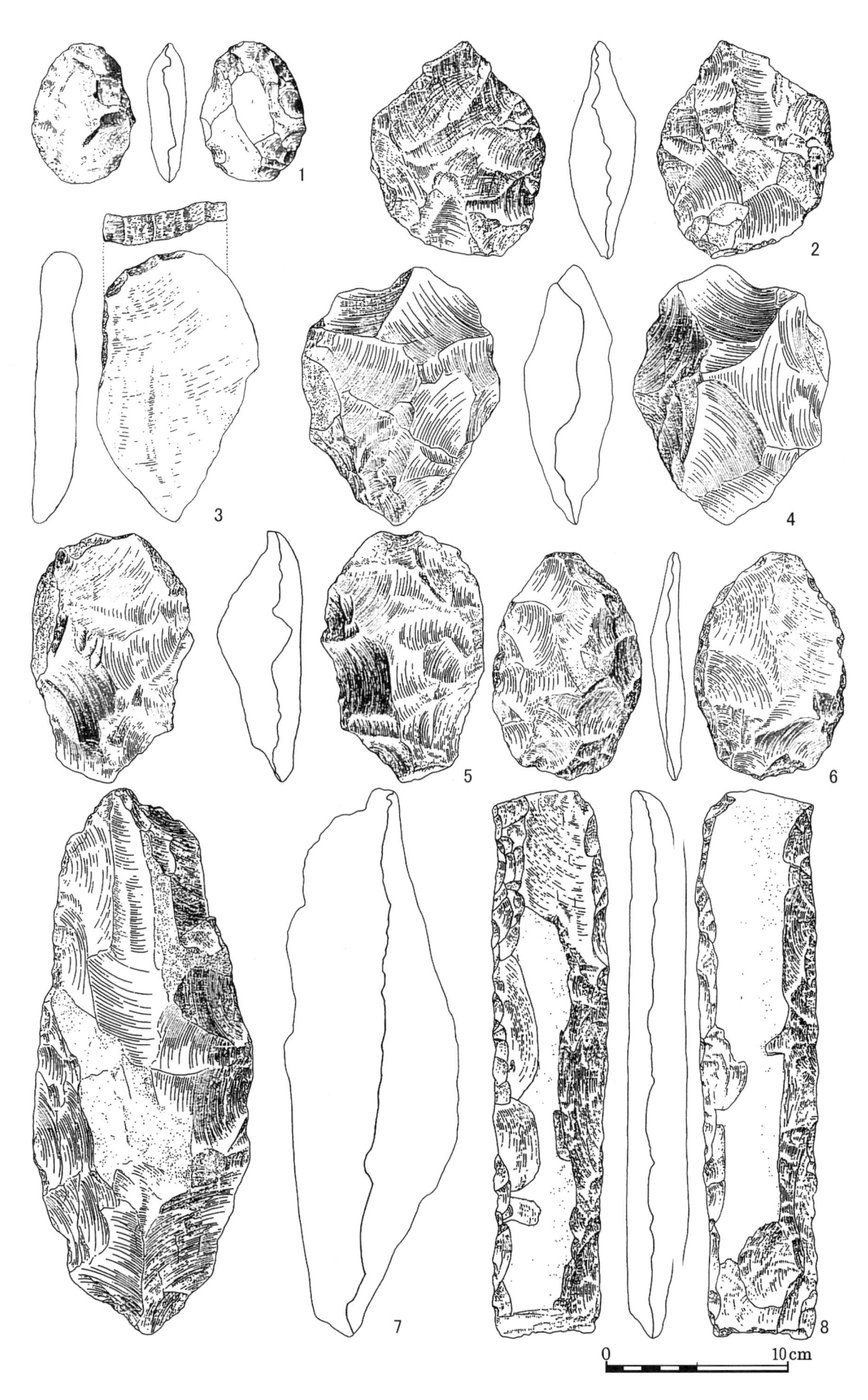

第 68 図　垂楊介遺跡出土遺物 2（李隆助 1985 を改編）

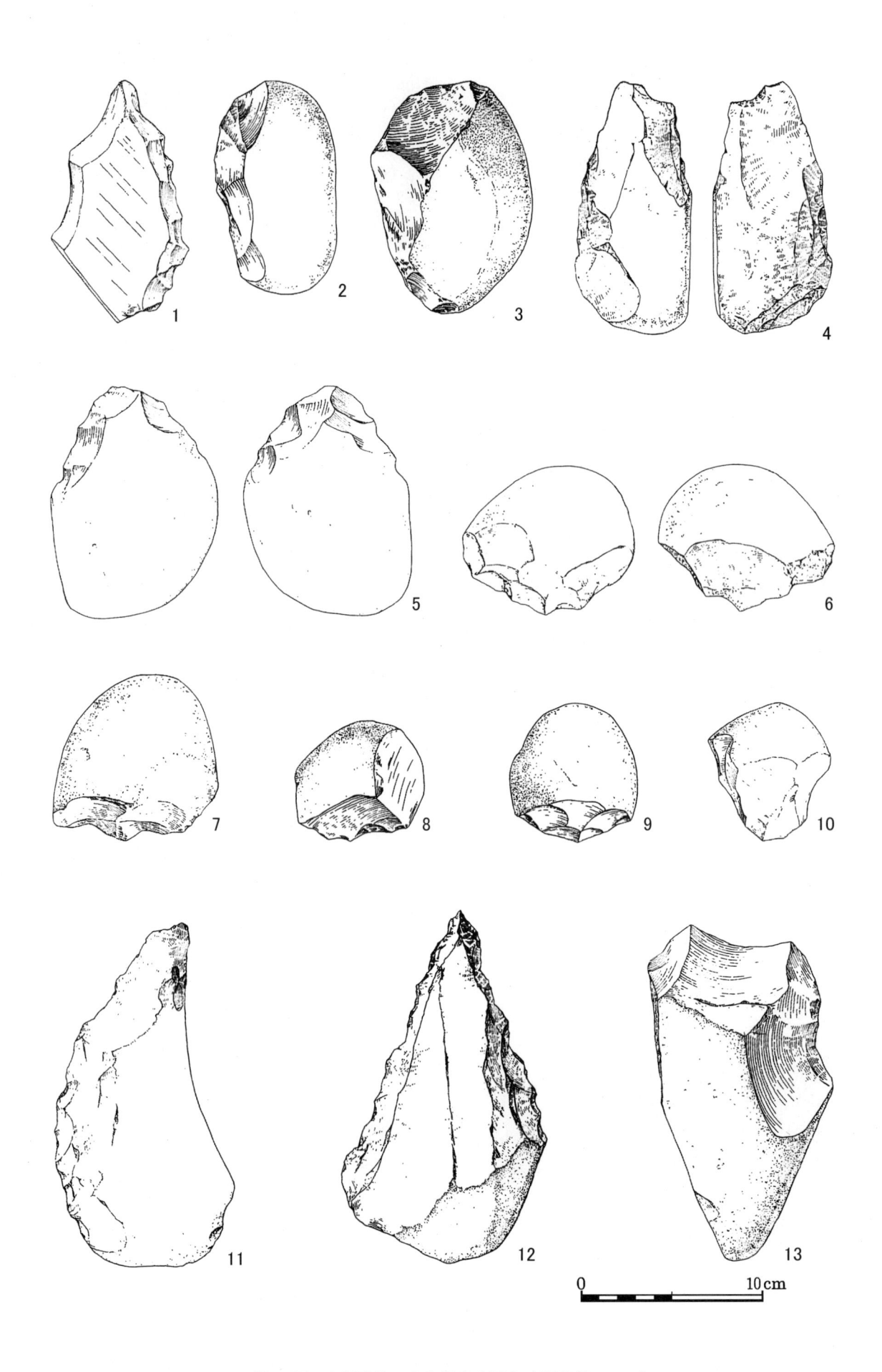

第 69 図　金窟遺跡Ⅱ文化層出土遺物（孫寶基　1988）

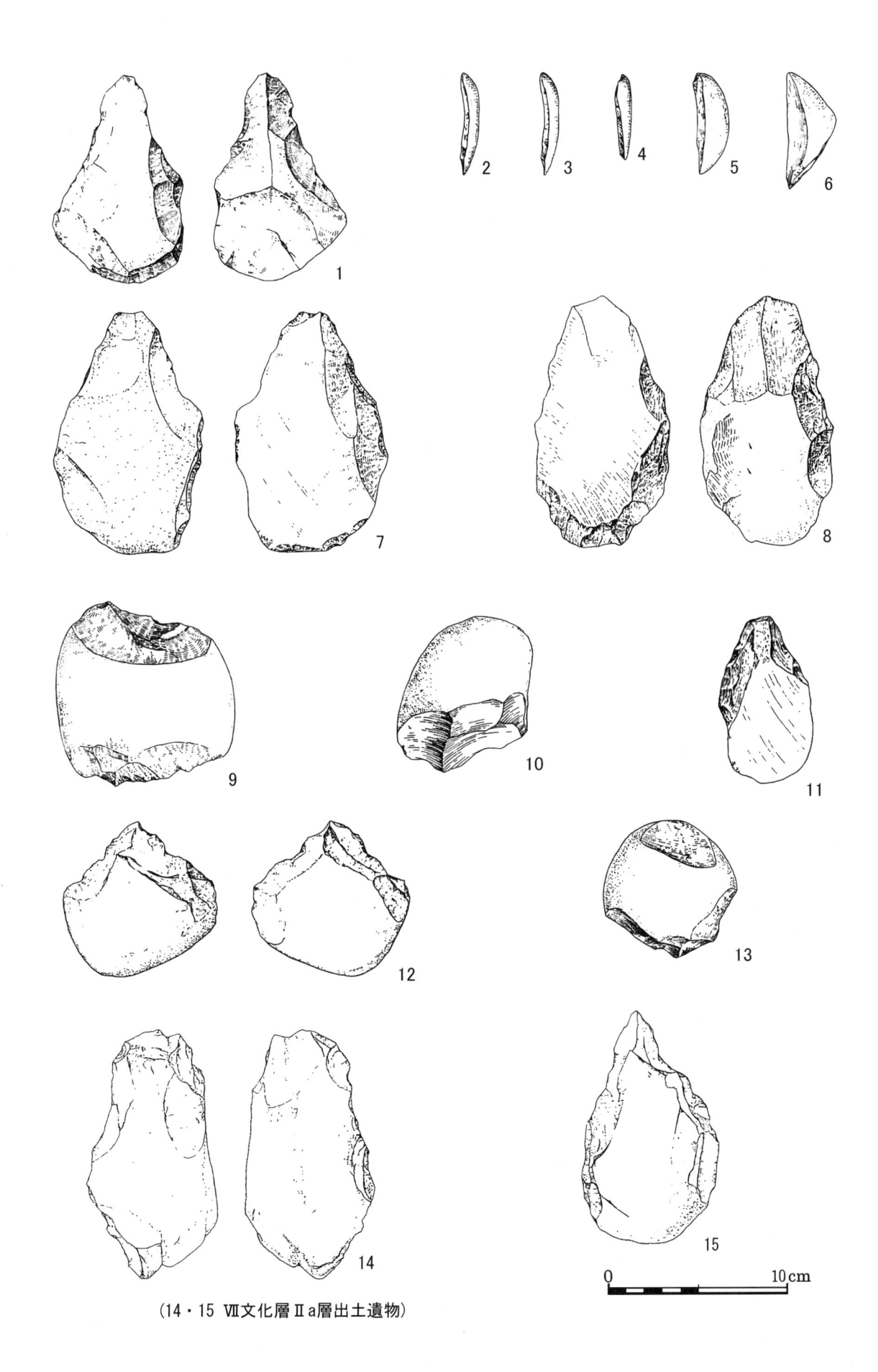

（14・15 Ⅶ文化層Ⅱa層出土遺物）

第70図　金宿遺跡Ⅲ・Ⅶ文化層出土遺物（孫寶基　1988）

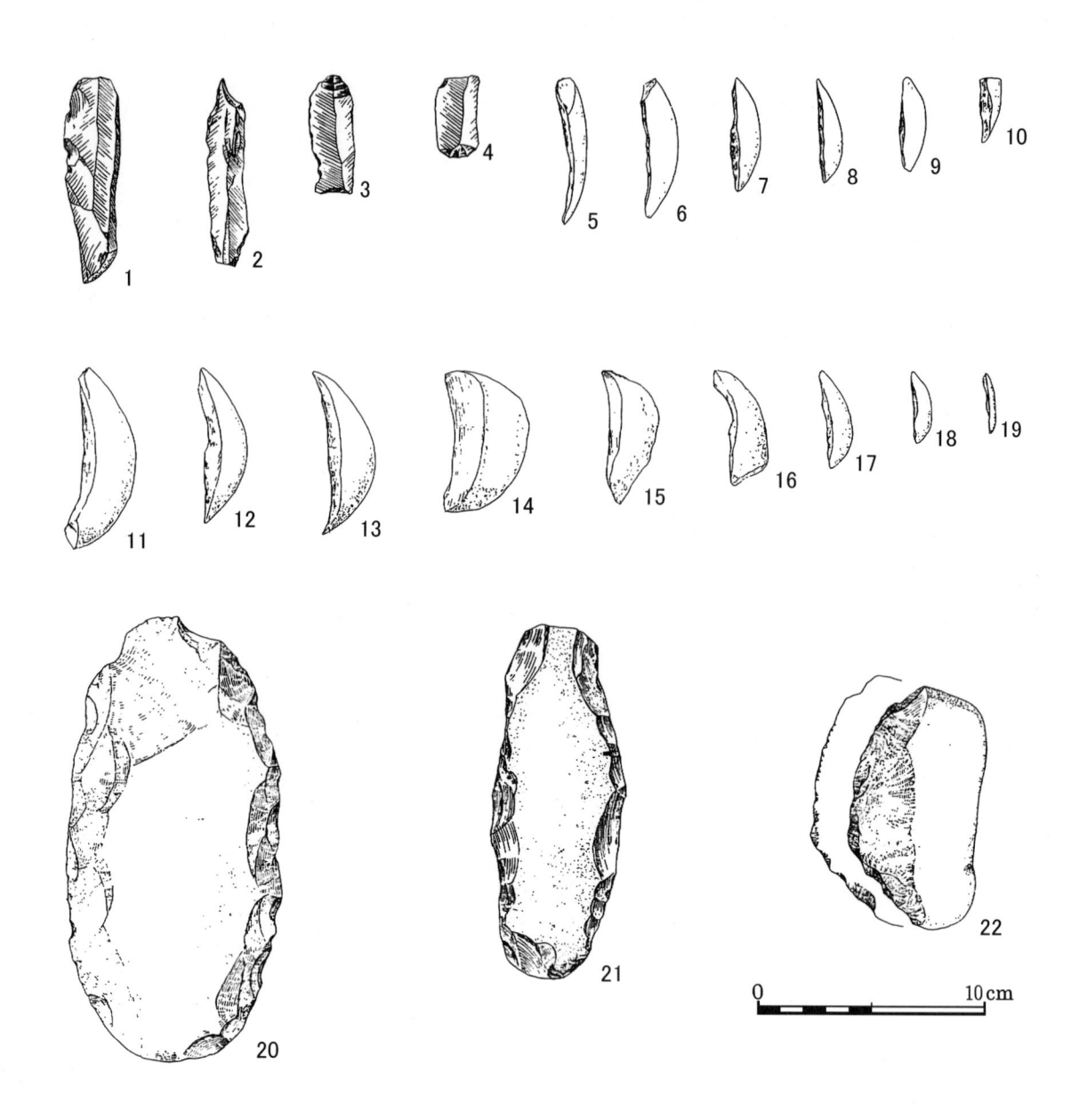

第 71 図　金窟遺跡Ⅳ文化層出土遺物（孫寶基　1988）

　刃素材であることになると、アジア地域での非ルヴァロワ伝統石器群を保有する石器群のなかでは、もっとも早い段階の石刃技法の出現になるのである。
　また、韓国における石刃技法の起源を考える上で重要な位置を占める遺跡の調査が行われた。古禮里遺跡とジングヌル遺跡である。古禮里遺跡は下部層にAT火山灰が検出されたので下限が2.5万を考えることができる。遺跡から出土した遺物の中には石刃核が多数あり、その多様性と豊富な資料から韓国における石刃核の現状を理解するのに良い資料を提供している。130点あまりの石刃核は張によると大きく2類型に分けられているが、その内Ⅰ類型が石刃核のことである（張龍俊　2001）。
　まだ報告書が出てないため資料的な制約はあるが、実見できた石刃核の特徴から見ると縦長の長方形を呈する形態に打面作出、あるいは調整が行われた石刃核は高い確率で打面再生が行われる。豊富な石材からくる石材の大胆な消費は産地に所在する遺跡の在り方を表わしているが、出土石器の器種分析では石刃製品が少ない。

遺跡内で出土した製品（完成品あるいは目的品）の数が極端に少ないことからは、別の地点へ製品と素材剥片が移動されたことが予想される。そして、直接観察したかぎり、石刃核は打面再生が繰り返し行われる頻度から考えると石刃がまだ取れるにも関わらず、作業が進んでないものや、作業開始早々遺棄あるいは廃棄されたものも目につく。

　古禮里遺跡の石刃剥離作業は石刃核の類型を石刃剥離前の石核の形態と、打面の位置と数、石刃核成形調整の仕方、そして打面の調整の有無により３つに分けることができる。

　まず、「１類型」は礫面にクレスティード剥片を取るための成形剥離が行われず、直接作業進行に応じた打面を縦部の上部面の一部分に設けながら石刃を剥がしていく形態。

　「２類型」はやや楕円形板状石核の縦に長い一側縁に加工を施しクレスティード剥片をとるための石核成形をしたあと打面として利用する面をクレスティード加工側縁に直交する側縁に設け石刃を作出する形態。

　「３類型」は円盤状の厚手の礫あるいは剥片を用いて、求心剥離を施した後周縁部に細かい二次加工を施し打面を作った後石刃を剥がす形態で、主に中・小形に用いられる。

　また、全羅道と忠清道との境界に位置するジングヌル遺跡からも剥片尖頭器を含むツールと石刃核が出土している。石刃核は中・小型のものしか見てないが、クレスティード剥片のなかには20cm程の遺物もみられたので、コアリダクションの結果小さくなった可能性が高い。ジングヌルの石刃核は古禮里の２と３類型のものがみられる。すなわち、礫をそのままコアとして用いたものはほとんど無いということになる。両遺跡はかなり接近した時間軸を持つが、古禮里の方がジングヌルより先行する石刃文化になる。しかし、両遺跡は共にAT火山灰降灰以降の遺跡として理解することができるだろう。

　さらに、上の両者に先行する石刃文化としては、金窟（クムグル）Ⅳ文化層がある。この遺跡のⅣ層からは石刃製の掻器や基部加工石刃、そして側縁を半周する礫面を有する削器などが出土している。年代的な検証は古禮里よりも古い26,600年が出ているが、石器組成面からも古禮里よりは先行する時期として把握できる。しかし、金窟からは石刃技法を復元できる石刃核は出土しておらず可能性だけが残っているのである。

　現在までの調査によると、石刃核を伴う石刃石器群は古禮里遺跡が最古になっている。石刃核がない場合でも、３万年を越す可能性をもつ遺跡として龍湖洞遺跡Ⅱ・Ⅲ文化層、禾袋里遺跡下部層の４万年前後層から出土した石刃製に近い縦長剥片製の剥片尖頭器をあげることができる。

　ここであげた遺跡はいずれも報告書が未刊行のため詳しくはとりあげられないが、形態上の特徴から連続して縦長の剥片を剥がす技術的な体系は完成されていたのである。これら一連の縦長剥片連続剥離技術は古石刃技法とも呼ぶことができるもので、本格的な石刃技法の登場が遠くないことを示している。

　縦長剥片剥離技術は、中期旧石器時代後半の大型剥片剥離技術とつながる。中期旧石器時代の後半になると、石英岩や珪岩といった長年使われていた在地系石材に加えて火山岩系の石材が使われるようになる。新しい石材の開発により、以前の単発剥片剥離方式から剥片剥離に適合した大きさと薄さを兼ね備えた連続的な剥片剥離が可能になり、目的剥片が登場するのである。

　目的剥片の登場は石刃技法を発生させる媒介になり、縦長剥片の連続剥離に繋がる。連続的な剥片剥離は定形性を持つ剥片の生産を可能にしてくれる。そのことから、一回に行う剥片剥離行為によってひとつの工程内の剥離結果が、ある程度規格化された目的物を生産することが出来るようになるのである。すなわち、石器の器形を設計し、二次元化する作業で終わった石器作りが三次元化されたともいえるほど飛躍するのである。

　連鎖的な規格素材生産工程の開発は石刃技法発生の必要不可欠な要素で、目的とする最終形態になる一つ手前段階の素材の大量確保から来る石器製作の体系化と生産能率を向上させた。このような４万年を前後とした縦長剥片剥離技術を保有した石器群がもつ意義は新しい文化への幕開けの証しとなることである。

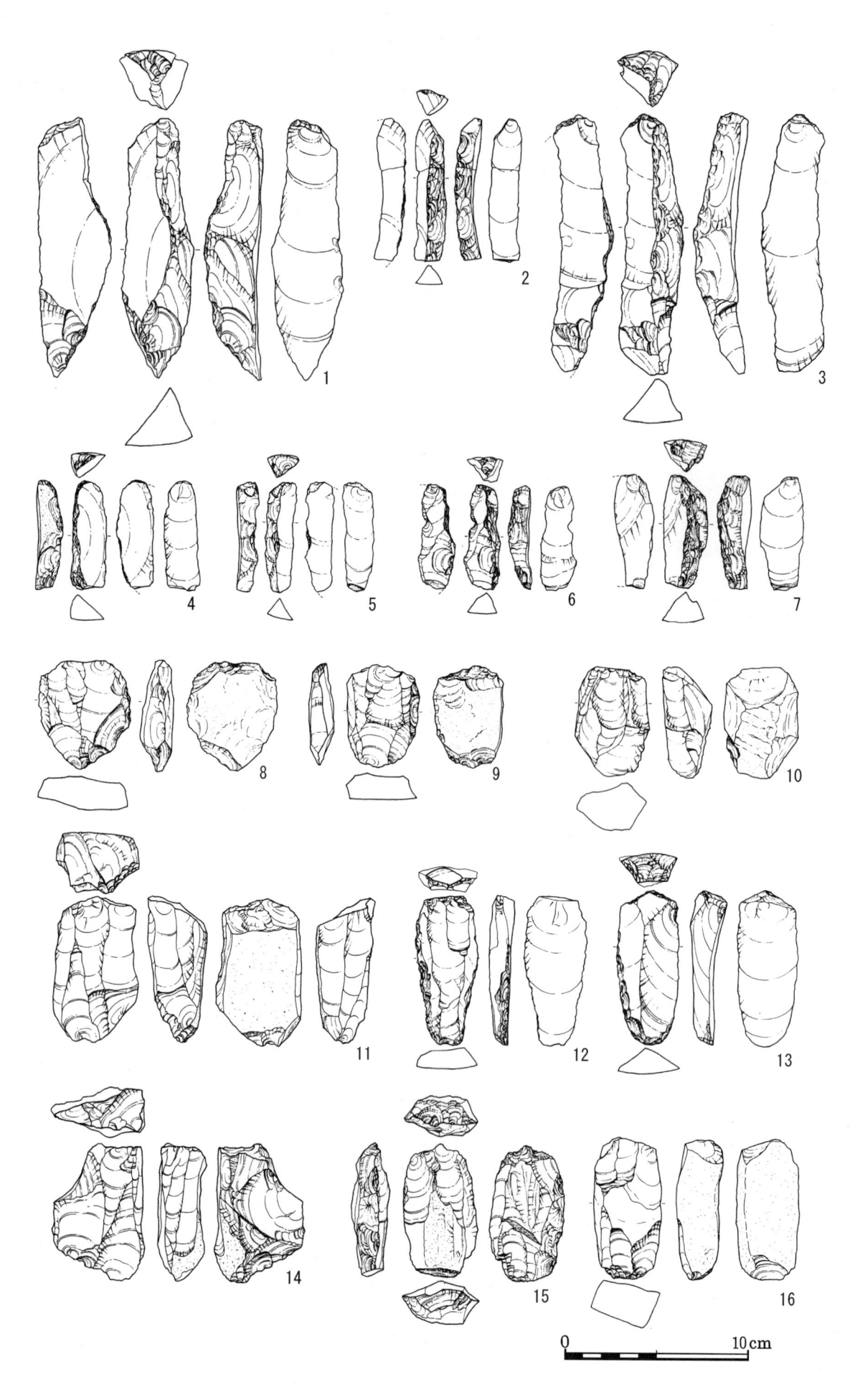

第 72 図　水洞溝遺跡の石刃資料（稲田 1994）

4) 韓国における剥片尖頭器の登場

(1) 剥片尖頭器 (Tanged point) の発生とその技術的基盤

　茎部を用意するという特徴をもつ石器として、剥片尖頭器は後期旧石器時代を代表する石器である。現在剥片尖頭器の分布は北東アジアの一部の地域に限定しているが、打点部に茎部を作り出す縦長剥片あるいは石刃を素材にしているという点と素材の側縁を利用するというコンセプトでは、時期をやや異にしてヨーロッパの方でも剥片尖頭器は存在するのである。

　韓国における剥片尖頭器の発見は、1980年に行われた垂楊介遺跡周辺地域の地表調査の際に発見され、調査が継続されてきたことにより世の中に知られるようになった。垂楊介遺跡の剥片尖頭器は素材作りに縦長の剥片か石刃を用いている。このような技術的基盤は、剥片尖頭器の発生を考える上で貴重な情報を与えてくれるのである。

　韓国でもっとも古い地層からの剥片尖頭器出土例は、忠清道龍湖洞遺跡III文化層からの1点と、江原道禾袋里遺跡出土の縦長剥片を素材に用いた斑岩製の4点をあげることができる。垂楊介遺跡やジングヌル、そして古禮里などの韓半島の剥片尖頭器が大きさ約6cm大の長さを維持するのが普通である。

　それに対して、禾袋里 (Whadae-ri) 遺跡では合わせて4点の剥片尖頭器が確認されているが、韓国では最大級の全長11cm、断面三角形の長い剥片尖頭器も出土していることである。さらに、その素材をみると石刃技法による石刃素材ではなく、縦長剥片を用いているのである。

　また、禾袋里遺跡からは石核も一緒に出土しているが、形状や剥片剥離方式は興味深いものがある。石核の形状は横15cm、縦10cm、高さ8cmほどで船形を呈している。打面は自然面がそのまま用いられ、中央が若干盛り上がり角張っているが、全体的には平面を成している。打面調整はなにも施してないのが特徴である。

　これらの石核から剥がされた剥片は縦長で先端に行くにつれてだんだん狭くなっていく。すなわち、三角形になる形状を呈する。形状的にはルヴァロワ剥片に似ているがその作り方は別個のものなので、ルヴァロワ技法との関連は直接には見出せない。

　このような石核を持つ剥片尖頭器石器群は今のところ禾袋里遺跡しかないが、そのような石核をもつ可能性を秘めている遺跡がある。可能性を秘めている例として、3万年を越す[32]といわれている龍湖洞遺跡III文化層出土の剥片尖頭器があげられる。

　禾袋里遺跡と龍湖洞遺跡の詳細な内容はまだ本報告書がでてないため全体を比較することはできないが、お互いに接近した年代をもつ遺跡であると考えられる。両遺跡の剥片尖頭器は、器軸の中央を走る一本の稜線と打点を基部に配置する縦長、あるいは石刃を素材とした剥片尖頭器である。

　龍湖洞遺跡の約3.8万年より古いとするIII文化層から出土した剥片尖頭器は僅か1点しかないが、作りはII文化層のものにくらべると並行する側縁の変形度に差がある。また、III文化層からは鋸歯縁石器と多面体球が出土していて、中期から後期へと変わる過渡期的な様子をみせているのも興味深い。このIII文化層の石器組成は下のIV文化層の石器組成を大きく踏襲している面があるので、新しい技法の出現期に相応しい変化を見せている点で注目したい。

　ところが禾袋里の場合石核は石刃核にはなっておらず、縦長の断面三角形の剥片が取れるとしたが、両者の間の距離をどう縮めていくのかが問題である。幸い両者は縦長剥片を取る技術と旧来の石材から変化を成し遂げ新しい石材を開発したことに成功した点で共通している。

　しかし、まだ基本になる石材は石英岩であるため遺跡に残された石材の半数以上は石英岩になるのである。このような旧来の石材をベースにしながら徐々に新しい石材を取り入れていく様子は竹内里遺跡にもみられ、大型剥

片を取ることができるような技術的なインフラを提供してくれるのである。

禾袋里の剥片尖頭器（11.17〜3.1/cm）は大型であると前述したが、龍湖洞Ⅲ文化層の剥片尖頭器は4cmほどの小型の石器である。両者の間は空間的な距離があるし、現在までの状況では時間的な距離もある可能性がある。そのためどれが先かという論理を展開させるのには無理があるが、石器群の様子を見ると龍湖洞の方が纏まった感じがする。禾袋里のⅡ文化層の下位にはⅢ文化層があり大型チョッパーや多面体球が出土している。これについて中期の文化層に当たると調査担当者は述べている。

それは韓国における剥片尖頭器の起源が、部分調整の加工技術と大型剥片と縦長剥片を製作する中期旧石器時代後半にあることを、間接的に表現していることになろう。韓国の剥片尖頭器の主な素材として用いられた石刃は、禾袋里遺跡からもみられるように、縦長剥片製の基部と側縁加工の剥片尖頭器が登場し、韓国全域に広がった後に用いられるようになる。

剥片尖頭器は、登場し始めた頃は部分調整で基部をしっかり作るタイプが多い。その後、基部を表裏調整する段階を経て、基部表裏調整が少なくなり器形もやや小型化していくのである。そして終末期には基部の抉りはやや目立たなくなり、無茎基部調整尖頭器に形が変わっていくのである。

ここで問題になるのが龍湖洞Ⅲ文化層出土小型の剥片尖頭器1点である。しかし、小型剥片尖頭器は早期にみられる非定型化による多様性のひとつの表現で、全体の傾向にはならないと思われる。

後期旧石器時代における石器の小型化という時代的なニーズに合わせ適応の道を歩む剥片尖頭器は、禾袋里Ⅱ文化層や龍湖洞Ⅲ文化層から検出された統一されてない多様な様子をもつ古期の剥片尖頭器から、ジングヌル遺跡などにみられる小型で規格性に富む剥片尖頭器への変化を成し遂げるのである。

(2) 剥片尖頭器製作工程の分析

① 形態

剥片尖頭器の形態は茎部作りにその特徴が現れているのである。縦長の剥片あるいは石刃を素材に利用した尖状の万能器である。その形態的な特徴は調整部位の分別により一層具体化できるが、そのいくつかの形態を分けてみると次のようである。

第Ⅰ類型は均衡が取れた茎部を持ち、尖頭部と茎部の境にくる肩に最大幅がくるもので、基部側の肩から先端に向かって細くなる一般的な形のものである。第Ⅱ類型[33]は尖頭部と茎部の境にくる肩の最大幅がほぼ尖頭まで並行する形で両側縁が並ぶもので石刃に近い形態をしている。尖頭部の形態がⅠ類型の三角形に比べると五角形に近くなる。また、茎部の片側縁は抉りがほとんどなく茎部からまっすぐ伸びるような作りをしている。第Ⅲ類型は全体的に短めで茎部を作るという意識があまり無く、茎部と尖頭部との真ん中付近に最大幅がくる。そのため全体の形態は柳葉形が短くなったような形をしている。

上に述べた3つの類型を補足する形で、より茎部の形態を詳しく系列分解していくと茎部に抉りがあるものとないものの二通りがあり、さらに5つの系列に分けることができる。5つの系列は便宜上1・2・3・4・5にした。1系は茎部が角張った平坦な器端の形、2系は円い器端の形、3系は三角形の器端、4系[34]は器軸左側に茎部加工が、そして5系は器軸右側に茎部加工が施されているものである。

さらに加工部位の位置や程度で分けた。尖頭部の片縁に加工があるものを"a"で両側縁にあるものは"a'"、片方の尖端部の一部に加工があるものは"b"で尖端部の両方の一部に加工があるのが"b'"、片方の側縁中間にだけ加工があるものは"c"で、側縁基部片方にあるものは"d"、全側縁に加工がないものは"n"にした。

また、基部の加工について、左右どちらかの片方にだけ加工があるものは"1"、両方にあるものは"1r"、基端

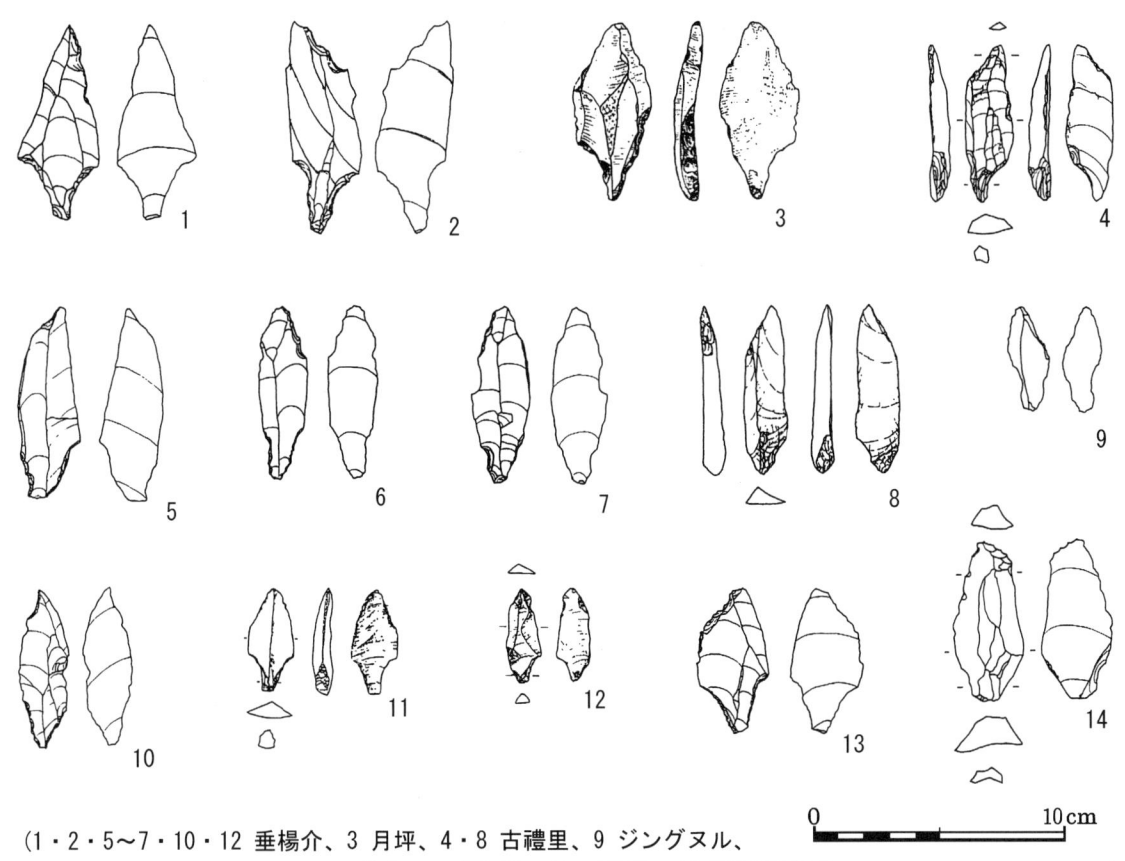

(1・2・5〜7・10・12 垂楊介、3 月坪、4・8 古禮里、9 ジングヌル、
11 龍湖洞Ⅲ文化層、13 禾袋里、14 鉄源長興里）

第73図　韓国の剥片尖頭器類型Ⅰ

部を含めた基部全体に加工があるものは"f"、基部中間部位の片方にだけ加工があるものは"1p"、基部中間部位の両方に加工があるものは"1rp"、基部に加工が無いものは"n"とした。

「Ⅰ〜Ⅲ」類は全体器形による区分で、石器が持つ形態的属性分離の基準を示したものである。「1〜5」は茎部形状のなかで器端形状を分けたもので、シャフトへの装着を念頭においた茎部本来の機能性に関する分類である。また「a・a'・b・b'・c・d・n」は加工部位の位置関係の分析による刺突と切る・削る、そして装着といった機能部強化の行為痕跡を割り出すのに用いた。

② 石核の用意

垂楊介遺跡の剥片尖頭器の製作に用いた石材としては頁岩（40）、凝灰岩（8）、石英（4）、斑岩（1）が用いられたが、このような石材は遺跡からさほど遠くない[35]石材産地からえられた。垂楊介遺跡からは合わせて55点の剥片尖頭器[36]が出土している。アジアでは現在までの調査結果によると、もっとも多く剥片尖頭器が出土した遺跡は韓国全羅道のジングヌル遺跡である。遺跡からは折れたものを含め、70点を超える剥片尖頭器が出土している。

垂楊介遺跡出土55点の剥片尖頭器のなかで53点を用いた李隆助・禹鍾允・孔秀眞の「垂楊介茎部付き道具の考察」では、折れた剥片尖頭器を除いた計量数値を分析し、剥片尖頭器の全長は10.2〜3.5cm（平均6.0）、幅は4.9〜1.6 cm（平均2.4）、重さが35〜3g（平均11）で全長/幅指数が2.63という結果が出ている（李隆助・禹鍾允・

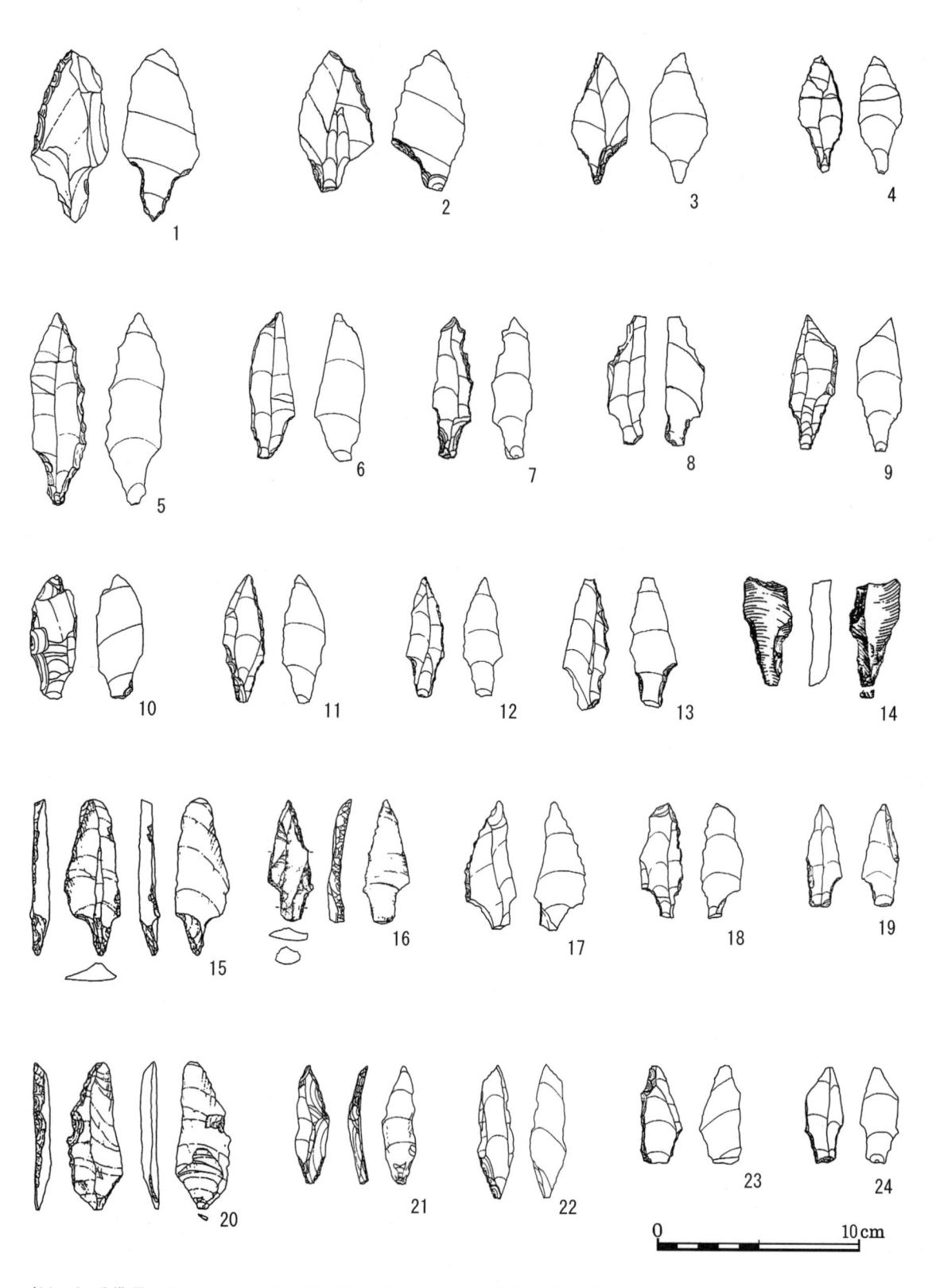

(1・2 禾袋里、3〜13・17〜19・22〜24 垂楊介、14 石壯里、15・20古禮里、1
6 龍湖洞、21 21ジングヌル)

第 74 図　韓国の剥片尖頭器類型 II

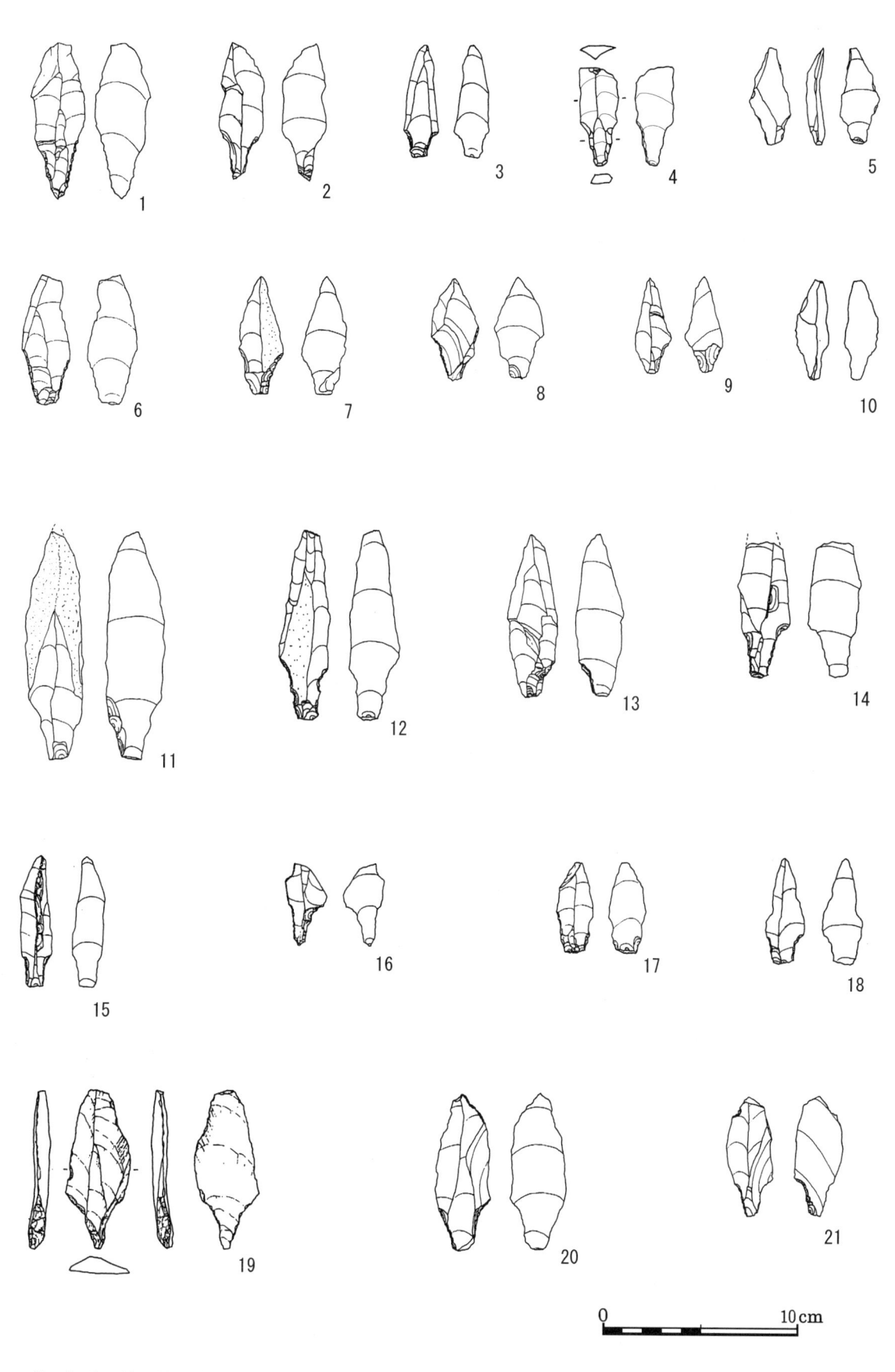

(1～6・8・12・13・15～18・20・21 垂楊介、7 月坪、9 インドック、
　　　　　　10 鉄源長興里、11禾袋里、14 好坪、19 古禮里)

第75図　韓国の剥片尖頭器類型Ⅲ

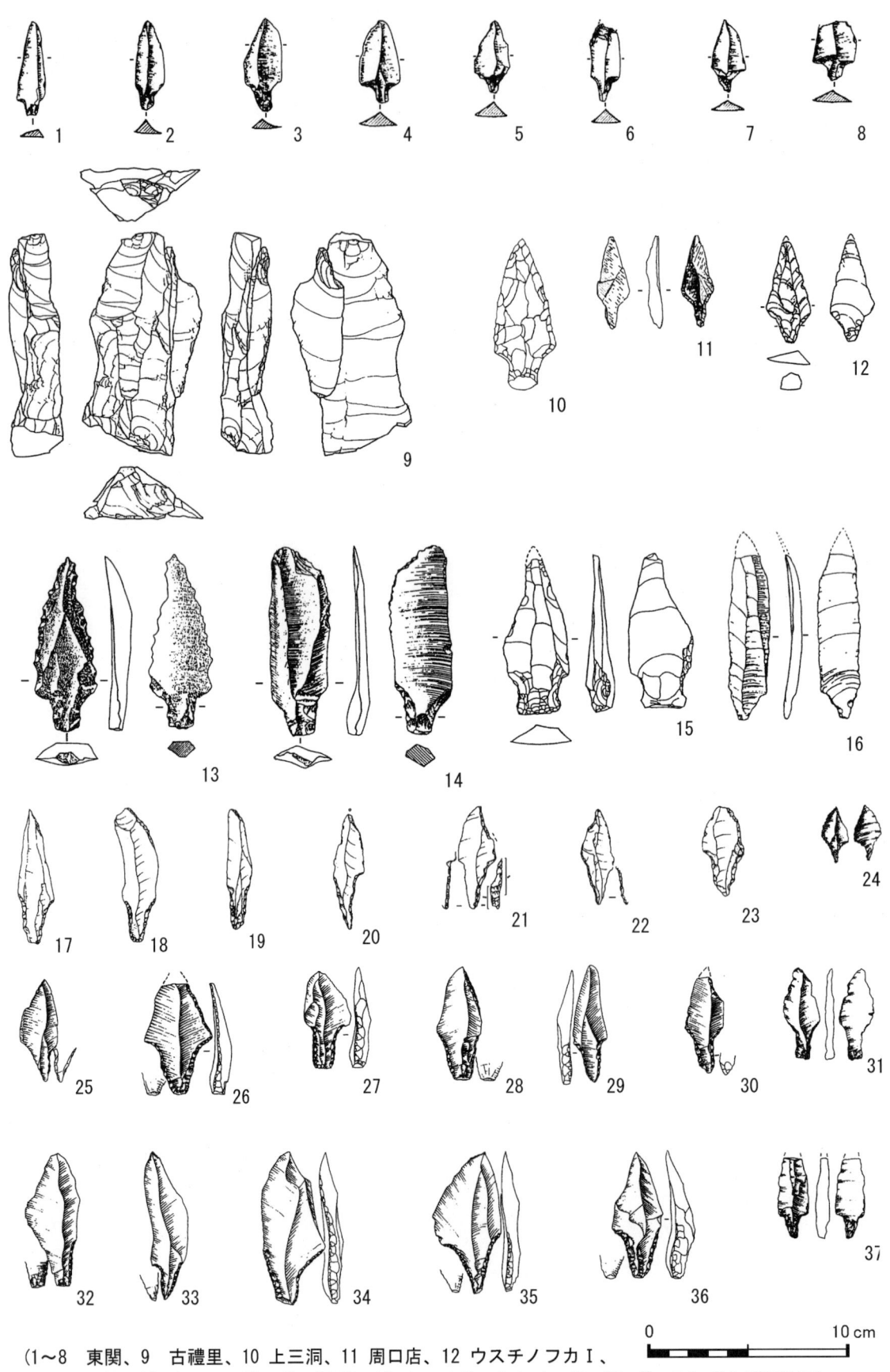

(1〜8　東関、9　古禮里、10　上三洞、11　周口店、12　ウスチノフカⅠ、
13・14　サハラマグレブ、15　蕉、16　ウスチジュクタイ、17〜37　ポーランドと周辺地域）

第76図　周辺地域の剥片尖頭器と古禮里遺跡の接合資料

孔秀眞 1999)。

　数量データから読み取ることができる剥片尖頭器製作のための必要最小限の条件をみると、石核は10.2cm以上の長さを持ったものが用いられたのが分かる。そして、素材石刃あるいは剥片の幅は4.9cm以上の石核から剥ぎ取られた長さが幅より長い石刃ともいうべき剥片を素材として意図的に規格剥片を生産したのである。このことは剥片尖頭器の断面からも推定することができるが、断面形は台形が53点中29点を占めることからも、少なくとも3回以上の連続的な剥片作出が行われたことを表しているのである。

　石核に残っている作業面から、石核は一方向剥離（単設打面）が主な剥離方法であるが、時おり両方向剥離（両設打面）あるいは求心剥離が行われたと判断できる。これら残された石核の形状は細長いという形よりは、短いシリンダー形か鼓のような形が多く、大きさは大人の拳大のものが多いのである。しかし、石核の中には長さが20cmも超える大型のものもあるので、作業開始段階の石核の大きさは廃棄あるいは遺棄される段階の石核よりは大きかったであろう。

　また、剥片尖頭器の背面には礫面がそれほど多く残されてないため、実際の素材剥片を剥ぎ取る過程では事前に緻密な石核調整が行われた後、目的剥片を作出したと考えられる。

　このようなことは石器に残された打面の状態からも推定できることで、頁岩製の剥片に施された頭部調整や石核調整痕が多い。また、石器作りに適合した石材の選定からも読み取れることで反対に在地系石材の石英岩製剥片の場合は頭部調整あるいは打面調整を行わないでそのまま目的剥片を剥ぎ取っている。

　これらのことから垂楊介遺跡出土剥片尖頭器製作集団は石材による作業工程の仕分けが行われていたことが想定されるが、頁岩のような最終形態の想定が簡単で製作に適した石材の場合は、より管理的な石材利用の痕跡がみえる。しかし、反対に石英岩のような在地性が強くて供給が楽な便宜的で突発的な石材からは合理化に従った消費的な石材運用がみられる。

　　　③　目的剥片の供給

　剥片尖頭器製作のため剥ぎ取る目的剥片は縦長の形状をしているものが多い。形状のいくつかのパターンに分けると、Ⅰ類は石刃状のもので側縁が並行に走る。Ⅱ類は先端にいくにつれ狭くなる三角形の2類に分けられる。Ⅰ類は石刃技法によるものが多いが、Ⅱ類は石刃技法でなくても縦長剥片を剥ぎ取る技術さえ持っていれば剥ぎ取れるのでさほど難しくない技法である。両者の関係は縦長の剥片が石刃状の剥片より先行する技術として理解することができるだろう。

　禾袋里遺跡Ⅱ文化層出土の石核には、縦長の剥片を意識的に取ろうとした痕跡が残っている。石核は自然面を打面として利用しているので打面調整の跡はみられない。石核は5.5cmの作業面の長さをもつ、すなわちこの石核から剥がされた剥片は約5cmの長さを持つのである。しかし、前述したように禾袋里からは11cmを超える長い剥片も剥片尖頭器の素材として用いられたので、現存する刃部の長さの倍以上になる剥片を取ることが出来たはずである。

　剥片の幅も4cm大で、後期の石刃の幅に比べるとやや広い。これは、長さを維持するためにはある程度幅がないと尖端まで力が抜けられなくなるためであろう。では、幾つかの遺跡から出土した剥片尖頭器の計測値を比較してみよう。

　第4表のグラフは韓国出土剥片尖頭器の長さのバーグラフである。グラフからは約4cmから9cmの間に長さが収まるようになっているが、ここに参考にしている数値は遺跡出土の剥片尖頭器の平均値[37]である。ここで注目するのは龍湖洞Ⅲ文化層や月坪遺跡、ジングヌル遺跡で出土した長さが短い、すなわち小型[38]に入る剥片尖頭器の存在である。龍湖洞Ⅲ文化層の短い1点は出現期の様子を、それ以外の2遺跡は編年上の変化に従った傾向を示

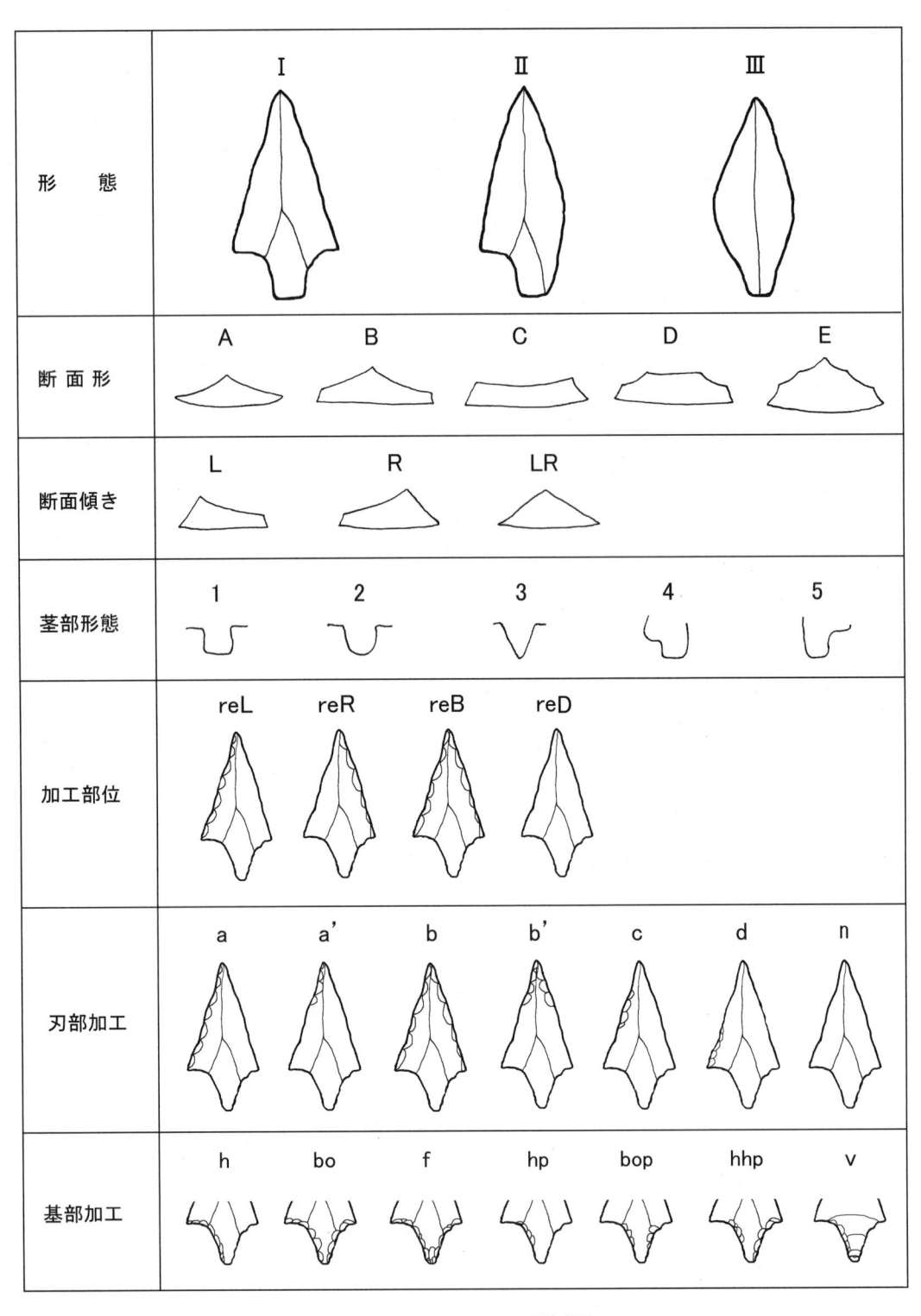

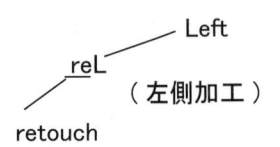

第 77 図　韓国の剥片尖頭器類型分類要素

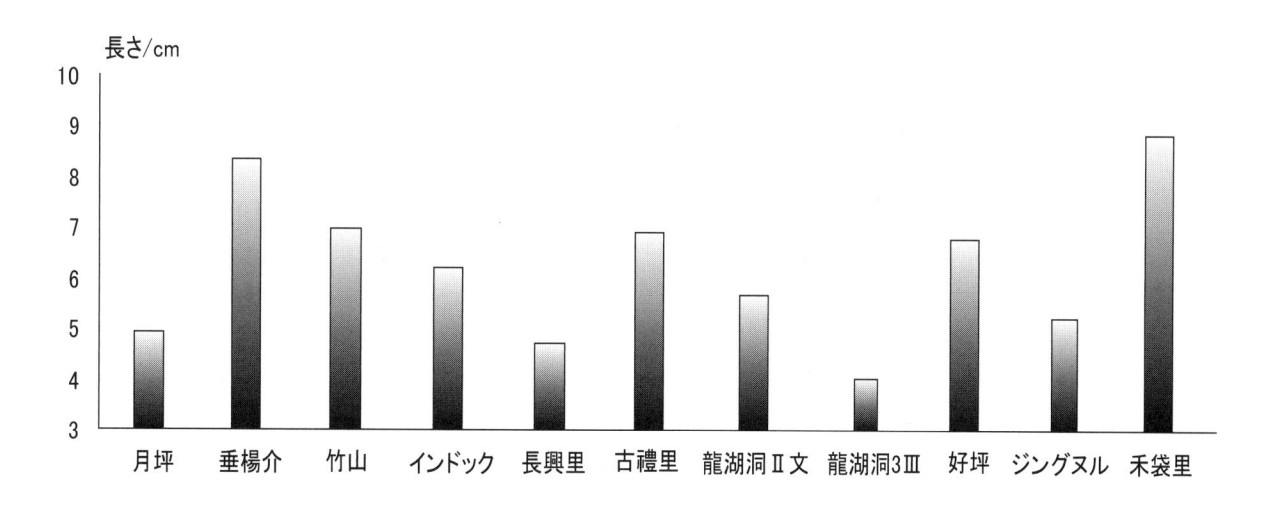

第4表　韓国の剥片尖頭器長さ比較

している。

　龍湖洞Ⅲ文化層出土の1点と禾袋里出土の3点は剥片尖頭器出現期にあたる石器で、規格性が落ちるため目的物にばらつきがみえる。ただし、龍湖洞Ⅲ文化層から剥片尖頭器は1点しかないため、全体の様子として認めるのは難しい。しかし、安定した石材の確保と剥片尖頭器の素材として用いられる石刃の製作技術が、発達した古禮里や垂楊介の時期に入ると突拍子な目的物はほとんどなくなり、目的物は計画した規格のなかに収まるようになる。

　では韓国でもっとも剥片尖頭器が検出された垂楊介遺跡の剥片尖頭器をみてみよう。垂楊介遺跡からは剥片尖頭器以外にも両面調整器（Biface）、チョッパー、プレイン、削器、尖頭器、ノッチ、彫器、搔器、ナイフ、三稜尖頭器、錐、細石刃核、細石刃、細石刃核用ブランク、敲石、台石、石核、剥片、砕片などが出土した。

　総合的な研究書がないため遺跡の全貌は今日まで分かっていないが、時期に関しては中期旧石器時代と後期旧石器時代の2つの文化層があると考えられる。この垂楊介遺跡が世に知られるようになったのは九州島に存在がすでに知られていた剥片尖頭器の出土と、九州島の編年には共伴しない細石器が伴うことで関心が寄せられたためである。

　垂楊介遺跡からは50点を越す[39]剥片尖頭器が出土しているが、ほとんどの石材は頁岩である。その内実際に観察した46点を分析した結果に基づいて話を進めることにする。剥片尖頭器の観察は、全長、幅、厚さ、先端の角度、茎部の長さ、茎部の厚さ、茎部の幅、加工部位、素材の運用の仕方そして、稜線で区切られる背面の数を中心に分析を進めた。その結果第7表にある通りに各部位の計測値が得られた。

　計測の結果、いくつかの当然ともいえる結果が出た。まず、素材の多くには打点が残っており、さらに打面を残すものが多かった。素材生産のために平らな打面を用意することが先に行われ、打面の小口をうまく取り入れながら連続的な素材剥片作出が行われたようだ。そのような結果、垂楊介の剥片尖頭器は規格性に富んだ安定した素材生産技術から生み出される、定型性の優れた製品だったことがわかるのである。

　第5表に提示している垂楊介遺跡出土の剥片尖頭器計測表値をみると、製品の規格性が優れているのがわかる。ほとんどの剥片尖頭器が意図した規格のなかに収まるように製作されている。グラフは長さと幅を表したもので、長さが幅の2倍以上で、あまり桁はずれの失敗品というか規格外製品がほとんどない。

　そして、グラフから分かるように、長さ8cm幅2.5cmの製品を目指して石器作りに励んでいたことが分かる。このように一定した剥片を剥がすための技術は、豊富な石材と製作技術の熟練により成し遂げられるもので、同じ

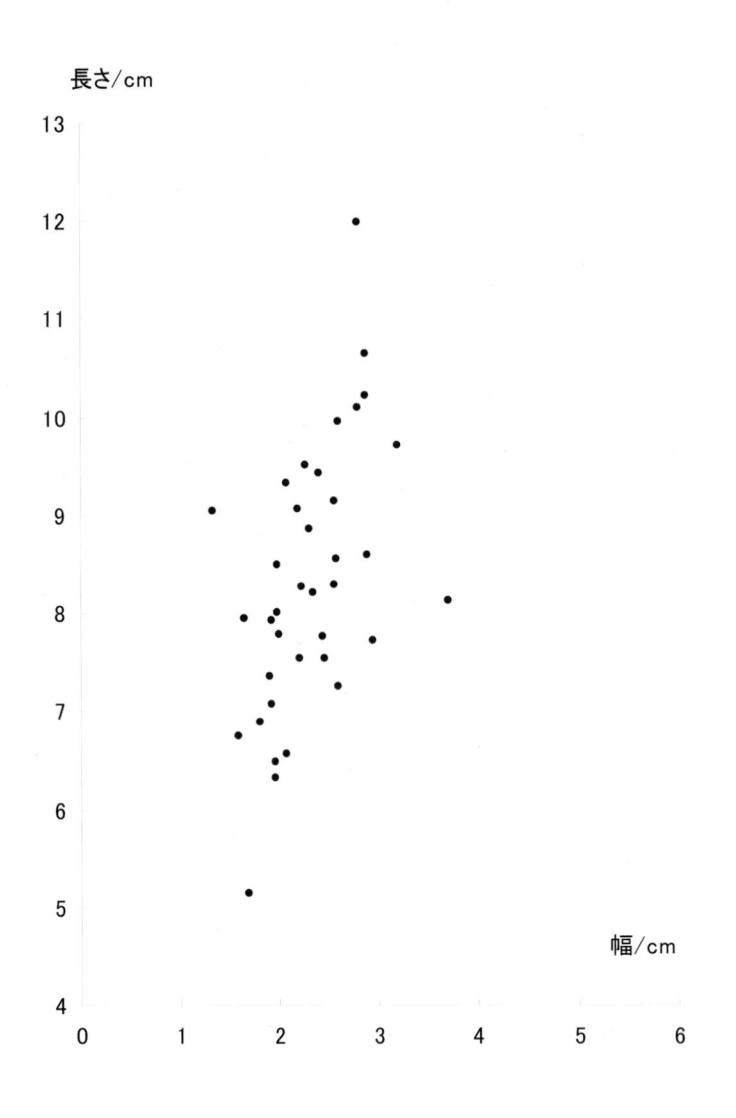

第 5 表　垂楊介遺跡出土剥片尖頭器長幅対比

く石材産地を抱えた古禮里遺跡やジングヌル遺跡から出土した剥片尖頭器も優れた規格性をもっているのである。
　求めていた通りに素材剥片を供給するということは、最終的に製作された製品の完成度に直結する大事な技術である。そのためには剥片の長さと共に剥片の幅や厚さにも気を配らなければならないのである。垂楊介遺跡出土の剥片尖頭器の幅を見ると、おおよそ1.5～3cmの間の幅を持つ剥片を求めていたのが分かる。そのようなことから石材産地を抱えた垂楊介では安定した素材剥片の供給が行われていたことが窺える。
　江原道の禾袋里遺跡出土の剥片尖頭器をみてみよう。石材は斑岩系で素材は縦長の剥片を用いている。この段階ではまだ石刃技術が入ってなかったか、あるいは広まってない時期である。この時期に製作された剥片尖頭器は、大型で不定形の縦長剥片と幅広の剥片を用いている。また、最終的に残された石核の形態は、平らな打面を持つ逆三角形である。石核と、接合できた剥片尖頭器は剥片の腹面に接合できたもので、石刃核はその後も剥片剥離が進み小さくなり廃棄に至ったのであろう。
　また、禾袋里遺跡で剥片尖頭器用の素材を剥がした石核を観察する機会があったが、三角形の縦長剥片を剥がす構造が見えた石核であった。それに比べると垂楊介の剥片尖頭器は幅広縦長剥片を素材にしない、石刃状の剥片を素材にしていたのがわかるのである。出土した剥片尖頭器の特徴はまず幅広い素材に目が向けられる。垂楊介遺

遺物名	先端角	尖頭長	尖頭幅	頚部長	頚部幅
禾袋里-1	48	8.1	3.15	3.2	1.8
禾袋里-2	60	5.3	4.05	3.1	1.7
禾袋里-3	76	4.5	3.9	2.3	1.8

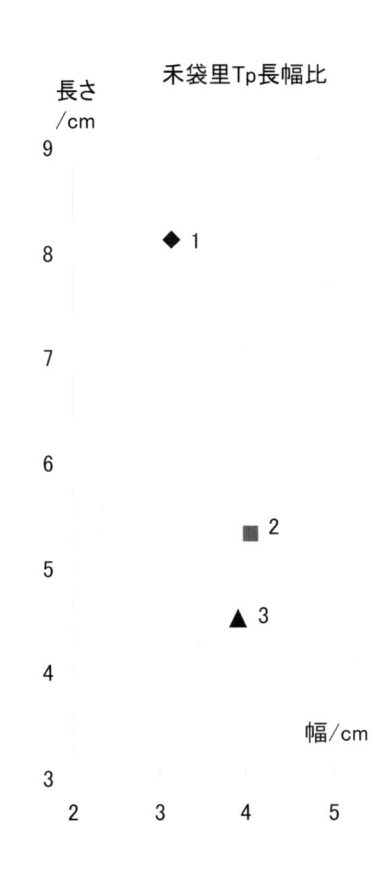

第6表　禾袋里遺跡出土剥片尖頭器計測比

跡出土剥片尖頭器の場合、剥片尖頭器の幅が1.5～3cmの間に大抵収まっているのがわかった。また、垂楊介遺跡出土の剥片尖頭器の長さとさほど変わらないが、その幅においてはより幅広になっているのがわかる。

　古禮里遺跡からは石刃技法による良好な縦長剥片と鶏冠状剥片（crested flake）が出土している。そして、さらに重要な発見は、石刃核から剥がされたであろう石刃を用いて作った剥片尖頭器と、母体である石核が接合され復元できたことにある。この接合資料により、石刃核のなかからどのような順序で素材剥片が剥がされ、選ばれて製品に仕上げたのかがわかるようになったのである。

　接合事例から復元できる素材剥片の剥離は、10cm大の両設打面付き石刃核から剥がされる石刃が時おり作業面再生を行いながら石刃を剥がしていく。数回に及んだ石刃剥離により稜線が成す剥離角が鈍角になり、小口がなくなった場合はほぼ意図した通りの剥片が剥がされたが、剥片尖頭器が登場する初期段階では製品の規格性はばらばらで多様な剥片尖頭器が混ざっているのがわかる。

　剥がされた石刃の基部に加工を施して剥片尖頭器の茎部を作り上げるが、垂楊介の剥片尖頭器は多くが打点、すなわち打面を残している。しかし古禮里では逆に多くが打点を残してない。打点のバルブが気に入らなかったのか、あるいは装着にじゃまになったためか徹底的にバルブを取り除いているのが特徴である。

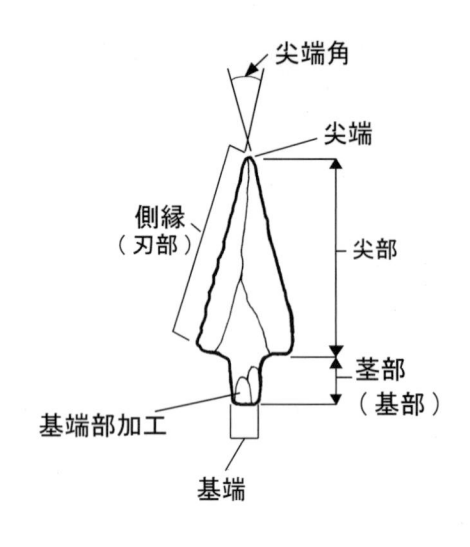

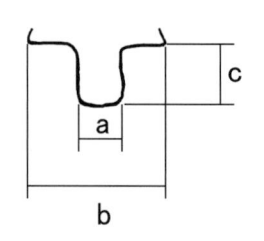

第78図　剥片尖頭器計測部位

　また、古禮里の剥片尖頭器は真ん中を走る稜線が逆Y字状をなしている。これは、石器づくりの素材になる石刃の作出のために稜線がなす打面上の小口を連続的に移動しながら叩いて剥がしていたことを物語っている。このような剥離の方法は他の剥片尖頭器が出土する遺跡でもみられるが、剥片尖頭器の終末期に近づくにつれ技法の崩れが起きることにより月坪遺跡のように、乱れた剥片剥離が現れるようになる。
　剥片尖頭器は茎部を作りだすという独特な特徴をもつ。茎部の製作は装着を念頭においた非機能部の製作でありながら、機能を大きく左右する根幹技術であった。茎部の厚みは装着において大きな邪魔であったと同時に、加工の妨げにもなるもので、なるべく厚みをなくして装着を助けるために、竹山遺跡の剥片尖頭器には打点の方から器軸方向へ調整剥離を入れる場合もある。調整剥離は常に縦方向だけではなく横からも入れる場合があった。このような事実は、ナイフ形石器の逆Y字状稜線が装着を念頭に置いた剥離であったという研究例と通じる面があるのである。

(3)　剥片尖頭器出土遺跡分布と石器群組成

　剥片尖頭器は、北は江原道から南は全羅南道までほぼ韓国全域で確認されている[40]。地域と時期的に石材の利用が多少異なるが、主に河岸段丘に面して発達しているのが特徴である。まず、江原道は禾袋里・長興里、京畿道では好坪・三里、忠清道では垂楊介・石壮里・龍湖洞、全羅道ではジングヌル・月坪・竹山・曲川、慶尚道では古禮里・インドックから剥片尖頭器が出土している。このようにほぼ韓国全域で出土している剥片尖頭器は、韓国の後期旧石器時代の始まりに近い年代から縦長剥片剥離を技術基盤にした後期旧石器時代終末期になり細石器にその役割を渡して終末を迎えた。
　剥片尖頭器が検出される遺跡は古土壌層、すなわち粘土層中からで、石材も以前の石英岩を用いた年代とは違って火山岩系の石材を主に用いる。このような剥片尖頭器石器群は移動生活を基本に狩猟採集生活を営んでいたが、その石器群組成は果たしてどのような道具箱をもっていたのか。では先に述べた各遺跡の石器群組成をみてみよう。
　11ヶ所の剥片尖頭器を出土する遺跡の石器群組成を調べてみた（第8表）。正確な数字はまだ報告書が出てない関係で発表されてないため、その有無だけによる組成表[41]である。組成表のなかに"Pk"と"Cv"があるが"Pick"

遺物名	尖頭長	尖頭幅	尖頭厚	茎部幅	茎部厚	重さ(g)	面構成	先端角
月坪	4.94	2.17	0.5	1.23	0.57	5.57	4	70
垂楊介	8.32	2.32	0.91	1.57	0.8	10.8	3.1	53.8
竹山	6.97	2.15	0.68	1.28	0.5	×	2	broken
インドック	6.2	3.1	1.4	1.9	0.7	×	4	82
長興里	4.7	2	0.7	1.3	0.8	2.5	2	44
古禮里	6.89	2.57	0.75	1.2	0.67	×	2.67	37
龍湖洞II文化	5.65	2.4	0.74	1.5	0.7	7	4	60
龍湖洞III文化	4.03	1.9	0.74	0.9	0.7	×	2	78
好坪	6.8	2.8	×	1.7	×	×	2	broken
ジングヌル	5.22	1.7	×	1.08	×	×	2	46
禾袋里	8.84	3.7	×	1.76	×	×	3.3	61.3

第7表　韓国出土剥片尖頭器計測値平均

と"Cleaver"のことで後期旧石器段階では石壮里でしか見られない。ピックとクリーヴァーは後期旧石器時代の基本的な石器組成表には入らないし、形状で判断されている石器であるため、これからのさらなる研究により名称が変わる可能性がある。

また、"Kkn"はナイフ（knife）のことで垂楊介遺跡にしか報告されてない長さ20cmを超える両面調整両刃石器である。このような特殊な石器を除いて話を進めていく事にする。

発掘調査が行われたほとんどの遺跡から出土しているのが削器と掻器である。鋸歯縁石器の比率も高いが、尖頭器類が基本的に出土している。また、削器・掻器・彫器・鋸歯縁石器・錐・ノッチがほとんどの遺跡で共伴している。これは、狩猟により得た獣皮を加工する道具と肉を解体する道具の比率が高いことを示している。このような道具類を常時携帯し修理や補給をしながら生活が営まれたことが上の石器組成表から推定できるのである。

(4)　剥片尖頭器の編年

韓国の剥片尖頭器の編年を考える上で一つの比較資料になるものとして角錐状石器がある。角錐状石器は日本列島ではAT火山灰降下以降現れ、剥片尖頭器より広い範囲で分布が見られる石器で、素材の腹面すなわち主剥離面はそのまま残して背面に加工を入れる断面三角形あるいは台形の石器である。関東を含む中部日本の角錐状石器に比べ西南日本の方が比較的大型である。

日本列島の角錐状石器が、素材の形状をあまり変えないで背面側の調整剥離を進める一方で、韓国の角錐状石器は素材基部の方に剥片尖頭器の茎部を作るような抉りを入れるのが特徴ともいえる。九州島と韓半島両地域は基本的な面で同一の素材運用の仕方から加工の方法は同じであるが茎部の作りという面では異質感を感じるのである。

角錐状石器の出土例は韓国の遺跡からは、まだ2例しかないのが現状である。それも2例共に黒耀石を利用したもので、垂楊介と三里からである。垂楊介からは剥片尖頭器が出土しているが三里では剥片尖頭器は出土してない。両者の間はまだはっきりした関係を示すものはなく、かなり異種の雰囲気をもっている。石材が黒耀石である

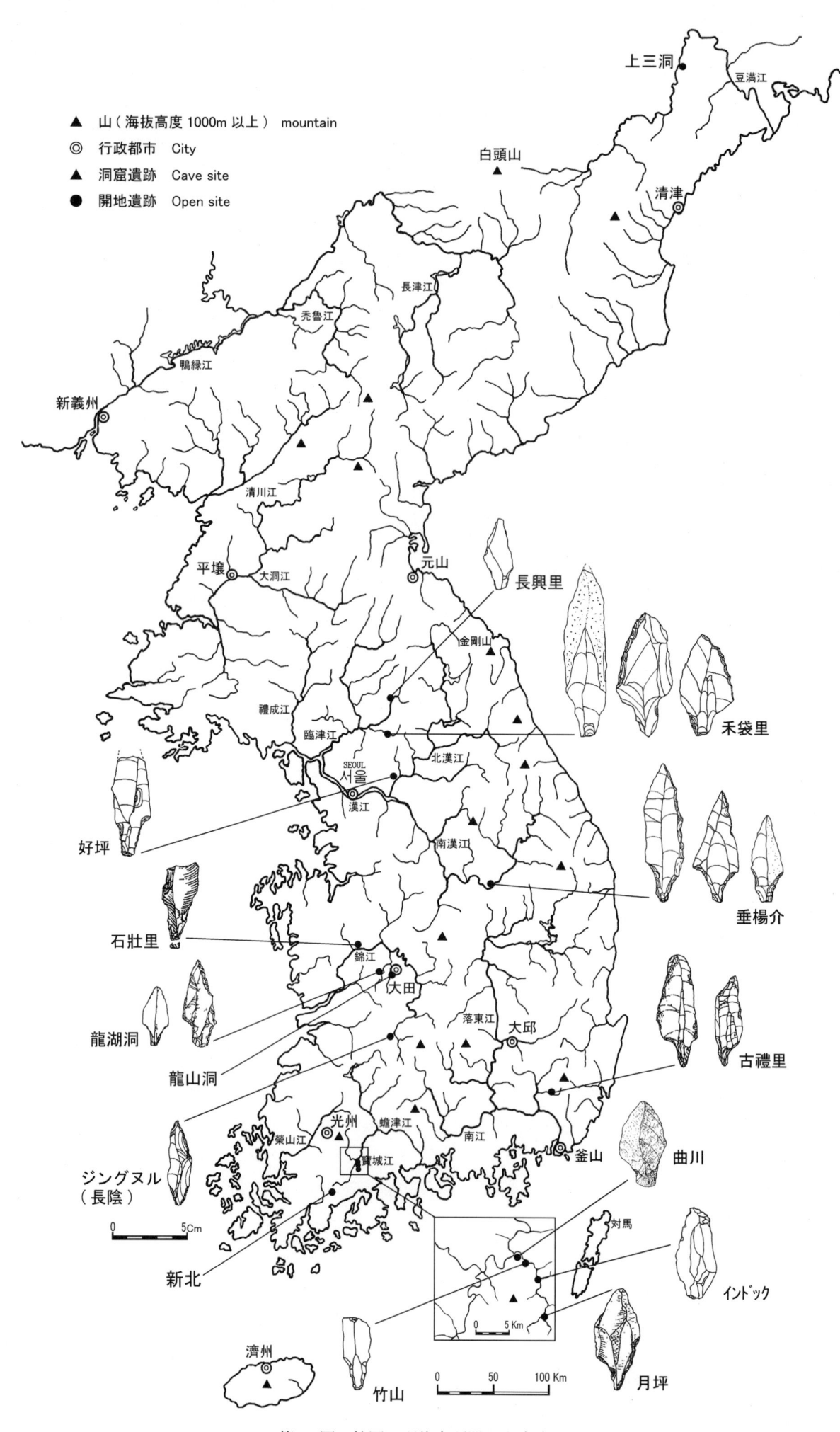

第 79 図　韓国の剥片尖頭器出土遺跡分布図

区分	Cp	Ph	Pl	Sc	Po	Den	Noc	Bu	Esc	Bi	KKn	KsP	Aw	Mc	Mb	Bk	Hs	As	Gs
垂楊介	○		○	○	○		○	○	○	○	○	○	○		○	○	○	○	
龍湖洞Ⅱ文	○	○		○		○			○									○	○
龍湖洞Ⅲ文	○	○			○	○	○												○
石壯里	○		○	○	○	○	○	○	○	○			○						
ジングヌル	○						○	○					○	○	○	○			○
徳山里竹山	○			○				○						○	○	○			
月坪	○			○	○		○	○					○	○	○		○	○	
古禮里	○			○	○		○	○					○				○	○	○
鉄源長興里	○			○		○	○	○						○	○				
三里	○	○		○	○	○	○	○	○		○	○							

第8表　後期旧石器時代の石器群組成

というのもかなり異例のことである。

　京畿道三里の場合は石材の選択範囲に黒耀石が入っていたことが、同時期の遺跡[42]から分かるようになったが、垂楊介では頁岩という良質の石材産地を抱えていて、主な石器類の石材はほぼ頁岩を利用するという環境下にあった。つまり両者はかなり違った石材を利用したことになる。

　前・中期旧石器時代に使われてきた石材とは違った新しい石材の黒耀石は、後期旧石器時代の後半からみえるようになる。おおよそ2万年より新しい時期にならないと黒耀石は石材として使われていない。このような観点から考えると垂楊介は1.8万年前後という年代測定結果に相応する遺跡になる可能性が高い。地質学的にも上部ソイルウェッジ[43]の下という面からそのような事実が裏付けられている。

　では、石器製作技術と石材運用、そして理化学的絶対年代測定結果を参考にしながら編年を考えてみることにする。この論文では剥片尖頭器出現期の遺跡として江原道の禾袋里遺跡を何回か取り上げながら話を進めてきた。禾袋里遺跡は3つの文化層が検出され2文化層から剥片尖頭器が出土している。

　作り方は打面調整を施さないで平らな自然面を打面として用いる程度で作業面は上が広く下（先端）に行くにつれ細くなる形状を呈する。剥がされた剥片尖頭器の素材剥片は基部が広く先端が狭いため、石刃のような並行に走る側縁はほとんど見当たらない。

　石核にはこのように周縁しながら剥片を剥がすため求心剥離をする円形の形状を呈する[44]。打面に形成された小口を叩いて生じた稜線がつくる、新しい小口を打点として利用しながら連続した剥片剥離が行われる時期である。このような時期はのちほど到来する石刃技法に先き立つ技法として"古技法"と呼ぶことが出来るだろう。

　いまのところ"古技法"と呼べる遺跡は禾袋里遺跡と龍湖洞遺跡Ⅲ文化層がそれに該当し、編年上もっとも早い時期の剥片尖頭器として位置付けられる。この時期の剥片尖頭器の茎部は表裏に、すなわち腹面も背面も加工が施される傾向が高い。

　次にくるのが安定した石材供給の確保による大量生産の時期で、もっとも遺跡の数が増加する時期である。剥片尖頭器が検出された遺跡が増加する時期になると地球はもっとも寒い時期に入り、海水面もShackletonの1987年論文によれば-110mになるとされている。それにより韓国の西の海（黄海）は全てが陸地化して中国の山東地域とは陸続きになる。この時期に起きた汎地球規模の気象変動は当時の人類の生活にも影響を強いたに違いない。

　気候変化は人類の変化への適応を呼び、新しい道具の製作繁盛を招くはずである。当時期に該当する遺跡としては古禮里や垂楊介がそれに当たる。一つの石材産地を開発しては回帰しながら石器を作る行為を繰り返して行っ

長さと幅の関係

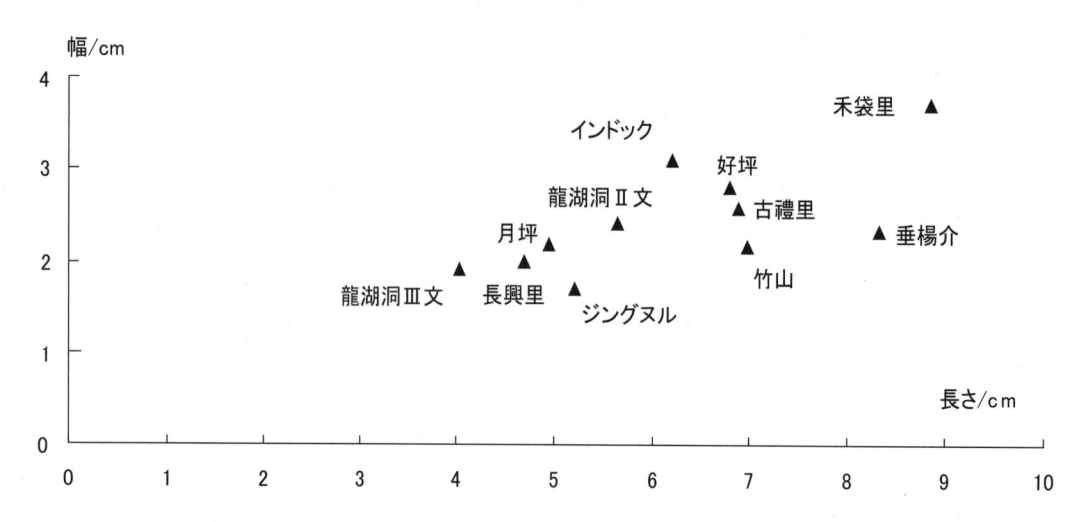

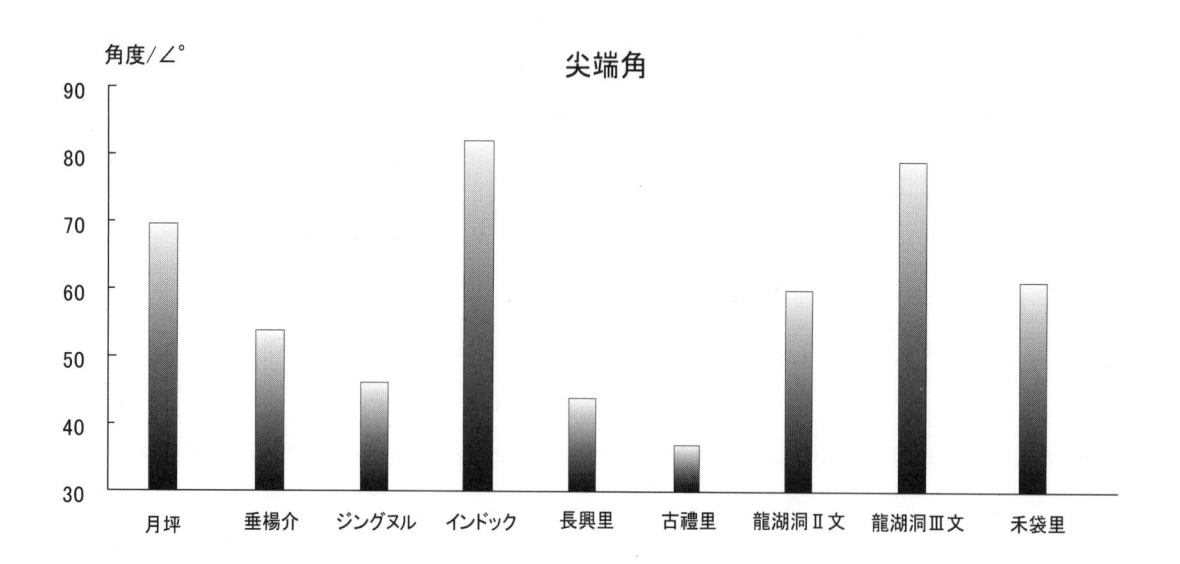

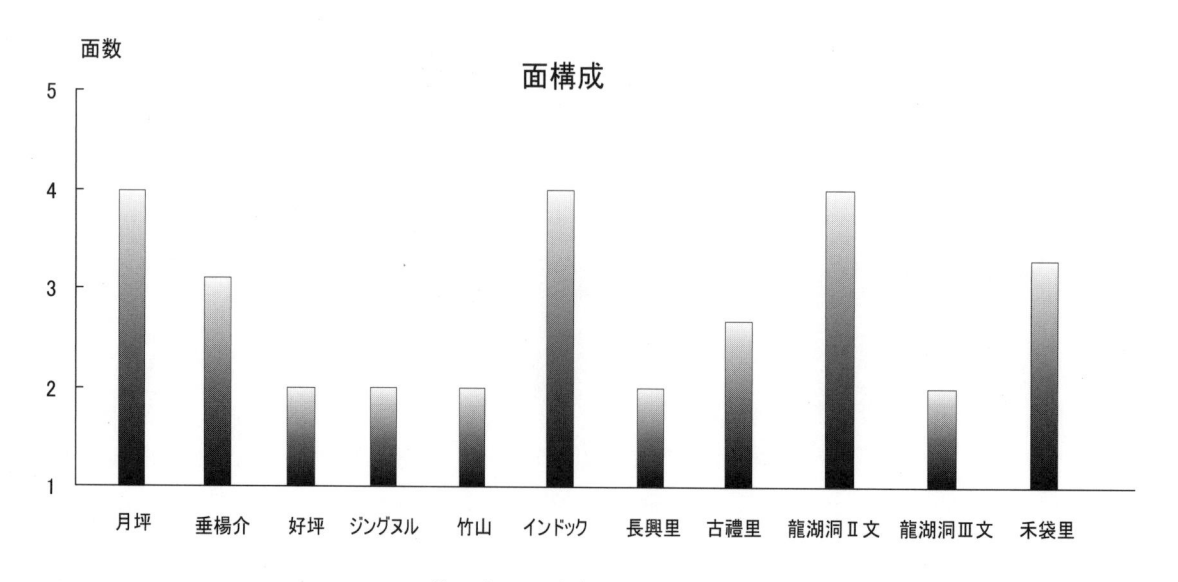

尖端角

面構成

第9表　剥片尖頭器計測対比表

た結果、大規模な遺跡が残るようになる時期である。

　石器製作技法は以前の"古剥片尖頭器製作技法"から、より進歩した"新剥片尖頭器製作技法"による石刃製の剥片尖頭器が多く作られるようになる。古禮里の石刃製作には石刃核製作のための石刃核成形作業が行われることにより、石刃の製作は規格性と大量生産能力を増した進歩した技術として表われる。剥片尖頭器素材は両側縁が並行するいわば石刃製のものになり以前の剥片尖頭器より小型化の傾向をみせるが、規格が揃うようになる。垂楊介の剥片尖頭器の場合、比重は少ないが素材面にも加工が施してあるものがしばしばみえるのである。

　次の段階は、その後に続く石器文化の担い手である細石器が登場する時期で、剥片尖頭器はより小型化し、側縁の調整より茎部の調整により集中して加工が施される様子が伺える。剥片尖頭器素材は洗練された石刃核から得られるもので稜線は１本の場合が多くなる。小口をうまく利用する石刃剥離が盛んになる。剥片尖頭器は、より小型化の進んだもので茎部の抉りがなくなる傾向をみせる。ジングヌル遺跡出土剥片尖頭器のなかには茎部の抉りがなく基部調整加工を施したナイフ形石器のような石器類が登場するのである。

　このような順番で考えると、禾袋里→龍湖洞Ⅱ文→古禮里→長興里→好坪→石壯里→垂楊介→ジングヌル→月坪の順に編年が組めるのである。このような編年は、年代測定結果は参考にしたものの年代測定結果とは少し異なるところもある。ところで、現在のどころ石器群の技術形態的変化による編年が主に行われているが、このような編年問題以外にも各遺跡から出土する剥片尖頭器が垂楊介遺跡を除いてほとんどが折れている状態であること、そして遺跡に製品が少ないという現象は何を物語っているのだろうか。果たして作られた製品はどこへ持ち運ばれたのかなどの問題は今後の研究に新たな方向性を示しているのであろう。

3. 中期から後期旧石器時代への北東アジアの石器群

1) 前期から後期へ継続する礫器(石核石器)群

(1) 礫器(石核石器)群の出土分布図

　北東アジアの礫器は根源をシベリアと中国に探すことが出来る。現在までの調査成果によると、シベリアと中国には前期旧石器時代から礫器群が存在していて調査事例も多くあるのである。しかし、調査団によっては礫器という用語の用法が定まっていないため、礫器が意味する範囲は広いのである。そのため、しばしば礫器に関する定義が曖昧になることもある。
　礫器の一般的な定義とは、野原や河川などのから獲得した自然面(礫面)を有する礫を用いて、作り出される石核石器のことで、剥片石器の相対的な意味合いをも持つのである。礫器器種としては、チョッパー(Chopper)、チョッピングツール(Chopping tool)、片面調整石器(Uniface)、両面調整石器(Biface)、クリーヴァー(Cleaver)、ピック(Pick)、多面体球(Polyhedron)、プレイン(Plane)などがある。
　これらの礫器類は人類歴史の早い段階から晩い段階まで変化の幅が、さほど大きくないまま、石材の運用に変化が現れる前までゆっくりした進化をみせながら人類の生活を支えてきた。
　礫器類の分布に関してインドを境にする西のハンドアックス文化と、チョッパー・チョッピングツールに代表される東の礫器文化とに分けられた時があるが(Movius 1948)、現在両文化説はなくなり韓国や中国などでもいわゆるアシューリアンタイプのハンドアックス類が発見されている。ところが北東アジアにおける礫器文化は、早くから旧ソ連の研究者達により研究され、現在ロシアの前期旧石器時代研究に引き継がれている。
　ロシアの考古学者であるデレヴィアンコによれば、シベリアの前期旧石器時代は礫器伝統とアシューリアン文化の二つに分けることができるとした(Derev`anko 1994)。また、デレヴィアンコは北アジアの中期旧石器時代の特徴を後期アシューリアンと初期ムステリアン工作で特徴付けることが出来るとし、デニソヴァ洞窟の18文化層に両者が共伴するということを説明した。
　今日までのシベリアの旧石器研究者達による主な礫器の編年をみてみるとチョッパー、スクレブロ、剥片製の不定形石器などが出土しているディリング・ユリャク(Diring Ur`akh)遺跡[45]などが早い段階で、フィリモシュキ(Philimoshki)、クマーラⅠ(Kumary)、ウスチ・トウ(Ust`-Tu)、ウラリンカ(Ulalinka)などの前期の石器群からモホヴォⅡ、そしてウスチ・カラコル(Ust`ーKarakol)、デニソヴァ(Denisova)下層[46]、カーミンナヤ下(Kaminnaya)、クルタク(Kurtak)、イグチェイなどに繋がる編年がある。これらの遺跡からは、チョッパー・チョッピングツール、不定形剥片、スクレブロ、ハンドアックス、くちばし状礫器、片面調整器、両面調整器などが出土している。
　礫を素材とし、元々の素材の性格を変えずに利用していた礫器文化は、登場の始めからモチャノフなどの研究者により、アフリカの礫器との比較により位置付けが試みられてきた。しかし、単一起源論が根底から揺れ学問的には多起源論を受け入れるようになり、一方的な基準作りがなくなりつつある。それと同じく、今日は石器の特徴も一方的な伝播論的な考えは少なくなっている現在、広い地域に展開されている礫器の状況を知るのは前期旧石器時代からの人類の歴史を知る上で重要な意味合いを持つのである。ところで韓半島に隣接していた最終氷期を含め、しばしば汎地球規模の海水面低下により韓半島の西の海が干しあがり広大な低湿地で陸続きになっていた中国の礫器をみてみよう。

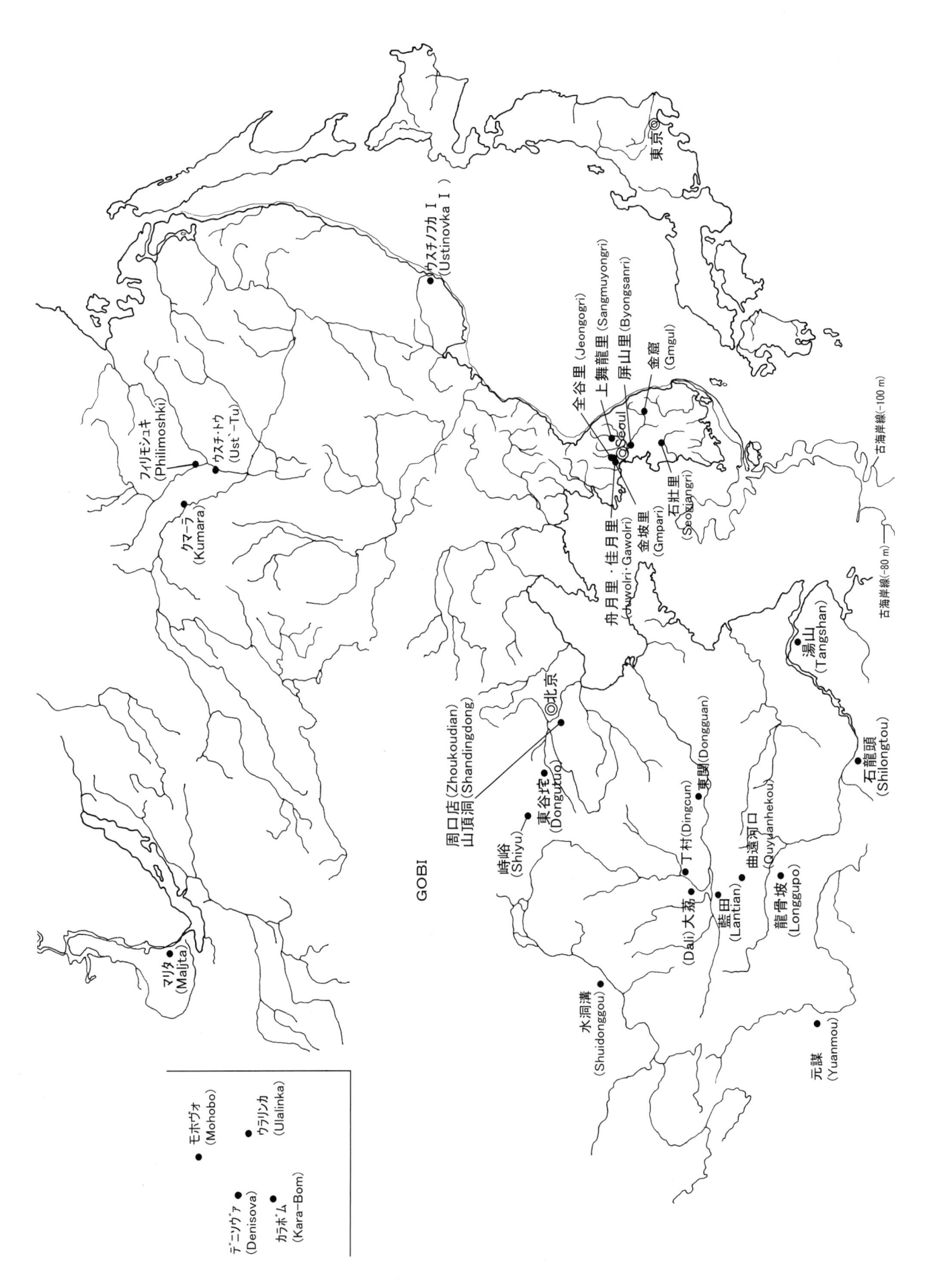

第80図 北東アジアの礫器出土遺跡分布

中国の礫器伝統は人類の化石も出土している藍田遺跡から始まる。藍田 (Lantian) 遺跡出土の Biface は 100 万年前という年代が考えられるが Biface という石器は時おりピックに名称が変えられたり、時にはクリーヴァーになったりしているが、これらは人類の歴史とともに長い間使われ製作されてきた礫器である。

　藍田遺跡の次に来るのが、70 万年という年代を持つ曲遠河口 (Quyuanhekou) 遺跡である。遺跡からは人類の化石と供にハンドアックスと石核、削器、ピック、剥片などが出土している。藍田の初期のハンドアックスに比べると曲遠河口のハンドアックスは刃部がより均衡が取れていて加工技術が向上しているのがみえる。30 万年間の人類の技術的な進歩は刃部の微調整が可能になるほど進歩しているが、次の周口店 (Zhoukoudian) 第 1 地点になると石器の小型化の傾向と機能別形態の区別がはっきりしてくるのである。

　そのようなことは、ハンドアックス石器群にも表われていて、先端の刃部が丸みを持つが幅広の両面調整のハンドアックス。尖端が尖っていて尖端部を作るため刃部の尖端の方に念入りの二次加工を施すピック。そして、尖端の方に鋭い素材面をそのまま利用するか、あるいはわざわざ尖端をつぶして器軸に直角の刃部を形成する加工を施すクリーヴァーの 3 つの器種に分けられていくのである。

　周口店の次の丁村 (Dingcun) と大荔 (Dali) ではそのような傾向がよりはっきりとでてくるが、人類の石器文化はロシアのデニソヴァ洞窟遺跡 20 層段階変化のように中期旧石器時代へと過渡期を迎えるのである。新しい人類によるより洗練された石器文化はムステリアン文化と呼ばれ、連続的で定型性が強い石器生産体制を作り上げるのである。新しい石器作りの手法は既存の石器作りとはまったく違った意識をもって石器製作に臨んだものである。

　中期旧石器時代の過渡期を乗り越え次の段階へと進む人類の例として、観音洞 (Guanyindong) では細かい二次加工を施した縦に長い剥片すなわち石刃を素材に用いた石器作りが盛んになる。この刃器はその後石刃技法として広がるが水洞溝 (Shuidongkou) 遺跡ではルヴァロワ技法とは異なる新しい石刃技法が出現するようになるのである (稲田　1994)。

　しかし、新しい技法の登場にもかかわらず、礫器はその後の時期である後期旧石器時代まで絶えることはなかった。これらのアジアの礫器類が出土している遺跡の分布図をみると中国やシベリア、そして韓国など北東アジアに範囲が広がるのがわかる。

　では、広い範囲に広がっているこれらの礫器はお互いどのようなかかわりがあるのだろうか。それを出土遺物から考えてみよう。出土遺物については大きく 3 つの地域に分けて考えてみた、ロシア地域を中心とする北緯 50 度以北地域、中国を中心とする韓半島西地域、そして韓半島の 3 地域である。このような分類はゴビ砂漠を中心に北と南に分けることによりいわゆるインド系列の礫器群と北回りの西アジア系列の礫器群を考えることが出来るということによるものである。

　ロシア地域、中国地域、そして韓国地域からはそれぞれ礫器類が出土しているが各地域の礫器作りの比較をしてみると概ね次のようである。まず、ロシアの礫器類はモホヴォⅡ遺跡出土ハンドアックス類のように器体全体に及ぶ両面調整が施されていて全長 10cm 前後が多い。加工方法は求心剥離による器体作りなどの成形作業が中心であるが、必要な機能部には細かい加工が施されているのが目に付く。

　モホヴォⅡの礫器類はトガルィクⅠ遺跡やボゴロツコエ遺跡で見られるような大雑把で必要な加工部にだけ加工が行われるのとはやや異なった、器形を整ったハンドアックスが出土している。またウラリンカ遺跡、フィリモシュキ遺跡、クマーラ遺跡などでみられる長さ 10cm と 15cm を超える大きさの礫の片面加工により作られたチョッパー類もあるが、ハンドアックス類と同じく簡単な数回の剥離により器形を整えた後、必要な部位、すなわち機能部に細かい加工を施すことで全体の加工は終了している。

　ディリング・ユリャフ遺跡出土のチョッパーやピック類にもこのような特徴は見られる。ところが、やはりチョッパー類は礫面全体に及ばない部分的な加工により成形が行われたあと部分的な細かい加工を施し、他の遺跡に比

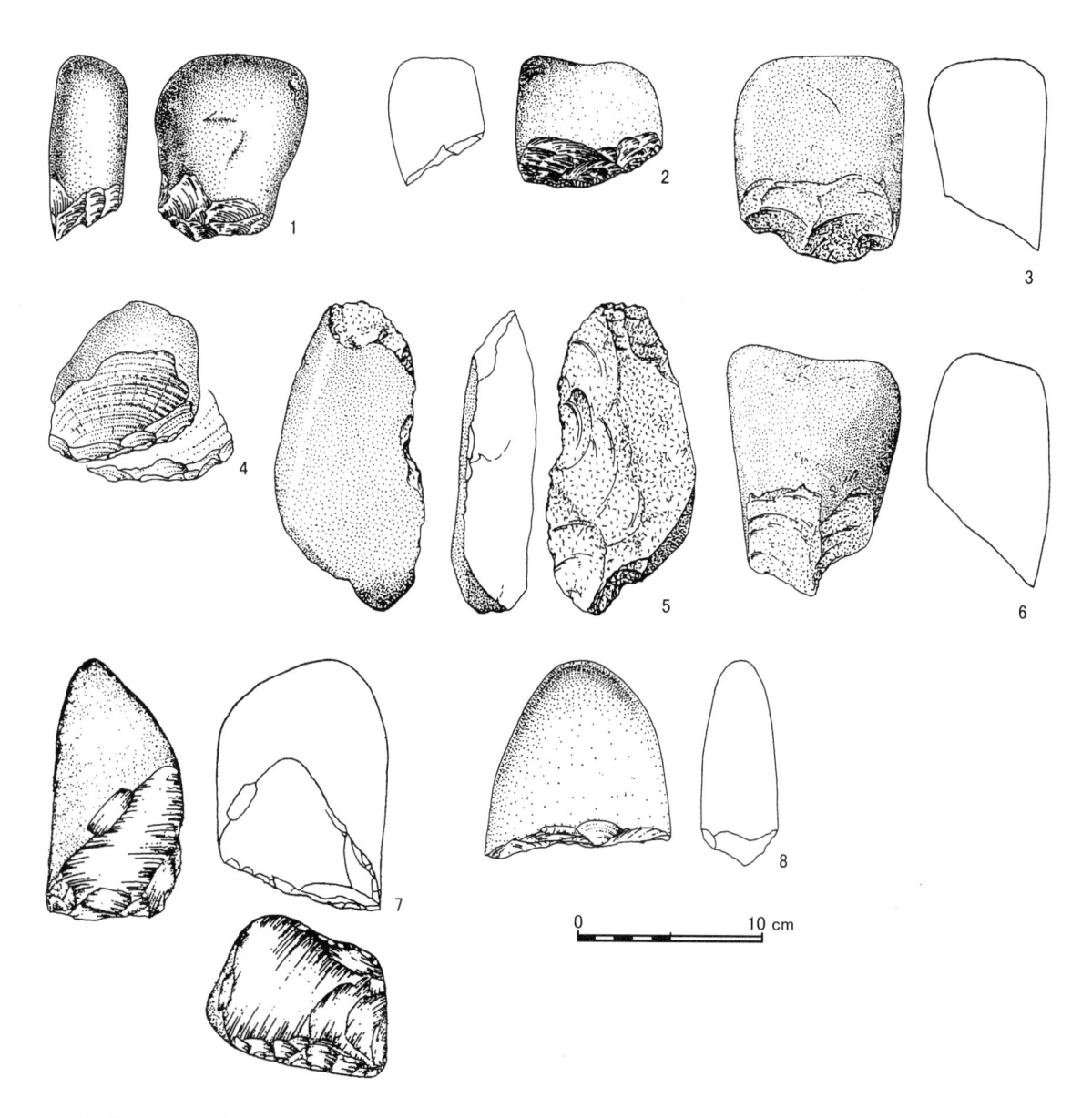

(1 Kumary、2 Beruhorensukaya mountain、3・5・6 Diring Ur`akh、
 4 Ulalinka、7 Sukarobo Ⅳ、8 Maininsukaya)

第81図　ロシアの礫器Ⅰ

べるとその頻度は落ちるのである。そして、ピック類に見られる尖頭部の加工にも側面からの細かい機能部作りは見られず、一次剥離の時生成された尖頭部をそのまま用いている。同じくピックを出土しているバルシュキナ遺跡出土ピックにも尖頭部の加工は一次剥離による成形だけで二次的な加工は見られない。ただし、バルシュキナ遺跡出土のピックは以前には見られなかった剥片を素材として用いていたのである。

　シベリアの礫器類から次のような特徴を読み取られる。まず、大きさは10cm～15cm程の礫を用いたものが多い。求心剥離による加工が施されていて、二次加工は機能部のみに行われる。そして、ハンドアックス類には両面調整

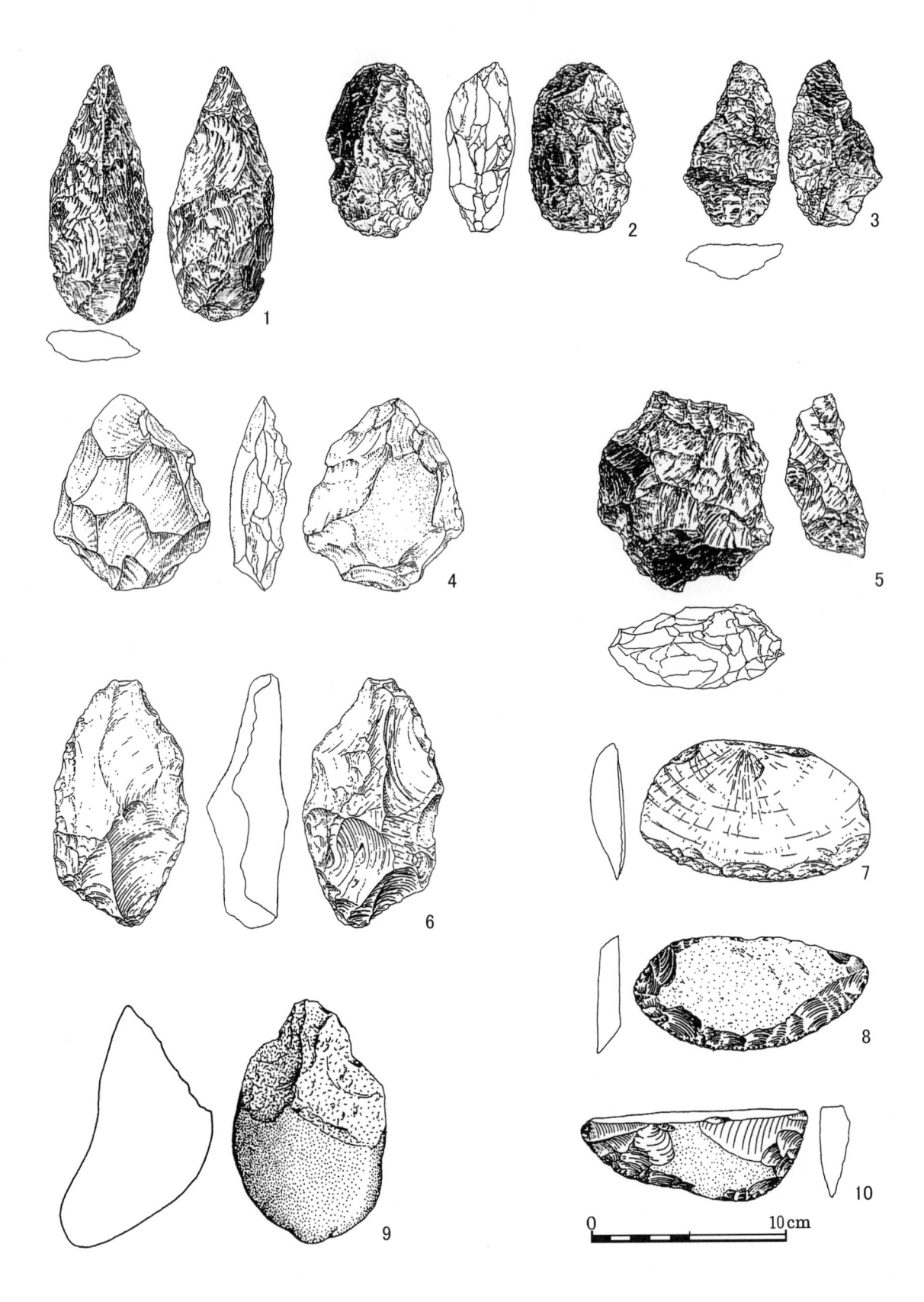

（1・2・3・5　Mohobo Ⅱ、4　ボゴロッコエ、6　トガルィクⅠ、9　Diring Ur'akh、
　　　7　マイニンスカヤ、8・9　ヴェルホレンスカヤ山）

第82図　ロシアの礫器Ⅱ

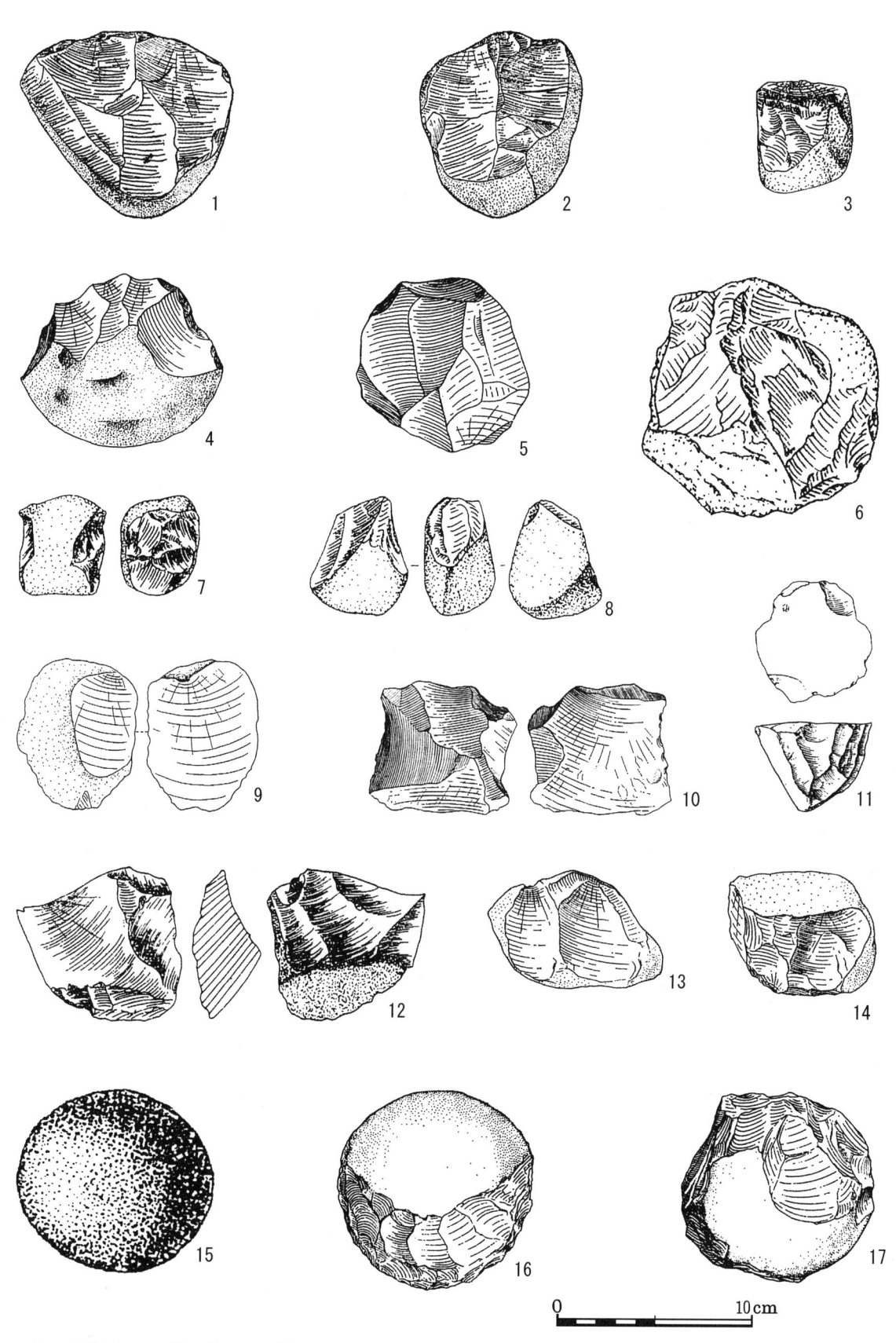

(1・2 曲遠河口、3 猴儿坡、4・5 泾川、6 万紅嶺、7・8・12 鉢魚山、
9・10 長武窯头沟、11 大山固堆山、13・14・16・17 丽江木家桥新、15 喬家河)

第 83 図　中国の礫器 I

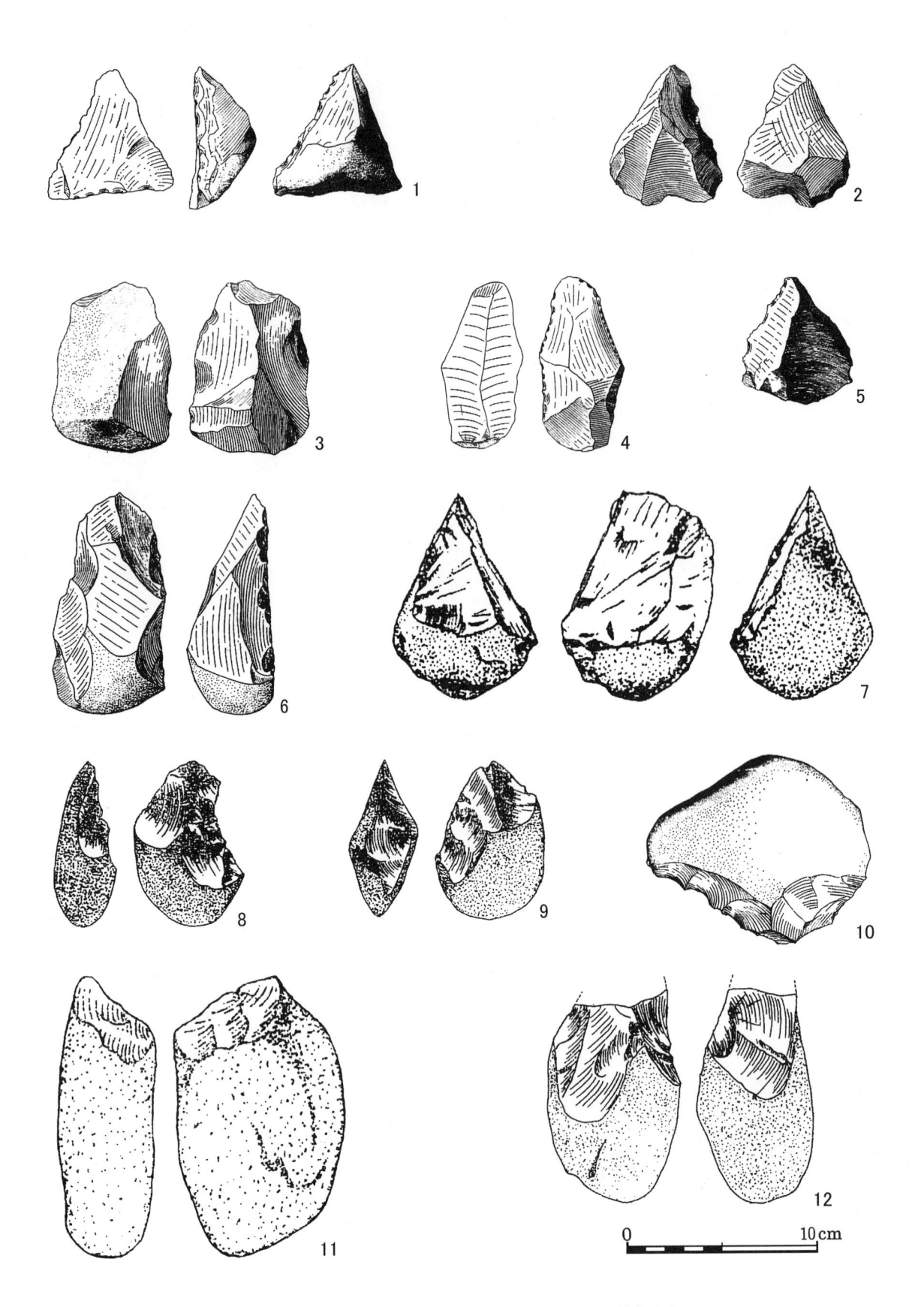

（1〜5・10 長武窰头沟、6 梁山、7 喬家河、8・9・11・12・鉢魚山）

第84図　中国の礫器Ⅱ

がみられることから、ハンドアックス類は以前の片面調整礫製のチョッパー類に比べると年代的に新しくなる可能性がある。

チョッパー類の加工は一般的には礫の一部分にしか行わないもので、側縁を回る加工は施さない。一方、中国では前期旧石器時代といわれている青磁窯 (Qingciyao) 遺跡出土礫器には求心剥離による成形がみえるが、細かい二次加工はさほどみられない。しかし、丁村のハンドアックスは剥片素材でやはり求心剥離による成形加工の後、片側縁に二次加工を施している。

また、同じく前期旧石器時代の安徽 (Anhui) 省に所在する陳山 (Chenshan) 遺跡から出土したハンドアックスには、基部[47]に礫面が残っていて、先端の方の加工は器体全面に及ぶ。このような特徴は曲遠河口遺跡出土のハンドアックスにも見られることで、やはり基部の方に礫面を大きく残して尖頭部に器体全面に及ぶ剥離が施される様子をみせている。そして、陳山からはピック類も出土しているが、尖頭部に二次加工を施す傾向が微弱ながら見え始めているのである。また、中国の遺跡からは打面体球も多く出土しており、韓国の打面体球の起源を考える上で両地域のつながりを考えることが出来る。

2) 北東アジアの石刃技法

(1) ルヴァロワ石器群と石刃技法

シベリアの中期旧石器時代後半になると、ムステリアン文化の流入により既存しない剥片剥離技法が出現するようになる。デレヴィアンコによれば、デニソヴァ21層[48]と22層からはルヴァロワ様式 (37.5%) と石刃 (20.8%)、そして不定形剥片から製作したツール (41%) などが出土したことが明らかにされている。

ルヴァロワ技法から石刃技法への変遷を追ってみよう。ルヴァロワ技法は既知の通り中期旧石器時代を代表する定型石器、すなわちルヴァロワポイントを生産することで知られている。しかしポイントばかりではなくルヴァロワ剥片 (石刃) を取ることでも有名である。縦に長い剥片をとる技術というのは次の段階に来る石刃技法を誕生させる必要十分条件になる技術である。ルヴァロワ技法はまず、以前の段階の生産技術である求心剥離により用意される石核に最大の技術的な特徴がある。

求心剥離は石核を成形する機能を持つ行為であるが、礫器類の石器を作る時にも共通する技術行為で、以前の求心剥離に比べると立体的な設計図を駆使した先進の技術であるといえる。木村によると、ロシアでの石刃技法出現期にあたる遺跡であるカラ・ボム (Kara-Bom) 遺跡からはフリントを石材として用いた1万点に及ぶ遺物と炉址が見つかっている。遺物はルヴァロワ剥片・石核、スクレブロウ、掻器、彫器、ノッチ、石刃、そして石刃核がまとまって出土している (木村 1997)。石器の実測図をみると側縁調整ポイント[49]とルヴァロワ剥片、そして15cmを超える石刃と両設打面の石核が出土している。

遺跡からは2つの放射性炭素年代測定結果が得られているが、それぞれ2層上部は33,800 ± 600B.P.、そして2層は32,200 ± 600B.P. という数字を示している。これにより後期旧石器時代の初頭にはルヴァロワ技法から石刃技法が派生するという考えをもたらせたのである。

シベリアにおける石刃を含んだ遺跡の年代としては、GorniyAltai 地域のマルロヤロマン (Maloyaloman) 洞窟遺跡の 33,350 ± 1,145B.P. と Khakasia マラヤシア (Malays Sia) 地域の 34,500 ± 450B.P.、そして Buryatia 地域のババリナゴラ (Varvarina Gora) では 30,600 ± 500B.P. と 34,900B.P.、27,210 ± 300B.P. が知られている。

(2) 石刃技法の拡散

　シベリアではカラ・ボム、マカロヴォⅣ、マラヤシアなどの遺跡で中期から後期の過度期にルヴァロワ技法から転用したと見られる石刃技法が出現する。一方、中国では水洞口、峙峪、周口店などの3万年を前後とした年代を出す遺跡から出現期の様子をみることができるだろう。これら新しい技法は以前のルヴァロワ技法による石刃の作出により安定した両側縁が並行に走る縦長剥片をとろうとする新しい工夫が見える技術である。
　石器製作技術と新しい石刃核と韓国垂楊介、古禮里、金窟、石壯里、禾袋里などの縦長剥片剥離技術の関係は今のところ直接的な関わりは不明であるが、北東アジアにおける大きな流れから考えると石器文化は概ね全体に連動して動いていることが分かる。
　石刃文化の次なる姿は、縦長剥片と小型化する石刃を操る狩猟採集民である。移動生活と寒冷気候のため、脂肪と蛋白質の獲得は動物から得ることが多かった狩猟採集民にとって、狩りの成功と生命維持とは密接な関係にあったはずである。最終氷期の寒冷な気候のなかで移動する動物群を追いかけて移動していた人類は西海（黄海）に出来ていた広い平原に狩場としての適性を見出し、石器作りに適した石材が豊富にある一種のランドマークとして用いられた韓半島の山脈一帯を中心とした石材産地と狩猟地である平野部とを回帰していたのである。このようなことは、最終氷期最寒冷期に広がっていた西海（黄海）の陸地化時期と盛んになっていた剥片尖頭器製作の時期と一致している。しかも、韓半島と九州島を除けば、東北アジアの広い地域の中で剥片尖頭器が出土する遺跡はほんの僅かであることもからも推察できる。
　カラ・ボム遺跡で石刃技法が出現してからマルタ遺跡に至るまで石刃技法は、北東アジアの各地域で共通する因子を有しながらその勢力を維持してきた。しかし、最終氷期最寒冷期に近づくにつれて大型石刃を作出していた石刃核からはもはや大型の要望はなくなり、より移動生活に適した小型の石刃核が登場するようになる。
　マリタ遺跡では変貌が見られるが韓国の方でも古禮里遺跡では大型の石刃核と小型の石刃核が層位を異にして検出されているので、北東アジア一帯に石刃技法は、広い範囲をもった一つの文化として存在していたのである。

3) 北東アジアの剥片尖頭器

　今日までの調査によると北東アジアでは中国の周口店1地点、同じく山西省の東関、ロシアのウスチノフカⅠ、韓国全土の諸地域、そして日本の九州島を中心とする列島のいくつかの地域から剥片尖頭器が出土している。
　北東アジアにおける剥片尖頭器の分布状況は韓国と九州島を除けば散発的で時期も新石器時代に近い時期からの出土が一般的とも言える。それに比べると韓国や九州島の剥片尖頭器は、韓国の剥片尖頭器が最近の年代測定結果によると4万年を前後とした時期からの出土が言われているし、九州島ではAT火山灰降下以後にしか確認できていない。従って現在のところ北東アジアでの剥片尖頭器の最古年代は韓国を中心とするその周辺地域とすることができるのであろう。
　剥片尖頭器の起源はどこにあるのだろうか。何人かの研究者が取り組んでいたが、未だ決着をみていない。そのなかで、清水は剥片尖頭器の起源を北アフリカの"アテール型尖頭器"を例にあげながら中期旧石器時代のルヴァロワ技法から探すという研究を試みているが、一概には肯定しづらい面がある（清水　2000）。それは、ルヴァロワから東アジアへ石刃技法が伝播されたとする単純伝播論的な考えが根底にあり、全体的な仕組みや技術構造の関連性が不明瞭であるからだ。もちろんまだ可能性がなくなっているわけではないが、剥片尖頭器が持つ形態的な差と時期の差により系譜関係から考えると可能性は低いのである。

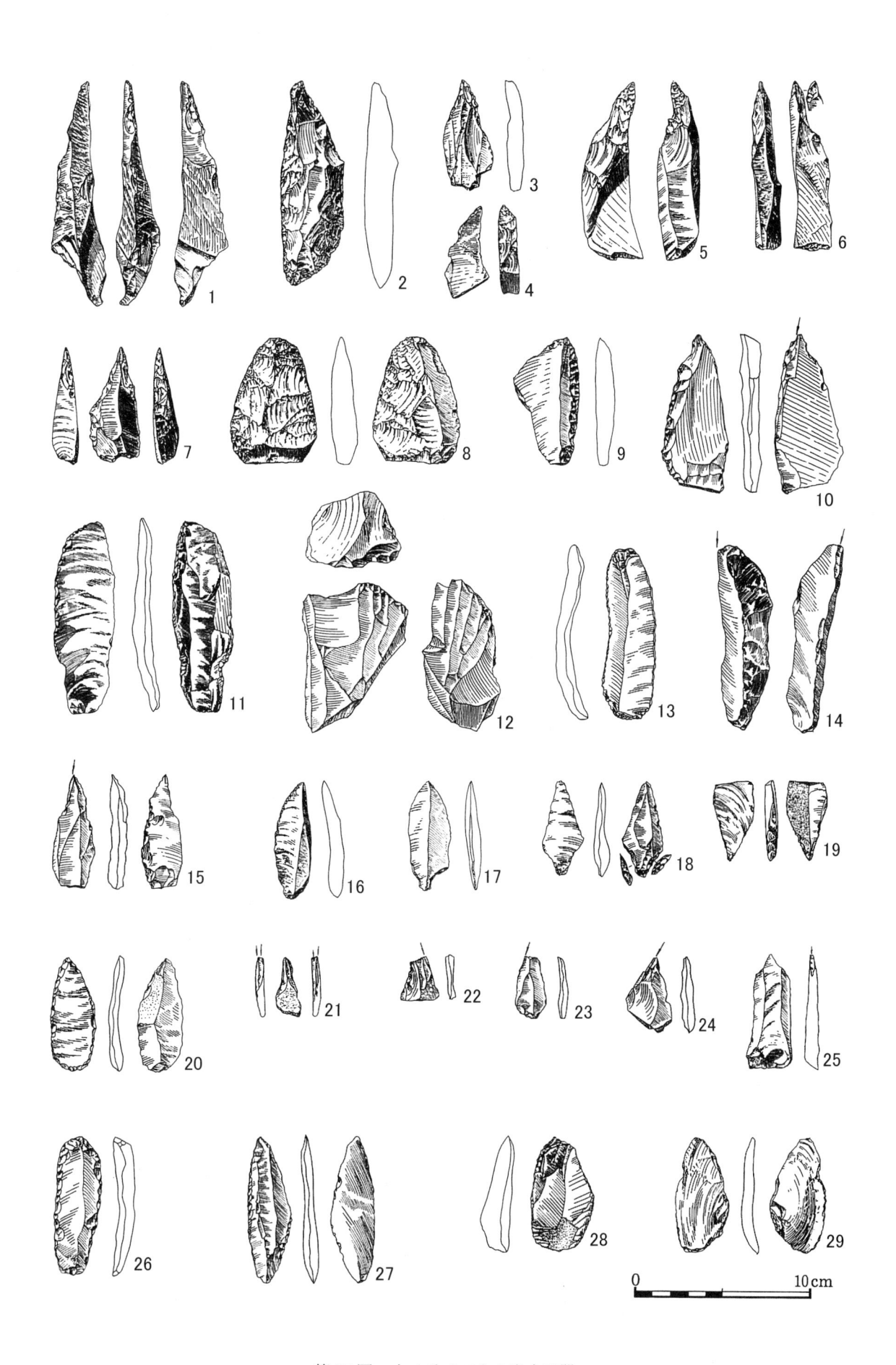

第 85 図　ウスチノフカ I 出土石器

中国の剥片尖頭器を出土している遺跡は2ヶ所程度でそれも有茎尖頭器の範疇を超えない程度のものである。周口店遺跡から出土している剥片尖頭器は、層位的には中期旧石器時代層に混ざっている石刃関連の遺物と共に出土している。剥片尖頭器の素材は確かに縦長剥離から剥がれた痕跡を有する縦長剥片状、あるいは石刃状の剥片からできているが、周口店の層位自体がまだ細分されてないため厳密な組成はまだ確認が取れてない。

　周口店遺跡出土の剥片尖頭器は長さ4.7cm程度で韓国や九州島から出土する剥片尖頭器に比べると小型に属する。また、茎部の作りも基部からの抉りがY字状をなしていて側縁の片方に調整が施されていることなど、韓国剥片尖頭器には見られない加工形状である。そして、中国の東関遺跡の剥片尖頭器にみられる器軸の中央を走る稜線の統一性は旧石器時代の剥片剥離技術や剥片尖頭器製作に用いられた素材からは珍しい形である。さらに、ウスチノフカⅠ遺跡からも剥片尖頭器が出土しているが、磨り後がある神子柴石斧に類似する石斧や石刃製の尖頭器と石刃が出土している。

　これらの遺跡から出土した剥片尖頭器は、後期旧石器時代後半に属するウスチノフカⅠの剥片尖頭器を除けば、素材運用の仕方から後期旧石器時代の終わりか新石器時代に当たる可能性が高い。従ってこれら中国の剥片尖頭器と言われるものは、大きさや素材剥片の一律性から"有茎尖頭器"、あるいは"石鏃"の可能性が高いのである。

　剥片尖頭器を有する石器群の石器組成の面では、まだ遺跡調査例が少なく、現在までの出土遺跡の全貌がまだ明確ではないためこれからの本報告を待たなければならない。しかし、剥片尖頭器の出土数や製作に関わる痕跡からは韓国を中心とした石器群であることが言えるのであろう。

Ⅳ 遺跡（石器群）解釈のための構造的接近

1．韓国の後期旧石器時代と以前の石器製作

1) 石核石器（礫器）と剥片石器の二極構造

　人類の道具に関する関心は、より目的に適した用具の必要という概念により改善・開発されてきた。石器もその一つで割れた石の鋭い部分、あるいは石が持つ手ごろな選択の容易さ、そして材質が持つ硬さにより選択し続けてきた道具の一つである。道具として成り立つには時間がかかったが、人類の道具に関する特別な思いは有機質道具と石質道具の両大材質の道具系からその起源を辿ることができる。

　しかし、残念なことに自然界の環境は一部特別な条件を有する地域以外は有機質道具が残るためには適してない場合が多い。それとは対照的石質系道具はほとんどの自然環境に有機質系道具より長く残ることができる特性をもっている。そのため現在における旧石器時代の研究には石器にその対象が限定されている場合が多い。実際に旧石器時代遺跡に残されている遺物の多くは石器に限られている。それで、ここでは石質系道具の製作過程に起きるその工程を石核石器に限って考えてみることにする。

　人類の道具、特に石器は石核製と剥片製の2大系統から成り立っている。石の塊である礫自体に少しの加工を施すことで、選択した礫自体が使われる道具として用いられる石器の石核石器（method Ⅰ）。そして、最初から剥片の鋭い側縁、あるいは尖端を利用することが目的の剥片石器（method Ⅱ）の二系統である。二つの大系統（method）は人類の石器使用の歴史の根幹に立つ原理である。

　人類の道具に関する思いは、そもそも目的に適った道具の選択・適時使用といった臨機応変的使用の段階から、ヒトの脳容積の増大は石器製作のための3次元設計図を利用した目的物製作過程の複雑かつ繊細化は新たな道具の製作技術を生み出した。

　いわゆる臨機応変的石器使用から、意図的で管理的な石器の使用へと変化するのである。石器製作技術は技術の共用と伝授のための学習にその発展性は繋がる。それぞれの地域にいた各石器製作集団は、技術と文化的範疇を維持することにより、石器製作集団の文化枠（構造）を維持する傾向がみえるのである。

　石器の製作は人類の生活になくてはならない必要な部分を生産する大事な作業で、日常的に欠かせない生命維持作業の重要なパーツであった。礫自体、あるいは礫から剥がされた剥片の利用は、どちらにしても石という無機質素材を道具として利用している。そのため、石核と剥片の用意という大きなコンセプトの下で運用された石器運用システムである。それでは、両者の石器製作過程でみられる製作技術上の特徴をみてみよう。

(1) 石核石器（礫器）の製作

　石核石器は多くの考古学者たちにより、古い時期から製作されてきた石器として論じられてきた。石核石器がもつ形態的特徴は大きな器体を持つことによる、重さと丈夫さを兼ねた中・大型の複合機能道具であることに意味を探すことが出来る。重くて大きい石核石器（heavy duty tool）の利用には自然界にはない、目的したイメージに合う石製の道具を作るための製作活動が必要になる。

　そのためには石器製作に欠かせない石器作りに適合した石材の供給源、すなわち石材産地を確保・維持することが先決されなければならない。一見して簡単とも見える石材の供給は、石核石器（礫器）が主な道具として特徴付けられている前期・中期旧石器時代における、人類の生活領域を決めるいくつかの大事な条件の一つとして、いつも関わってきたのである。

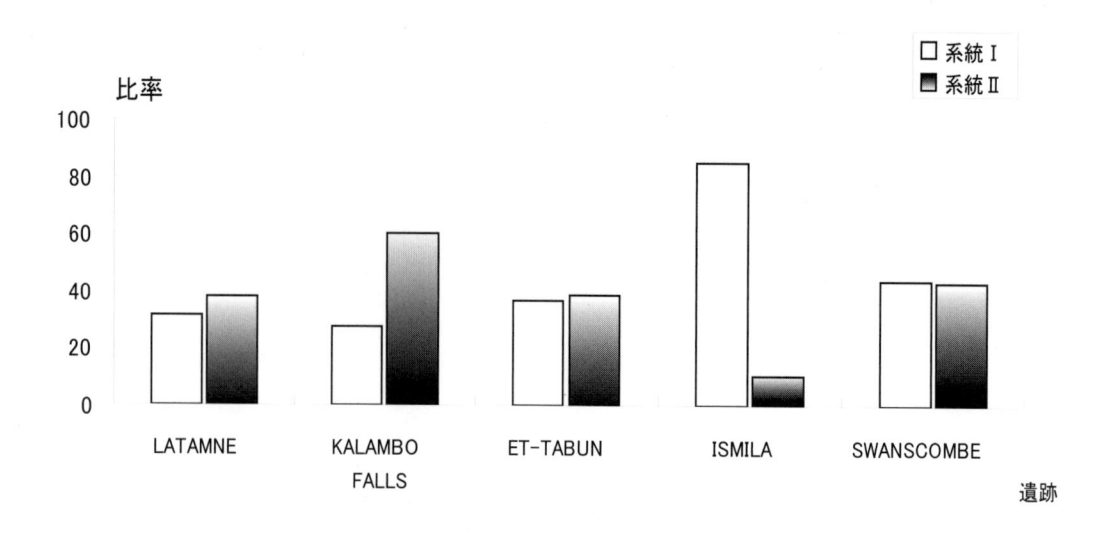

第 10 表　中期旧石器時代の系統別石器群組成比 (渡辺　1985　改編)

　石核石器はミサイルストーンなどの投げる器種を除いて、形態からくる単純な推測だけで使い方を考えると、手に直接とって使う道具であることを想像するのはさほど難しくないのであろう。しかし、なぜそのような形態が出来たのか、そして何に使ったのかを結論づけるのは現在までの考古学的成果を用いたとしても必ずしも正しい結論に結びつくとは限らないのである。ただ、民族考古学による実験的な研究によると大型動物の解体に深く関係があることが知られている (渡辺　1985)。

　実際にこのような大型の石器類は、狩猟対象物の動物達が小型化した最終氷期の後には希薄になる。そのようなことは、石器と狩猟対象物である動物を含んだ自然環境と深い因果関係であることを傍証している。ところが、石核石器類はどのような過程を経て石から道具へと変貌したのか。これに関していくつかの前・中期旧石器時代文化層から出土した遺物をみてみることにする。

　石核石器は大きな器形と重さを持つことにより石器としての機能をより発揮できるように仕組まれ、計算された道具である。人類が他の動物と区別され、道具を操る哺乳類として分類されるのに大きく貢献してきた。そして、石核石器はその出現初期段階からみえるいくつかの特徴を後の時期まで存続させる。また、強い形態的特徴をもつ技術枠内で伝統として位置しながら製作され使用されてきた。韓国でも石核石器は前・中期旧石器時代に盛んに作られ、その技術的伝統が後期旧石器時代の一時期まで維持されてきたが、基本的には前・中期旧石器時代の技術として認識できる石器製作技法である。

　石核石器は礫自体すなわち石核を廃棄物あるいは遺棄物として扱わないことに最大の特徴がある。このような技術構造は古い時期からの伝統的な仕組みで人類の思考の対象がまだ一次元と二次元に留まった状態の時期から続いてきた構造である。

　単純ともいえる簡単な製作行為からくる古拙な最終形態を考えると、素材段階の石材選別はより石器の機能を制約していたと考えられる。石器として用いるため素材からの制約を取り除く作業行為は石器製作行為の進歩を呼び、次の段階へのステップアップに繋がったのである。このような過程を繰り返し行うことは、結果的には石器の改良につながることになる。では、石器製作の仕組みはどのようになっているのかみてみよう。

石核石器の構図は大きく三つに分けることが出来る。まず、両面調整されたハンドアックスともいうアーモンド形、あるいはシリンダー形などの長方形を呈する形態のⅠ群。礫の片面の一側縁部分、あるいは両面を機能部として加工されるチョッパー・チョッピングツールに代表されるⅡ群。そして、礫自体をあまり加工しないか、あるいは全面に加工を施して石器全体が機能部として役割を果たしているミサイルストーンに代表されるⅢ群である。

　このような三つの石核石器群のなかで、Ⅰ群をさらに細かく分けるとa. ハンドアックス、b. クリーヴァー、c. ピックに分けることができる。三つの器種は、時には"ハンドアックス"と呼ばれたり、時には"biface"と呼ばれたりしながら未だに定着してない器種分類が行われている。しかし、先端の機能部の形態を優先に考えると概ね、削る・刺突・切断の三つの機能を担当する石器として意識的に製作が行われた結果、異なった形態が生じたのである。

　韓国の前・中期旧石器時代の遺跡から出土した遺物をみると、その多くの器体表面には石器として加工する以前の状態を示すものが多く残っている。逆に考えると製品製作には自然面が全部剥がされてないことを語っていることにもなるのである。石器としての役割を果たすのに器形全体が使われるのではなく、一部分に機能性を追求した、機能優先部分加工戦略が根底にあることを示していることになる。たとえば、金窟遺跡Ⅰ文化層[50]（孫寶基　1985）出土のハンドアックス[51]（第70図15）は、10cmを超える長方形の丸みを持つ礫の先端部と側縁に調整が施してある。ただ、側縁を周縁する調整はなく、尖端の方に限った加工をみせている。

　それに比べてⅡ文化層のハンドアックスからは、片面に主剥離面を有するすなわち剥片製のものが混じっているが、側縁調整はやはり周回しない。その代わり調整の頻度において、より等間隔で一定した力の配分が見えはじめるのである。このような傾向は第69図12にも現れることでⅠ文化層のハンドアックスに比べると一層均衡がとれた石器として調整が施してあることがみえるのである。また、石壮里遺跡の前・中期旧石器時代文化層出土石器（第91図25・第91図26・第88図1）にみえる加工の程度にも"古段階"の石核石器加工技術がみえるのである（孫寶基　1972）。

　古い時期の石核石器に施された加工の仕方をみると、概ね加工方向に一つの方向性がみえる。それはほとんどの石器にみられることで、加工方向が石核の外側から求心の方へ向かって行われている。このような"求心剥離"は物理的に考えると当然とも言えることで、早い段階から人類の石器作りが高い知能が必要な行為であったことを物語っていることにもなる。求心剥離による結果として残された石核の形態は、長方形あるいは楕円形になる。それと比べると、先端が尖っているピックや先端が直線状の形態を帯びるクリーヴァーは、"biface"とは異なる製作方式を持っていたことが想定できるのである。

　ところで、ピックにもクリーヴァーにも、そして"biface"にも初期段階のものには、連続する粗い一次剥離により刃部、あるいは機能部が作り上げている。しかし、より進んだその次の段階になると大雑把な一次剥離により器形が出来上がった後、刃部（機能部）の機能向上のために仕上げの調整加工（retouch）が行われるのである。これら仕上げの調整加工作業により、器形は一層均衡がとれた美しい形態を呈するようになるのである。

　上で述べたような変化は時間の流れとともに現れるが、金窟Ⅰ文化層出土"biface"（第70図14・15）とⅥ文化層出土"biface"の側縁の加工具合をみてみるとより明らかである。このようなことから石核石器作りには、「礫の選別→機能部の作出」の"古段階"と「礫の選別→機能部作出→機能部仕上げ→器形成形」の"新段階"の二つの段階がある。

　しかし、このような加工の仕方は全ての石器から認められることではなく、時と場合により省略されたり深化されたりしながら、流動的かつ弾力的に運用されたのである。そして、前期旧石器時代にみえた"古段階"の大雑把な加工は、その出現頻度は低くなるが、中期旧石器時代の新しい段階にも引き続いて表れるのである。このようなことは、石器製作者あるいは集団の旧技術の保持と改良、そして臨機応変的な石器作りと深く結び付くのである。

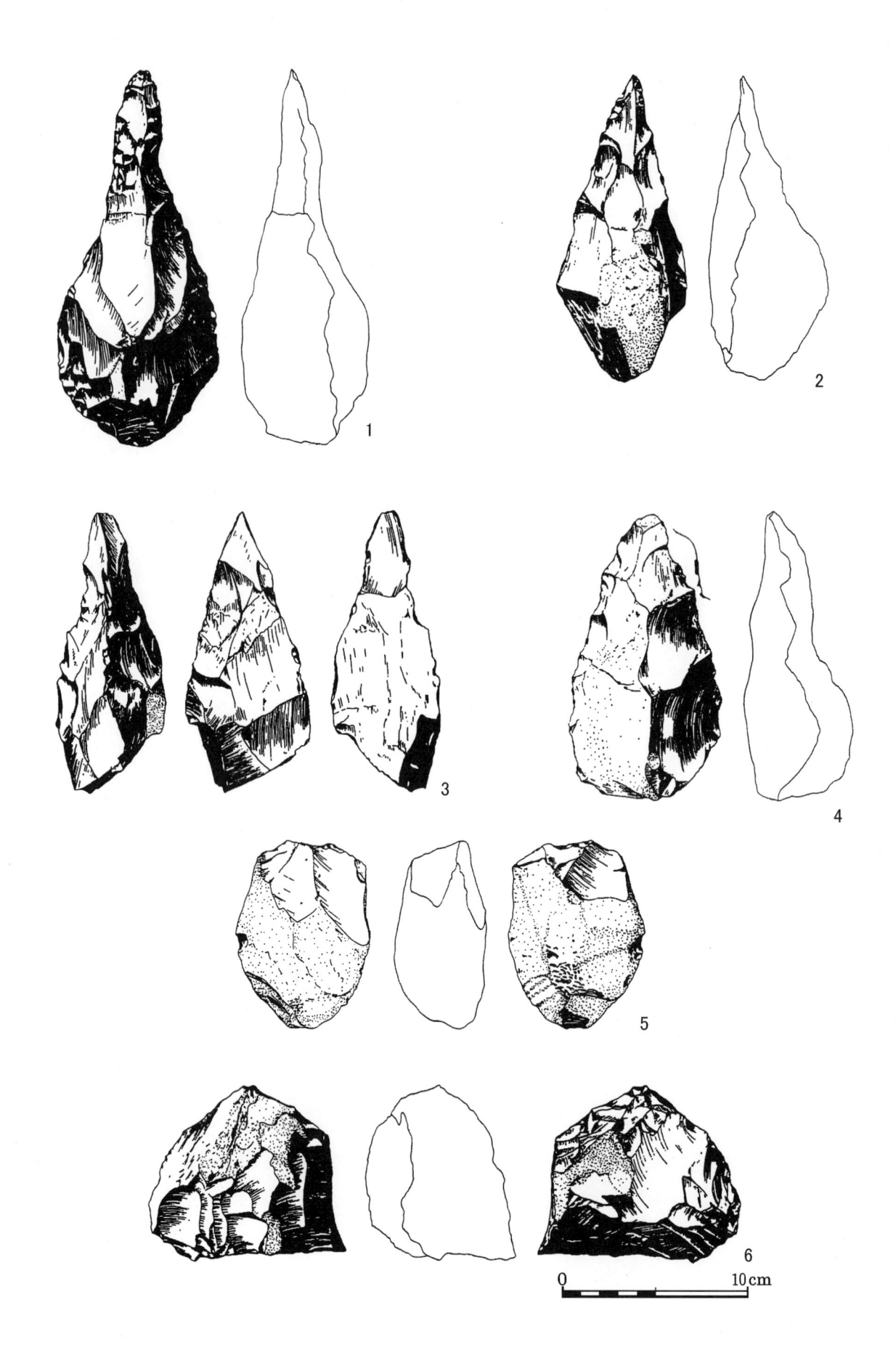

第 86 図　アフリカと中東のハンドアックス

(2) 剥片石器の製作

「系統Ⅱ」(method Ⅰ)が「系統Ⅰ」(method Ⅱ)ともっとも異なる部分は目的物を得るための過程の複雑さにある。すなわち、礫を割ることから派生する目に見えない未来への推測が経験的に可能になることである。勿論、系統Ⅰの石器にも最終的に目的にする形を目指す設計図はもっている。しかし、複雑で多段階に分かれる系統Ⅱの工程は、単層住宅を建てる設計図と2階以上の住宅を建てる時の設計図との差とも言える距離がある。

系統Ⅱは、より目的物に合った素材の安定した供給に特徴がある。そのため規格あるいは形態が、ある程度揃った剥片を生産する作業工程が要るのである。従って系統Ⅱは、石核の形状決定に最終目的物の形状を投影して選定するのではなく、作業工程上の便利さを重視するのである。すなわち剥離作業が楽に進むために石核になる礫の一次的な姿にそれほど左右されないで、石材の材質により比重を置いた選別作業が行われるのである。このようなことは、ヒトを取り巻く自然環境をヒトにあった環境に合わせた行為でもあり、礫の形状による器形の決定段階から、脱礫形状の段階に入ったことを意味するのである。

剥片石器の製作工程は簡単にいうと、「礫→剥片→石器」というフローチャートを描くことができる。系統Ⅰが「礫→石器」ということと比べると、単純にいっても30%の工程が増加したことになる。30%の工程増加は人類の石器製作工程が複雑になることを示し、古い段階の石器製作からみると余計な部分とも言える剥片の生産が、目的物を製作するのに欠かせない過程であることだという認識を必要としている。

人類の道具使用系を見ると剥片石器の最初は自然に割れた石片であり、必要性はさほど高くなかったが使用された歴史は長い。オルドヴァイの初期石器群の中にも剥片石器の比率は石核石器と共に高い。第10表は渡辺の1985年論文から部分引用し新しく作ったもので、アフリカと西アジア、そしてイギリスのアシューリアン期の系統Ⅰ(石核石器＝礫器類)と系統Ⅱ(剥片石器類)の石器組成対比表である。ここからも分かるように系統Ⅰと系統Ⅱは、ISIMILAでは系統Ⅰが高いが、全体ではほぼ同一水準を保ちながら生活していたことが分かるのである。

前期旧石器時代から使われ始めた剥片石器が全盛期を迎えるのは中期旧石器時代に入ってからであり、ルヴァロワ技法による連続した剥片剥離技術は以前とは比べ物にならないほどの生産量と定形性を与えてくれた。1909年にフランスのパリ郊外で発見されたルヴァロワ・ペレ遺跡を標識遺跡としている中期旧石器時代の石器製作技法であるルヴァロワ技法はアフリカ、ヨーロッパ、西アジア、そしてロシアと中国で存在が認められている。

ルヴァロワ技法は求心剥離、あるいは対向剥離により入念に調整された石核にその特徴があり石核から剥がされた生産物(剥片・尖頭器・石刃)には石核調整段階の調整痕が残っているのに特徴がある。しかし、次の世代の剥片剥離技術である石刃技法の段階になると剥片剥離技術はより洗練された定形性に富んだ縦長剥片を大量に生産できるようになる。

韓国ではまだルヴァロワ技法が認められないので、西の文化とは異なる別系統の文化が存在していたことを想像することはさほど難しくない。中期旧石器時代の剥片石器製作過程をみることで韓国の中期旧石器時代の石器製作状況の断片を見ることが出来る。

その最も代表的な遺跡は、1964年11月、孫寶基が率いる延世大学校により1次調査が行われ、1992年までに延べ12次に及ぶ調査が行われた韓国旧石器時代研究の始発点になる学史的な意味合いを持つ遺跡で、現在の韓国旧石器時代研究をリードする多くの研究者を養成したフィールドである韓国忠清道に流れる錦江の河岸段丘上に位置する石壯里遺跡である。

遺跡は前期旧石器時代から青銅器時代までの文化が確認された重層遺跡として報告されているが層位構成と石器群の分類、そして芸術品とする出土物に関する分析は疑問を抱く研究者も少なくないのが現状である。

2) 前・中期旧石器時代の石器製作技術

(1) 後期旧石器時代以前の石器製作技術

石壯里遺跡

石壯里遺跡の中期旧石器時代文化層は、2地区1・2・3・4トレンチと1地区81トレンチから出土している。1トレンチの礫チョッパー・チョッピングツール文化層（10層）を中心に上と下の層から中期旧石器時代の石器が出土している。それに関して孫寶基は、ムスチエ・ルヴァロワ手法に類似する石器もあると報告している（孫寶基 1993）。

10層からは礫器類を始めハンドアックス、削器、掻器、錐、彫器、プレインなどが出土している。地層の年代は10万年から5万年に相当する年代を割り出しているが、正確な年代測定資料がないため石器の形態的特徴と地層の相応年代からの年代の割り出しがあるだけである。出土した遺物の中には、厚手の削器類と全谷里周辺の遺跡から出土した珪岩製の古拙なハンドアックスとは異なる斑岩製の薄手のハンドアックスが出土しているのが目を引くのである。

厚手の削器類の中には第89図2の場合、掻器として用いるため厚さ4.6cmの凝灰岩製剥片の一部に腹面からの3～4回の加工を施している。そして、刃部加工は器体全体の成形が行われた後行われた。石器の断面は菱形で、刃部は薄くて鋭く仕上げている。長さ12.4cm、刃部長9.16cm、重さ347gの器体には、掻器としての機能を担当する直刃部以外にも側縁にも細加工が施されている。

石器は第89図2と接合するもので、第89図7はやはり厚手の剥片を素材に長さ12.8cm、幅9.58cm、厚さ3.9cm、重さ479gで、第89図2番よりやや大きい。加工は左右側縁部に腹面側からの一回性の加工により形成された刃部を持っていて、基部の左側にはブランティングのような急角度の加工がみられる。器体の腹面と背面には素材面が残っていて、加工技術的な側面からみると尖頭器に近い作り方をしている。

第89図5は第89図2と形状が類似する凝灰岩製の掻器で、刃部の形状が緩やかな曲刃を呈することが第89図2とは異なる部分である。厚さ4.15cm、長さ11.15cm、幅7.65cm、そして重さ307gを呈する石器の機能部と器形全体に二次加工があまりみられない。そして、素材の運用の仕方や、刃部が器軸に直交する形などから考えると同じ器種であるだろう。

自然面が刃部の少し上に若干残っていて、断面形は神子柴系石斧の断面でみられるカマボコ状をしている。そして、腹面には刃部の性能を良くするために厚みをなくす作業が行われ、腹面を平らにすることを意識した作業が行われたことが考えられる。刃部の形状や全体の器形からは石斧と言えることが出来るかも知れない。

第89図8番は斑岩製で長さ8.25cm、幅10.28cm、厚さ3.7cm、重さ295gの削器である。背面の刃部対向側に自然面を有することから刃部加工は一側縁にしか行われてない。器形を作るために5回程の大きな剥離を施した後、さらに刃部加工のため5回程剥離を行ったが二次加工というよりは、形を整えるための刃部成形加工に近い。刃部加工の際の剥離順はランダムで、突出部を叩くことだけで全体の成形作業は終了している。

また、腹面は平らな面を呈していて特別な加工は施してない。全体の器形は刃部から基部の方に向かって角度が高くなる、いわゆるハイバック形の削器として仕上げている。刃部の形状は鋸歯縁をなしていて、まだ刃部がきちんと揃わないことが目に付く。鋸歯縁状を呈していることは後期旧石器時代以前の加工の仕方を理解する上で貴重な資料を提供している。

第89図1番は長さ11.6cm、幅9.3cm、厚さ4.67cm、重さ483gの斑岩製削器である。測量値からも分かるように厚手の薄片製削器である。分類としては削器としているが、ラウンドスクレイパーとして理解した方がより分かり

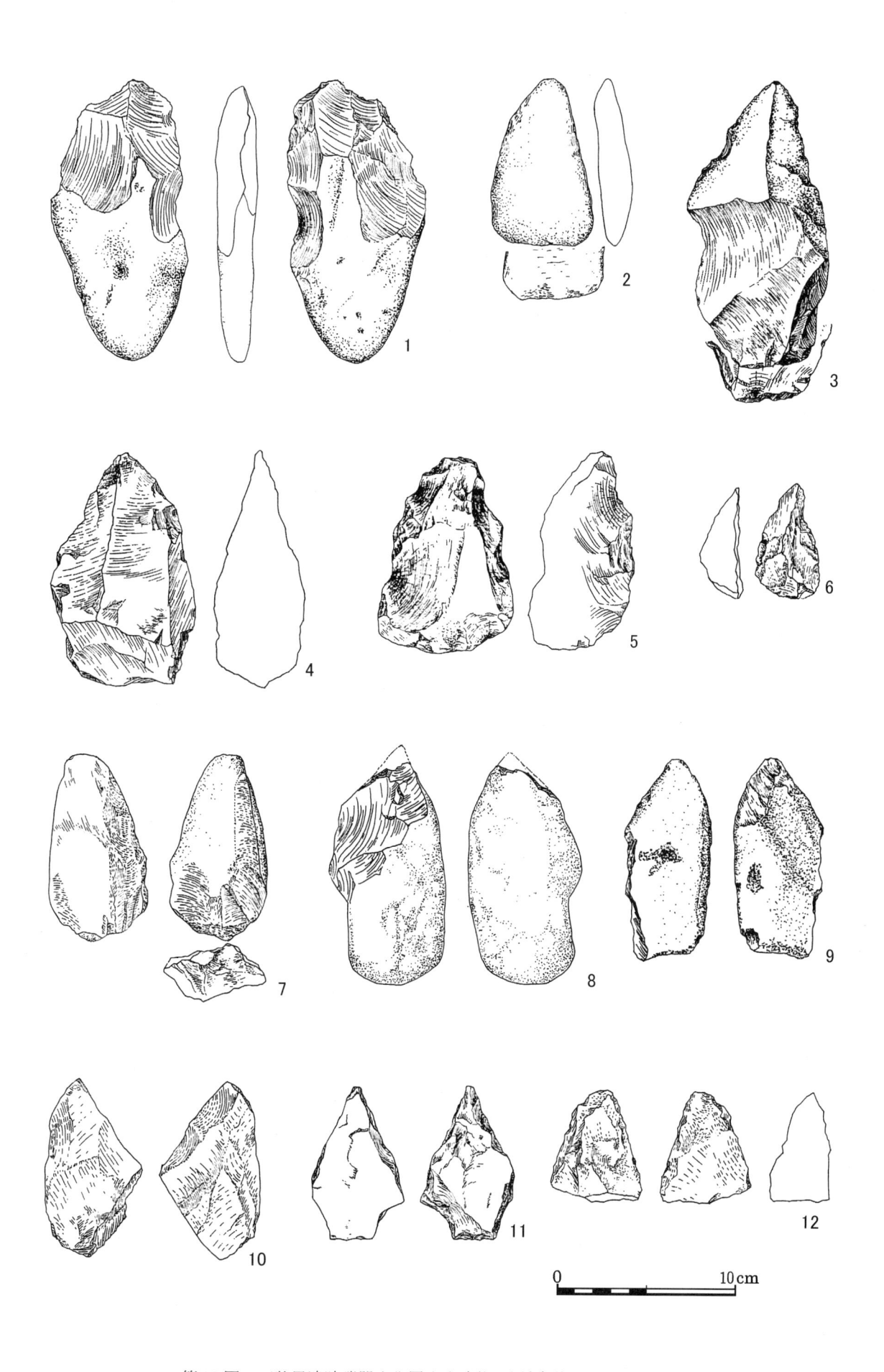

第 87 図　石壯里遺跡礫器文化層出土遺物 1 (孫寶基　1968 を改編)

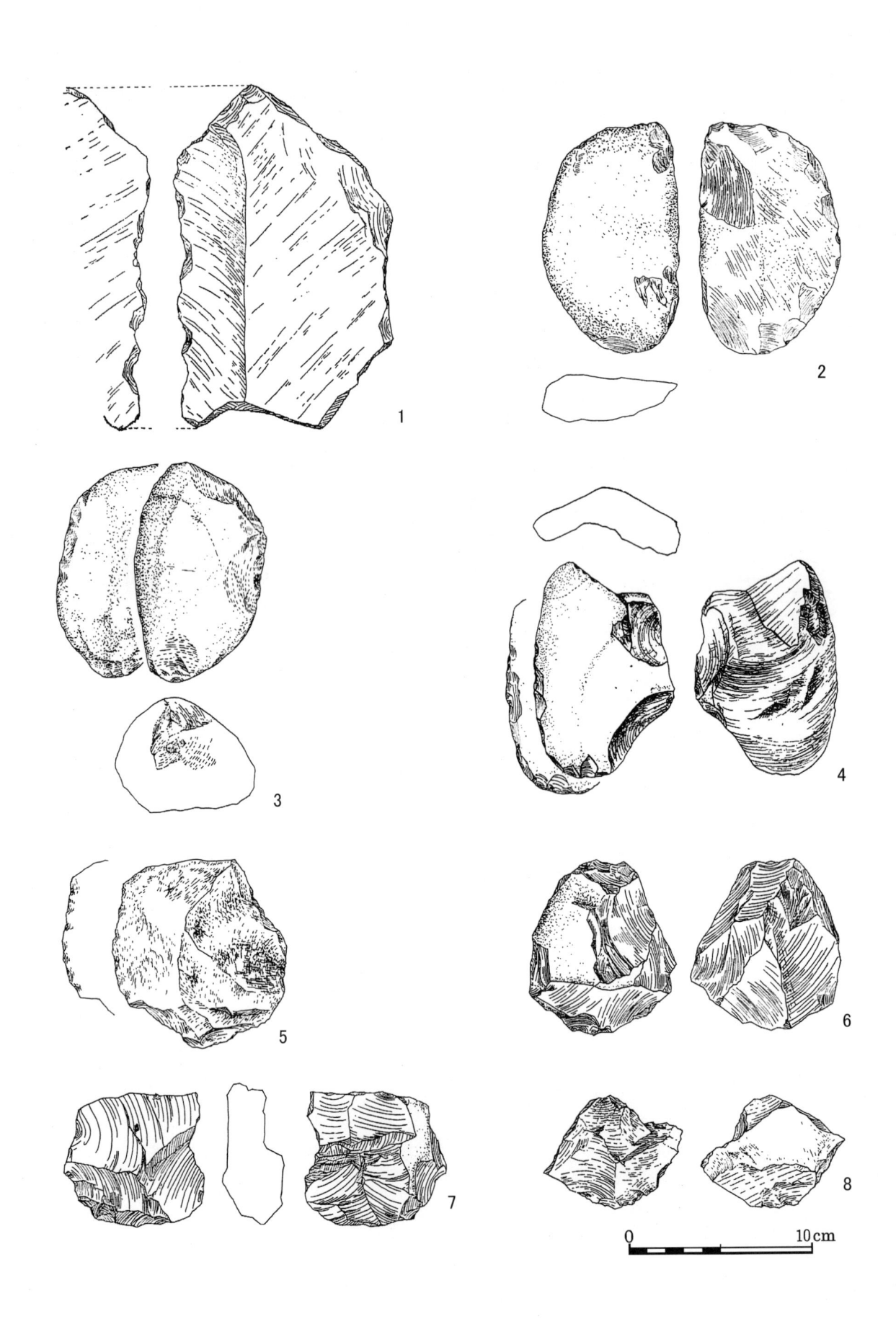

第 88 図　石壯里遺跡礫器文化層出土遺物 2（孫寶基　1968 を改編）

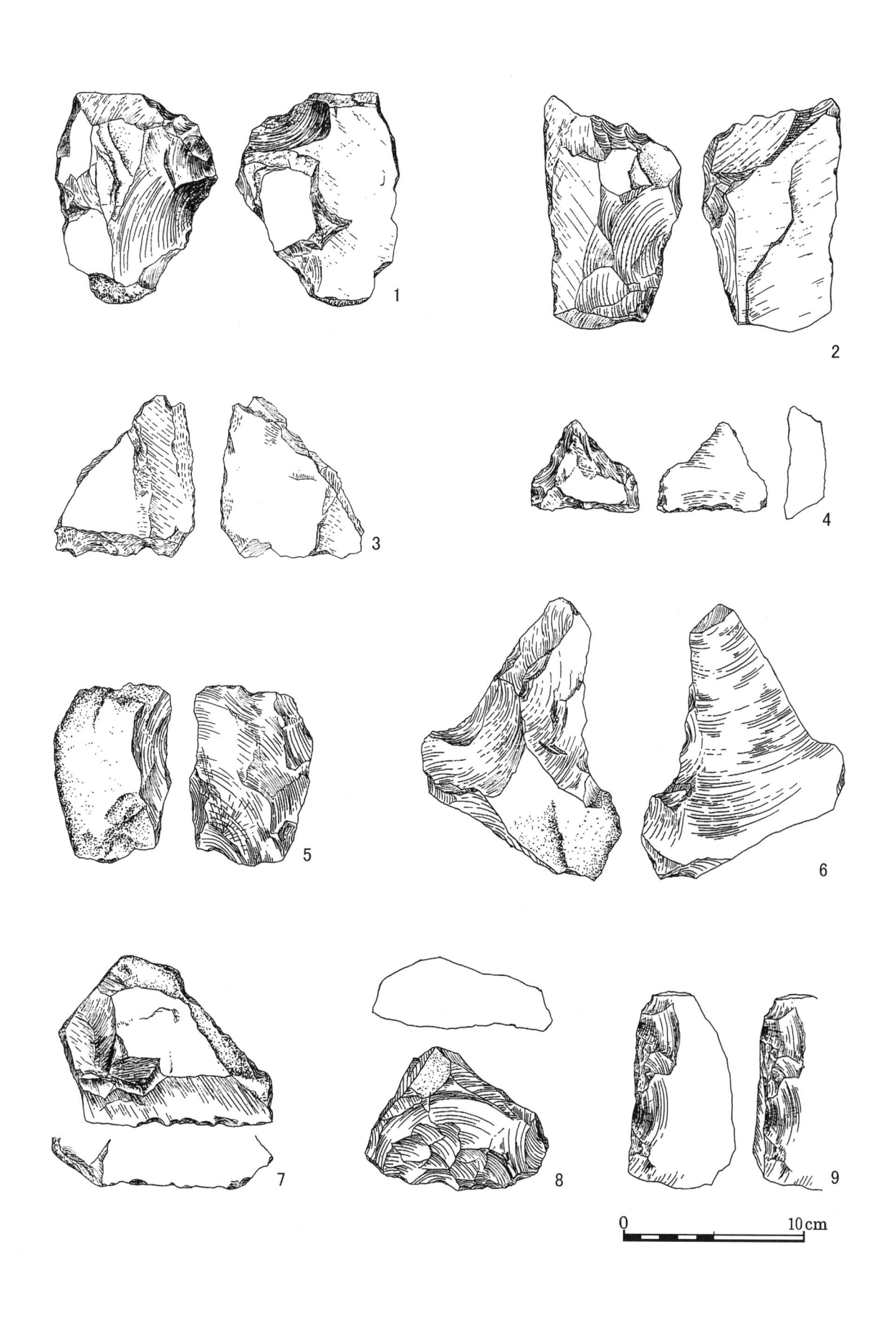

第 89 図　石壯里遺跡礫器文化層出土遺物 3（孫寶基　1968 を改編）

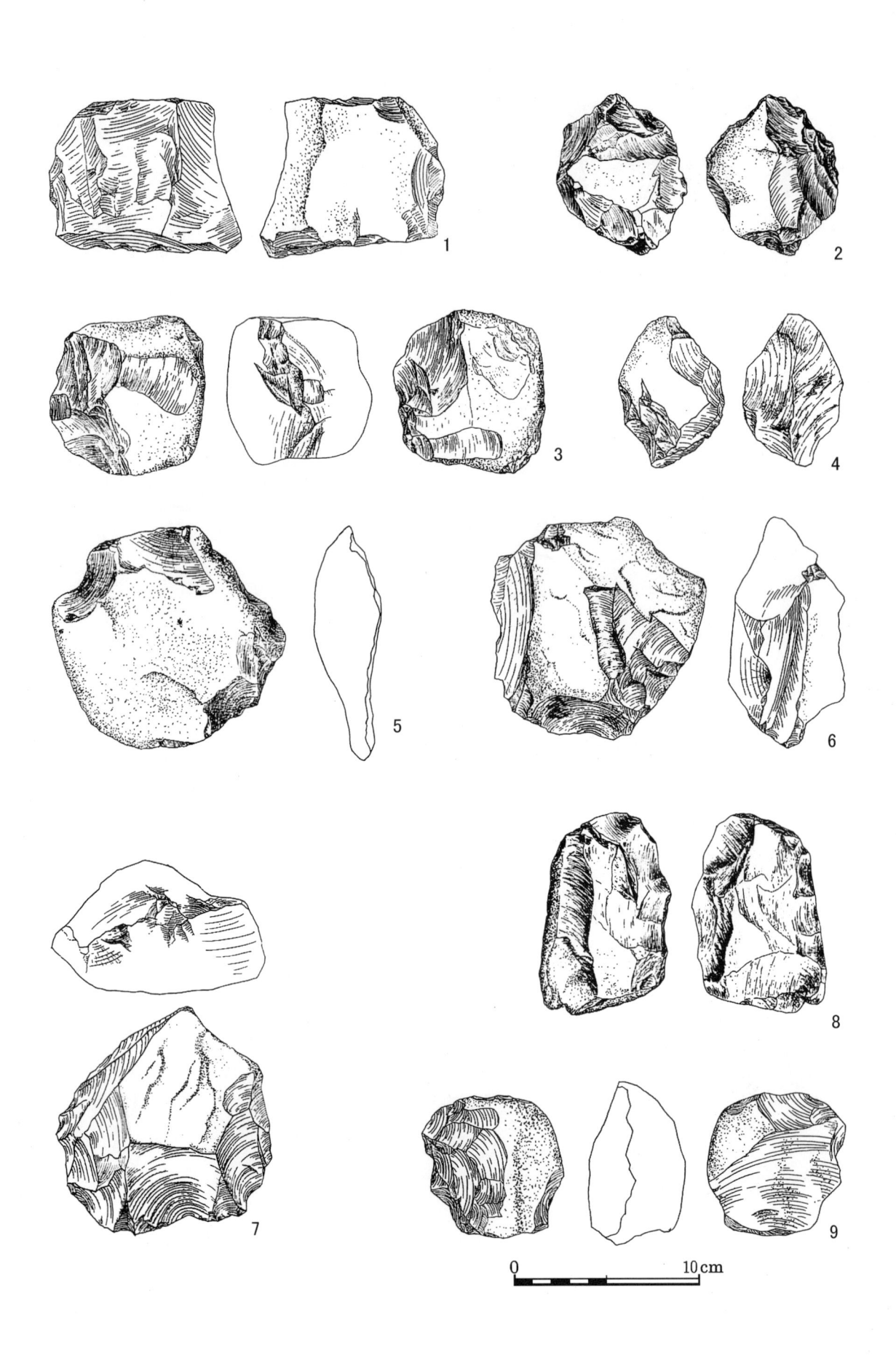

第 90 図　石壯里遺跡礫器文化層出土遺物 4（孫寶基　1968 を改編）

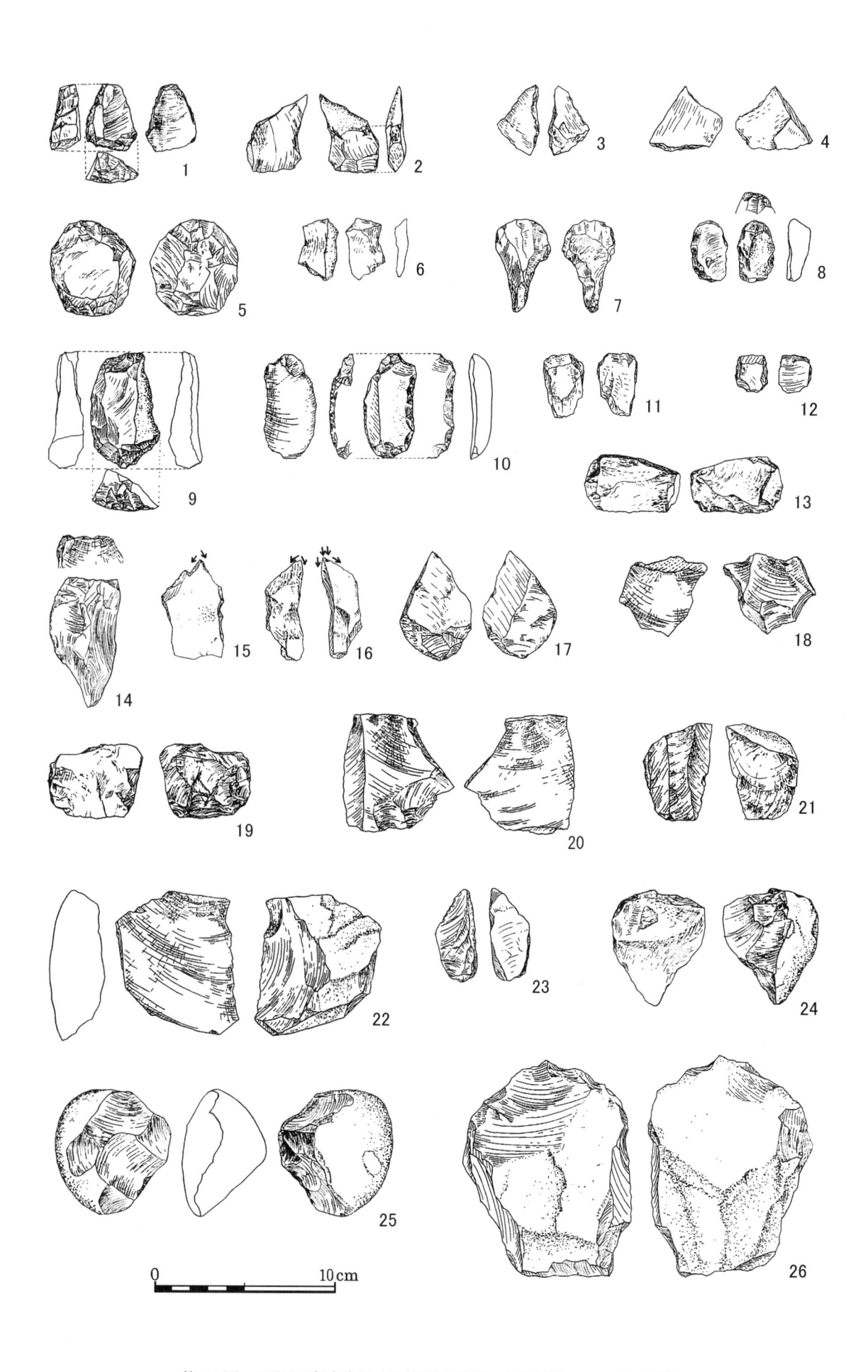

第 91 図　石壯里遺跡礫器文化層出土遺物 5（孫寶基　1968 を改編）

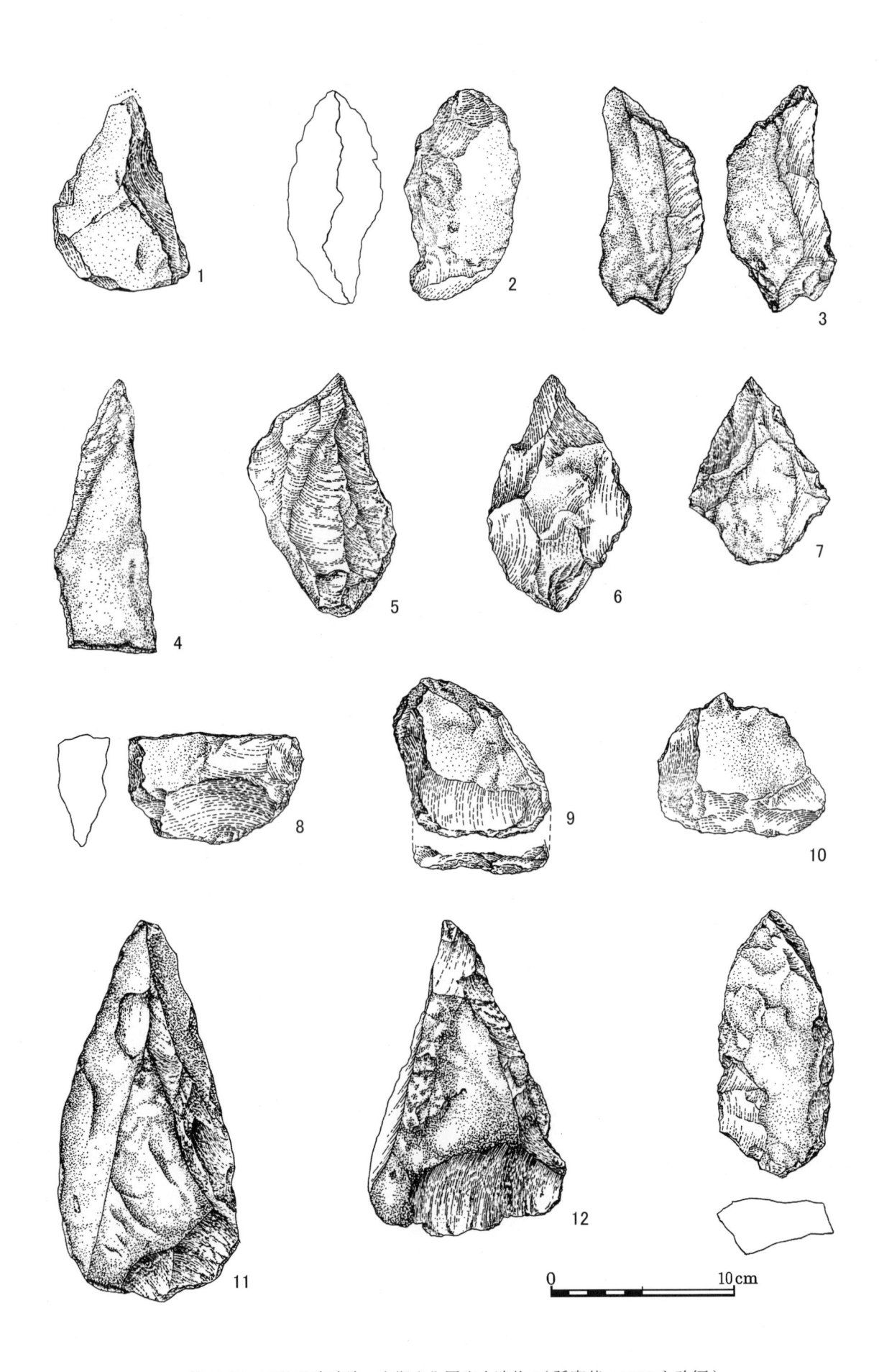

第 92 図　石壯里遺跡前・中期文化層出土遺物 1（孫寶基　1972 を改編）

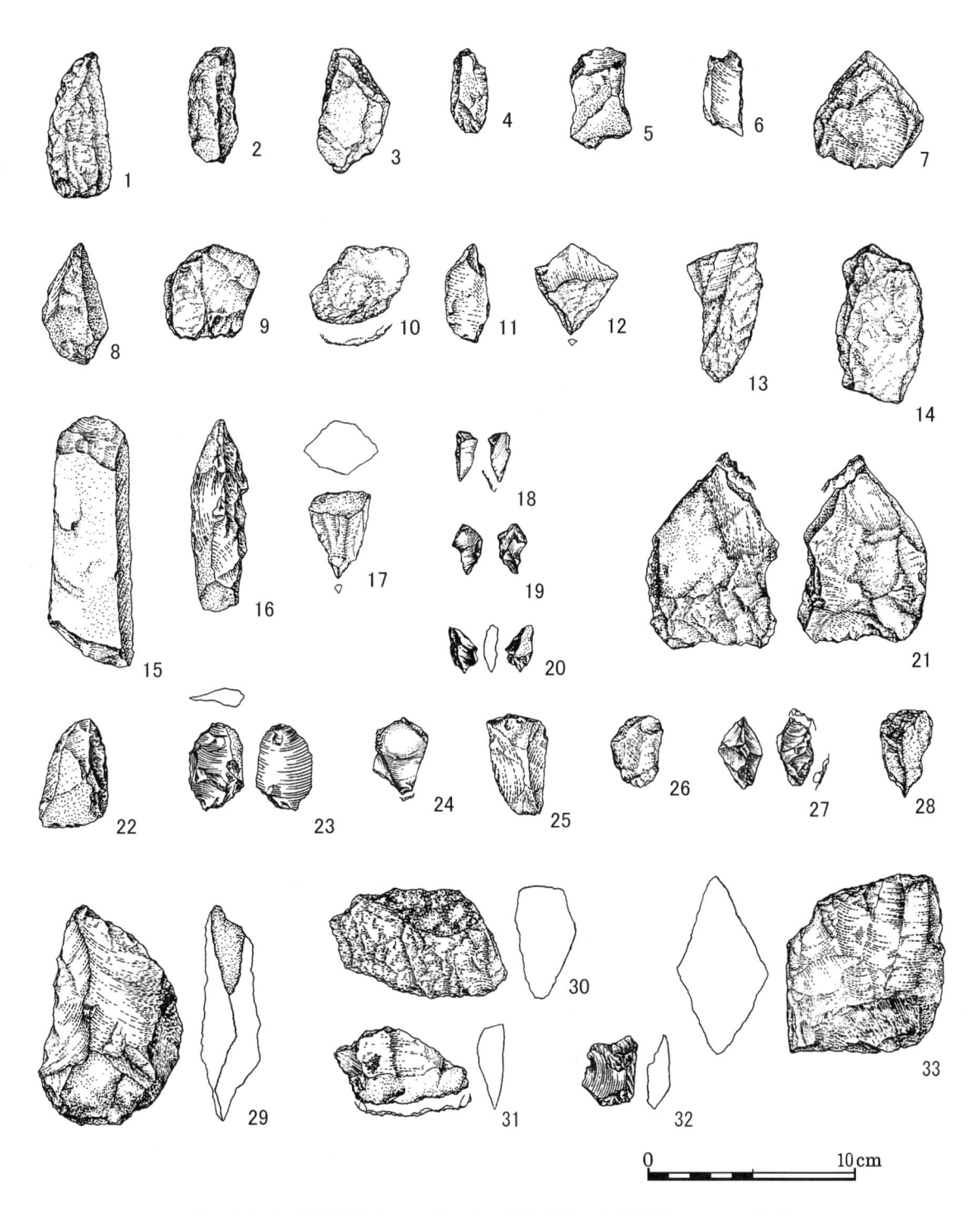

第93図　石壯里遺跡前・中期文化層出土遺物2（孫寶基　1972を改編）

やすい。今までの削器あるいは搔器に見られた刃部反対側の自然面は、やはり手でつかむところのハンドル部分になるためか、加工は施されていない。

　成形のための剥離は最小限の剥離により形成され、刃部は周縁しない何回かの小剥離により作られている。側刃と尖刃の左側縁に加工が施されているが刃部のつくりは他の搔・削器類と同じくランダムで、石材がもつ板状節理により形成された鋭い素材縁の角度を大きくするように数回の小加工が施され刃部が作られている。

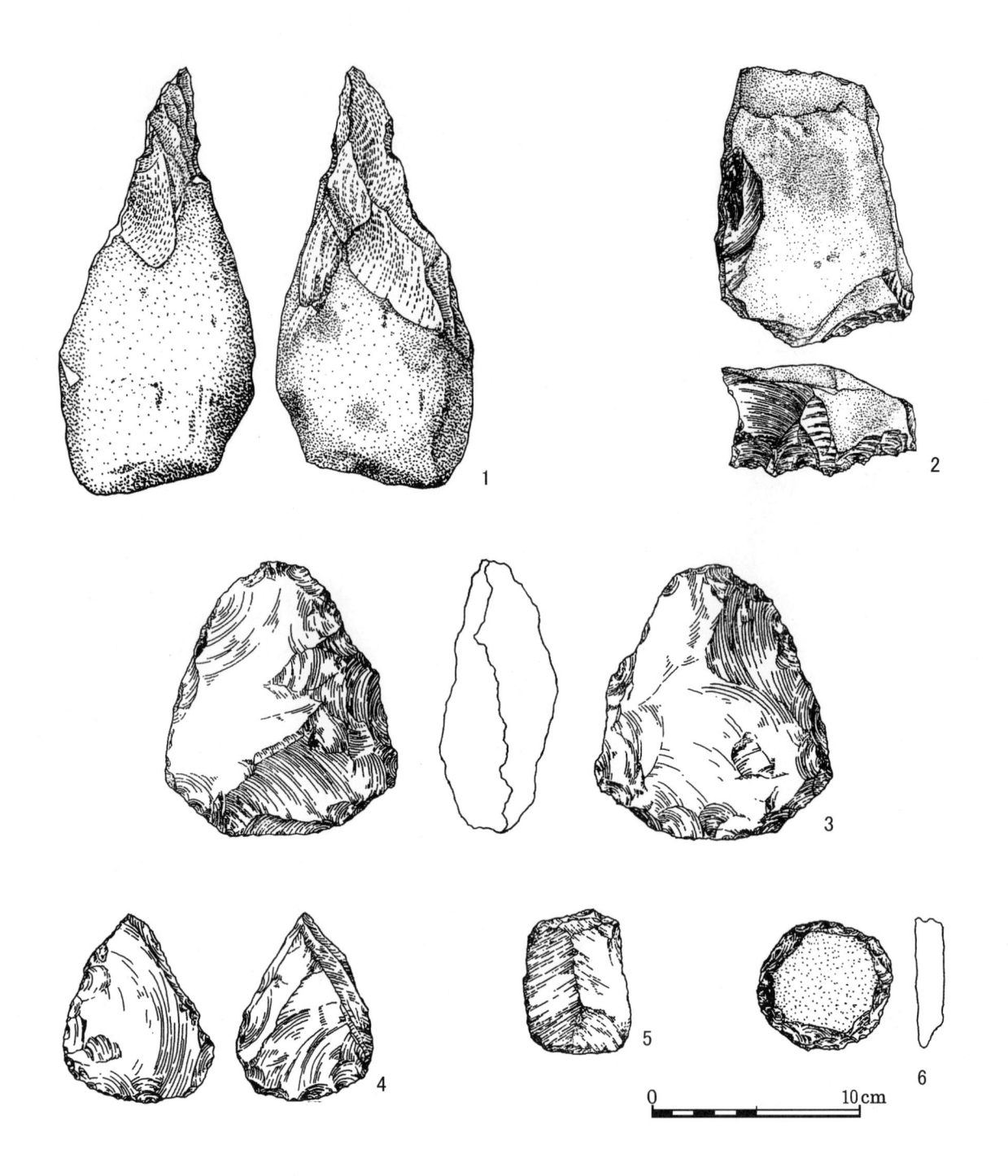

第94図　石壯里遺跡前・中期文化層出土遺物3（孫寶基　1972を改編）

　第89図9番は凝灰岩製の削器で自然面を有する2cm程の剥片の一側縁と基部に加工が施してある。ここでみえる加工はより細かな加工で連続した均等な力の配分がみられ、きれいな連続剥離が行われているが、加工が施されていない自然面の鋭い素材部には使用による刃毀れがおきているのが注目される。また、素材作出の段階以前に行われた打面作出のための調整がみられることと、それに伴った打点も残っていることは、剥片作出以前に打面準備が行われたということを証明してくれる。

　そのようなことから、石壯里の中期旧石器時代段階からルヴァロワ技法とは異なる別の石核製作技法が存在し

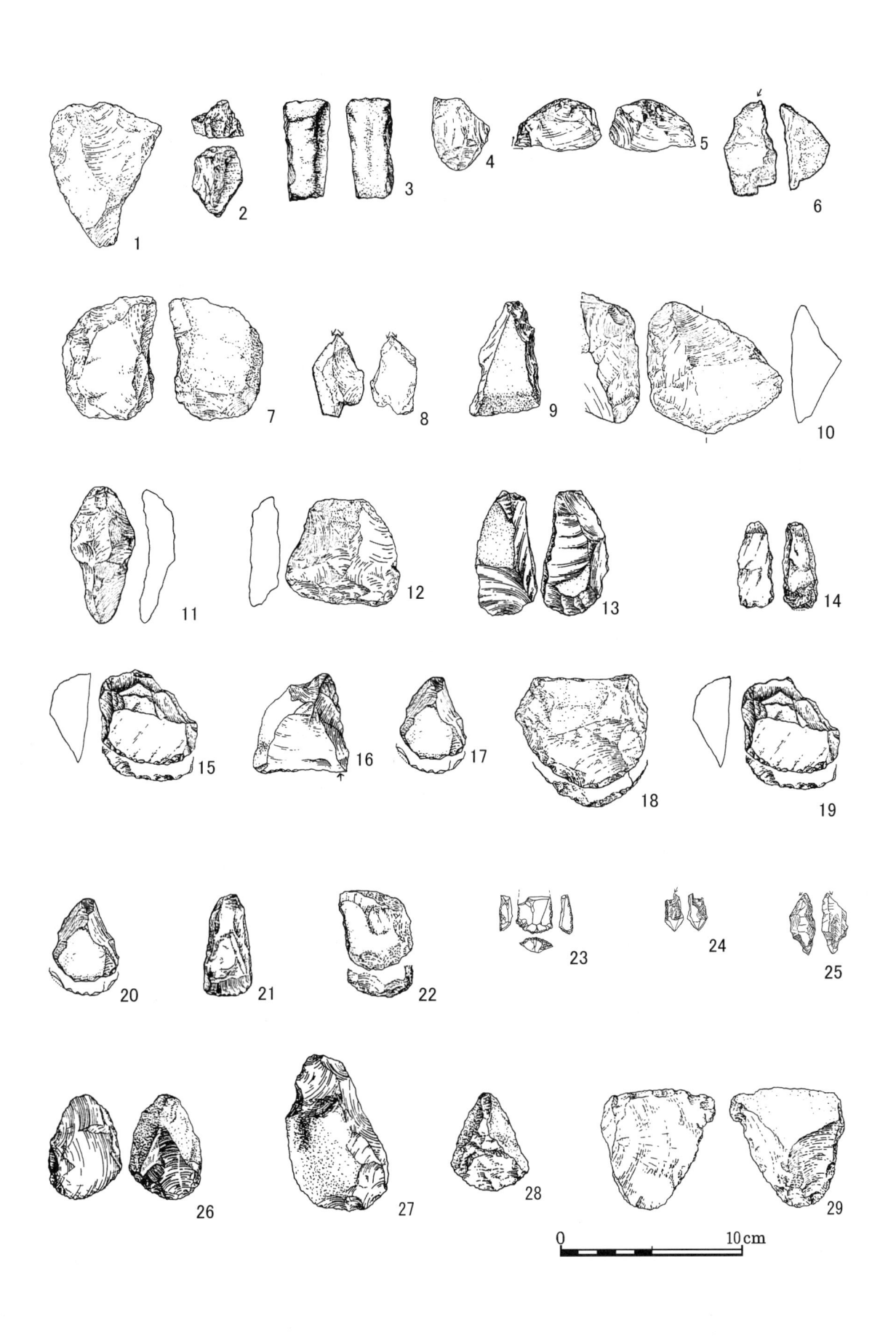

第 95 図　石壯里遺跡後期文化層出土遺物 1（孫寶基　1973 を改編）

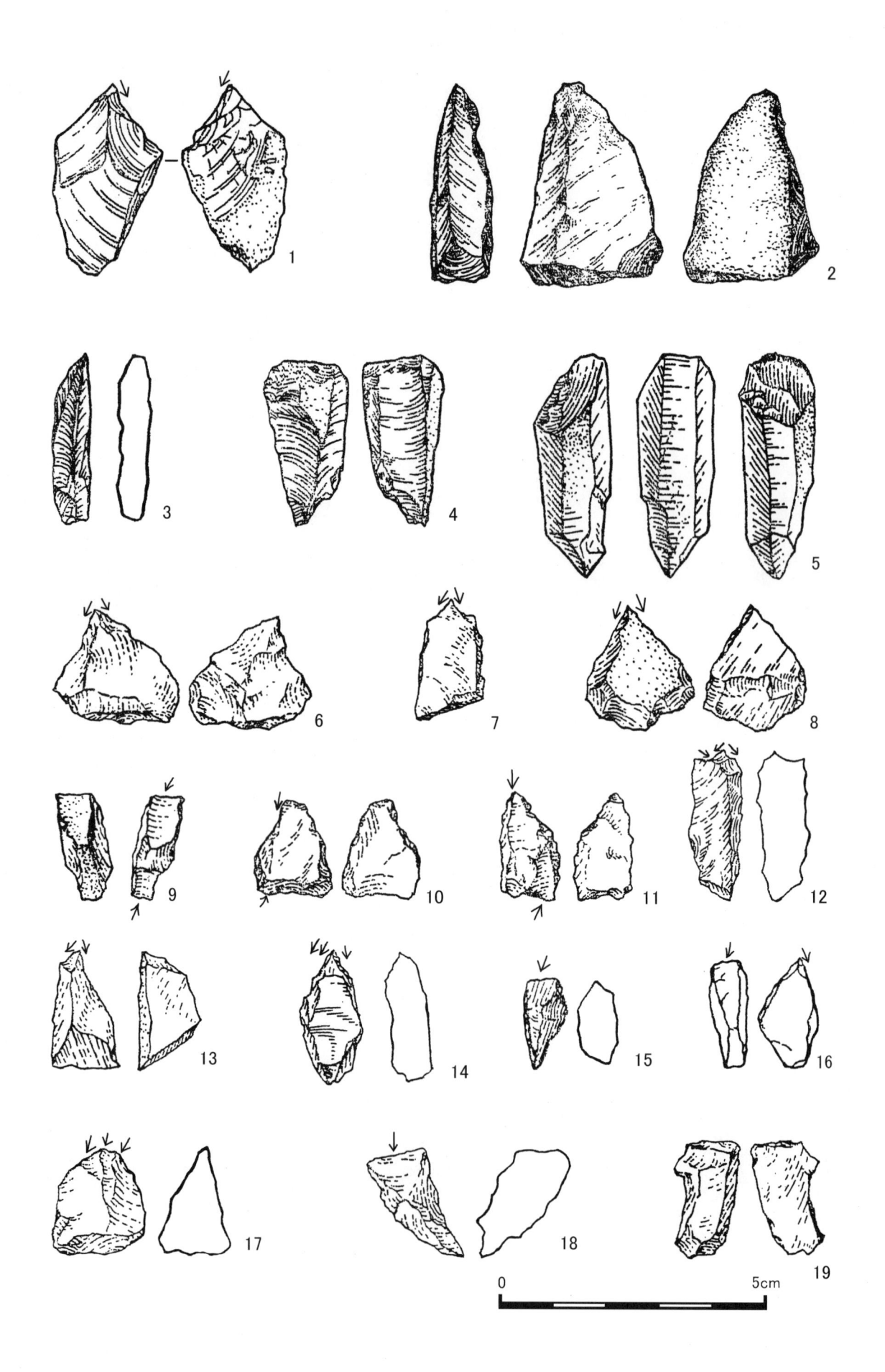

第 96 図　石壯里遺跡後期文化層出土遺物 2（孫寶基　1973 を改編）

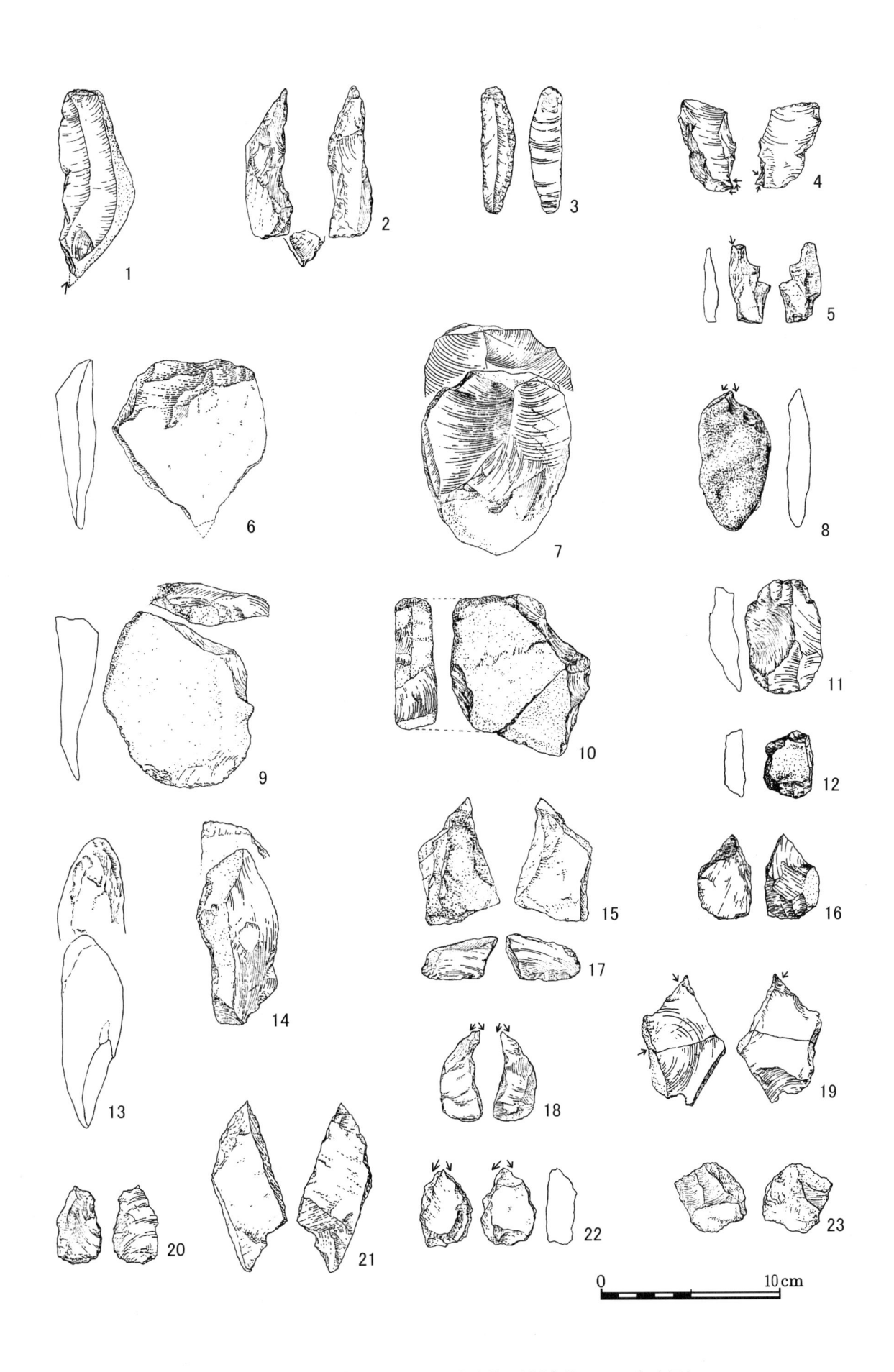

第 97 図　石壯里遺跡後期文化層出土遺物 3（孫寶基　1973 を改編）

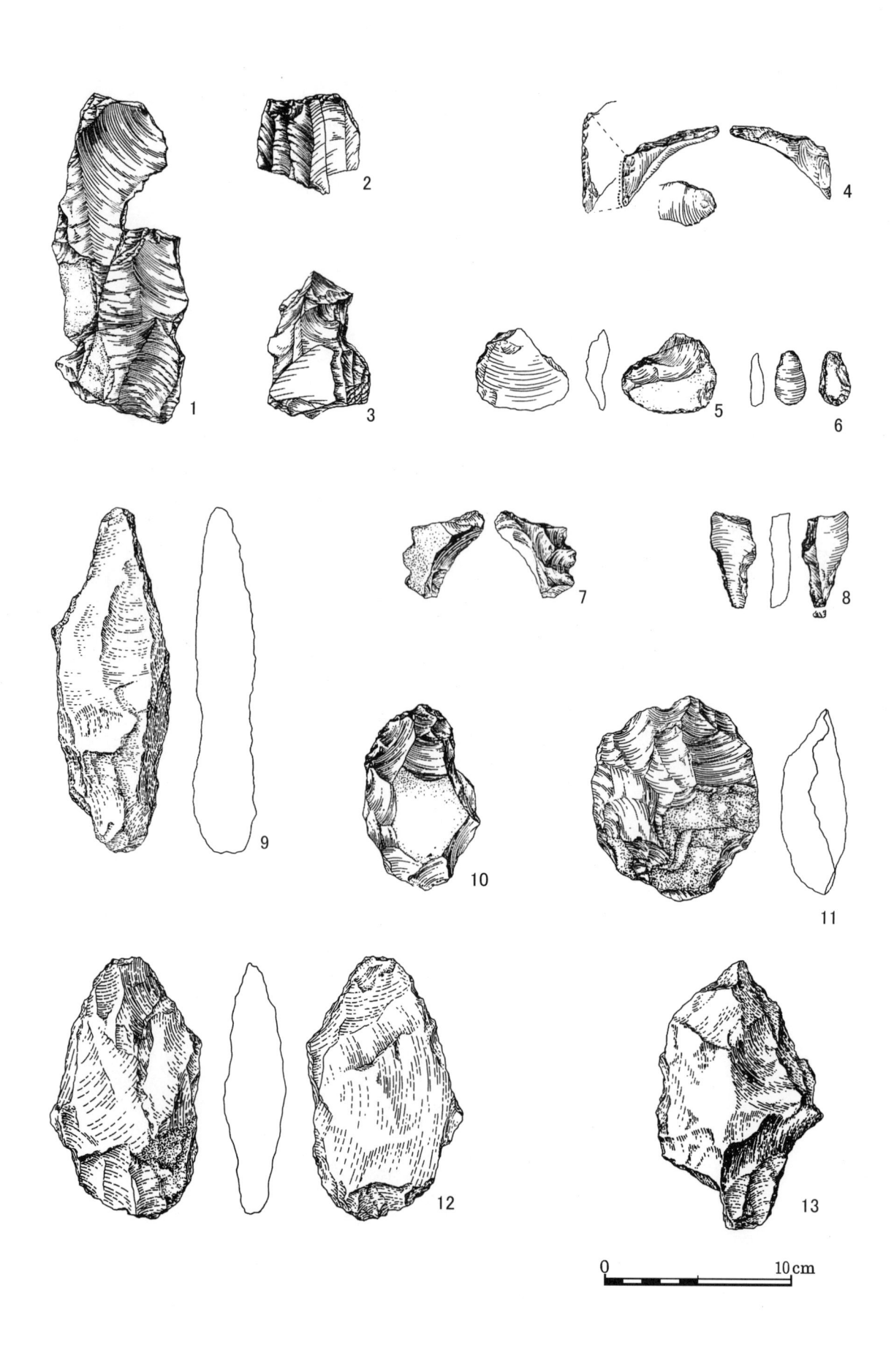

第 98 図　石壯里遺跡後期住居址出土遺物（孫寶基　1973 を改編）

ていたことが推測できる。また、この時期から縦長剥片剥離が本格化されていたことが、第91図21や第91図の10、そして第91図13などの遺物からも認められる。

石壯里遺跡のこの時期における石器製作活動は系統Ⅰと系統Ⅱのものが入り交ざった状態になるが、石器類の中には縦長の傾向がよりはっきりするようになる。例えば、凝灰岩の第91図21の打面は非調整の自然面を用いているが、連続した縦方向への単設打面を利用した縦長剥片を取った剥離面が残っている。縦長剥片は第91図13などを作るための素材剥片で、形態は石刃状の両側縁と並行に走る稜線を有する長さ8.95cmの縦長剥片を成している。均等な側縁幅に比べると剥片の厚さはまだ1.9cmもあるのでまだ石刃のような薄い剥片を生産するのには至ってないのがわかる。

しかし、縦長剥片の両側縁に施された調整は、均一で大まかな一次剥離による成形のあとに刃部を強化するため、細かい急謝度の二次加工が行われたと考えられる。これは、以前の段階では見られない新しい剥離技術の普及が、石壯里遺跡ではすでに行われたことを証明しているものである。

斑岩製の石器は、一端に自然面を有していて全体的に磨耗しているが、両面調整器で片面の両側縁と裏面の一側縁に部分的な加工が施されているのがしっかり認識できる。また、裏面の中央部には磨耗した痕跡が残っていて、使用による磨耗なのかローリングを受けた痕跡なのかはっきりしてない。しかし、遺跡が河岸段丘の斜面に位置することから考えると、堆積の過程で受けた磨耗の可能性が高いと思われる。両側縁に行われた二次加工は、成形加工の後に行われている。刃部を作っていることと素材の厚み(1.6cm)がほぼ同じであることから、第91図21と同じ部類で考えた方が無難であろう。

第91図10は凝灰岩製の掻・削器で長さ5.85cm、幅3.08cm、厚さ1.45cm、重さ25gの縦長剥片の基部側一端を除くほぼ全ての側縁に加工が施されている石器である。石器の加工状態や形態的な特徴からは、後期旧石器時代の掻器に近い雰囲気がある。そのため、中期旧石器時代の遺物としては疑問が残る。特に器軸尖端部の刃部に施された加工は後期旧石器時代の掻器と変わりなく、さらに使用痕のような刃潰れは他の同時期の石器からはあまり見られない現象である。

第91図25は長さ6.3cm、幅6.9cm、厚さ4.5cm、重さ235gの凝灰岩製掻器である。背面には大きく自然面が残っているが腹面には平らになるように加工が施されている。刃部は半周する側縁にしかないが、若干角をもつ刃部に仕上げてある。丸みをもつ円礫を素材としたため礫を半割する剥離の後、割れ面を平らに仕上げる腹面調整作業を行った。

平らに調整された腹面を打面として用いて急角度の刃部を作る剥離をやはりランダムに行い、刃部を作りあげることで掻器としての機能性を与えた。いわゆる石核スクレイパーといってもよい石器で類似する石器類がシベリアにもあるが、韓国の旧石器時代研究者のなかではプレインと呼ばれる石器の一群に含める石器である。

第87図1は、石壯里出土石器の中でもっともハンドアックスに近い形状をしている石器としてあげることが出来る。長さ15.35cm、幅8.25cm、厚さ2.65cm、重さ382gの、両面の基部側半分に調整が行われたハンドアックスである。調整方法は、板状の長方円形を呈する礫の外側縁から内側に向かって打点を順次移動しながら剥離を行っている。

剥離は大まかで片面の方にだけ若干剥離の頻度が多いが、全体的には加工があまり施されていない。剥離が多く行われた面でも刃部加工などの二次加工は一次剥離の際に、刃部形成が出来なかったため、再度刃部形成のための剥離を行っている程度である。器体の中心部分には、自然面が左右の剥離痕によって取り除かれず残っている。意図的に石器における自然面の取り除きを行わず、技能形態に中心を置いた剥離が行われたのが分かる。

第90図7は、長さ11.5cm、幅11.5cm、厚さ7.0cm、重さ1063gの斑岩製石核である。石核には5点の剥片が接合できるので、接合できる剥片も一緒に取り上げることにする。石核は板状の単設打面で、打面調整はほとんど行

うことなく、求心剥離のように回りを移動しながら小口を敵いて剥片を剥がしたものである。石核の厚さを考えると単純に剥片の長さは7cmを超えない幅広の剥片になる可能性が高いし、実際に接合できた剥片の長さも6cmを超えないのである。

また、剥がされた剥片の尖端の方に自然面が残っていることから、製作者が求めていた剥片の長さは7cmを超えない幅広形の剥片を必要にしていたことが石核の分析から分かる。では、このような目的剥片は何に使うための剥片であったのだろうか。

遺跡からは中期旧石器時代文化層、あるいは礫器・チョッパー・チョッピングツール文化層から出土した石器の中に19～27番までの石器が含まれる。削器、掻器、彫器類の石器などは、第90図7などの石核類から剥がされた剥片を素材に製作されたものだろう。これらの石器類は上で説明した大型の削器や掻器類とは大きさと形態的な違いがある。小型の石器類で、当時の石器製作作業工程に大型と小型の2種類の石器が存在していたことが分かる。

小型の剥片は大型石器製作過程で発生した失敗や偶然によるサブ生産物として残されたのではなく、石器製作の始めの段階から小型剥片を生産するための石核と製作工程が存在していたことになる。このことは作業内容により道具の使い分けが行われていたことを表し、道具の多様化と加工の程度に差が出てきたことを物語っていることにも繋がる大事な事実である。

(2) 後期旧石器時代へつながる大型剥片の製作

韓国の中期旧石器段階、すなわち後期旧石器時代以前の石器群における特徴の一つに、大型剥片の存在が挙げられる。大型剥片は以前のより早い段階の石器群でも存在したが、大きさに比例して厚さも重さもあった。そして、素材が持つ制約のため加工範囲が限定されてしまう傾向をみせていた。

例を挙げると石壮里の大型剥片製の削器類、全谷里遺跡の削器類と両面調整器を含んだハンドアックス・チョッパー・チョッピングツール類、金坡里遺跡の削器・ハンドアックス類などの遺跡から出土した石器類は大型剥片を素材として用いた痕跡がある。時期は前期旧石器時代から中期旧石器時代といわれている。そのなかで、代表的な大型剥片が出土した竹内里遺跡と内村里遺跡の剥片をみてみることにする。

竹内里（Juknae-ri）遺跡は全羅南道順天市に位置する遺跡で、道路建設の時調査された遺跡である。遺跡からは4つの旧石器時代文化層が確認されていて、そのうちⅠ・Ⅱ・Ⅲ文化層が後期旧石器時代以前の文化層として分類されている。表土層直下からは、青銅器時代の古墳文化層が包含されている重層文化遺跡である。中期旧石器時代の文化層であるⅠ文化層からは、大型剥片[52]が数多く出土している。その大型剥片の石材として、後期旧石器時代以前にはあまり使われなかった凝灰岩を用いている点は注目される。

韓国の前期旧石器時代から根強く使われてきた石英岩系の石材より、一層剥片剥離作業に向いている火成岩系石材を用いることは、続いて到来する各種の石材を操る後期旧石器時代の幕開けを予告する意味合いも持つのであろう。竹内里遺跡Ⅰ文化層で用いられた凝灰岩は、次の時期にも引き続いて使われていて、当地域における文化連続を考える上でも時事する点は多い。

さて、竹内里遺跡Ⅰ文化層の大型剥片は黄褐色砂質粘土層の上部から出土している。Ⅰ文化層出土遺物は596点で、その内剥片が129点、リタッチが行われた剥片が18点で25%程度の比重を占めている（李起吉 2000）。いわゆる大型剥片の石材は、主な石材として使われた石英脈岩よりは凝灰岩を使っていることに特徴がある。

しかし、出土遺物全体の比率から考えると、まだ石英岩系が優勢で凝灰岩のような石材は比率上少ないのである。これは石器製作に欠かせない石材の選択に、前・中期旧石器時代から使われてきた石英岩系がまだ使われながらも凝灰岩のような新しい石材の開発が行われていることの証明にもなるのであろう。

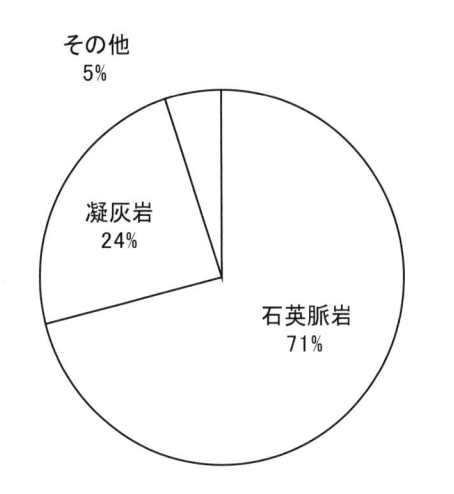

第 11 表　竹内里遺跡 I 文化層出土石器石材比

この事実は、韓半島の中部地域を流れる漢灘江周辺の金坡里遺跡や全谷里遺跡などの早い段階の礫器石器群が、石英岩や珪岩、そして珪質岩類を主に利用したことに比べると、新しい文化への兆しが韓半島南部地域にも着実に広がり、次の文化が現れ始めようとしているのを感じることができる。

ところで、竹内里遺跡では大型剥片が出土しているが、大型剥片の出現は新しい石材の利用、すなわち凝灰岩のような火成岩類の利用と深い関わりがあるのである。竹内里遺跡出土剥片の内訳を見ると 147 点が出土している。その内、7 〜 12cm の剥片が 30 点（37.5％）、12cm 以上が 14 点（17.5％）あるが、その中には 19.8cm の大型剥片も 1 点含まれている。

剥片の性格は使われた石材によって異なっているが報告書の分析によると、石英脈岩製の剥片より凝灰岩製剥片の方に縦長剥片が多いという結果である。このことは次の旧石器時代である後期旧石器時代と繋がる石材運用の仕方を暗示する結果で、以前の時期とは異なる石材運用が竹内里 I 文化層の段階ではすでに始まっていたことを示した結果である。

ふたたび全谷里と金坡里の剥片をみてみると、両遺跡から出土した剥片の大きさは平均的にみると 4 〜 6cm が最も多いという分析結果がでている（黄昭嬉 2000）。全谷里と金坡里の両遺跡の石材が石英岩や珪岩を使っていたので剥片の長さも石材の影響により短くて横長に近いずんぐりした形態を呈していたことになるが、石材の面だけで両地域の剥片を比較してみるとほぼ同じ結果に辿りつくのである。

竹内里 I 文化層の剥片の中には石英岩を利用して作った剥片が多い。石英岩製剥片の長さは、大抵 3 〜 6cm に集中する傾向をみせている。それに比べると同じく I 文化層出土凝灰岩製剥片では、もっとも長いので 16cm を超えるものも出土しているが、10 〜 16cm の大型剥片が 40％ 程を占めている。そして、幅の方もやはり凝灰岩製の剥片がより広い形をしているのである。

竹内里遺跡 I 文化層からは多くの接合資料も含まれていて、石核に接合された剥片類からは多くの製作技術に関わる情報を得ることができる。第 56 図 8 は石英脈岩製の大型石核で、そこから剥がされた剥片は石核に残っている剥離痕から想定すると打面調整を行わない平らな自然面を利用し、剥離の方向は縦方向になるが幅広剥片になるのである。10cm を超える石核から剥がされた剥片は 10cm を超えるものは少ないが、これに近い大きさのものを意図的に取れることが可能である。

また、第 56 図 7 の石核から剥がれた剥片も 10cm 程度の剥片が取れる大きさの石核である。石核と接合できた剥片は、約 9cm 大の縦長剥片であり打面から底部まで貫く剥離技術が存在したことが伺える資料である。

しかし、第 56 図 7 とは反対にポジ面にランダムな方向へ剥離が進んでいた接合資料第 57 図 1 の場合や、第 57 図 9 の接合資料のように縦方向というよりは幅広の剥片が連続的に剥がれた場合もある。このことから、I 文化層で行われた剥片剥離は、石材によっては大きさに差があったり、縦方向への連続的な剥離がまだ実用化されていなかったりする差はあったものの、石材を問わず剥片の大型化と非石英質岩の開発という目覚しい技術的進歩が見え始める時期である。

このような剥片剥離技術から得られる目的物としては、第 58 図 3・5 と第 59 図 1 〜 4 にみられる大型剥片製の

一側縁、あるいは側縁部分調整削器類がⅠ文化層から出土している。これら削器類のなかで、第59図3を除いては全て自然面付きである。石核調整を施さず、剥がした剥片をそのまま用いて、簡単な機能部加工により道具として仕上げていたことからも、この段階における石器製作技術がまだ徹底した工程管理が行われず、ランダムに行われていたことを示しているのである。

慶尚南道晋州に所在する内村里（NaeChon-ri）遺跡は、竹内里遺跡Ⅰ文化層と同時期として把握している。中期旧石器時代と後期旧石器時代を繋げる意味で重要性がある遺跡である。遺跡は南江ダム建設に伴う救済発掘により調査が行われたため必要最小限の内容しか知られていない。しかし、大型剥片の存在やハンドアックス・クリーヴァー・ピックなどの大型礫器類を持たない剥片剥離作業による石器作りが認められる。

目的にする石器製作に合わせて石器素材を作出する、素材剥片作出方法の技術的な転換が行われた痕跡として重要な意味合いを持つ遺跡である。石器製作に用いた石材はほとんどが石英岩系である。しかし、少ない数ではあるものの凝灰岩のような火成岩系の石材を用いた大型の横長剥片の存在が目に付く。

報告書には載ってないため図はないが、実見した約11cmの長さを持つ非石英岩質岩製[53]の縦長剥片の背面は、3回の横方向からの剥離面と自然面で構成されている。剥片を剥がすための打面は剥離面、言い換えれば用意された打面を用いたのである。

また、第99図4の剥片も非石英質岩で約10cm程の大きさである。打面に打点が残っている縦長剥片である。主剥離面には加工は行われてないが背面に左側縁と基部対向縁に数回の調整が施されており、基部と一側縁に調整の痕跡がある。台形様石器に近い機能性が想定される削器である。第100図6は第99図4の剥片とは異なり、背面と腹面には自然面が残っている。特に加工の痕跡は見当たらない10cmの縦長系の剥片である。表裏面に残っている剥離方向から、打点を一箇所に据え置いて剥片を剥がした痕跡が読み取れる。

縦方向へ連続的に剥片剥離を行った痕跡は第101図7にも残っている。打面は一回の剥離により形成され、調整を施さず一方向へ剥片を剥がしている。しかし、剥離方向がまだ定まってないランダムな剥片剥離が主流を成していて遺跡全体に統一的な剥片剥離システムは見当たらない。

第101図3がその例に当たるがポジ面には横方向からの加工痕を有しているが、ネガ面の方では縦長剥片を剥がした痕跡が残っている。また第101図1には一定な方向性がなく、剥片剥離はランダムな作業手順により行われたことがよく現れている。このような剥離から得られた剥片からは一側縁、あるいは側縁部分調整の削器類が主に作られている。

内村里遺跡の剥片類は主流が小型の横長剥片で、剥片剥離に用いた石材は石英岩系を主に利用している。このような剥片剥離は、前・中期旧石器時代にもみられた剥片剥離技術である。後期旧石器時代の石刃技法など縦長系剥片剥離を中心とする技法と比べると、まだ粗末な技法である。しかしながら、大型剥片を生産する製作基盤が少しずつ出来上がる段階の剥片剥離とすることができるのである。また、前・中期旧石器時代には見られなかった新しい石材を用いた大型の剥片製の大型削器が、石器群組成に含まれる傾向もみえることから中期旧石器時代の最末期にみられる石器群の様子を認めることができる。

道山（Dosan）遺跡は、全羅南道地域で発掘調査が行われた数少ない後期旧石器時代以前段階の遺跡である。遺跡は道路建設に伴う事前調査でその存在が知られるようになったが、地理的に竹内里遺跡と比較できる距離にあることと、時期的にも接近した遺跡として中期旧石器時代を考える上で重要性は高い。

出土した石器からは、非石英岩系石材を用いた遺物が3.3%しかなく、多くは石英脈岩（59.6%）、あるいは珪岩（15.6%）が主流を成している。出土した剥片の比率を見ると、5～6cmの剥片が最も多く（48.9%）8～11.5cmの剥片は15%程度である。しかし、長さより幅が広い剥片も一部あるので、比率は若干変動がある（李起吉　2002）。

また、遺跡からは剥片が45点しか出土してないため全体的な統計や分析から得られる結果は限定されてしまう。

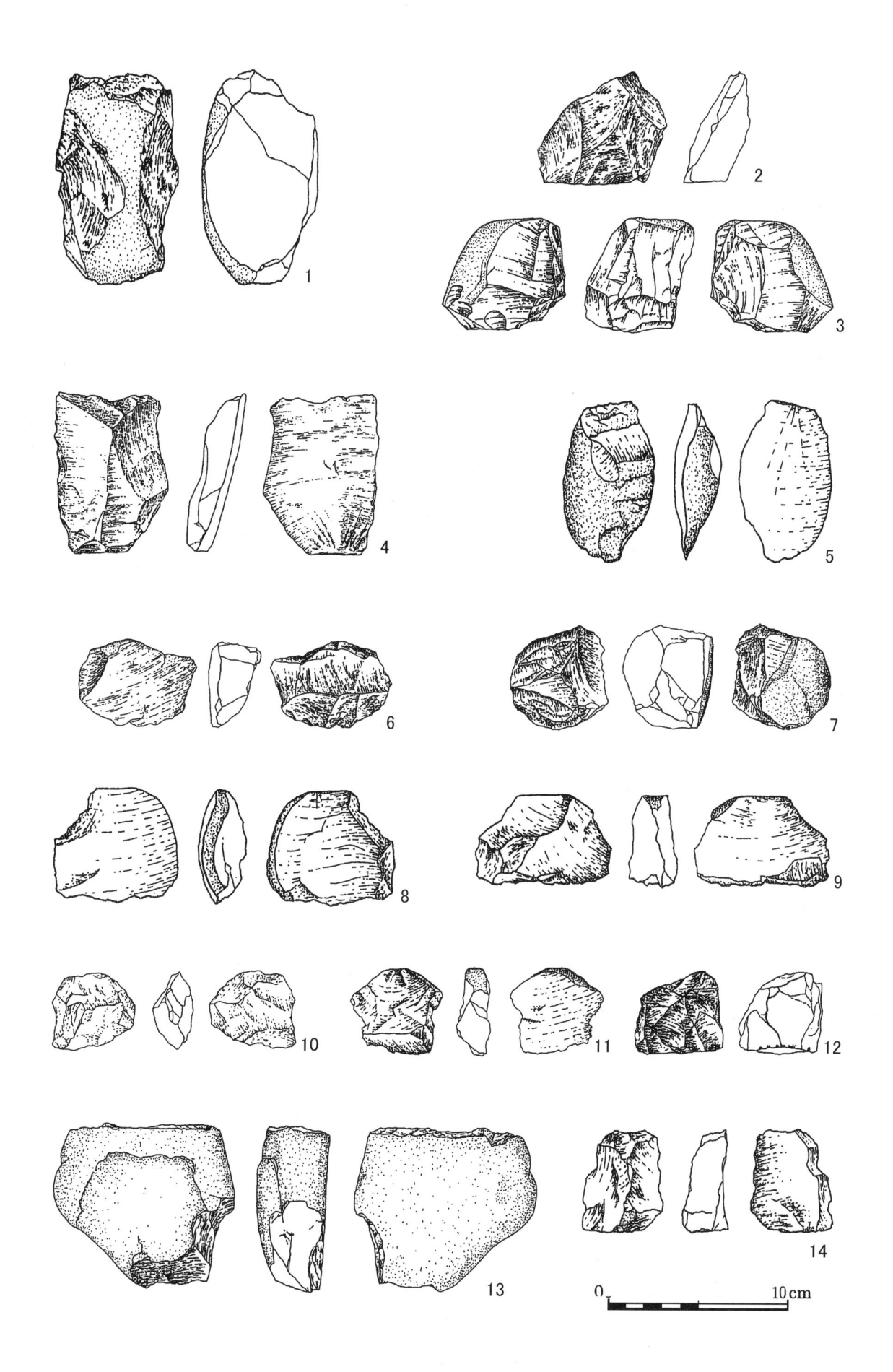

第 99 図　内村里遺跡出土遺物 1（裵基同・林榮玉　1999 を改編）

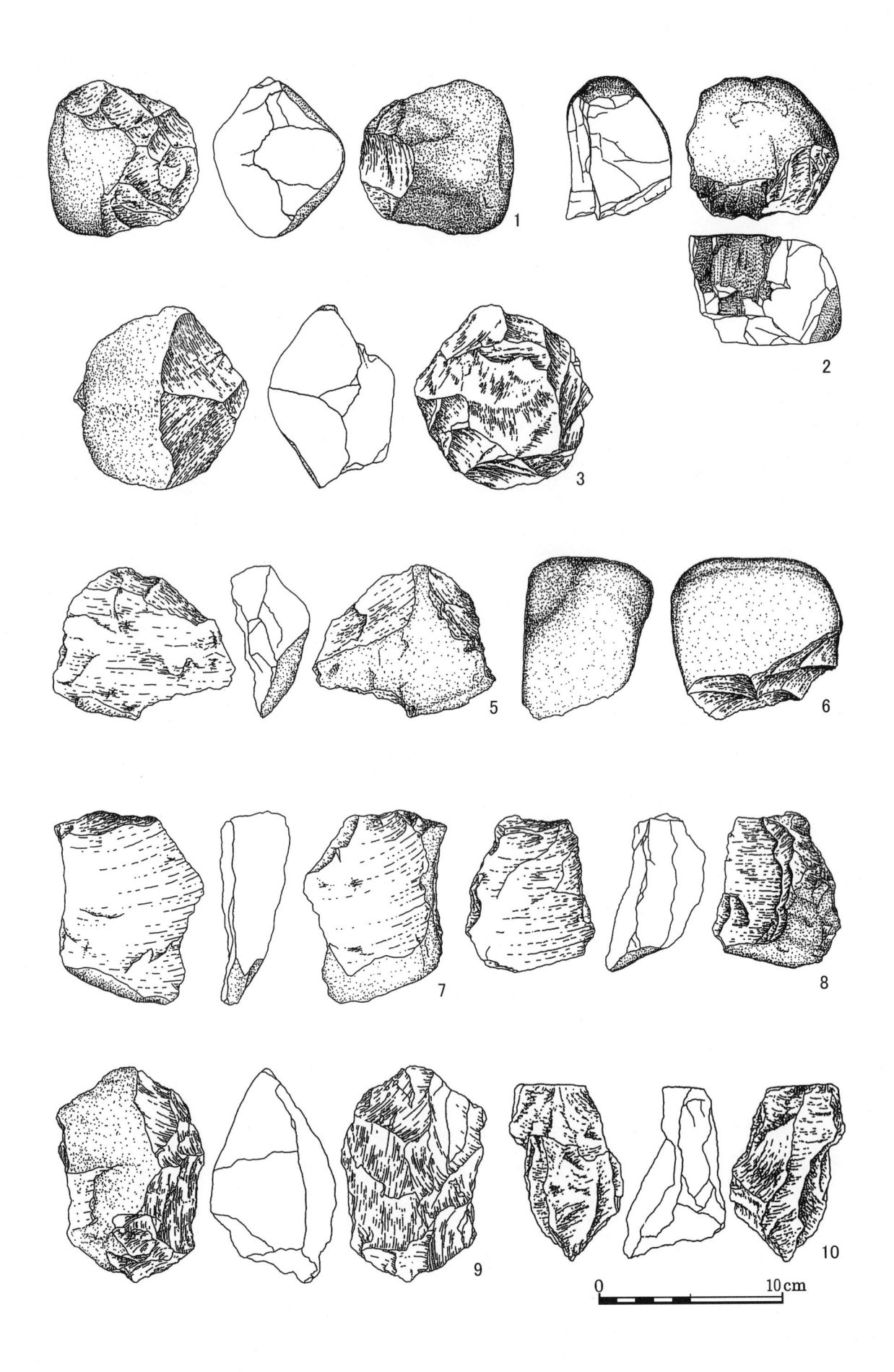

第 100 図　内村里遺跡出土遺物 2 (裵基同・林榮玉　1999 を改編)

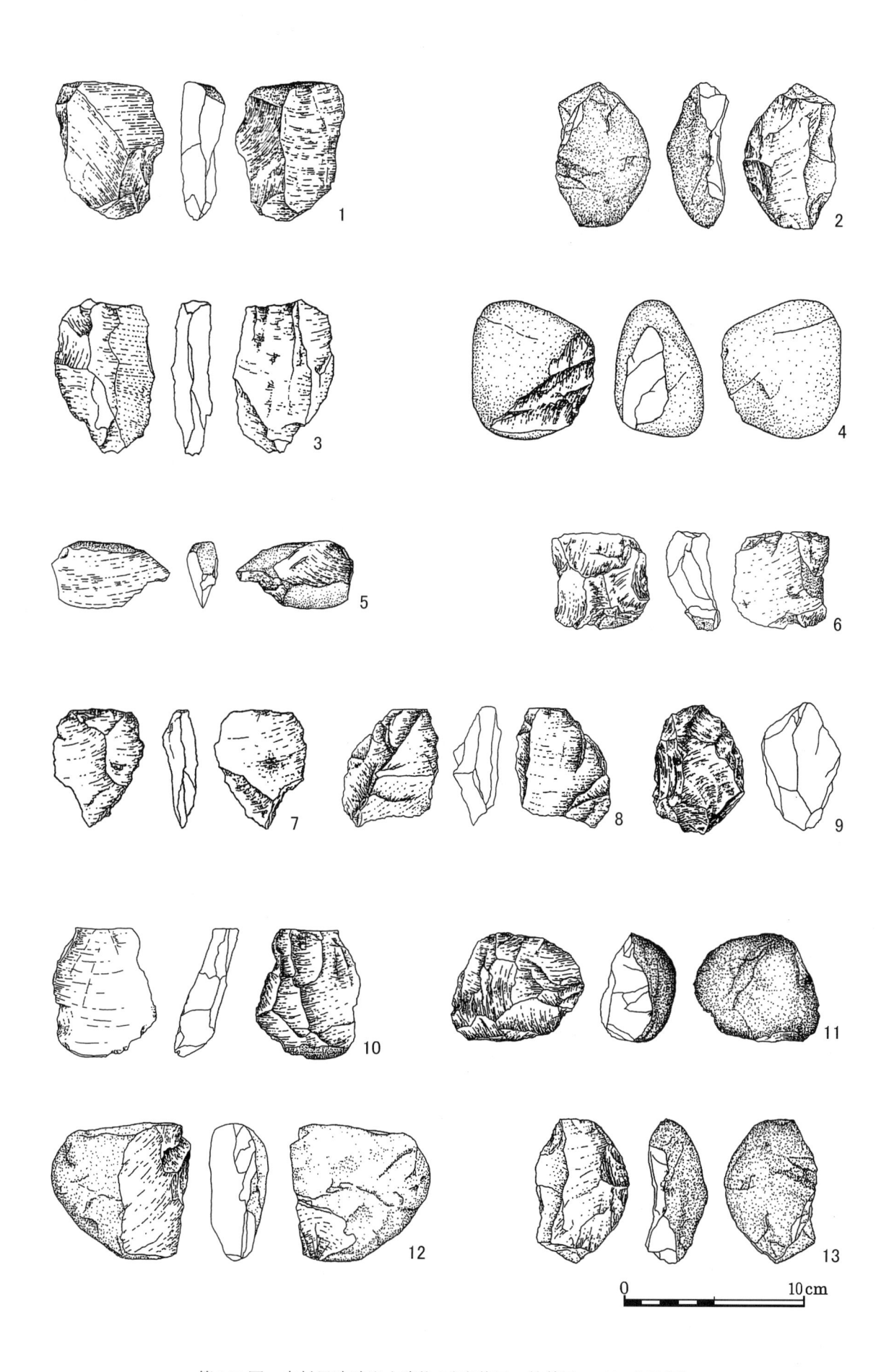

第 101 図　内村里遺跡出土遺物 3（裵基同・林榮玉　1999 を改編）

しかし、幅広剥片の比率が高いのと、石英岩系石材の利用比率が竹内里Ⅰ文化層に比べて高いのは注目に値する。剥片の多くは10cmには及ばないものの、8cm大の剥片は主に削器類に使われている。第106図1・2のような即円に調整がある石器は幅広の大型剥片を素材に用いたもので、側縁の機能部のみに加工が施されている。

堂下山（Danghasan）遺跡は同じく全羅南道に位置する遺跡で、中期旧石器時代と後期旧石器時代の2つの文化層が確認された。石器集中区域から出土した剥片は全部で28点ある。第108図13は安山岩製の大型剥片（12×15.4×4.8cm）で、幅広剥片の両面の部分を加工することにより作りあげた両面調整体で、細かい調整は施されてない。

第108図13に類似する剥片として第107図10があるが、背面に自然面を有する縦長系の剥片で表裏に縦方向へ走る剥離面がある。剥片の打面が残ってないため、どういう状態で剥がされているのか分からないが第108図13と同じく腹面に数回の側縁部調整が残っている。これら2点はともに安山岩系の石材を用いていることは、やはり竹内里遺跡や道山遺跡で述べた事実とつながりがあるのであろう。

以上のように中期旧石器時代の大型剥片に関して述べてきたが、整理すると中期旧石器時代は前期旧石器時代からの石器製作の伝統がだんだん薄くなり、中期旧石器時代の終わり頃になると新しい石器素材の生産にかかり始めた。そのためには、新しい素材に相応しい石材の開発がなくてはならないのである。これら一連の変化は、石器需要と深い関係を持ちながら後期旧石器時代への変化を少しずつ導いていったのである。

石器加工の方でも以前の機能部中心加工という伝統の中に、成形加工を加えることにより以前は見えなかった、新しい器種が道具役割を交代し始めた。分厚い大型剥片は、非石英岩質の石材を利用することにより薄い大型剥片が出来るようになる。ロシアでいわれるスクレブロがみえるようになるのもその影響である。

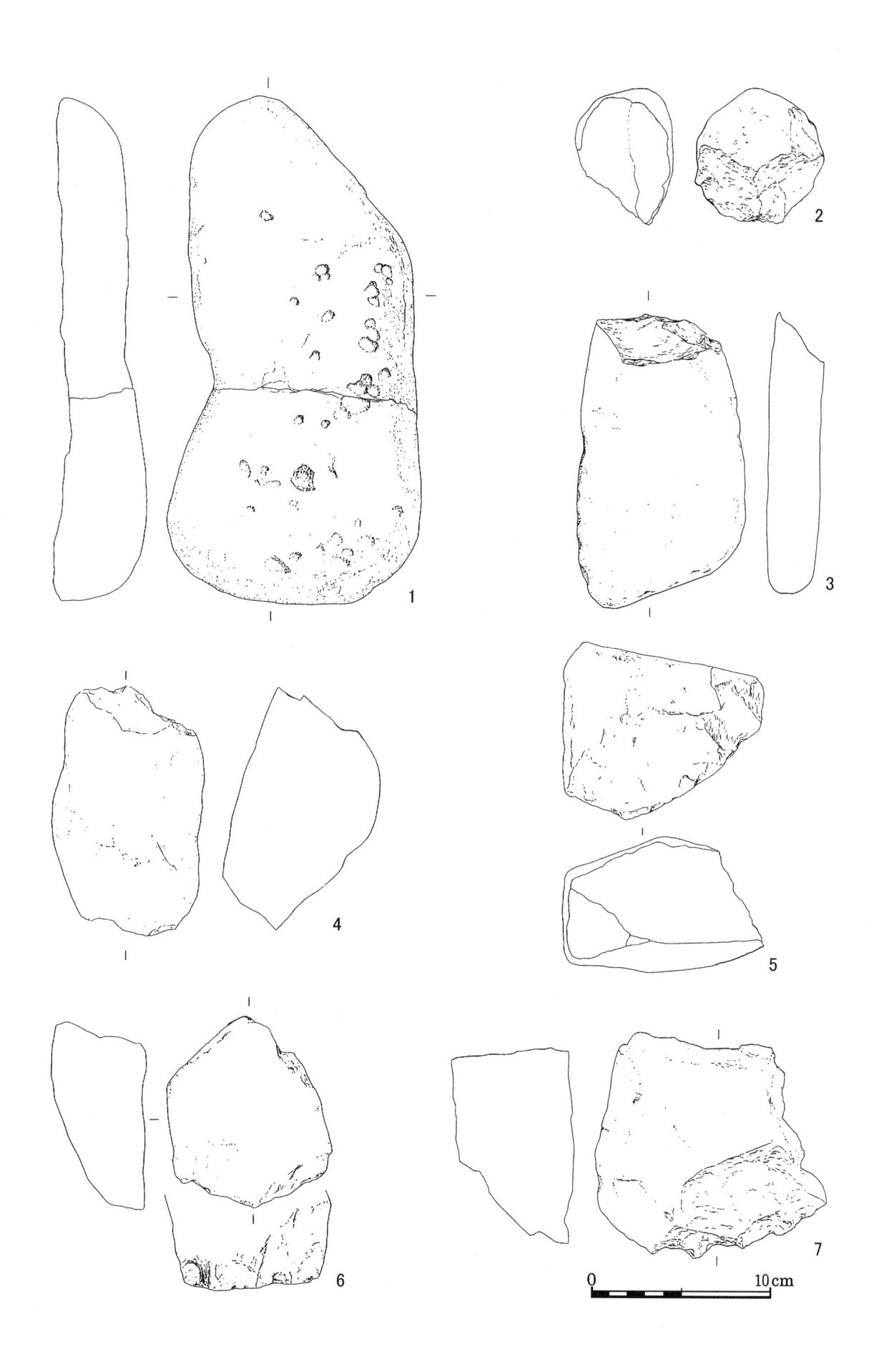

第 102 図　道山遺跡出土遺物 1（李起吉 2002 を改編）

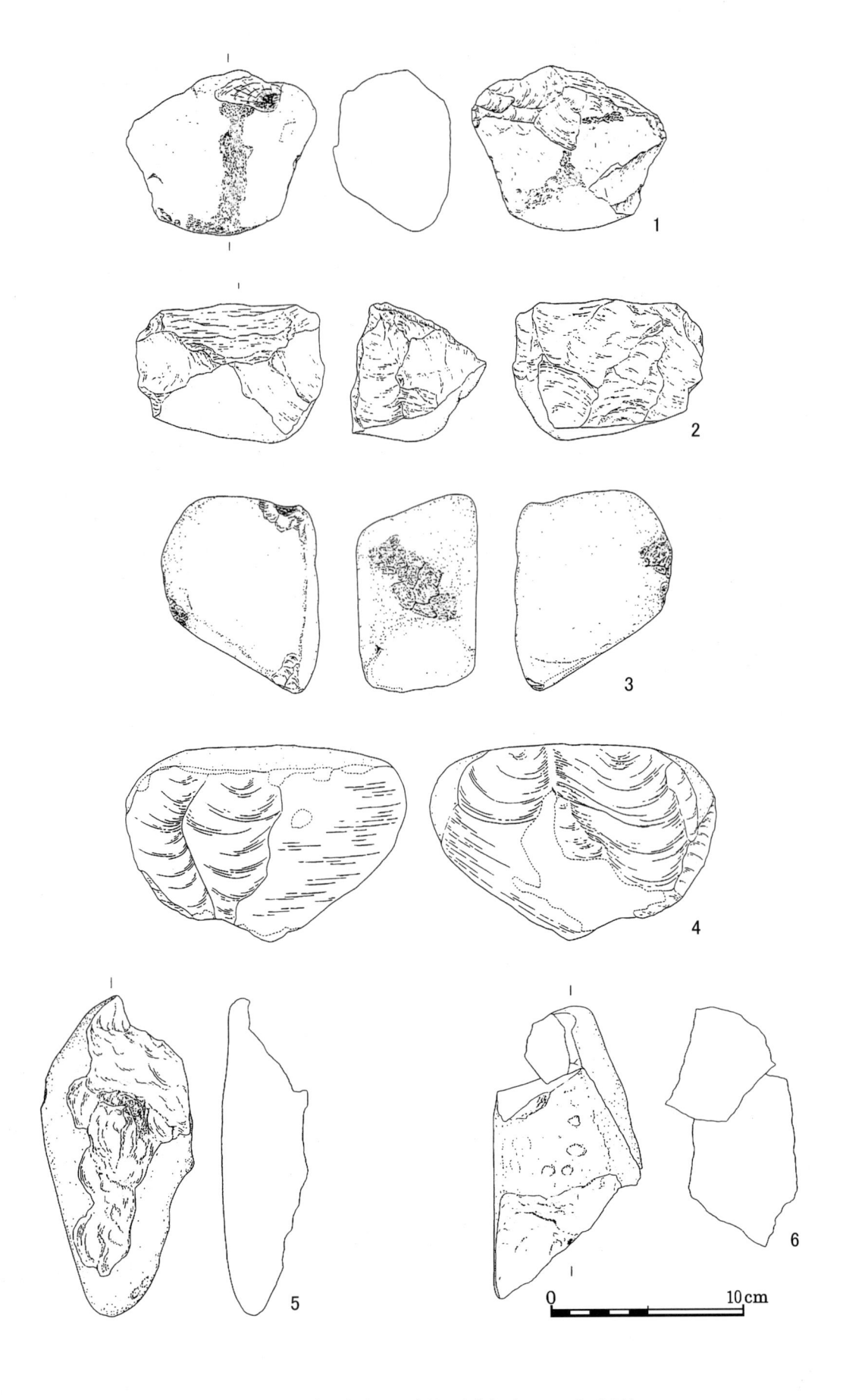

第 103 図　道山遺跡出土遺物 2（李起吉 2002 を改編）

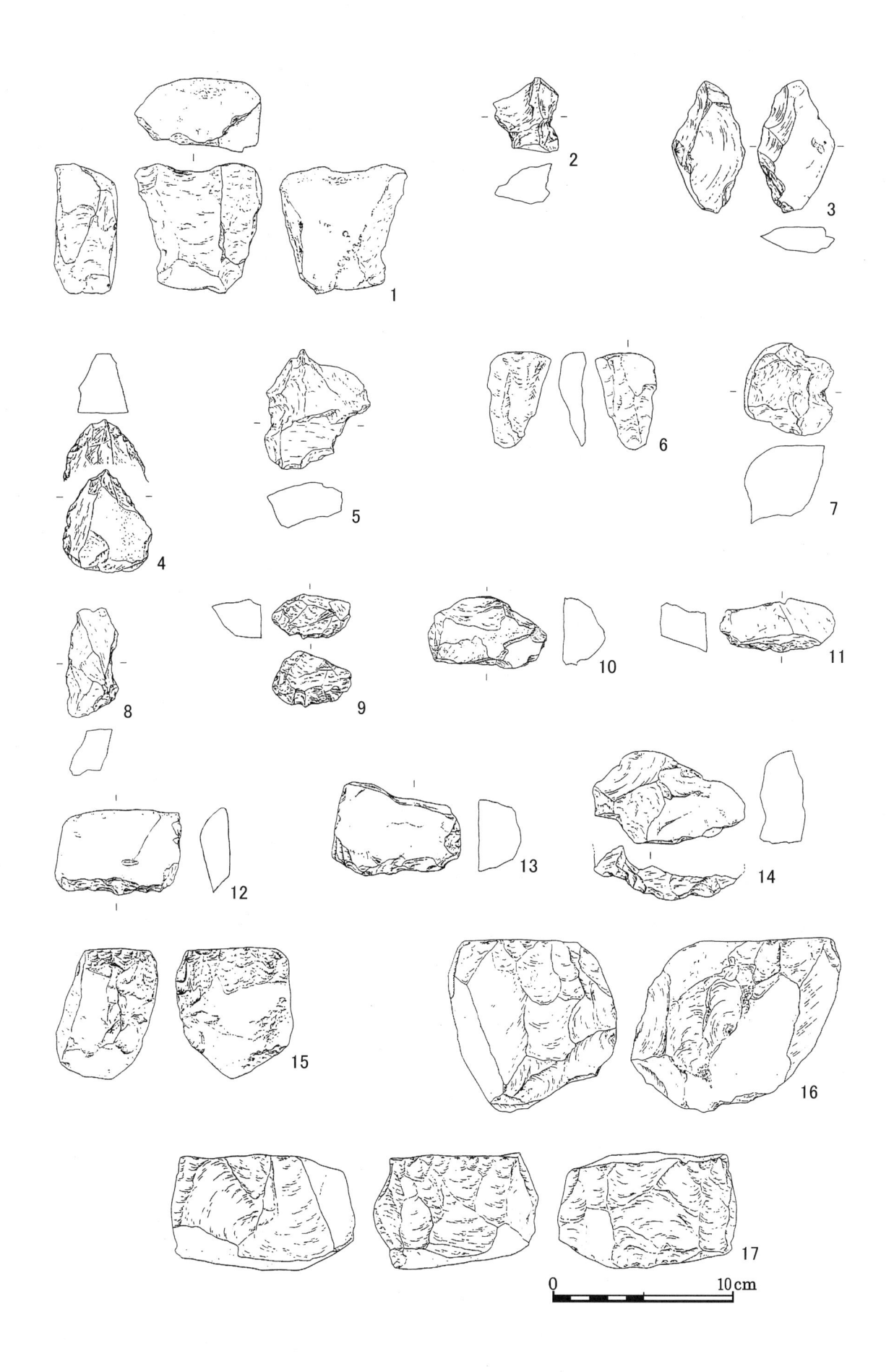

第 104 図　道山遺跡出土遺物 3（李起吉 2002 を改編）

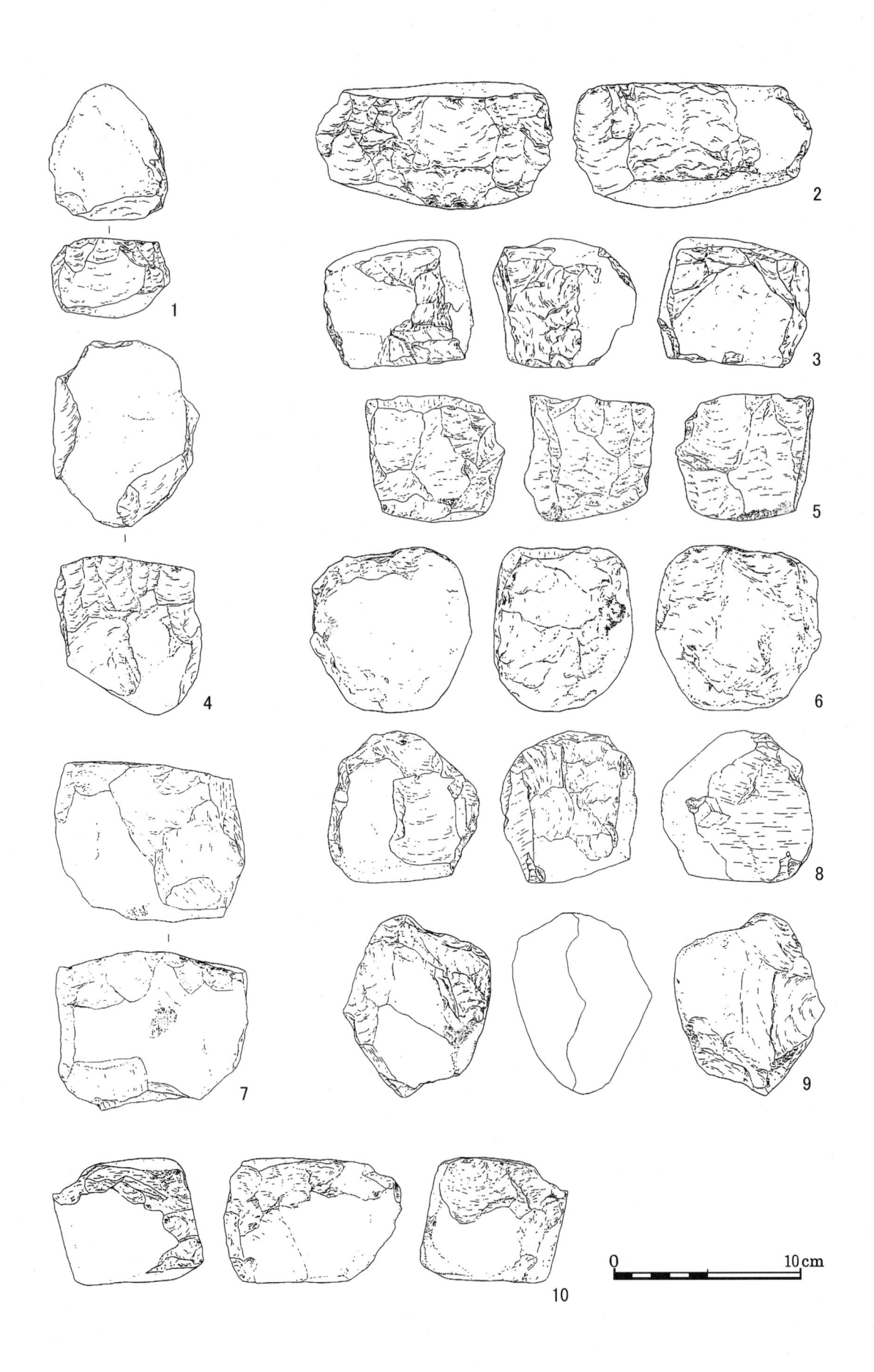

第 105 図　道山遺跡出土遺物 4（李起吉 2002 を改編）

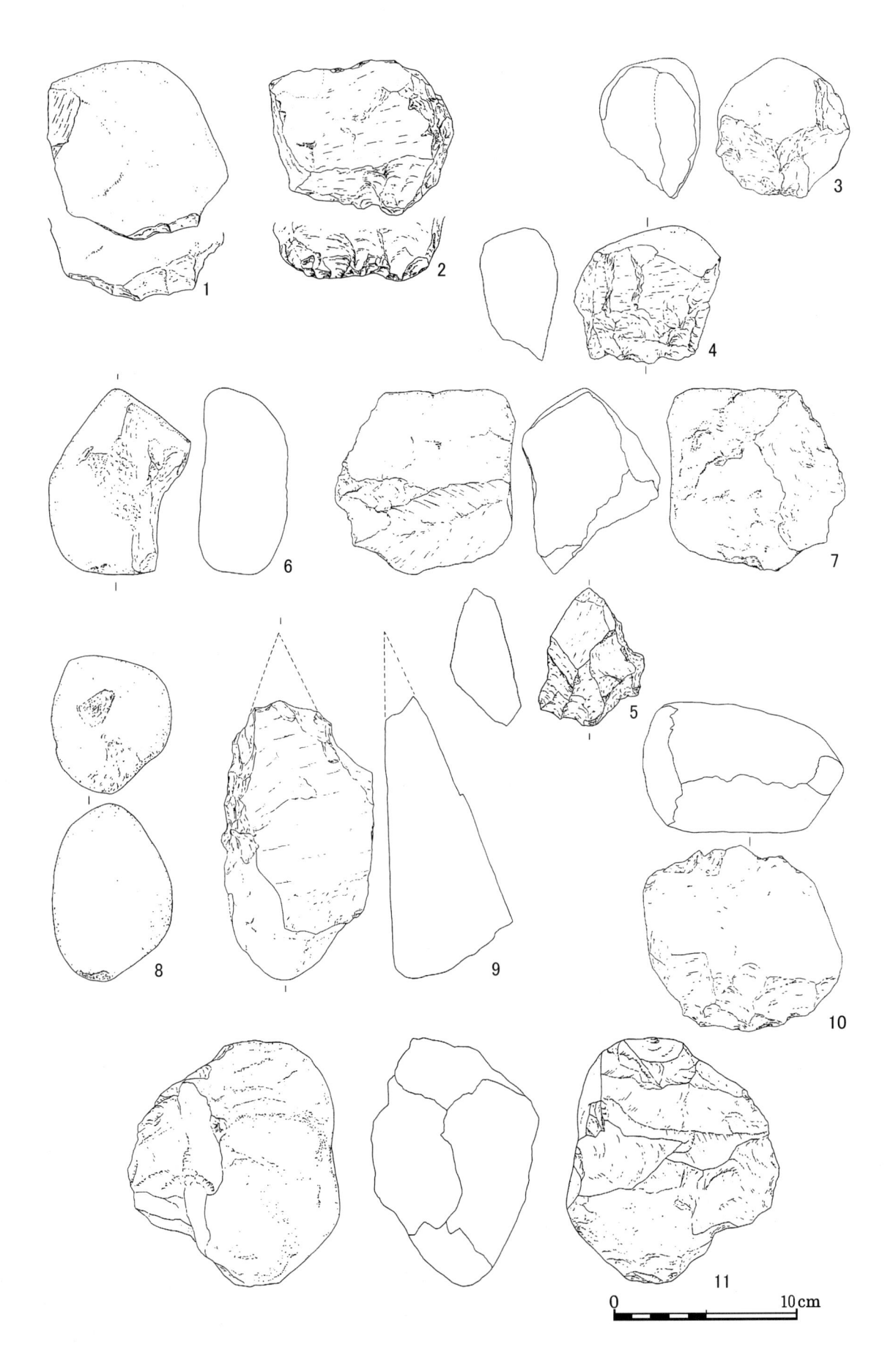

第 106 図　道山遺跡出土遺物 5（李起吉 2002 を改編）

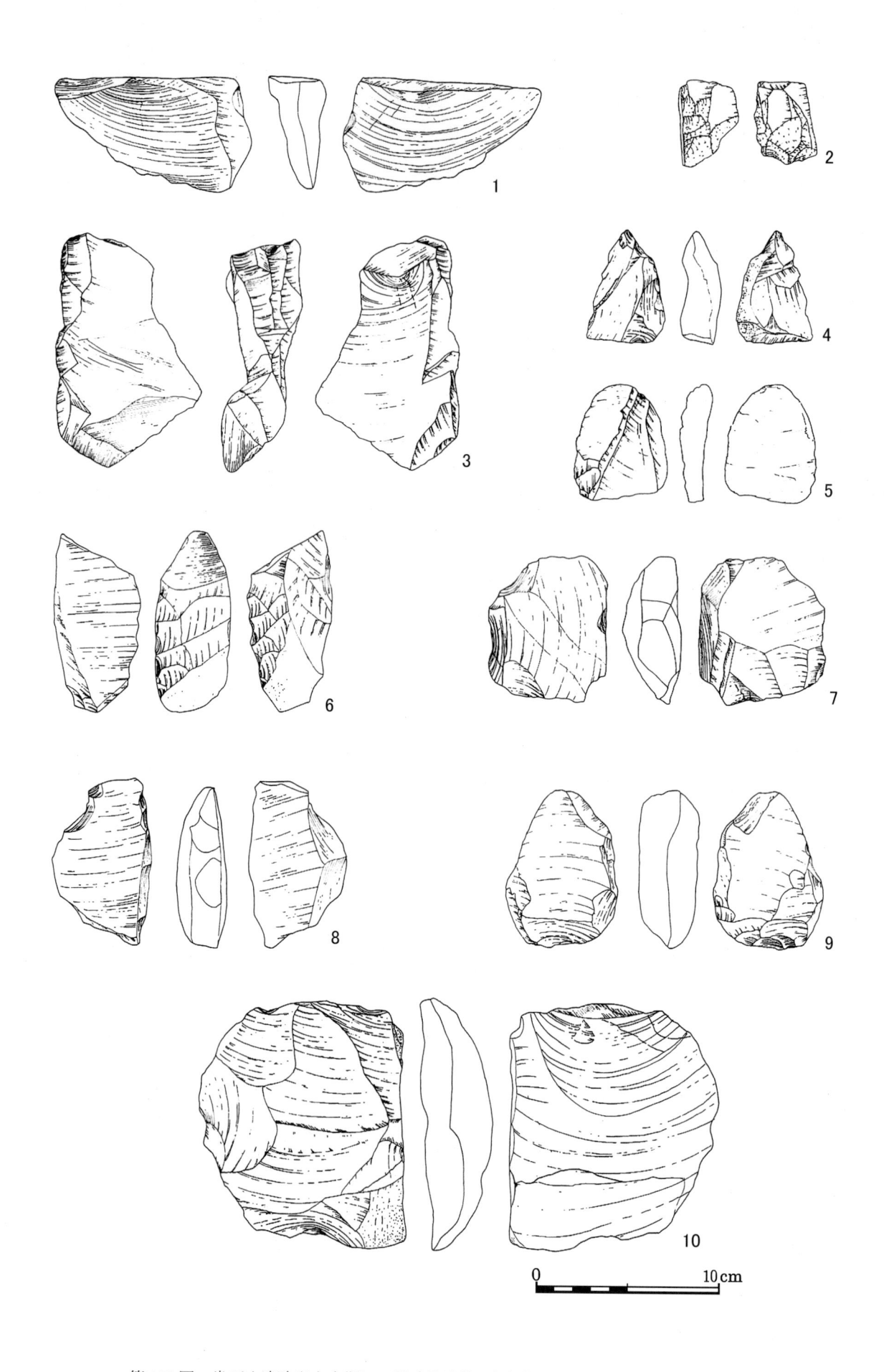

第 107 図　堂下山遺跡出土中期旧石器時代遺物 1（李憲宗・崔ソンラク 2001 を改編）

第 108 図　堂下山遺跡出土中期旧石器時代遺物 2（李憲宗・崔ソンラク 2001 を改編）

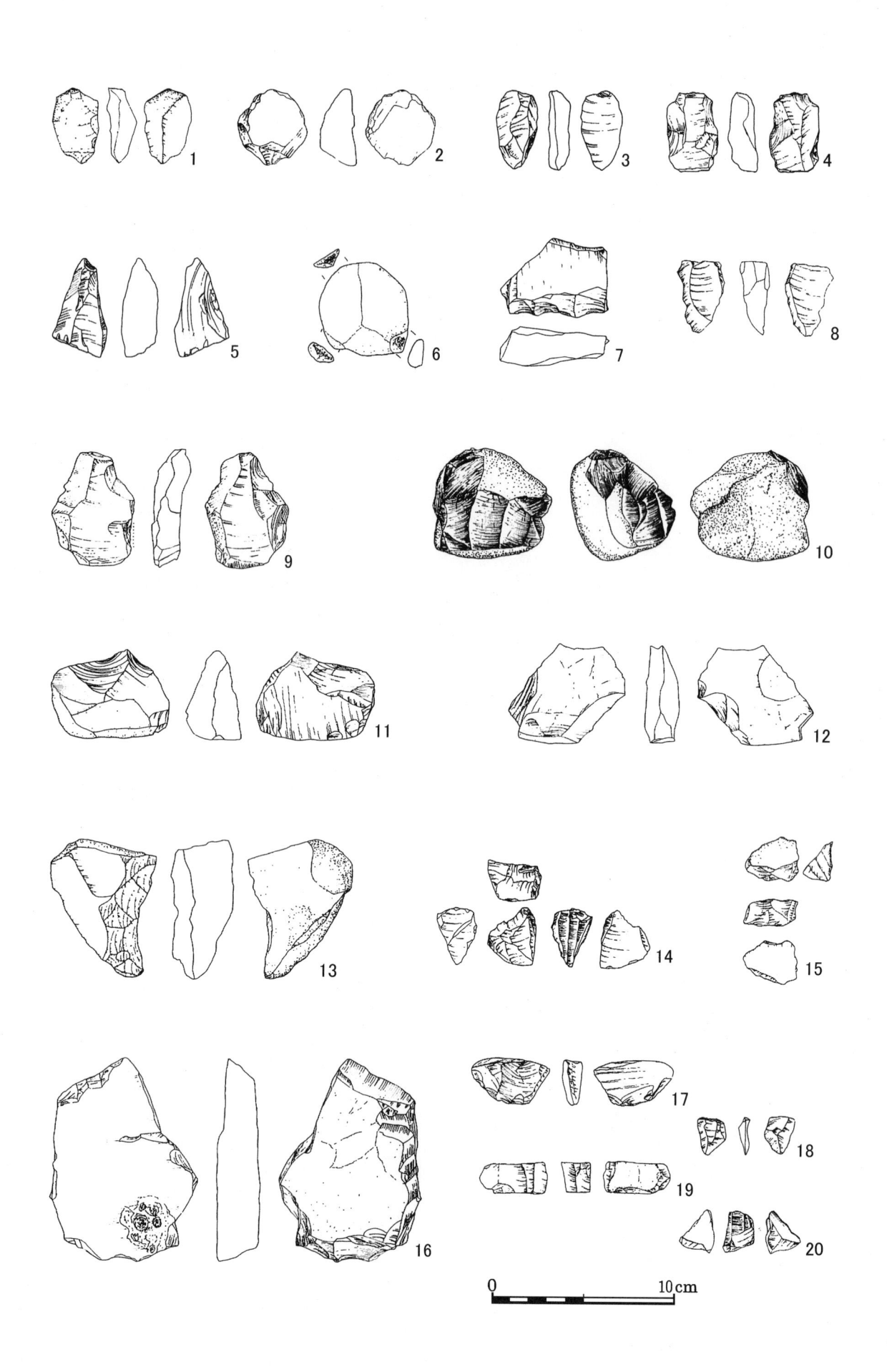

第 109 図　堂下山遺跡出土後期旧石器時代遺物（李憲宗・崔ソンラク 2001 を改編）

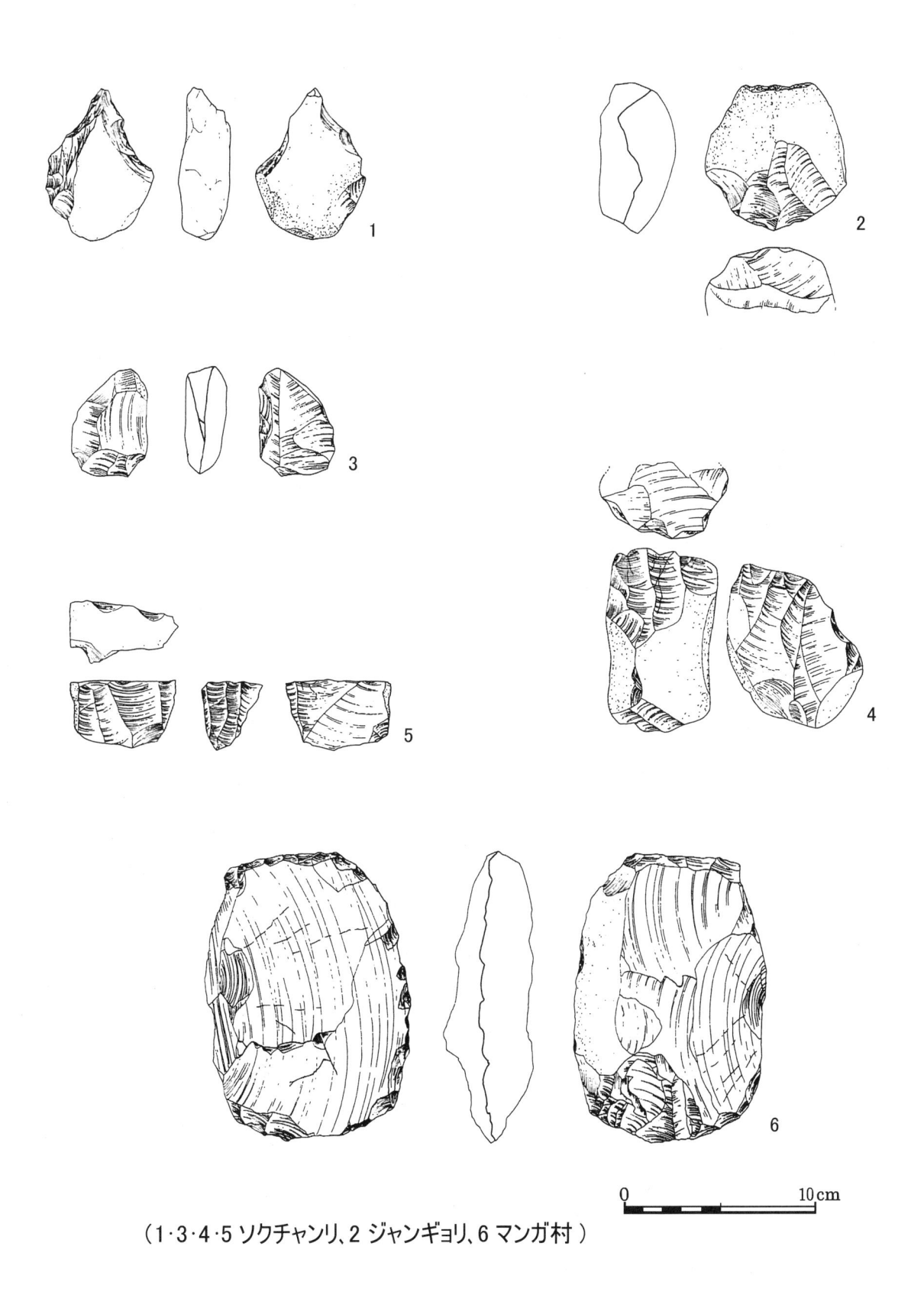

（1・3・4・5 ソクチャンリ、2 ジャンギョリ、6 マンガ村）

第 110 図　皮西里遺跡周辺地表面採集旧石器時代遺物（李憲宗　ほか 2 人 2001 を改編）

2. 遺跡の形成

1) 遺跡に残された過去の時間

(1) 旧石器時代遺跡の立地と自然地形

　韓国における旧石器時代の遺物は河川周辺の開地遺跡から出土している。河川周辺に主に分布している旧石器時代遺跡は段丘あるいは旧河床堆積層に位置しているため、旧石器時代遺物包含層の上に多様な斜面起源堆積層と古土壌層が発達している。従って韓国の旧石器時代文化層を理解するためには、古土壌層の生成原因と形成時期が分からなくては前に進めないのである。

　古土壌層は最終氷期間に数次行われた凍結と融解作用により形成された土壌のことで、色と構成物によりいくつかの層に分けられる粘土層である。粘土層の中には、周氷河気候下で生成されたと思われるソイルウェッジが数枚確認できる。さらに、古土壌層の分析は遺跡の生成年代を把握するのに重要な役割をしていて、現在時期が決定されている遺跡は、古土壌層の分析により得られた年代を持ち込んでいるのが実情である。しかし、遺跡の性格や時期を考えるためにはソイルウェッジの生成原因や沖積土なのか崩積土なのかなどの問題を含んだいくつかのハードルを超えなければならない。

　多くの遺跡が斜面起源堆積層の上から発見出来るが、石壯里遺跡や垂楊介遺跡などがその代表的な例で、これらの遺跡の遺物は現在より寒い気候下であった当時の凍結作用による地表物質の結氷レンズ化作用などが起きた砂質粘土層、あるいは粘土層などといった古土壌層から出土している。

　金周龍によれば、韓国のソイルウェッジは周氷河気候下に生成できる現象としその成因を次のようにした。斜面崩積土内から発見されるいろいろな有機質土壌・堆積層資料に関する炭素同位元素の結果と、上部と下部にそれぞれ存在するソイルウェッジの年代を参考にすると、斜面起源堆積層は更新世 (Pleistocene) 末の最終氷河期 (Last Glacial) に形成される可能性があることを示している。そのようなことから、ソイルウェッジは寒い気候と関係が深いことを説明している (金周龍 2002)。

　韓国の後期旧石器時代遺跡の上部ソイルウェッジ直上には細石器と剥片尖頭器石器群が位置している。下部ソイルウェッジにはハンドアックス石器群などの石核石器群に代表される中期旧石器時代以前の旧石器時代文化層が位置していることからも、年代的な配分は実年代に接近した考えで信憑性は現在までの研究の中ではもっとも高いのである。

　竹内里 I 文化層は報告書によれば 6.5 万年以上の古さをもつ中期旧石器時代になっており、この遺跡が所在する韓半島南部地域の中期旧石器時代の後期段階の石器文化では、大型剥片の作出と非石英岩質石材の利用、そして系統 I の石器群はほとんど姿が見えなくなっている。第12表の土壌形成原因表をみると最終間氷期の第1堆積層は旧河床堆積層で、最終氷期の第2堆積層では斜面泥流と瑣屑流層、そして古土壌層により形成されている。

　層位図 (第206図) で見られる上部と中部、そして下部にそれぞれ各1枚の合計3枚のソイルウェッジが見られることと関連して考えると、最上部ソイルウェッジの年代は酸素安定同位元素2期に属する1.5万年前の後期旧石器時代、最下部のソイルウェッジは酸素安定同位元素4期、すなわち6.5万年前の中期旧石器時代の文化層になることが理解できるのである。このような結果からすると、ソイルウェッジは寒い気候と深い関係があることが分かるのである。

遺跡＼堆積層	最終間氷期(第1堆積層順)				最終氷期(第2堆積層順)				
	赤色風化土壌	山麓扇状地性堆積層	段丘堆積層	旧河床堆積層	斜面泥流	瑣屑流層	古土壌層	背後湿地
三里	●			●	●	●	●	
全谷里				●	●		●	
石壯里				●	●	●	●	
屏山里			●		●	●		
下花渓里			●		●	●		
老隱洞				●	●	●	●	
竹内里				●	●	●	●	
小魯里				●	●	●	●	●
古禮里	●	●			●	●	●	
垂楊介			●	●				

第12表　韓国旧石器時代遺跡土壌・堆積層形成関連時期（金　2002から部分引用）

(2) 旧石器時代遺跡の類型

① 河川流域に集中する遺跡群

韓国における旧石器時代の遺跡の立地は、時代の変化と共に規模や立地が変化しているが、その中身はどうなっているのだろうか。遺跡は機能立地論で考えると三つに分けることが出来る。まず、居住期間が1シーズンを過ごす位規模も大きい普段の生活の場としての遺跡である。生活の場としての遺跡は、単独である場合よりは季節や状況別に分けて移動しながら営んでいたことが調査により明らかににになりつつあるが、まだ全体の規模や構成はこれからの分析を待たなければならない遺跡。もう一つは、狩猟や採集などの生産活動のための一時的な利用によりわずかなブロックで集中的な行為が行われた遺跡である。3番目に、石材の確保や生産のため繰り返し回帰することにより生成される大きい規模の遺跡をあげることができる。

1つ目の遺跡は、一般機的な生活空間 (Base Camp)。2つ目は、特殊目的のため滞在した空間 (Hunting Camp)。3つ目は、一般生活と特殊目的の中間的な性格が強い石材産地空間や石器製作空間などの生活支援型 (Factory Camp) の3つに分けて考えることができる。

また、これらの遺跡は自然地形上の立地をみてみると大きくⅣ類に分けることが出来る。Ⅰ類型は、川を抱えた瓢箪型の台地上に多数遺跡が集中する遺跡類。Ⅱ類型は、川の本流と支流が合流する山の裾に形成された幾つかの河岸段丘面に位置する遺跡類。Ⅲ類型は、川の上流の方に位置する石材産地を抱えた緩やかな山斜面に展開する

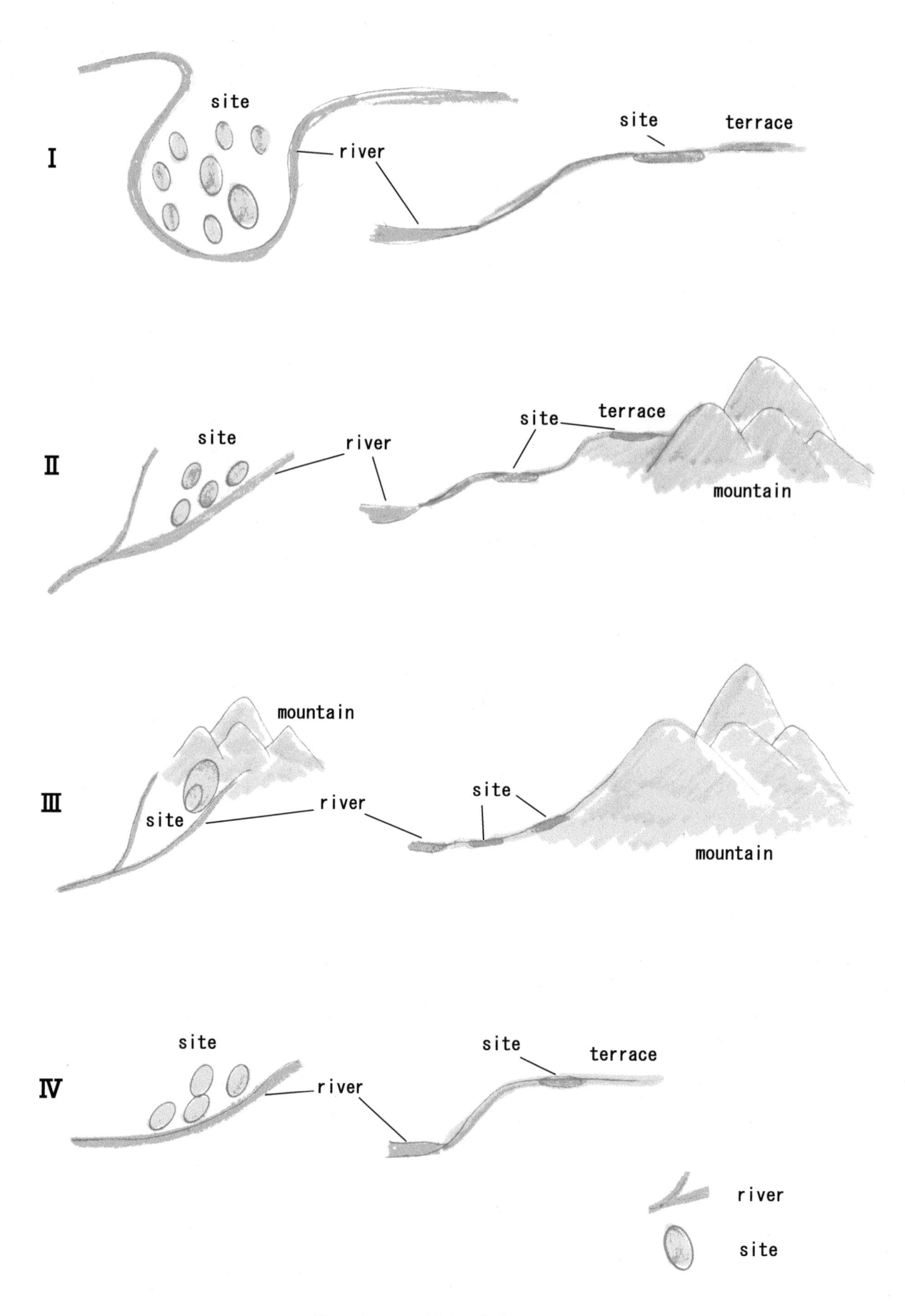

第 111 図　旧石器時代遺跡立地模式図

遺跡類。Ⅳ類型は山から離れた川沿いの自然堤防のような段丘形地域に位置する遺跡類の4つに分けることが出来る。Ⅰ類とⅣ類は前期や中期旧石器時代など古い遺跡に多く見られる類型で、Ⅱ類とⅢ類は後期旧石器時代の遺跡によく見られる遺跡類型である。

　Ⅰ類型に該当するのは、全谷里遺跡に代表される臨津・漢灘江流域に集中する後期旧石器時代以前の遺跡によくみられる。遺跡は大規模を成していて石器製作と生活をともに営んだ機能立地論の1番目と3番目の複合型の遺跡が該当する。

　Ⅱ類型は、垂楊介、チャンネ、石壯里、龍湖洞、三里などが該当する。主に後期旧石器時代の遺跡が多いⅡ類は、石材の供給ラインと生活に適した自然環境の中で大規模遺跡を多く残している。

　Ⅲ類型は、後期旧石器時代の遺跡が多い。古禮里、月坪、好坪、ジングヌルなどが該当する。石材産地を抱えた遺跡構造が多いことと、山奥に位置することが多いことから石材供給と狩猟の性格を帯びている。

　Ⅳ類型に、該当する遺跡としては金坡里遺跡などがあるが、川沿いに生活拠点をおいた移動を繰り返し行いながら在地形石材運用戦略を持つ、小集団による小規模で営む生活パターンをもっている。

　② 石材運用戦略から見た遺跡構造論

　韓国の旧石器時代遺跡は既知の通り、酸性土壌なので有機質遺物の残りがほとんど確認されてないのである。そのため旧石器時代を理解するためには、石材分析や石器の分析そしてわずかな炭化物を含んだ遺構の分析に頼るしかないのである。旧石器時代を復元する作業は人々の痕跡のなかに残りがよく、大量に残っている石質遺物を分析する作業を通さなければならない。従って、旧石器時代の人々が道具である石器を作る時発生する剥片や砕片、そして石核などを分析する事により当時の人々の動きを復元することができるようになる。

　日本列島では後期旧石器時代や縄文時代の石材の動きを研究した実績が多いためコンセプトを立てることが容易になっているが、韓国の石器研究における石材研究は日本列島の黒耀石のような特定石材が少なかったため石材研究はまだ基盤が薄い。しかしながら最近黒耀石などを含んだ石材の研究が少しずつ行われるようになりそれぞれの地域における石材研究に関する認識はよくなっている。

　ところが旧石器時代の遺跡からは、遺跡がある周辺でよく見かける石を素材として用いた石器がある反面、遺跡から遠く離れた地域にしか存在しない石を持ってきて作った石器がある。勿論、石材が自分の力（自然の営力）で移動する場合もないことはないが到底移動できない距離、或いは地域からのものの動きはヒトが関与しなければ起きないことである。従って、遺跡から出土する外地から持って来られた石材の元の場所をつきとめると、ヒトの移動ルートが分かるはずである。遺跡から出土する石材と遺跡の形を合わせて考えると、第112図のような4つのタイプを考えることが出来る。

　「タイプ1」、遺跡が石材産地の中に位置する形で、石材は勿論豊富にあるため遺跡の規模は時間的累積も含め、大規模の遺跡が多い。そして、閉鎖的で製作技術にも強い連帯意識で結ばれた継続性が見られる。

　「タイプ2」、同じ石材産地を共有する形で、別々の遺跡A・Bから同一産地起源の石材が出土する形態。遺跡は移動に適合な分量の石材を持って産地周辺を徘徊しながら生活を営む。石器製作規模は大きくないが纏まりがよくて短期間に形成されたブロックを残す形態。

　「タイプ3」、長距離移動が可能な集団で、時間をかけて産地へ往復する形態。特定石材産地を熟知していて石材産地とは離れたところに生活の場を設けている帰巣性が強いタイプの遺跡。遺跡からは周辺では見られない石器器種や黒耀石などの特定石材を多く使った石器作りが行われる。

　「タイプ4」、一つの遺跡が複数の石材産地を持つことにより移動範囲が広い集団の形態。長距離と在地にある石材産地を開発することにより移動生活がより簡単に出来るような環境を整えたタイプ。

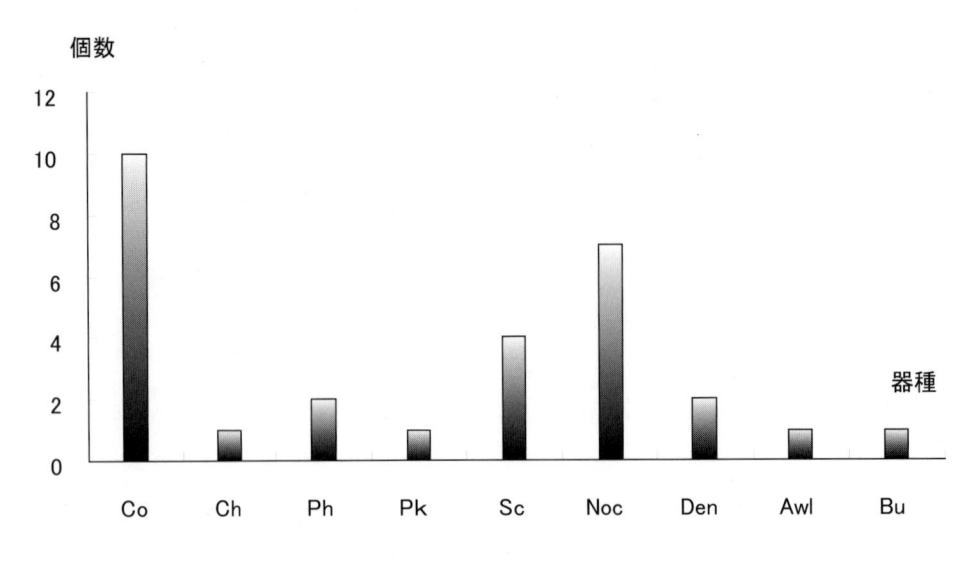

第13表　竹内里遺跡Ⅰ文化層石英脈岩製石器組成

　以上のような4つのタイプにより遺跡形態を分けてみたが、実際の遺跡研究では個々の遺跡で石材産地同定や石器製作技法分析、そして個体別分析などの方法を用いたより複雑で時間が掛かる作業過程を踏まなければならない。

2)　石器製作作業内容の分析（特化されたブロック）

(1)　後期旧石器時代以前の石器製作空間

　酸素安定同位元素2期と4期のような寒い時期に展開していた韓国の旧石器時代遺跡は、活動の場を主に内陸水系を中心に展開[54]していたことが明らかとなってきたが、活動の内容はどうなっていたのだろうか。人類の活動の内容を知る研究方法としては遺跡に残った人類の活動痕跡を復元するための手掛かりとして、すでに言及した通り有機質物質が残る可能性は特殊な環境でないと残っていないため、用いるのはもっぱら石質資料、すなわち石器に関わる石製物に限られてしまうのが現状である[55]。
　遺跡の地形学的環境を考慮した生活面に残った石製品と製作過程で発生する剥片や砕片などの残滓と、石器製作直前あるいは直後の状況を知ることが出来る石核を技術形態学的な分析することにより、遺跡内における人類の活動内訳を復元することが出来る[56]。
　過去の人類の行為などにより遺跡に残された痕跡（遺物・遺構）の研究に欠かせないもっとも小さい研究対象として"点[57]"を挙げることが出来る。一般的に"点"は複数以上の数で成している空間的な集まりを見せている。そして、同一作業工程上の一行為により発生する個別の点が集まって形成される空間的な広がりは、平面的な可視的集まりを見せる傾向がある。石器研究者達はそれを"ブロック（Bloc）[58]"と呼び、遺跡調査の結果得られる基礎データとして扱う。
　ブロックは石器製作作業の結果残された一形態ではあるが、遺跡で確認できるブロックの数は遺跡の性格を知る上で欠かせない分析対象である。同一空間のなかで生じうる共通の傾向性を帯びる、同時期の人類行為に関する

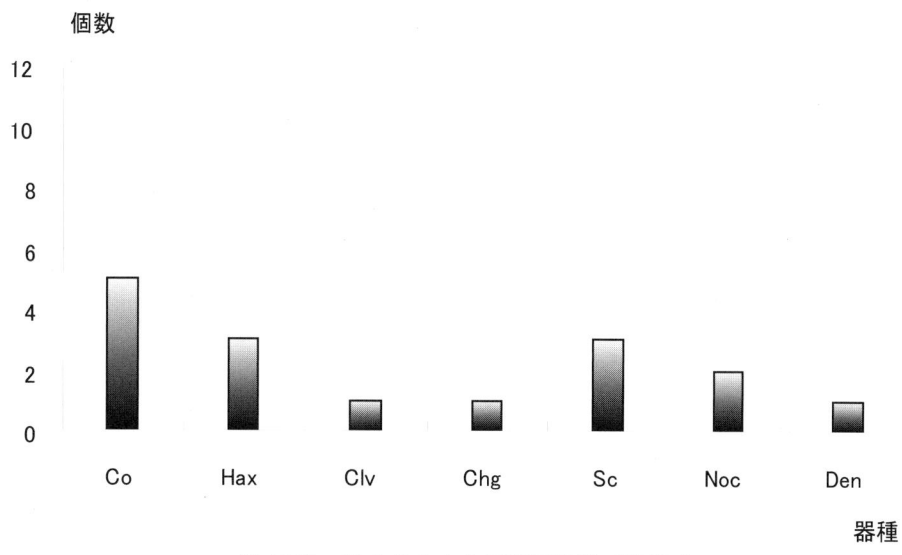

第14表　竹内里Ⅰ文化層凝灰岩製石器組成

研究は、ブロックの分析から始まるのが一般的である。

ところで、遺跡で検出できるブロックの数は人類の作業単位数を表すという理解ができる。では、具体的な例をあげながら内容をみてみよう。竹内里遺跡Ⅰ文化層[59]が形成される時期における生活面は酸素安定同位元素4期以前の時期で、この時期における多くの遺跡は、主に旧河床堆積面と段丘上に活動の痕跡を残している。竹内里Ⅰ文化層も河川作用による砂質粘土層の上に堆積した黄褐色粘土層が文化層であるが、同一時期に形成されたと報告された鳳鳴洞遺跡の分析結果を引用して、後期旧石器時代以前の文化層として報告がなされている。

Ⅰ文化層の遺物包含層は上位の文化層より河川に5m接近した位置に集中部が検出された。遺物集中部の内容を見ると主な遺物は、石英脈岩（423点）と凝灰岩（143点）、そしてその他の石材（30点）で構成されている。このような石材比は前期旧石器時代には、ほとんど使われなかった石材である凝灰岩の利用比率がこの時期には徐々に高くなっていくことをみせている。しかし、まだこの時期まではメイン石材として以前から主流を成していた石英岩系石材が広く使われていることもⅠ文化層が持つ性格を端的に表現しているのである。

では、2類ある石材の分布形態はどのような様子を見せているのか。遺跡内の両石材の分布形態をみると石英脈岩は18〜24列に、凝灰岩はㄱ16、ㄱ21、ㄱ22グリットに約20cmの厚さを成して集中している。石英脈岩は遺跡全体で平均的に出土しているが、凝灰岩は2ヶ所のまとまりを見せているのがみて取れる。Ⅰ文化層出土石器の石材別出土状況を示しているのが表13と表14である。両石材を用いた各石器の比率では、構成の違う様相を帯びているのがわかる。

石英脈岩の場合、鋸歯縁石器（Den）・錐（Awl）・彫器（Bu）などの小型石器類とチョッパー（Ch）・多面体球（Ph）・ピック（Pk）などに用いられた。それとは対照的に凝灰岩製石器類は、ハンドアックス（Hax）・クリーヴァー（Clv）・チョッピングツール（Chg）など器種面において両者は重ならない構成をみせている。言い換えれば、当時期になると石材の個性を生かした機能を異にする石器をつくるシステムが出来上がっていたことを表している。

石材（raw materials）別に器種を分けて製作するためには、石材の性質を理解した上で技術面と生活パターン面での進歩がなくては新しい形の石器生産システムは成り立たない。技術面というのは、石材が持つ性質を理解することと、力学的な経験による技術の蓄積が背景になければならない。そして、石器を機能に適合した形を作り、うまく機能するための石器運用（使用）面での十分な知的経験が必要である。

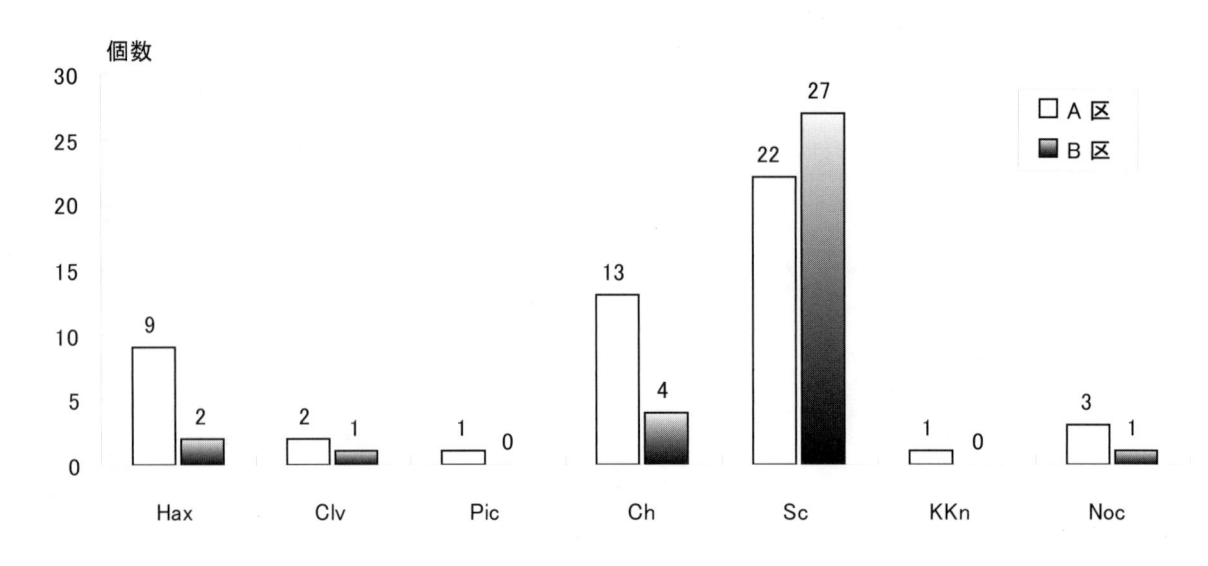

第15表　金坡里遺跡出土遺物構成

　また、生活パターン面では、石材の補給と生命を維持するための生活システムに差し支えない移動戦略を新たに確保しておかなければならない。生命維持に必要不可欠である狩猟・採取道具の製作のための、原材料である石材の補給といった基本経済システムがうまく機能しない限り、新しい石材を生活に取り入れるという画期的な出来事は、うまく機能しない可能性が高いのである。

　韓国の旧石器時代における石英岩質石材の比重は非常に高いし、存続期間は前期旧石器時代から後期旧石器時代までと長いタイムスパンをもっている。初期段階の石英岩質石器はいわゆる石核石器（Pebble tools）を生産するための石英岩質石材から礫器類へとの単一生産ラインが成立していた。

　しかし、後期旧石器時代になるにつれて石英岩質石器系は石英岩質石材の中から、意図した機能部が得られ易い石材の開発を徐々に行ってきた。そのような石材の開発方法は中期旧石器時代後期になってからで、ある段階以前までは使われなかった新石材の開発が行われ、石器生産システムのなかに新しい風を引き起こしたのである。

　新しい風により変化し続ける石材供給システムは、全谷里遺跡や臨津江・漢灘江流域に展開していた在地系石材獲得構造を保つ遺跡構造から非在地系石材獲得構造へと変化する。変化の初期段階に該当するのが竹内里Ⅰ文化層と直前のいくつかの遺跡である。

　竹内里Ⅰ文化層の遺物出土分布は、そのような意味でも当時の生活様子を知る上でいろいろな情報を提供している。遺物出土平面分布図をみると石英岩質石材は遺跡全体から満遍なく検出しているのが分かるが、凝灰岩になると状況が石英岩質石材とは全く異なる様子を覗うことが出来る。凝灰岩質遺物は遺跡の中心とやや東北に離れた場所に位置している。

　両ブロックの間は約30m位離れていて、両者の形は西よりが5m以上の広さを持つのに対し、東北よりのブロックは5mより小さい。二つのブロック間の隔たりは、この遺跡における凝灰岩質系石材運用機能を保有した集団の異なる時期における重複的な利用、すなわち回帰システムによる結果なのか。あるいは、同一時期における同一集団の空間利用の仕方による距離なのか。それにより竹内里Ⅰ文化層に関する解釈は異なっていくのである。

　ところで、凝灰岩と石英岩質石材は平面的な分布では遺跡の北東方向（B-NE）ブロックは離れているものの、固まっているように見える。しかし、水平分布をみると両者は上と下に分けることが出来る。それが"ㄱ16"グリ

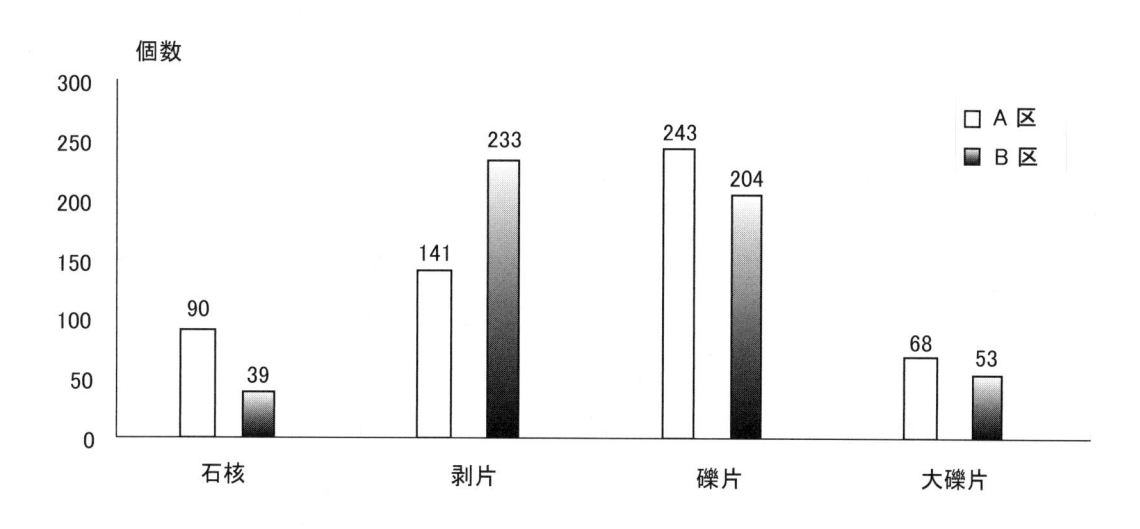

第16表　金坡里遺跡出土遺物技術構成

　ッドと連携してみると竹内里Ⅰ文化層は少なくても3回の時期を異にして訪れたフィールドであったことが分かるようになる。

　その順序は"ㄱ22"と"ㄱ23"一帯に展開していた凝灰岩を携えた集団（T1）による短期間滞在が小規模な遺跡運用を見せた後、遺跡全般に及ぶ石英岩質系集団による広範囲でT1集団より大きい集団が遺跡一面に展開した時期を経て、再びT1と系統を同じくする凝灰岩を持ったT2集団が"ㄱ16"グリッドに展開していた。このような順序で遺跡に展開してはいたが、時間的な差は同一時期とみてもそれほど大きな隔てりは感じない、接近した時間軸を持つ集団であったと思うのである。

　このような結果から、竹内里Ⅰ文化層は短いタイムスパンを持つ同一集団による回帰により形成された遺跡であると考えられるが、凝灰岩を持つ集団の活動は制限的で局地的な空間の利用が目立つ。遺跡に残された遺物の方でも石核や剥片は残っているものの、完成品は少なく必要な器種が得られると他の場所へ移動を開始するという移動性が高い生活が繰り広げていた。

　竹内里Ⅰ文化層から出土した数少ない石器器種の中の多面体球と削器、そして石核とノッチは関連性が高い。出土状況からもこの二つのセットは同じ場所で固まって出土している。これら4つの器種は石材の枠を越え、この時期によく作られた石器であるが、ノッチと削器は狩猟具というよりは加工具[60]であり、この遺跡の性格が狩猟から得た獲物の加工をする場所である可能性が伺える。

　加工具を製作し、利用するといった形態を見せた竹内里遺跡から、石器製作址としての機能を持つ遺跡の方へ話を進めることにする。前・中期旧石器時代の遺跡が集中している臨津江・漢灘江流域の方へと話を進めると、多くの遺跡があるが遺跡形成を考える上で重要な意味を持つ遺跡として金坡里（Gmpa-ri）遺跡がある。

　金坡里遺跡は海抜高度22m位の段丘を持つ玄武岩大地上に位置する遺跡で、後期旧石器時代以前の多くの石核石器類が出土している。金坡里遺跡の遺物は段丘上に形成された窪地から出土[61]していて、窪地の性格は「流水」によるものと、「木の根が倒れ」たことによるものなどの解釈が行われているが、正確な形成原因はまだ確かでないのが現状である。出土遺物は表15を参照すると、両地区からはハンドアックスと削器、そしてチョッパーが主に作られていたことが分かる。

　また、両地区出土石器製作に関連する技術組成[62]をみると興味深い事実が浮き彫りになる。「A地区」ではハン

凡例
● 石材
→ 移動方向

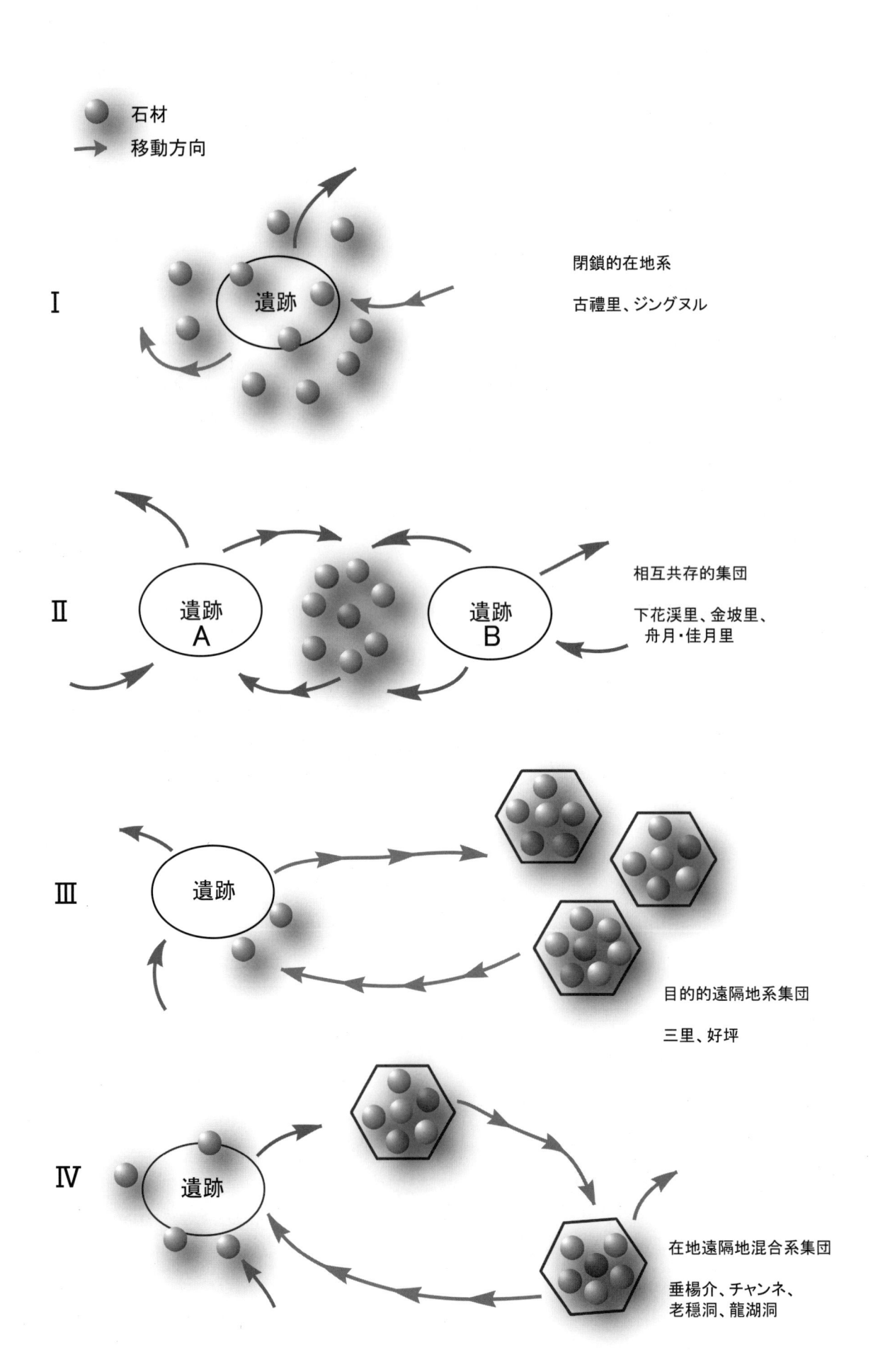

I　閉鎖的在地系
　　古禮里、ジングヌル

II　相互共存的集団
　　下花渓里、金坡里、
　　舟月・佳月里

III　目的的遠隔地系集団
　　三里、好坪

IV　在地遠隔地混合系集団
　　垂楊介、チャンネ、
　　老穏洞、龍湖洞

第112図　タイプ別石材運用構造模式図

ドアックスやチョッパーのような大型石器類が多いのに対し、「B 地区」では削器などの細かい二次加工を施した「A 地区」に比べて小型の石器が多く検出された。これに関して報告者は、「A 地区」には大きい石器が多く、「B 地区」では小さい石器が多く残されているとし、このような差が生じたことは遺跡の機能と形成過程を反映するものと解釈した（国立文化財研究所　1999）。

「A 地区」と「B 地区」は同じ河川堤防状の丘陵地に残っていて、両地区の距離は約、200m ほど離れている。200m 程度離れている両地区は石器組成と技術組成が異なることから、両地区における遺跡形成過程は異なる経緯を持つものであると判断される。両地区で遺跡を残した集団は、同一領域を持つ集団により形成された時間差を有する遺跡として理解するのが妥当である。その根拠としてまず、石器組成を見てみることにする。

「A 地区」と「B 地区」の石器組成は構成上ほぼ同じ組成を持つ石器群として展開していたことが分かる。前・中期旧石器時代の中で早い段階の石器群組成には金坡里の第 15 表にも表われているが、ハンドアックスやクリーヴァー、そしてピックといった"Heavy duty tool"が多く含まれている。このことを考えると、両地区の石器組成は基本的には出土点数の差はあるものの組成の中に確実に入っている器種であるといえるのである。

また、大型ナイフやピックといった機能推定が出来る石器は数的に少ないが「A 地区」にのみ含まれているので、「B 地区」の性格とは異なる遺跡であったことが推定できる。石器組成に遺跡の機能推定に端緒になる器種が含まれているか否かは、遺跡の性格と生成時期を考える上で大事な資料として扱わなければならない。勿論、単純欠落ということも考えられるが、出土した石器組成と技術形態論的な側面から、両者は概ね前期旧石器時代に近い時期にこの地域で活動をしていた集団により形成された遺跡である。

これら近接した石器組成と形態的な類似、そして石材運用面での類似などの点から両者は概ね接近した時期に展開していた遺跡ではあるが、両地区の技術組成的な側面からの相異により、集団の居住時期は「A 地区」に石器を残した集団が古くて「B 地区」に石器を残した集団は新しいと両者の間には前後関係があるのではないかと筆者は考えている。

両地区の層位は、第 205 図地層柱状模式図を参考にすれば分かるが、直径 4m 程度の窪地の形成後に堆積した黄褐色粘土層から多くの接合資料を含んだ遺物が出土している。黄褐色粘土層の下には赤褐色粘土層があるが遺物の出土量は上の黄褐色粘土層よりは少ないのである。窪地の遺物出土層位を見ると窪地は地表面から 75cm ほどのさほど深くない窪地であるが、遺物は地表から 50〜60cm の間で集中する傾向をみせている。

ここで重要なのは、遺物が窪地の地山面ではなく、20cm ほど上に浮いた状態で出土しているということである。調査団によると金坡里遺跡の玄武岩が 30 万年前に形成されたことから出発すると、窪地の主堆積物である砂層と粘土層は水の影響により堆積されたという仮定の下で、最終氷河期より古い最後の間氷期を含むそれ以前の時期、すなわち中部更新世の後半から上部更新世始めに遺跡が形成されたと考えているのである[63]。

ところで、技術組成の側面から数量をみると石器組成とは逆転する構図がみられる（第 16 表）。「A 地区」の 141 点に対して「B 地区」の 233 点という剥片の数的反転がみられるのは遺跡機能を考える上で貴重な資料を提供している。上の表の内容をみるためには"石核の数"と"剥片の数"をセットで見なければならないが、「A 地区」では石核 90 点に対して剥片 141 点が、「B 地区」では石核 39 点から剥片 233 点が端的な数字ではあるが検出された。

このようなことからは、各地区で行われた石器製作技術の熟練度を覗うことが出来る。「A 地区」の作業は石核 90 点を用いて剥片 141 点を残したが、「B 地区」では石核 39 点から 233 点の剥片が確認できる。そして、「A 地区」からは加工を施した石器が 51 点確認できているのに対して、「B 地区」では 39 点の石核から 35 点の加工を施した石器が確認できている。従って、石核利用率は「A 地区」では 56%、「B 地区」では 89% という数字からも両地区の性格が違うことが言えるのである。

「A 地区」の石器製作作業は石核 1.76 個を用いて石器 1 点を生産するために、剥片が石器 1 個当りに 0.97 個剥

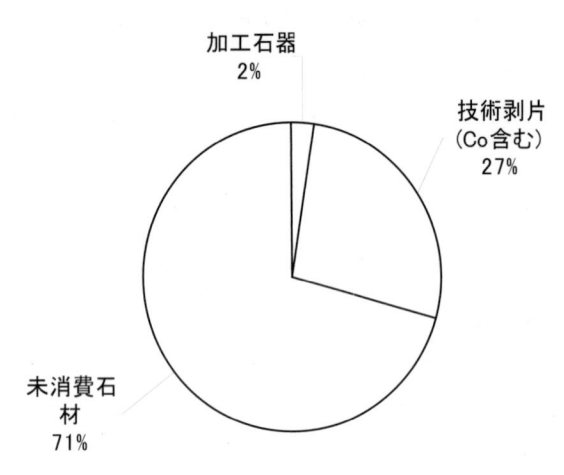

第19表　金坡里遺跡窪地7出土遺物構成

それ以外の出土遺物としては、石核ともいえる多面体球と、5cmを超える大きさの剥片と接合できる何点かの二次加工を施した剥片が出土している。全体の組成比をみると、やはり加工石器の比率は低く剥片の比率が高い。製作の際に生じる剥片や石屑などの比率の増加と完成した加工品の少なさは、この場所以外のところとの活動の連動を考えさせるのであろう。

"窪地7"は金坡里遺跡のなかでも最も遺物の出土が多い地点で、その内容面でも他の窪地でみられる一般的ともいえる構成比がみられない特殊性を帯びている地点である。金坡里遺跡でみられる一般的な石器組成というのは"窪地3"石器分類図でも分かるように、剥片＞未消費石＞加工石器の順で構成されている。それに対して、"窪地7"では未消費石＞剥片＞加工石器の順になっているので、まだ消費されてない原石(石器石材)の数が多い点にある。

233点の未消費石材全部が石器作りのための石材とは思わないが、他の窪地に比べると異常な数量が出土したのである。石器を作る際に発生する剥片類や石核類は"窪地3"でもっとも多い98点が出土しているが、当の"窪地7"では58点とその数量は中間程度の数である。10個ある窪地の内1・5・6・7からハンドアックス類が出土しているが、石器組成からもハンドアックス類出土窪地の状況は類似するところが多い。

このような窪地の形成過程上の謎はまだ解けてないが、各地点からは人工物が出土している点から見ると遺跡として成り立つのは間違いないだろう。しかしながら、遺跡の性格と形成過程に関する分析がまだ行われてないため性格はまだ不明なところが多いが、この論文ではあえて仮説を立て、その形成課程を追ってみることにする。

窪地の形成は、木が倒れ、窪地が形成された後石器作りのため人類の臨時的な利用が行われたが、一回で形成されたのではなくほぼ同一時期に展開していた集団の数回に及んだ利用により石器製作址として残るようになった。窪地群のほぼ中心に位置する径3mほどの方円形を呈する"窪地7"から石器作りは始められ6・5・1へと広がるのである。

このような広がりは、剥片や石核などの製作時に発生する石屑類がもっとも多く残っていることと、それに伴う加工品の数も多いことから7・6・5・1の各窪地は一つの製作単位として金坡里「A地区」に展開していたことが考えられる。「A地区」で大型の剥片類が多く出土しているのとハンドアックス類の出土量が多いことはこのような性格を物語っており、これら製作址の周りにある貧弱な内容の別の窪地は補助的な性格で、地形的な形状から石器製作址地として選ばれなかったのである。

ところが、金坡里遺跡には「B地区」といった北に200mほど離れたところにもう一つの遺物出土地域がある。遺物の内容は報告書にまとめてある通り、接合できる小型の剥片類と数点のハンドアックス類が出土しているが、技術的な分析からみると、「A地区」よりは新しい集団により残された遺跡として考えることが出来る。しかし、両区域間の石器型式的類似性から両者は同じ系統を引き継ぐ集団関係であることを容易に考えることが出来る。

「B地区」出土の第122図1と第121図8は加工の程度には差はあるものの、基本的な加工と素材利用の面では同一系統の石器として理解することができる。また、第122図3と第116図6は両面調整の仕方が求心方向へ走りながら側縁の一部分に集中的な加工を施す方法などは、この地域に広がっていた前・中期旧石器時代の特徴ある加

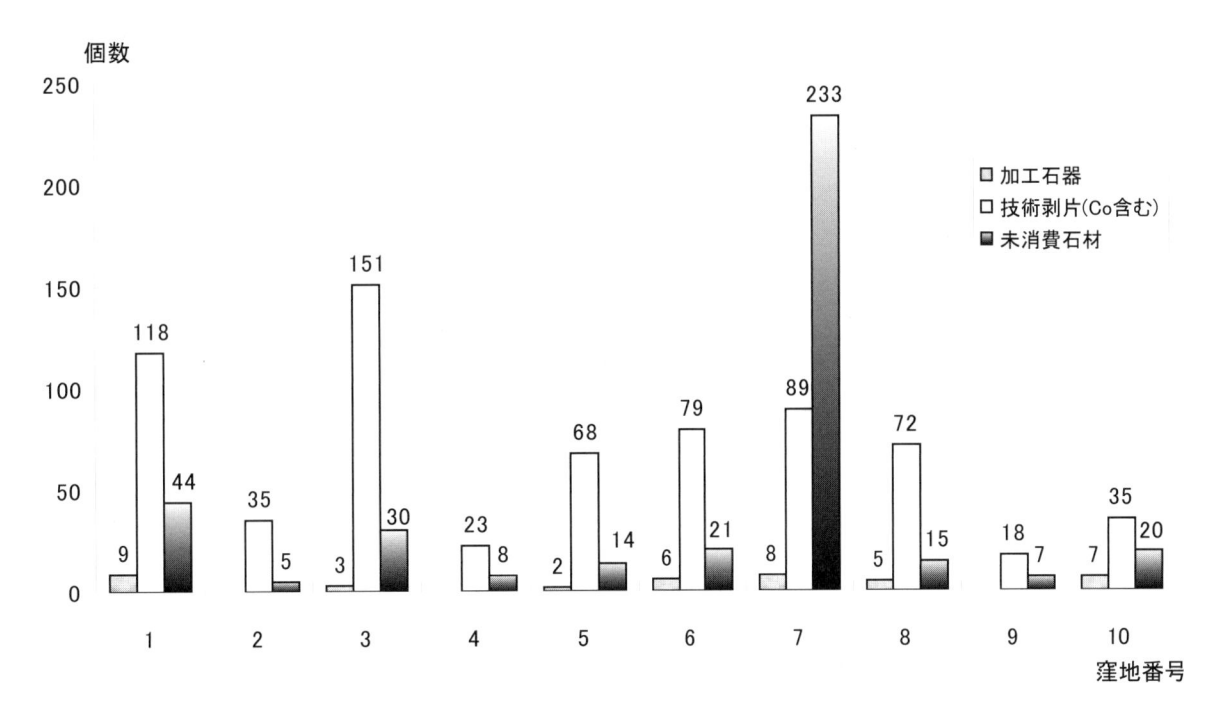

第 17 表　金坡里遺跡窪地別出土遺物分類

がれるという計算になる。反面「B地区」は個1.11個を用いて石器1点を製作する時剥がれる剥片は10.59個出るのである。そのようなことから端的に言うと「B地区」では縦型剥片を意識した剥片剥離は見えないものの、連続的な剥片剥離のための打面部設定を意識した剥片剥離がみられる。また、剥片製の削器類からも見ることが出来るが、剥片剥離作業には連続して剥がされた薄手の剥片に二次加工を入れる技術的成形度を重んじた作業が行われたことになる。

　そのような結果を後押しするように「B地区」では接合資料が多く出土し、遺物集中度も高いのである。それに対し、「A地区」では「B地区」より石核を多く利用して粗末な剥片剥離により単純な形を呈する石核石器類中心の石器生産が行われていたことがみえる。勿論、単に数的な解釈だけではなく石器製作技術と連携した解釈を下すことが重要であるが、"Unifacial HandAxe"[64]などを生産する単純で成形度が落ちる"Heavy duty tool"重心の石器製作作業が行われた「A地区」」と、より念入りの剥片剥離作業過程を有する小型で二次加工の施してある石器を産出する「B地区」という二つの公式が成り立つのである。

　「A地区」では窪地が10ヶ所あるが、各窪地からは石器類が少しずつ顔つきを異にしながら出土した。窪地出土石器の内訳は報告書によく整理されているが[65]、若干の資料操作をしてみると概ね次のようなことが分かる。石器生産の際に発生する剥片と石核、そしてこれから加工する予定である未消費石材（原石）との割合からみると、「A地区」の中心役割を果たしていたのは窪地7、窪地3、窪地1の3ヶ所である。

　これら三つの窪地は遺跡形成に関わる重要な資料を提供しているが、さらにその中でも石器作りの原材料である石材の確保率が他の窪地とは量的な面でかなり異なるのである。では各窪地の形成過程を考えてみることにする。「A地区」のそれぞれの窪地からは手を加え道具として仕上げた製品と製品に仕上げる際に生じたごみ、そしてこれから製品に仕上げるために保有している原材料の3類に分けることが出来る。

　それぞれに分けられた3段階の類型は石材を製品にする過程で欠けては成らない重要な元素であるが、窪地それぞれの様子は一概とは限らない。3つの窪地の構成石器組成をみると次のようなことが分かる。

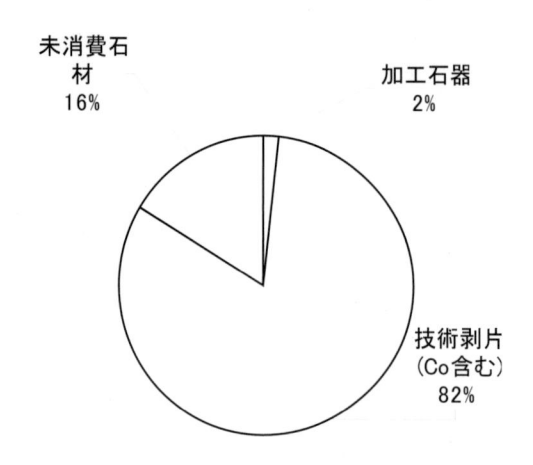

第18表　金坡里遺跡窪地3出土遺物構成

「A地区」の北の方に位置する"窪地1"からは44点の未使用石材が出土するが、完成した石器は10ある窪地の中で最も多い9点が出土している。その9点の加工石器と供に118点の剥片、そして遺棄された石材としての未消費石材も44点残っている。このような未消費石材の量は"窪地7"の233点の次に多い数字で、まだ石材を消費し切れてない状態で作業は止まっている。

そのような比率は石器製作に当たる効率的な経済構造とも言う割合で、生産と原材料の構成が上手く保たれている状況を示している。金坡里遺跡は川に面した遺跡で、窪地から石材の入手が可能な石材原産地である河川まで200mも離れてないため、石材の供給は絶えず容易に行える立地条件を揃えた遺跡である。このような立地条件からも分かるように、金坡里遺跡だけではなく周辺地域では臨津江・漢灘江沿いに石器製作に関わる遺跡が数多く残っていることを想像するのは容易いことであろう。

第18表や第19表で示している視覚的な均衡は、このような石材環境から成り立った当時の石器製作構造の一側面を見せているのである。

では、"窪地1"からはどのような石器を製作して搬出していたのか、一般的に石器の生産が製作地に石器を残すためにするものでないことを考えると、石器の製作は使用により機能が発揮できる場所へ持っていかれるのが石器時代の基本的な経済構図である。言い換えれば、石器製作地で製品化された石器は製作地周辺を含めた周辺の消費地へと使用を目的に運ばれるのである。"窪地1"から出土した石器は，チョッパー、チョッピングツール、クリーヴァー、スクレイパー、石核、剥片（6cm）が出土しているが、そのなかで注目を浴びるのはやはり大型剥片素材の片面にしか加工が施されてない"クリーヴァー"（第113図3）である。

"クリーヴァー"は長さ15.8cmのものが出土しているが、器種分類でも分かるように刃部といえる尖端の方が若干斜め下がりの直線を成すという特徴がみられる。このような特徴は大型剥片の生産とともにこの時期における石器製作技術の特徴である。

ところが、"窪地1"では長さ18cmの尖頭器（第113図1）も1点出土しているが、興味深いのは加工の仕方である。主剥離面の一側縁にだけ加工を入れていることで、反対面は石核成形時に発生した剥離面をそのまま用いている。また、第113図1は"クリーヴァー"と同じく大型剥片素材の片面加工が施された石器であるが、2点出土しているクリーヴァーが両方とも打点を基部に置いた縦長形剥片を用いたことに比べると、基部に打点を置かない幅広形の厚手剥片を素材として用いていて、形態がピックともハンドアックスとも異なる。

臨津江・漢灘江流域に広がっていた早い段階の石器群に見られる厚手剥片を素材に利用する傾向は、臨津江・漢灘江流域から離れた南の金宿や石壮里遺跡でもみられる。このような傾向は、器種と地域を越えて同一技術が適応されたということを傍証することで、器種の多様さよりは技術的なカテゴリで時期を束ねることを可能にしてくれる一つの根拠を作る意味でも重要な役割を果たすのである。それ以外の出土遺物としては、多面体球（第113図8）や厚手の剥片を用いた削器（第113図2・4・6）がある。

"窪地3"からは、板状の円礫の側縁を半周するように加工を施してあるラウンドスクレイパー（第113図6）や多面体球第113図2のようなチョッピングツールが出土しているが、窪地1のような大型剥片を素材に用いたクリーヴァーやハンドアックス類は出土しなかった。

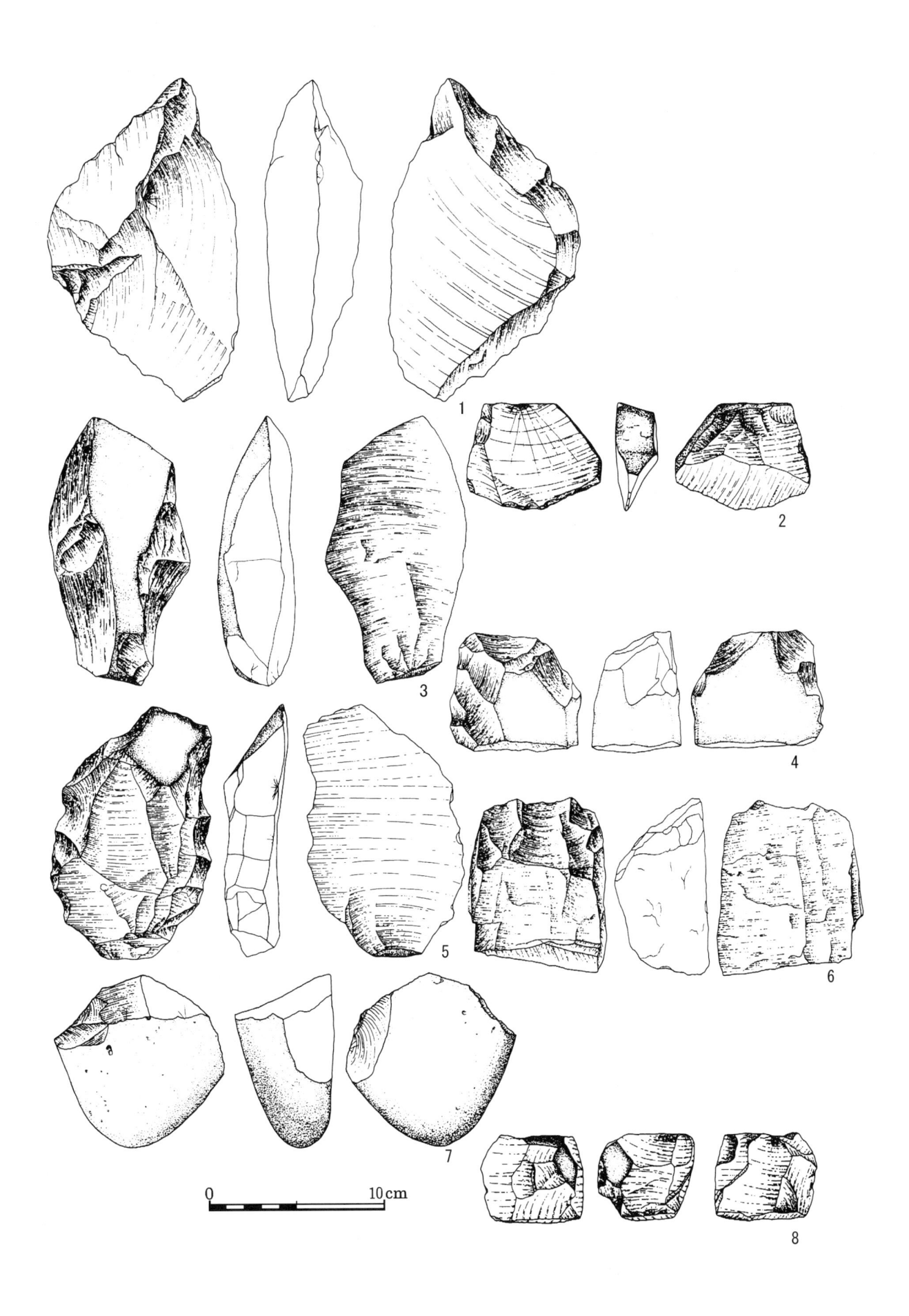

第 113 図　金坡里遺跡 A 区窪地 1 出土遺物（国立文化財研究所 1999 を改編）

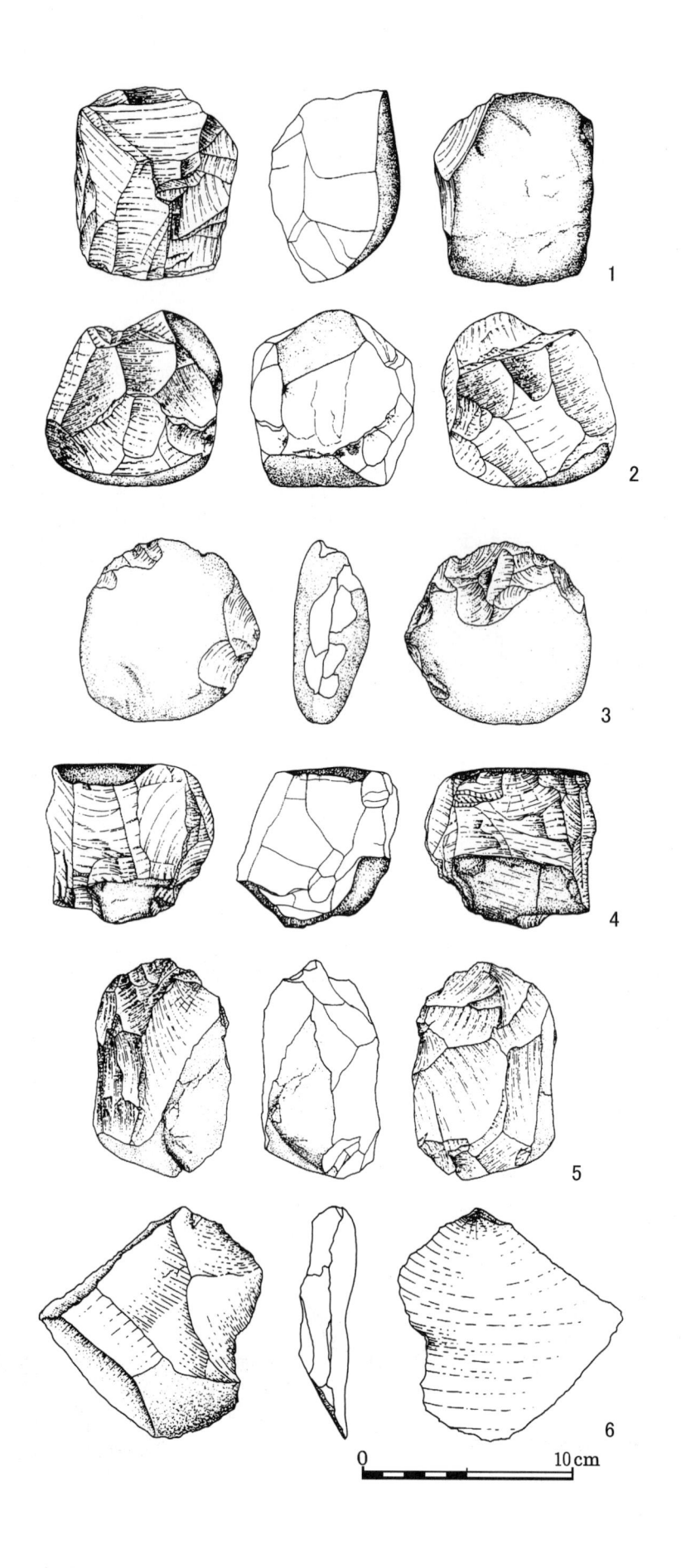

第114図　金坡里遺跡A区窪地3出土遺物（国立文化財研究所 1999を改編）

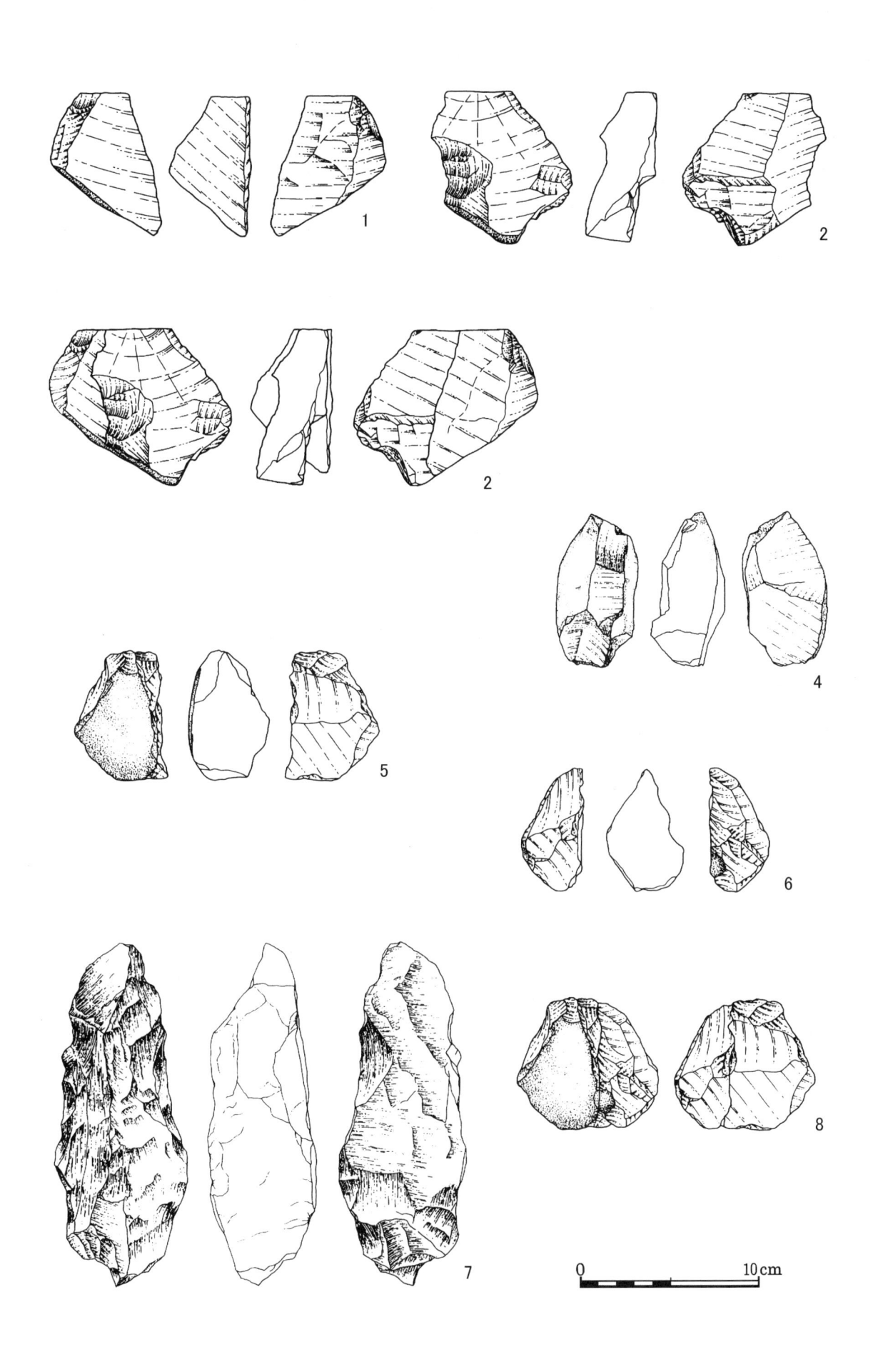

第 115 図　金坡里遺跡 A 区窪地 3・4・5 出土遺物（国立文化財研究所 1999 を改編）

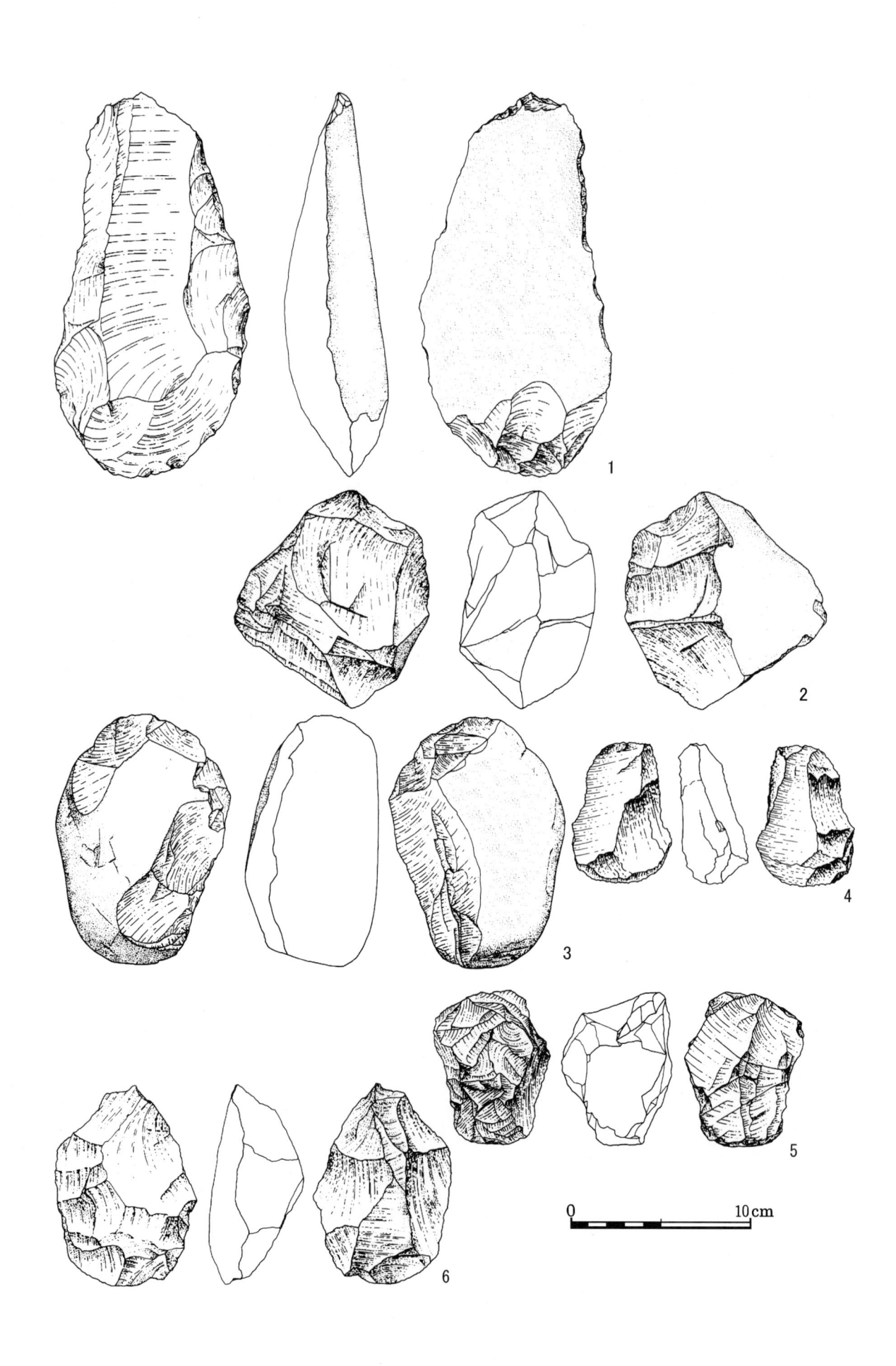

第 116 図　金坡里遺跡 A 区窪地 6 出土遺物（国立文化財研究所　1999 を改編）

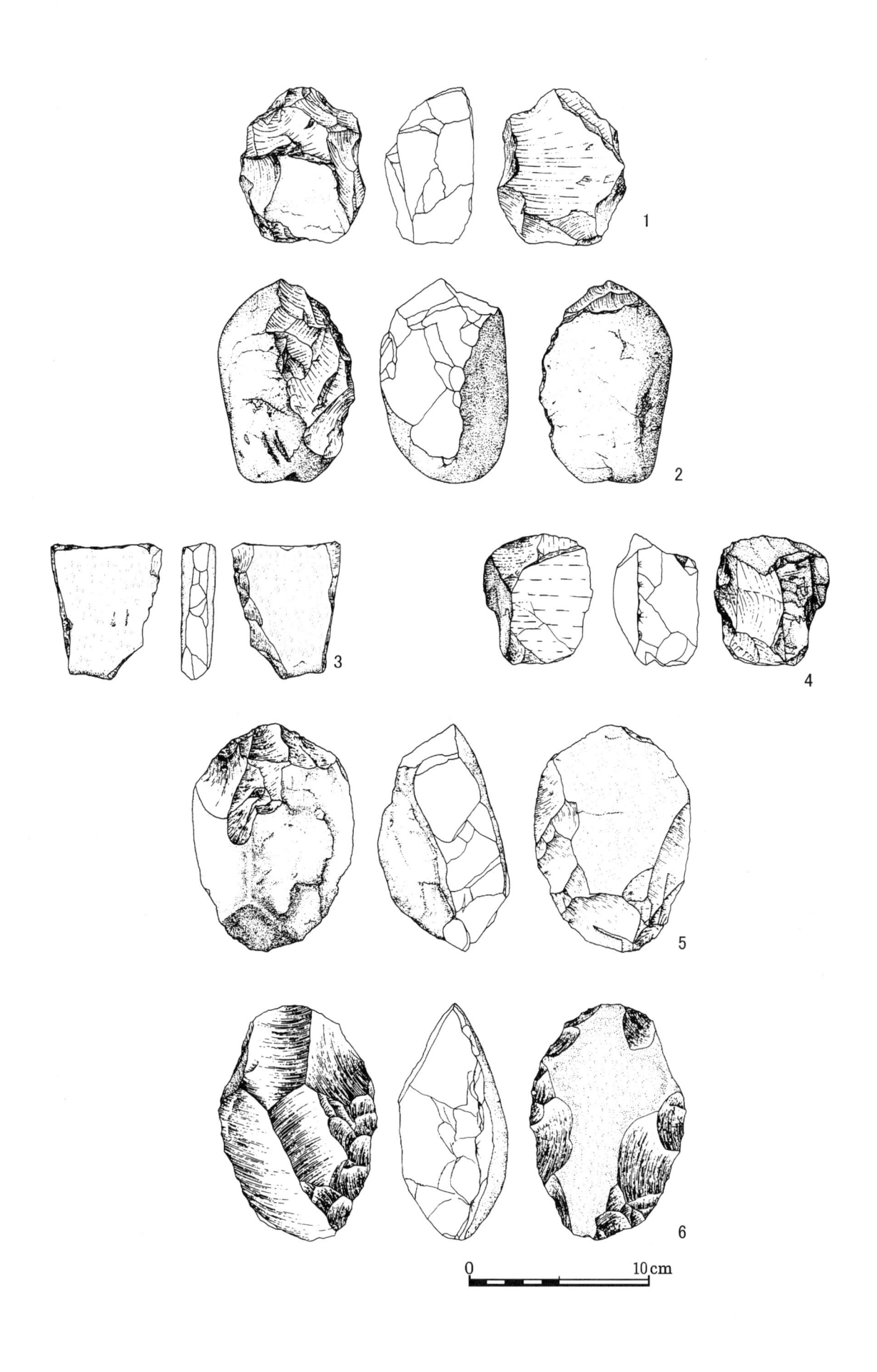

第 117 図　金坡里遺跡 A 区窪地 7 出土遺物（国立文化財研究所 1999 を改編）

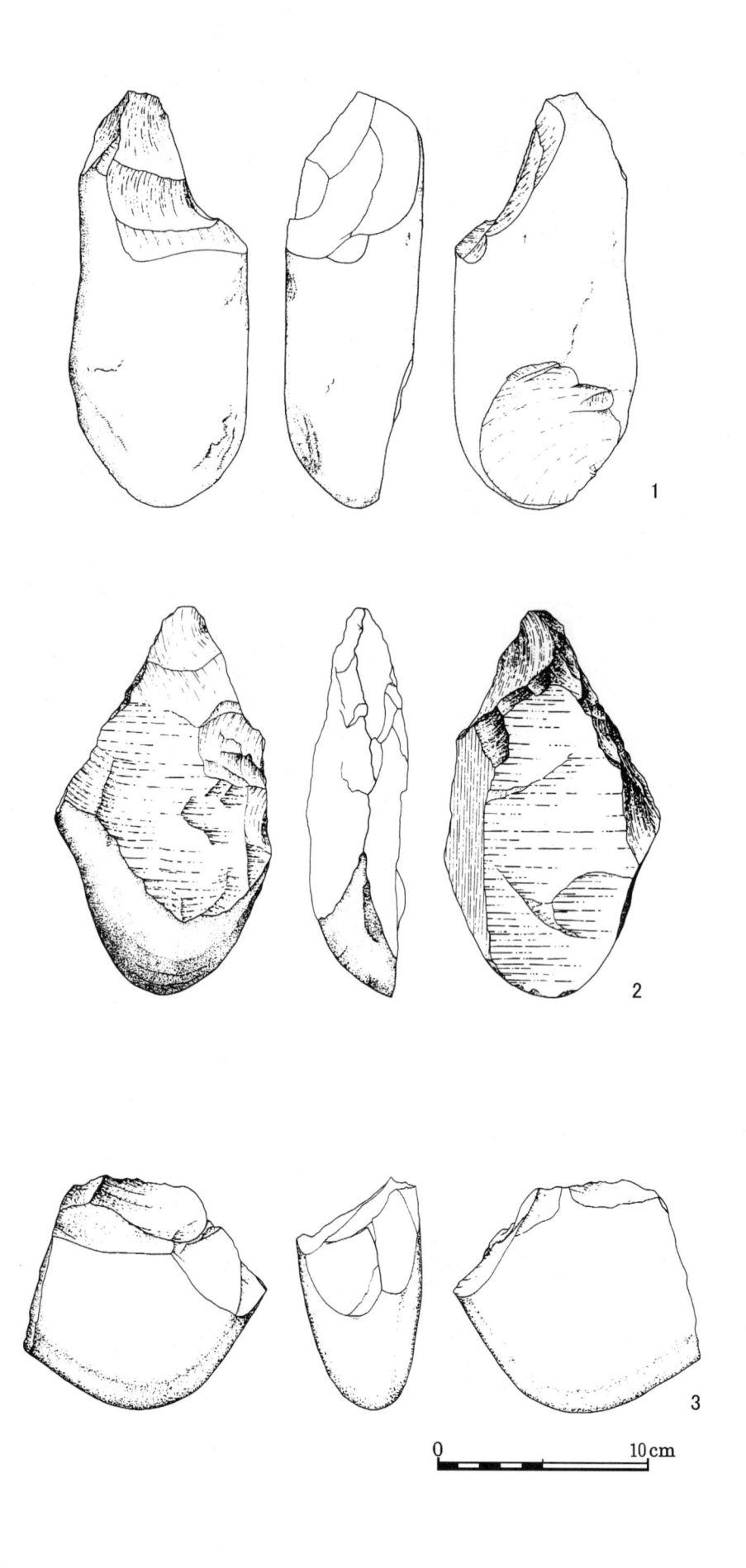

第 118 図　金坡里遺跡 A 区窪地 7・8 出土遺物（国立文化財研究所 1999 を改編）

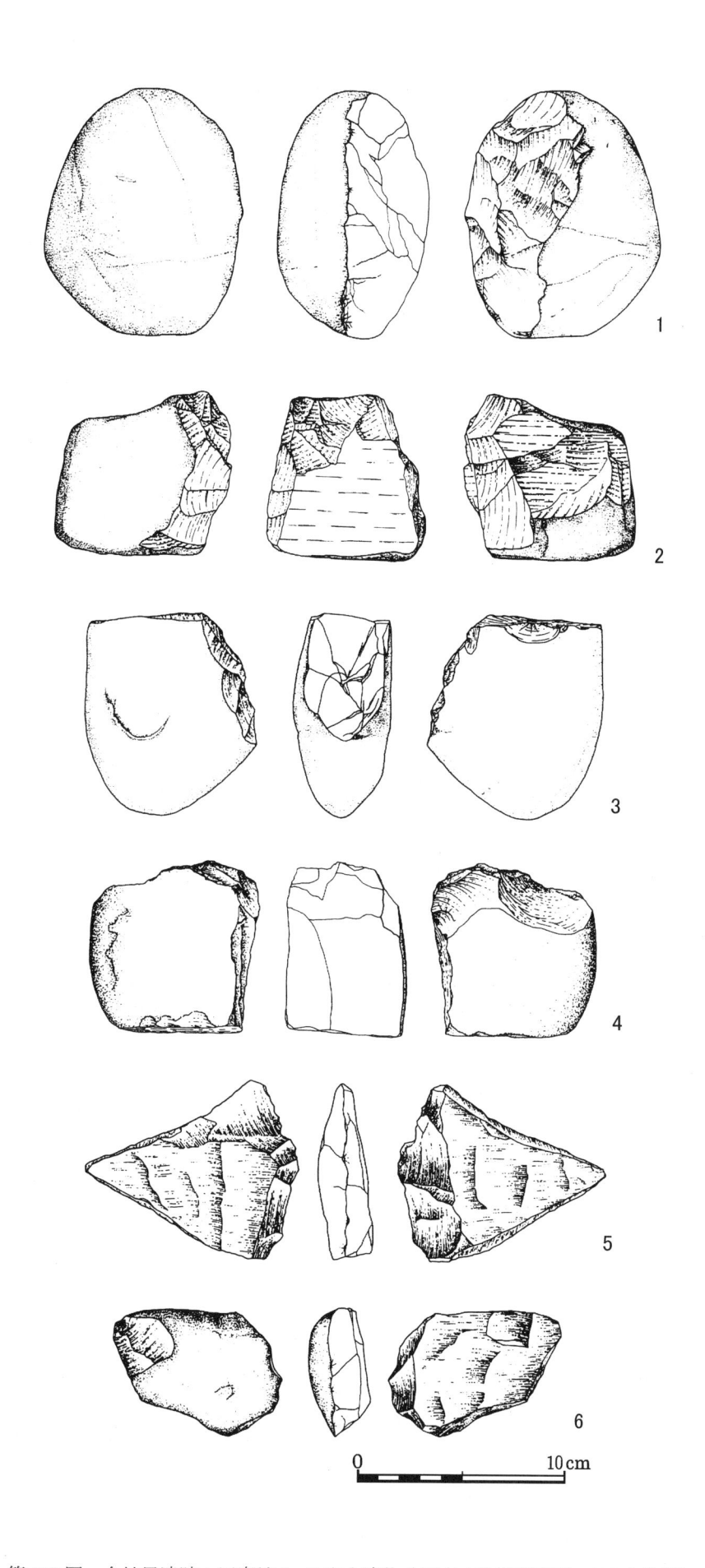

第 119 図　金坡里遺跡 A 区窪地 8・9 出土遺物（国立文化財研究所 1999 を改編）

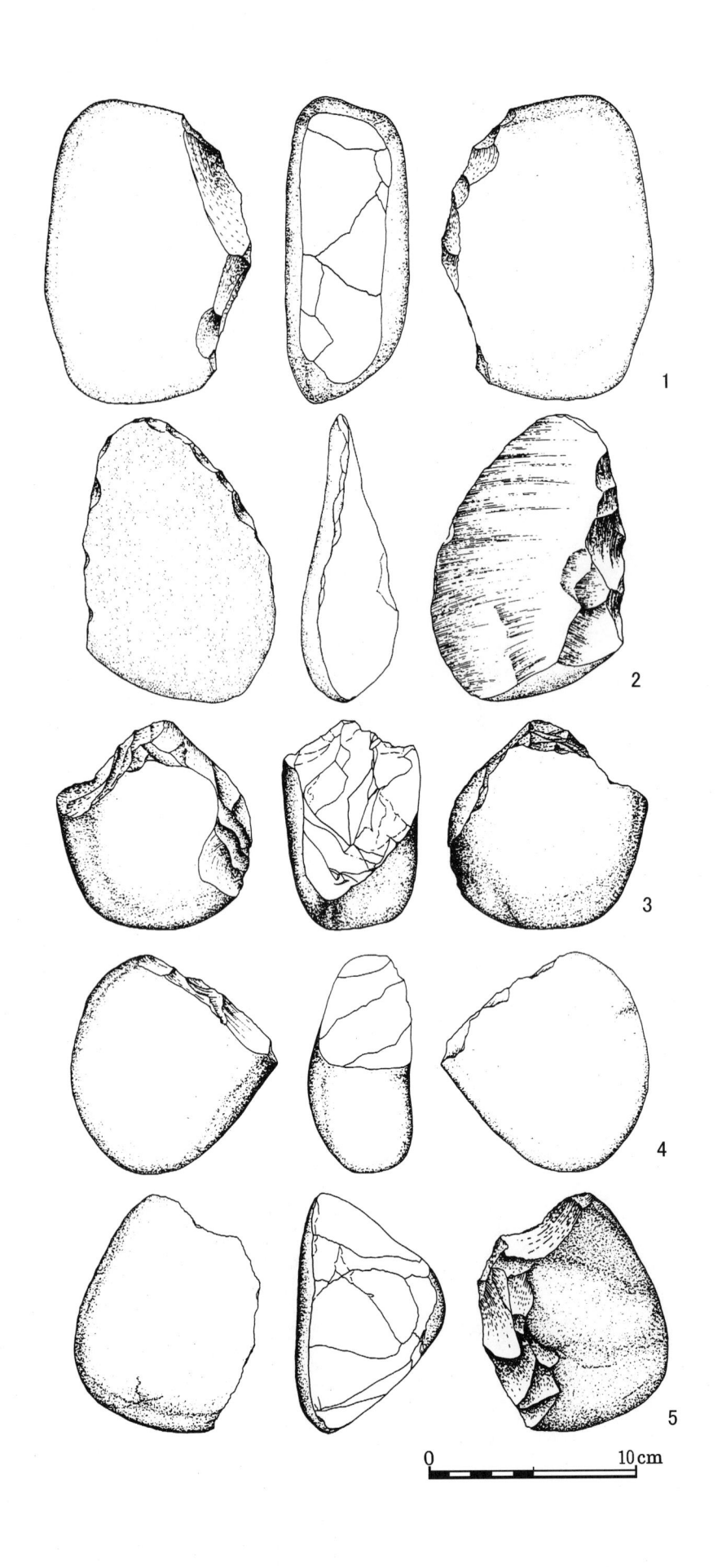

第 120 図　金坡里遺跡 A 区窪地 10 出土遺物（国立文化財研究所 1999 を改編）

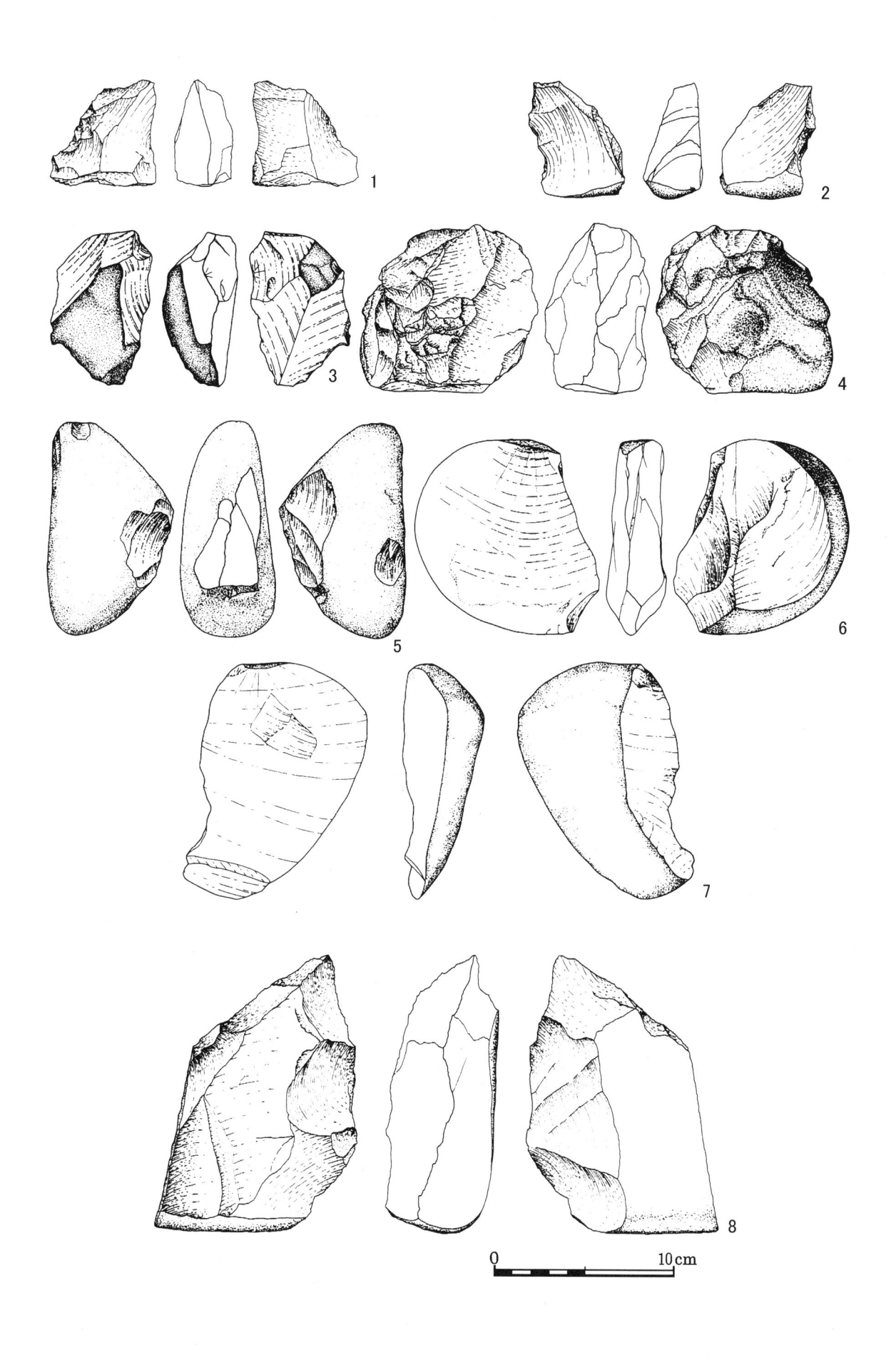

第 121 図　金坡里遺跡 A 区窪地 10 とその他出土遺物 (国立文化財研究所 1999 を改編)

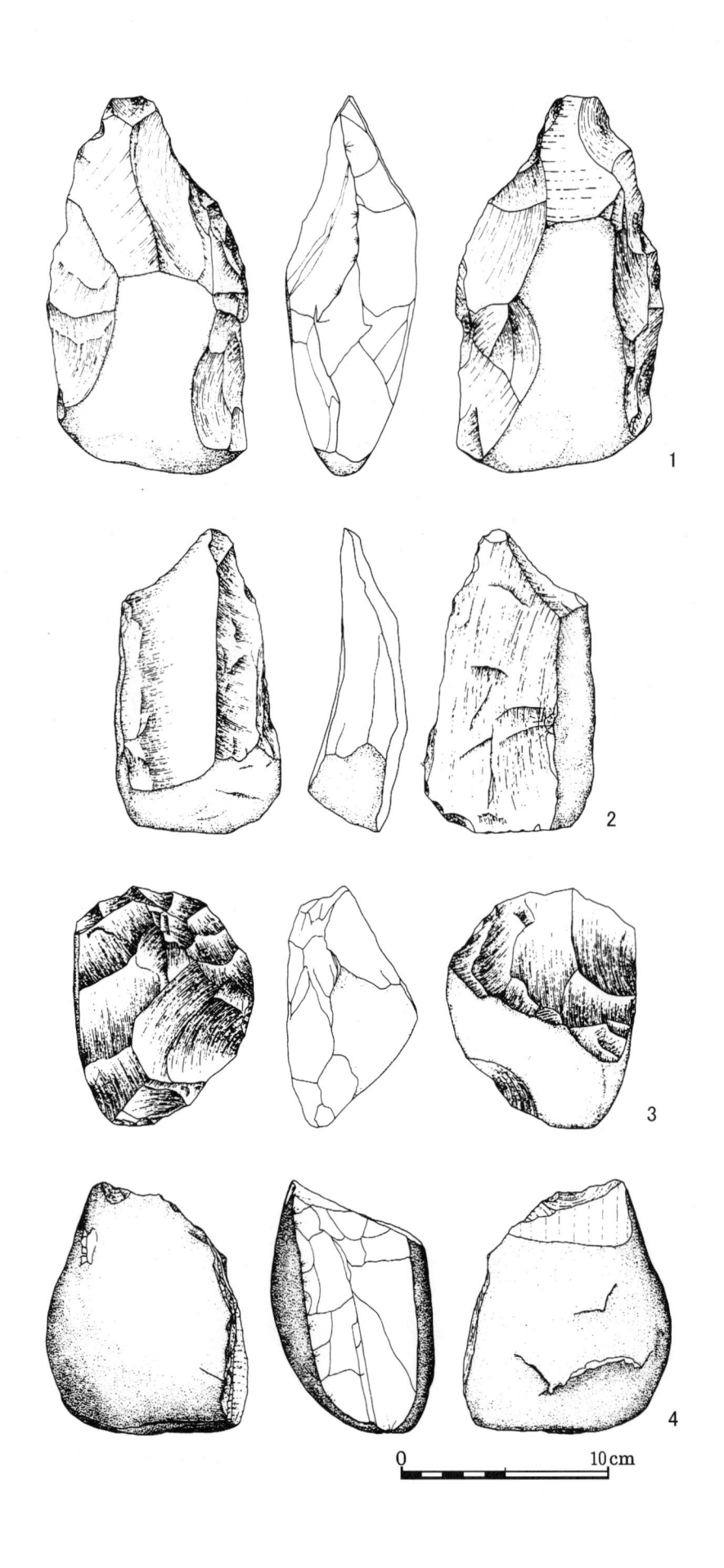

第 122 図　金坡里遺跡 B 区出土遺物（国立文化財研究所 1999 を改編）

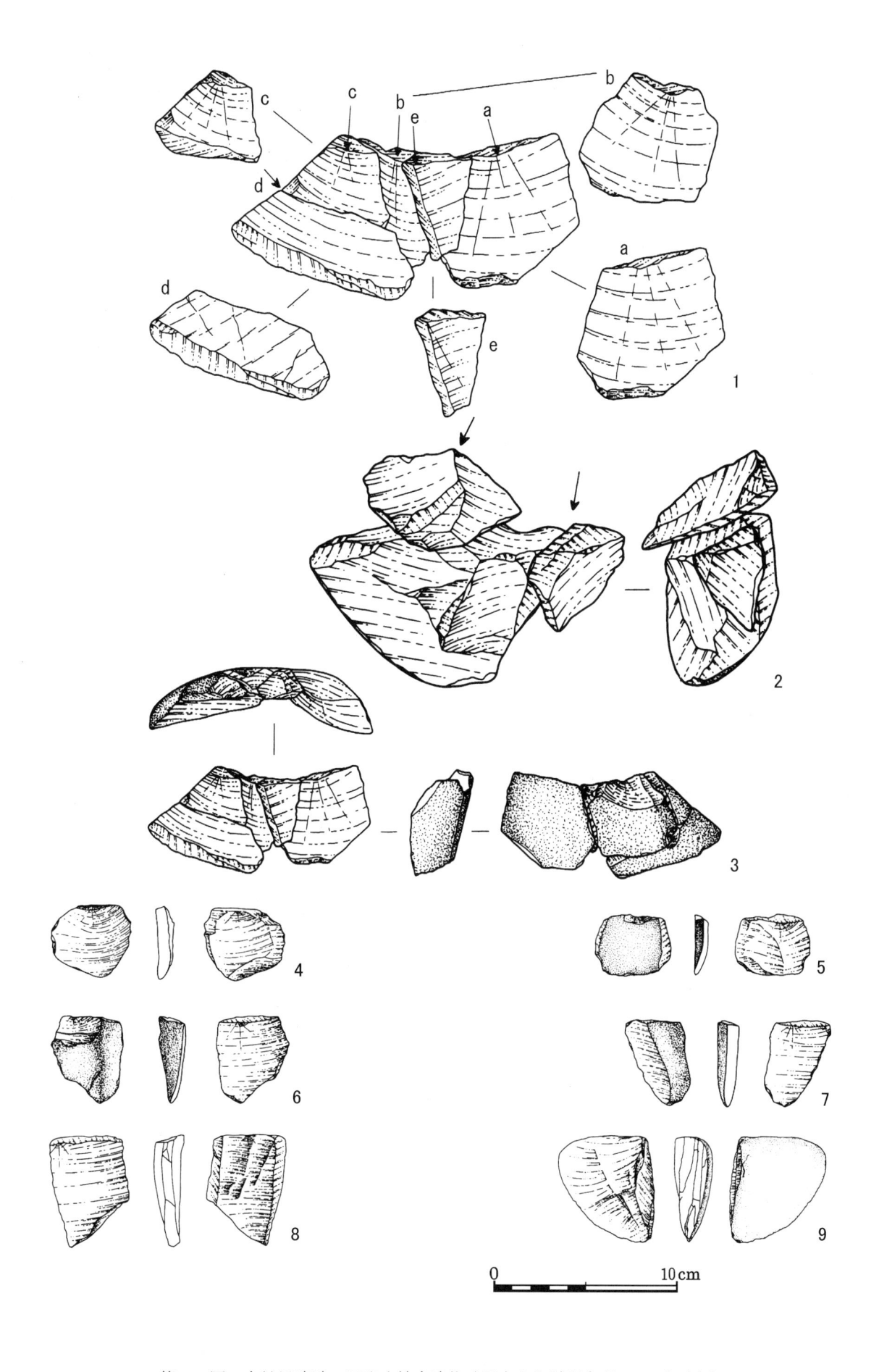

第 123 図　金坡里遺跡 B 区出土接合遺物（国立文化財研究所 1999 を改編）

区分	Hax	Clv	Pk	Ch	Chg	Sc	Kkn	Ph	Noc	Fl	Co	chunk
A区	9	2	1	12	1	22	1	7	3	141	90	311
B区	2	1	0	4	1	27	0	5	1	233	39	257

第20表　金坡里遺跡区別石器器種構成

工技術として理解することが出来るのである。

　金坡里遺跡周辺の遺跡として舟月里・佳月里遺跡や元當里遺跡などの後期旧石器時代以前の年代を持つ遺跡が多い。その中でも、舟月里・佳月里の第161図5は金坡里遺跡出土の第122図1などとよく似ているので、ほぼ同一時期に展開していた集団の遺跡間連鎖を考える上で多くの資料を提供してくれるはずである。

　金坡里遺跡が位置する臨津江・漢灘江流域から南へ80kmほど南下した京畿道三里の海抜80m位の丘陵地に位置する三里(Sam-ri)遺跡から、後期旧石器時代の文化層と中期旧石器時代の文化層が2枚確認できた。I文化層は後期旧石器時代の文化層で、内容は後ほどの後期旧石器時代の所で後述する江原道を含んだ北部山地の遺跡と中部内陸水系に面する遺跡との関連で重要な意味合いを持つ遺跡である。

　遺跡は約100m間隔で離れた谷により区別できる舌状に発達した丘陵地を5つの地域に分けて調査が行われ、各調査区からは石英岩質石材を主に用いた中期旧石器時代末から後期旧石器時代後半の黒耀石を用いた角錐状石器と荒屋型彫器に類似する彫器や細石刃を含む良好な石器群が検出された。黒耀石製石器群は垂楊介遺跡から出土した角錐状石器との関連や、北部江原道を中心とする黒耀石製石器群との関連を探る上でよい資料を提供している。

　ところで、三里遺跡の5つある地区の中で黒耀石製石器が出土した地区は5区のI文化層だけで、それを除くと三里遺跡は石英岩質系石材を主に利用する石器群である。各区域の文化層別石材利用状況を簡単にみることにしよう。1区II文化層とIII文化層は数的な差はあるものの石英岩系と非石英岩系の比率は保たれている様子が覗える。石英脈岩と石英岩質石材がもっぱら使われた区域である。

　このような傾向は三里遺跡全体で見られる傾向であるが、興味深いのは後期旧石器時代以前の段階に該当する臨津江・漢灘江流域の古い年代を持つ遺跡から出土した石器の中によく含まれていた石英脈岩の比率がかなり低くなることにある。三里遺跡全体の石材組成表をみると興味深いのが、下の中期旧石器時代の文化層から順序良く石英脈岩と石英岩質石材の比率が変化することである。中期旧石器時代の古い段階と比べると、徐々に石英脈岩の比率は減少していき石英岩質石材の比率は増加するのである。

　上でみられる変化は一般進化論的な考えからは逆になることで、より質が悪い方へ石材の需要が変わっていくことを示している。原因としては石英脈岩より石英岩質石材の獲得が容易で、石器作りにも石英岩質石材でも十分対応できる生産体系があったことが考えられる。

　しかしながら、石英脈岩質石材を使った石器が臨津江・漢灘江流域から出土する後期旧石器時代以前の年代を持つ石器群のメイン石材としての役割を果たしていたことを考えると、石英岩質石材へと需要が変化するのは目的器種別の石材開発戦略が適応され始めたことを物語っていることであろう。

　目的器種別の石材開発戦略は後期旧石器時代に入り多様な石器組成を持つようになるにつれてより厳格になるのであるが、その発端は以前の時期からの石材応用戦略が少しずつ定着したことにある。石材が器種を制約するため、製作に適合する石材を使用するという製作技術面と道具作用行為に加増効果が得られる性能面から、より良い

区分	窪地1	窪地2	窪地3	窪地4	窪地5	窪地6	窪地7	窪地8	窪地9	窪地10	B区
Hax	○				○	○	○				○
Clv	○										○
Pk											
Ch	○					○		○		○	○
Chg	○		○					○		○	○
Sc	○		○			○	○	○	○	○	○
Kkn	○									○	
Ph	○		○			○					○
Noc	○									○	
Fl	○	○	○		○		○				○
Co	○		○	○			○	○		○	○

第21表　金坡里遺跡窪地別石器器種構成

石材を求めるようになる。より良質の石材を使用し始めたのは、中期旧石器時代末から後期旧石器時代初頭にかけてである。まさに、その石材獲得運用戦略に変化が起きる時期にあるのが三里遺跡である。三里遺跡を形成した集団の一側面を見せているのが、石器出土の平面・垂直分布の状態である。

石器出土の状態というのは旧石器時代研究の主な対象として、日本や韓国などの有機物質資料が残りにくい地域の研究者は勿論、有機質資料が豊富とも言える欧米の旧石器時代研究者の間でも最大の研究対象であり、当時の生活を復元するためになくてはならない資料である。

三里遺跡2区の暗褐色粘土層からⅠ文化層が、直下の赤褐色粘土層の下からはⅡ文化層が、そしてさらに下の砂質礫層の上面からはⅢ文化層が検出された。検出した各文化層の平面分布図をみると、3つの層を異にする文化層が重なってみえる。

遺物の平面的な広がりは当時の活動痕跡、すなわち暮らしの一面を見せていることで、それに関して安蒜は遺物の平面的な広がりを構造的に分析し旧石器時代の"イエ"とした（安蒜　1990）。

安蒜は1966年と1973年に発掘調査が行われた日本国埼玉県砂川遺跡から出土した遺物を個体別資料分析法により詳細に行った。AとFの両地点から出土した遺物769点を原石ごとに分け、66個体に還元した。そしてその結果、A地点の3つのブロックとF地点の3つのブロック間に石材の交換や譲渡が行われたことを明らかにした。また、このような小地域で行われた一連の石器製作行為は他の広地域からの動作連鎖による全体の一部分で、遺跡のなかに残されている過去の痕跡が遺跡外にまで繋がっていることも究明したのである。

それら一連の研究が行われるためには、基礎データの確保や出土遺物を徹底的に観察するという緻密で気の長い研究が行わなければならない。このような側面から考えると、この論文で扱っている遺跡構造分析はこれまでの研究の上書き的な面がなくてはならない。しかし、石材ごとの集まりを個体別分析法の巨視的応用を用いて可視化することにより、ブロック内の個体別資料の動向を見ることが出来ると考える。

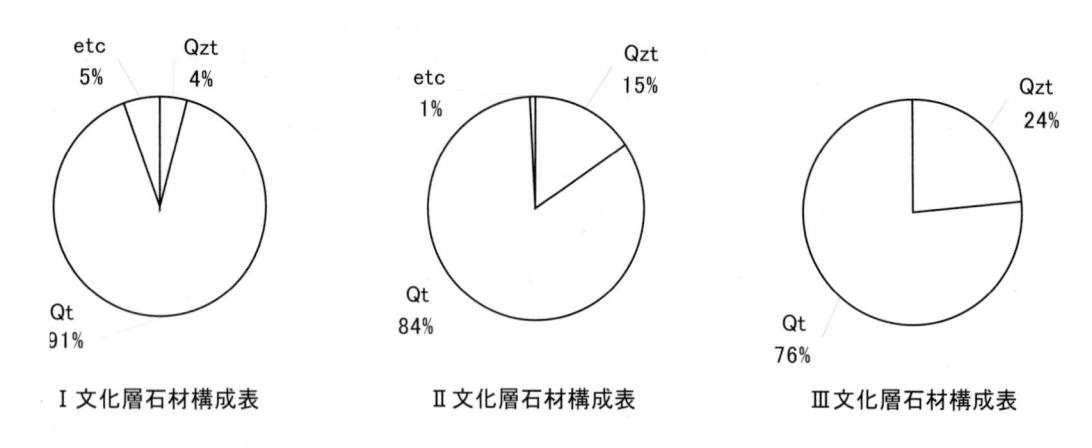

I 文化層石材構成表	II 文化層石材構成表	III 文化層石材構成表
Qt 91%, etc 5%, Qzt 4%	Qt 84%, etc 1%, Qzt 15%	Qt 76%, Qzt 24%

第22表　三里遺跡文化層別石材構成

　さて、話題を三里遺跡の遺跡構造の方に戻すと、3つ検出された文化層がほぼ垂直に重なることを先述したが各文化層ごとの遺物の広がりをみると次のような特徴がいえる。三里遺跡出土の遺物平面分布模式図を参考にすると、最上位のI文化層では各ブロックが独立して広範囲に多数分布する傾向を見せているが、II文化層になるといくつかのブロックが大きな塊（ユニット）を成して、一つか二つ位の独立したブロックを保有する傾向を見せている。

　また、II文化層は三里遺跡では最も遺物が出土する文化層で、ヒトの活動が一番活発だった時期である。一方、III文化層の時期には遺物の数も少ないし、ブロックの数も極端に少ない。ブロックの数が少なく内容にも関連性がないことから考えると、基本的には小人数で短期間占拠したに過ぎない集団であると思われる。

　上に述べた内訳で当時の生活を復元すると次のようなことが考えられる。III文化層では中期旧石器時代文化層で遺跡に残されたブロックの形態は単独で規模が小さい。このような残り方は、小規模の集団が一場所に留まらないで移動しながら生活を営むスタイルで、同じ場所へ回帰する行動とは認められない。そのようなことから、III文化層では単体で規模が小さい集団が一時的に利用していたキャンプとしての性格が強いのであろう。

　この時期の集団は河川から若干距離をおいた河岸段丘面で生活を営んでいて石材は必要な時、在地に豊富にある石材を採集して作る戦略をとっているが、まさに三里遺跡ではそのような石材補給戦略を取っていて特別な遠隔地の石材は見当たらない。また、特定石材に対する特別な意味合いを与え始める後期旧石器時代に近くなるまでは、主に生活を営むいくつかの地域に豊富にある石材を必要な時手に入れることにより道具生産体系が組まれている。

　II文化層の時期になると三里遺跡は活動が活発になる。遺物の出土量は3つある文化層の内、最も大量に出土し、ブロックの規模も大きくなる。この時期（中期旧石器時代末）になると、遺跡を反復的に利用する傾向がみえる。検出されたブロックからも分かるように、石器製作は集中的に繰り返し行われる。ブロックの形態は集中する2〜3のブロックによりユニットが形成される。しかし、それとは別に離れたところに集中度が高いブロックが単独で存在しており、中心ブロックと付属ブロックにより構成されているのが特徴である。

　遺物の出土量が最も多かったII文化層時期をすぎるとI文化層の時期になるが、最上部文化の後期旧石器時代では、小規模のブロックが広い地域に分散して残される傾向が見える。ブロックは小規模で独立した石材組成を持ち、器種別にも石材別にも単独で石器製作が行われていたことがみられる。しかしながら、石器製作はII文化層より集中する傾向をみせるため、規模が大きい集団による一回以上の反復利用により形成された遺跡であると考えられる。

三里1区Ⅱ文

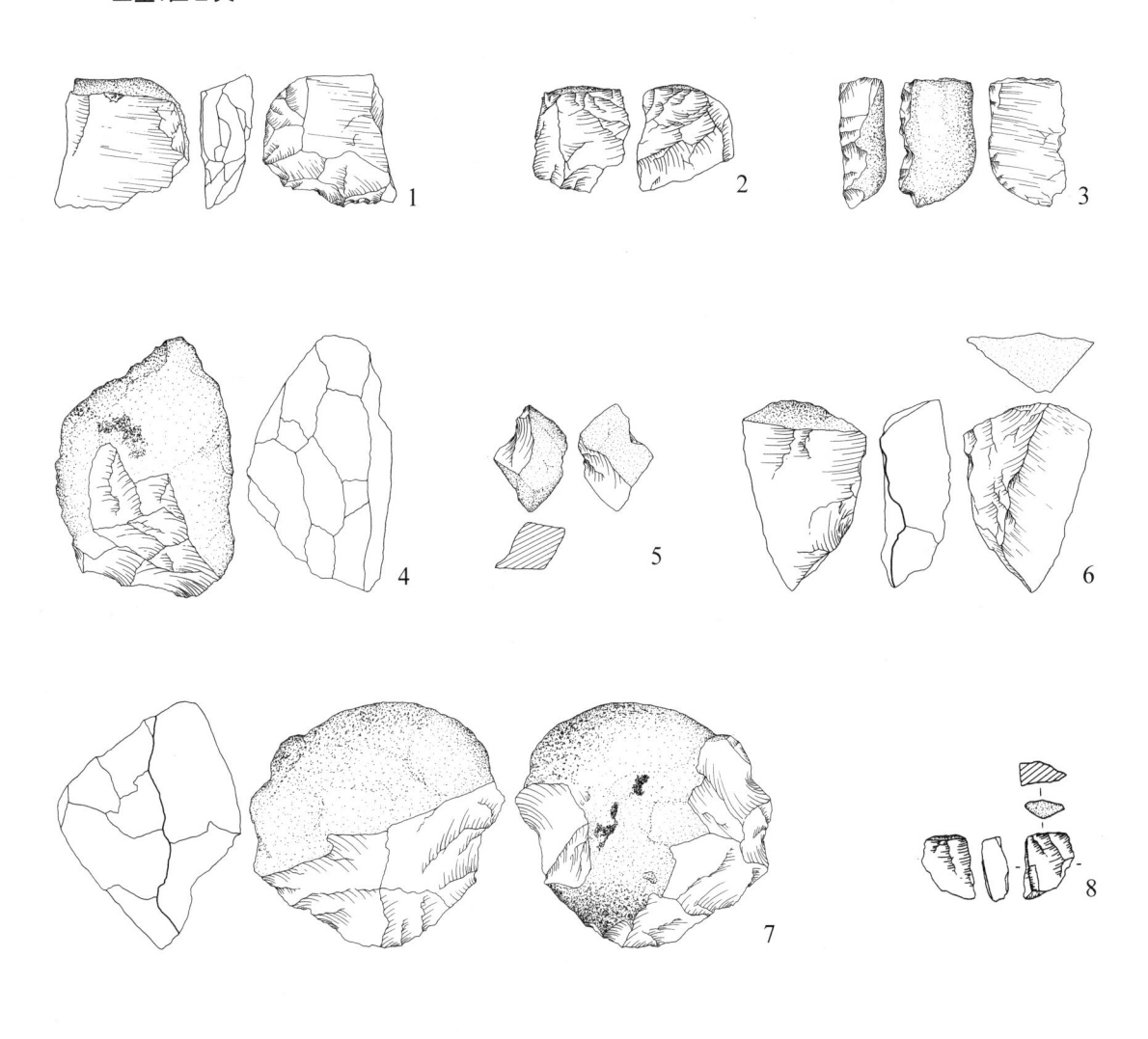

三里2区Ⅰ文

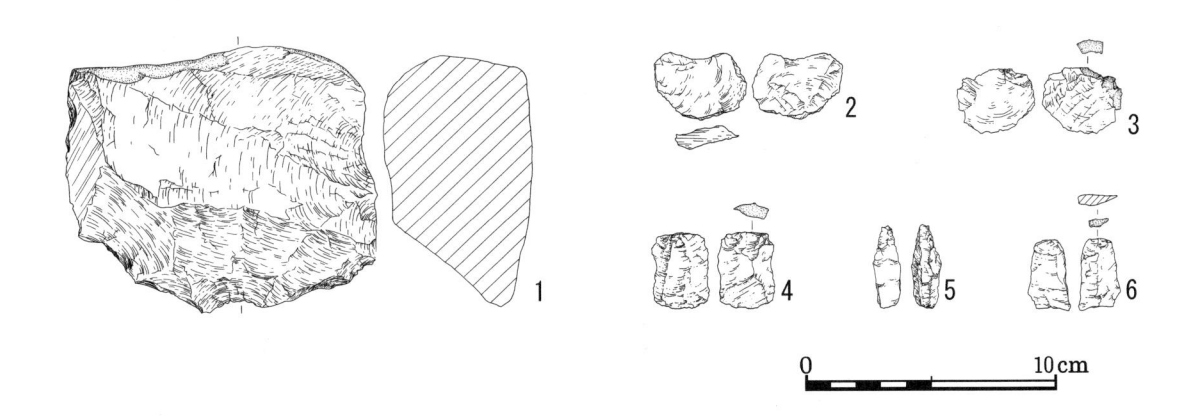

第126図　三里遺跡1区Ⅱ・2区Ⅰ文化層出土遺物（韓昌均・洪美瑛・金起兌　2003を改編）

三里2区Ⅱ文

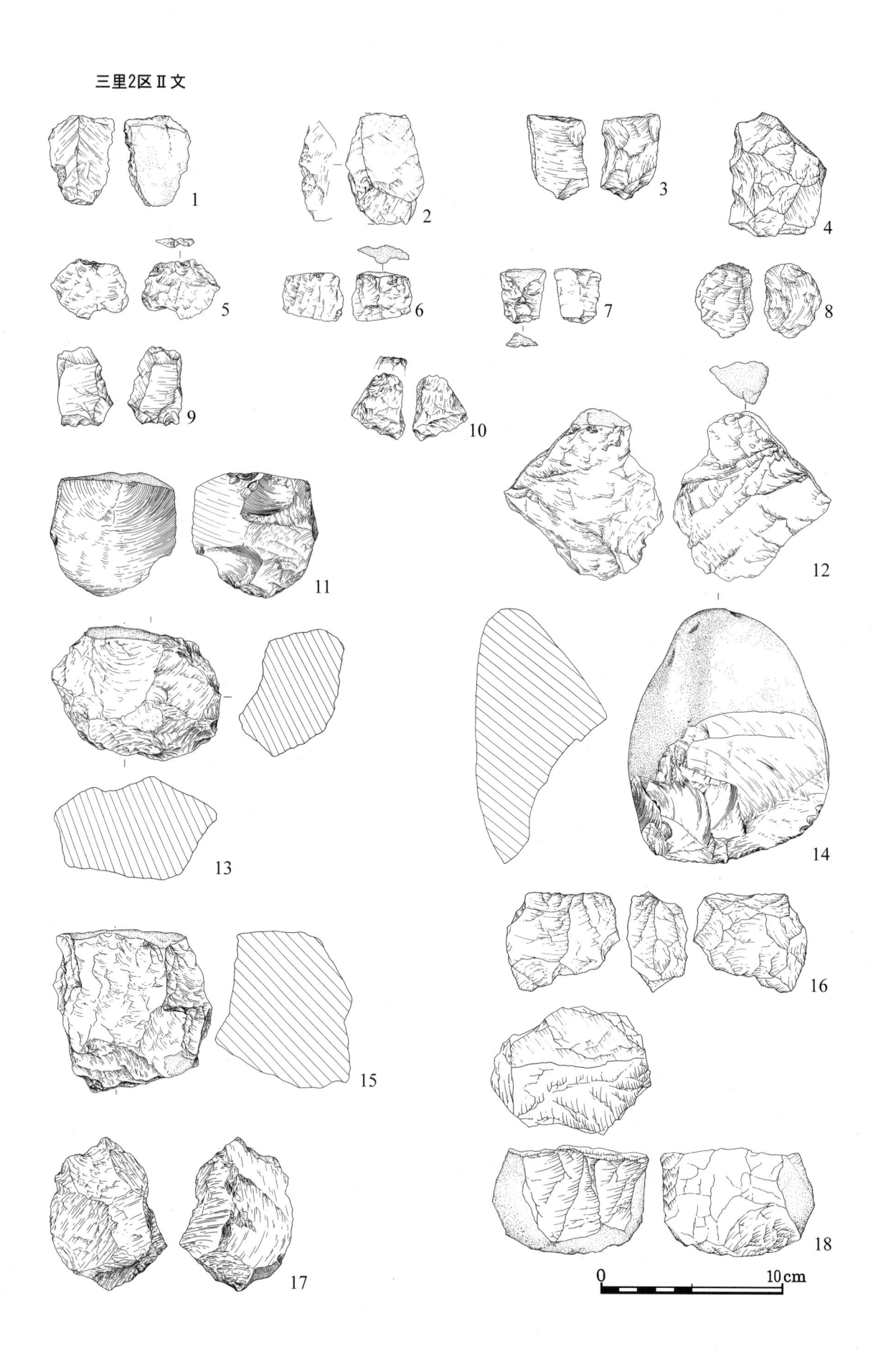

第127図　三里遺跡2区Ⅱ文化層出土遺物（韓昌均・洪美瑛・金起兌　2003を改編）

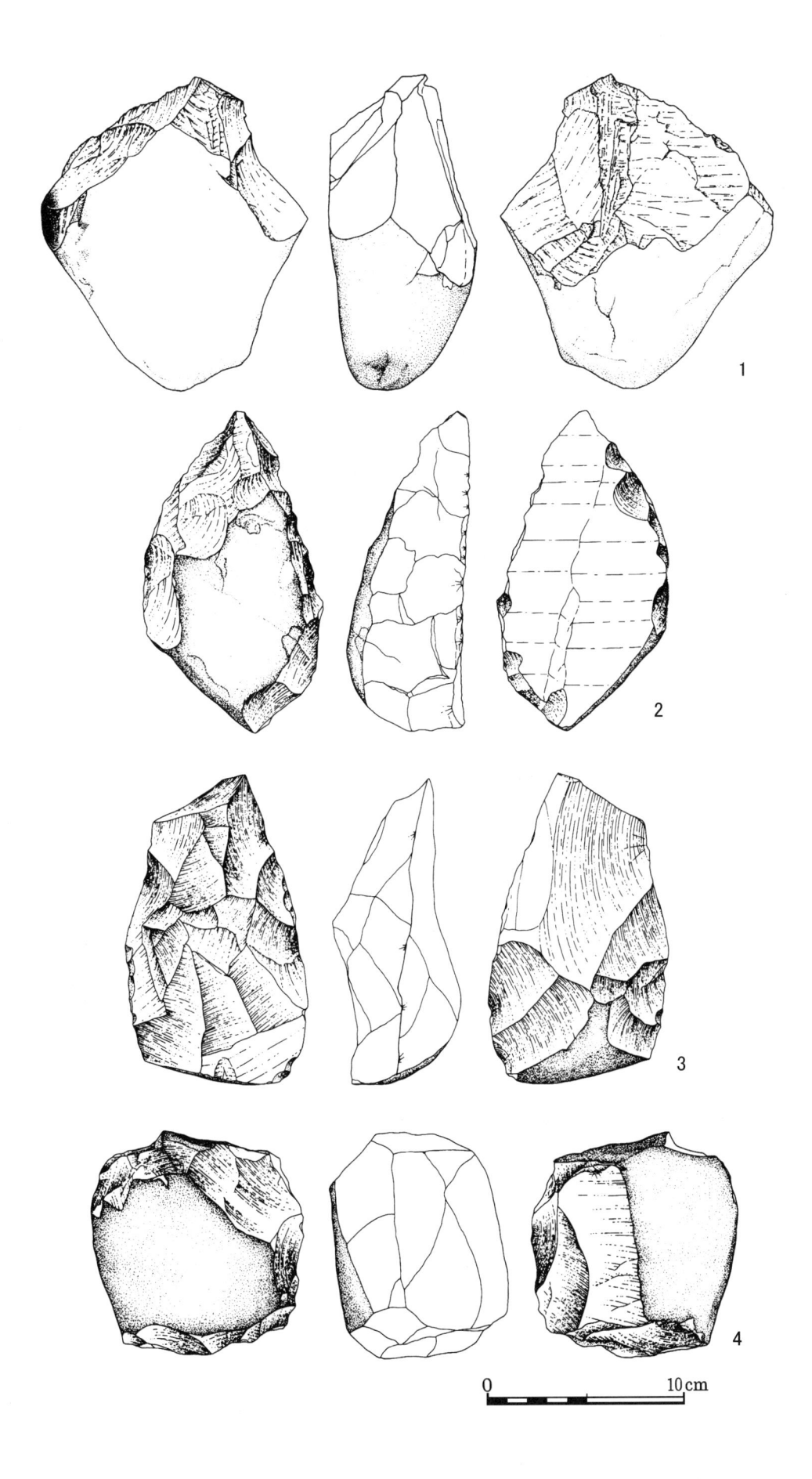

第 124 図　金坡里遺跡地表面採集遺物 1（国立文化財研究所 1999 を改編）

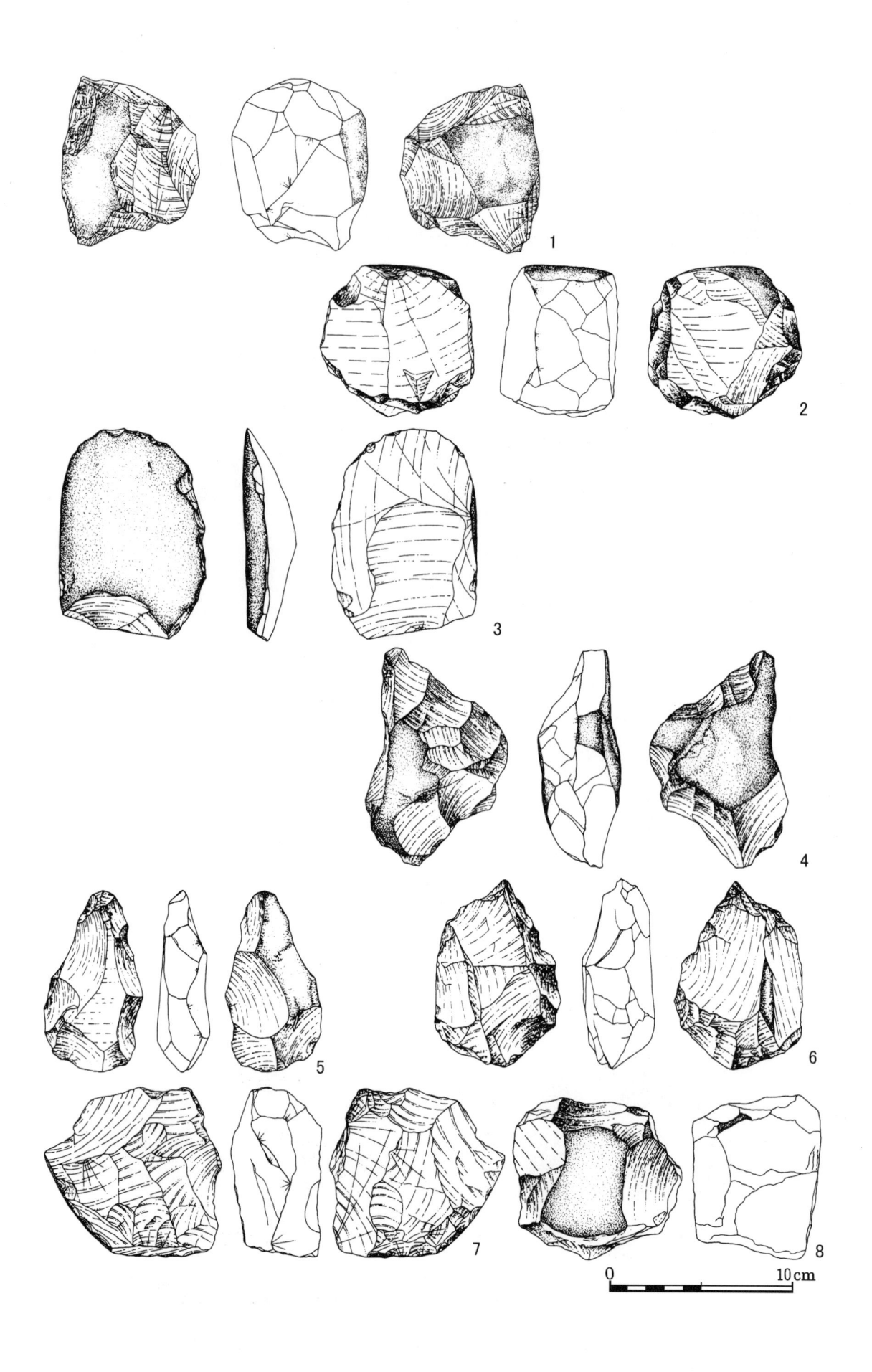

第 125 図　金坡里遺跡地表面採集遺物 2（国立文化財研究所 1999 を改編）

三里2区Ⅲ文

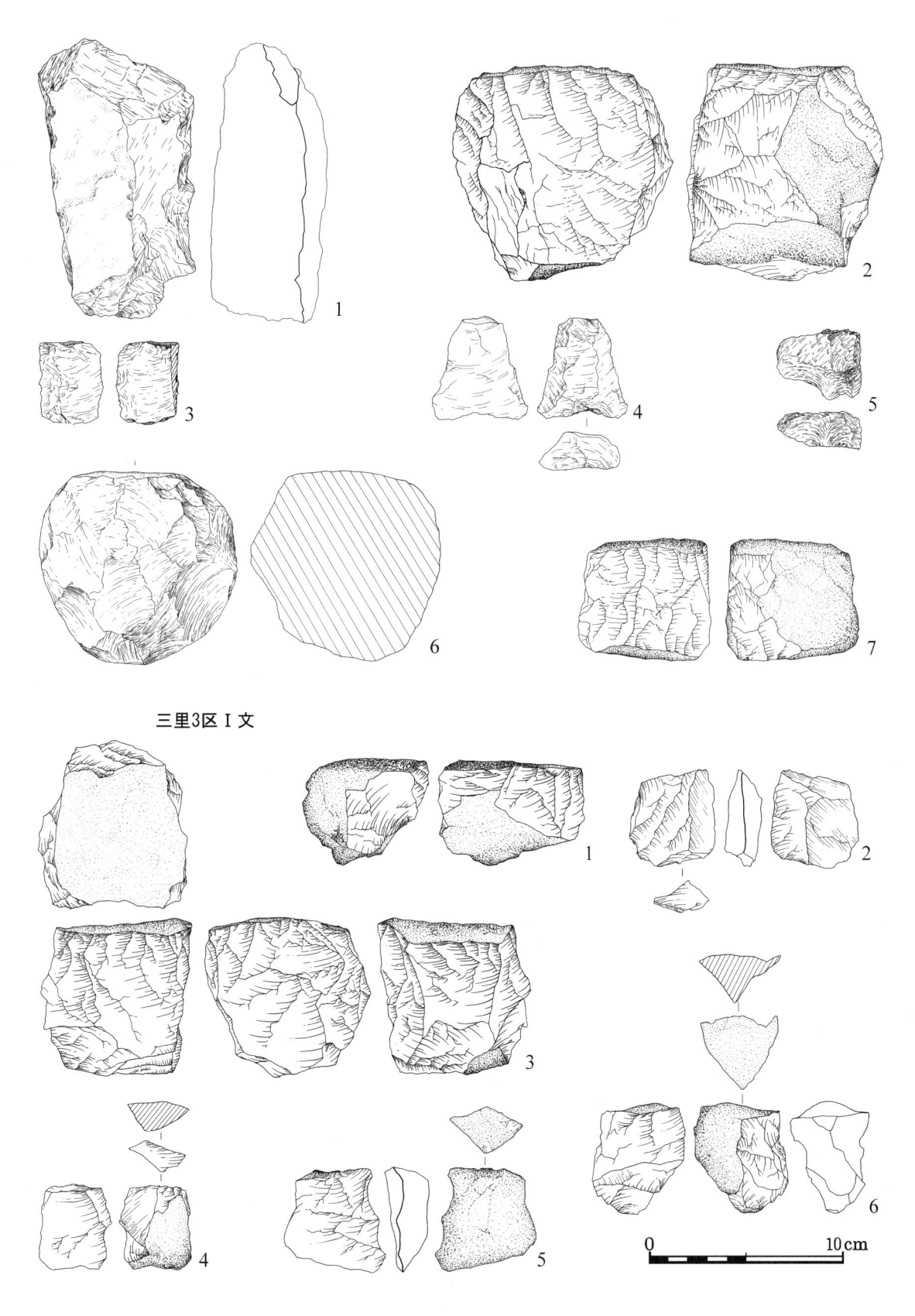

三里3区Ⅰ文

第 128 図　三里遺跡 2 区Ⅲ・3 区Ⅰ文化層出土遺物（韓昌均・洪美瑛・金起兌　2003 を改編）

三里3区Ⅱ文-①

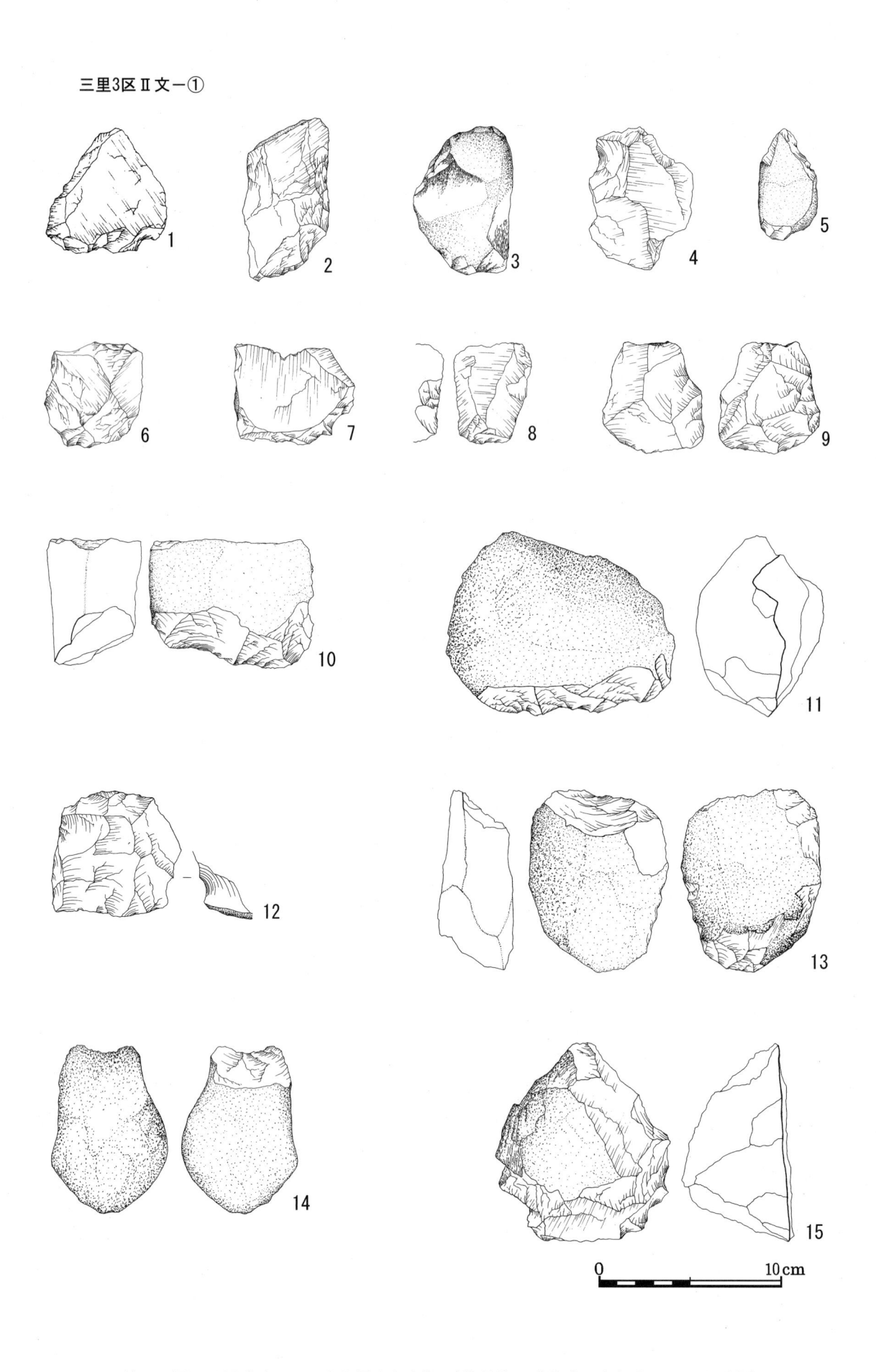

第129図　三里遺跡3区2文化層出土遺物1（韓昌均・洪美瑛・金起兌　2003を改編）

三里3区Ⅱ文－②

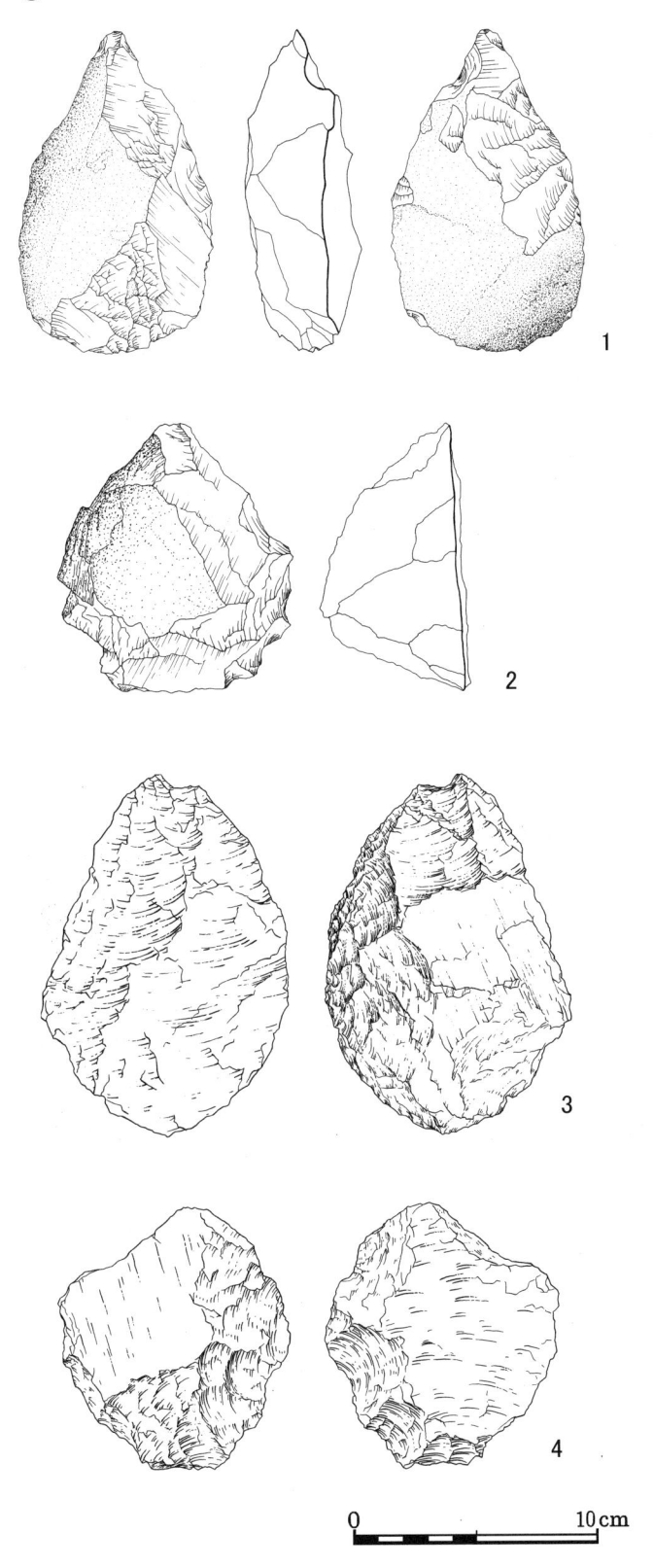

第 130 図　三里遺跡 3 区Ⅱ文化層出土遺物 2（韓昌均・洪美瑛・金起兌　2003 を改編）

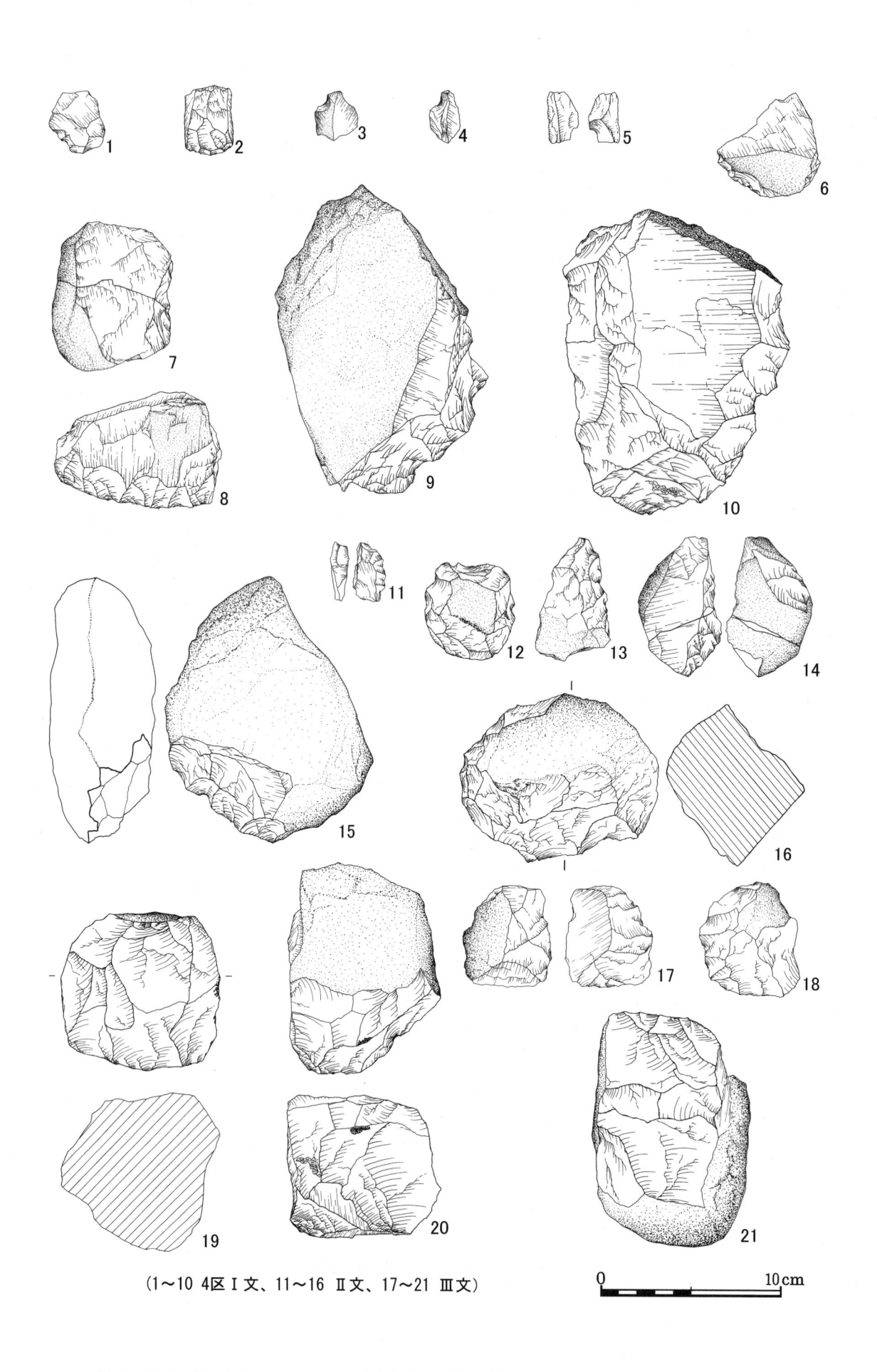

(1〜10 4区Ⅰ文、11〜16 Ⅱ文、17〜21 Ⅲ文)

第131図　三里遺跡4区Ⅰ・Ⅱ・Ⅲ文化層出土遺物（韓昌均・洪美瑛・金起兌　2003を改編）

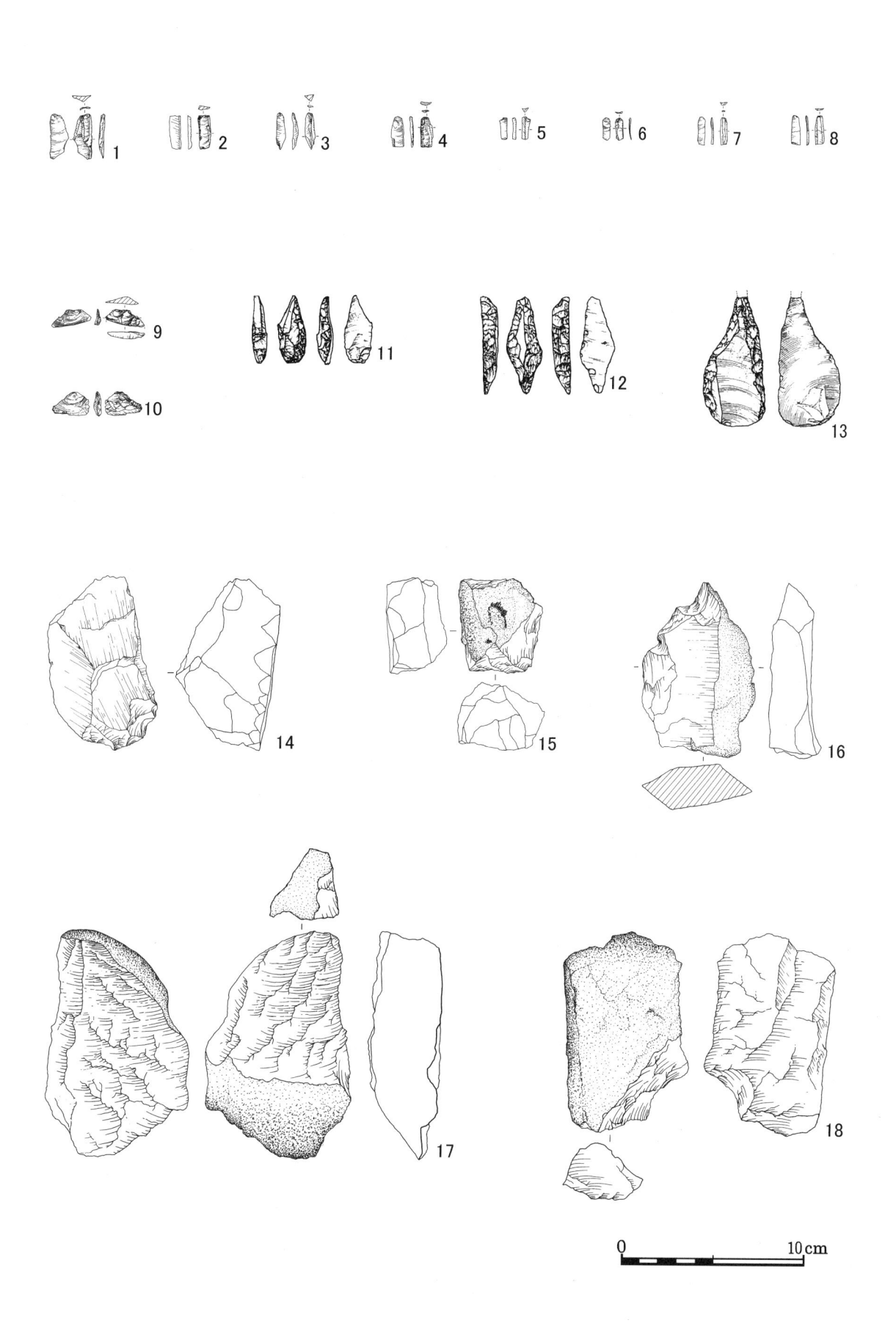

第 132 図　三里遺跡 5 区 I 文化層出土遺物（韓昌均・洪美瑛・金起兌　2003 を改編）

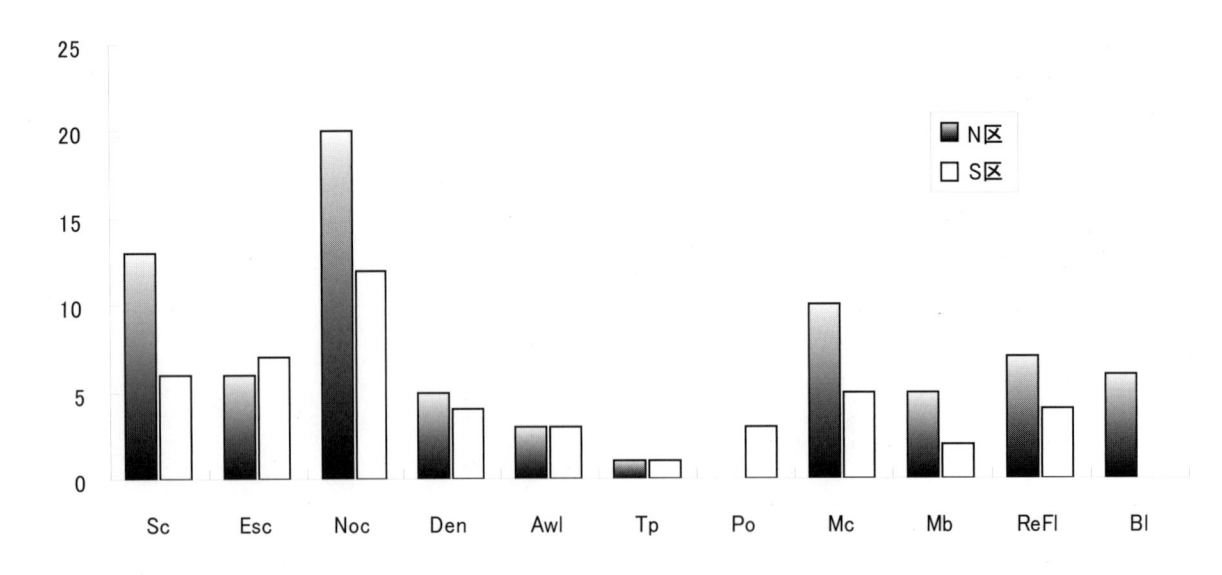

第23表　月坪遺跡出土石器器種構成

Ⅰ文化層の出土パターンをよくみせているのが4地区の遺物出土状況である。Ⅱ文化層が散漫で広範囲に散らばっているのと比べると、Ⅰ文化層は大きく北と南の2つのユニットに分かれて集中的に石器製作が行われているのが見える。しかし、他の地区の遺物出土状況では、4地区とは逆の様子を見せている。Ⅱ文化層が集中的でⅠ文化層は広範囲に散らばっているのである。このようなことは、Ⅰ文化とⅡ文化が時間的に接近した時期に残されたことを物語っている。すなわちⅡ文化層は後期旧石器時代の遺跡の残り方を示しているのである。

(2) 後期旧石器時代の石器製作空間

後期旧石器時代の遺跡が大規模で石材や器種別に独立したブロックを作ることは当時の社会システムが分業化できていることを予想させる。そのようなシステムは南漢江流域の垂楊介やチャンネなどの遺跡からみられる特定石材と器種の単独ブロックの存在からも明らかになっている。また、砂川遺跡のAとFの両地点に表れた石器製作過程上の分業と石材(石核)譲渡行為はこのような事実を後押しするものである。では、後期旧石器時代の遺跡の立地と形成過程を見てみることにしよう。

月坪(Wolpyeong)遺跡は全羅南道順天市の北部にある海抜190〜220mに位置する大規模の後期旧石器時代遺跡で、今日までの朝鮮大学校の発掘調査により少なくとも3つの文化層が確認されている。周辺の小高い山々に囲まれた盆地状の地形の真中に伸びた山の裾はまるで瓢箪形の低い丘陵地の形状をしていて、遺跡を囲むように流れ寶城江に入る小川からは現在も水が絶えず流れている。

遺物は丘陵地全体から出土していて、石英岩系石材は基盤岩が石英岩なのですぐ近くに豊富にある。一方、火山岩系石材は10kmほど離れた寶城江(Boseong‐gang)流域から入手することができる。全部17ヶ所ある調査区域の内、N16・17E18、N23E10、N29・30E6、S2W25、そしてN2W25から石器が集中して出土していて、遺跡がある丘陵地全域から遺物が出土しているのである。

報告書では遺物は北側に緩やかに傾斜している丘陵地の広い範囲から出土しているとしているが、ここでは大きく遺跡の北側に展開する4-1と4-2地区を中心とする"N区"と遺跡の南側に展開する1-1と1-2地区を中心に

222

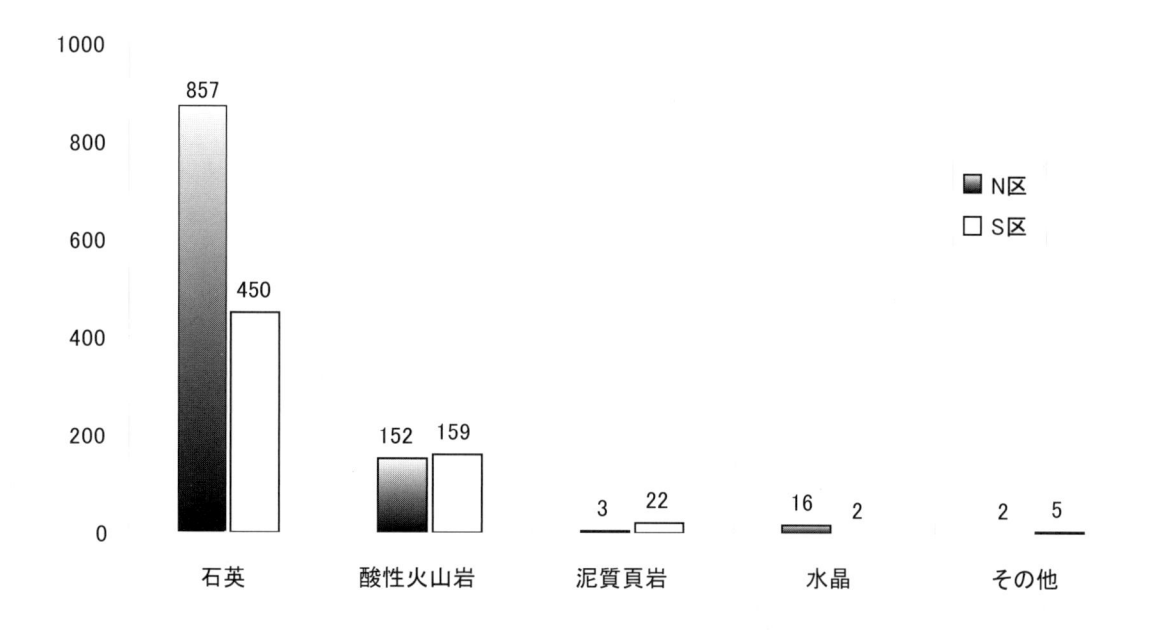

第24表　月坪"N区"と"S区"石材比較

する"S区"と、その間の2・3地区を中心にする"C区"とに区域を分けて石器の移動と石器製作活動を通した月坪遺跡の構造分析を試みる。

"N区"は「N16・17E8」を中心とする区域で北側に緩やかに傾斜する斜面の裾に展開しているが、主な石器としては削器・掻器・ノッチ・錐・鋸歯縁石器・細石刃核・細石刃、そして石器製作過程で生じる石核や剥片類で構成されている。また、石材は石英・酸性火山岩・水晶を用いているがその中で水晶15点はこの遺跡の構造を把握するための鍵を握っている。そして、水晶という特別な石材を細石刃製作専用にしていることなどは、この時期における遺跡の構造を理解する上でもその果たす役割は大きいのである。

"S区"もほとんど同じ石器組成をもっているが大きく違うことは、"N区"にはない尖頭器をもつことと、細石刃核と石刃をもたないことである。ではなぜそのような組成の差があるのだろうか。両区の石器組成表が下のグラフから見られるが、"N区"の方が安定した数量を確保している。安定した数量と多様な石器器種を携えた細石器石器群集団が"N区"を形成し、最初に月坪遺跡に辿り着いた集団であろう。

ところが"N区"の特徴として挙げられるのが「N16・17E8」から出土した水晶15点と、そこから北へ40m離れた地点にある「N23E7」ピットから出土した水晶1点である。数的な構成と石器器種から分析を進めると水晶は「N16・17E8」へ最初に持ち込まれ、そこで細石刃を削出した後「N23E7」へ移動して剥片と礫を残したのである。

「N23E7」での水晶製の石器製作は定かではないが、剥片と石材の存在から僅かな剥離行為をしたあと"S区"へ移動したのである。月坪遺跡における石器製作拠点は"N区"では「N16・17E8」が、"S区"では「S8W25・26」が拠点である。両者は"N区"と"S区"を代表するが、石材組成の方では"N区"がより石英岩系の石材に集中する傾向をみせている。

それは"S区"が石材運営において多様化されていることを間接的に表現していることでもある。勿論出土した遺物石材組成の数量差は数的な面ではそれほどかけ離れたとはいえない。しかし、石材の開発程度の面からみると在地石材の利用がまだ根強く残っている"N区"と少しずつ遠隔地化が進んで行く"S区"とすることが可能であろう。多様化する石材の一側面をみせている値として、「S8W25・26」の石材数量をみると石英岩系が77点に対して酸性

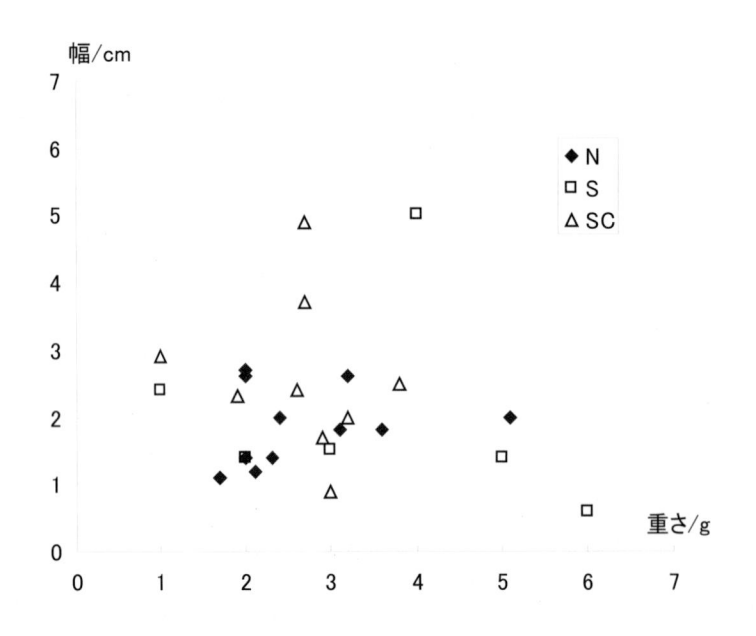

第25表　月坪遺跡出土区域別細石刃核比較

火山岩が121点という値が確認できる。

　他の調査区ではすべて石英岩系が優位に立ったのに対して、火山岩系が優位に立っているのは月坪遺跡の全調査地点のなかに「S8W25・26」にしか見られない現象である。何故このような値の逆転が起きたのだろうか。また、"N区"の拠点である「N16・17E8」から出土した水晶15点は何を物語っているのだろうか。それらに関してまず、出土遺物のなかでもツールの技術形態的分析を通してみてみることにする。

　まず、「N16・17E8」から出土した細石刃核をみてみることにする。調査区からは水晶製ブランク1点を含めて水晶製が3点、酸性火山岩製3点、合わせて6点出土している。3点の火山岩製細石刃核の形態は作業面からみると全て逆三角形の楔形をしている。第133図15（2.0×4.0×2.6cm、20.2g）は打面幅が広いせいで船野型細石刃核を連想させるが、打面作出は長軸方向への一回の剥離によって形成されていて作業面は長軸の一端にしかない。

　細石刃核調整の方法は細石刃核が半分折れているため底部の方が見えないものもあるが、上からの4〜5回の剥離により調整は終わっている。細石刃核の底部は打面再生時の失敗により分厚く剥がされたため欠損していて、その時点で作業はそれ以上進めなくなり、廃棄したものであると考えられる。

　ところが、第133図23（2.0×4.3×1.4cm、12.4g）は細長い打面作りと低部からの側面調整による成形剥離など第133図15とは異なる様子を見せている。底部からの両面調整によるブランクを長軸方向剥離により打面を用意した後、細石刃剥離作業へ進んでいるが、打面作出剥離は最後まで力が抜けきらないで途中で止まっているため、いわゆる峠下型細石刃核のような形状を呈している。作業面に残っている細石刃剥離痕の形態は寸詰まりの幅広形が2条残っている。

　酸性火山岩製細石刃核としてはもう1点、第133図6（2.3×2.3×1.4cm、8.3g）番があるが側面形態は三角形をしていて、これ以上細石刃剥離が進行できないほど剥離が進んでいる。作業面は1面あって、作業方向は上下2方向で打面転移が行われているのが確認できる。このような特徴は円錐形細石刃核に類似していて、少ない資料の中に多様な形態の資料が含まれていることがいえる。

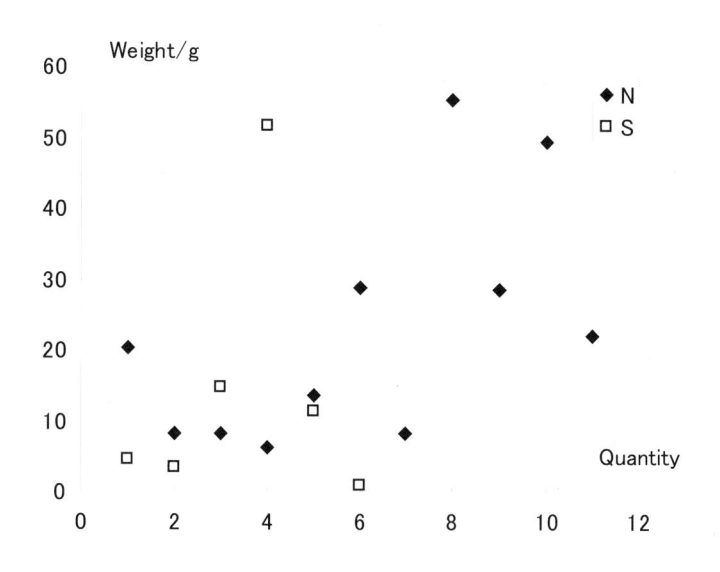

第 26 表　月坪遺跡出土区域別細石刃核の重さ

　3 点出土している水晶製細石刃核の一つである第 133 図 24 の 1 点 (2.1 × 4.2 × 1.2cm、13.4g) は、両面調整ブランクの長軸方向へ打面を作出した後、2 回以上の打面再生を行ったが、その際平らな打面が得られなかった場合は打面調整を施して修正を加えている。また、作業面は単一作業面で頭部調整や打面再生後の側面調整などは見られない。

　第 133 図 25（1.7 × 2.2 × 1.1cm、6.3g) は剥片製の片面調整細石刃核で打面は作業面からの剥離により作り出されているが、打面生成剥離は端まで行かないでやはり途中で止まっている。作業面は一ヶ所しか展開してないが、作業面右側の主剥離面が残っている方へは行かず左側へと作業面は回っている。

　ところでこのような最終形態とは反対に作業開始前の段階、すなわちブランクの形態を示している資料として第 133 図 26(3.6 × 4.0 × 1.8cm、28.7g) がある。ブランクの形状は方形をしていて底部は鋭い両側縁からの加工により形を整えている。成形加工は上下 2 方向からの剥離により作りあげていて側面形態は楔形を呈している。

　以上のように「N16・17E8」区から出土した細石刃核を見てきたが、次のような特徴が言えるのである。細石刃製作のために準備された素材、すなわち "ブランク"（Blank) は両面調整されたものを用意すになるが、剥片の場合は片面調整ブランクを用いることもある。打面は長軸方向剥離により用意するが、打面作出剥離が端まで行かないで途中で止まった峠下型細石刃核のような形が多い。

　細石刃核の成形は底部からの加工が主な剥離方向であるが打面側からの剥離もみられ、そして作業面は基本的に一端にしか設けない[66]。細石刃核の正面形は楔形を呈していて、ブランク作りの段階から意識的に用いた製作技法で、細石刃作出時の細石刃核の固定と深い関係がある形状をしている。このような特徴は石材に関係なく "N 区" から出土した細石刃核には共通のものである。そして、作業面再生や打面再生剥片の出土からも酸性火山岩と水晶は平面的な分布と垂直分布から同一時期に展開していた石器群である。

　"S 区" は "N 区" とは直線距離で 200m ほど離れているが出土細石刃核は両区の間にどのような差があるのか、あるいは同じであるのか。"S 区" からも酸性火山岩製細石刃核が 3 点出土している。第 136 図 25（3.7 × 3.2 ×

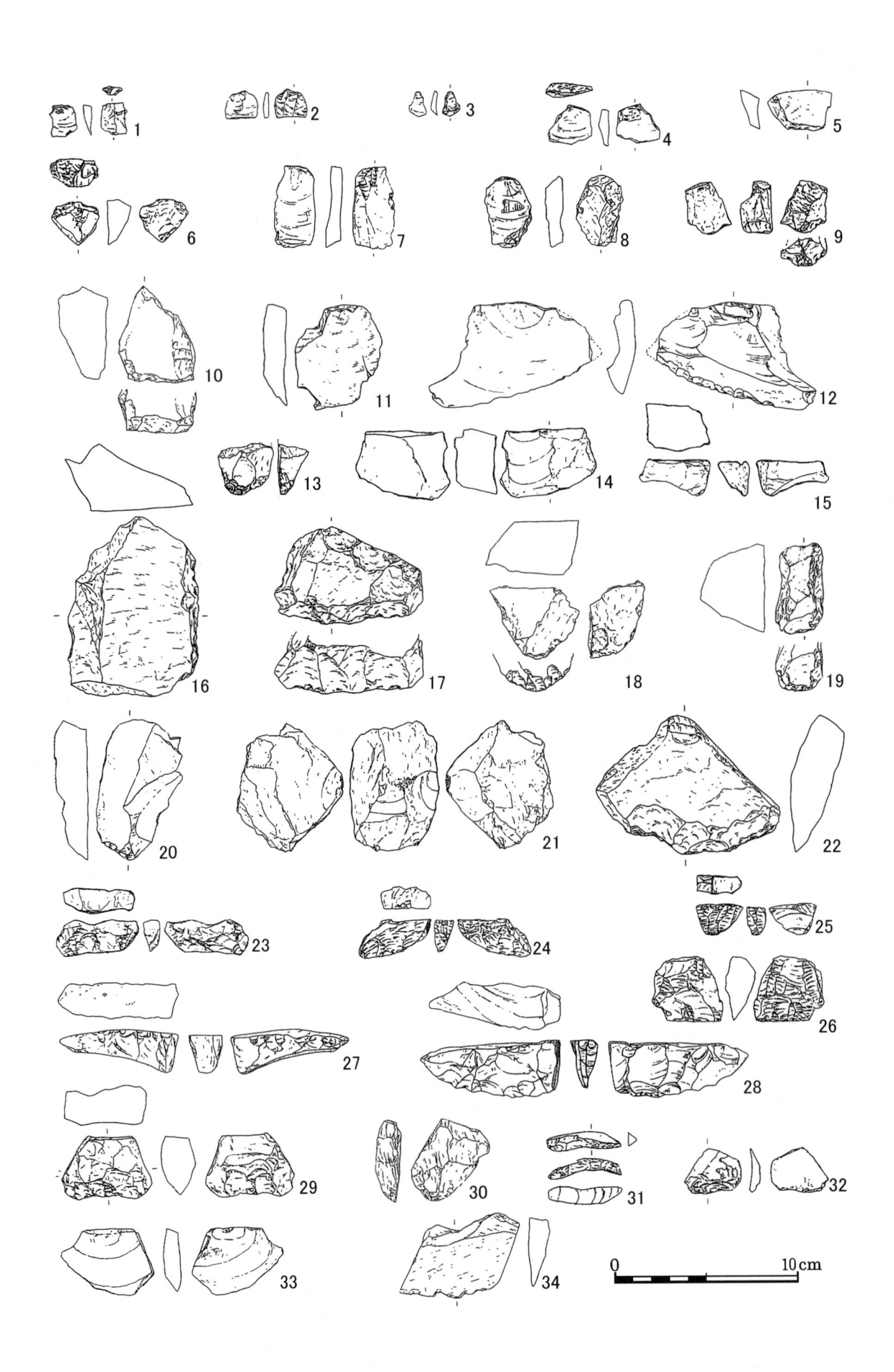

第 133 図　月坪遺跡"N区"出土遺物 1（李起吉 2002 を改編）

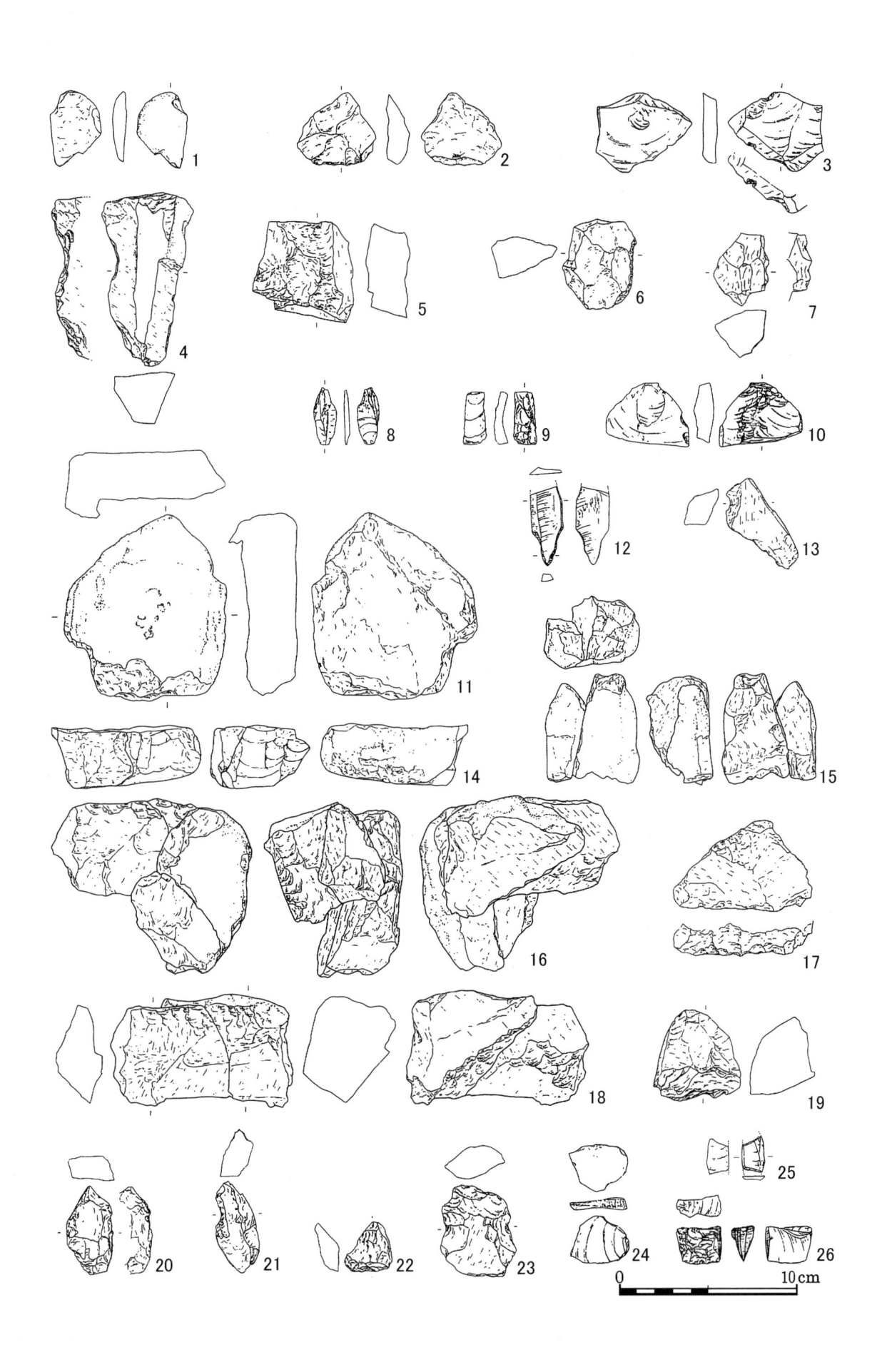

第134図 月坪遺跡"N区"出土遺物2（李起吉 2002を改編）

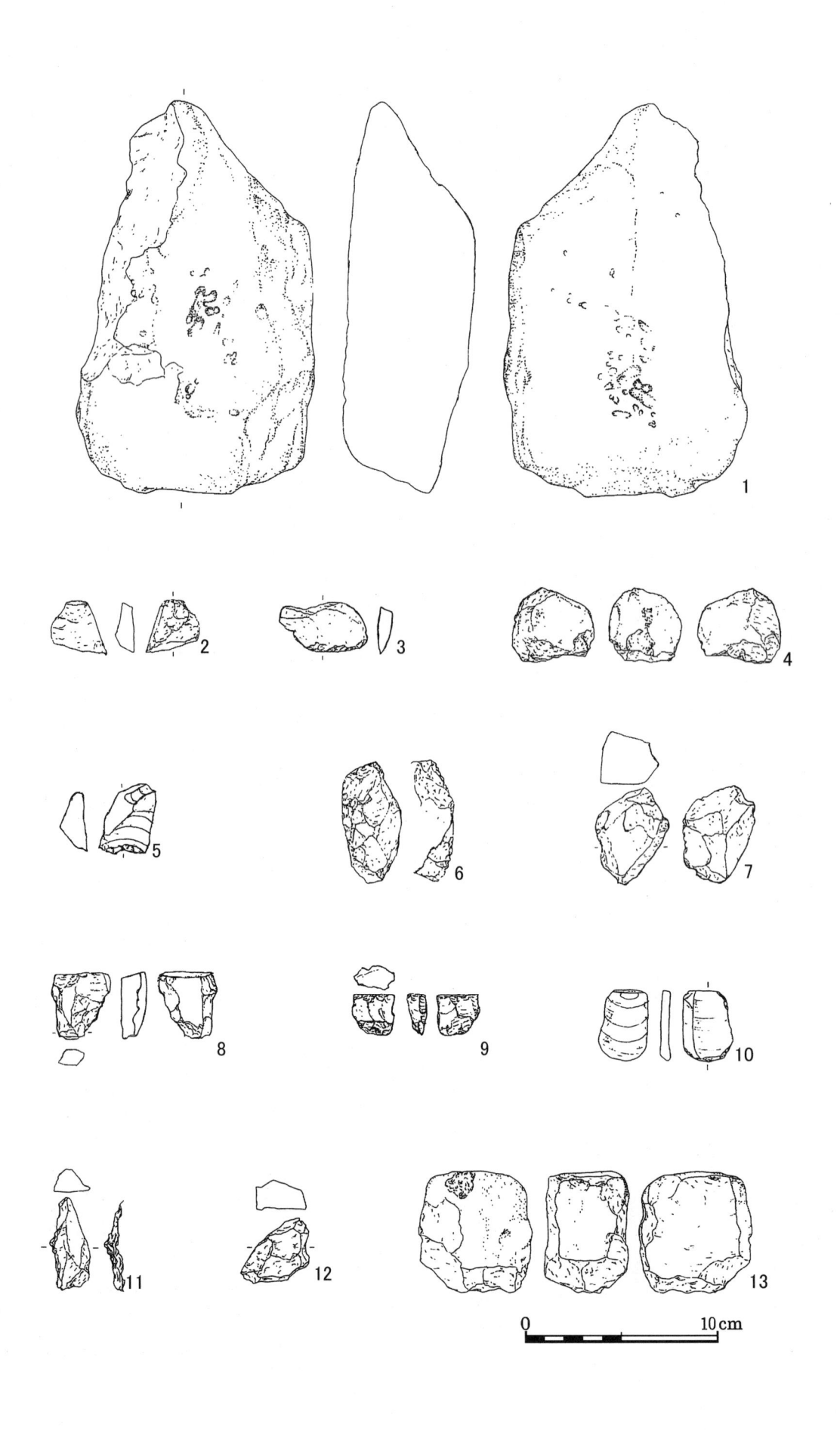

第135図　月坪遺跡（中間区域）出土遺物（李起吉 2002を改編）

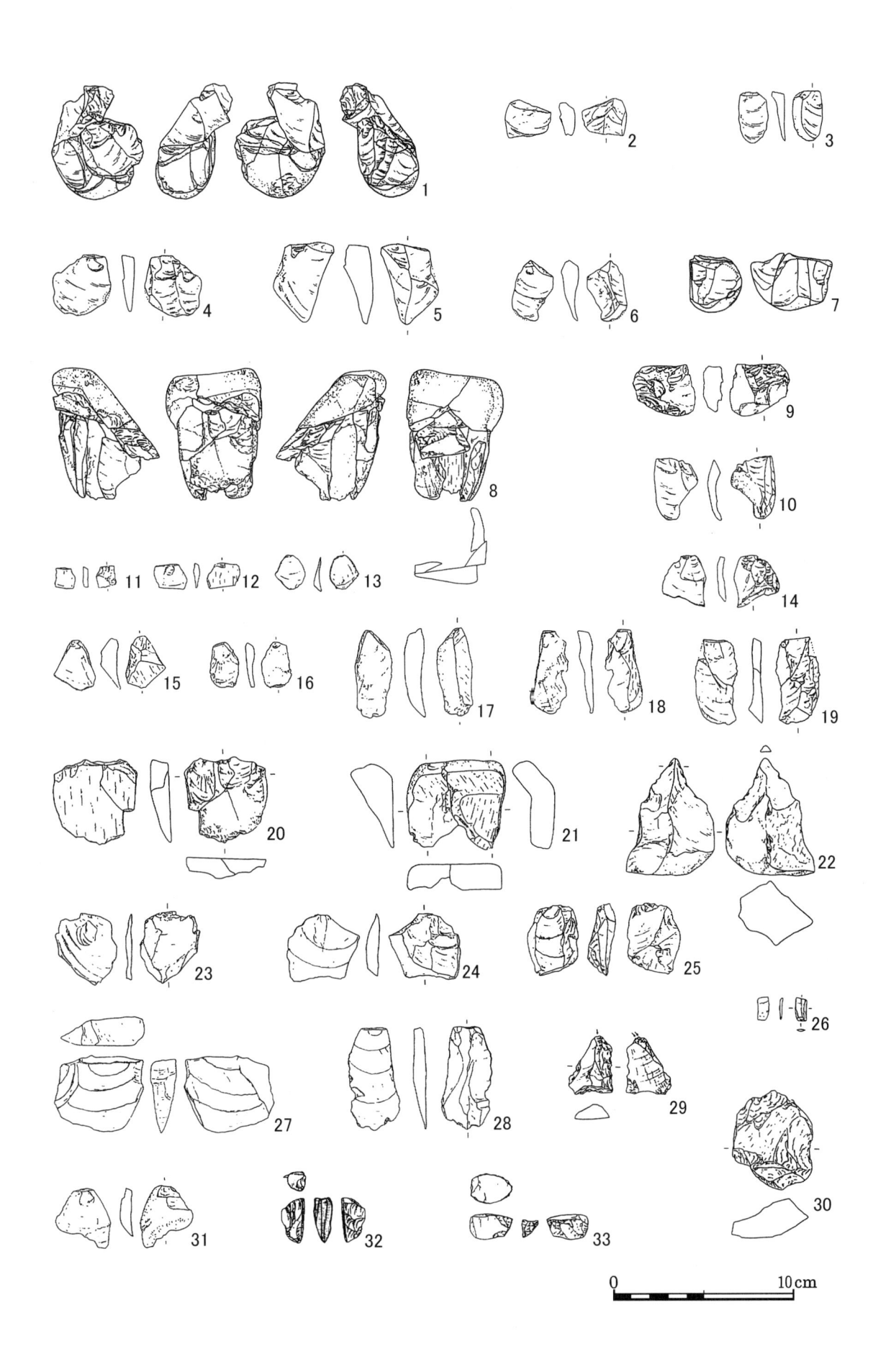

第136図　月坪遺跡"S区"出土遺物1（李起吉 2002を改編）

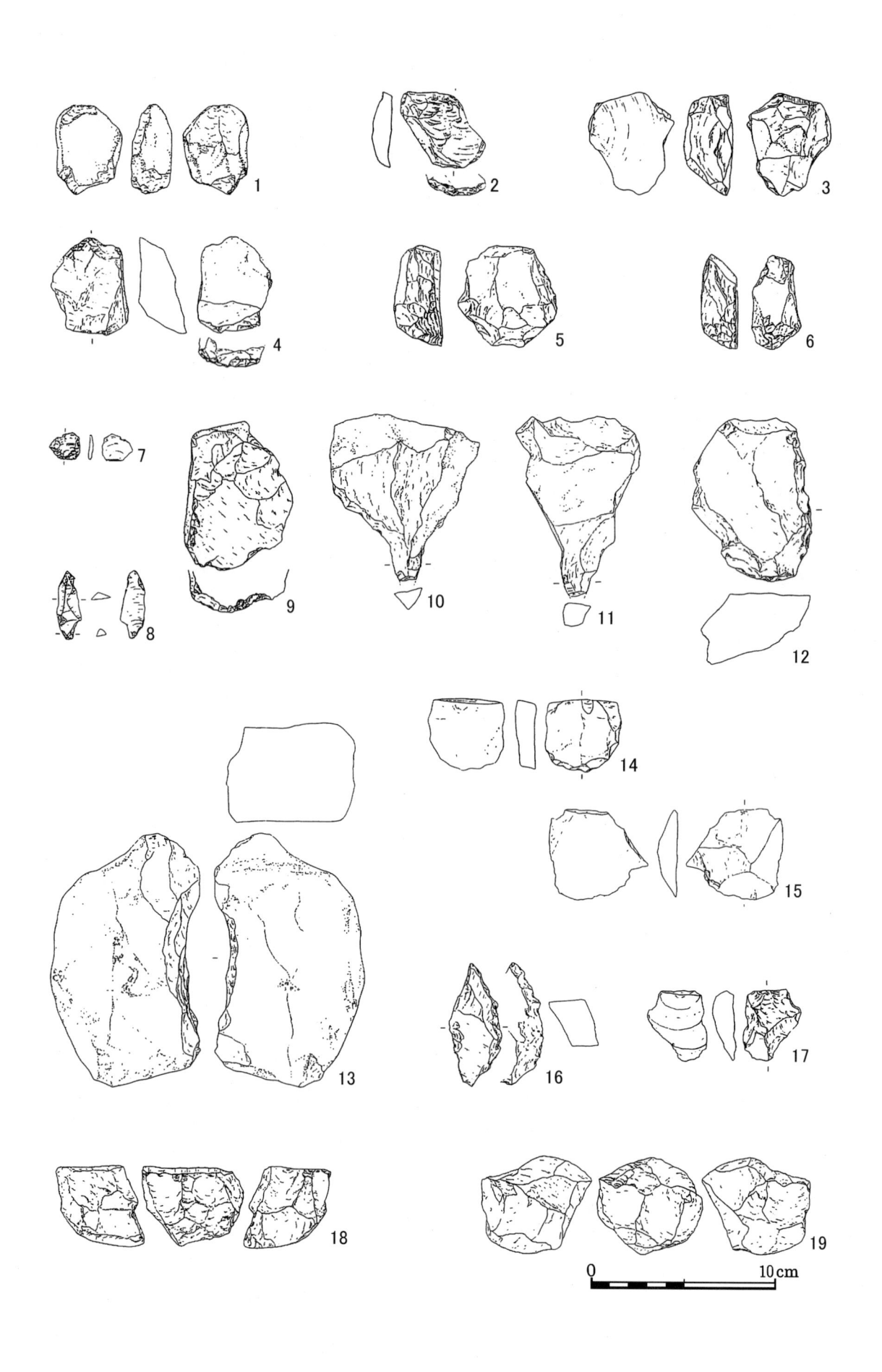

第 137 図　月坪遺跡 "S 区" 出土遺物 2 (李起吉 2002 を改編)

第 138 図　月坪遺跡出土細石刃核 1 (李起吉 2002 を改編)

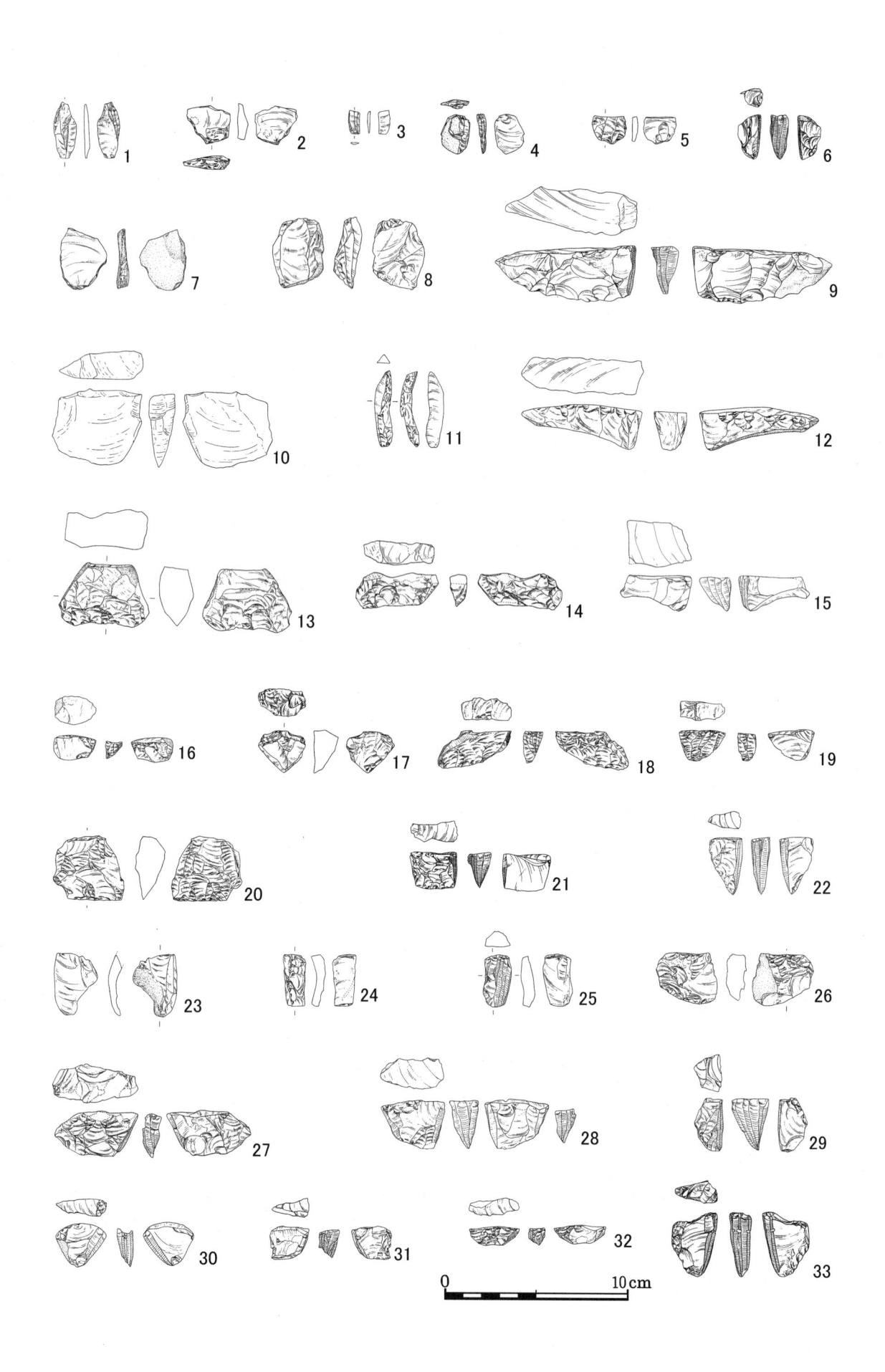

第 139 図　月坪遺跡出土細石刃核 2（李起吉 2002 を改編）

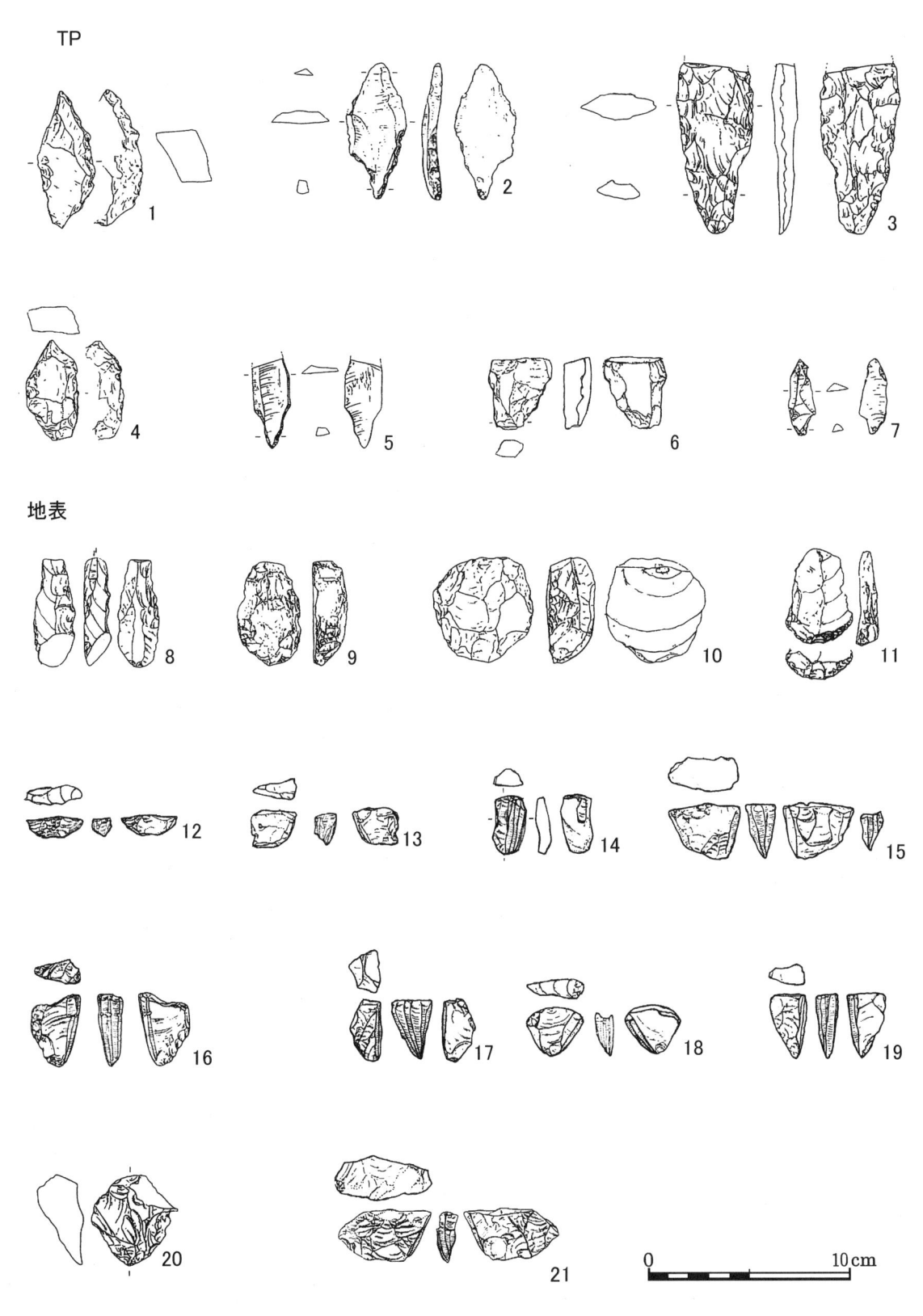

TP

地表

(2・3、8〜21 表採遺物)

第140図　月坪遺跡出土尖頭器類と地表面採集遺物類（李起吉 2002を改編）

1.5cm、14.7g)は、板状の細石刃核で薄い器形の片側面から細石刃を剥ぎ取っている。打面は彫器打面のごとく、両面調整細石刃核の上側縁を作業面側からの剥離により形成された、細長く斜めになった面を打面として用いている。器形は上下両方向からの剥離により成形が行われたが、作業面反対側には自然面が僅かながら残っている。

第136図27(4.6×2.0×5.0cm、51.5g)は、他の細石刃核とは細石刃核成形調整において様子が違う。作業面がある正面形は楔形を呈していて、細石刃核調整をほとんど行わないまま打面を作り細石刃を剥ぎ取ったのである。しかし、打面生成方法はこの調査区から出土した他の細石刃核と同じく、端まで届かない長軸方向への剥離により行われている。

第136図32(2.6×1.0×1.4cm、3.5g)は、両面調整ブランクを用いた楔形細石刃核で、打面の一部分に自然面が残っている。打面作出は長軸方向への剥離により行われているが、遺跡からみられる他の細石刃核と同じく、打面作出の際の力が端まで抜けきっていない。低部の両側縁には細石刃核を固定するための加工が施されていて、作業面は一ヶ所で定形性を持つ細石刃作業痕が6条見える。

第136図33(1.4×1.7×2.4cm、4.4g)は、剥片を素材にした側面形が方形の船底形を呈していて、単一作業面の反対側一部に自然面が残っている。細石刃核は両面調整されておらず、片方に主剥離面を有する剥片素材である。細石刃核の底部側縁には細かい加工が施してあるが、やはり固定具との関係で施した加工である。

また、細石刃核の計測値の対比から差を見てみた（表25月坪細石刃核比較表参照）。グラフによると表採の"SC"の散漫な傾向は、出土品でない表採品であることを勘案してみるが、肝心な"N区"と"S区"の細石刃核の測量値にどのような差があるのかを比較するために用いた数値は幅と長さ[67]である。"N区"では3〜4cmの間に収まるように纏まっていることから、規格性が高く作業程度がほぼ同じであること、すなわち剥片剥離進行状況がほぼ同じ段階であることが分かる。しかし、"S区"では5〜6cmという幅広い範囲に広がっていることがみえる。つまり、作業の進行状況が一律でないことを意味することで、細石刃剥離作業はいろいろな段階で別々の製作過程を踏んでいたことを推察することが可能であろう。

以上のような同一器種の比較をしてみたが"N区"では石材による製作技法上の差は見当たらず、出土細石刃核は全て同じ製作技法によるものであった。しかし、"S区"では"N区"より小型化が進んでおり、石材運用の初期段階に残された地点ではなく最後に近い段階に残された地点である可能性がある。そして、剥片剥離進行状況からもそれぞれの形態をしていることから単一集団よりは複数の集団、あるいは複数の時期[68]にまたがった地点であることが推察される。

これは「N1・2W4」地点から1点の細石刃核の第135図9(3.1×3.4×1.8cm、21.9g)の出土からも考えられる。「N16・17E8」出土細石刃核（第133図24・25）と製作技法上に異なるところがある。"N区"とも"S区"とも異なる打面作出方法は所謂、"舟野型細石刃核"ともいえる打面がある。両者は直線距離で約100m程度離れているが、遺物組成は"N区"に近い属性と製作技術上の類似点を持っている。

「N1・2W4」地点を残した集団は"N区"を残した集団と同一時期あるいは近接した時期に月坪遺跡を訪れた集団であると考えている。"N区"集団の移動によるブロックの形成はまだブロック間接合資料がないため、砂川のような分析には入れないが、砂川型の遺跡構造も念頭においた分析が可能であろう。

以上のようなことから月坪遺跡の形成を考えると、月坪遺跡"N区"出土水晶製石器は月坪遺跡の中を動き回っているが、これは"N区"集団の産物である。集団は剥片尖頭器、細石刃核、細石刃、掻器、削器、錐を装備として携帯して移動する生活を営んでいたグループである。"N区"集団は10km程度離れた寶城江流域を本拠地として江流域に散在する酸性火山岩を主要石材として携帯し、いくつかの川に合流する支流を転々と移動していた。

"N区"集団が携帯して月坪に搬入した水晶は一般的に得ることが難しい石材である。特殊な石材はある意味では集団の能力を表すバロメーターで、集団が影響力をもつ領域を管理する能力をもった既成集団であった可能性を

示している。すなわち、寶城江流域を管理しながら季節的に移動生活を営んでいた集団である可能性があるのである。

この"N区"集団は、剥片尖頭器という最先端の狩猟具と北東アジアに広く広がっていた細石器を持って月坪に着いたのである。石器組成から考えると"N区"集団は狩猟専門集団である可能性がある。"N区"から出土した石器組成表からは、狩猟に必要な道具製作のための石材から加工具など全ての工程に対応できる装備構成がみられる。これは"S区"集団が石器製作の過程でみられる剥片中心の遺物が多いことと比べると、機能差は大きいといえるのである。

ただ、石器組成表に一つ問題がある。"S区"にはないはずの細石器が含まれることである。層位的には安定した層序を見せているため、攪乱の結果とは考えにくい。では、何故"S区"にも細石器があるのだろうか。

さて、ここでもう一度「S8W25・26」に戻ってみて平面分布を調べてみよう。細石刃核は酸性火山岩集中出土地点と約2m程離れて2点の細石刃核が分布する。垂直分布でも酸性火山岩密集ブロックとは20cmの高低差はあるものの、ほぼ同じ層と考えても間違いない。このようなことは、細石刃核が酸性火山岩密集ブロックと何らかの関係があることを物語っていることであろう。

しかし、両者が共存していたかの決め手は今のところない。ただ、ブロック組成と遺物平面分布から考えると両者はほぼすれ違うくらいの時間差を持つ、異なる集団により残された別々のブロックである確率が高いのであろう。酸性火山岩の接合資料から考えると4つの固体別資料を考えることが出来る。また、石材は全て寶城江流域からの搬入石材で月坪遺跡にはないものである。

月坪遺跡の接合資料からは連続して縦長系剥片剥離が行われたのが分かるが、完成したツールは見当たらない。しかし、自然面が見えるまで接合できる接合資料から分かるのは、この地点で原石の剥片剥離が最初に行われ、原石の表皮を含めた剥片類を残して目的剥片類だけ持って別の地点に移動していたことである。

"N区"には加工具などのツール類が多く残されているが"S区"ではツールが少なく剥片類の数が多い。このような現象は「S8W25・26」からは道具類が少なく剥片類が多いことと、「N16・17E8」では道具類が多いことと深い相関関係にあるのであろう。このようなことから月坪では"S区"と"N区"の二つの拠点地があったことが言えるのである。

Ⅴ　韓国の旧石器時代石器群構造変動論

1. 韓国旧石器時代編年論へのアプローチ

1) 遺跡に付された絶対年代

　考古学において遺跡から出土した遺物の時間軸を設定することは重要な仕事の一つである。文献資料があって遺物の詳しい年代が記されている場合、遺物が実在していた時期を判明することができるので、ものごとの前後を知る上で大事な役割をする。年代がはっきりしている資料は層序が同じであっても時期を異にして並べ変えたりすることが出来る。ある一面では考古学は過去のものに"時間"と"名前"を与える作業により代表されるかも知れない。

　しかし、文献がない旧石器時代の資料に"時間"と"名前"を与えるためには考古学だけの力では解決できない部分が多い。それで、開発されたのが"放射性炭素年代測定法"―名 ^{14}C に代表される自然科学分野の力を借りた数々の年代測定法である。現代の分子分解能力を応用した自然科学分野の科学技術を借りて人類の過去の産物に時間を与える試みが現在の遺物編年学にも適応されている。

　自然科学分野の分析能力を借りた編年が、考古学で用いる古典的な編年の領域を侵食し始めてから1世紀が過ぎた。その間年代測定法は精度を高めながら多様性を増し、状況に応じて各対象物に合わせた測定する方法の開発が進んできた。しかしながら年代測定法により出された年代を年代測定法至上主義のような盲目的な受け入れ方をすることは究極的には考古学でなくなる可能性がある。

　考古学は出土遺物の整理分析により層位学による序列を基本にして型式学を用いて編年を組んでいる。考古学には絶対編年はなく相対編年があるのみかも知れない。しかしながら今日の考古学では科学の力を借りなくては科学としての考古学の学問的な信憑性問題に関わるのである。

　科学的遺物年代測定法は時折層序の解釈をもっと難しくさせる。層位学に反する結果を出す時もあるので盲目的な盲信は学問として危険な結果を招くことにすらなる。しかしながら補助的な使い方とクロスチェックにより客観的データとして参考にすることでは問題が起きる余地は少ないはずである。

　第164図と第165図に提示してある韓国旧石器時代の編年表に書いてある数字は放射性炭素年代測定法やその他の年代測定法を用いた測定結果である。それによると長山里の石器年代[69]は最も古く、60万年前という年代が出されている。また、全谷里や金窟の測定年代も前期旧石器時代の原人段階の石器[70]であることを示している。勿論、層位学的なことを基本に考えると同一地層からの出土遺物は、同一或いは近接した時期のものであることを前提に考えることにより出された年代である。

　しかし、上層の遺物が下層の遺物より古い年代を示すこともある[71]。年代値では何十万年も離れているのに上下の層の中から出土した遺物の内容は変化がなく、同じかあるいは非常に接近した年代のものとして認めざるを得ない遺物もある。発掘担当者の発掘調査を行うことにより得られる感覚は実際に現場に居る事により得られた貴重な経験で遺物や遺跡に関する最も正確な判断を下すことが出来る。現場での経験と現場では出来ない研究所での分析データの複合利用は最も望ましい研究体制である。

　現在まで年代測定結果が出ている旧石器時代遺跡の年代は、幾つかの集まりに分けることが可能である。周辺に覆われている玄武岩の年代から算出した60万年前という年代をもつ遺跡である長山里 (Jangsan-ri)[72]遺跡と30万～50万年の間に入る全谷里遺跡などを含めた早い時期の遺跡は、皆北緯38度線周辺に集中している。

　これらの遺跡は古い年代をもつ遺跡が多く、出土石器類はアフリカのアシューリアンタイプのハンドアックスを組成とする礫器類石器群[73]である。全谷里[74]遺跡から出土している多くの石器は形態がアシューリアンタイプ

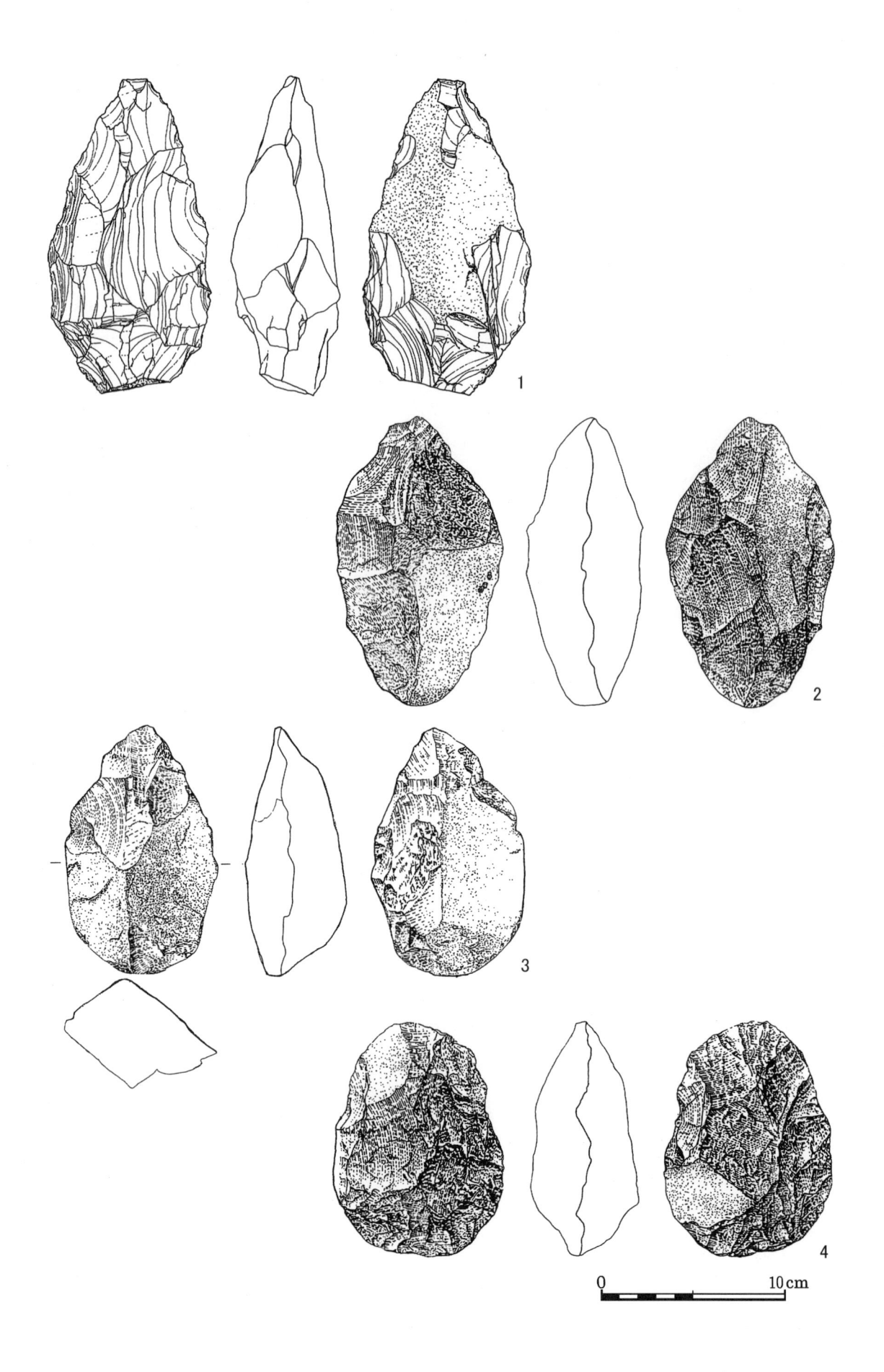

第 141 図　全谷里遺跡ソウル大学校調査区出土遺物 1（金元龍・裵基同 1983 を改編）

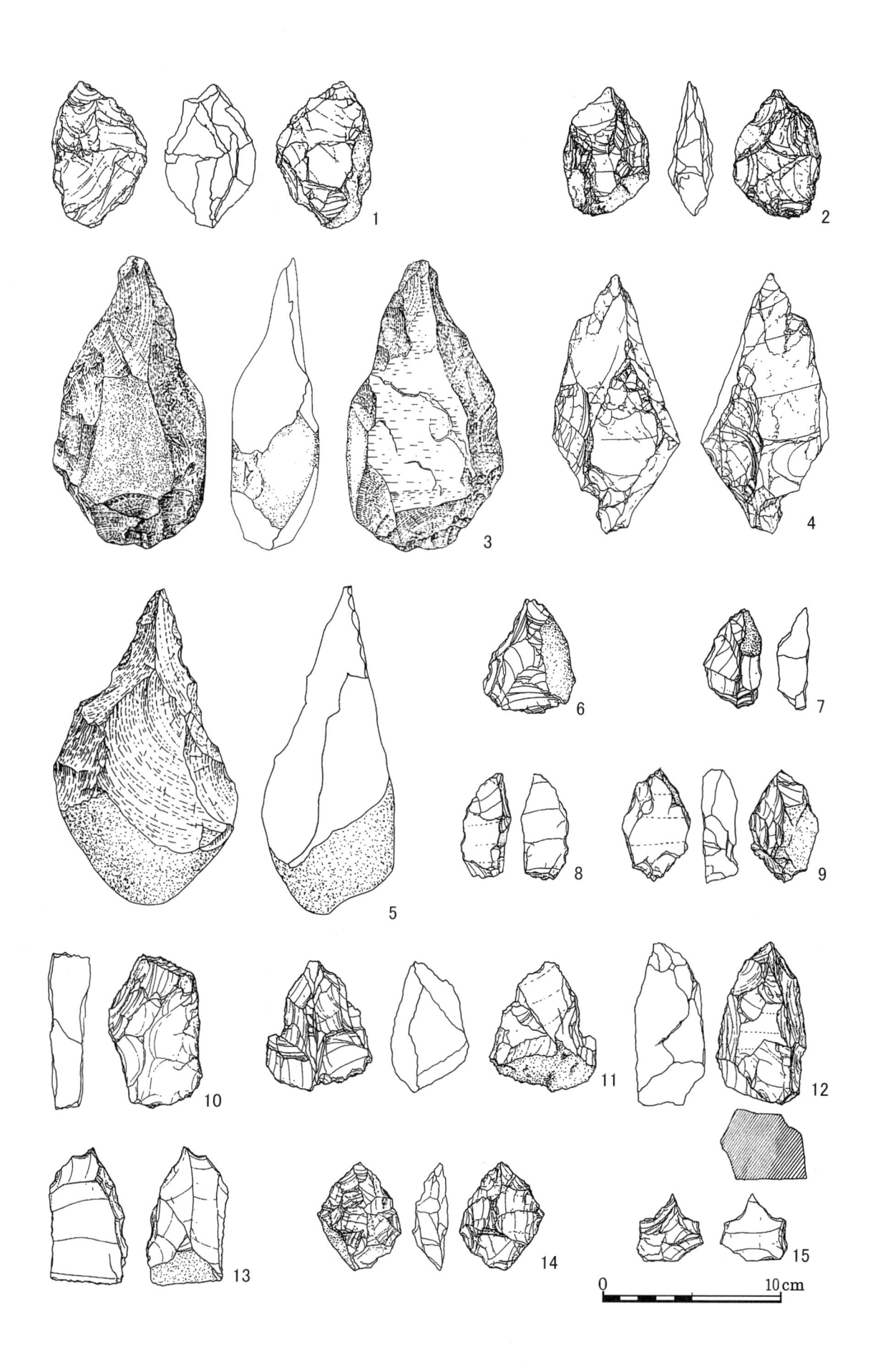

第 142 図　全谷里遺跡ソウル大学校調査区出土遺物 2（金元龍・裵基同 1983 を改編）

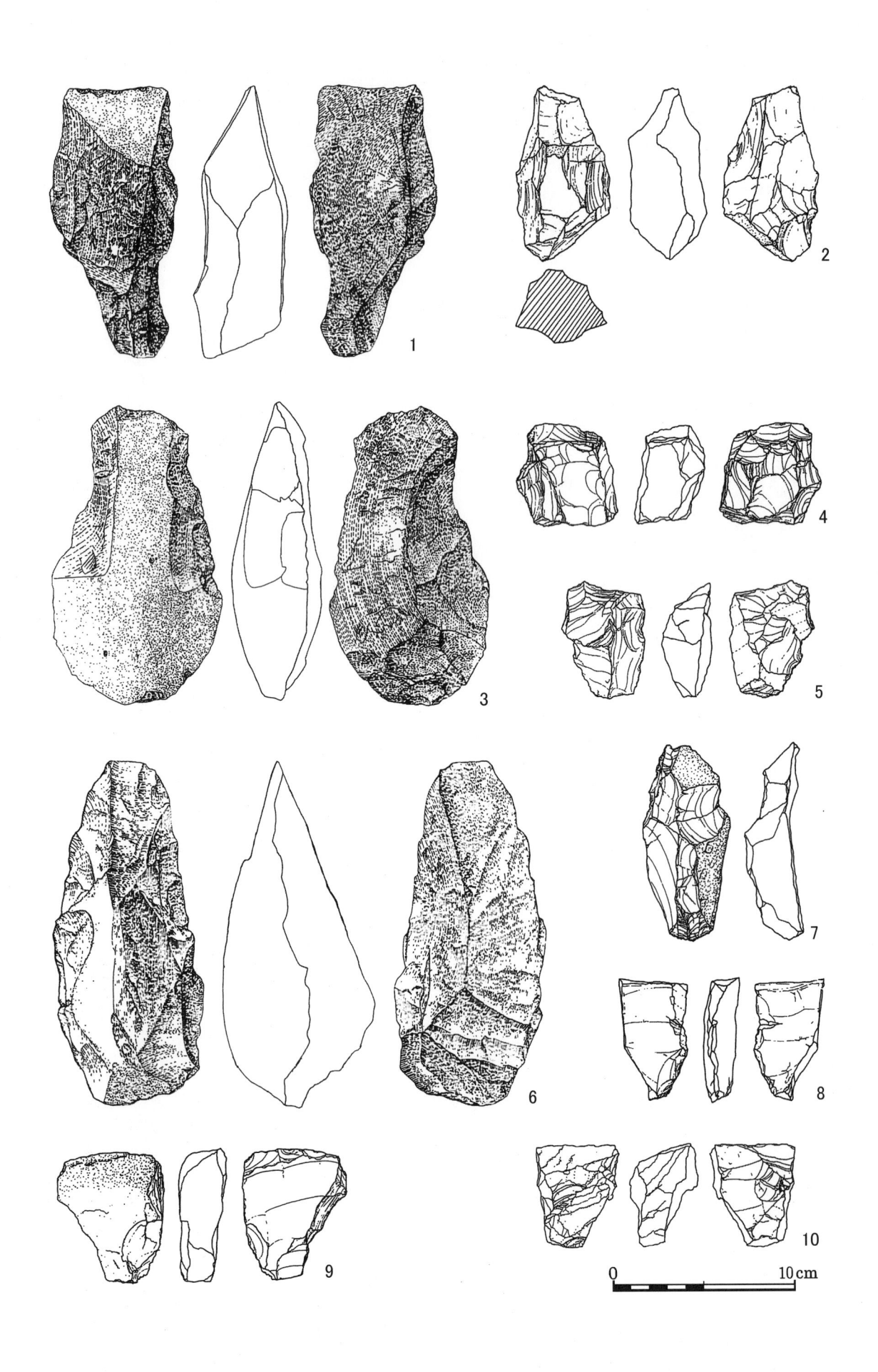

第 143 図　全谷里遺跡ソウル大学校調査区出土遺物 3（金元龍・裵基同 1983 を改編）

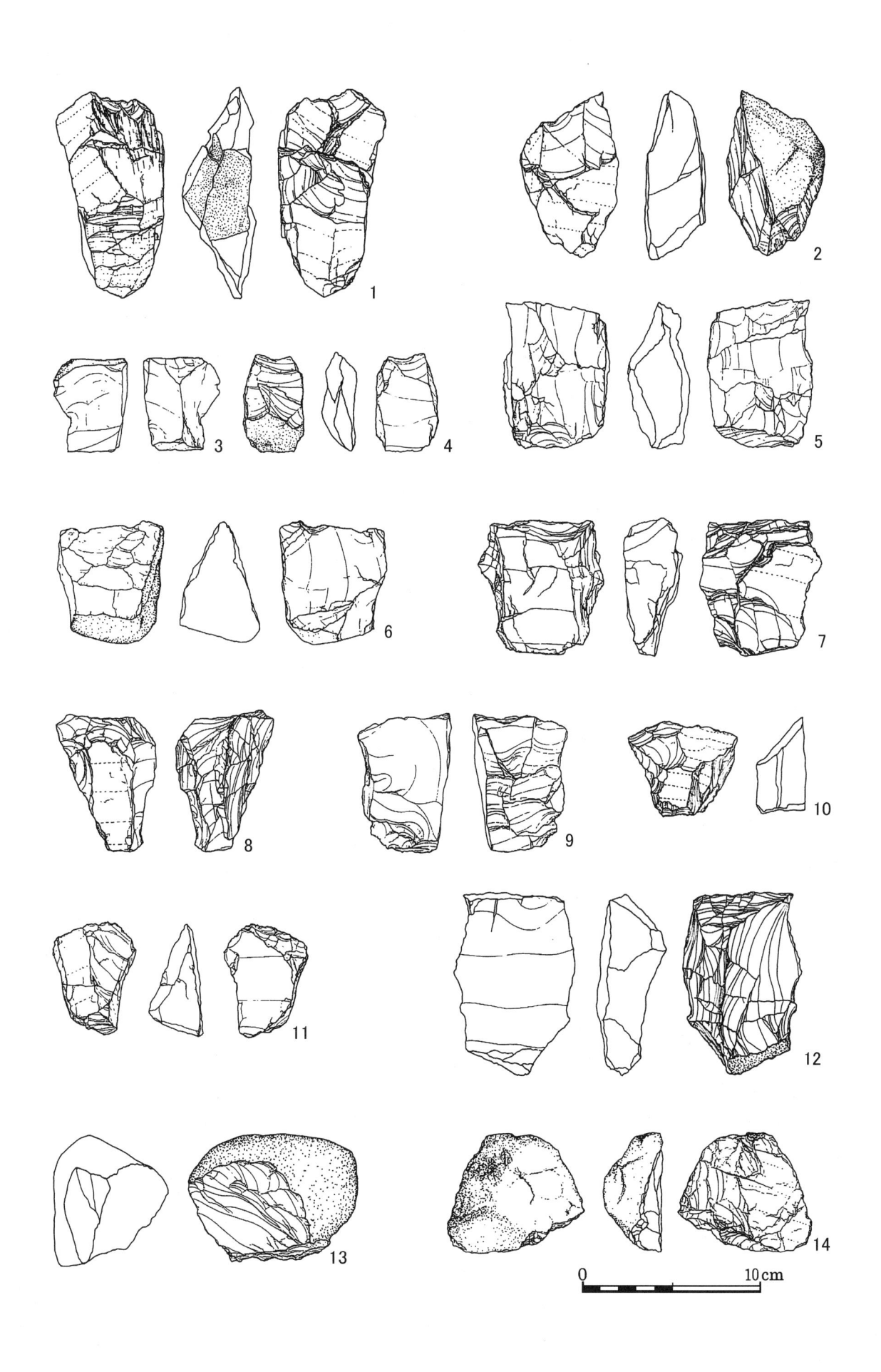

第 144 図　全谷里遺跡ソウル大学校調査区出土遺物 4 (金元龍・裵基同 1983 を改編)

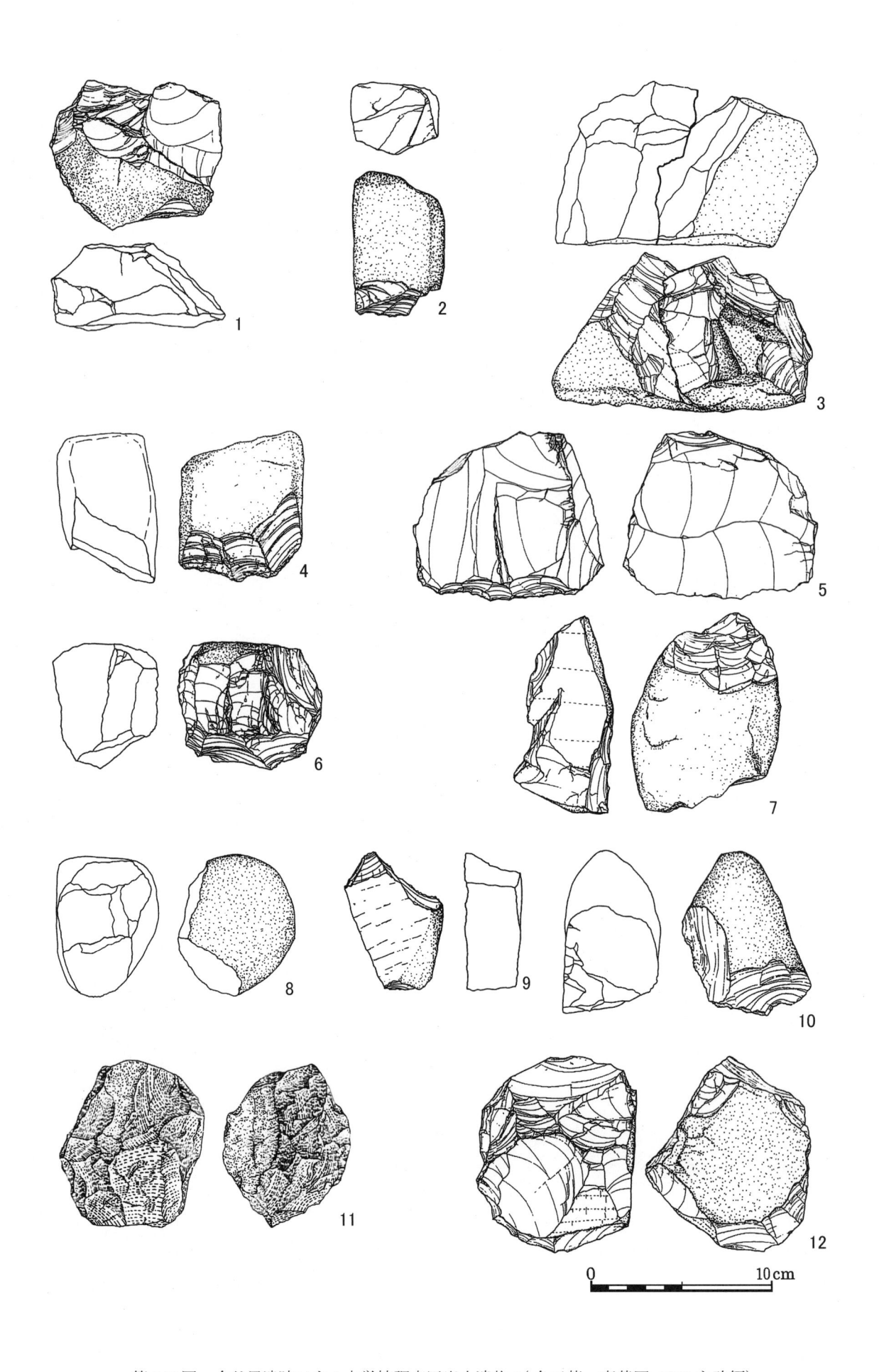

第 145 図　全谷里遺跡ソウル大学校調査区出土遺物 5 (金元龍・裵基同 1983 を改編)

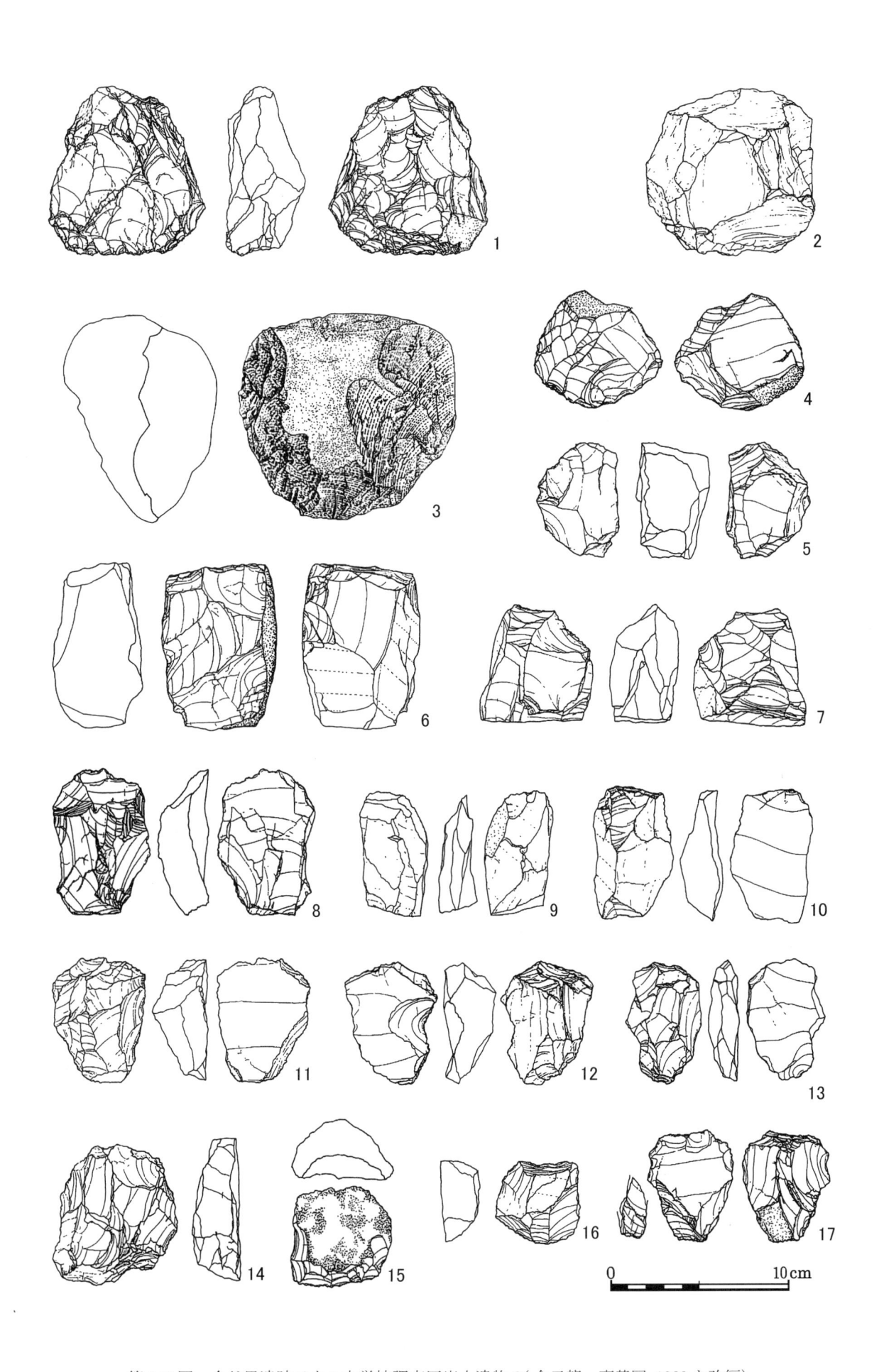

第 146 図　全谷里遺跡ソウル大学校調査区出土遺物 6（金元龍・裵基同 1983 を改編）

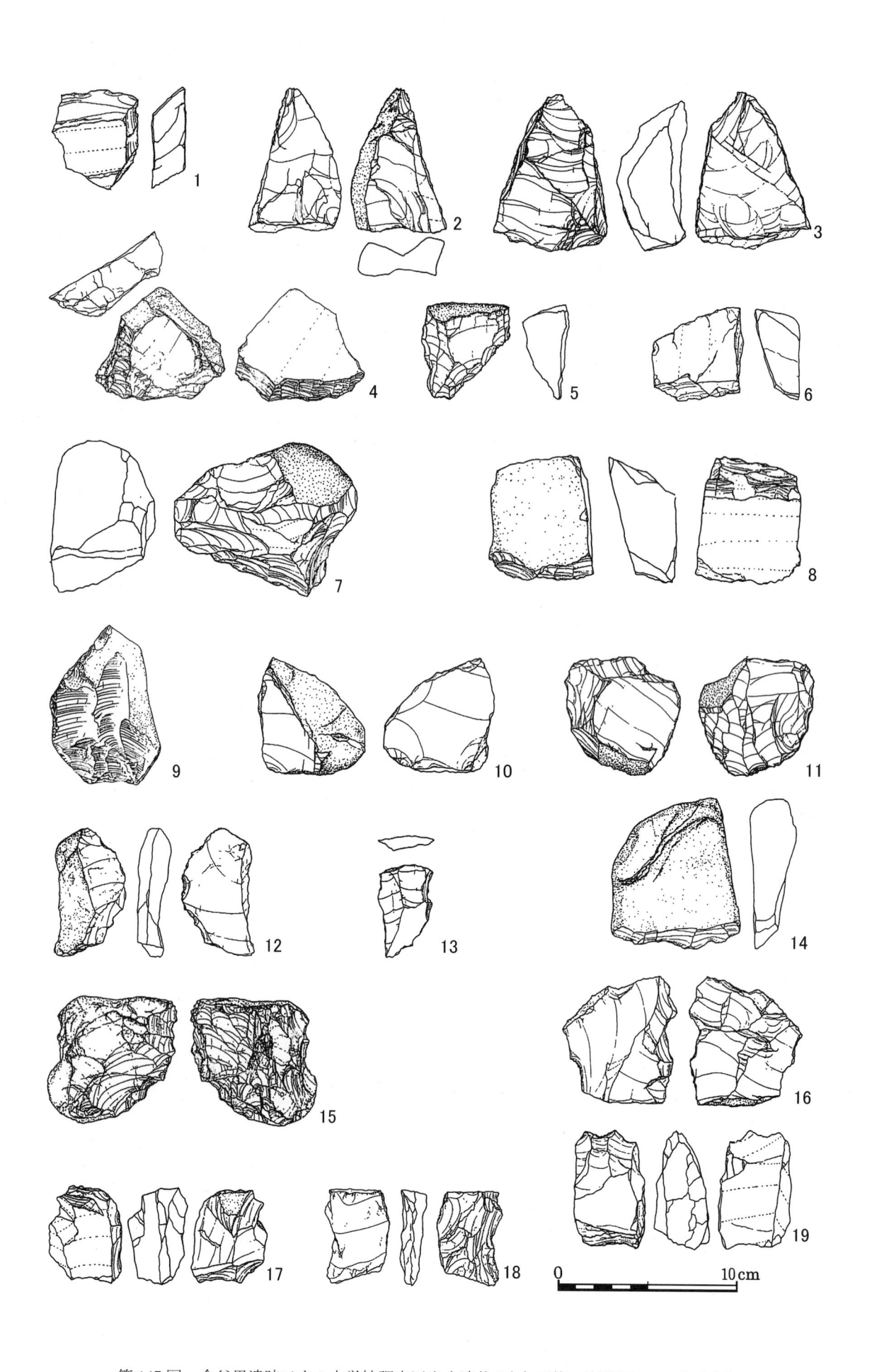

第147図　全谷里遺跡ソウル大学校調査区出土遺物7（金元龍・裵基同 1983を改編）

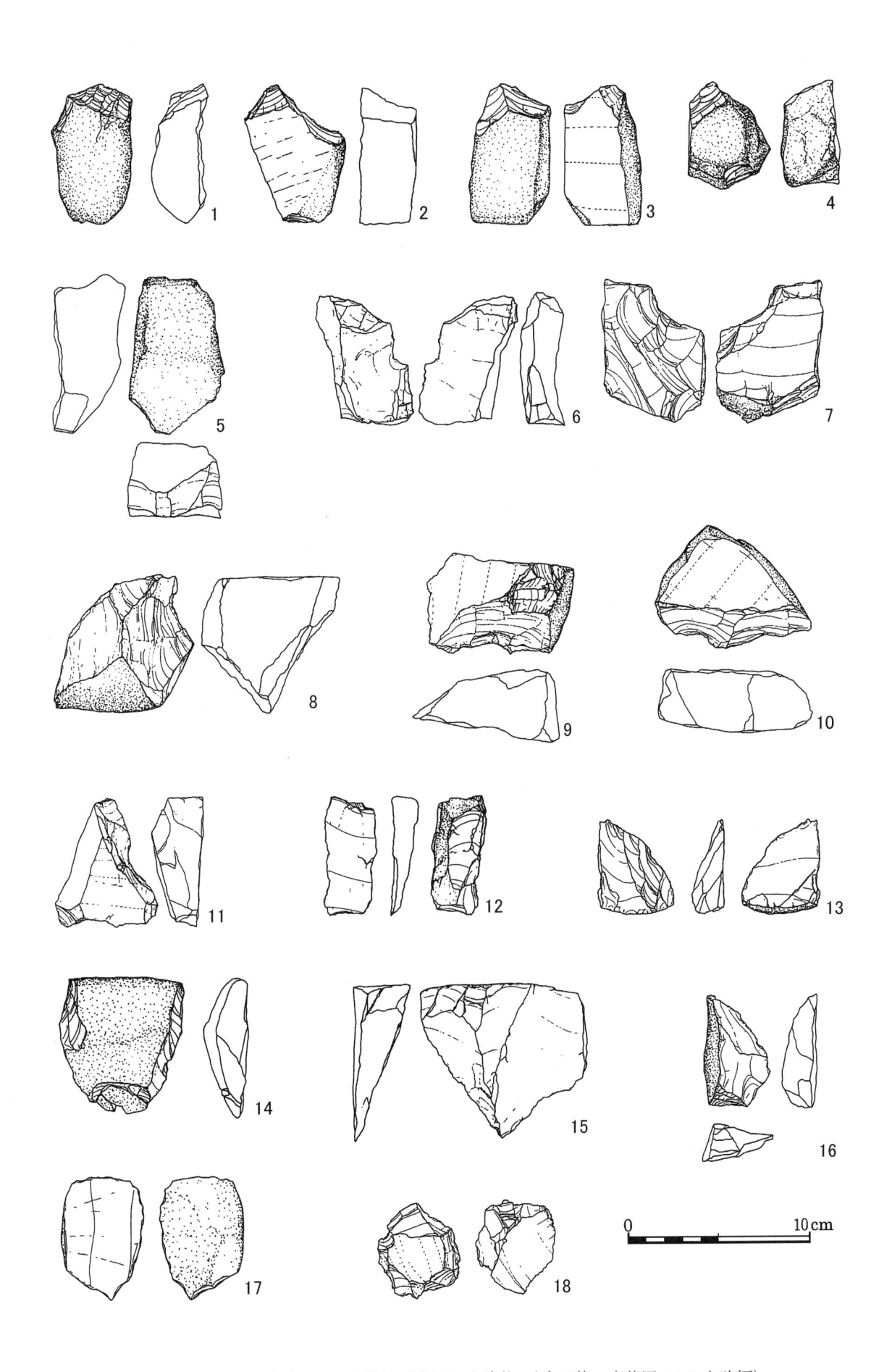

第 148 図　全谷里遺跡ソウル大学校調査区出土遺物 8 (金元龍・裵基同 1983 を改編)

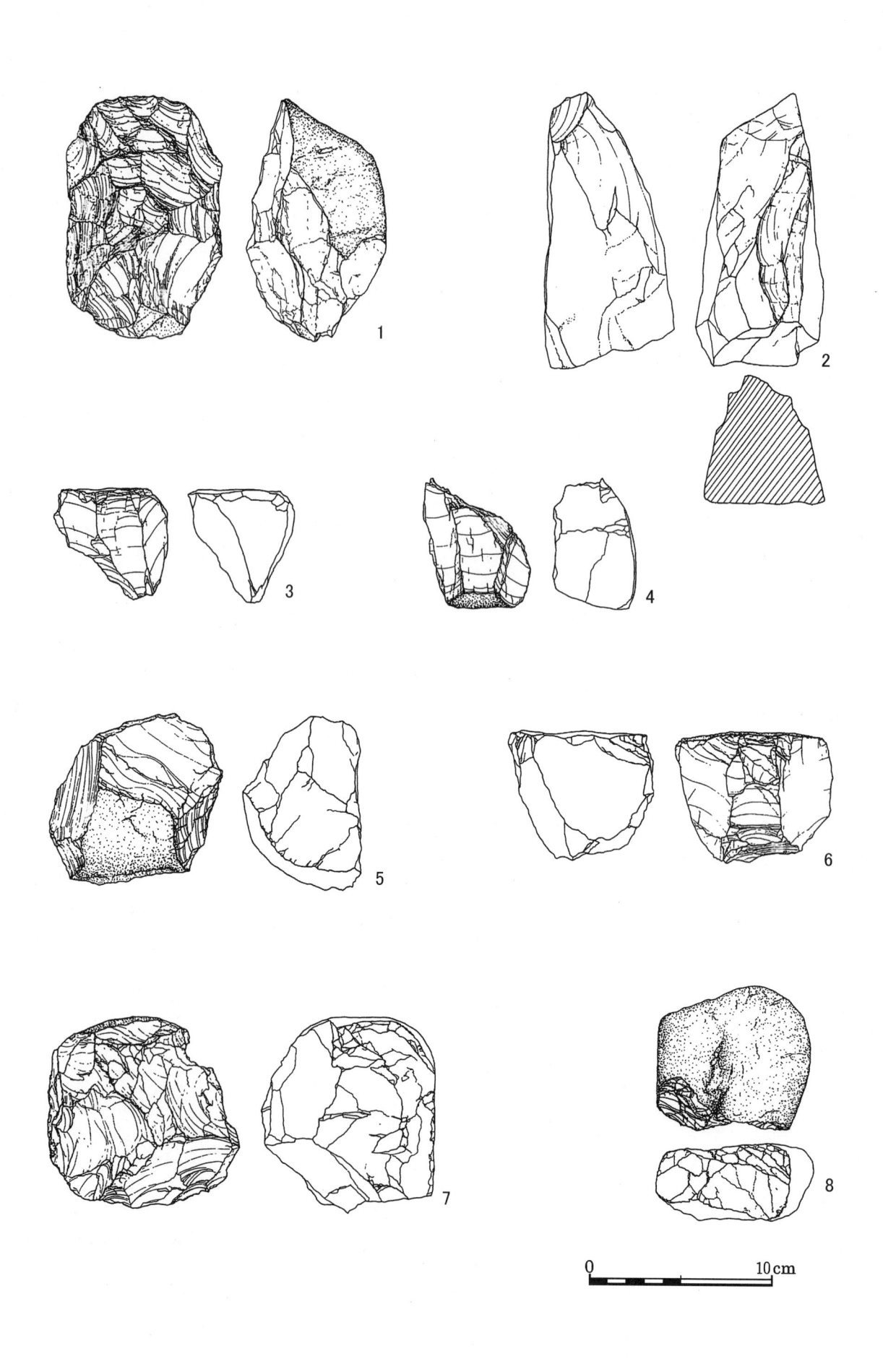

第149図　全谷里遺跡ソウル大学校調査区出土遺物9（金元龍・裵基同 1983を改編）

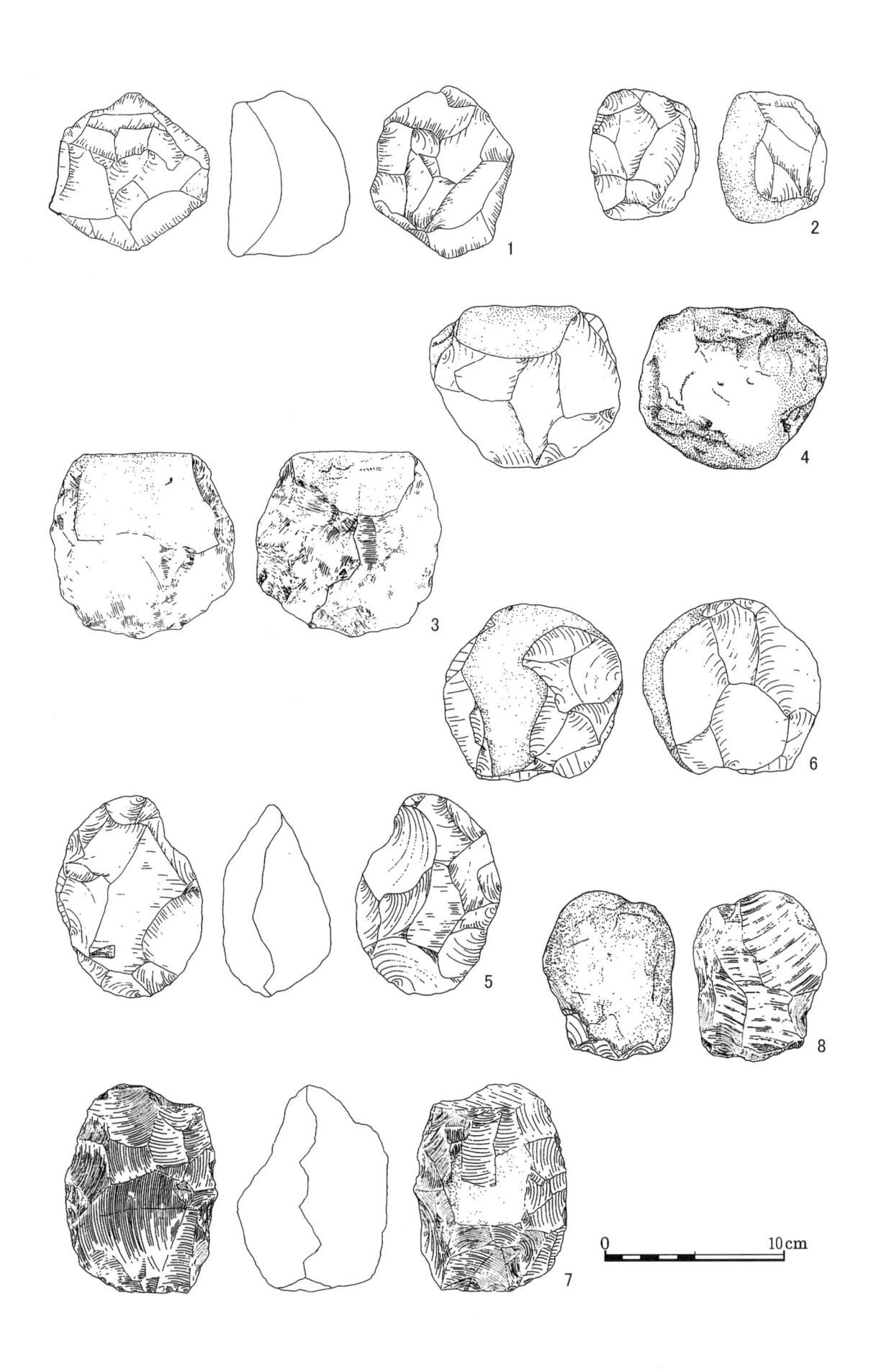

第 150 図　全谷里遺跡慶熙大学校調査区出土遺物 1 (黄龍渾　1983 を改編)

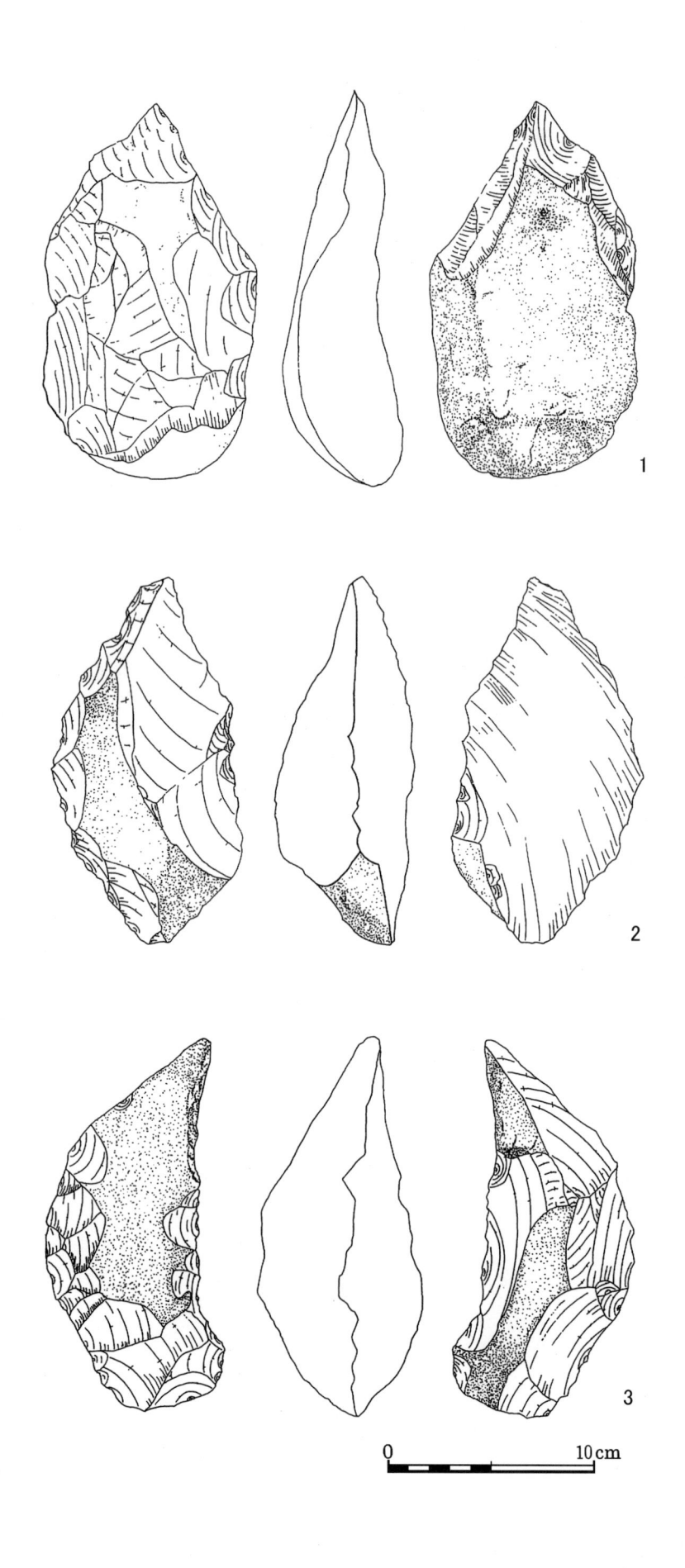

第 151 図　全谷里遺跡慶熙大学校調査区出土遺物 2（黄龍渾　1983 を改編）

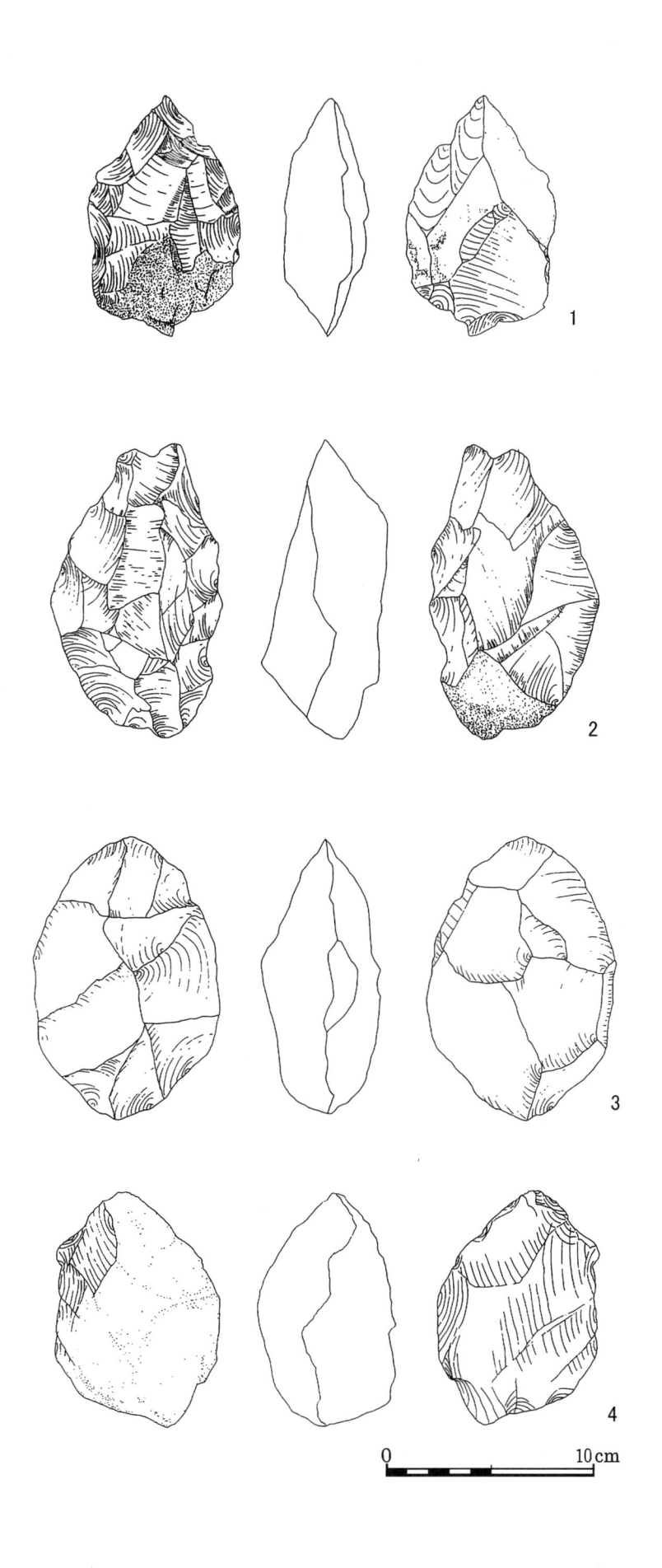

第 152 図　全谷里遺跡慶熙大学校調査区出土遺物 3（黄龍渾　1983 を改編）

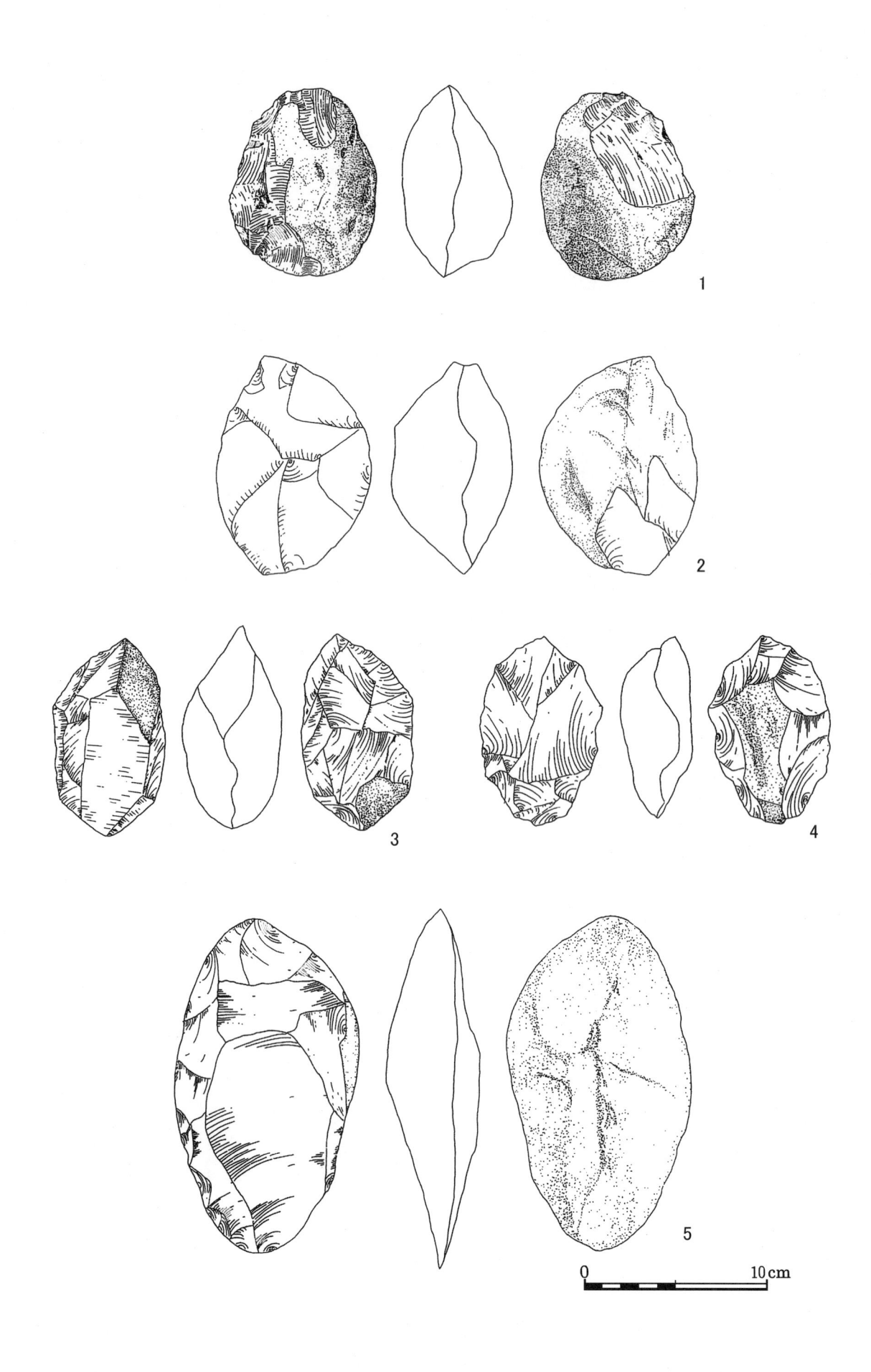

第 153 図　全谷里遺跡慶熙大学校調査区出土遺物 4 (黄龍渾　1983 を改編)

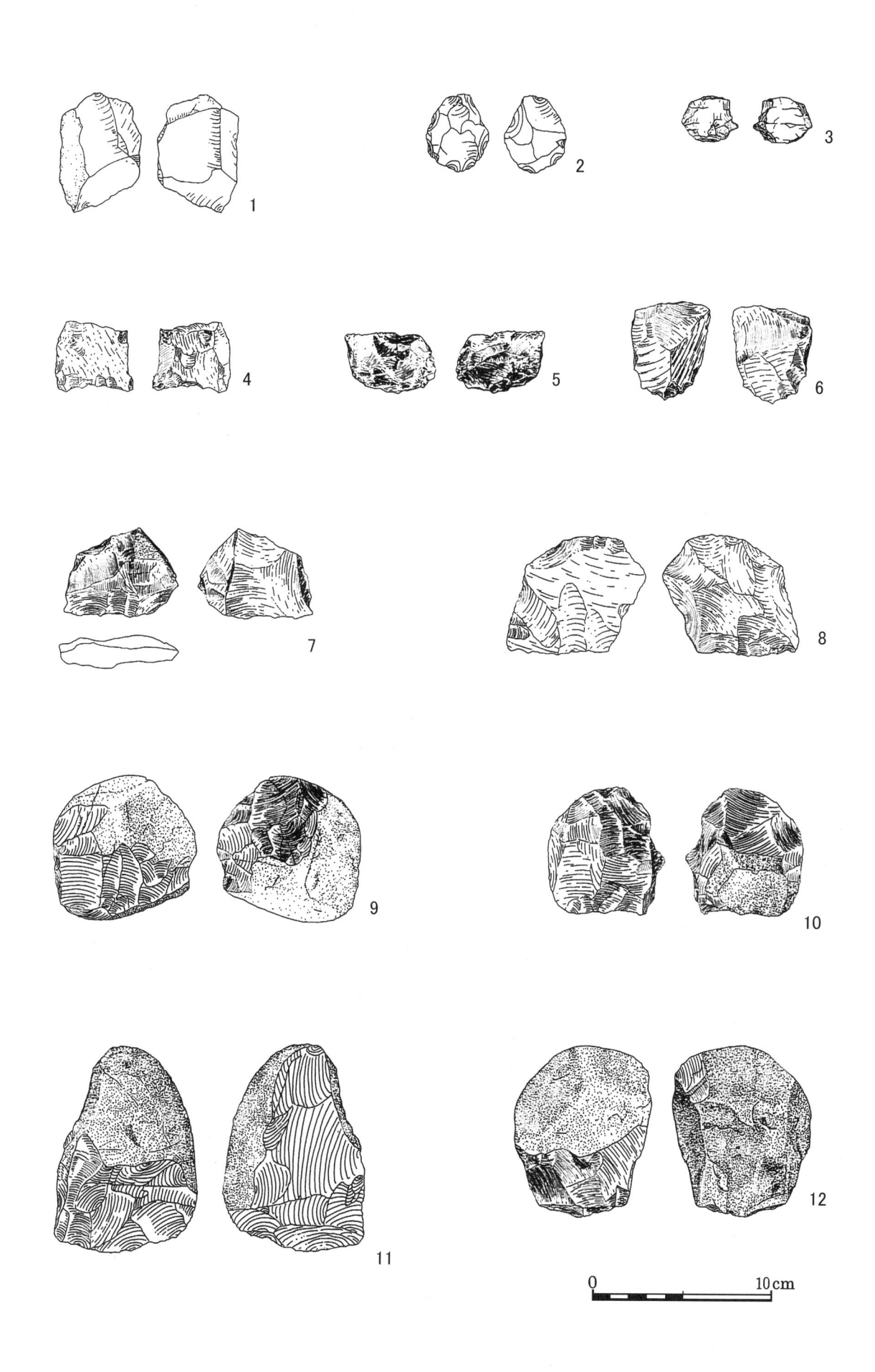

第154図　全谷里遺跡慶熙大学校調査区出土遺物5（黄龍渾　1983を改編）

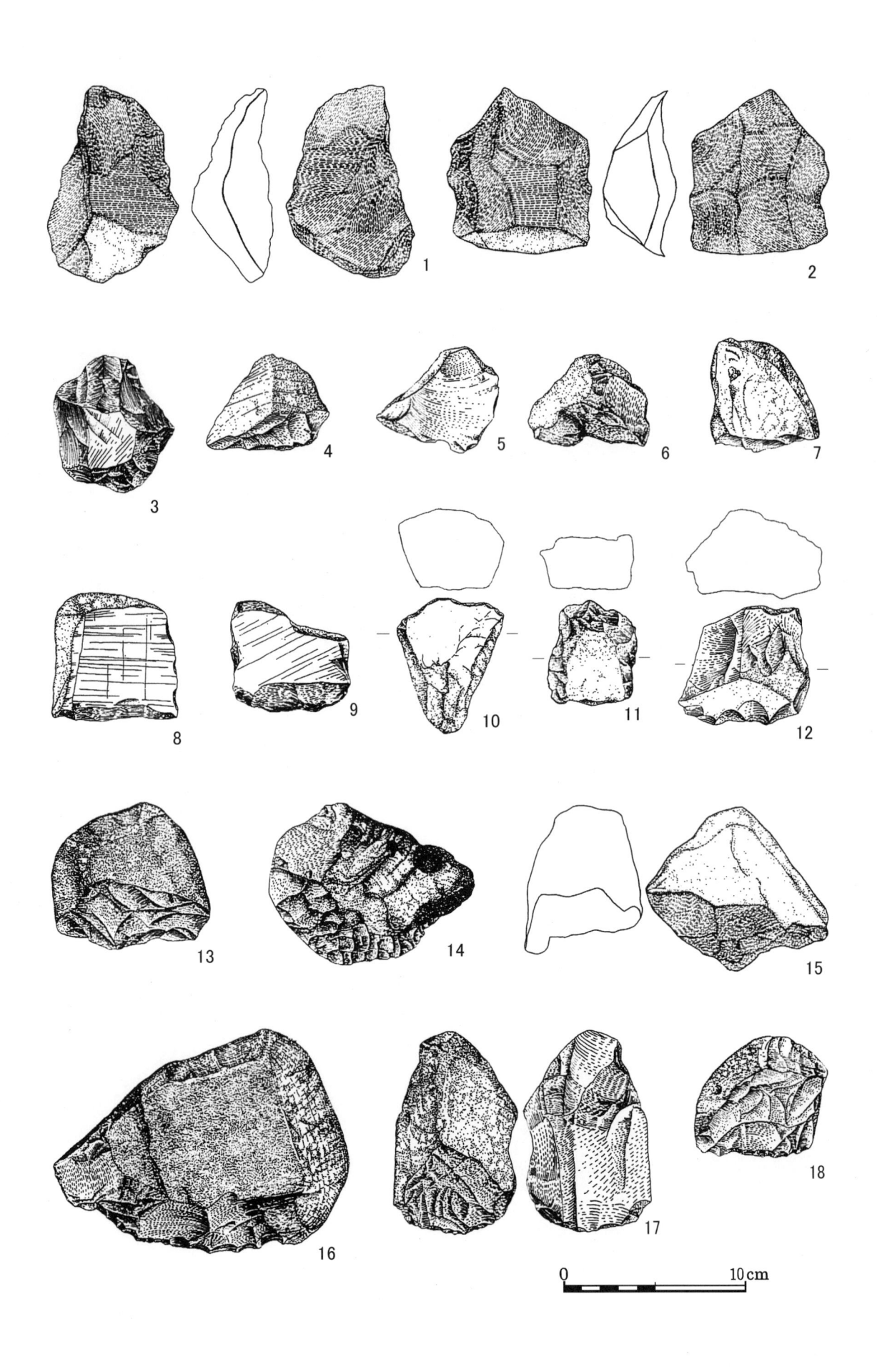

第 155 図　全谷里遺跡建国大学校調査区出土遺物 1（催茂藏　1983 を改編）

第 156 図　全谷里遺跡建国大学校調査区出土遺物 2（催茂藏　1983 を改編）

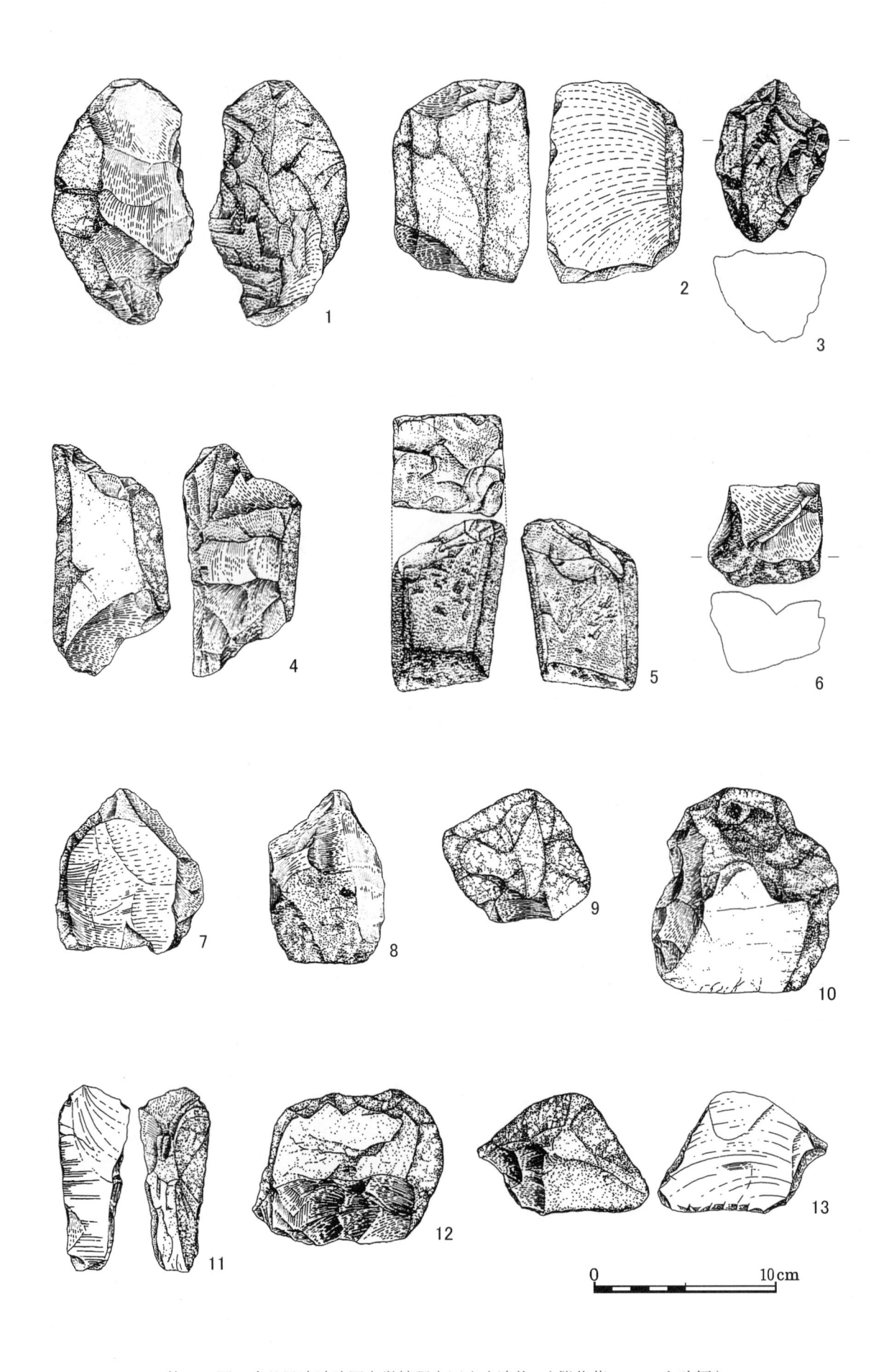

第 157 図　全谷里遺跡建国大学校調査区出土遺物 3（催茂藏　1983 を改編）

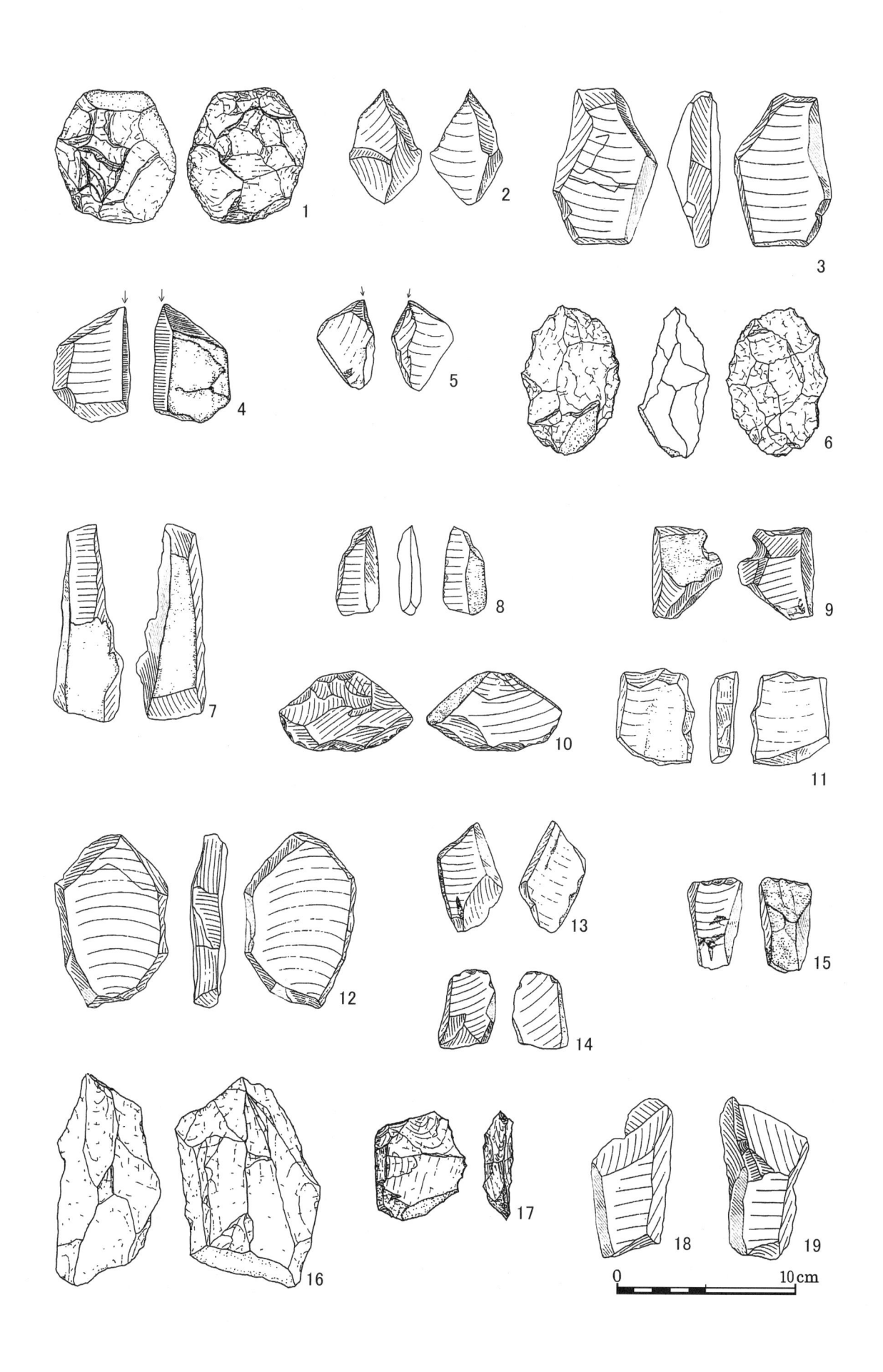

第 158 図　全谷里遺跡建国大学校調査区出土遺物 4（催茂藏　1983 を改編）

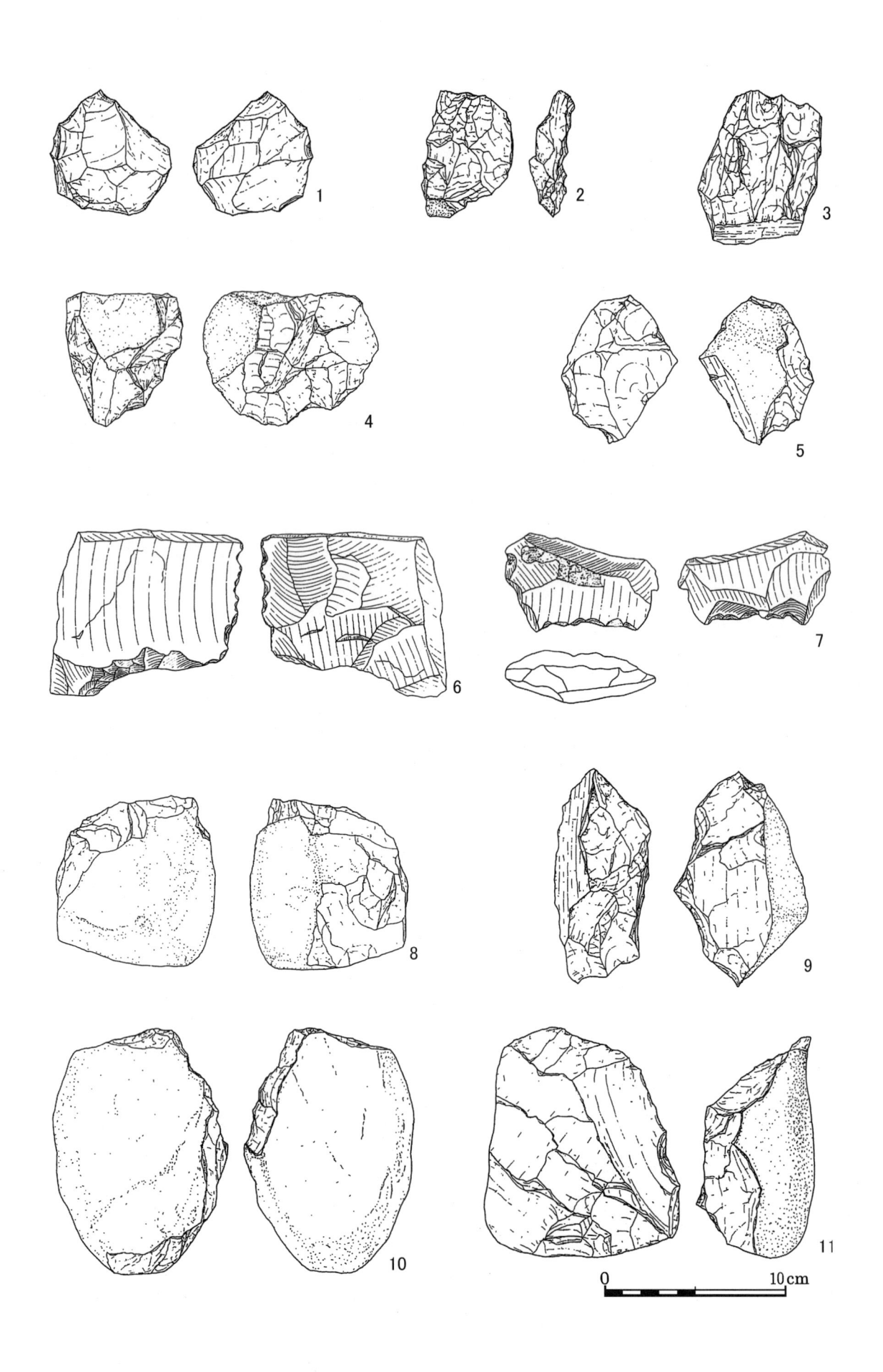

第159図　全谷里遺跡建国大学校調査区出土遺物5(催茂藏　1983を改編)

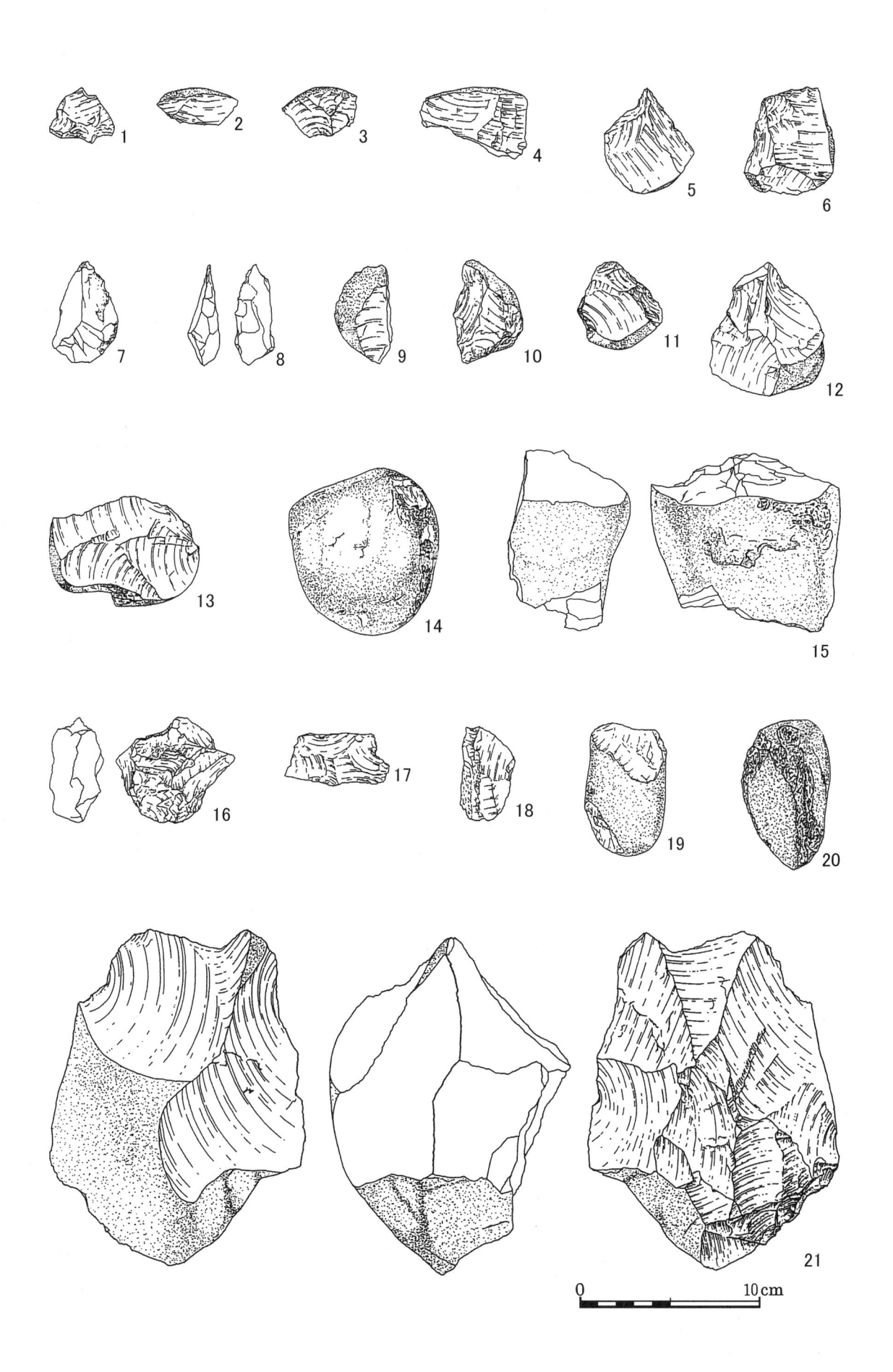

第 160 図　舟月里・佳月里遺跡出土遺物（催茂藏　1983 を改編）

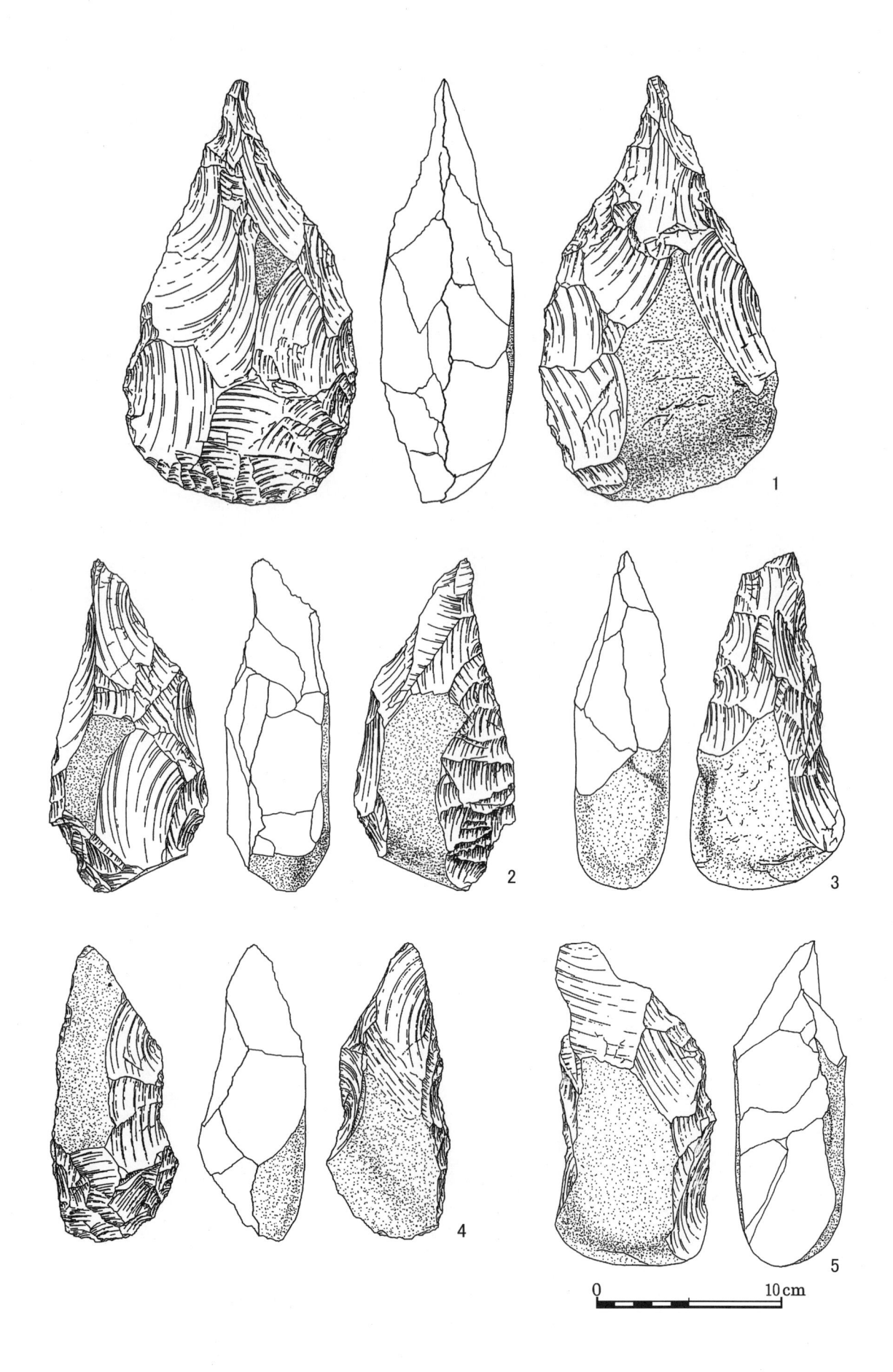

第 161 図　舟月里・佳月里遺跡地表面採集遺物 1（李鮮馥・李教東　1993 を改編）

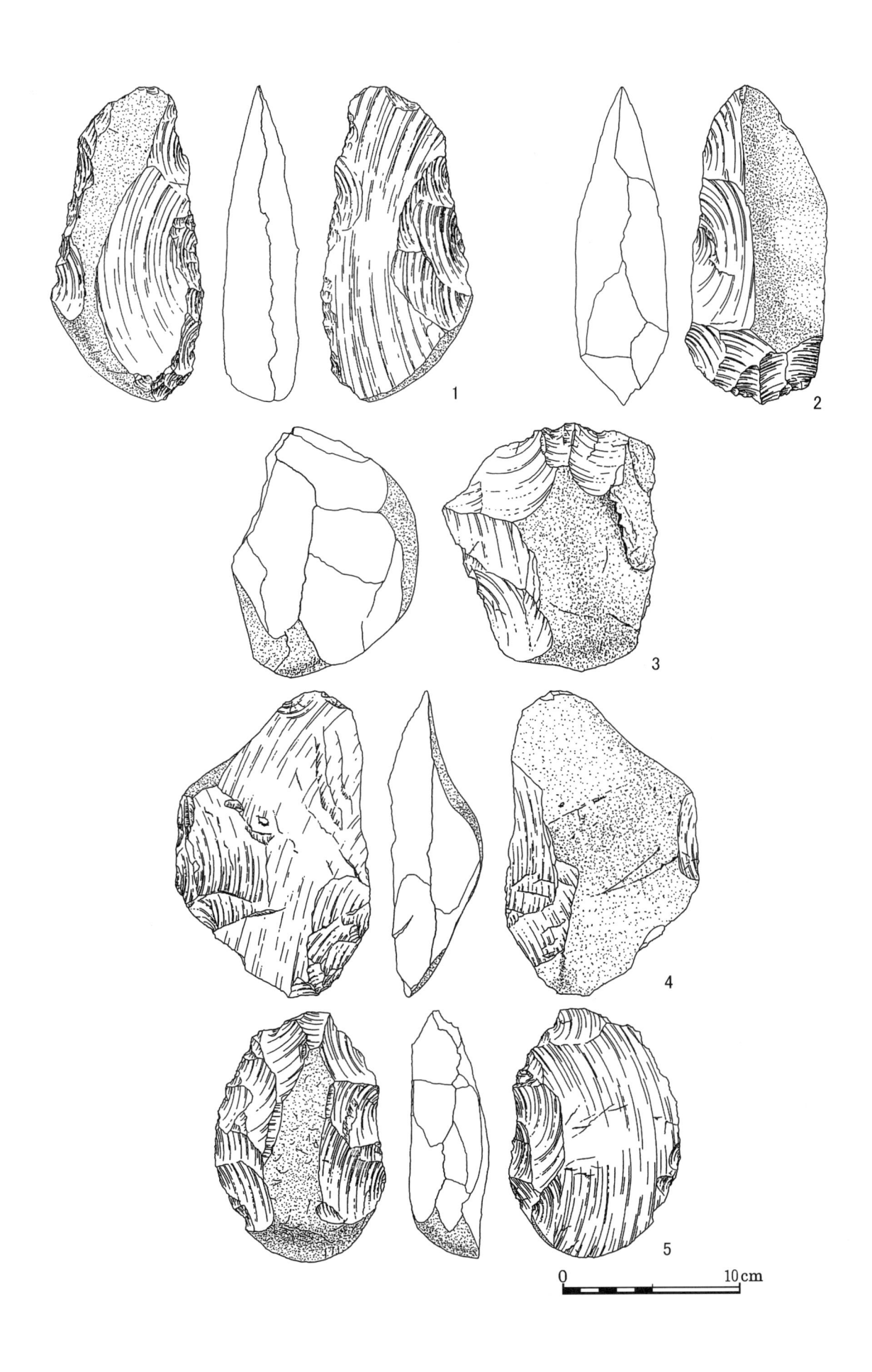

第 162 図　舟月里・佳月里遺跡地表面採集遺物 2（李鮮馥・李教東　1993 を改編）

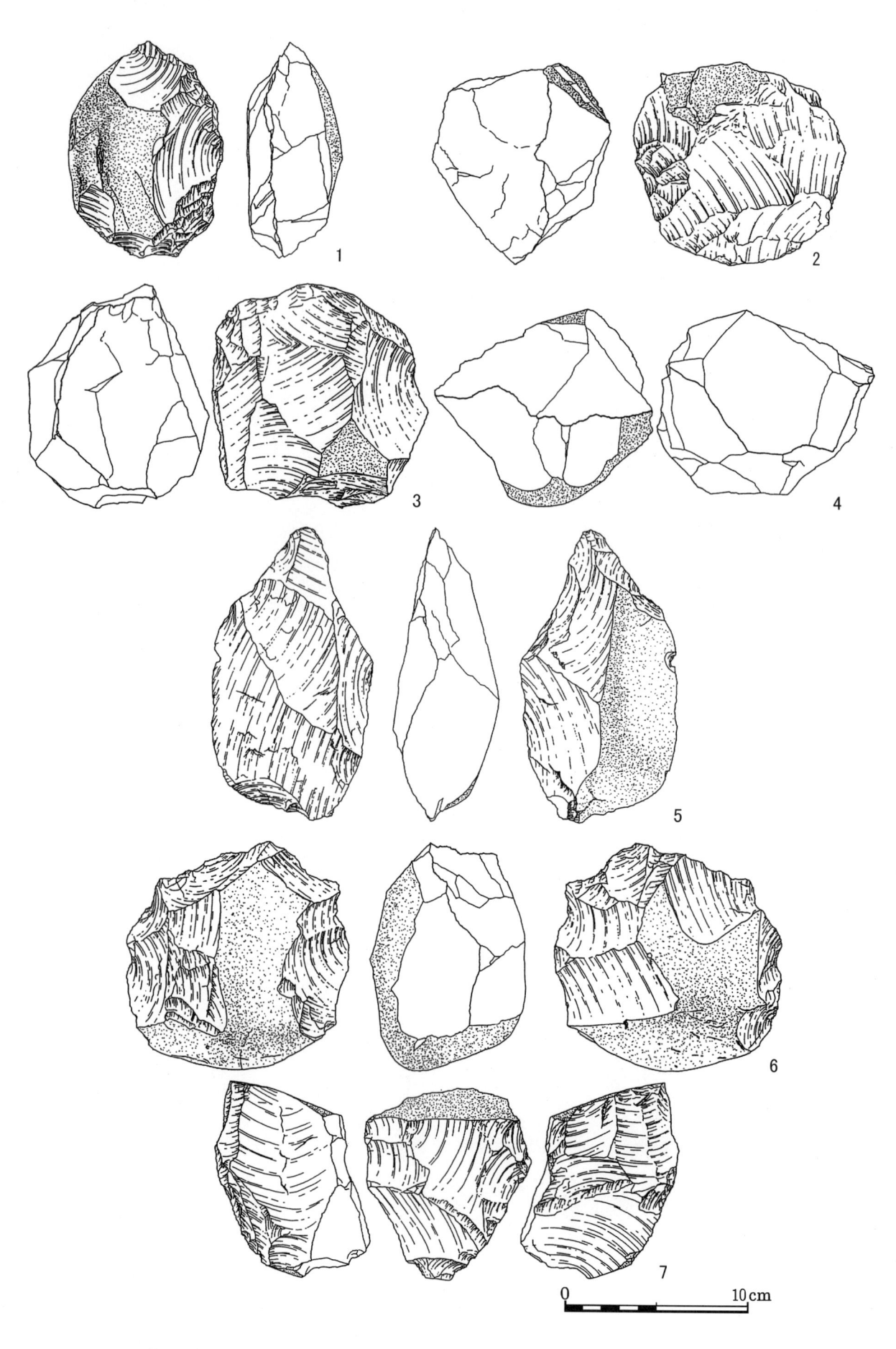

第 163 図　舟月里・佳月里遺跡地表面採集遺物 3（李鮮馥・李教東　1993 を改編）

のハンドアックス石器群の範疇に入る石器群である。金窟Ⅱ文化層の年代は185,857B.P. で、その次の金窟Ⅲ文化層が107,419B.P. と言う結果かがでている。

ハンドアックス類は出土しないものの、石核石器が多く作られた遺跡は後期旧石器時代に入るまで多くの地域で確認されている。年代的には老穏洞遺跡Ⅶ層が54,720B.P. で鳳鳴洞 (Bongmyong-dong) では49,860B.P. が、堂加 (Dangga) 遺跡では45,380 ± 1,250B.P.、そして後期旧石器時代の始まりに該当する龍湖洞 (Yongho-dong) 遺跡Ⅲ文化層[75]からは38,500B.P. が年代測定結果として出ている。

禾袋里遺跡Ⅱ文化層が31,200 ± 900B.P. 石壯里ⅩⅠ文化層の年代は30,690 ± 3,000 B.P. で金窟Ⅳ文化層は26,600B.P. がでている。鉄原長興里遺跡Ⅰ文化層は24,400 ± 600B.P. 老穏洞遺跡Ⅲ層が22,870 ± 110B.P.、ジングヌル遺跡Ⅰ文化層が22,850 ± 350B.P.、そして好坪 (Hopyong) では22,200 ± 600B.P. が出ている。石壯里ⅩⅡ文化層が20,830B.P.、剥片尖頭器で有名な垂楊介Ⅳ文化層は18,630〜16,400 ± 600B.P. が、そして下花渓里 (Hawhage-ri) で13,390 ± 60B.P. が出ている。

年代測定結果により各遺跡の年代が15万年前の数字を出す一群、4万年前の数字を出す一群、そして1万3千年前が出る一群と考えると韓国の旧石器時代は前期、中期、後期の三つの時代に分けることができる。前期の遺跡としては金窟や石壯里、そして長山里などの遺跡が15万年より古い年代を持っている。

中期の遺跡としては古い段階の金坡里、舟月・佳月里、全谷里、金窟Ⅲ文化層などが該当する。中期後半の遺跡としては老穏洞Ⅶ層、鳳鳴洞、堂加などの遺跡がある。後期旧石器時代に入ると龍湖洞Ⅱ文化層、禾袋里Ⅱ文化層、石壯里Ⅱ文化層、金窟Ⅳ文化層、長興里Ⅰ文化層、垂楊介、下花渓里などの遺跡が同時代の遺跡である。以上のような年代測定から韓国の旧石器時代時期区分は3時代区分を用いているのである。

2) 三つの時代と8つのセクション

韓国の旧石器時代時期区分は欧米で用いられる伝統的な3時代法を用いているとしたが、果たしてそれぞれの時代にはどのような変化があり、どのような区別ができるのかに関して話を進めることにする。ここでは"Ⅰ"が前期旧石器時代を"Ⅱa・b・c"が中期旧石器時代を"Ⅲa・b・c"が後期旧石器時代、そして晩期旧石器時代"Ⅳ"と区別して編年を組んでいる（第164図と第165図の編年表を参照）。

素材原型優先構造

"Ⅰ"期には韓半島には遺跡は少なく韓半島中部を中心に集中する傾向を見せている。"酸素同位元素ステージ"6に該当する時期には、気温が寒冷であったため韓半島西の海は陸地化したのである。陸地になった低地を転々と移動しながら生活をしていたこの時期の人類が、韓半島中部地域に辿り着いて石器群を残すようになるのである。しかし、この時期に関してはまだ不明な点が多く、アフリカのアシューリアン石器群に類似している石器の形態から編年を組む試みもあるが、まだ資料の蓄積を待たなければならない時期[76]である。

この時期の石器群は拳大より大きい大型礫器に部分的な加工を施して道具に仕上げたものが主な石器である。出土遺物としては石壯里Ⅷ文化層と金窟Ⅰ文化層がそれに該当する時期である。石壯里遺跡出土石器は自然面を多く有する礫を素材として用いたもので、加工は部分的に行われたため器形は不定形を呈する。

そのような傾向は同時期の金窟Ⅰ文化層出土石器からも見られる。自然面が多く残された全体器形はずんぐりした丸みすら帯びている。このような傾向は同じ"Ⅰ"期の遅い段階である金窟Ⅱ文化層出土石器からもみられることで、形態や加工度はより規則的になっていく中で自然面を多く残した習性はまだ続いている。

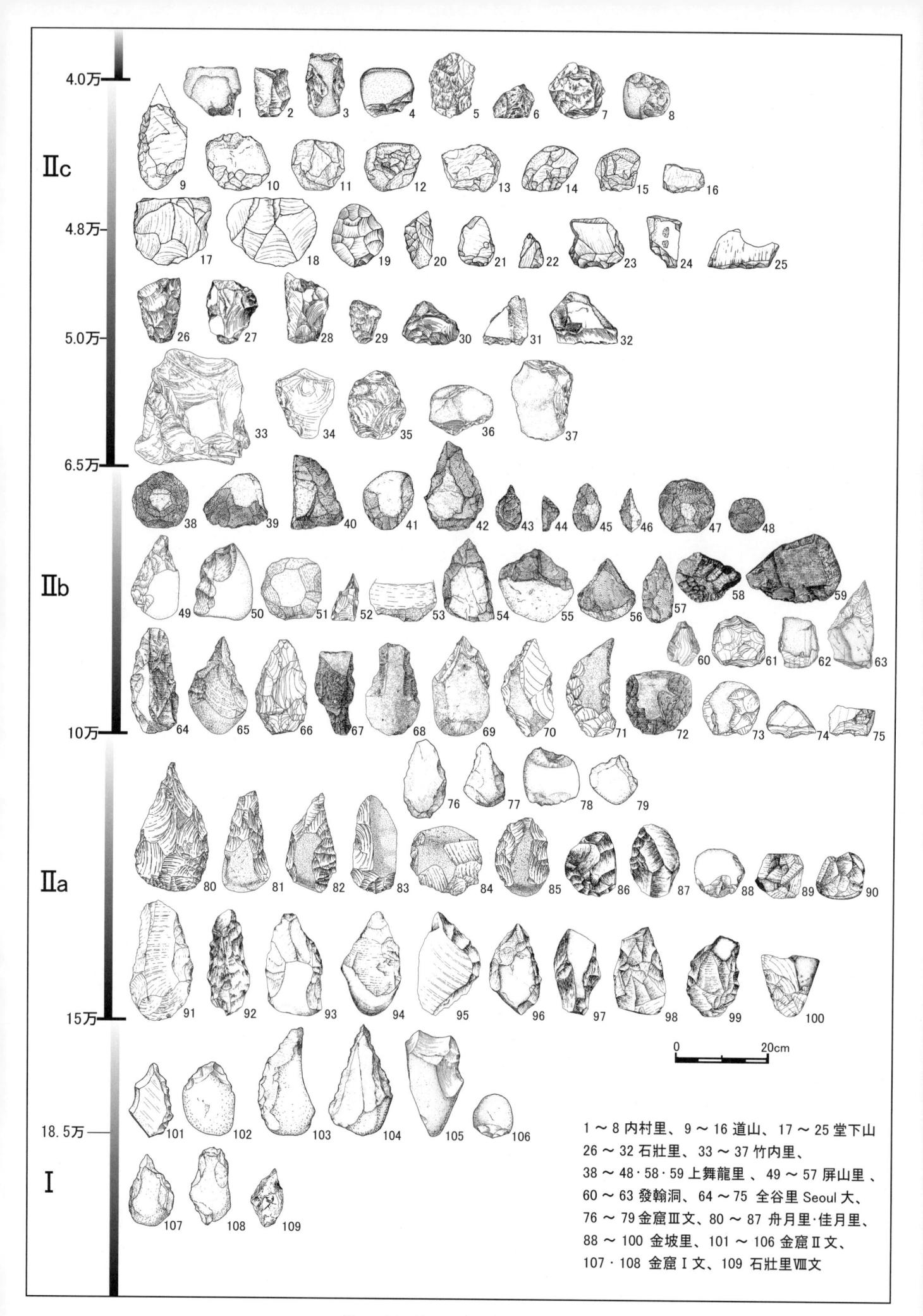

1～8 内村里、9～16 道山、17～25 堂下山
26～32 石壯里、33～37 竹内里、
38～48・58・59 上舞龍里、49～57 屛山里、
60～63 發翰洞、64～75 全谷里 Seoul 大、
76～79 金窟Ⅲ文、80～87 舟月里・佳月里、
88～100 金坡里、101～106 金窟Ⅱ文、
107・108 金窟Ⅰ文、109 石壯里Ⅷ文

第164図　韓国旧石器時代編年図（前半）

1 月坪、2・45〜50 チャンネ、3〜5 下花渓里、6〜12 竹山、
13〜20 上舞龍里、21〜30 月坪下層、31〜36 竹内里Ⅳ文、
37〜44 垂楊介、51 好坪、52〜57・78〜88 石壮里、
58〜61 ジングヌル、62〜66 長興里、67〜69 古禮里、
70 龍湖洞Ⅱ文、71〜76 金窟Ⅳ文、77 龍湖洞Ⅲ文、
89〜91 禾袋里

第 165 図　韓国旧石器時代編年図（後半）

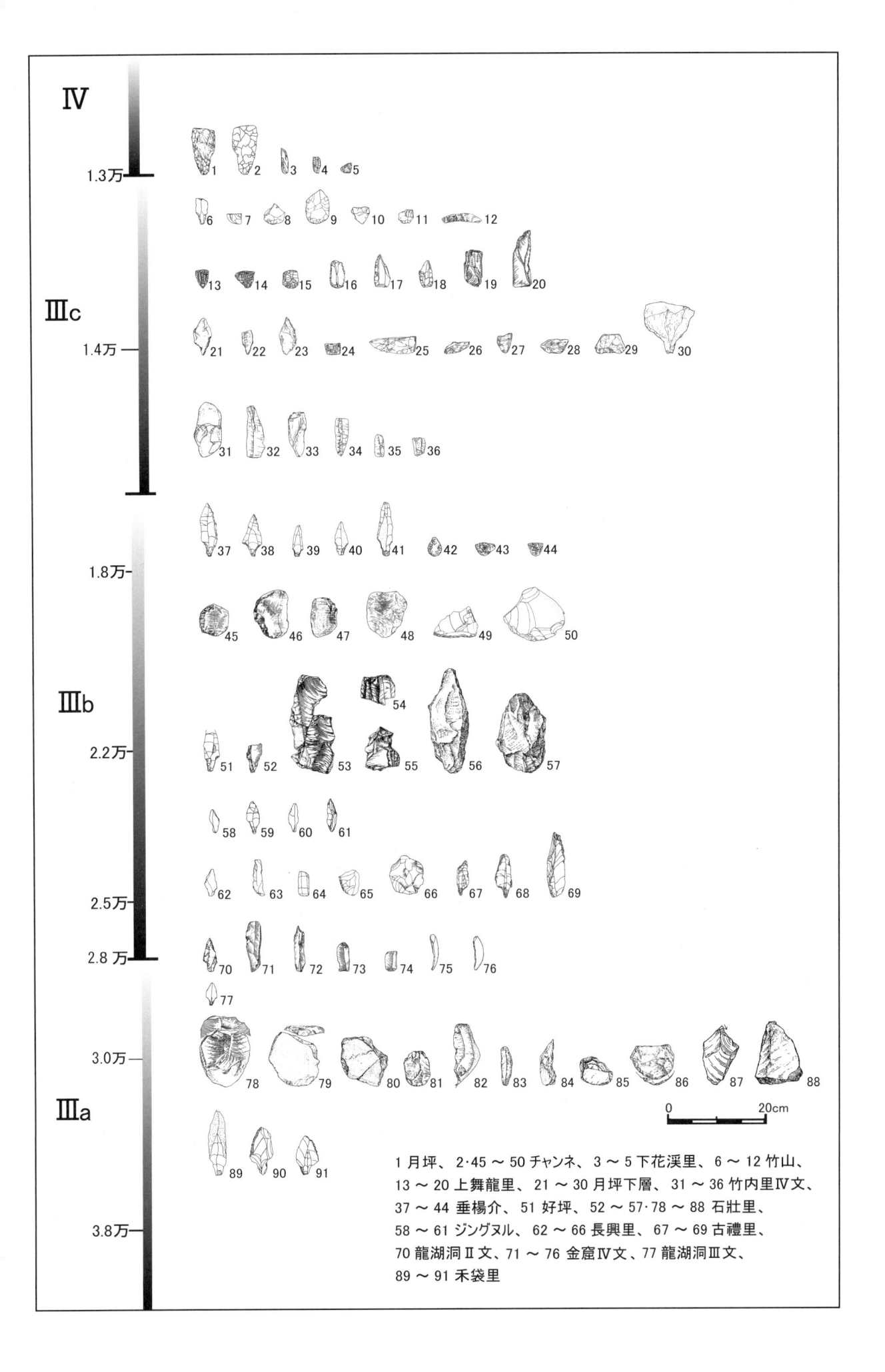

また、金窟Ⅱ文化層出土石器類は重くて、細かい加工がさほど施されてない。所謂"Heavy duty tools"の性格を帯びているのが一つの特徴である。この時期の石器類の加工技術は、基部に加工を施さず機能部である先端と側縁にしか加工を施さないことから、合理的な石器製作構造が見られるがこのような習慣は次の中期旧石器時代へと受け継がれるのである。

そして、金窟や石壮里とは年代が離れている臨津江・漢灘江流域の長山里から60万年以前の地層で見つかった表採資料があるが真偽についてはこれからの本調査を待たなければならない。

石器作りのシステム化

"Ⅱa"期は金坡里、舟月・佳月里、金窟Ⅲ文に代表される時期で、前の時期に比べて安定した石器生産と形態的な定型性が生まれるのである。金坡里出土石器にも見られるが、基部側に自然面を多く残しながら機能部に加工が集中する剥片剥離が見られる。また石器の大きさは前の時期より一回り大きくなり石器の大型化が進むようになる。そして、小型二次加工を有する石器の比率も合わせて増加するのである。

金窟Ⅱ文化層から見え始めたクリーヴァーは、金坡里段階に入るとより一層定型性を増してくるようになる。クリーヴァーは全谷里段階に入ると一層定型化され機能部をはっきり作り上げる形に変わっていくが"Ⅱa"期ではまだ初期段階の姿をしているのである。

ところが韓国の旧石器時代遺跡からよく目にする石器の中に丸い形、あるいは多面立方体で構成されている拳大の石器を見ることが出来る。多面体球と呼んでいる石器のことで、用途はミサイルストーンや叩き石、石核などの説[77]がある。多面体球が登場するのはこの段階なってからである。

またこの時期になると石器は器種ごとの機能形態がよりはっきり表現できるようになり、クリーヴァーやピック、チョッパー・チョッピングツールなどの目的に合わせた機能分化が明白になるのである。舟月里・佳月里(Juwol-ri・Gawol-ri)出土(第164図81・83)のようなピック類は意識した尖端作りがはっきり見えるようになる。そして石器製作技術に於いても製作手順のマニュアルが完成され、石器作りの基本工程がシステマチックになるのである。

石器製作作業がシステム化することは同じ器種における石器製作過程が規格化され工程管理が行われていたことを物語る。金坡里遺跡出土(第164図93・94・97)で見られるように基部を除いて周縁する側縁調整による刃部作出時に器体中央に自然面を残すという共通する作業パターンが見えるのである。このようなパターンは器種形態が変化しても基本パターンは"Ⅱb"の時期までは見られる。

機能形態の完成と変化

"Ⅱb"期の石器の中にはこの期にしか見られない石器がある。全谷里遺跡出土の第164図67・71は機能優先の形態をとることにより他の時期では見られない形をしている。基部を細く残し刃部を直線に維持するためである。素材の鋭い側縁を生かした剥離は、定型性よりは機能を優先した意識が働いた結果出来上がった石器であろう。第164図71は先端を尖らせるため側縁調整を施したことにより器形は三日月のように曲がっている。前の段階では定型化された作業工程の枠のなかに合わせた石器作りが行われたが、この時期になると石器づくりは自由な製作意思の働きにより既存の形態からはみ出した新しい形態が生まれるようになったのである。

また"Ⅱb"期になると多くの礫器類は形態に変化が見られハンドアックス類は少なくなりバイフェイスとして名目が続くようになる。"Ⅱb"の初期ハンドアックス石器群は機能形態が最も完成され形態による機能分析が可能になる。ハンドアックス石器群はハンドアックス(第27図1・3、第164図66)・ピック(第164図49、第164図65)・クリーヴァー(第164図67・68)で構成される"Heavy duty tools"グループのことで韓半島中部地域を

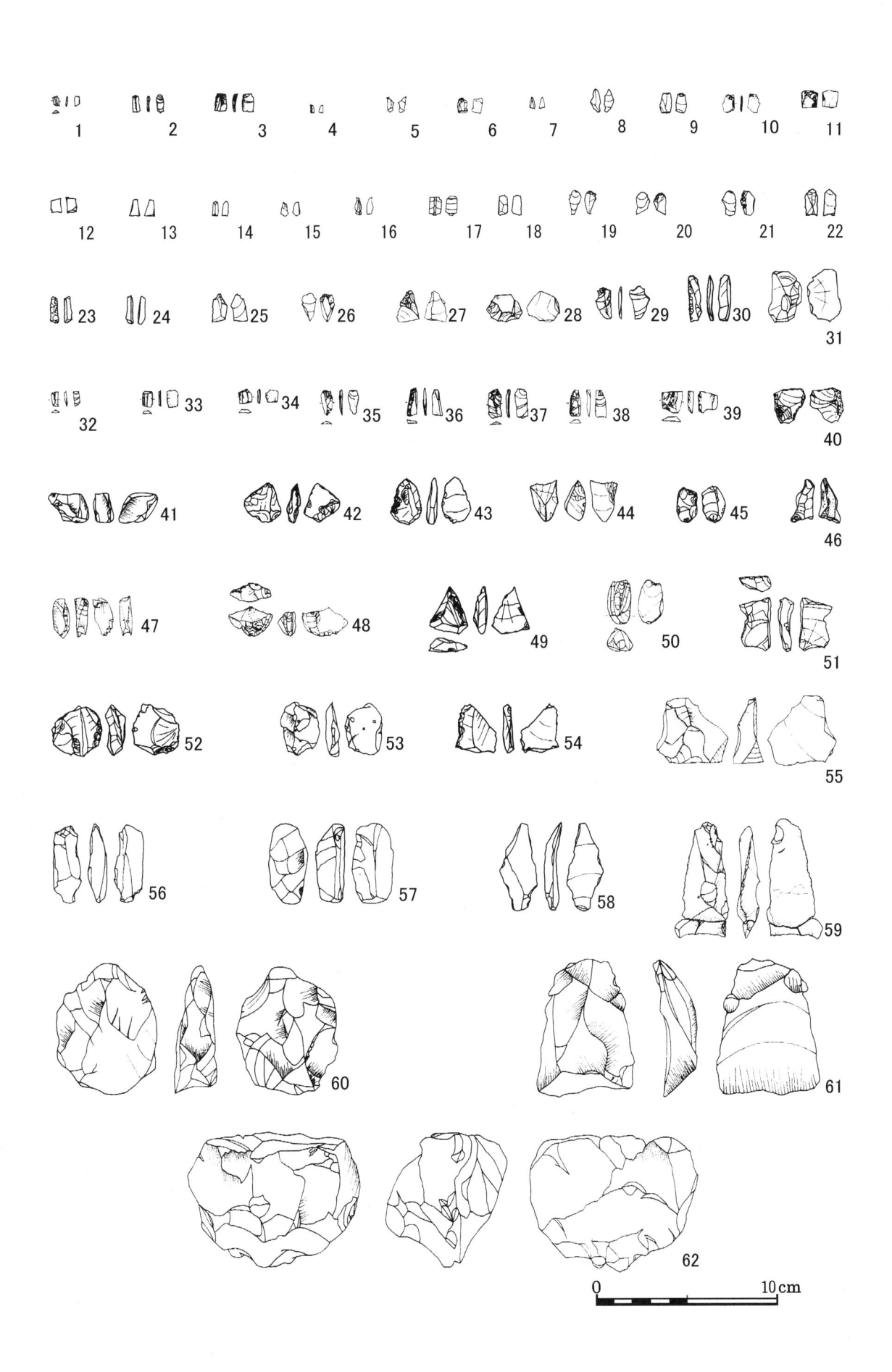

第 166 図　鉄源長興里遺跡出土遺物 1（崔福奎ほか 2 人　2001 を改編）

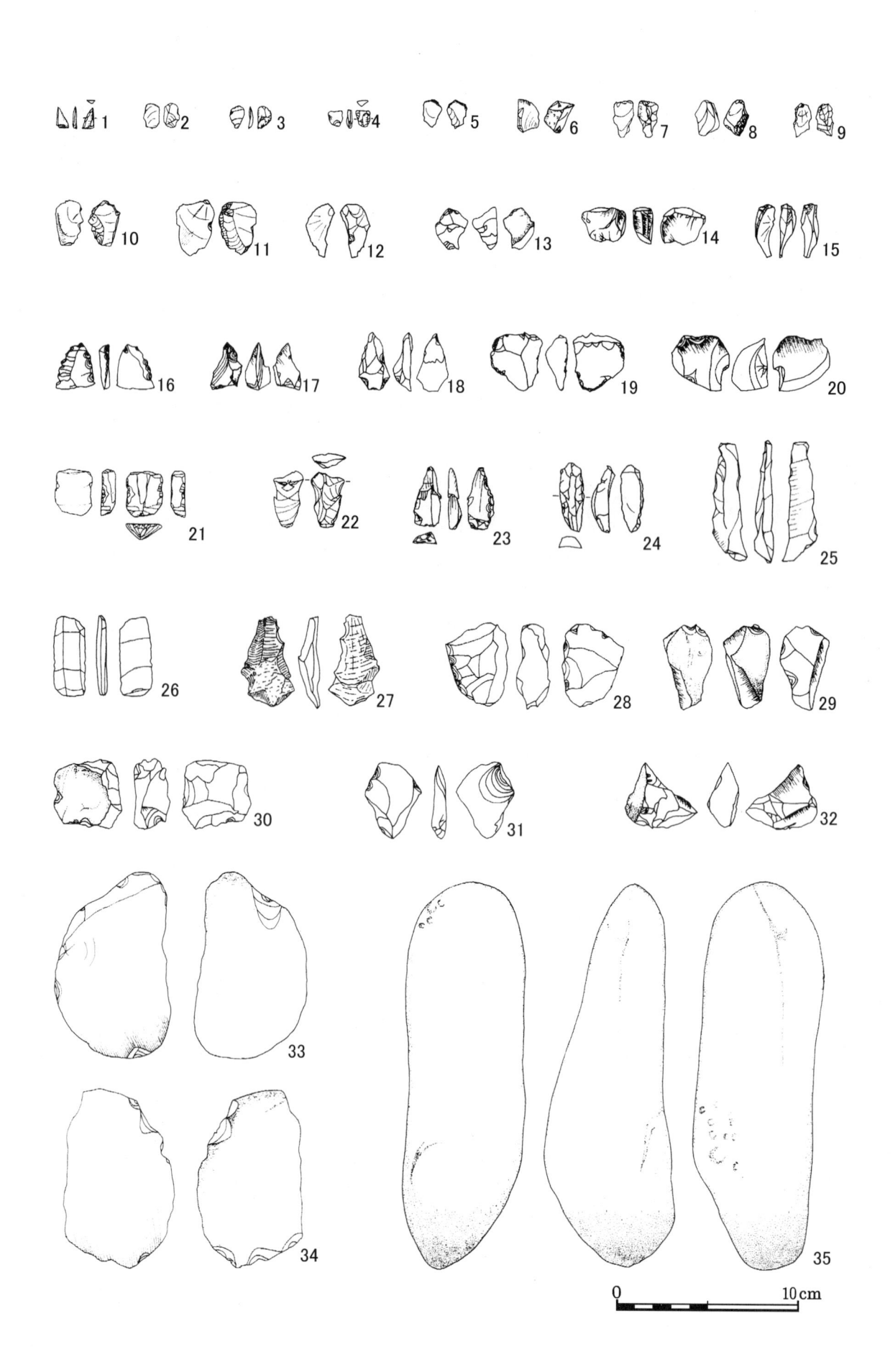

第 167 図　鉄源長興里遺跡出土遺物 2（崔福奎ほか 2 人　2001 を改編）

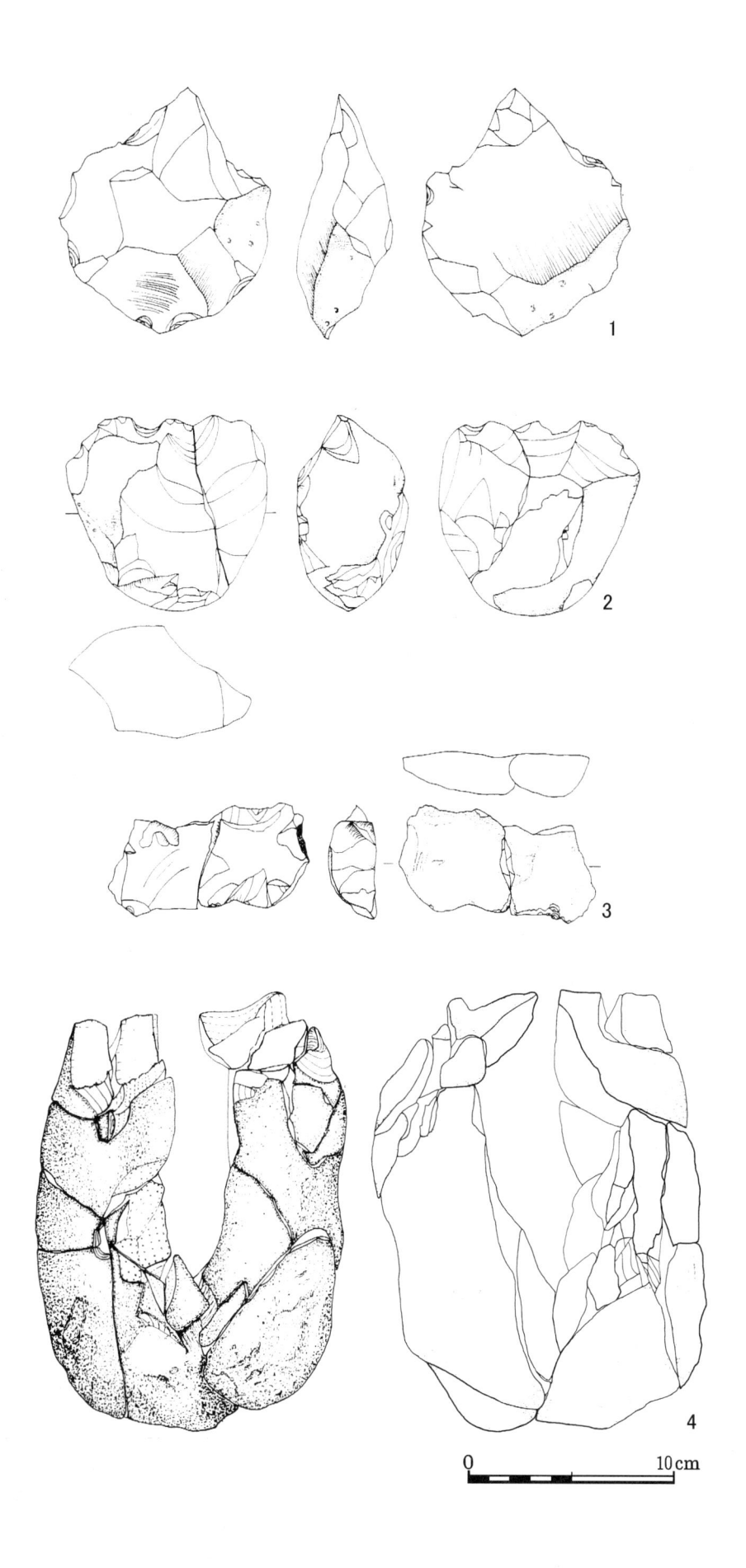

第 168 図　鉄源長興里遺跡出土遺物 3（崔福奎ほか 2 人　2001 を改編）

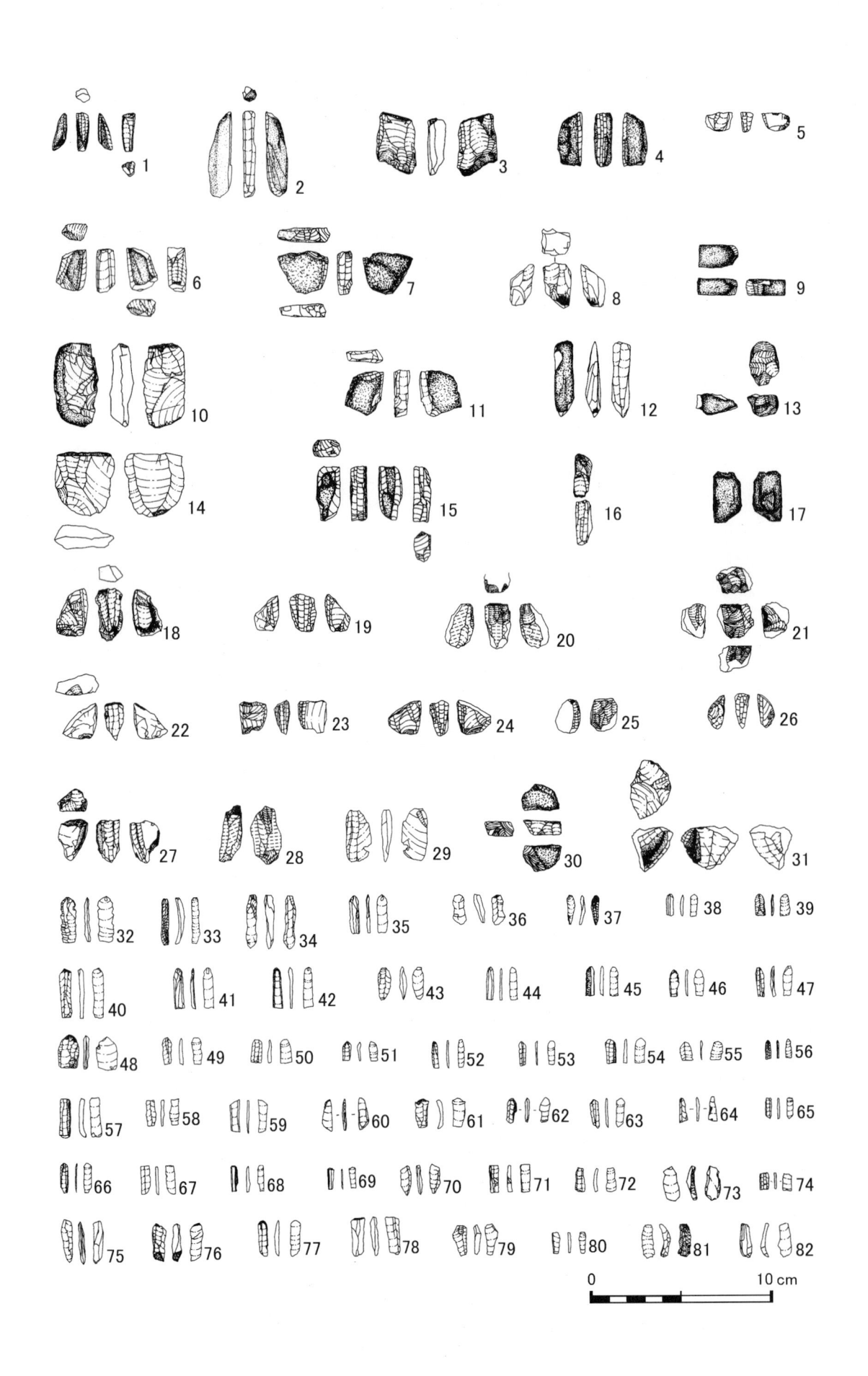

第 169 図　下花渓里遺跡出土細石器関連遺物 1 (崔福奎 1992 を改編)

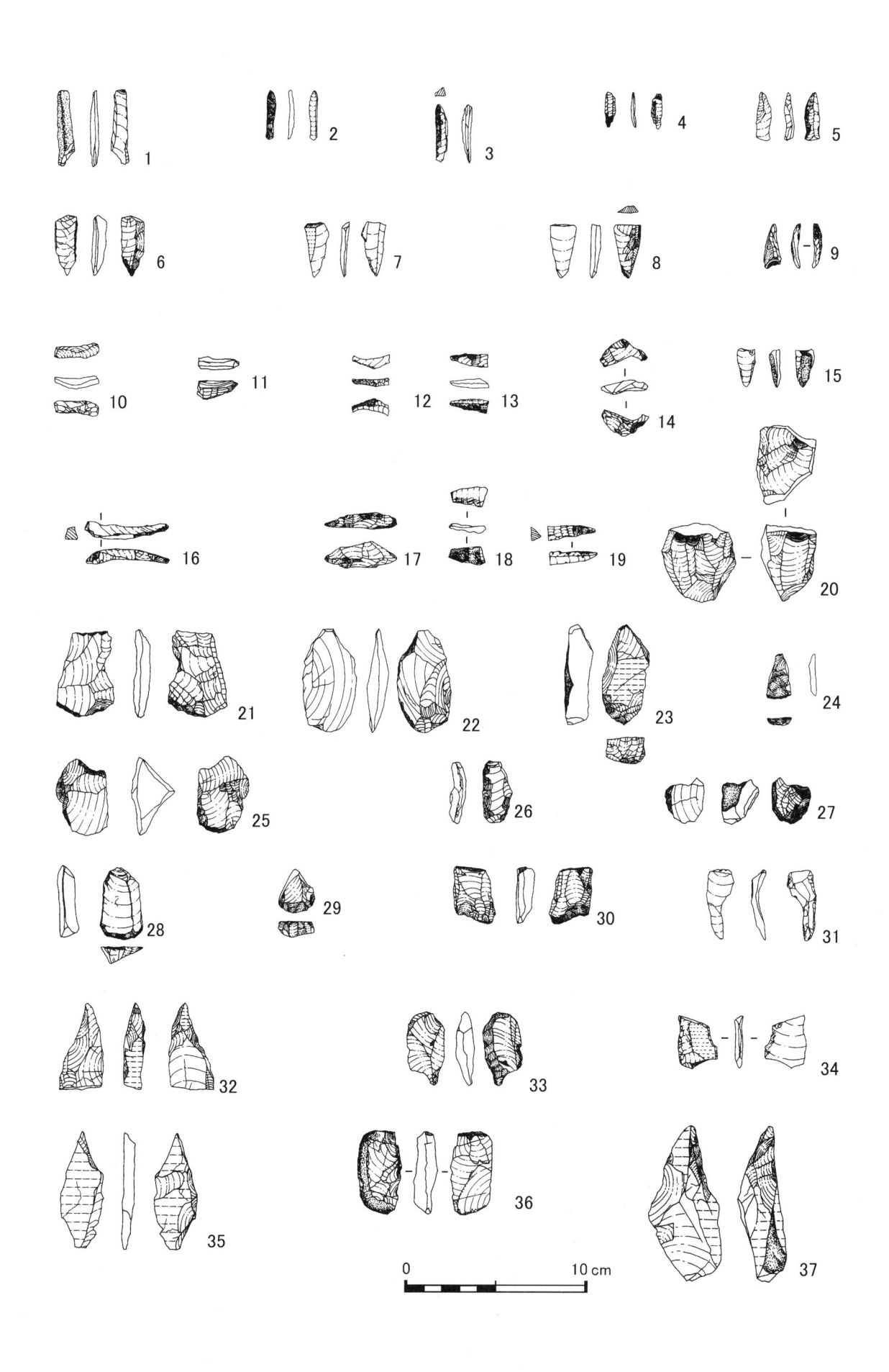

第170図　下花渓里遺跡出土細石器関連遺物2（崔福奎 1992を改編）

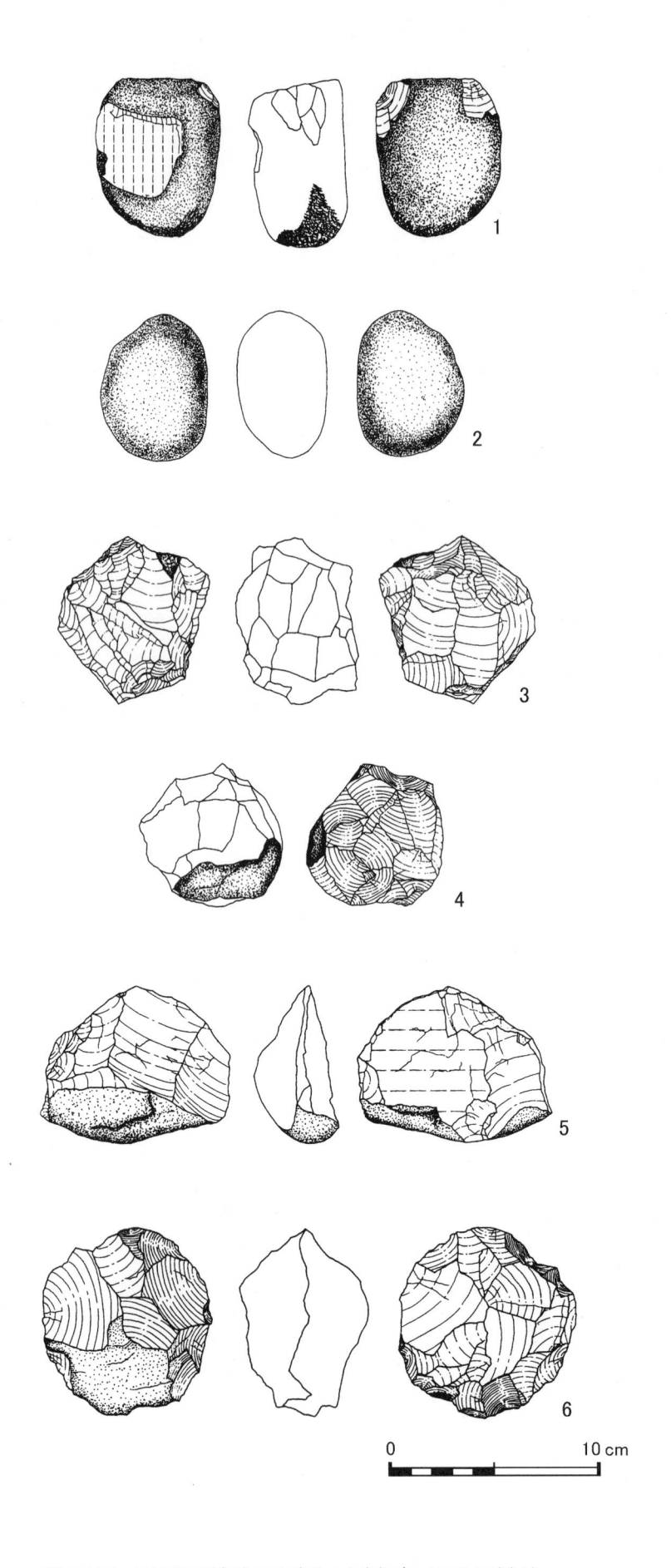

第 171 図　下花渓里遺跡出土遺物 1（崔福奎 1992 を改編）

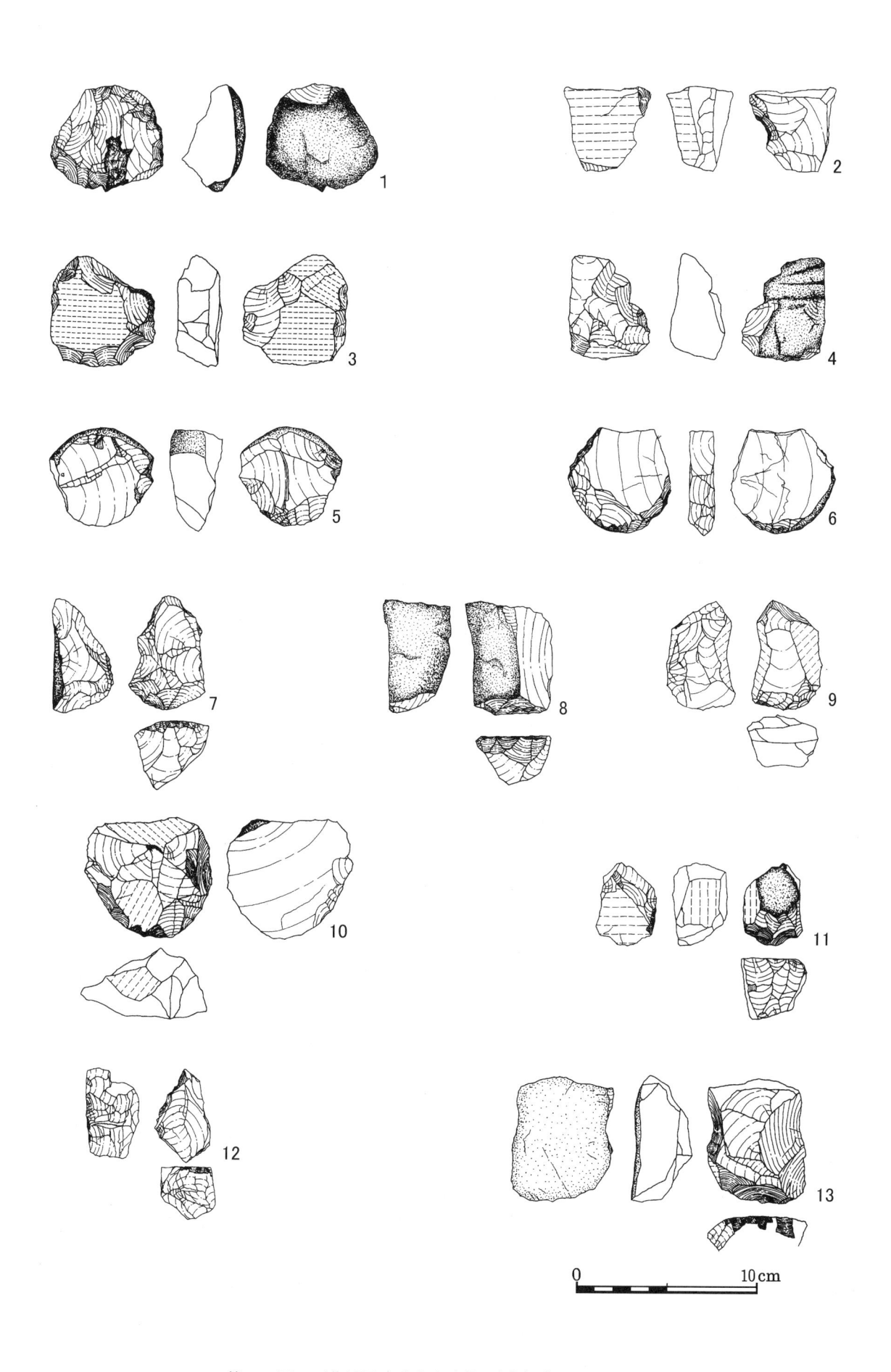

第 172 図　下花渓里遺跡出土遺物 2（崔福奎 1992 を改編）

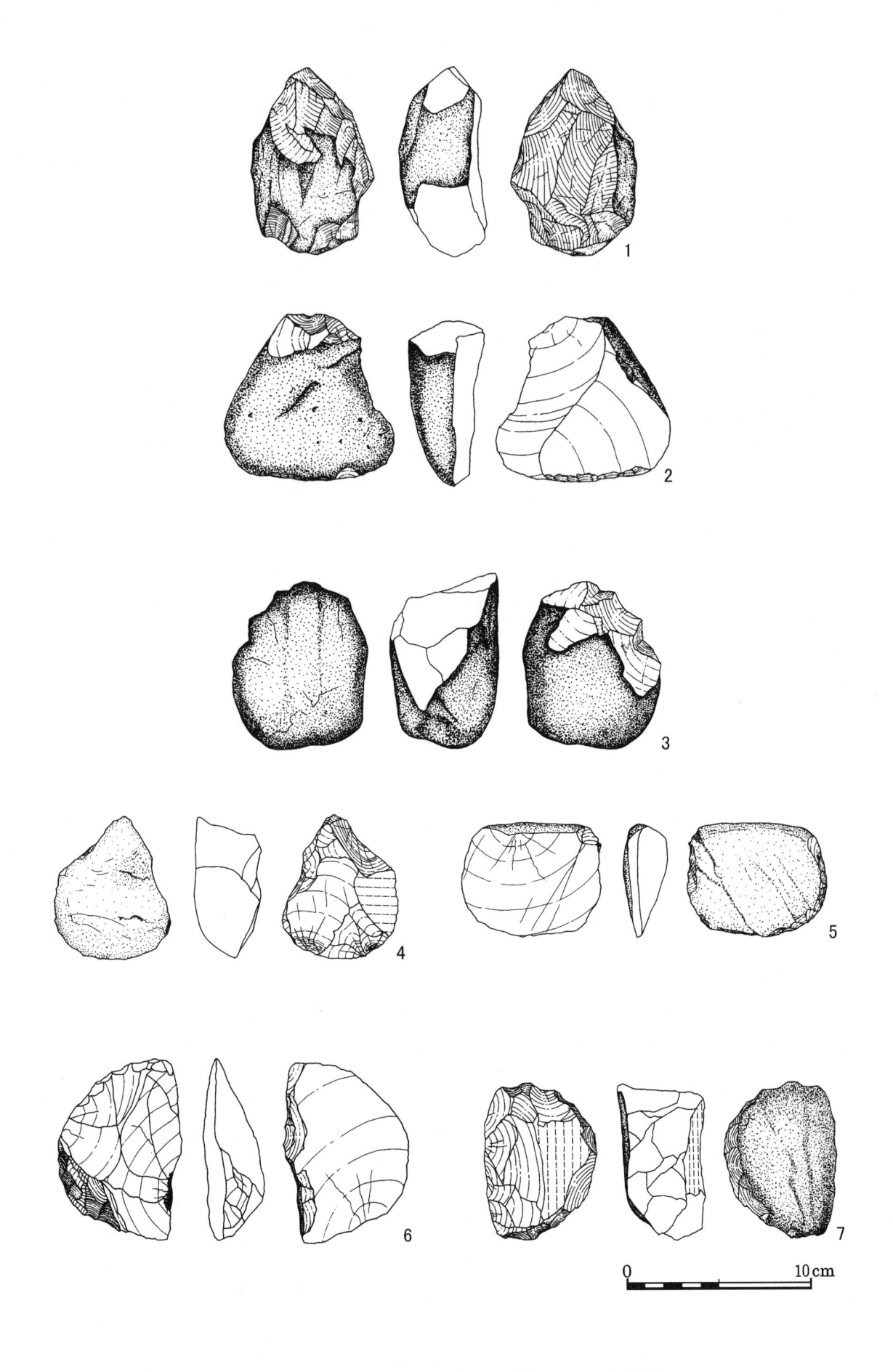

第 173 図　下花渓里遺跡出土遺物 3（崔福奎 1992 を改編）

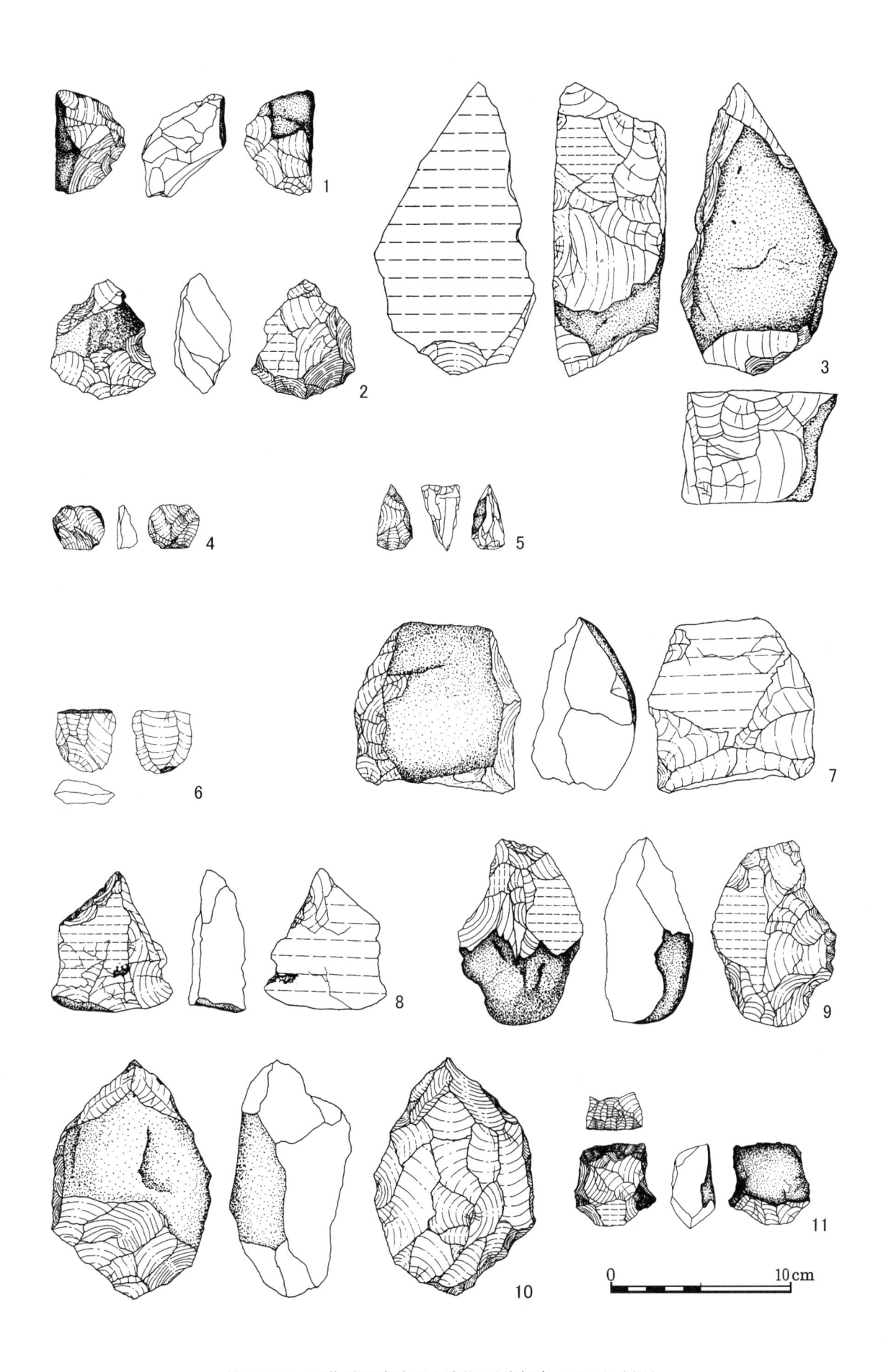

第 174 図　下花渓里遺跡出土遺物 4（崔福奎 1992 を改編）

拠点とする礫器群である。しかし、この時期を境界に定型的なハンドアックス石器群は姿がみえなくなるのである。

大型剥片と剥片石器

"Ⅱc"期には以前の石器製作行為とは次元を異にする革新的な石器作りが始められる。「系統Ⅱ」の本格的な始動である。以前の石器が「系統Ⅰ」により石器製作が行われる構造を保持していたとすると"Ⅱc"期は「系統Ⅱ」の本格的な始まりにより幕があげられるのである。竹内里Ⅰ文化層から出土した大型石核と剥片類は礫器類とは異なる石器製作構造の産物であり、新しい石器文化の始まりを告げる意味合いをもつ石器群である。石器製作に必要になった剥片を大量生産するために用いられた「系統Ⅱ」の構造による生産方式は素材確保をより多様な方式に変えさせたのである。

この時期になると「系統Ⅰ」で主軸を成した礫器類はなくなり、礫器類の役割は厚手の剥片を用いた各種の削器により補われた。石壮里（第164図26・27・28）のような削器により代表される削器類は「系統Ⅰ」の面影をわずかに残しながら新しい器種へと顔を変えたのである。新しい石器製作では剥片剥離により得た素材の側縁に加工（二次加工）を施して機能部を作り上げるが、以前の石器製作では見られない細かい二次加工を規則的に施すことにより石器の機能性を向上させたのである。

"Ⅱc"期は求心剥離などによる両面加工石器の存在も現れる時期である。剥片に施される加工は基本的には規則正しく施していくのであるが、意図的に粗い加工を施して石器の機能を強化したものも現れ始める。鋸歯縁石器のことで堂下山（第164図23・25）・石壮里（第164図30・31）などの石器が代表的である。石器の機能は素材形状と機能部加工方法の両方に大きく左右される時期であった。

また、"Ⅱc"期には以前とは大きく異なるところがある。新しい石材の開発である。伝統的な石英岩系石材に加え、火山岩系石材を開発するのである。それにより大型剥片剥離が出来るようになったともいえる。5万年を前後とする時期から火山岩系石材は大型剥片を取るための石材として、石器生産ラインに顔を揃えるのである。

このような新しい石材の開発は次の世代への変身を予告することで後期旧石器時代の渡来が遠くないことを暗示するのである。実際に内村里（Nechon－ri）遺跡から出土した石器組成を調べてみたが、以前の「系統Ⅰ」はなくなりその面影である石英岩系石材を用いた剥片類と火山岩系大型剥片類ばかりが出土していたのである。

後期旧石器時代の始まりと剥片石器群

"約4万年を境に「系統Ⅰ」は少なくなり韓半島には新しい発想の剥片石器類が主流を成すⅢa"期になる。前の時期に始められた大型剥片と新しく増え始めた縦長剥片の製作は石器群組成の軽量化を促し、石器器種の中に軽装備を増す働きかけをしたのである。縦長剥片剥離技術は時代的なニーズと共に石刃技法へと更に進化する。その痕跡が石壮里遺跡出土石器（第165図82・83）などに表れる。次の時期である金窟Ⅳ文化層から石刃類と共に縦長剥片類が登場する以前の時期に、石刃石器群は既に韓半島に来ていたのである。

禾袋里や龍湖洞などでは縦長剥片剥離技術を駆使した縦長剥片製の剥片尖頭器が3.5万頃には認められる。忠清道の龍湖洞遺跡Ⅲ文化層で1点、3万年頃には江原道禾袋里遺跡から3点出土している。最近の一連の年代測定結果が不正確であると話は難しくなるが、少なくとも3万年前後とした年代になると韓半島には剥片尖頭器石器群がすでに存在していたことになるのである。

出土した剥片尖頭器4点は全て縦長剥片を素材に用いたもので、加工部位をみると龍湖洞遺跡出土の剥片尖頭器（第165図93）は、小型の縦長剥片（石刃）の基部と右側縁に加工が施してある。

一方、3万年頃になると石壮里遺跡からは大量の彫器が出土するようになるが彫器の形態は不定形の剥片の一端に彫刀面を作る簡単な剥離により成っている。ただ、この時期に該当する遺跡の調査例はまだ少なく全貌は余り知

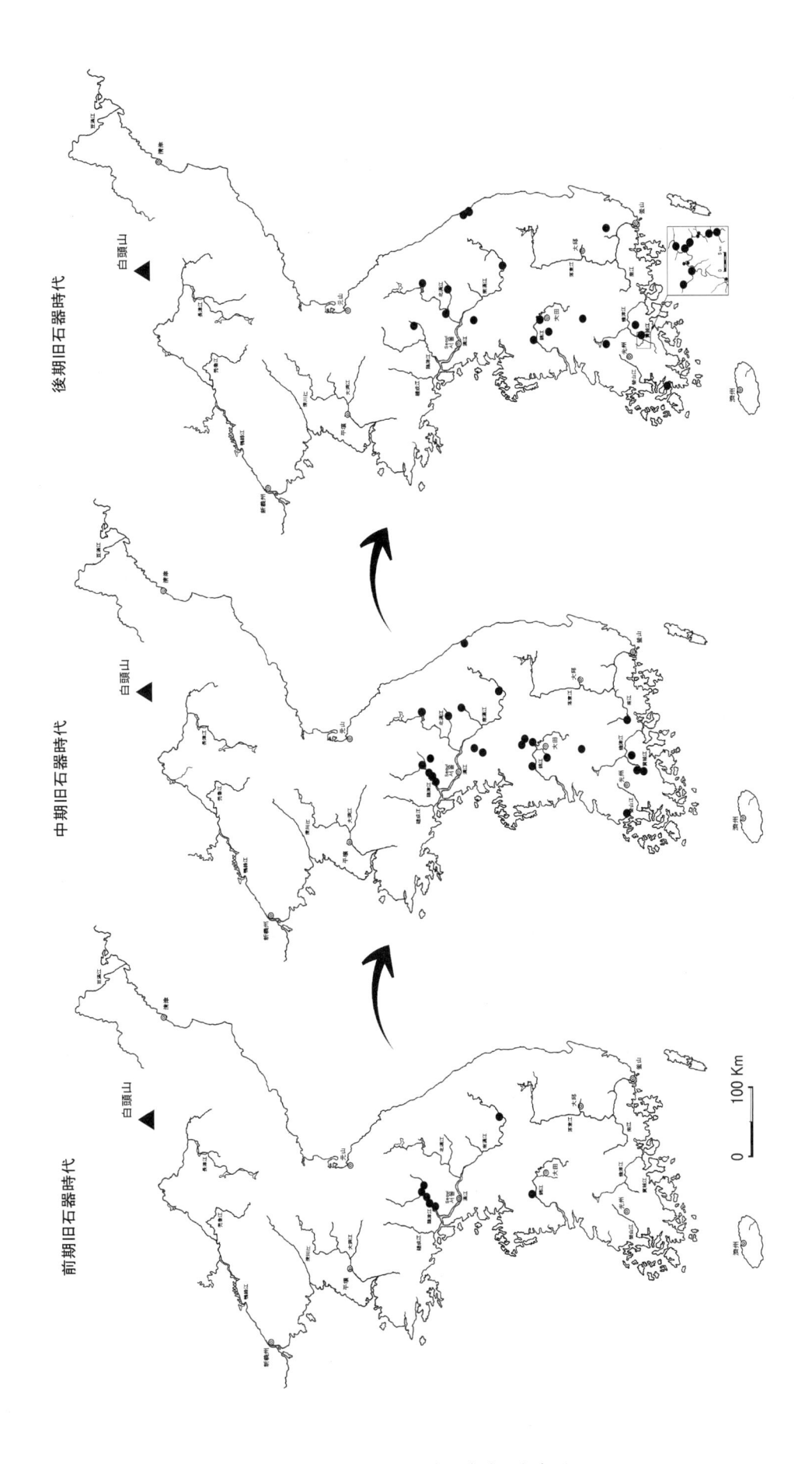

第 175 図　韓国旧石器時代遺跡分布変遷

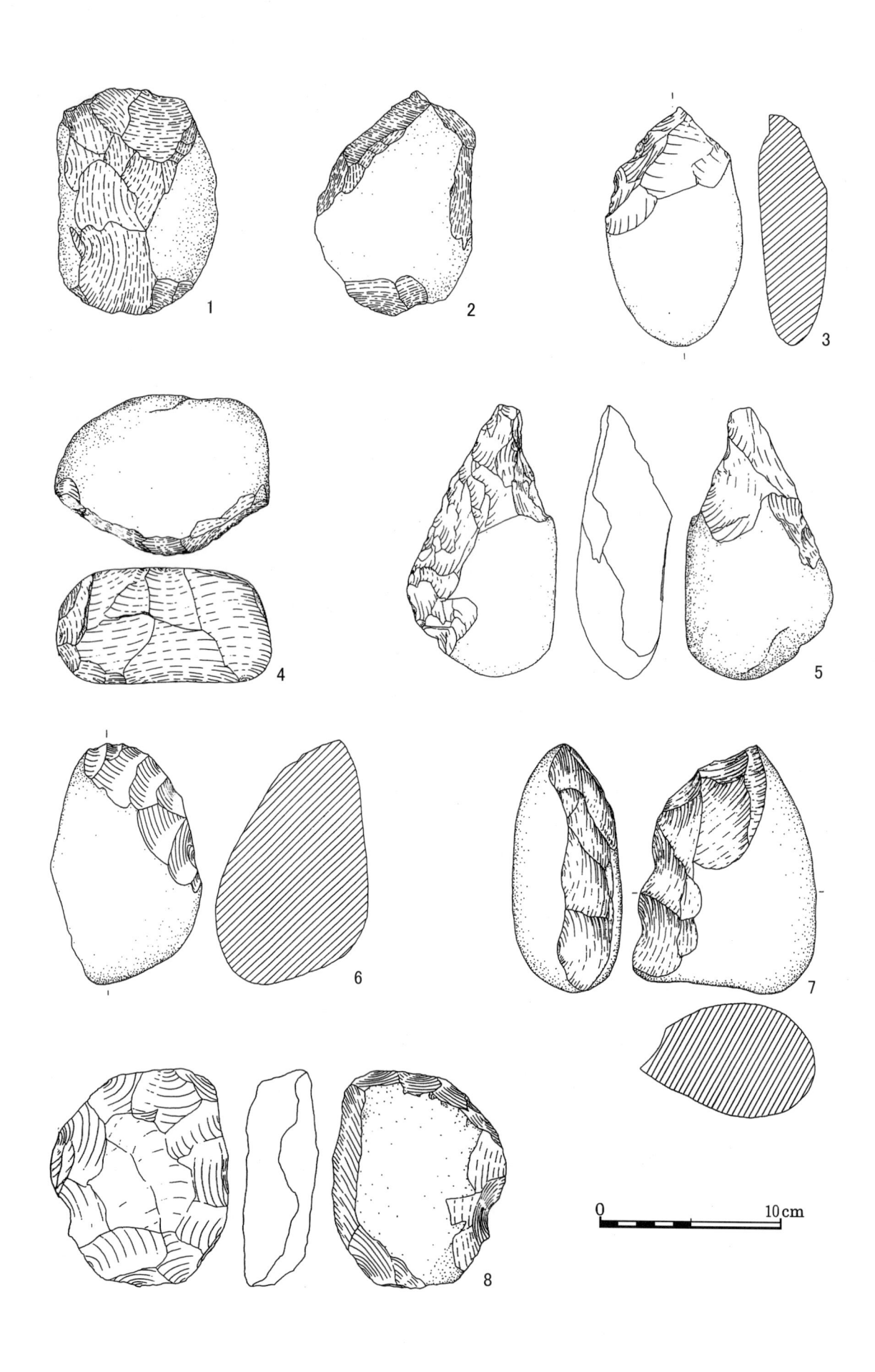

第176図　屏山里遺跡出土遺物1(韓昌均・尹乃鉉　1994を改編)

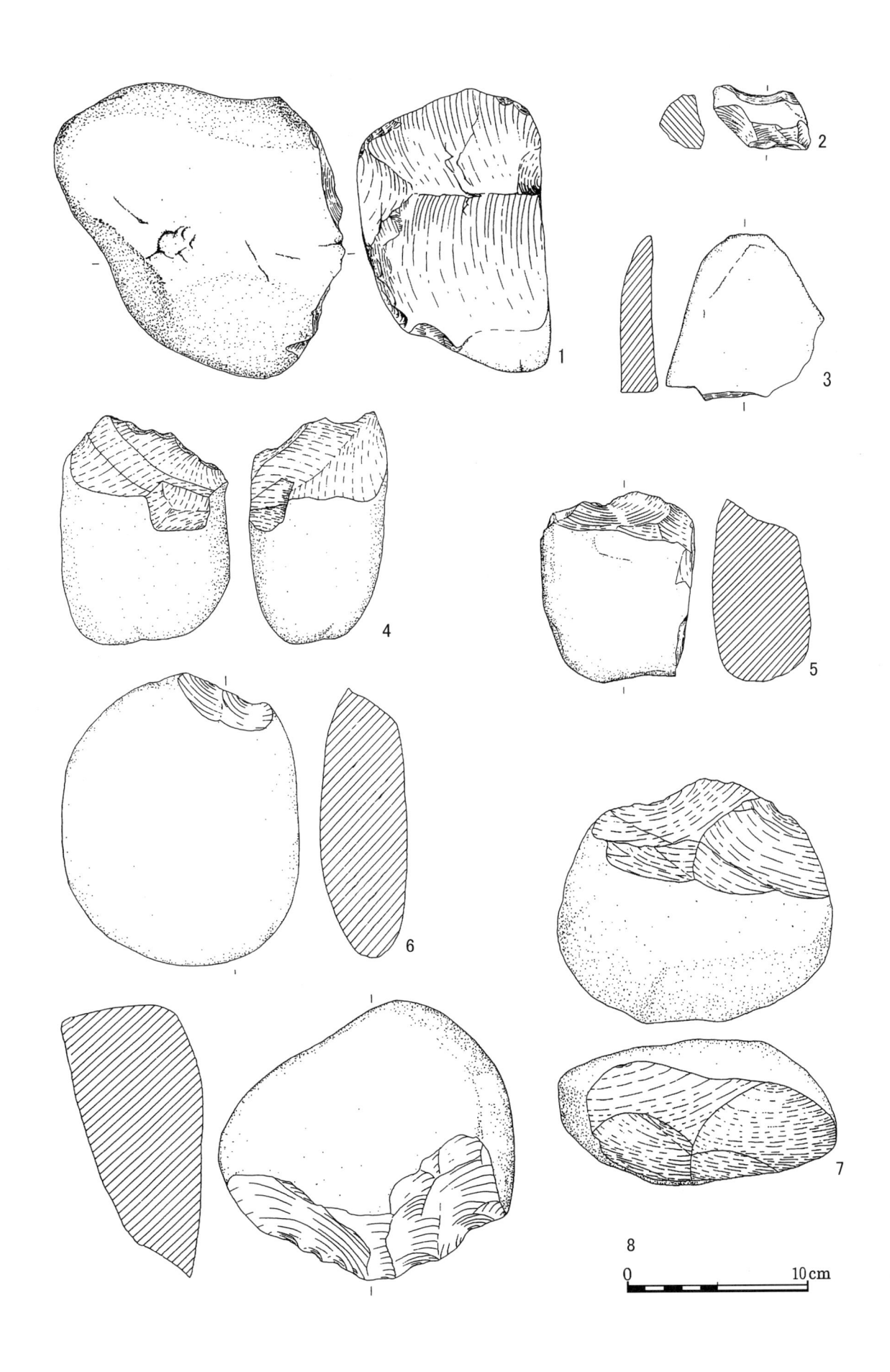

第 177 図　屛山里遺跡出土遺物 2（韓昌均・尹乃鉉　1994 を改編）

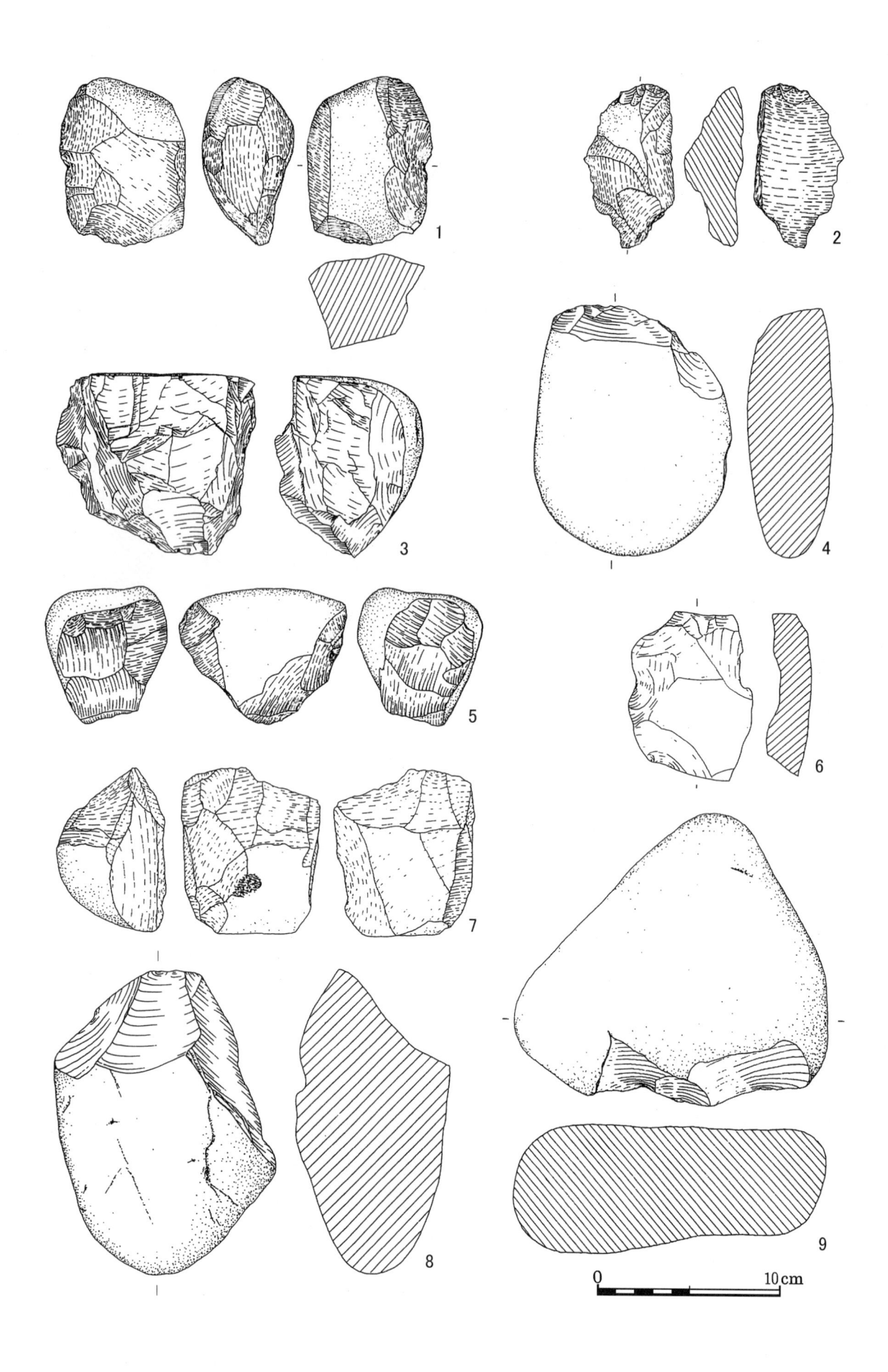

第178図　屏山里遺跡出土遺物3（韓昌均・尹乃鉉　1994を改編）

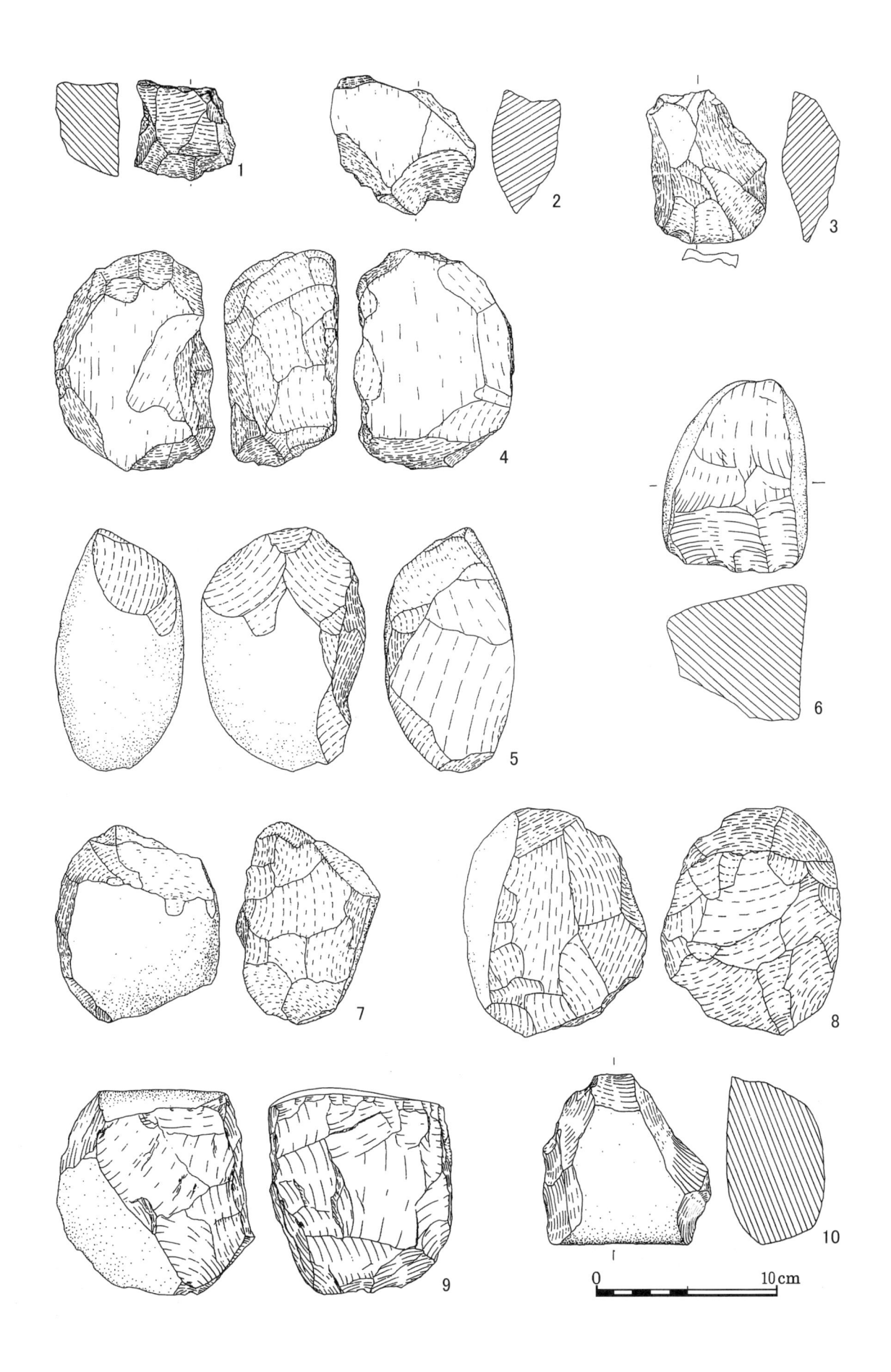

第 179 図　屛山里遺跡出土遺物 4（韓昌均・尹乃鉉　1994 を改編）

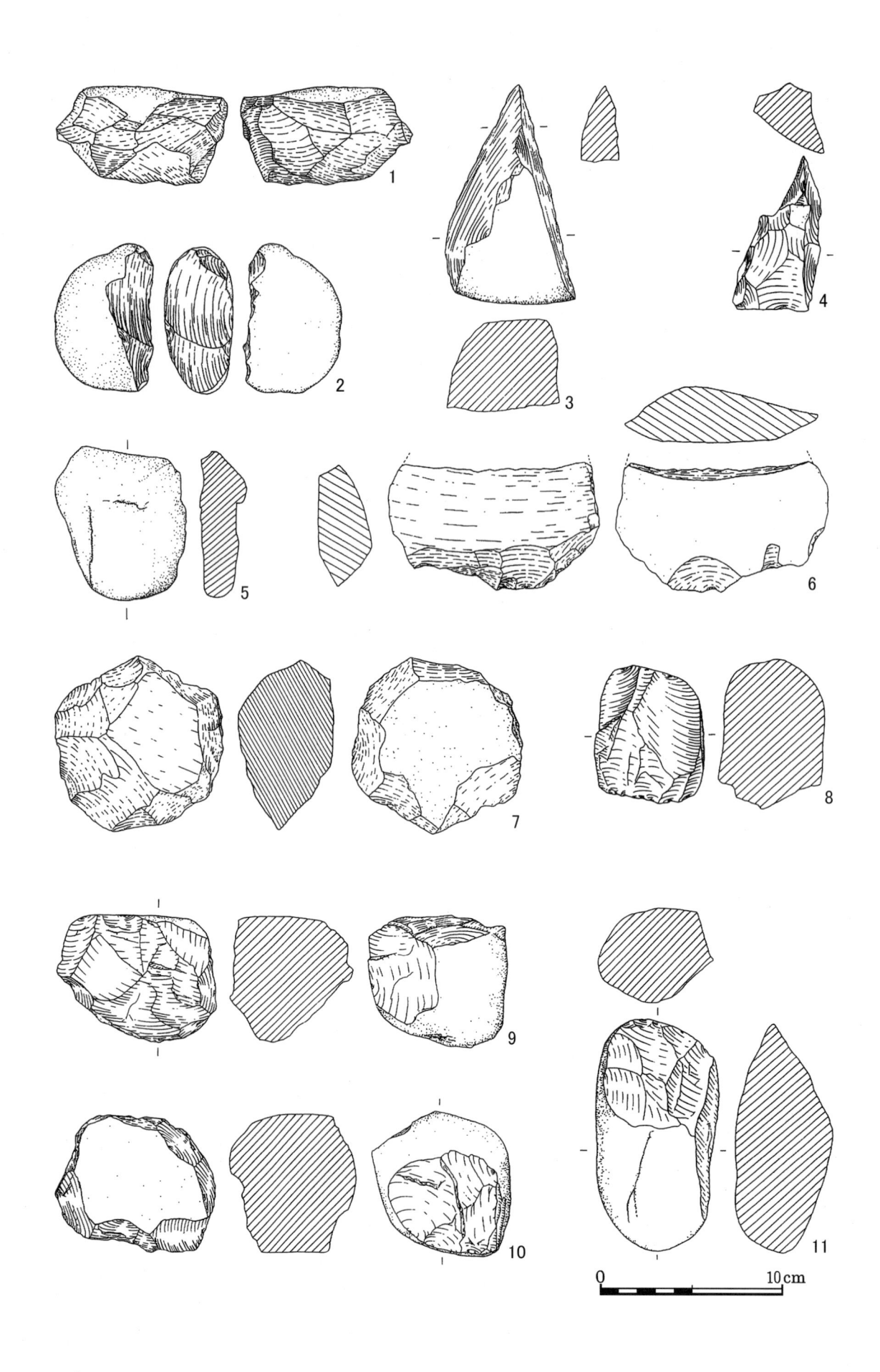

第180図　屏山里遺跡出土遺物5(韓昌均・尹乃鉉　1994を改編)

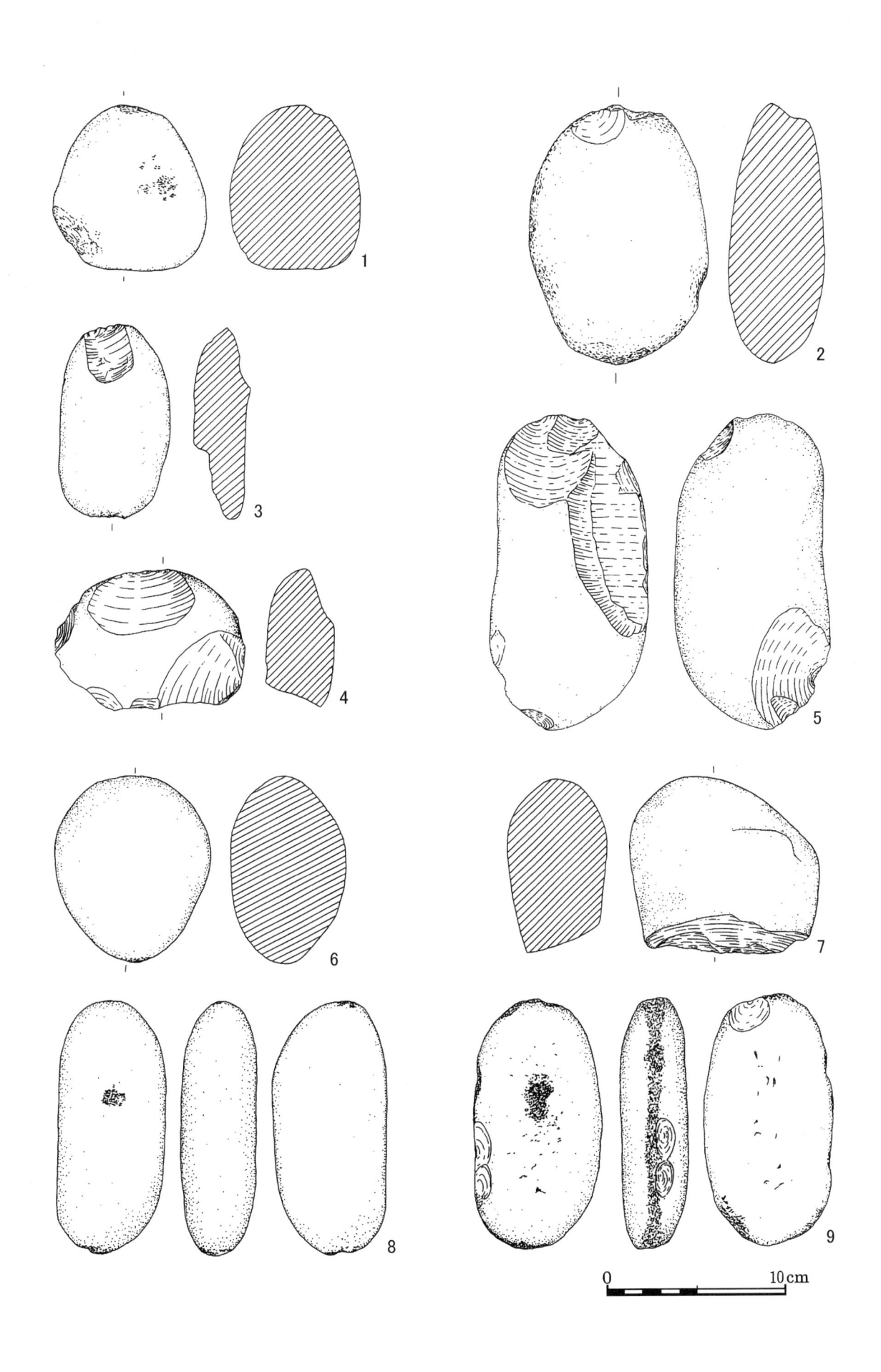

第 181 図　屛山里遺跡出土遺物 6（韓昌均・尹乃鉉　1994 を改編）

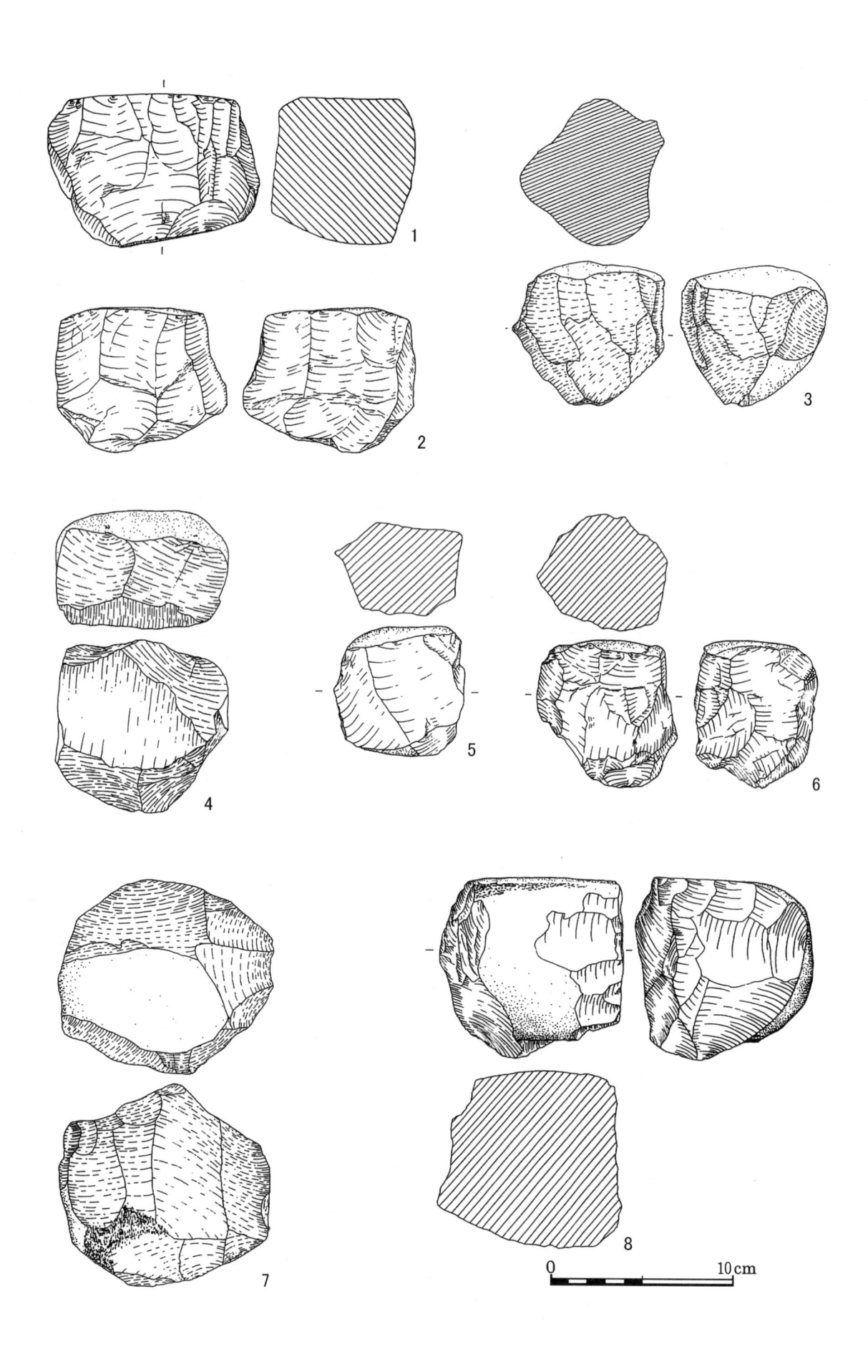

第 182 図　屏山里遺跡出土遺物 7（韓昌均・尹乃鉉　1994 を改編）

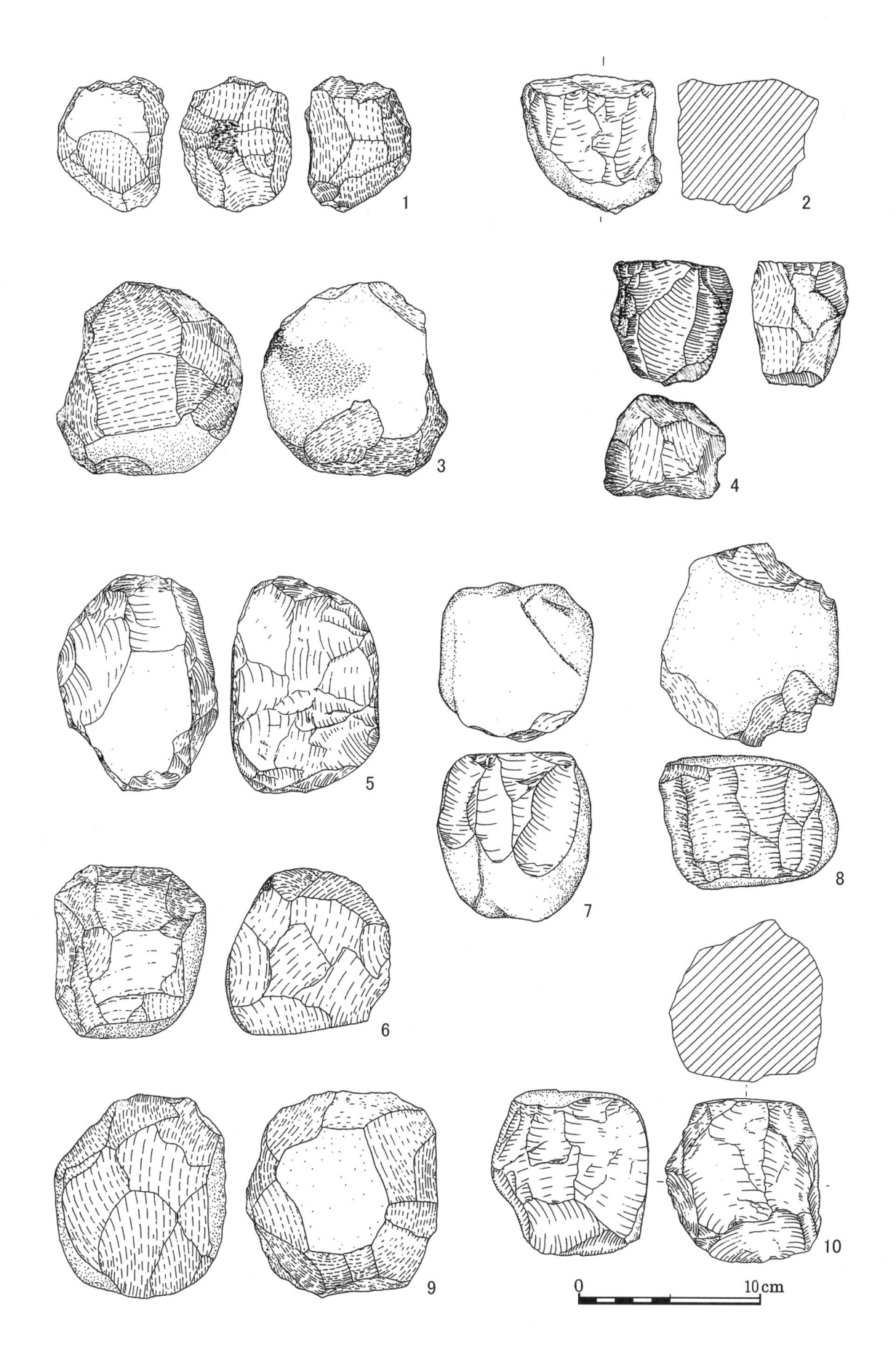

第 183 図　屏山里遺跡出土遺物 8（韓昌均・尹乃鉉　1994 を改編）

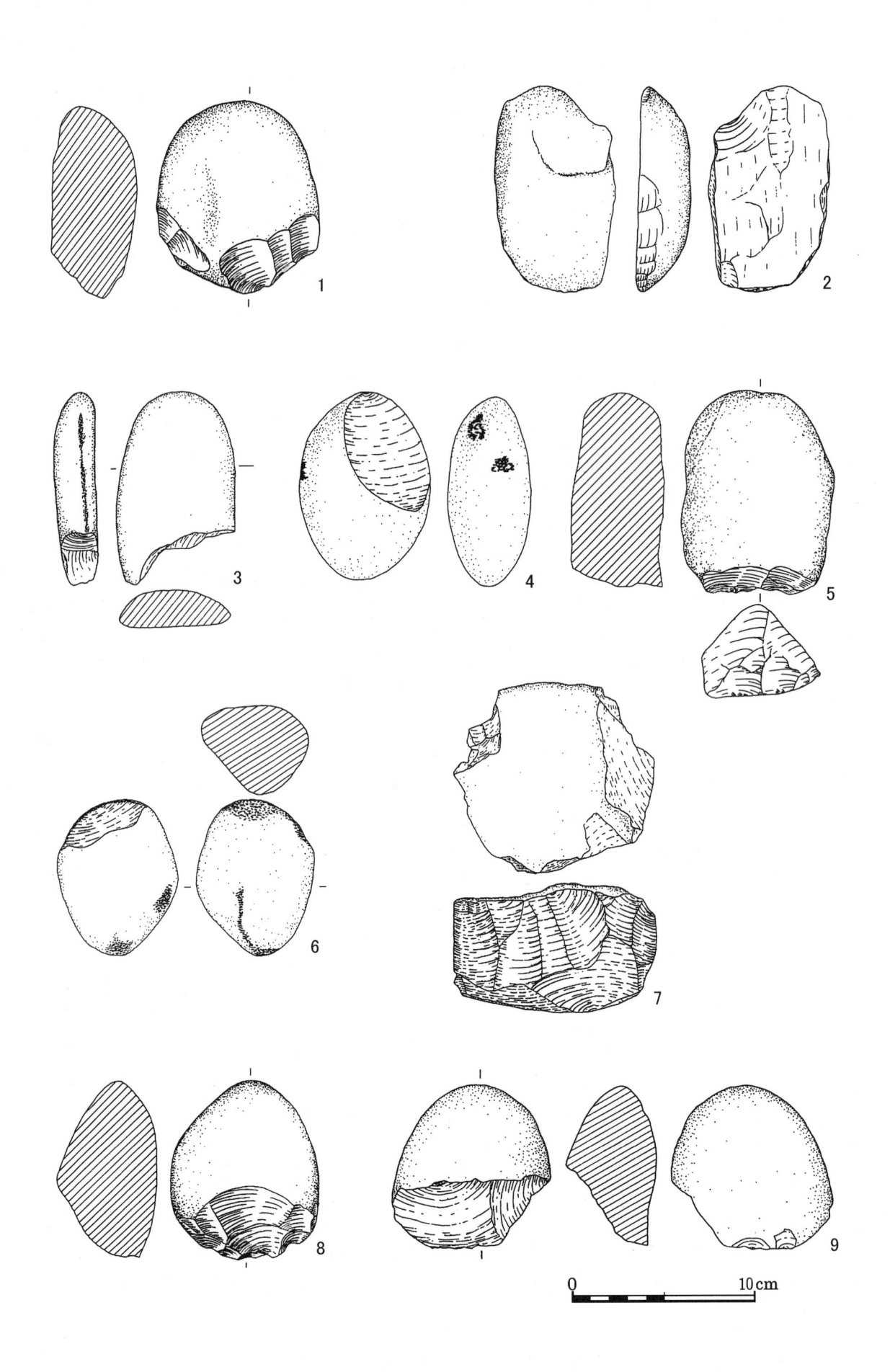

第 184 図　屏山里遺跡出土遺物 9（韓昌均・尹乃鉉　1994 を改編）

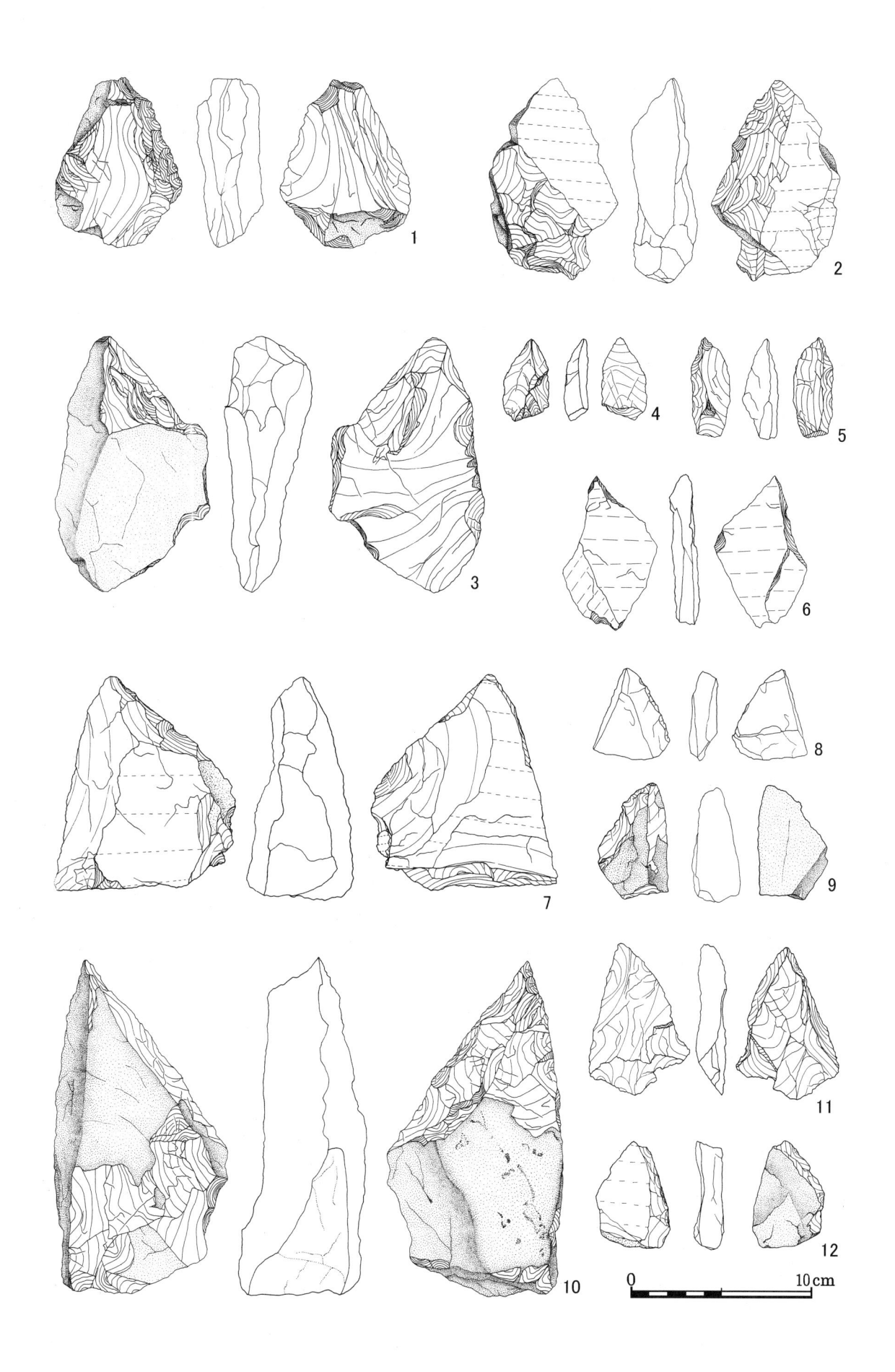

第 185 図　發翰洞遺跡 1 区出土遺物 1 (江原考古学研究所 1996 を改編)

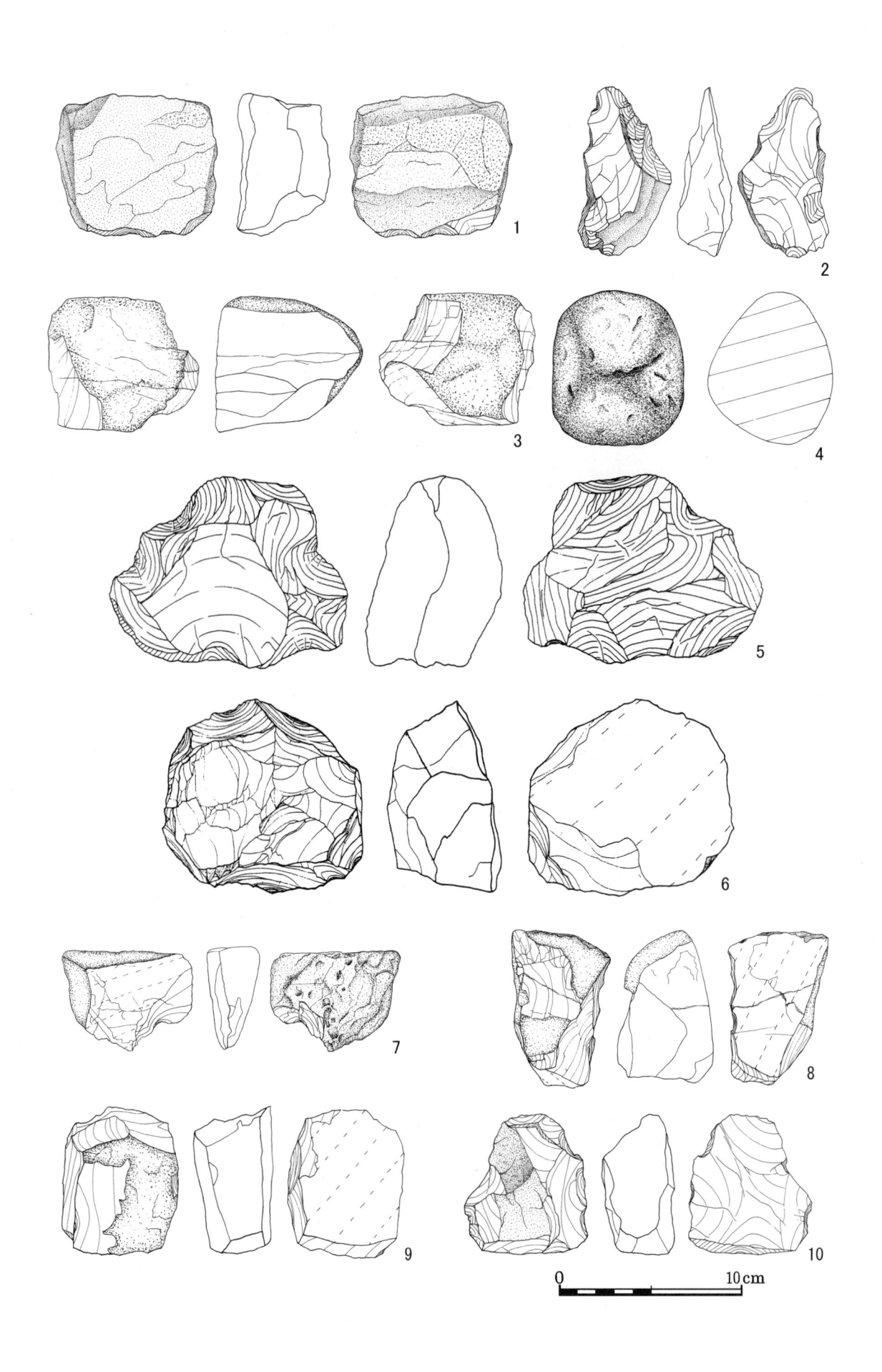

第 186 図　發翰洞遺跡 1 区出土遺物 2（江原考古学研究所 1996 を改編）

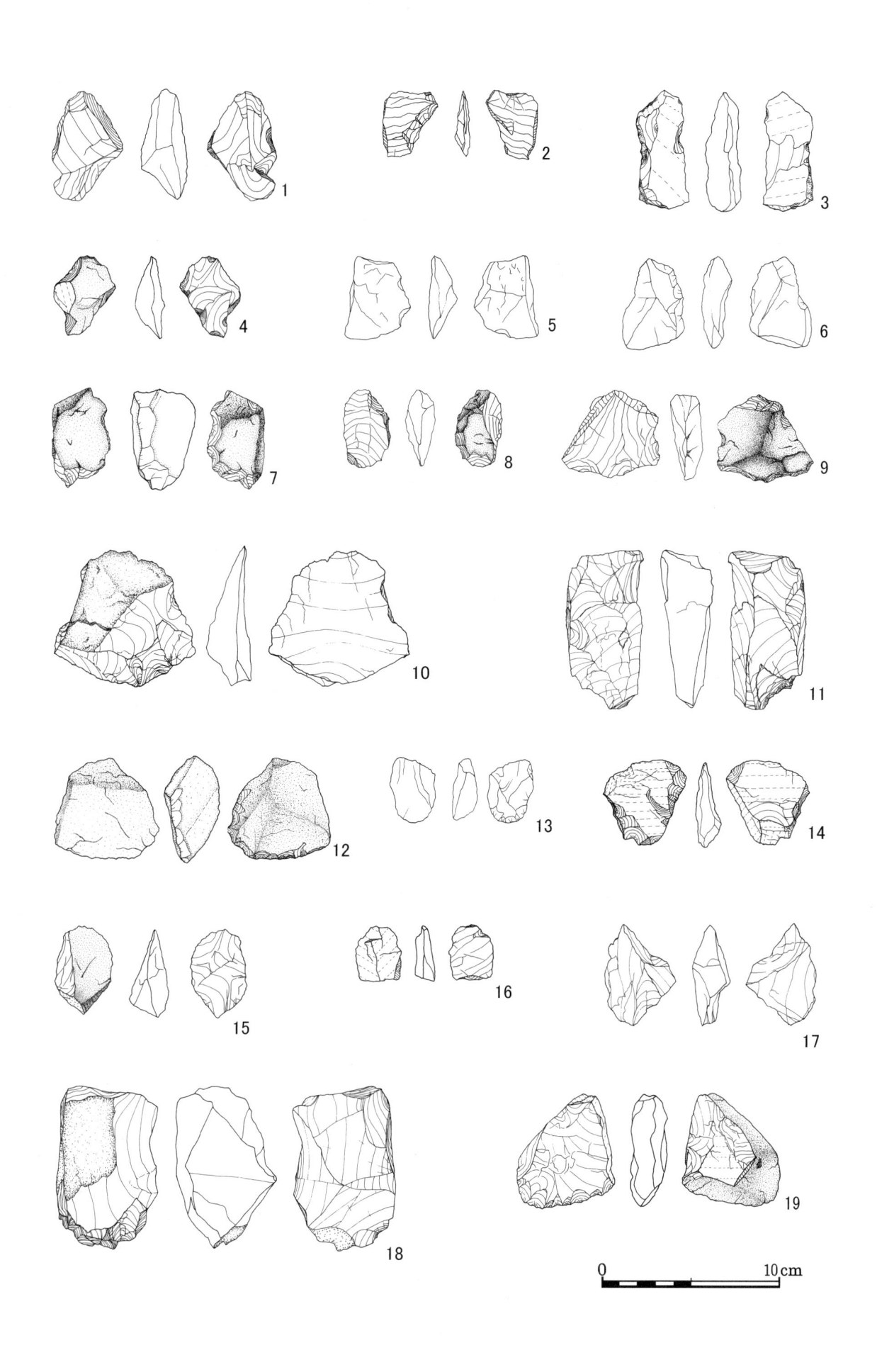

第 187 図　發翰洞遺跡 1 区出土遺物 3（江原考古学研究所 1996 を改編）

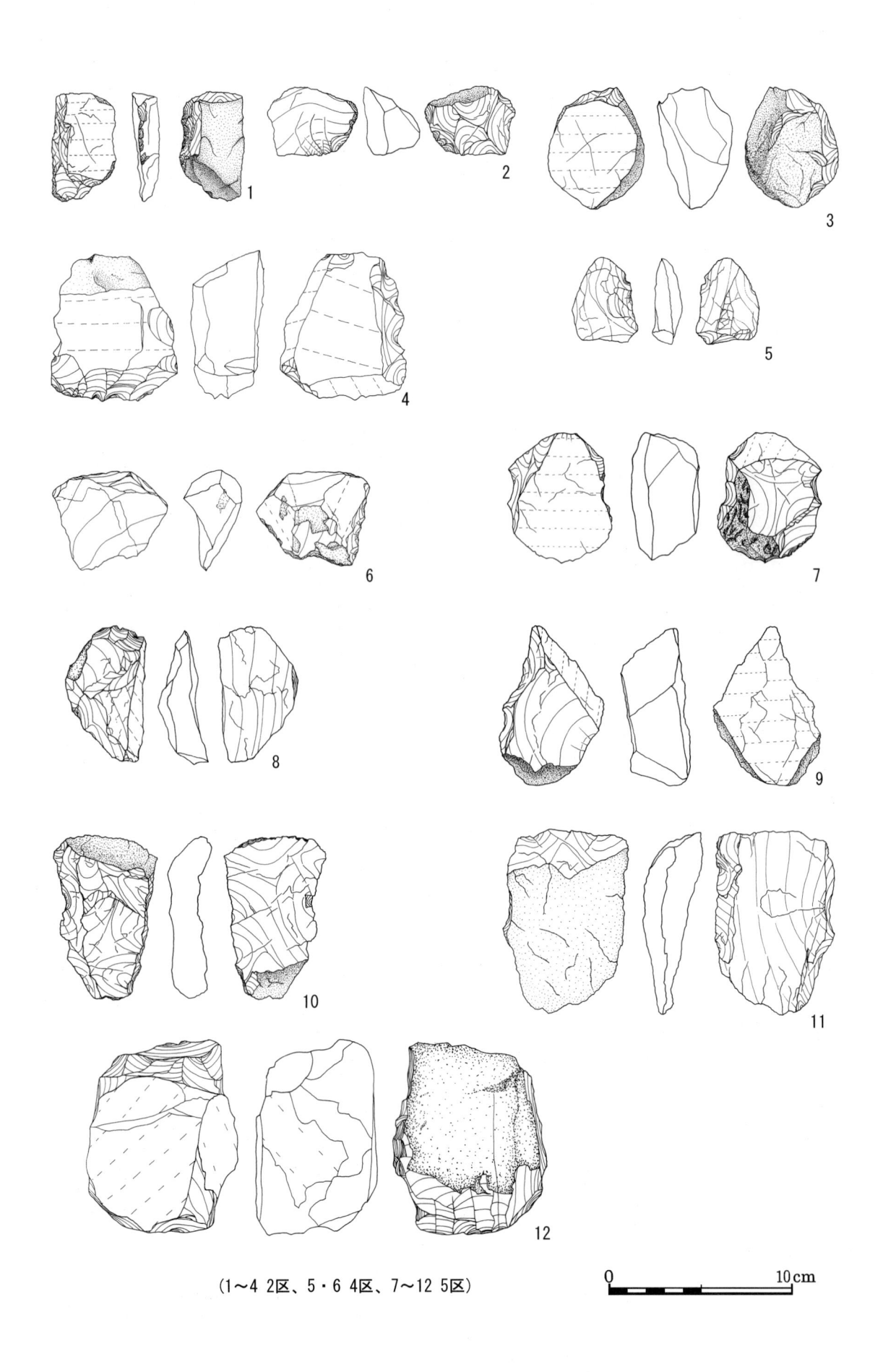

(1〜4 2区、5・6 4区、7〜12 5区)

第188図　發翰洞遺跡2・4・5区出土遺物（江原考古学研究所 1996を改編）

第 189 図　發翰洞遺跡 5 区出土遺物（江原考古学研究所 1996 を改編）

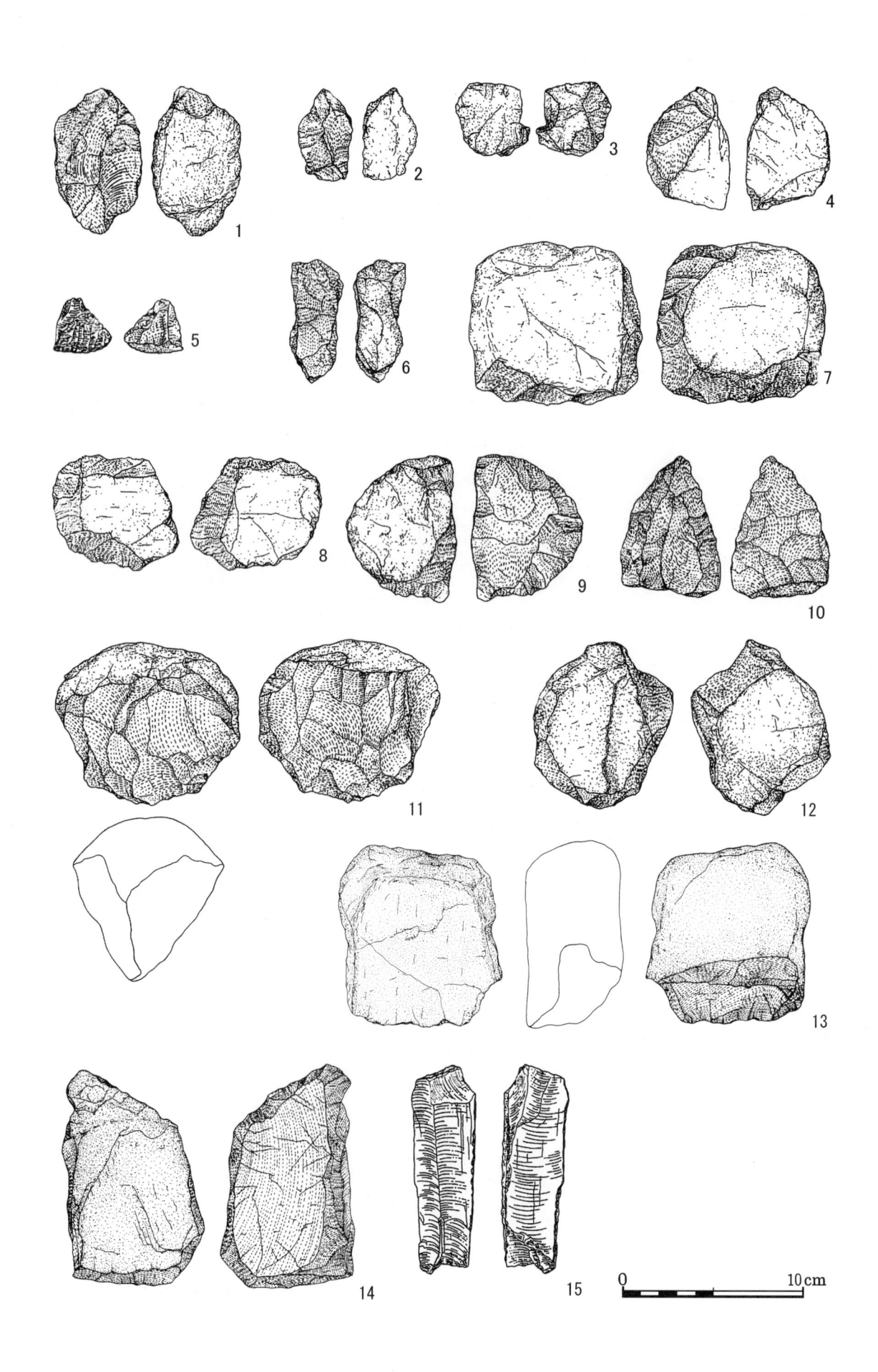

第 190 図　上舞龍里遺跡 L 区 1 文化層出土遺物（江原大学校博物館・江原道　1989 を改編）

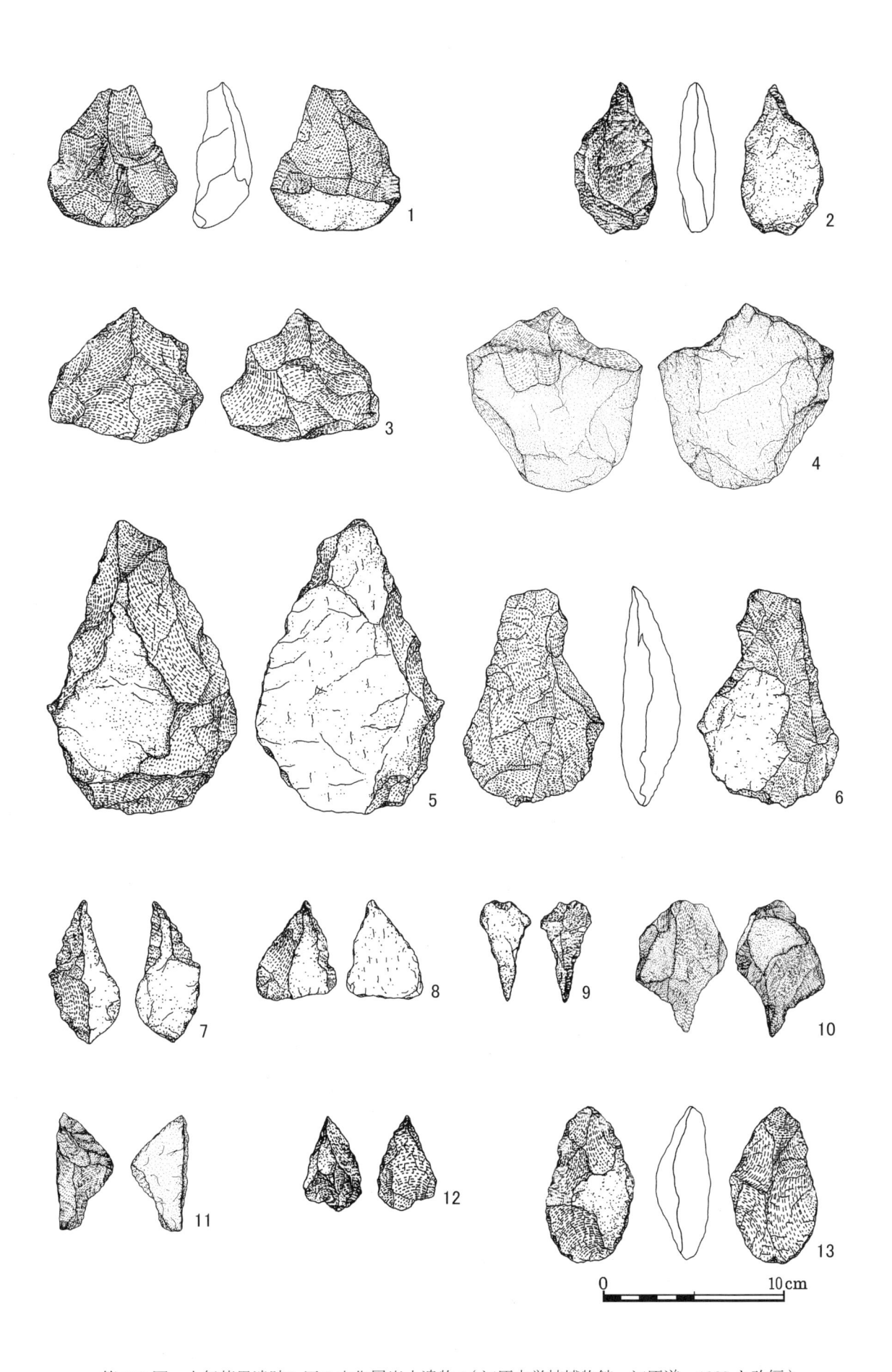

第 191 図　上舞龍里遺跡 L 区 2 文化層出土遺物 1（江原大学校博物館・江原道　1989 を改編）

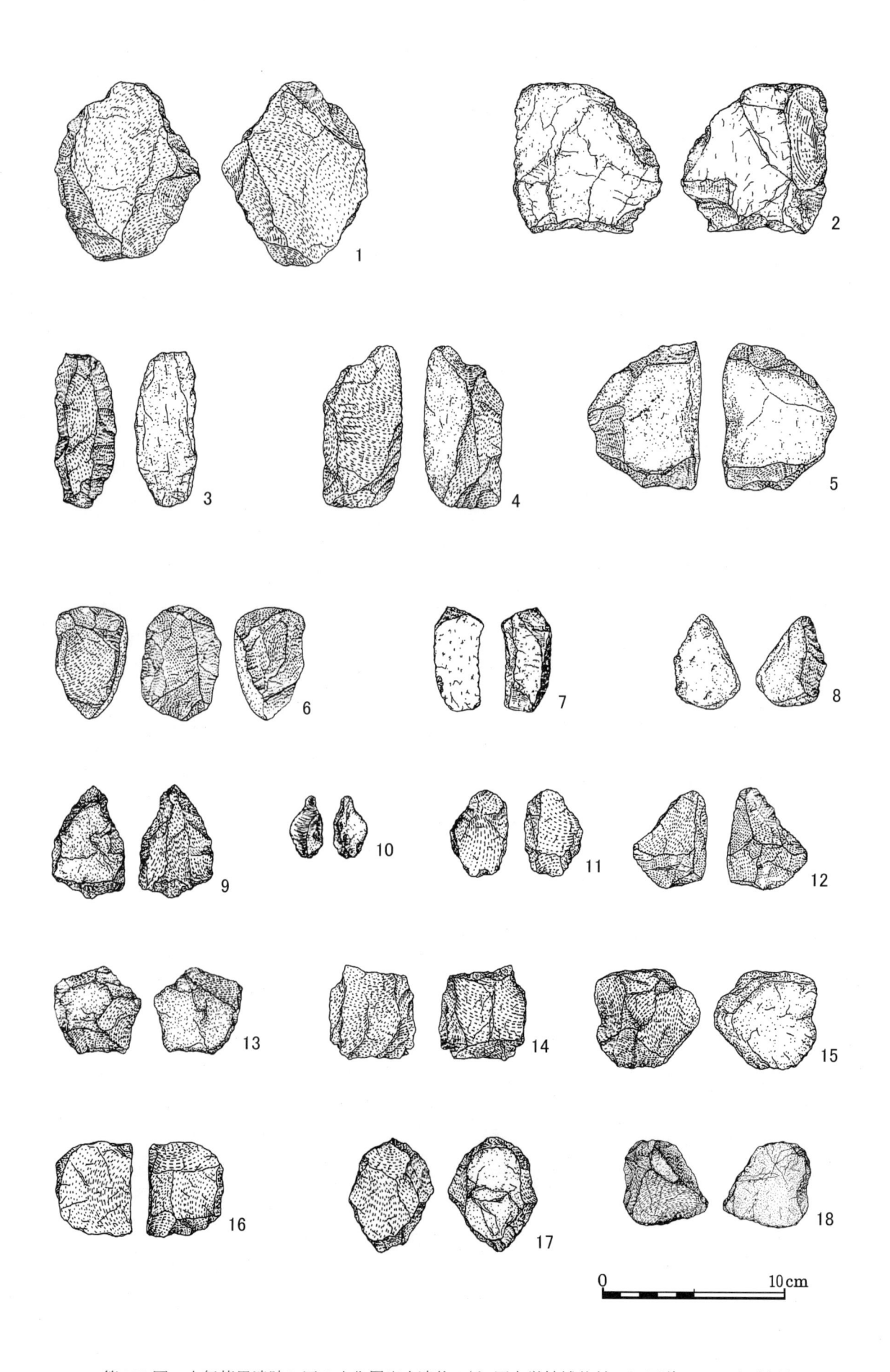

第 192 図　上舞龍里遺跡 L 区 2 文化層出土遺物 2（江原大学校博物館・江原道　1989 を改編）

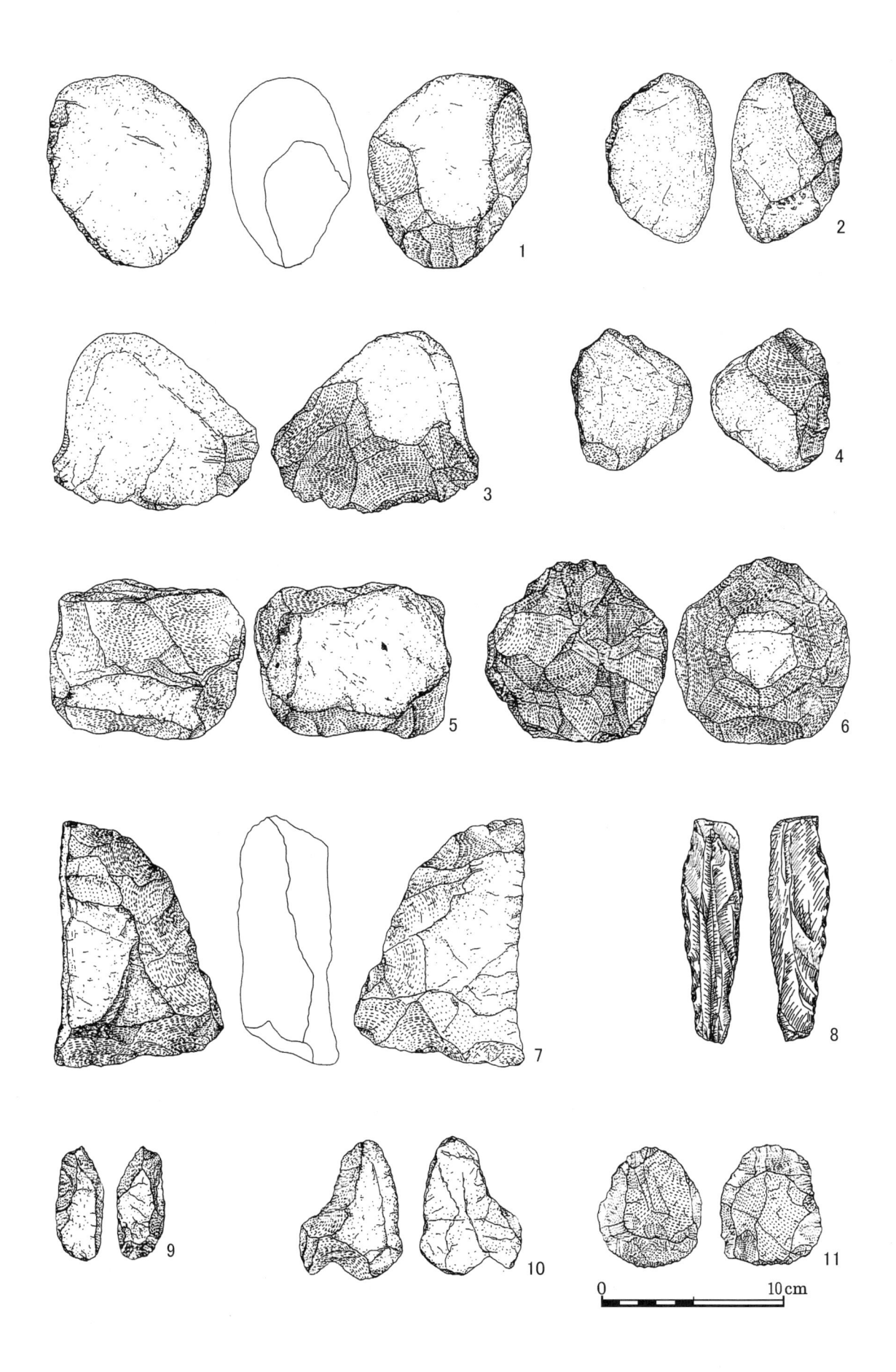

第 193 図　上舞龍里遺跡 L 区 2 文化層出土遺物 3（江原大学校博物館・江原道　1989 を改編）

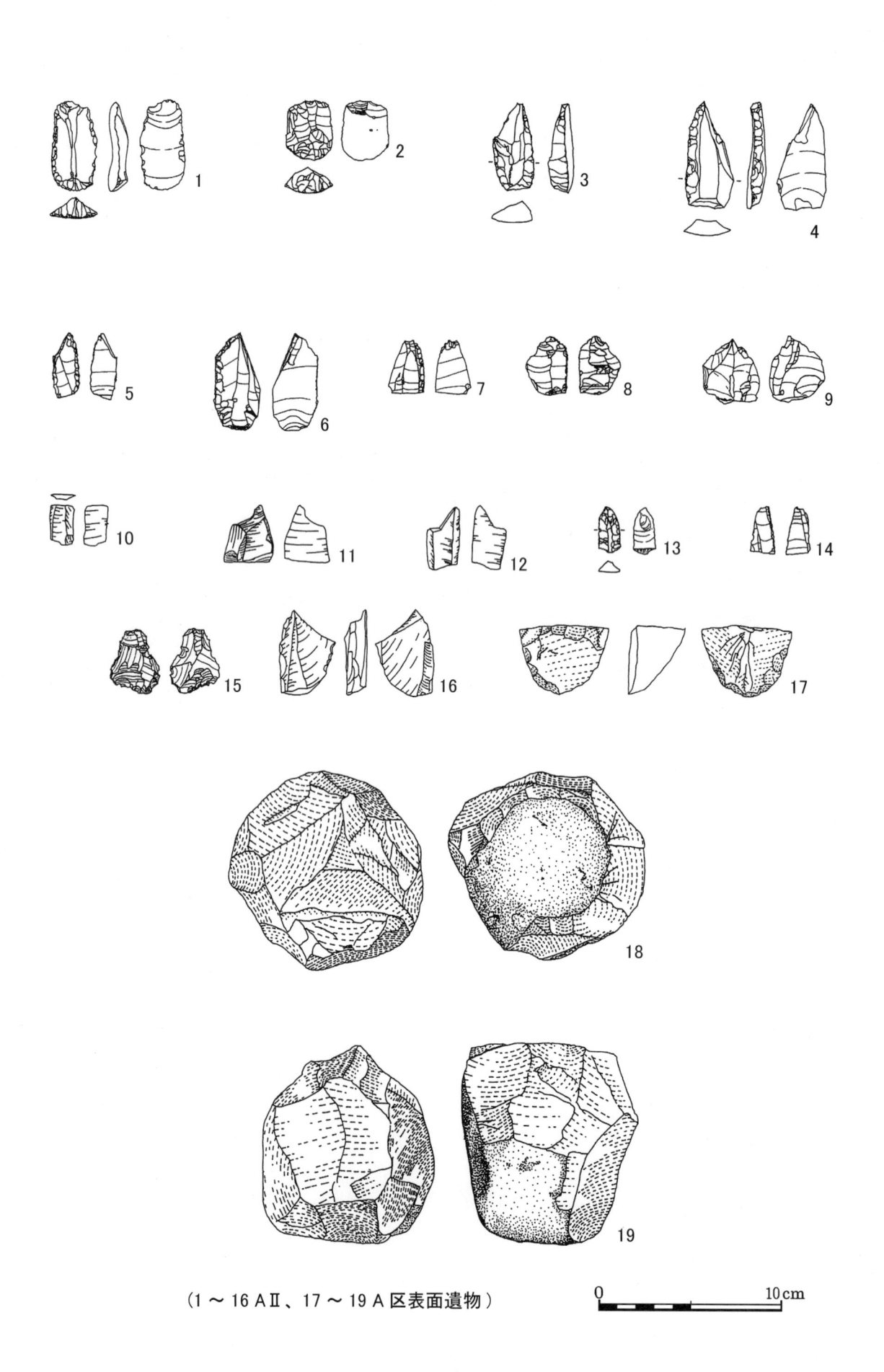

(1〜16 AⅡ、17〜19 A区表面遺物)

第194図　上舞龍里遺跡AⅡ・A区出土遺物（江原大学校博物館・江原道　1989を改編）

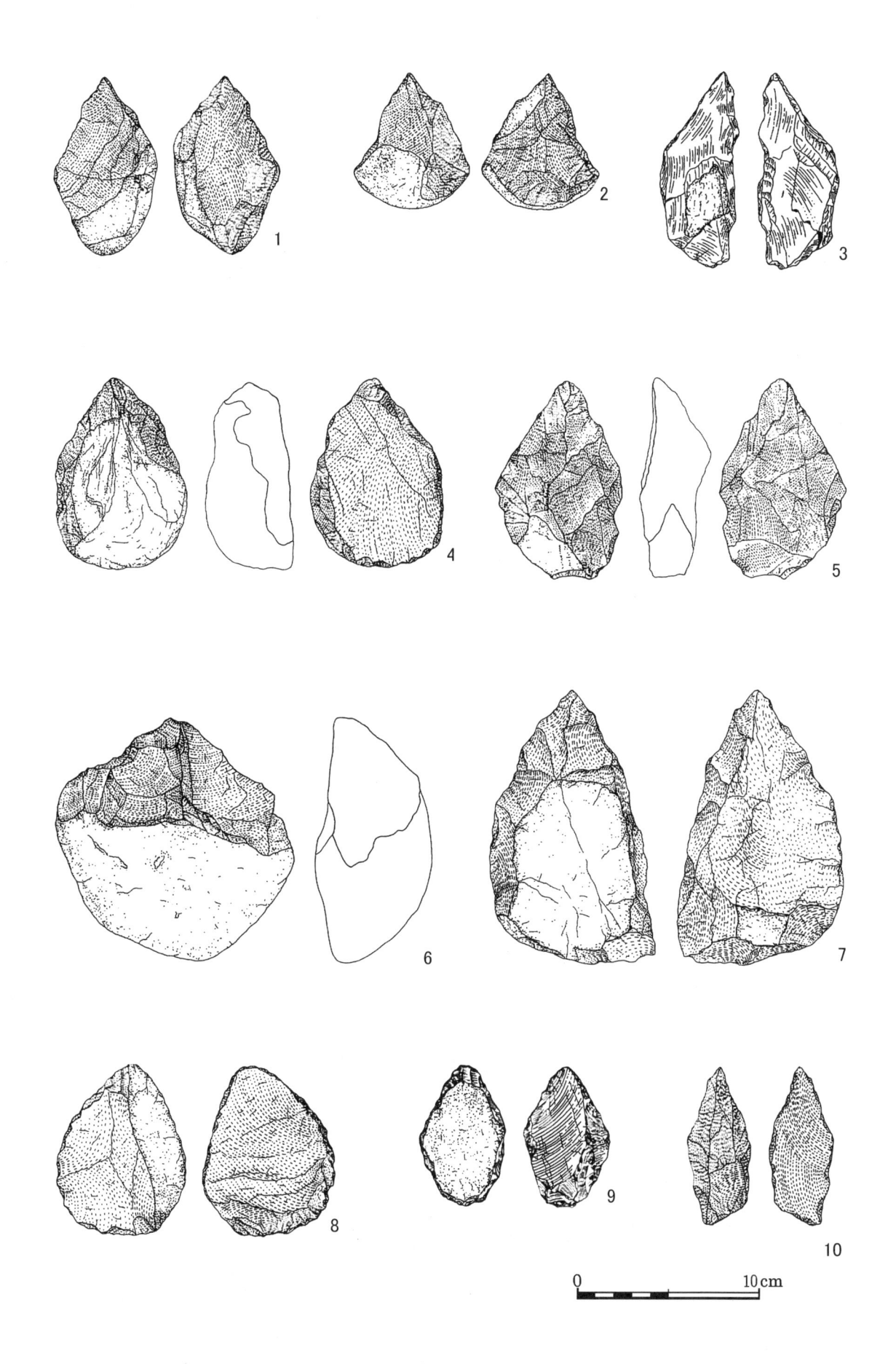

第 195 図　上舞龍里遺跡 L 区地表面採集遺物 1（江原大学校博物館・江原道　1989 を改編）

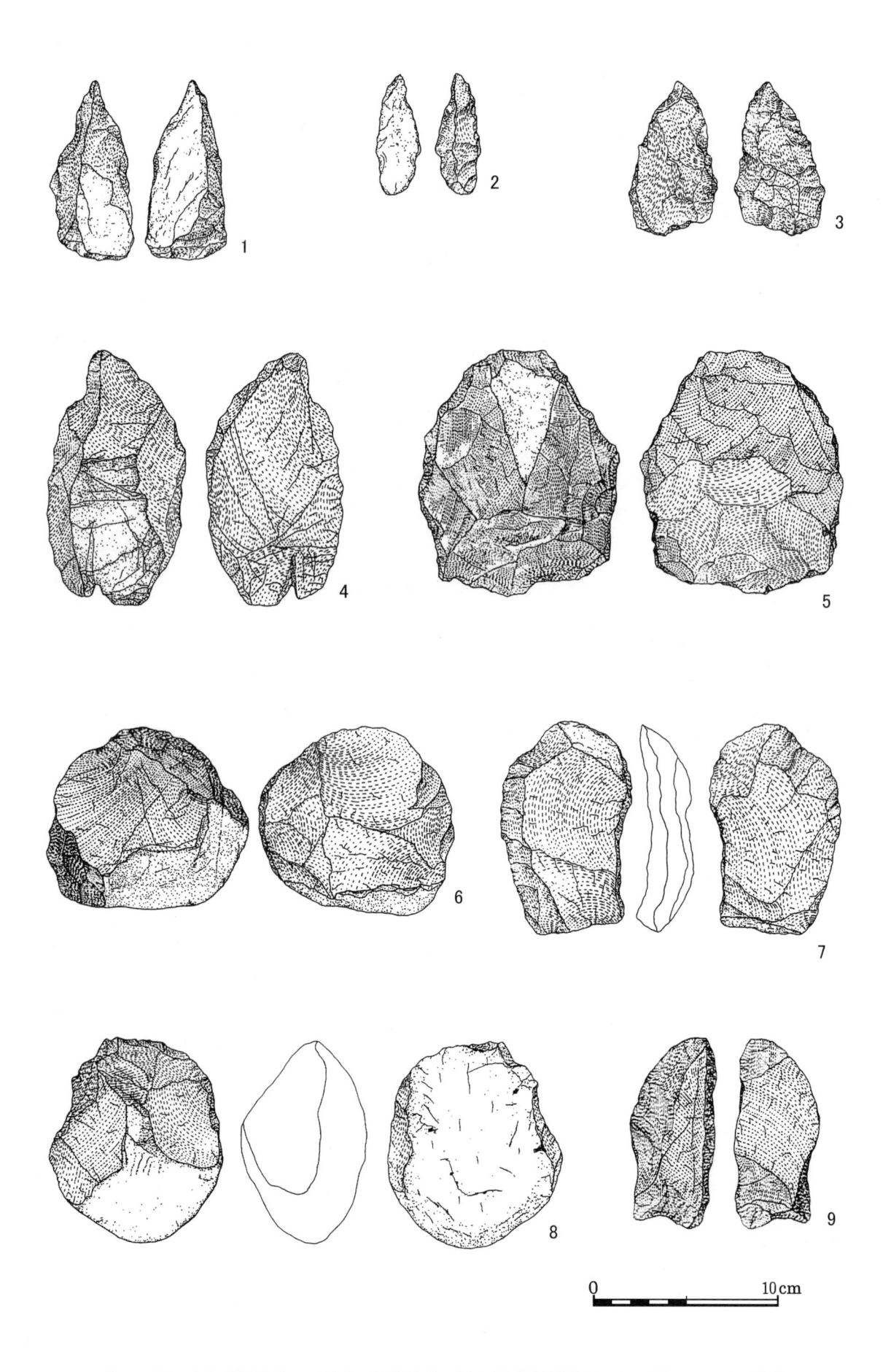

第 196 図　上舞龍里遺跡 L 区地表面採集遺物 2（江原大学校博物館・江原道　1989 を改編）

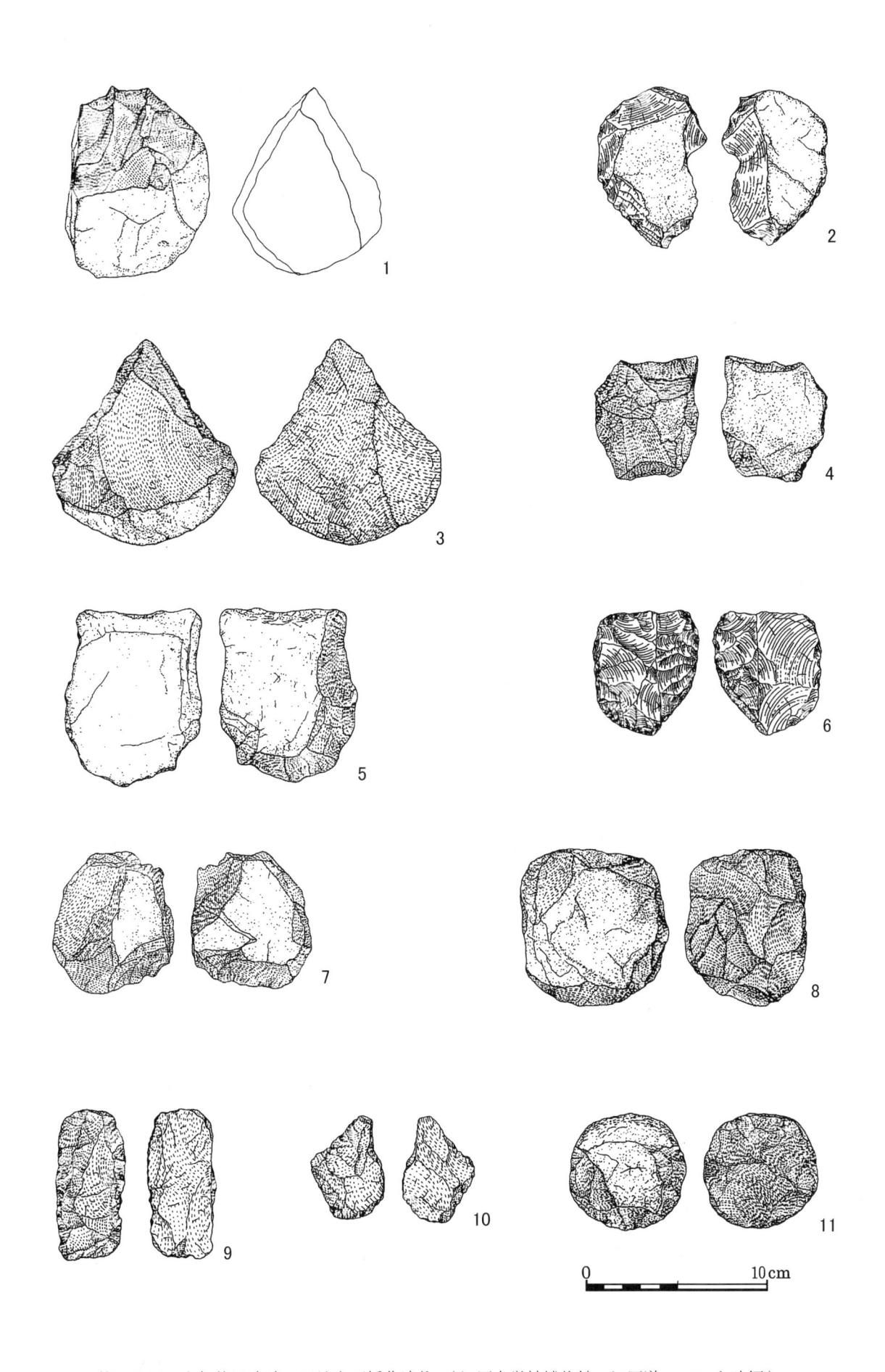

第 197 図　上舞龍里遺跡 L 区地表面採集遺物 3（江原大学校博物館・江原道　1989 を改編）

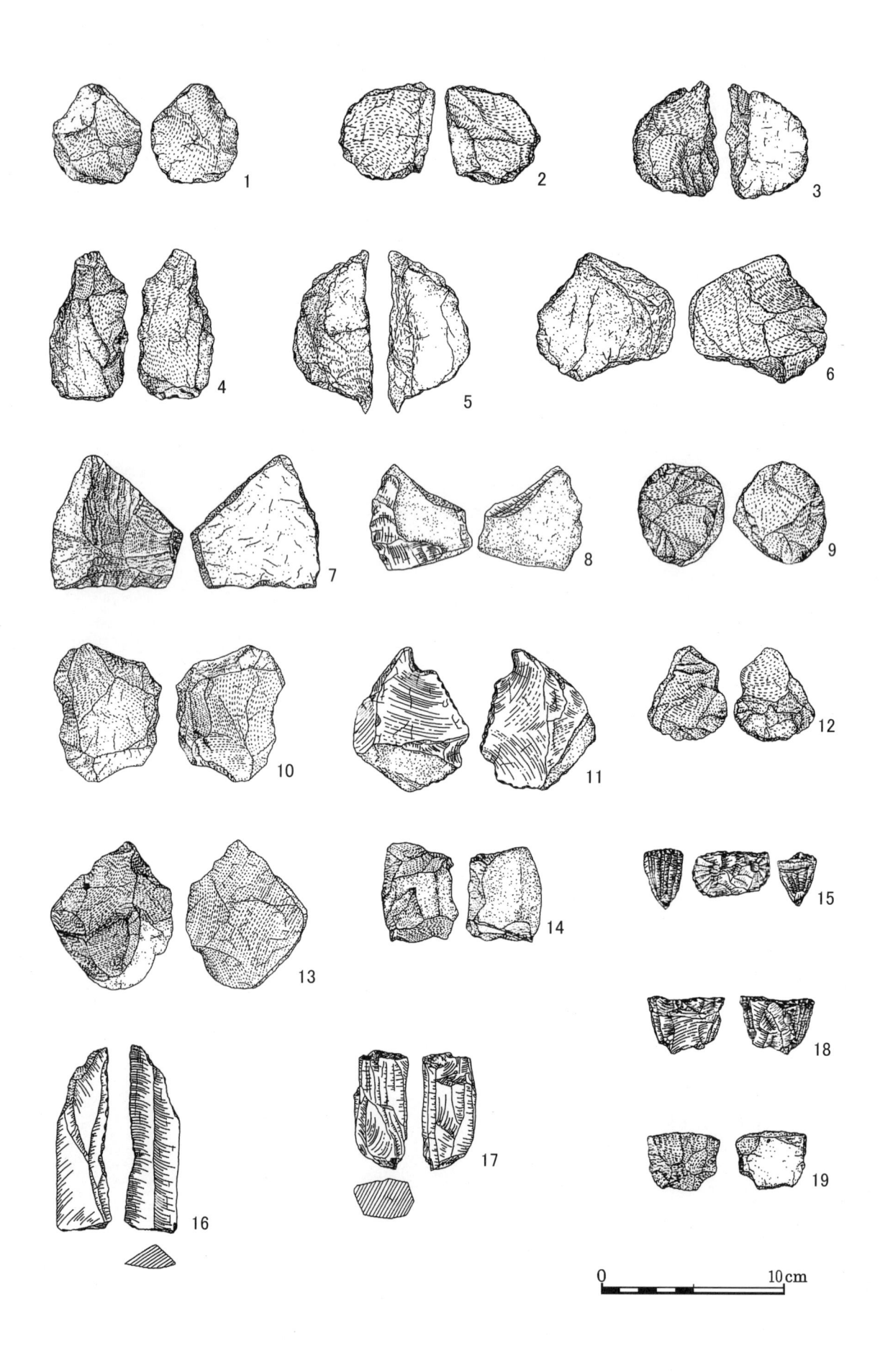

第 198 図　上舞龍里遺跡 L 区地表面採集遺物 4 (江原大学校博物館・江原道　1989 を改編)

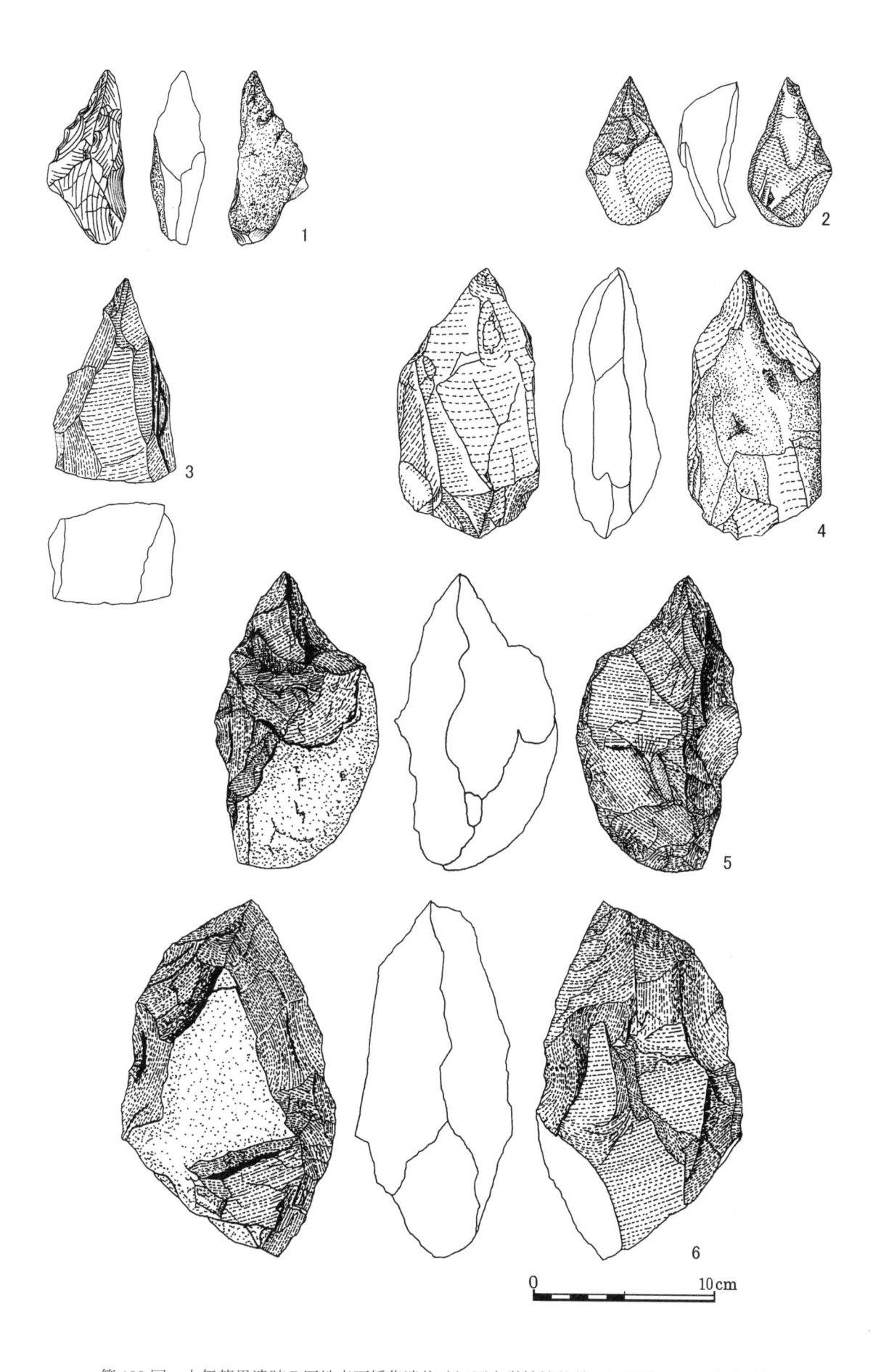

第 199 図　上舞龍里遺跡 F 区地表面採集遺物（江原大学校博物館・江原道　1989 を改編）

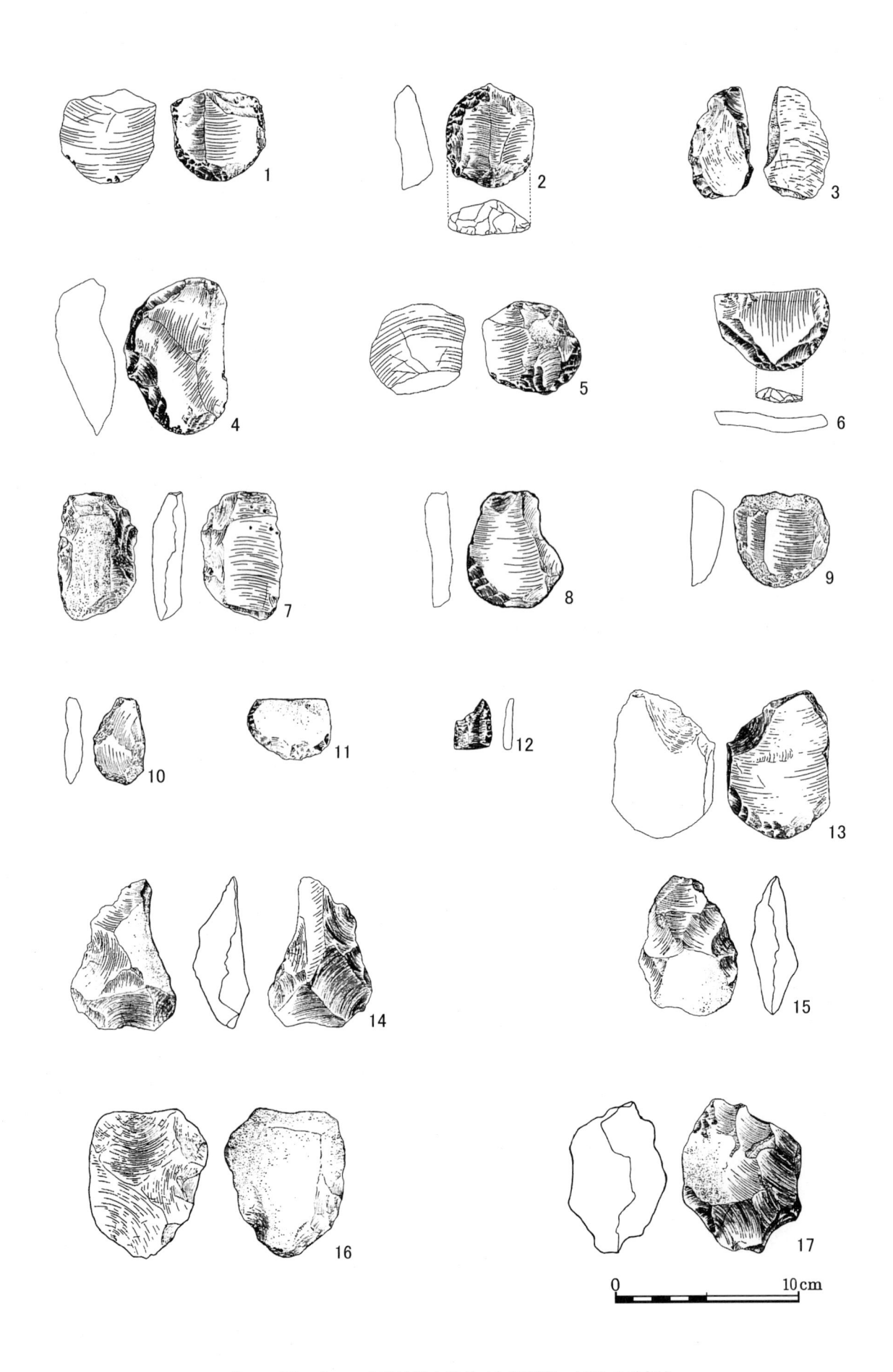

第200図　チャンネ遺跡出土遺物1（朴喜顯　1989を改編）

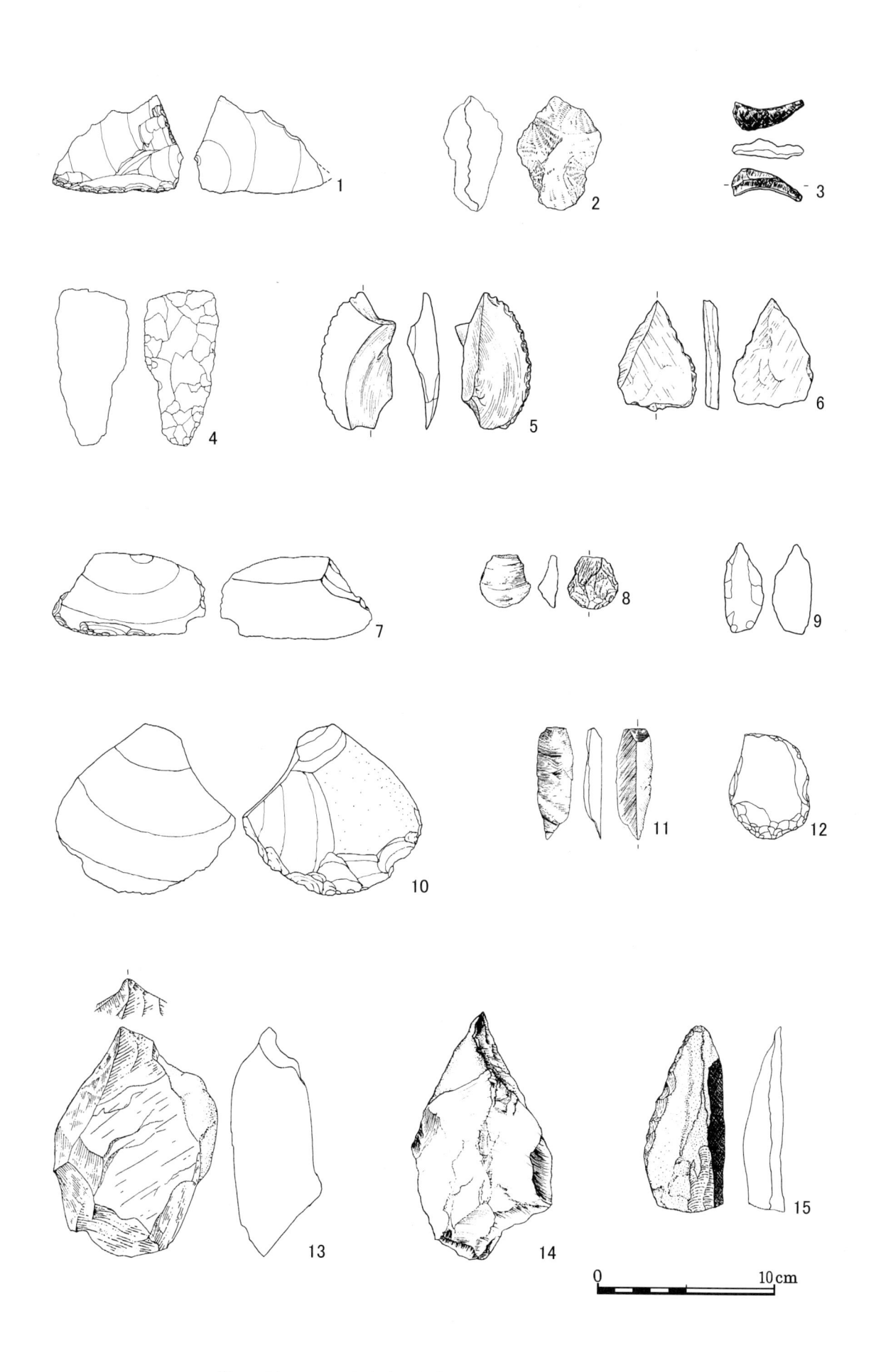

第 201 図 チャンネ遺跡出土遺物 2（朴喜顯　1989 を改編）

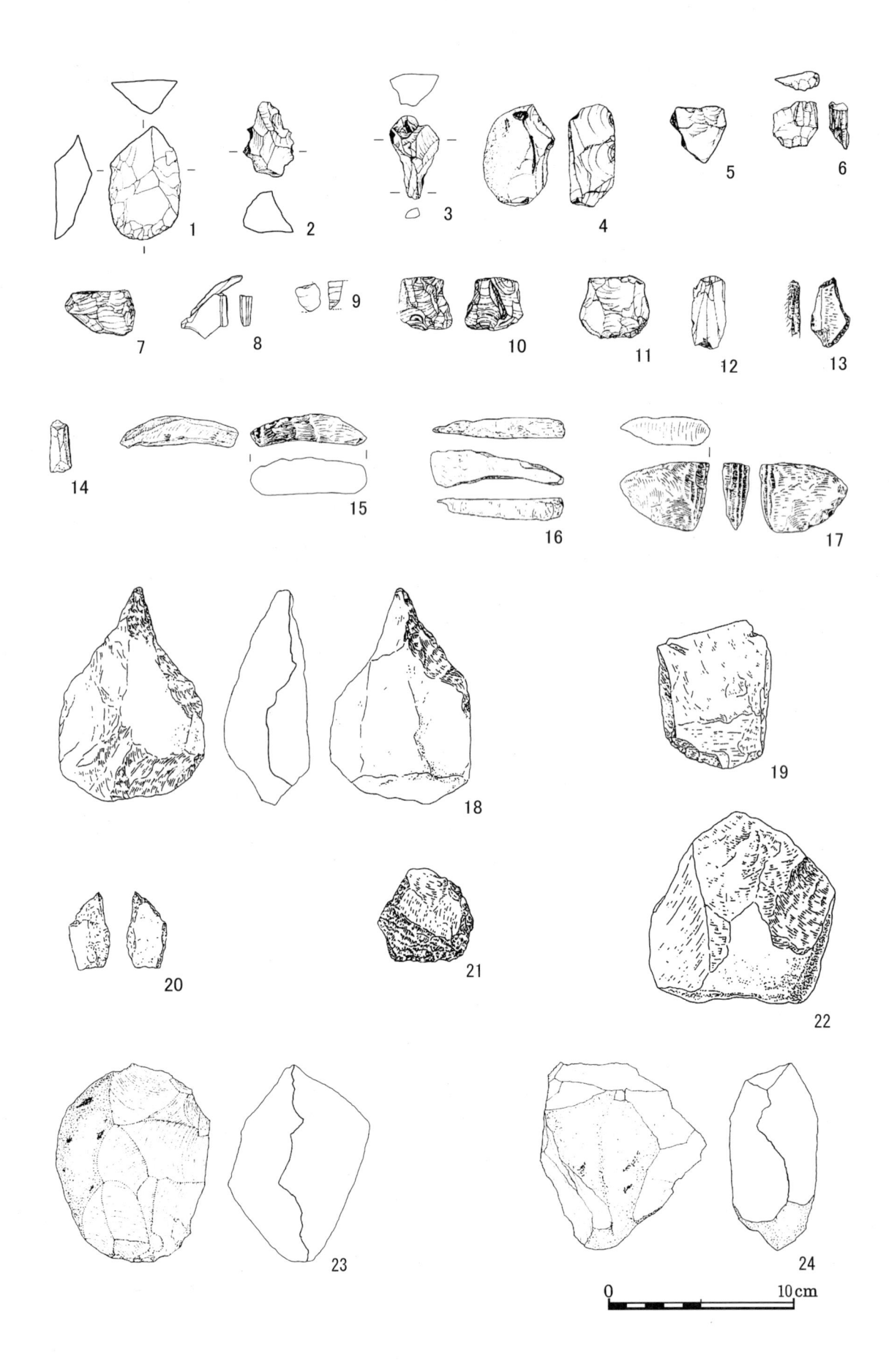

第 202 図　曲川遺跡出土遺物

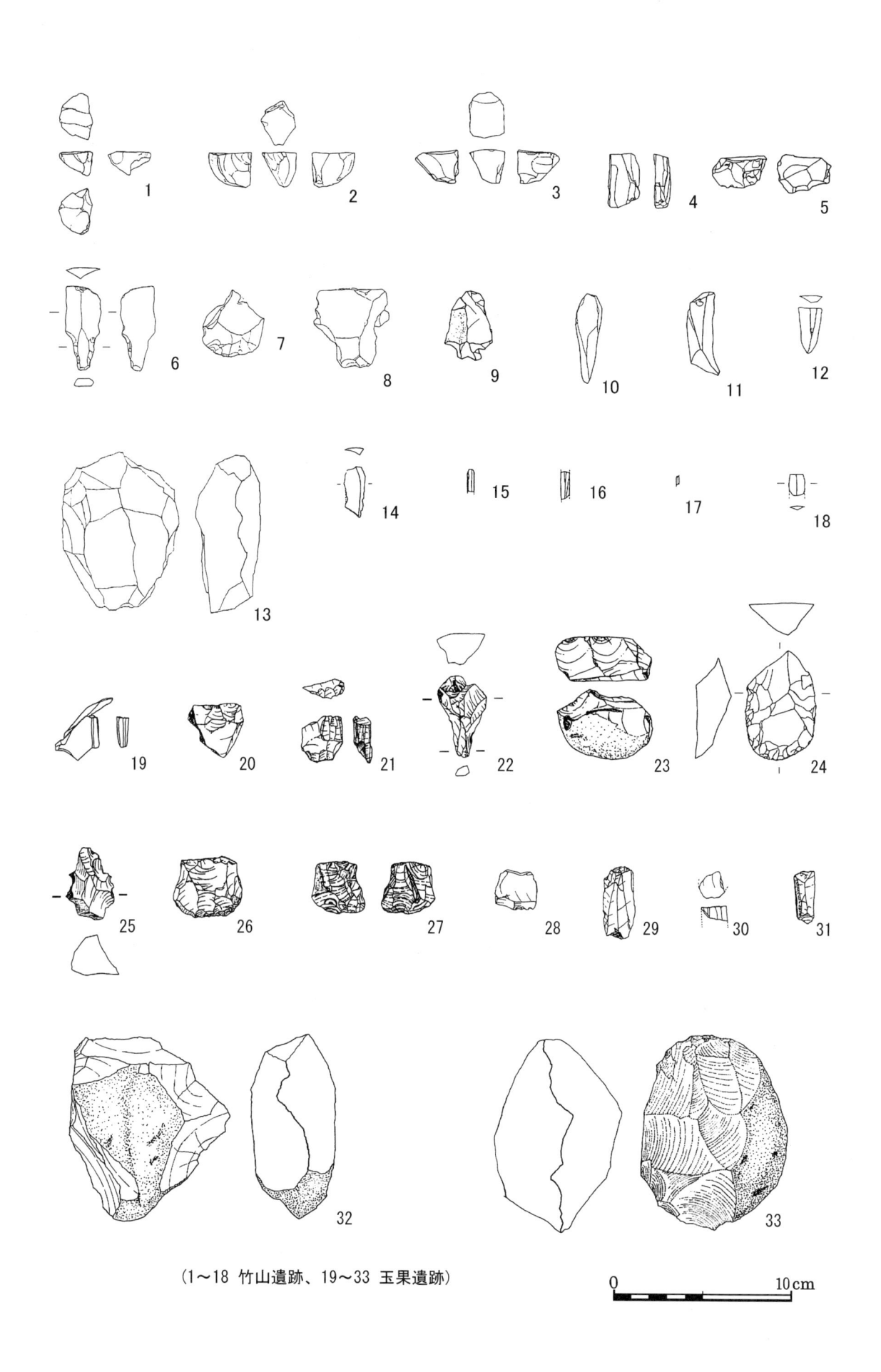

第 203 図　竹山・玉果遺跡出土遺物

（1〜18 竹山遺跡、19〜33 玉果遺跡）

られてない。しかし、後期旧石器時代の始まりを知る上では重要な意味を持つ時期であり、これからの調査例の増加を待たなければならない。

剥片尖頭器石器群と細石刃核

"Ⅲb"期になると各地域から石刃技法を駆使した剥片尖頭器石器群が広がり石刃技法は最盛期を迎えるようになる。金窟Ⅳ文化層出土石刃と縦長剥片類が該当する時期で、古禮里、石壯里、ジングヌル（長蔭）、垂楊介などの遺跡からは良好な石刃資料と接合資料を有する石器群が展開する。

石器作りに適合した豊富な火山岩系石材を用いた原産地型遺跡が増えるようになり、拠点遺跡が次々とできるようになる。ヒトとモノの移動が活発になる時期で、AT（始良丹沢火山灰）降下以降になるとヒトは対馬・大韓海峡を渡り九州島へと活動の範囲を広げるようになる。従って韓半島と九州島では形態と技術を共有する剥片尖頭器石器群が展開するようになるのである。

また、最終氷期最寒冷期を迎えるようになるとほぼ時期を一緒にして、多様な技術形態を呈する細石刃核が遺跡から出土する。最も寒い時期の渡来により石器製作集団は目的別にキャンプを営むようになる。その結果、チャンネ、垂楊介、古禮里、などの遺跡からは器種ごとに製作を行う"石器器種別分離製作作業"が行われることにより地点別特定器種優位のブロックが多く形成されたのである。

細石器文化の渡来

"Ⅲc"期になると石器は小型の性向が強くなり、各遺跡からは剥片尖頭器に加えて細石器が多く出土するようになる。分布地域は韓半島全域から満遍なく位置しており剥片尖頭器から細石器へと器種変化が見られる時期である。細石器文化は北回りのルーツで入ることが有力であるが細石器石器群は広郷型細石刃核や荒屋形彫器など北方色の強い石器群も同時に入るのである。

剥片尖頭器はより小型化した規格になるが以前に見られた強い技術的制約は弱くなり各種の剥片尖頭器が作られるようになる。そして、機能役割を細石器に託しながら少しずつ終焉に向かって変化していくのである。

土器出現直前の石器群

1.3万年前頃になると石器群は形態的な変化と機能論的な変化に追われ多くの石器器種に新しい要素が含まれるようになる。剥片はより一層小型化の道を歩み、石器は器面全体を覆う加工により成形が行われる。両面調整が施された槍類は石斧形石器・磨製石斧と共に当時期を担う石器として位置付けされるようになる。また、石鏃が出現するのもこの時期からで、局部磨製石鏃も出土するようになる。そして、済州島の高山里（Gosan-ri）遺跡からは有茎尖頭器が大量に出土するが、まさに石鏃の時期ともいえるのである。

2. ソイルウェッジ(Soil wedge)と広域火山灰による編年

1) 韓国のソイルウェッジと編年

(1) ソイルウェッジの形成時期と形成原因

　考古学における時間軸の設定は推論や仮説の域を越えたメルクマールの科学的な定着に通じる。しかし、時間軸を設定するというのはそう簡単な作業ではない。日本の場合幸い火山灰の理化学的な年代割り出しによる時間軸がほぼ出来上がっているが、火山灰のような広域的で視覚的に層を成しているメルクマールがない韓国のような地域では非常に困難な作業である。しかし、時間軸を設定する作業が火山灰だけで成しえるものではないことも事実であることは誰しもが頷くはずであろう。

　韓国では日本のような火山灰の良好な堆積はない。しかし、韓国の南の方に近づくにつれて、九州島を噴原地とする広域火山灰はある程度の確率で検出することができるのである。代表的なものが鬼界アカホヤ火山灰と姶良丹沢火山灰、阿蘇4火山灰、そして鬼界葛原がある。

　アカホヤ火山灰(K-Ah)は今から約6,300年前に噴火したもので、姶良丹沢火山灰(AT)は約24,000～25,000年前に、阿蘇4 (Aso-4)は約84,000～89,000年前に、K-Tz(鬼界葛原)は約75,000～95,000年前噴火した火山灰である。これらの火山灰はすべて九州島を噴原地にする広域火山灰である(火山灰分布図を参照)。しかし遺跡から検出できる火山灰を利用できる環境はまだ韓国全域には及んでない。また堆積原因の分析も進んでないので実用化するのにはまだしばらくのデータの蓄積が必要である。

　一方、韓国は韓半島の中南部地域に位置しているので、最終氷期最寒冷期を含んだ幾つかの氷期には西の海・黄海が陸地になっていた。そのような状況から考えると後期旧石器時代には中国内陸からの寒冷な風が低湿地のようになった西海・黄海を渡って韓国に冷たい空気を運んでいた可能性が高い。冷たく寒冷な自然環境では周氷河気候ともいえる環境が作られ、地面の凍結と融解が何度か繰り返して起きた可能性がある。これらの自然環境の下で生じた地面の割れ目を"グラウンド・ヴェイン"(ground vein)"季節的凍結割れ目"(seasonal frost crack)あるいは"ソイルウェッジ"と呼んでいる。このウェッジと韓国旧石器時代の遺物包含層とは密接な関係を持っている。

　ソイルウェッジと構造は似ているがその規模や生成要因が異なる現象としてアイスウェッジ(Ice wedges)がある。アイスウェッジの発達は氷を含んだ土壌の温度低下が大地の熱的収縮を起こしウェッジが形成される。そのため、地中に含まれている氷の量が大事な役割を果たしている。すなわち、アイスウェッジは永久凍土でしか発生しない。

　研究によれば普通の量の氷があるところだとアイスウェッジは－18～-20℃下がると出来上がるが、氷の量が多い土壌だとわずか4℃気温が下がることにより割れ目が発生することが1960年代に究明されている(Black 1963)。しかし、韓半島は永久凍土地域でないため、旧石器時代遺跡調査過程でみられる土壌の割れ目はその構造と規模からみるとアイスウェッジの可能性はなくなる。

　韓半島でみられる土壌の割れ目はソイルウェッジである。ソイルウェッジは無機質の土壌によって満たされた凍結割れ目とも言われるもので、通常季節的凍土層にしかみられないもので、その成長も1～2mm以上になることは稀である(H.M.フレンチ 1984)。しかし、中緯度地域でも事例が報告されているソイルウェッジの形成メカニズムはほとんど究明されていない。

　シベリアのソイルウェッジの多くは季節的な融解層に限られているが、その形態は韓国で多く見られる細い木

の枝常の形をとったものや、開いた三角形のものなどがある。韓国のソイルウェッジにもこれらの状況は通じるものがある。しかし遺跡では上で述べたようなものばかりとは言いきれない。遺跡によっては楔状構造の上部の一番広いところが30cm以上で長さが数mあるソイルウェッジ[78]もある。

粘土層中に見える土壌割れに関しては概ねソイルウェッジとして呼ばれているが、その形成環境をめぐっては寒冷な気候の下で氷結による割れと乾燥した空気により生じる乾燥割れという説がある。前者の場合は大概の研究者がそのような状況の下で形成されたのだと信じているので、あえて説明しない。現在の状況では前でも述べてあるが、地面の氷結が原因である可能性が高いため説明を省くが後者の、漢陽大学の裵基同が主張する乾燥説を取り挙げてみる。

裵基同はテニスコートで起きた割れ目の構造が韓国の旧石器時代遺跡でみられる土壌割れと類似することに着眼し韓国の土壌割れは必ずしも寒い気候によるものではない可能性があるとした。ソイルウェッジに関する研究は、1986年全谷里遺跡の調査で、韓国地質資源研究院の李東英によって、アイスウェッジの一種であるという見解が提示されたのがその始まりである（裵基同 1986）。

また、裵基同は李東英が主張した更新世土壌でしかソイルウェッジは形成できないということに関して、現在でも類似する割れが形成できるとしながら現在の冬気にも粘土性堆積物で土壌割れが形成されることに注目した。粘土層の中に形成された微細な列線に沿って移動する水分により脱色と酸化が行われると理解した裵基同はソイルウェッジと言われる現象が、必ずしも寒い気候の下で起きるとは限らないとした。

また楔の中の内容物中に粒度の差がないことをあげながら楔の中を埋めていた氷がなくなり、外（地表面）から入ってきた堆積物（充塡物）に入れ替わる現象がみえないことから氷の影響すなわち寒い気候の影響ではないとしたのである。

現在までの研究によると、韓国では永久凍土がなかったとされている。永久凍土がない地域でソイルウェッジのような楔状の割れ目が生じるためにはやはり周氷河気候の存在を考えなければならない。しかし、ソイルウェッジの形態は一律ではなく多様な形態と枚数の違いが認められる。

寒い気候が形成原因ではあるが、形成過程は一つではない可能性はある。ただ、地面に寒い気候による外部的な影力が広範囲に渡り作用した結果生じた現象であるはずである（李憲宗 2000）。広範囲に及んだソイルウェッジ生成原因を最終氷期の寒い気候のなかで考えられるのは気温の低下による地面の凍結がもたらした"季節的凍結割れ目"としてみるのが今のところ妥当であろう。

さて、このようなソイルウェッジはいつ形成されたか。それに関する研究は現在さほど活発ではないがソイルウェッジを挟んだ上下の文化層出土遺物の年代測定などを通じた実年代値の割り出しはその資料の蓄積が徐々に行われている。

出土遺物の時間軸の決め手になり得る時準層（キー層）の設定は、編年研究において大きな可能性をもっている。今日までの調査結果によるとソイルウェッジは少なくとも2枚以上複数枚存在することに大抵の研究者達は意見が一致している。そのような背景からこの論文でも調査が終わったほとんどの遺跡には1枚以上のソイルウェッジがあることを前提に論を進める。

ソイルウェッジは古土壌層の上部と下部に2枚以上が認められている。地表面に近いところを上部ソイルウェッジそして、地表面から遠いところを下部ソイルウェッジとする。上部ソイルウェッジは概ね1.3万年～1.6万年前、中部ソイルウェッジが2.2～3.5万年、下部ソイルウェッジは5万～6.5万年前の年代測定値がでている（第27表参照）。

勿論上部と下部の間には幾つかのソイルウェッジが存在するが、年代測定結果の信憑性とソイルウェッジの存在それ自体も不規則的であるためデータとしては扱い難い。ただ、自然科学的立場からすると最終氷期の中に収ま

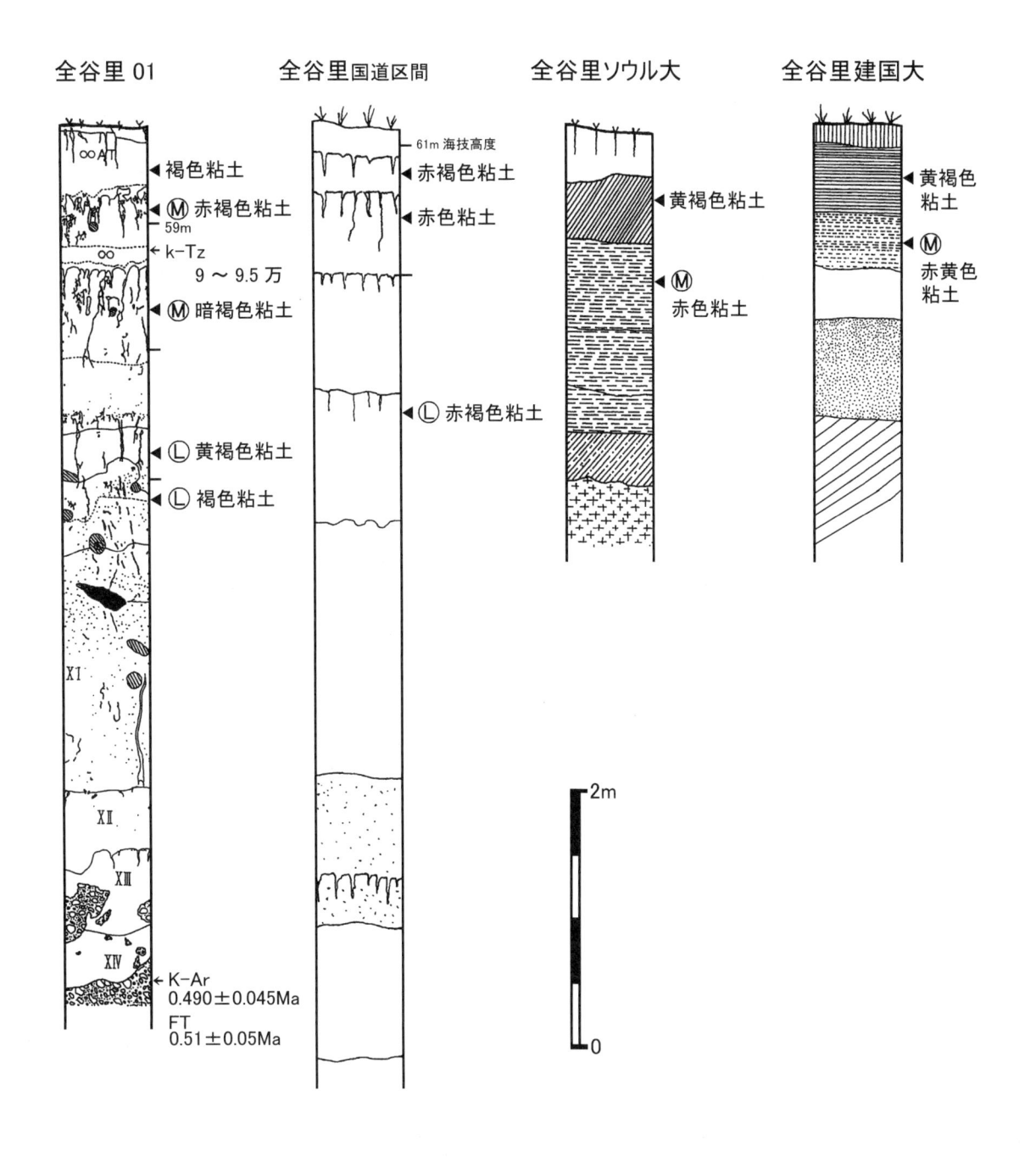

全谷里01　　　　　全谷里国道区間　　　　全谷里ソウル大　　　　全谷里建国大

◀ 褐色粘土
Ⓜ 赤褐色粘土 59m
← k-Tz 9～9.5万
Ⓜ 暗褐色粘土
Ⓛ 黄褐色粘土
Ⓛ 褐色粘土

XI
XII
XIII
XIV
← K-Ar 0.490±0.045Ma
FT 0.51±0.05Ma

61m海技高度
◀ 赤褐色粘土
◀ 赤色粘土
Ⓛ 赤褐色粘土

◀ 黄褐色粘土
Ⓜ 赤色粘土

◀ 黄褐色粘土
Ⓜ 赤黄色粘土

2m
0

Ⓤ　Upper Paleolithic
Ⓜ　Middle Paleolithic
Ⓛ　Lower Paleolithic
ⓊⓂ　Upper・Middle Paleolithic
∞ － Tephra
★ － AMS
KTz － Kikai Tozurahara Tephra
AT － Aira Tanzawa Tephra
SW － Soil Wedge

◀ － Culture Layer
Tp － Tanged point
Mc － Micro core
Esc － Endscraper
Ssc － Sidescraper
Mb － Micro blade
Rsc － Roundscraper
Ksp － Kakusuijyo point
Po － Point
Fl － Flake
Bl － Blade

第204図　韓国の旧石器時代遺跡層位柱状図Ⅰ

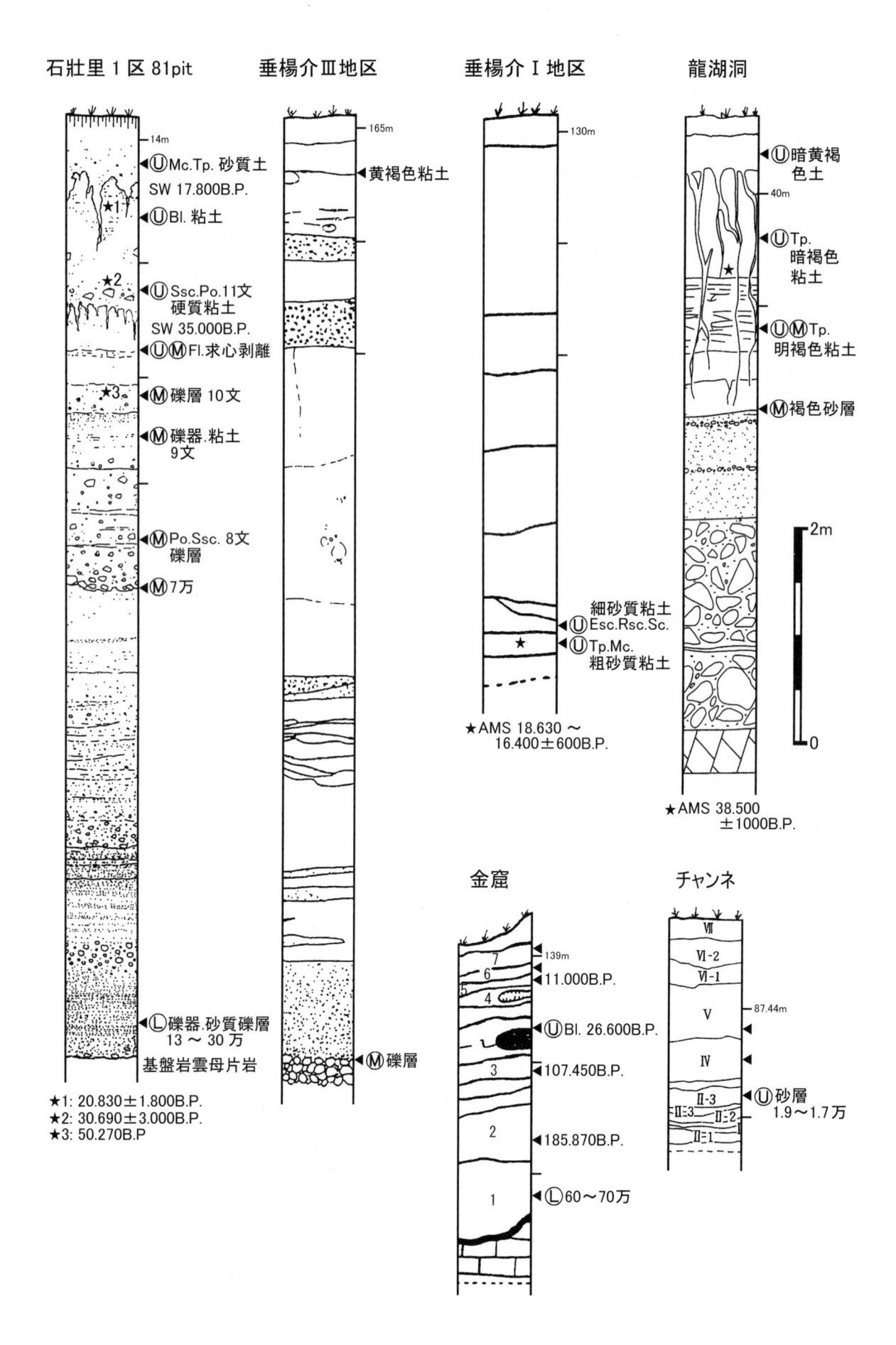

第 205 図　韓国の旧石器時代遺跡層位柱状図 II

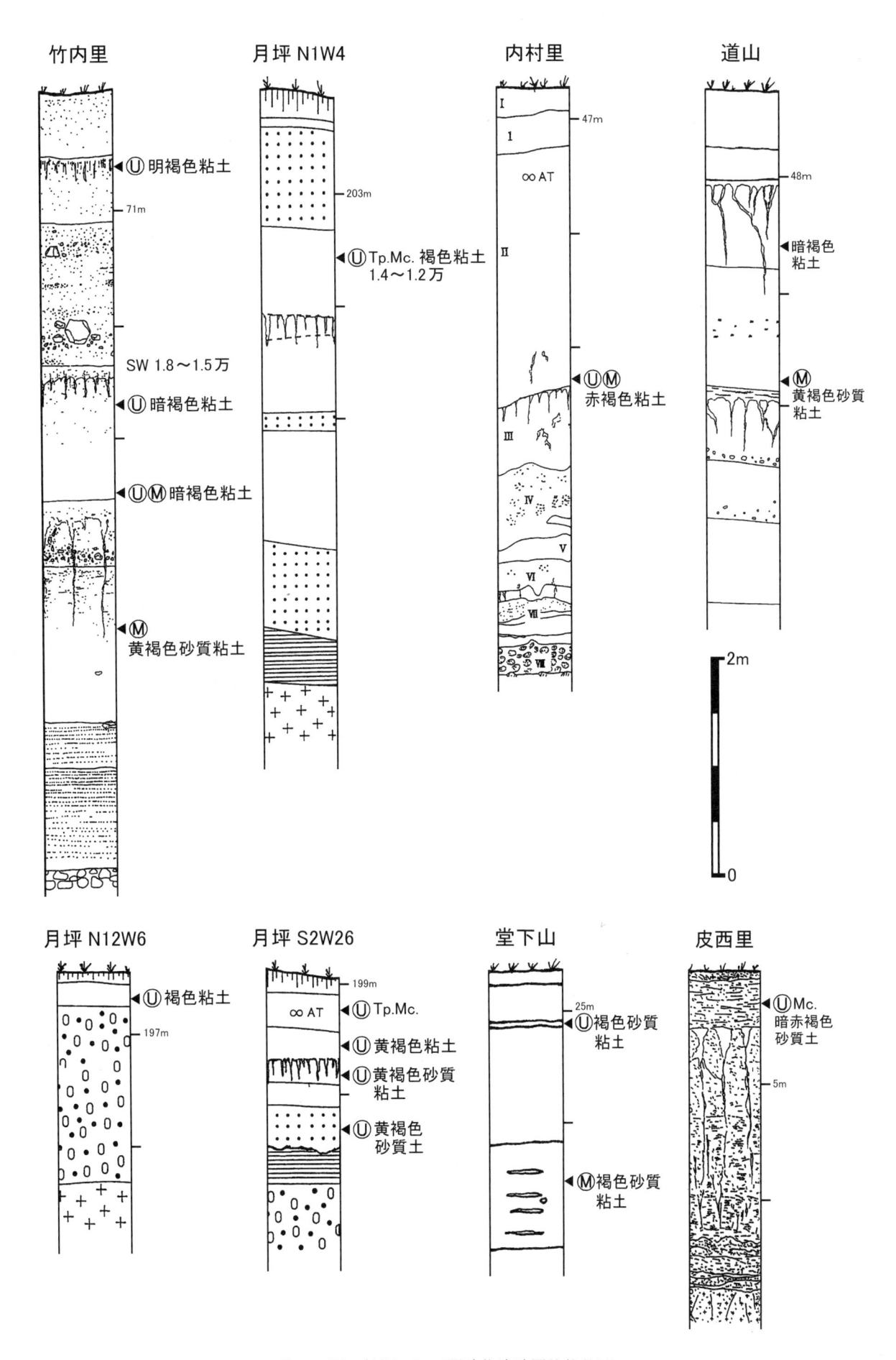

竹内里

- ⓤ 明褐色粘土
- 71m
- SW 1.8〜1.5万
- ⓤ 暗褐色粘土
- ⓤⓜ 暗褐色粘土
- ⓜ 黄褐色砂質粘土

月坪 N1W4

- 203m
- ⓤ Tp.Mc. 褐色粘土 1.4〜1.2万

内村里

- I
- 1
- ∞ AT
- II
- ⓤⓜ 赤褐色粘土
- III
- IV
- V
- VI
- VII

道山

- 47m
- 48m
- ◀暗褐色粘土
- ◀ⓜ 黄褐色砂質粘土

2m
0

月坪 N12W6

- ⓤ 褐色粘土
- 197m

月坪 S2W26

- 199m
- ∞ AT
- ⓤ Tp.Mc.
- ⓤ 黄褐色粘土
- ⓤ 黄褐色砂質粘土
- ⓤ 黄褐色砂質土

堂下山

- 25m
- ⓤ 褐色砂質粘土
- ⓜ 褐色砂質粘土

皮西里

- ⓤ Mc. 暗赤褐色砂質土
- 5m

第206図　韓国の旧石器時代遺跡層位柱状図Ⅲ

311

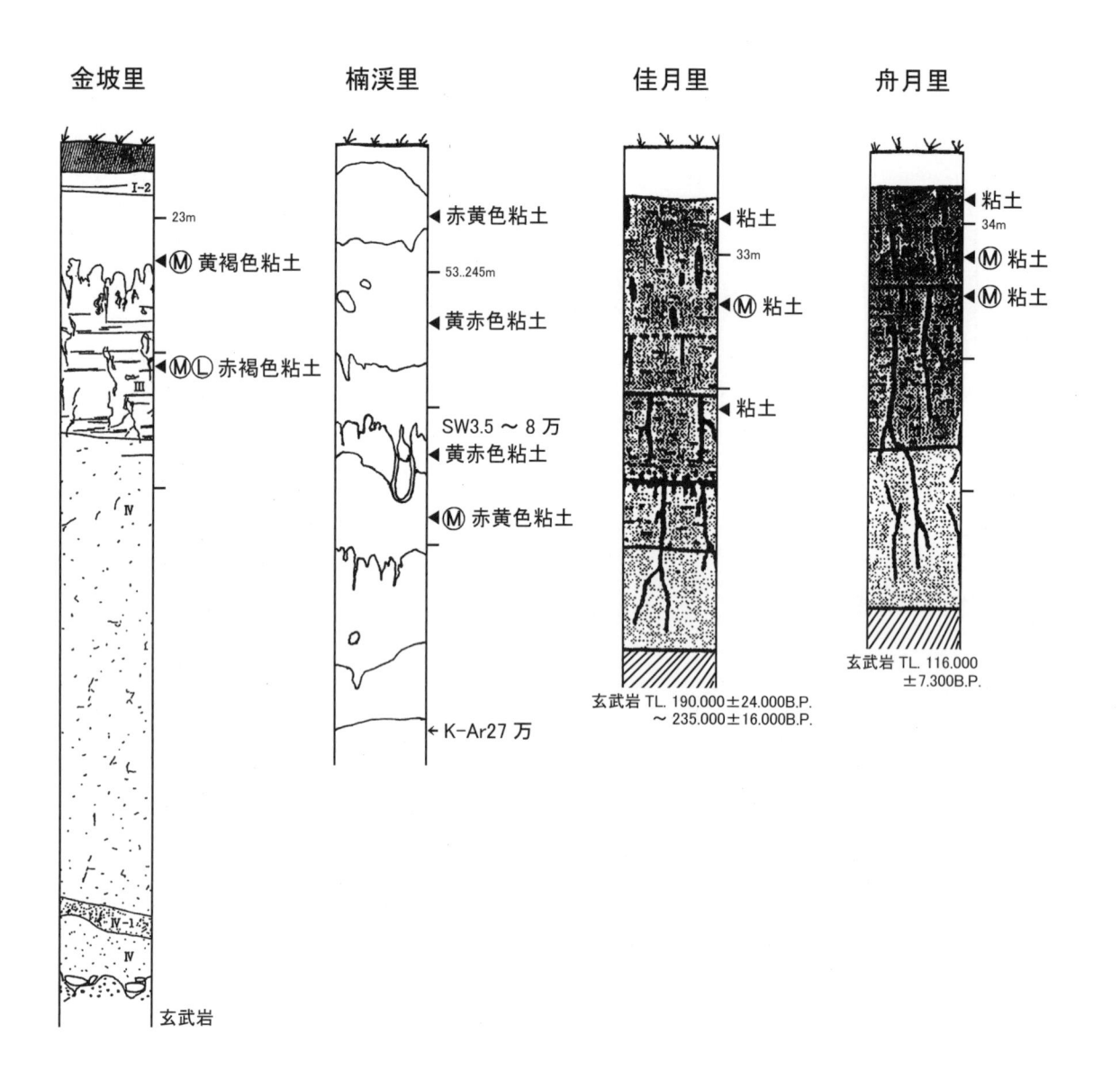

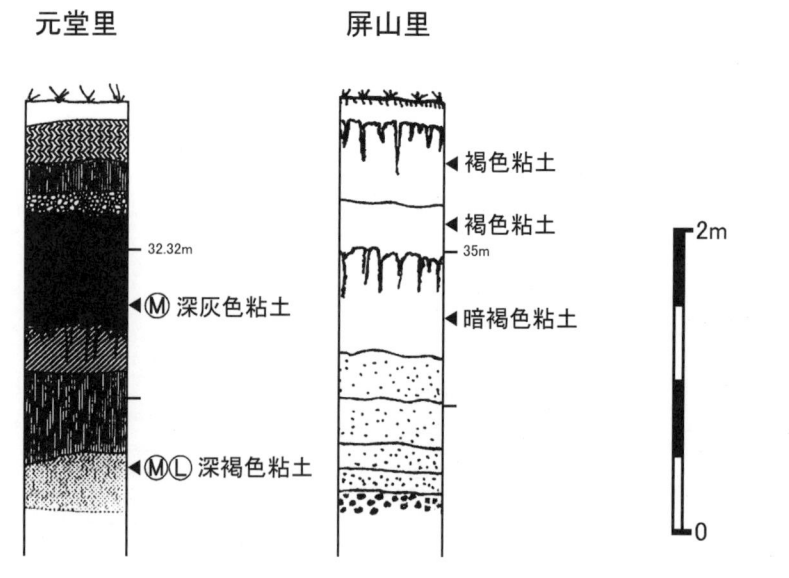

第 207 図　韓国の旧石器時代遺跡層位柱状図Ⅳ

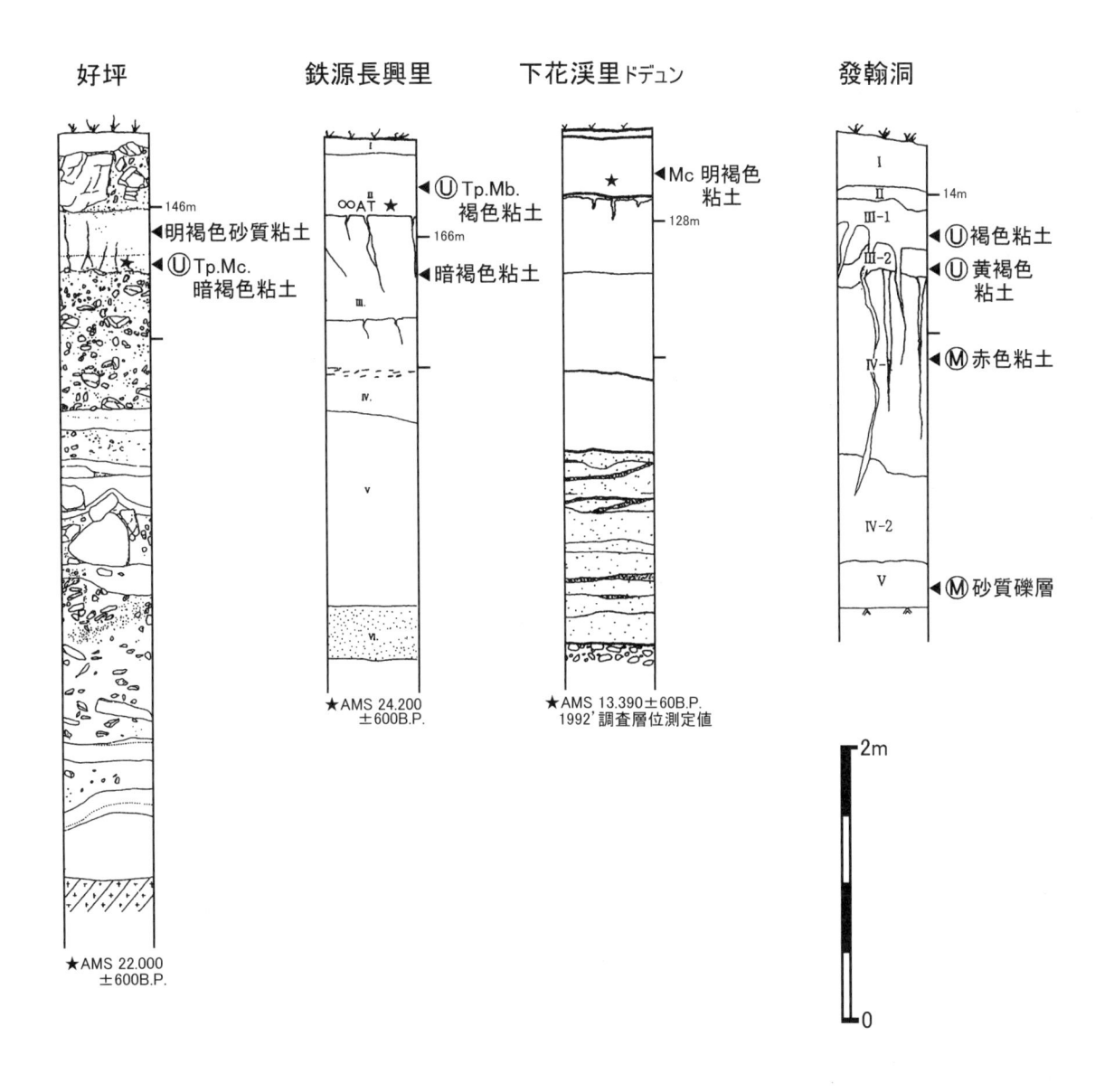

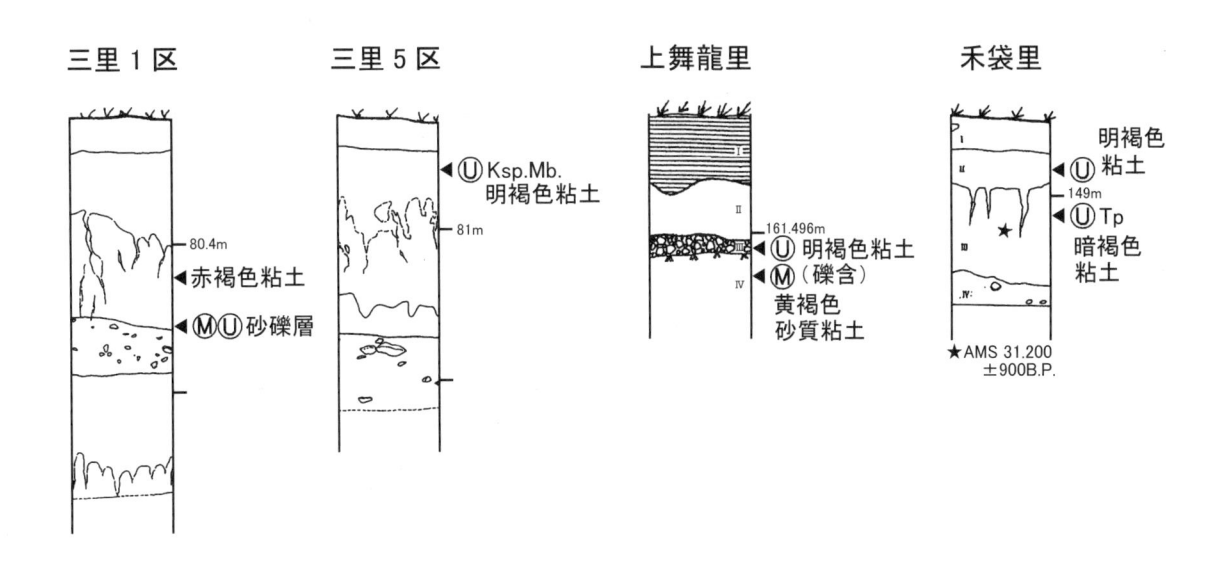

第 208 図　韓国の旧石器時代遺跡層位柱状図 V

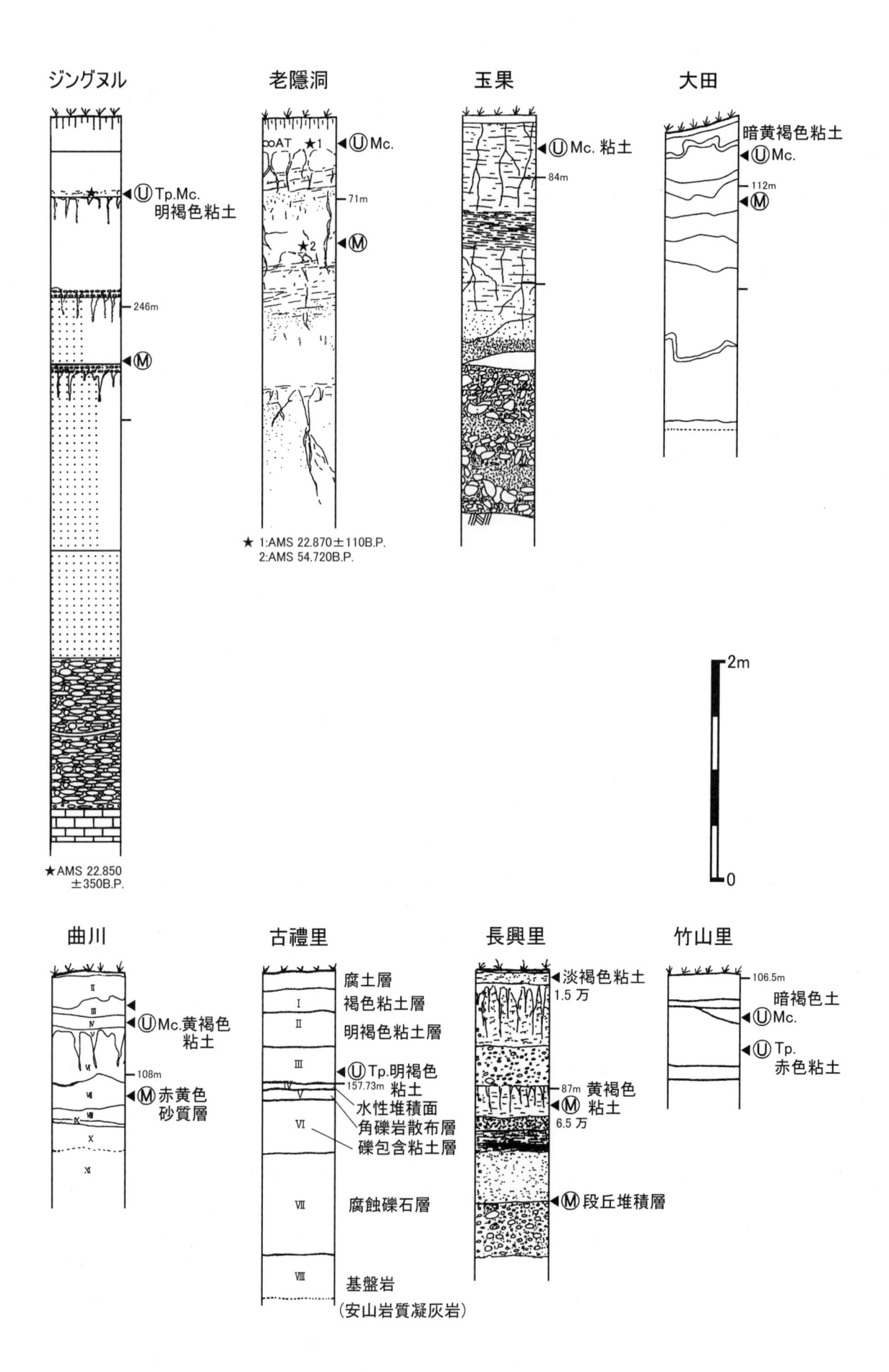

第 209 図　韓国の旧石器時代遺跡層位柱状図 VI

る測定値のため、ソイルウェッジは一枚や二枚あるだけではなく複数枚が地域によって差をみせながら形成された事が予測できるのである。

上部ソイルウェッジの期間は最終氷期最寒冷期にあたる時期で、概ね旧石器時代の最後の段階である。そのため1.3万年～1.6万年の間にできたソイルウェッジは旧石器時代と新石器時代を分ける一つの基準に成り得る。そして、1.4万年前から現在の気候が現れ始めたことは1.4万年以降からソイルウェッジが見えなくなることと深い関係があるだろう。

下部ソイルウェッジは5万～6.5万年前に行われた現象であるが、上部ソイルウェッジより散漫な年代をみせる。この時期は酸素同位体元素ステージ4から3に掛けての時期で、所謂亜間氷期を含んだ時期で気候は一時暖かくなった後徐々に寒くなっていく頃である。すなわち中期旧石器時代の終わり頃になるため、この下部ソイルウェッジの下から出土する遺物は中期旧石器時代の遺物である可能性が高いのである。

上で二つの年代枠を述べたが、ここで面白いことは上部ソイルウェッジも下部ソイルウェッジも両方とも寒い気候のなかで暖かくなっていく急な気温の変化がみえることである。これはソイルウェッジの成因に深く関わることで寒い周氷河気候の中での気温の急な変化がもたらした結果生じた現象であることがいえるのである。このような事実は酸素同位体元素ステージ4～2にかけての気候の変化グラフとよく一致している。しかし、その形成メカニズムに関しては今のところ自然科学分野の研究結果をまたなければならないのである。

(2) ソイルウェッジ検出遺跡の分布

韓国におけるソイルウェッジ検出遺跡はほぼ全国的に分布している。現在までの報告書の記載状況から見ると、石壯里(2枚)、鉄源長興里(2枚)、龍湖洞(2枚)、屛山里(2枚)、老隱洞(2枚)、ジングヌル・長陰(1枚)、竹内里(2枚)、唐加(1枚)がある。その他にもほとんどの遺跡でソイルウェッジが検出されたが、ここでは年代測定値が分かるところを取り上げて話を進むことにする。これらの年代値は前で述べてあるがほぼ全国的に分布しており一地域だけの現象ではないことは確実である。その分布図を見ると北の江原道から南の全羅道と釜山までを含んだ全域で見られる。

第27表のグラフに出ている遺跡の年代をみてみると、石壯里が上部ソイルウェッジで20,830B.P.下部ソイルウェッジが50,270B.P.、屛山里がそれぞれ15,000B.P.と65,000B.P.、長興里が15,000B.P.と24,400±600B.P.、龍湖洞15,000B.P.と38,500±1,000、老隱洞が22,870±110B.P.と54,720B.P.、竹内里が18,000～15,000と30,690B.P.、ジングヌル(長陰)が22,870±350B.P.そして、唐加が44,710B.P.の測定結果を持っている。

このようなソイルウェッジは海を挟んだ対岸にある九州島ではどの遺跡にも見当たらない現象で、最終氷期最寒冷期の環境でも韓半島と九州島は大陸からの冷たい風による気温の低下により、自然環境において科学的数値以上の気候差があったことの一つの表われかも知れない。

(3) ソイルウェッジを用いた編年の構築

日本では火山灰の良好な堆積から得た相対年代の構築によりできた旧石器時代編年(後期旧石器時代)がある程度確立されている。しかし、韓国の場合有効に利用できる火山灰の堆積が少ないことと、火山灰研究が遅れたためここ10年内の新しい試みで活用方法を模索している。

火山灰分析という新しい研究活動により全谷里遺跡ではATやK-Tzの検出などを用いて遺跡の編年構築を検討

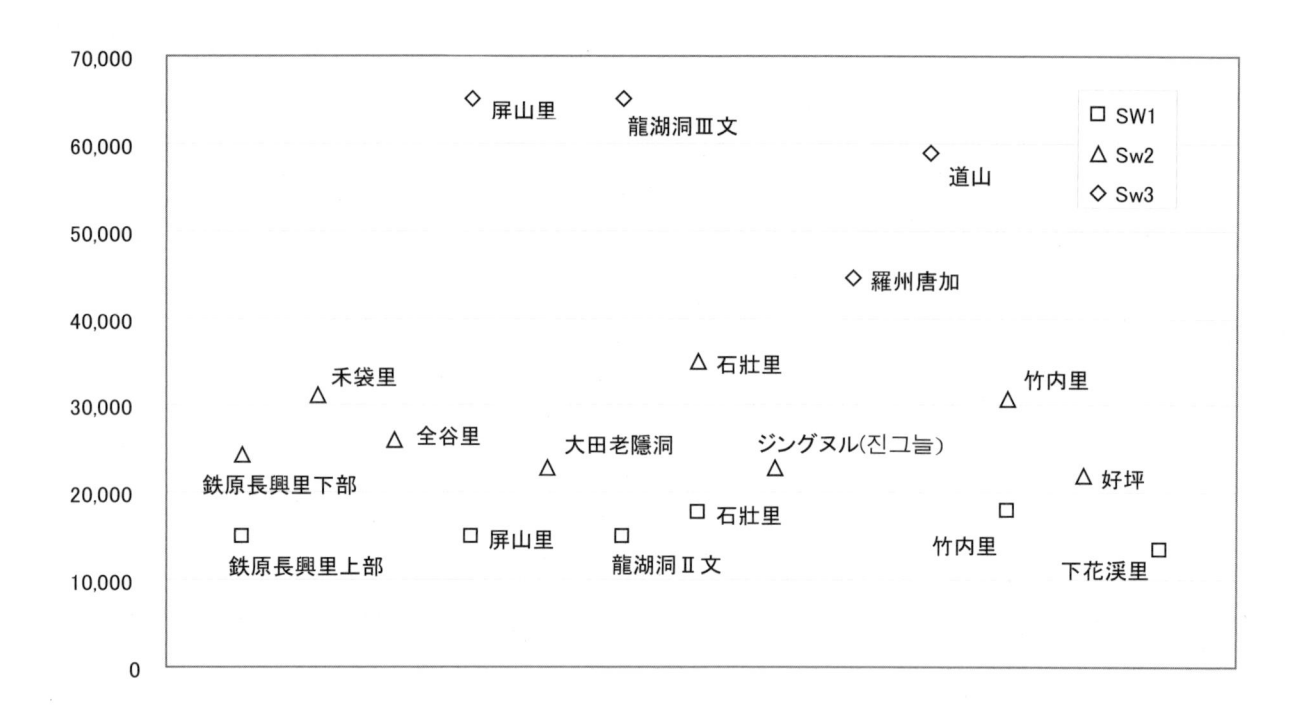

第27表　韓国の旧石器時代遺跡検出ソイルウェッジ年代

している。また南の地域では距離的にも九州島と近いため、月坪遺跡や古禮里遺跡などで九州島起源の年代が知られているK-Ah(約0.63万)やAT(2.4万〜2.5万)、Aso-4(約8.4〜8.9万年前)、そしてK-Tz(約9.0万〜9.5万年前)などの火山灰の検出に積極的に取り込んでいる。

　しかし、火山灰が層を成して検出されないということと降灰範囲が局地的にしか存在しないことと、さらに再堆積の可能性が高いため、一律的に使えない状況である。また、火山灰分析の能力がまだ経験的に備わってないため火山灰を用いた広範囲の広域編年網を構築するのにはまだ物足りないのが現実である。

　このような現実のなかで新しい方法として開発されたのがソイルウェッジによる編年構築法である。開地遺跡であればほとんどの遺跡から検出されるソイルウェッジは各遺跡の土壌残存状況によっては一枚から複数枚残っている。ソイルウェッジに関する各調査団の年代測定結果によると、下部ソイルウェッジの年代にはばらつきはあるものの上部ソイルウェッジは概ね1.3万前より前に生成されたことがいえる。しかし、これらの年代測定資料はソイルウェッジ自体の年代測定測定ではなく、ソイルウェッジのすぐ上に乗ってあった炭化物あるいは下から得られた炭化物などの資料を放射性炭素年代測定にかけた結果である。

　上部にあるソイルウェッジは安定した測定結果を出している。これを用いた編年網は江原道地域と全羅道南部地域そして、慶尚道などの地域で活発に取り入れている。これらの地域で用いる編年構築方法としては最上部ソイルウェッジを旧石器時代と新石器時代の境として認識し中石器時代という概念を使っている場合と(崔福奎2003)、後期旧石器時代の認定に用いる場合(李起吉・李憲宗)がある。

　下部ソイルウェッジはその年代が4万年前後に登場するため中期旧石器時代と後期旧石器時代の境として扱い、実質的な中期旧石器時代の認定に用いられる。その年代は石壮里遺跡下部ソイルウェッジが50,270B.P.、屏山里65,000B.P.、老隱洞54,720B.P.、下花渓里40,600±1,500B.P.という年代推定結果が出ている。これらの年代は一貫して4万年よりも古い年代値を出しているため、この下部ソイルウェッジより下から出土する石器は後期旧石

器時代以前の遺物であるという根拠になるのである。

　しかし、年代の幅には合わせることはできたものの石器本来の前後関係がまだ確実ではないため、この年代測定が外部的な要因でずれることになると、この編年網は崩れるという弱点を抱えているのである。実際全谷里遺跡層位に内在するソイルウェッジの年代測定が最近行われたが（YK Vasilchuk・Kim・AC Vasilchuk）、その結果が微生物の活動などにより上下逆転する結果が出たことはこの編年法の問題点に直接繋がる結果として受け取らなければならない。

　ただ、ソイルウェッジの相対年代による鍵層としての役割は基本的な石器群編年の定着に深く関わることは間違いない。敷衍的な方法として使うべきである。そのためには石器群の前後を把握することが必要である。言い換えれば、石器群全体の流れを把握して遺物個々を分析することから始まる遺跡形成過程を通じた石器群構造を理解することが先決問題であろう。

2）後期更新世と広域火山灰

（1）韓国で確認されたAT火山灰

　姶良丹沢火山灰、一名AT火山灰は九州島南部に位置する姶良山から噴出した火山灰が関東の丹沢地域まで降灰したことにより名づけられた広域テフラである。しかし、その降灰範囲は以後もっと広がることが調査により知られ、現在その範囲はほぼ日本列島本州全域で確認できるのである。

　広域テフラになるためにはその噴出量が10km³をはるかに越す巨大噴火の産物であって、給源から数百〜千km以上隔てた地域においても独立した地層として認められるテフラを指す（町田・新井 1983）。それに当てはまるAT火山灰は巨大火砕流が噴出する際に生じる噴煙柱の上部、または火砕流の上方に集積した火山ガラスを主とする細粒火山灰が風により送られて生じるテフラであると考えられるのである。

　しかし、いくら巨大噴火であってもAT火山灰を含む広域火山灰の場合、遥か遠隔地[79]では本質斑晶含量が著しく減少する。AT火山灰を特徴づける要素として、高屈折率（$\gamma = 1.733$）の斜方輝石の検出が難しくなるのも1000km以上離れた地域から検出した火山灰資料の場合である。

　ところで、韓国のAT火山灰の出土遺跡をみると、鉄源長興里遺跡ではⅠ文化層からAT火山灰と認識されるテフラが検出された。Ⅰ文化層は粘土層で同じくⅠ文化層から出土した炭化材の年代測定結果が24,200 ± 600と24,400 ± 600とでたが（崔福奎 2002）、同じ層からは細石器も出土しているので、全体的な層位構造がまだはっきりしてない現在の段階では、単純にAT火山灰の存在の可能性を確認したことに大きな意義を置くことができるのである。

　また、全谷里遺跡でもAT火山灰が日本の研究者により明らかになったのである。そして竹内里遺跡からは第Ⅳ文化層から温度一定型屈折率測定法による屈折率測定によりAT火山灰が確認された。

　AT火山灰が検出できる層はいわゆる第四紀層中の古土壌からである。第四紀層から検出されるAT火山灰が持っている実年代は、韓国後期旧石器時代の早い段階の石器群の編年を決めるためによいデータを提供している。古土壌の粘土層からはソイルウェッジの問題を含め、ほとんどの遺跡から後期旧石器時代の石器類が出土する。そのため古土壌層の開始時期の究明にAT火山灰が果たす役割は大きいのである。

　この問題に関して朴英哲は、古禮里遺跡の粘土層と石壯里遺跡の粘土層を比較し、両遺跡の粘土層の始まりを究明するために古禮里遺跡から検出できた"AT火山灰"[80]は重要な資料であるとした（朴英哲 1999・2002）。

記　号	名　前	年　代　(前)
K-Ah	鬼界アカホヤ	約 6,300
AT	姶良丹沢	24,000 ～ 25,000
Kj-P1	九州第1軽石	40,000 以前
Aso-4	阿蘇4	84,000 ～ 89,000
K-Tz	鬼界葛原	90,000 ～ 95,000
Ata	阿多	95,000 ～ 110,000
Aso-3	阿蘇3	113,000 ～ 123,000

第28表　韓国で検出された主な広域火山灰年代

(2) 韓国で確認されたAT以外の広域火山灰による編年

　一部の研究者が偏西風地帯である韓半島に南の九州島が給源の火山灰が降灰することについて懐疑的な目でみていることを除けば、多くの研究者達はその可能性と潜在能力に大きな期待を寄せている。その可能性を大きく利用したのが全谷里遺跡である。全谷里遺跡の形成時期に関する長年の年代論争を、テフラ分析から得られた実年代を利用して構築し、検証しようとする動きが漢陽大学校の裵基同を中心に活発に行われている。そこで用いられている広域火山灰であるATとK-Tzを利用した分析は、全谷里遺跡の堆積年代を確実にする試みでもある。

　既知のようにK-Tzは、一名鬼界葛原（キカイトズラハラ）火山灰で、おおよそ90,000～95,000年前に九州島で噴火した火山灰である。K-TzはE55S20-Ⅳピットの場合、地表から1m地点で検出されたがその上にあるAT火山灰とは約70cmの高低差があるのである。その間に展開している堆積層位は外観上きれいな堆積をみせている。

　もし、堆積速度が一定であれば70cm堆積するのに7万年かかることになるのである。これを基にして基盤岩上の最下部石器群は35万年以前の石器と推定したのである（裵基同　2002）。しかし、今日までの調査では、まだAT火山灰やAso-4やK-Tzなどを含めた広域火山灰の存在は疎らで、これからの研究に期待しなければならない。そして、広域火山灰が堆積した層の堆積状況の究明も先決しなければならない問題であろう。

　ところがAT火山灰のような広域火山灰は果たして旧石器時代の人類と環境にどのような影響を与えたのだろうか。それに関するひとつの例として、1815年4月インドネシアのスンバワ島で起きたタンボラ（Tambora）火山の噴火を挙げることができる。規模面ではAT火山灰に匹敵する火山で（全体面積約150㎢）、火砕流は海底まで流入し、降灰テフラは東南アジア一帯の空を覆った (Verbeek　1884)。噴火による被害は火砕流による植生の破壊と埋没、火山体の破壊・陥没、大気中へ多量のエアロゾルを注入した結果数年間気候の寒冷化を招いた。そして、噴火による死者は92,000人に達したというのである。

　広域火山灰は文化の変化を促した媒体であったのか。九州島の場合厚く積もった火山灰により、給源を中心とした広い範囲は人類が住めない環境に急変した。これにより自然界も壊滅的な被害を受け、しばらくは生命が存在しない荒地になっていたと考えられる。火山灰による被害が人類の生活に影響した例としては、11,500年前に薩摩火山噴火後その地域に降り積もった火山灰により以前から分布していた縄文草創期の隆帯文土器を持つ集団が火

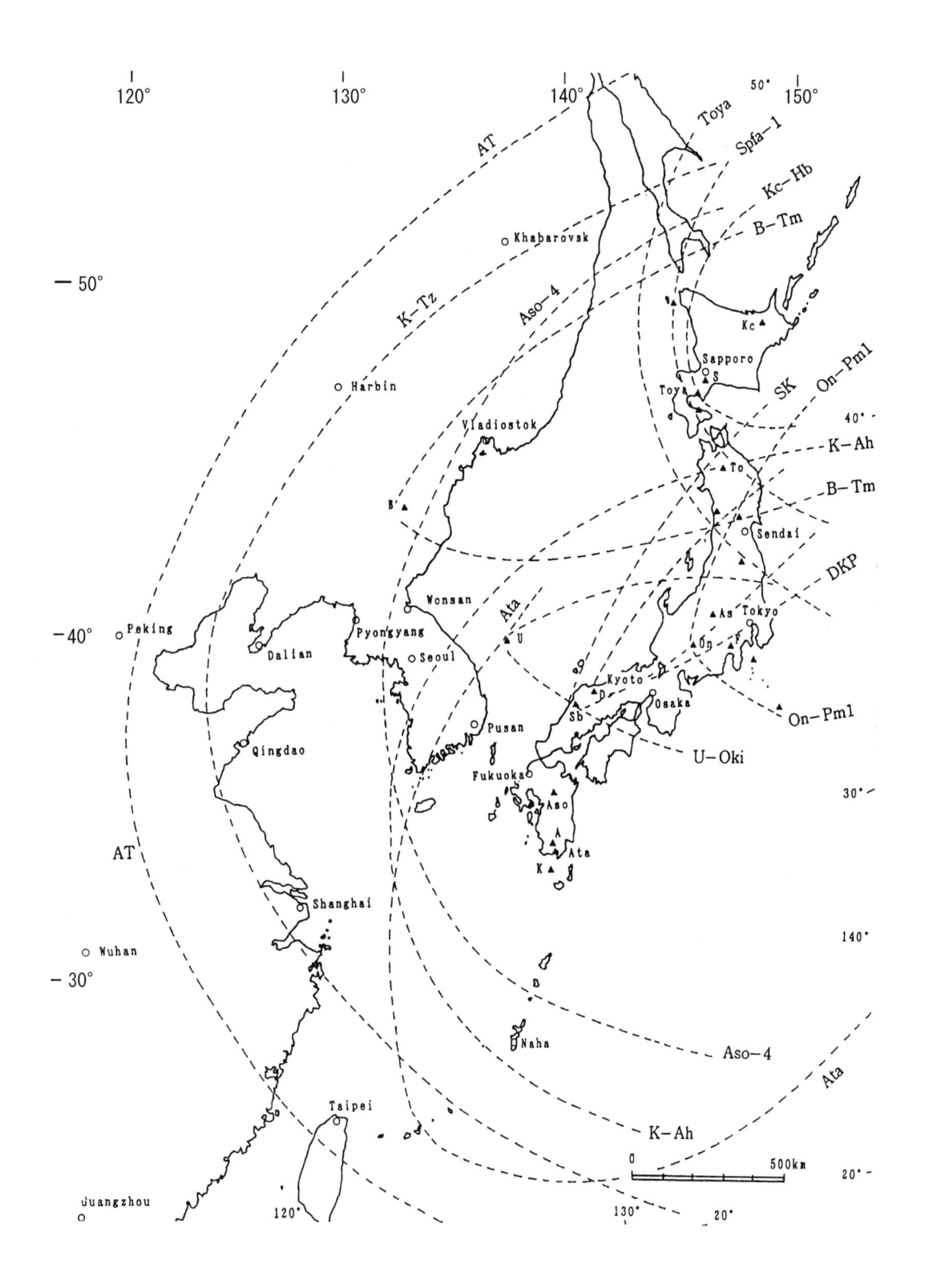

第210図　広域火山灰降下範囲（町田・新井　1992より）

山噴火地域を離れた後、縄文早期の約10,000年頃になって草創期（12,000年頃）に分布していたもとの地域に戻っている（新東　1998）。

　上の例を参考にすればAT火山灰やAso-4，そしてK-Tz火山灰などのもっと規模が大きい広域火山灰の場合は、範囲が広いため波及被害は大きかったはずである。さらにAT火山灰が降灰した頃は最終氷期最寒冷期であるため、覆われた火山灰による被害は想像を絶する規模であったはずであろう。

　そのようなことは実際の発掘現場でも確認できることで、火山灰の中は無文化層で給源に近い地域の堆積はいまだに厚い堆積を維持している。石器文化の側面からみると、AT火山灰降灰以前のナイフ形石器や基部加工石器、鋸歯縁石器などの石器群が一時期なくなった後、AT火山灰降灰後に外来系の剥片尖頭器が出現するのである。

結び

　北東アジアにおける韓半島は大陸の沿岸地帯で、海水面低下により半島になったり大陸の端になったりを繰り返していたので、モノの移動とヒトの移動は、石核石器を基本装備とする大陸的な特徴と、石英岩を主体とする半島的な特殊性が混ざり合った地域性をもつ空間をつくっていた。

　ところで、韓半島に最初に人類が登場するのはいつ頃なのだろうか。それに関して韓国旧石器時代研究者は、北朝鮮に位置する洞窟遺跡出土動物骨に年代の古さを求めて原人段階まで遡る可能性を主張することは出来たが、実態がないまま半世紀が過ぎた。

　今日、研究者の関心は研究初期段階に比べるとより詳しく細かいデータを求め、緻密で細分された分野の方に向いている。しかしながら研究史の初期に登場した全谷里遺跡の年代論争は、次々と新しい結果を持ち出しては論争を再開しているのである。ところで、既知の通り全谷里遺跡からは"アシューリアンハンドアックス"と呼ばれる石核石器が出土している。石器形態で見る限り、全谷里の礫器は欧米の編年でいう前期旧石器時代にあたる形態をしているのである[81]。

　"Out of Africa"から始まった"イブ説"に代表される人類の拡散は一つの枝から長い時間をかけ、いくつも数多く枝分かれしたことになっている。しかし、石器の場合果たしてアフリカから北東アジアにまで何十万年も同一形態で進化なしに器種維持できるだろうか。技術の伝播と必要による偶然は石器形態の統一を自然に導き、各地域に定着することがある。技術の伝播は部分加工や素材側縁の機能部利用などに現れる。

　また、必要による偶然はピックやチョッパー・チョッピングツールなど技術の伝播がなくても機能を優先する道具の開発により目的的機能に適応した形態の石器が生まれることは可能である。実例としては、欧米と日本列島の後期旧石器時代に広がっていたナイフ形石器を挙げることができる。素材側縁の利用と基部あるいは側縁に施したブランティング（blunting）により定義付けられる特徴ある石器製作技術が、技術的因果関係がみえない極端に遠い両地域で展開していたのは良い実例として用いることが出来る。それと同じくアシューリアンタイプハンドアックスの実在も同じ線上で考えることが出来るのである。地域間交渉や譲渡、そして世襲などにより石器製作技術の直接的な接点がなくても必要は新道具の製作を可能にしたのである。

　形態の類似により決めることができる地域性は時おり閉鎖性と広域性を交互に表しながら時間軸に一定の幅をもって現れては消えて行った。石器の生命は時代の必要性により生まれ、時代の無関心の中で消えていく。ある時期に流行り、時間の経過と供に新しく進化した製品により入れ替わる工業製品を含めた全ての生産物にもいえる道具開発の歴史は、人類の歴史に絶えず登場する生活の一側面である。

　今日、生産される工業品にも同じことがいえる。人類の技術共有と開発、そして伝授の歴史は旧石器時代の石器開発に起源を探すことができる。北東アジア一帯に広がって暮らしていた人類は自然の変化に順応することにより今日に至った。機能優先の形態から始まった人類の石器製作の歴史は、機能性向上のための各時代ごとのニーズによる技術革新により維持され発達してきた。各時代においてヒトの道具は定形道具の方へと進化していくが、最も影響が大きかったのは中期旧石器時代のルヴァロワ技法により代表される道具製作のための素材の連続生産技術の開発である。

　北東アジアの旧石器時代に構造的変化が訪れるのは中期旧石器時代の後半である。人類の進化系譜図のなかで無機質道具系を支えていた石英岩系石材が、火山岩系石材などをはじめとしたガラス質岩系に変化することにより構造変動はより明白に可視化されるのである。新しい石材を手に入れたヒトは活発な探求と技術の開発による技術形態的な定型化を実現することにより、非ルヴァロワ技術圏での技術革新を遅れながら成し遂げるようになるので

ある。

　剥片尖頭器という新しい素材連続生産技術の髄としての生産物が韓半島に見られはじめたのは3万年前後の時期で、人類文化の地域性が目立つ盛んになり始めた頃であった。また、近接した地域にある石材と遠隔地にある石材を上手く利用することにより、地域的ハンディキャップから抜け出した集団が韓半島全地域に定着することが本格的に始まるのも後期更新世に入ってからであった。

　中期更新世以降になるとまばらではあるが人類の韓半島への進出がみえるようになる。まず、全谷里遺跡を含めた臨津・漢灘江流域の韓半島中部地域に最初に訪れて生活を営み始める。所謂前期旧石器時代の始まりである。遺跡はまばらで地域的にも狭い範囲に限定された生活が目立つ時期である。

　この時期における人類の生活は川沿いの低い段丘面に展開していることが多く、金坡里遺跡でみられるように時期差をおきながら同一地域への俳徊がみられる。石器群組成には、重くて在地産の石材を利用した石核石器を作る石器生産システムを営んでいるが、目的石器の中には剥片などを利用した加工石器は少ない数ではあるが含まれている。しかし、道具は石核石器類がメインであった。

　アジアでの中期更新世以降の人類拡散はまだ不明な点が多いため時間的背景には正確なことはいえないが、韓半島における人類進出の遅れ、あるいは希薄な分布状況は海水面の上昇によって半島化したりそうでなくなったりする地理的特性からくるものが大きい。

　人類が韓半島で生活を開始できたのは氷期を含んだ地球規模の海水面低下による西陸路（大低湿地）の陸地化によるところが大きい。従って人類の発生がアジアではないことを勘案すると、他の地域からの移動を考えるのが妥当である。韓半島中部地域である北緯36度線上の臨津・漢灘江流域に人類がたどりつくためのルートは、現在の半島北部経由のルートと、西の西海（黄海）の水面低下による陸地化で出来上がる広大な低湿地を通るルートの二つがある。

　また、韓半島で見られる主な石器類は中国の南で見られる石器類と類を共にしている。細かく言うと、ゴビ砂漠以南の地域のなかでも北京より南の地域（長江以南）から出土した多くの遺物の中に形態的にも技術的にも類似した石器群が多く含まれている。多くの類似点の中では、「系統Ⅰ」の石核石器の場合がより近似している。そのような技術形態は同一文化圏の下で生まれる技術共同体により開発維持されるのが一般的であろう。

　アシューリアンタイプのハンドアックスは形態的な特徴から中国の石器に類似していて、韓半島と中国の石器は石材と大きさを除けばほぼ同じであることに気付くのはさほど難しくないのである。前期旧石器時代から後期旧石器時代の間発達していた石核石器は、発展段階の区別から大きく二つに分けることが出来る。プロト石核石器とリタッチ石核石器である。このような変化は技術形態論の進化論的立場から考えても理にかなう現象で、器種変化はとぼしかったものの技術面では着実に発展の道を歩んだことになるのである。

　形態的な完成度は石器の道具としての完成度につながる事項である。道具の形態は機能を忠実に発揮できるように改良され、維持・発展の道を歩むようになるのが一般的である。ハンドアックスやクリーヴァー、鋸歯縁石器、ピックなどは形態面では大きな変化は見られないが、技術属性分析では、時期が新しくなるにつれて均衡がとれた加工度を増していくのである。そして、新商品開発のための技術基盤としてのプロトタイプを進化させた新道具の開発が起きるのである。

　石核石器技術は後期旧石器時代に近くなるにつれて必要性が薄くなり、石器としての機能役割を次の世代へと移行するのである。「系統Ⅱ」の剥片石器群の到来である。時期としては更新世最末期にあたる時期で、韓半島地域は全地域において人類の活動痕跡がみえるようになる。狭い地域に限定された生活空間が徐々に広くなる中期旧石器時代を経て、新人が主役の後期旧石器時代へと変化する過程で、「系統Ⅱ」の石器群は「系統Ⅰ」へと機能役割を変更した新しいタイプの石器作りに変化するのである。

「系統Ⅰ」が"機能形態的石器"とすると、「系統Ⅱ」は"形態機能的石器"と称する事も出来るのである。そのようなことは既存にない形態を造り上げ新しく機能役割をあたえるという側面からの発想で、手動的な発想の展開から能動的な発想の展開へと人類の生活構造が変わっていくことを表している。このような意識の転換が可能になったのはやはり新しい経験の蓄積にある。

　新しい経験と言うのは単に石器を模倣して製作するという一次元の経験だけではなく、石器作りの技術を保持した第3者による間接的な経験あるいは教育が大きく関わっている。そのようなことは石器群組成表の中にも表れていることで、中期旧石器時代の鋸歯縁石器 (Denticulate) やプレイン (Plane) などの特殊機能を有する新形態の石器群と、後期旧石器時代の石刃などにみえる複雑で計算された規格石器の製作工程を有する新しくて発達した技術の登場からもわかるのである。

　韓半島における石器群構造変動は「系統Ⅰ」から「系統Ⅱ」へと変化する過程で起きたのである。「系統Ⅰ」と「系統Ⅱ」をもたらした集団は何処から来たのだろうか。「系統Ⅰ」から「系統Ⅱ」へと変化する過程で主役を務めた集団が保持していた技術組成のなかに含まれていた鋸歯縁石器やプレイン石器などは、次の世代の石器群である剥片石器群のなかにどのように姿を変えながら次のステップへつながっていたのだろうか。

　韓半島の石器構造変動は石材の開発と深い関係がある。伝統的ともいえる「系統Ⅰ」を支えてきた"石英岩系"石材から"火山岩系"石材へと変化することにより構造変動が生じるのである。

　物理的な構造の理解による全く新しい石材の開発は、人類の活動領域の拡大と深い関係がある。生成原理上地域的に限定される新石材は、局所的な生活環境を維持していた前・中期旧石器時代よりは、移動が活発に行われた後期旧石器時代に近い時期にならないと発見するのは難しい。そのような事実は韓半島における火山岩系の分布が南部地域に多く分布していることと関わるのである。

　石材環境は旧石器時代の生活環境に深い関わりがある。ヒトの行動は常に道具生産のための素材獲得を念頭においた生活を強いられていた。火山岩系の石材が利用できるようになった韓半島の石器製作構造は、以前の不規則的で横長系の剥片生産から大型剥片製作の時期を経て、規格縦長剥片（石刃）を取る製作システムへと発展するのである。

　縦長剥片の生産が可能になったことにより始められた剥片尖頭器の製作は、北東アジアでの次の石器生産方式に変化を与え石器がより小型化することを可能にした。そして、石刃の小型化は道具系にも変化をもたらしたのである。このような石器の小型化は新素材（石材）開発の結果起きたのである。

　韓半島に起きた2回の構造変動は地球的な次元の構造変動と連鎖するものである。第一次変動である石核石器の定型化に伴う細かい加工の始まりと、第二次の中期旧石器時代末に起きる新石材の開発は長い石器文化のなかでも最も大きな変動の一つであろう。このような変動がアジアでどのように生じたのかに関する問題はこの論文がこれから目指す先にあるのである。

参考文献

阿子島香　1998　アジアから北米大陸への人類の拡散と適応」『科学』68-4

安斎正人　1994　『理論考古学』－モノからコトへ－柏書房

安斎正人　1997　「台形様・ナイフ形石器石器群」(1)『先史考古学論集』6

安斎正人　1988　「斜軸尖頭器石器群からナイフ形石器石器群への移行」『先史考古学研究』1、阿佐ヶ谷先史学研究会

安斎正人　2000　「台形様石器と台形石器－台形様・ナイフ形石器群 (3)」『九州旧石器』4

安田喜憲　1990　『気候と文明の盛衰』朝倉書店

安田喜憲　1983　「最終氷期の気候」『月間地球』5-1

安蒜政雄・戸沢充則　1975　「砂川遺跡」『日本の旧石器文化』第2巻雄山閣

安蒜政雄　1977　「遺跡の中の遺物」『季刊どるめん』15

安蒜政雄　1978　「先土器時代の研究」『日本考古学を学ぶ』1　有斐閣

安蒜政雄　1979　「石器の形態と機能」『日本考古学を学ぶ』2　有斐閣

安蒜政雄　1980　「先土器時代の石器と地域」『岩波講座日本の考古学』5 岩波書店

安蒜政雄　1985　「先土器時代における遺跡の群集的な成り立ちと遺跡群の構造」『論集日本原史』吉川弘文館

安蒜政雄　1990　「先土器時代の生活空間」－先土器時代のムラ－『日本村落史講座』第2巻景観、Ⅰ雄山閣

安蒜政雄　1997　「旧石器時代の集団－南関東の移動生業集団と石器製作者集団」『駿台史学』100、駿台史学会

安蒜政雄　2001　「日本列島の剥片尖頭器とその時代」『垂楊介とその隣人達』6回

安蒜政雄　編　1988　『考古学ゼミナール　日本人類文化の起源』六興出版

安蒜政雄　編　1997　『考古学－キーワード－』有斐閣

稲田孝司　1994　「水洞溝技法とルヴァロア技法」－東アジア石刃技法形成の過程－『旧石器考古学』49

後牟田遺跡調査委員会　2002　『後牟田遺跡』後牟田遺跡調査団・川南町教育委員会

氏家　宏　1998　「陸橋と黒潮変動：沖縄トラフからの発信」『第四紀研究』37-3

延世大学校　2003　『21世紀韓国旧石器学研究の進む方向』2001年延世大学校博物館特別講演

延世大学校博物館　2001　『韓国の旧石器』延世大学校出版部

王向前　ほか2人　1987　「山西襄汾筒上堆山史前石器製造場初歩研究」『人類学学報』6巻2期

王令紅　ほか2人　1982　「桂林宝積岩発現的古人類化石和石器」『人類学学報』1巻1期

大場忠道　1983　「最終氷期以降の日本海の古環境」『月間地球』5-1

大塚裕之・大木公彦・早坂祥三　1977　「東シナ海から採集されたシカの化石について」『地質学雑誌』83-11

大分県教育委員会　1965　『早水台遺跡』大分県文化財報告　12

小田静夫　1971　「台形石器について」『物質文化』18

小野　昭　1998「新たな人類史のはじまり」『科学』68-4

小野有五　1985　「最終氷期の地形環境と気候」『月間地球』7-6

緒方　泉　1985　「韓国考古学地図」『考古学研究』127号

岡村道雄　1997　『ここまで分った日本の先史時代』角川書店

岡村道雄　2000　『日本列島の石器時代』青木書店

織笠　昭　1991　「(1) 先土器時代人の生活領域－集団移動と領域の形成」『日本村落史講座』6 雄山閣

盖培・黄万波　1982　「陝西長武発現的旧石器時代中期文化遺物」『人類学学報』1-1

鹿間時夫・大塚裕之　1971　「東シナの陸橋」『1971 年日本地質学会総会シンポジウム資料，九州周辺地域の地質学的諸問題』

鹿児島県立埋蔵文化財センター　1996　『小牧ⅢA 遺跡・岩本遺跡』鹿児島県立埋蔵文化財センター発掘調査報告書 15

加藤真二　2000　『中国北部の旧石器文化』同成社

加藤真二　2002　「中国北部における中期旧石器時代から後期旧石器時代への変遷」－渤海湾北岸地区を中心に－『九州旧石器』5

河村善也　1985　「最終氷期以降の日本の哺乳動物相の変遷」『月間地球』7-6

河村善也　1991　「シベリア第四紀後半の哺乳動物相」『モンゴロイド』10

河村善也　1998　「第四紀における日本列島への哺乳類の移動」『第四紀研究』37-3

唐津市教育委員会　1990　『枝去木山中遺跡』唐津市文化財調査報告書 39 集

唐津市教育委員会　1993　『日ノ出松遺跡』唐津市教育委員会調査報告 55 集

韓　昌均　1996　「屏山里遺跡」『先史文化』4

韓　昌均　2000　「大田ワルドカップ競技場建立地域の旧石器遺跡」『全国歴史学大会』43 回

韓　昌均　2003　「韓国旧石器遺跡の年代問題に関する考察」－絶対年代測定結果と堆積層の形成時期に対した検討を中心に－『韓国旧石器学報』7

韓　昌均　編　1990　『北韓の先史考古学』旧石器時代と文化、白山文化

韓昌均・尹乃鉉　1994　『陽平屏山里遺跡 (2)』壇国大学校中央博物館古跡調査報告、第 18 冊

韓昌均・洪美瑛・金起兗　2003　『広州三里旧石器遺跡』学術調査報告 39 冊、京畿文化財団付設畿甸文化財研究院、広州市 2001 世界陶磁器エクスポ組織委員会

韓国旧石器学会　2001　『東北アジアの礫石器文化』韓国旧石器学会第 2 時学術大会発表集

韓南大学校博物館　2000　『大田浄水場建設事業地域の旧石器遺跡 (龍湖洞) 発掘現場説明会資料』

亀井節夫・広田清治　1983　「最終氷期の動物相」－陸上哺乳動物を中心に－『月間地球』5-1

亀井節夫・千地万造・石井久夫　1980「ウルム氷期以降半の日本列島の海岸線」『ウルム氷期以降の生物地里に関係する総合研究』昭和 54 年度報告書

橘昌信・萩原博文　1983　「九州における火山灰層序と旧石器時代石器群」『第四紀研究』22-3

川村善也　1998　「第四紀における日本列島への哺乳類の移動」『第四紀学研究』37-3

曾　祥旺　1996　「広西百谷鈍発現的旧石器」『考古与文物』6 期

木崎康弘　1989　「始良 Tn 火山灰下位の九州ナイフ形石器石器文化」『九州旧石器』創刊号

木崎康弘　2000　「剥片尖頭器出現と九州石槍文化」『九州旧石器』4

木崎康弘　2002　「旧石器時代文化の変遷と中期旧石器的要素の変容」『九州旧石器』6

木村英明　1997　『シベリアの旧石器文化』北海道大学区図書刊行会

木村政昭　1996　「琉球弧の第四紀古地理」『地学雑誌』105-3

金　鴨植　1977　「先史時代住居の構造に関する研究 (仮説)」『文化財』

金元龍・裵基同　1983　「ソウル大学校調査」『全谷里』－遺跡発掘調査報告書－、文化財管理局文化財研究所

金周龍・梁東潤　1999　「韓国後期旧石器細粒質土壌及び堆積層の形成環境」『嶺南地方の旧石器文化』第 8 回嶺南考古学会学術発表会

金周龍・梁東潤　2001　「湖南第四紀堆積の様相と特徴」『第 9 回湖南考古学会学術大会発表要旨』

金周龍・梁東潤　2002　「韓国旧石器遺跡の地形と地質」『わが国の旧石器文化』延世大学校博物館学術叢書 1

旧石器文化談話会編　2000　『旧石器考古学辞典』学生社

熊本県教育委員会　1979　『下城遺跡』Ⅰ熊本県文化財調査報告書 37 集

熊本県教育委員会　1987　『狸谷遺跡』熊本県教育委員会文化財調査報告 90 集

熊本県教育委員会　1993　『久保遺跡』熊本県文化財調査報告書 125 集

熊本県教育委員会　1999　『古閑山遺跡』熊本県文化財調査報告書 171 集

熊本県教育委員会　1999　『耳切遺跡』熊本県文化財調査報告 180

熊本県教育委員会　1999　『石の本遺跡群』Ⅱ

江原大学校博物館・江原道　1989　『上舞龍里』－破虜湖退水地域遺跡発掘調査報告－

江原考古学研究所　1996　『發翰洞旧石器遺跡発掘調査報告書』－江原考古学研究所遺跡調査報告第 1 集－

江原考古学研究所　1996　『洪川下花渓里ドデゥン中石器遺跡発掘調査報告書』江原考古学研究所遺跡調査報告 4 集

江原考古学研究所　2001　『長興里旧石器遺跡』江原考古学研究所遺跡調査報告 29 号

江原大学校遺跡発掘調査団　2000　『鉄源長興里遺跡発掘調査現場説明会資料』－漢灘大橋架設接続道路工事場埋蔵文化財－

江原大学校遺跡発掘調査団　2003　『砲川禾袋里旧石器遺跡』－発掘調査現場発表会・指導委員会資料－

湖南省澧県文物管理所　1992　「湖南澧県彭山東麓旧石器地点」『江漢考古』42

湖南省文物考古研究所・湖南省澧県文物管理所　1988　「湖南澧水下遊三外旧石器遺跡」『江漢考古』42

国立文化財研究所　1999　『金坡里旧石器遺跡』国立文化財研究所

黄　龍渾　1970　「ソウル面牧洞遺跡発見旧石器の形態学的調査」『慶熙史学』2 号

黄　龍渾　1983　「慶熙大学校調査」『全谷里』－遺跡発掘調査報告書－、文化財管理局文化財研究所

黄　慰文　1987　「中国的手斧」『人類学学報』6 巻 1 期

黄　慰文　ほか 2 人　1984　「Mujiaqiao（江木家）新発現的旧石器」『人類学学報』3 巻 3 期

黄　昭嬉　1999　「金坡里石器工作と全谷里石器工作の比較分析」－剥片と石核計測値比較分析－『金坡里旧石器遺跡』国立文化財研究所

黄慰文・祁国琴　1987　「梁山旧石器遺址的初歩観察」『人類学学報』6 巻 3 期

黄龍渾（国分生直一訳・註）　1973「韓半島反動旧石器文化の概観」（下）『古代文化』25

崔　福奎　1974　「韓国における中石器文化の存在可能性」『白山学報』16 号

崔　福奎　1992　「洪川下花渓里中石器時代遺跡発掘調査報告」『中央高速道路建設区間内文化遺跡発掘調査報告書』江原道

崔　福奎　2002　「江原地域の旧・中石器遺跡」『わが国の旧石器文化』延世大学校出版部

崔　福奎　2003　「洪川下花渓里Ⅲ旧・中石器遺跡調査研究」『全谷里遺跡の地質学的形成過程と東亜細亜舊石器』－第 2 回全谷里旧石器遺跡記念国際学術会議－

崔福奎　ほか 2 人　2001　「鉄源長興里後期旧石器時代遺跡研究」『韓国旧石器学報』3 号 2001　韓国旧石器学会

崔　茂藏　1986　「韓国旧石器時代の自然環境」『韓国考古学報』19

崔　茂藏　1989　『中国の考古学』民音社

崔　茂藏　1997　『漣川元當里旧石器時代遺跡発掘調査報告書』学術叢書 3 冊、建国大学校博物館

崔　ミノ　2001　「竹内里遺跡旧石器 1 文化層の接合石器研究」『韓国旧石器学報』3 号 2001　韓国旧石器学会

崔　福奎　2000　「洪川下花渓里旧石器遺跡」『垂楊介とその隣人達』5 回

催　茂藏　1981　「韓国の旧石器文化」『韓国旧石器文化研究』

催　茂藏　1983　「建国大学校調査」『全谷里』－遺跡発掘調査報告書－、文化財管理局文化財研究所

佐川正敏　編　1999　『中国の旧石器 (1991～1998)』考古学資料集 5

佐藤宏之　1988　「台形様石器研究序説」『考古学雑誌』73-3 日本考古学会

佐藤宏之　1991　「日本列島内の様相と対比－二極構造の展開－」『石器文化研究』3 号

佐藤宏之　1992　『日本旧石器文化の構造と進化』柏書房

斎藤文紀　1998　「東シナ海陸棚における最終氷期の海水準」『第四紀研究』37-3

斎野裕彦　1998　「2 万年前の氷河期世界を保存する」－仙台木富沢遺跡保存館－『科学』68-4

坂田邦弘　1980　『大分県岩戸遺跡』－大分県清川村岩戸における後期旧石器時代旧石器文化の研究－

志賀智志　2002　「ＡＴ層位の石刃技法」『九州旧石器』5

清水宗昭　2000　「剥片尖頭器の系譜に関する予察」『九州旧石器』4

徐姈男・金徳珍・張龍俊　1999「慶南密陽市　古禮里遺跡　後期舊石器文化」『嶺南地方の舊石器文化』

白石典之　1989　「朝鮮半島における後期旧石器時代初頭の石器群」－特にクム洞窟遺跡を中心として－『筑波大学先史学・考古学研究』第 1 号

高倉　純　1999　「遺跡間変異と移動・居住形態復元の諸問題」－北西ヨーロッパと日本における研究動向－『日本考古学』7 号

趙　秦燮　2001　「韓国旧石器時代の動物相と自然環境」『わが国の旧石器文化』延世大学校出版部

趙　秦燮　2002「旧石器時代の動物化石研究」－現況と展望－『韓国旧石器学報』5

張　龍俊　2001　『密陽古禮里遺跡石核研究』釜山大学校大学院修士論文

張　龍俊　2002　「韓半島の石刃技法と細石刃技法」『九州旧石器』6

鄭永和・大竹弘之訳　1984　「韓国全谷里遺跡」（上）『旧石器考古学』28

鄭永和・大竹弘之訳　1985　「韓国全谷里遺跡」（下）『旧石器考古学』30

鄭　永和　1986　「韓国の旧石器」『韓国考古学報』19

新東晃一　1998　「南九州にみる縄文文化のはじまり」『科学』68-4

陣鉄梅　ほか　1984　「鈾子系法則定化石年齢的可靠性研究及華北地区主要旧石器地点的鈾子系年代序列」『人類』259-269

杉原壮介　1962　「佐賀県伊万里市平沢良の石器文化」『駿台史学』駿台史学会

成　春澤　2002　「韓国中期旧石器論の批判的検討」『韓国考古学報』46　韓国考古学会

成ヒョンギョン 2001　「中国河北地方泥河湾地区の前期旧石器遺跡」『韓国の旧石器学報』4

斉藤文紀　1998　「東シナ海陸期における最終氷期の海水準」『第四紀研究』37-3

鈴木秀夫　1977　『氷河期の気候』古今書院

鈴木美保　ほか 9 人　2002　「石器製作におけるハンマー素材の推定」- 実験的研究と考古資料への適用」『第四紀研究』41-6

孫　寶基　1967　「層位を成した石壯里旧石器文化」『歴史学報』35・36 合併号

孫　寶基　1968　「石壯里の礫チョッパー文化層」『韓国史研究』1

孫　寶基　1970　「石壯里の彫器・搔器文化層」『韓国史研究』5

孫　寶基　1972　「石壯里の前期・中期旧石器文化層」『韓国史研究』7

孫　寶基　1973　「石壯里の後期旧石器時代住居址」『韓国史研究』9

孫　寶基　1984　「丹陽島澤里地区遺跡発掘調査報告」『忠州ダム水没地区文化遺跡発掘調査総合報告書』考古・古墳分野（Ⅰ）忠北大学校博物館

孫　寶基　1985　「丹陽島澤里金窟遺跡発掘調査報告」『忠州ダム水没地区文化遺跡発掘調査報告書』16冊、忠北大学校博物館

孫　寶基　1985　『忠州ダム水没地区分解石延長発掘調査報告書』第16冊　忠北大学校博物館

孫　寶基　1988　『韓国旧石器学研究の道しるべ』延世大学校出版部

孫　寶基　1990　『旧石器遺跡』－韓国・満州－、韓国先史文化研究所

孫　寶基　1993　『石壯里先史遺跡』東亜出版社

孫寶基　ほか　2002　『わが国の旧石器文化』延世大学校博物館学術叢書、延世大学校出版部

孫寶基・金子浩昌訳　1986　「韓国中部および上部更新世の古環境」『旧石器考古学』32

樽野博幸・河村善 1980「日本におけるウルム氷期後半以降の哺乳動物相」『ウルム氷期以降の生物地里に関係する総合研究』昭和54年度報告書

竹岡俊樹　1989　『石器研究法』言叢社

竹岡俊樹　2002　『日本列島旧石器時代史』勉誠出版（株）

忠北大学校博物館　1998　『先史遺跡発掘図録』忠北大学校博物館

戸沢充則　1990　『先土器時代文化の構造』同明舎

徳永重康・直良信夫　1936　『第一次満蒙学術調査研究團報告』第六部、第二編

中川毅・TARASOV, Pavel E・ほか2人　2002　「日本海沿岸、北陸地方における最終氷期－元新世変動に伴う気温と季節性の変動の復元」『地学雑誌』111(6)

中村俊夫・大塚裕之　ほか2人　1996　「東シナ海大陸棚および琉球弧の海底から採集された哺乳類化石の加速器質量分析法による ^{14}C 年代測定」『地学雑誌』105

中村俊夫　ほか3人　1996　「東シナ海の大陸棚及び琉球弧の海底から採集された哺乳類化石の加速器質量分析法による ^{14}C 年代測定」『地学雑誌』105-3

中谷英夫　1991　「オオツノシカから見た大型哺乳動物研究」『モンゴロイド』9

長崎県教育委員会　1981　『九州横断自動車道建設に伴う埋蔵文化財緊急発掘調査報告書』長崎県教育委員会文化財調査報告書54集

長崎県教育委員会　1981　『長崎県埋蔵文化財調査集』IV

長崎県教育委員会　1982　『九州横断自動車道建設に伴う埋蔵文化財緊急発掘調査報告』II－牛込A・B－

長崎県教育委員会　1985　『西輪久道遺跡』

奈良貴史　1998　「後期旧石器人の社会はどう変化したか」『科学』68-4

西谷　正　1979　「第3回韓国考古学全国大下位参加記」『考古学ジャーナル』158

裵　基同　1986　『全谷里－1986年度発掘報告書』ソウル大学校博物館

裵　基同　1996　『全谷里旧石器遺跡』－1994～95年度発掘調査報告書－漣川郡・漢陽　大学校文化人類学科

裵基同・林榮玉　1999　『晋州内村里住居址及び旧石器遺跡』－南江ダム水没地区遺跡発掘調査報告書14冊、漢陽大学校博物館叢書36号

裵　基同　1999　「真州内村里旧石器遺跡と石器工作」『嶺南地方の舊石器文化』

裵　基同　ほか3人　2001　『全谷旧石器遺跡』－2000・2001全面試掘調査報告書－京畿道漣川郡・漢陽大学校文化財研究所

裵　基同　2001　「楔形紋様形成過程に対する一考」『垂楊介とその隣人達』6回

裵　基同　2002　「New Age determination of first hominid presence at the Chongokni site and problems」from tephra analysis of the E55 S20 pit『SUYANGGAE and Her Neighbours』7th

裵　基同　2003 『全谷里遺跡の地質学的形成過程と東アジア旧石器』－第2回－全谷里旧石器遺跡記念国際学術会議

日下雅義編　1995 『古代の環境と考古学』古今書院

萩原博文　1997 「ＡＴ降灰前後の石器群」『九州旧石器』3

肥前町教育委員会　1983 『川原田遺跡』肥前町文化財調査報告書3集

朴　英哲　1999 「嶺南地域後期旧石器の文化層と編年」『嶺南地方の旧石器文化』－第8回嶺南考古学会学術発表会－

朴　英哲　2001 「韓国中期旧石器文化の石器分析研究」『韓国の旧石器学報』5号

朴　英哲　2001 「湖南地域旧石器研究成果と現案に関する検討」『第9回湖南考古学会学術大会発表要旨』

朴　英哲　ほか　2002 「わが国旧石器研究の展望」『わが国の旧石器文化』－延世大学校博物館学術叢書－

朴　喜顯　1975 「韓国後期旧石器時代の生活と環境」－石壯里後期旧石器時代の住居址層を中心に－『白山学報』18号

朴　喜顯　1984 『忠州ダム水没地区文化遺跡発掘調査総合報告書』－考古・古墳分野（Ⅰ）－、忠北大学校博物館

朴　喜顯　1989 『提源チャンネ後期旧石器時代旧石器文化の研究』延世大学校博士学位論文

文化財管理局文化財研究所　1983 『全谷里』遺跡発掘調査報告書

文化財管理局文化財研究所　1994 『東アジアの舊石器文化』－文化財研究国際学術大会発表論文1集

文化財管理局文化財研究所　1994 『寶城江・漢灘江流域旧石器遺跡発掘調査報告書』

文化財研究所　1991 『漣川楠渓里旧石器遺跡発掘張さ報告書』

French, H. M.　小野有五訳　1984 『周氷河環境』古今書院

堀田　満　1980 「日本列島及び近接東アジア地域の植生図について」『ウルム氷期以降の生物地理に関係する総合研究』昭和54年度報告書

町田洋・新井房夫 1983 「広域テフラと考古学」『第四紀研究』22-3

松井裕之・多田隆治・大場忠道　1998 「最終氷期の海水準変動に対する日本海の応答－塩分収支モデルによる陸橋成立の可能性検証」『第四紀研究』37-3

松藤和人　1989 「アジアから日本列島へ」『季刊考古学』29

松藤和人　1995 「韓国・全谷里遺跡を訪ねて」『旧石器考古学』50

松藤和人　1998 『西日本後期旧石器文化の研究』学生社

三重町教育委員会　1985 『百枝遺跡』C地区－大分県三重町百枝遺跡発掘調査報告書－

村崎孝宏　2002 「九州における後期旧石器文化成立期に関する編年的研究」

柳　鏞郁　1997 「臨津江・漢灘江流域」『韓国考古学報』36　韓国考古学会

李　起吉　1999 「剥片尖頭器と共伴遺物について」『嶺南地方の舊石器文化』

李　起吉　2000 『順天竹内里遺跡』朝鮮大学校・順天市庁・益山地方国土管理庁

李　起吉　2001 「湖南内陸地域の旧石器文化」『第9回湖南考古学会学術大会発表要旨』

李　起吉　2001 「鎮安ジングヌル先史遺跡調査概要」『第25回韓国考古学全国大会発表資料集』韓国考古学会

李　起吉　2002 「韓国西南部の旧石器文化」－代表遺跡と編年－『九州旧石器』6

李　起吉　2002 『順天月坪遺跡』1 朝鮮大学校博物館、全谷里遺跡、順天市

李　起吉　2002 『和順道山遺跡』朝鮮大学校・全南大学校博物館・益山地方国土管理庁

李　憲宗　2000 「全南地域中期旧石器時代に対した最近研究成果」『垂楊介とその隣人達』5回

李　憲宗・崔ソンラク　2001 『咸平長年里堂下山遺跡』木浦大学校博物館学術叢書72冊

李憲宗　ほか2人　2002 『務安皮西里旧石器遺跡』－務安空港建設地域文化遺跡発掘調査Ⅰ

李　鮮馥　1989 「旧石器時代」『韓国の考古学』講談社

李　鮮馥　1989　『東北アジア旧石器研究』ソウル大学校出版部

李鮮馥　ほか6人　1990　『玉果旧石器遺跡』ソウル大学校博物館・曲成郡

李鮮馥・李教東　1990　「新坪里琴坪德山里竹山後期旧石器遺跡」『住岩ダム水没地域文化遺跡発掘調査報告書』Ⅶ

李鮮馥・李教東　1993　『坡州舟月里・佳月里旧石器遺跡』附忠州市ヨンタン洞旧石器遺跡試掘調査報告、ソウル
　　　　　　大学校考古美術史学科・京畿道

李　鮮馥　1996　「臨津江流域旧石器遺跡の年代に対して」『韓国考古学報』34

李　鮮馥　1999　「韓国旧石器工作の変遷に対して」『垂楊介とその隣人達』4回

李　鮮馥　2001「韓国の中期・後期旧石器転移に対した小考」『韓国の旧石器学報』4

李　鮮馥　2002　「臨津江流域のプライスト世前期－中期初旧石器遺跡予報」『韓国考古学報』46　韓国考古学会

李天元　ほか5人　1991　「湖北省鄭県曲遠河口化石地点調査与試掘」『江漢考古』39期

李　隆助　1984　『韓国の旧石器文化』Ⅱ、探求堂

李　隆助　1985　「丹陽垂楊介遺跡発掘調査報告」『忠州ダム水没地区文化遺跡発掘調査総合報告書』忠北大学校
　　　　　　博物館

李　隆助　1986　「韓国旧石器時代の動物相」『韓国考古学報』19

李　隆助　1997　「玉山ソロリ遺跡」『清原梧倉科学地方産業団地先史遺跡試掘調査報告書』忠北大学博物館

李　隆助　1998　「韓国更新世動物化石」－ドゥルボンセグル、処女窟から出土した短尾サル、サイ、クマ、ハイエ
　　　　　　ナ化石を中心に－『垂楊介とその隣人たち』5

李　隆助　1999　「湖西地方の旧石器文化」－最近発掘資料を中心として－『湖西地方の先史文化』第1回湖西考
　　　　　　古学会学術大会発表要旨

李隆助・禹鍾允・孔秀眞　1999　「垂楊介有茎道具の考察」『垂楊介とその隣人達』4回

李隆助・禹鍾允・孔秀眞　2000　「丹陽垂楊介Ⅰ地区の最近発掘成果」『垂楊介とその隣人達』5回

李隆助・禹鍾允・孔秀眞　2001　「垂楊介1地区後期旧石器時代掻器」『垂楊介とその隣人達』6回

李隆助　ほか5人　2002　『鎭川長管里遺跡（Ⅰ）』鎭川～梧倉間国道拡張工事長管里発掘調査報告所、中原文化
　　　　　　研究叢書36冊

李隆助　ほか6人　2003　『垂楊介Ⅲ地区旧石器遺跡』－先史遺物展示館建立予定地域試掘調査－、忠北大学校博物館・
　　　　　　丹陽郡

横山裕典　2002　「最終氷期のグローバルな氷床量変動と人類の移動」『地学雑誌』111-6

吉留秀敏　1997　「剥片尖頭器」『九州旧石器』3

吉留秀敏　2002　「九州における剥片尖頭器の出現と展開」『九州旧石器』6

米倉伸之　1992　「先史モンゴロイド拡散地域の自然環境」『モンゴロイド』15

刘玉林　ほか2人　1984　「甘粛 Jinchuan（渓川）発現的人類化石和旧石器」『人類学報』3巻1期

漣川郡・漢陽大学校文化財研究所・韓国旧石器学会　2002　『2002 全谷里旧石器遺跡記念国際学術セミナ』

漣川郡・漢陽大学校文化財研究所　2002　『東北亜細亜旧石器研究』

綿貫俊一　2000　「早水台遺跡と中期旧石器時代」『九州旧石器』4

綿貫俊一　2002　「九州の旧石器時代後期初頭石器群」『九州旧石器』6

渡辺　仁　1985　『ヒトはなぜ立ちあがったか』東京大学出版会

英文参考文献

A study in Cultural Variability. American Anthropologist, Vol.68, No.2, Pt.2, 202-229

A.G.BROWN 1997 "ALLUVIAL GEOARCHAEOLOGY" Floodplain archaeology and Archaeology, CAMBRIDGE UNIVERSITY PRESS Berlin

Black, R.F. 1963 Les coins de glace et le gel permanente dans le nord de L'Alaska, Annales de Géographie, 72, 257-271.

CLIVE GAMBLE 1999 "THE PALAEOLITHIC SOCIETIES OF EUROPE" Cambridge World Archaeology, CAMBRIDGE UNIVERSITY PRESS

CLIVE GAMBLE 2001 "THE Peopling of Europe, 700,000-40,000 Years before the Present". THE OXFORD ILLUSTRATED HISTORY OF PREHISTORIC EUROPE

D.A.E.Garrod 1938 "The upper Paleolithic in The Light of Recent Discovery," Proceeding of the Prehistoric Society for 1938, N.S.Vol 4

DONALD O.HENRY 1989 "FROM FORAGING TO AGRICULTURE" THE LEVANT AT THE END

Derevanko,A.P. 1994 21 "Paleolithic of North Asia" Paleolithic culture of East Asia, National Research Institute of Cultural Properties Seoul, Korea

H. Breuil 1937 "Les Subdivisions du Paleolithique Superiéur et Leur Signification" Compte Rendu de la XIVe session de Congrès International d'Anthoropologie et d'Archéologie Préhistorique, 2e edition

J.D.Clark 1966 21「Acheulean Occupation Sites in the middle East and Africa」A study in Cultural Variability. American Anthropologist, Vol.68, No.2, Pt.2, 202-229

Jin-oh PARK, Masaki KIMURA, Asahiko TAIRA 1996 "Late Pleistocene uncontormity of the Tsushima and Korea straits Revealed by seismic Reflection profiles"『地学雑誌』105-3

Kahlke, H.D. 1981 Das Eiszeitalter, Uramia-verlag, Leipzig, Jena und Berlin

Michael A. Jochim 1998 "A Hunter-Gatherer Landscape". PLENUM PRESS・NEW YORK AND LONDON

Movius, H.L. 1948 "The lower Palaeolithic Cultures of Southern and Eastern Asia." Transactions of the American Philosophical Society, 38(4)

N.J. Shackleton 1987 "OXYGEN ISOTOPES, ICE VOLUME AND SEA LEVEL" Quaternary Science Reviews, Vol.6

Nicholas David・Carol Kramer 2001 "ETHNOARCHAEOLOGY IN ACTION" Cambridge OF THE ICEAGE, University of Pennsylvania PRESS Proceeding of the Prehistoric Society for 1938, N.S.Vol.4

S.A.Semenov 1964 "Prehistoric Technology" An experimental study of the Seoul, Korea Signification"

Steven Mithen 1996 "The Prehistory of the Mind" Thams and Hudson

Verbeek, R.D.M. 1884 「The Krakatau eruption」"Nature" 30, pp.10-15

WILLIAM ANDREFSKY,Jr 1998 "Lithics" CAMBRIDGE UNIVERSITY PRESS

Yurij K. Vasilchuk, Jong-chan Kim, Alla C. Vasilchuk 2002 「AMS-dating of Macrocyclic Ground Veins nesr Chongokni, South Korea」"Journal of the Korean Palaeolithic Society" 6

英文参考文献

本文挿入注釈

1 韓半島の旧石器時代研究の歴史は、日本と同じく外国人研究者達により始まったということができる。韓国は既知のとおり日本帝国主義による強制占領期がある。当時、行われた皇国化事業の一環で行われた文化整理事業は、神民になるための厳しい統制であり歴史の歪曲、そして文化的な略奪でもあった。総督府の命令により行われた調査は政治的な統制の下で行われたため、学問的な次元を離れたものが多かった。ただし、このような調査により残った最小限の資料は現在の学問的な基盤を成している一つであるのも事実である。

2 現在2つの遺跡は発掘担当者の孫寶基により当初の意見を貫いた見解が報告書や研究論文に載っているが、意見に反対する研究者の数は半数近く占めているのである。

3 現在は宗谷海峡、津軽海峡、対馬海峡がある。

4 ドゥルボン9窟からも同じ種のシカ（*Peudaxis gray Zdaansky var.*）が出土しているが年代は中期更新世の3番目の氷期としてみている。

5 まだ石化していない乾燥した骨の状態で出土している。

6 人工品としての判定には否定的な見解も出されている。筆者の観察でも人工品としての証拠はないと判断している。

7 既存の報告書で用いられた分類においては、台形様石器はほとんどナイフ形石器の数量に入ってしまったので、その数量的分析は研究目的に合わせ再統計をした方が望ましい結果が得られるだろう。

8 祖形ナイフ形石器とも云われる石器類で、これらの石器類では剥片を縦方向に用いる傾向がみえる。

9 ここでいう側縁加工の石器類は欧州やシベリアそして、中国の北部地域で見られるルヴァロワ技法に理論的な根拠を置くものであるが、要するに器形全体に加工が周縁するように行われるのではなく部分的な加工により、目的とした道具を作り出す製作技術による石器のことである。

10 剥片尖頭器は現在までの調査によると、その存続時期が短いことと九州島全域のAT降灰以降でしか確認できないのである。

11 それ以外にも、武蔵野編年Ⅱa期に剥片を切り出したような刃部の形から芹沢長介が名付けした切出形ナイフ形石器器があるが、著者は素材の運用の仕方と刃部の横開きの角度そして刃部以外に施した調整が茎部を作るような調整とブランティング加工が弱い点から台形様石器の一種とみなす。

12 黒色帯から石刃らしき縦長剥片を取った剥片がみられる。

13 AMS法で27.000年前〜30.000年前という測定値がでている。

14 報告書ではナイフ形石器と台形様石器とに区分しているが著者の分類では、ナイフ形石器よりは台形様石器Ⅱ類に属する石器として把握される。

15 Ⅰ文化層では黒曜石が70.3％Ⅱ文化層では70.9％使用している。

16 この2つのモードは中期旧石器時代の斜軸尖頭器や削器などの周縁調整石器からナイフ形石器（後期旧石器時代）への変遷を説明する理論であるが、その論拠になっている斜軸尖頭器のシステムが究明されてない現段階では不条理なところが多。ただ、周縁調整石器群に関してはその技術系統論的立場から共感できる部分がある。

17 韓国で今日まで出土した剥片尖頭器のなかには垂楊介・古禮里・竹山遺跡出土の剥片尖頭器にこのような加工がみられるが、月坪やジングヌル遺跡など全羅道地域からは見られない。

18 それに、氏の『石器研究法』のなかでのナイフ形石器に関する理解では、剥片尖頭器をナイフ形石器と分類するという叙述はみられなかった。

[19] 基端調整という調整は基部の打点部から器軸方向に行われる剥離で、基部成形がほぼ終わった後に行われる基部の厚みあるいは装着効果を高めるための調整である。
[20] 両面石器はいわゆる Bifacial 石器のことで、形態的な特徴よりは加工技術的な特徴からの用語である。しかし、韓国では両面石器類というのはハンドアックスのことをいい、曖昧な形態的な特徴をもつ石器類も包括して用いるのが現状である。
[21] "Man before history" 83 page.
[22] 全谷里遺跡の玄武岩基盤岩は最近の調査により50万年と30万年の2つの年代を漢陽大学校の裵基同により出されている。
[23] そういう側面から考えると、もちろんアシューリアン文化ではないが、時期的にいうと前期旧石器時代よりは新しくなるのである。
[24] シベリアの前期旧石器時代から続く珪岩や石英岩などを含む石材で作られた礫器は前期旧石器時代以後も途切れることなく作られたことをいうことで、韓半島でも全域にその傾向がみられる。
[25] Ⅰ類は角張った形状。Ⅱ類は一部に自然面を有する。Ⅲ類は全面がバランスがよくとれて丸みをもつもの。
[26] チャンネ遺跡では鋸歯縁石器が31点出土しているが単一遺跡としてはその数の多さに驚く。発掘報告書には木の加工に関わった工具として書かれている。
[27] 削器は分類のため刃部の長さにより、小型(3cm以下)、中型(7cm以下)、大型(7cm以上)に分けた。
[28] ここでいう規格化は数字的に定量化されたということではなく、生産様式の基準の設定ということになる。これは縦長方向の認識に繋がる問題である。
[29] 張の分類の中にⅠB型は石核という分類よりは石核以前の準備段階、すなわちブランクとして分類することが、全体の技法を理解するのにより簡単である。
[30] 九州島では両者は共伴しないが、韓国の遺跡からは確実な共伴の例が多い。両者は出現時期には差があるが、後期旧石器時代の後期以降の時期になると共伴するようになり、最後は細石器に完全に入れ替わるのである。
[31] 縦長剥片を実際に観察する機会があったが石刃核が出土してないため石刃とも縦長剥片ともいえるもので、報告書の発刊を待たなければ成らない。
[32] 龍湖洞遺跡Ⅱ文化層下部から得られた炭を年代測定にかけた結果、BP38,500±1,000がでている。この数値は剥片尖頭器を含む年代としては北東アジアでは最古である。
[33] 頸部と先頭部の境が片方しか存在しない形態で、片方にだけ抉りがある特徴をもつ形態である。この第Ⅳ類型は台形様石器やナイフ形石器の形態分類にもよく登場する形態である。
[34] 基部に抉りがなく肩からまっすぐ側刃が降りていて基部の端部形は平坦である。
[35] 実際垂楊介遺跡で使われた頁岩は遺跡から1.5km離れているサンジェゴルから持ち込まれている。現在露頭は水没しているため確認することはできない。
[36] 『垂楊介とその隣人達』4回大会で発表された「垂楊介有舌道具の考察」による数字。
[37] 出土剥片尖頭器の全体的な平均数値で表現したので、ある程度の範囲に収まっているが実際には平均を超える数値も多くあるのである。
[38] 大きさは全長3～5/cmが小型、5～8中型、8以上を大型に設定した。
[39] "SUYANGGAE and Her Neighbours" 4th「垂楊介有舌道具の考察」では剥片尖頭器は55点出土しているとしているが、その正確な総計はまだ把握されてないのが現状である。
[40] 北朝鮮の東関津遺跡に近い上三洞から剥片尖頭器が出土している。
[41] 石器器号は次のようである。Hax ハンドアックス、Pk ピック、Cv クリーヴァー、Cp チョッパー、Ph 多面体、Pl

プレイン、Sc 削器、Po 尖頭器、Den 鋸歯縁石器、Noc ノッチ、Bu 彫器、Esc 搔器、Bi 両面調整器、Kkn ナイフ、Thp 角錐状石器、Aw 錐、Mc 細石刃核、Mb 細石刃、Bk ブランク、Hs 敲石、As 台石、Gs 磨石。

42 近年同じ京畿道の好坪遺跡からは大量の黒曜石を用いた石器製作跡が発見された。

43 上部ソイルウェッジは約1.5万年という年代が屛山里遺跡や龍湖洞遺跡、そして長興里遺跡で出ている。

44 求心剝離による形状のため調査担当者はルヴァロワ技法と称しているが、その基本的な原理において両者は製作過程と目的が異なっている。従ってルヴァロワ技法と呼ぶのには石核と剝片がセットで証明しなければならない。

45 Diring Ur`akh 遺跡の年代に関して Mochanov は B.P. 180 万年～340 万年としているが、Alexeev によると同一類型の石器が中期更新世の層から出土していることから、年代の判定には慎重である必要があるとした。

46 Denisova 洞窟遺跡の 21 層は TL 年代測定法で 155,000 ± 31,000 B.P. がでている。

47 尖頭部に比べて広く丸みのある部分が礫面で覆われていて、全体の割合からみると1/3が礫面である。

48 デニソヴァ遺跡の年代は 21 層が TL 年代法で 155,000 ± 31,000 がでている。

49 木村1997には剝片尖頭器となっているが、石刃あるいは縦長剝片を用いた側縁調整が施されたポイントで、剝片尖頭器の最大の特徴である茎部を作り出す痕跡は見当たらなかった。

50 発掘を担当した孫寶基によると、金窟遺跡の最下位の文化層である金窟1文化層は前期旧石器時代として分類されている。

51 両面加工石器のことで一名 "biface" ともいわれる石器を呼んでいるが、形態的な特徴からチョッピングツールとは区別されている。

52 後期旧石器時代にも一部大型剝片が素材剝片として用いた例もあるが、一般的な剝片石器の素材剝片より相対的に大きい剝片、すなわち10cmより大きい剝片を大型剝片とした。

53 凝灰岩とも見える石材で風化が進んでおり表面はもろくなっている。

54 前期旧石器時代には遺跡が韓半島中部地域（北緯38−線沿い）に位置する漢灘江・臨津江沿いに集中していて、後期旧石器時代に近くなるにつれて南部の水系沿いの河岸段丘にも遺跡が広がるようになる。

55 従って本論文でも石器生産に関連する遺物の分析がメインの分析対象である。

56 ただし、人類の活動は機械的なデジタル化された活動ではないアナログであるため一遺跡内で起こった人類の行為内容が一通りの直線的な結果を残すとは限らない。ただ、一つの変数として平均値を出すための可能性という認識は持つことが出来るのである。

57 点は過去の人類の作業行為により発生した行為痕跡のもっとも極小化された単位になるが、その数は作業行為と比例して増加するため遺跡に残された点数は人類の作業エネルギーと滞在期間、そして作業内容などと深い関係がある。

58 実際の遺跡研究の最小単位はこのブロックから始まるのが一般的である。

59 韓国の旧石器時代研究に用いる文化層番号の与え方は各調査団体により異なっているが、一般的な数え方は最下部文化層から数える方法を取っている。従って、竹内里Ⅰ文化層は当遺跡における最古文化層で地質学的分析により6.5万年以前の時期にあたるとの報告がでている。

60 狩猟で得た獣の皮や木などを加工する時よく用いる道具のことで、削器、搔器、ノッチ、錐などの石器類をいう。

61 A地区の1,230点とB地区の1,170点が上部の黄褐色粘土層から出土している。

62 石器組成表が全体の器種の割合に関連する表であるととすると、技術組成表は製作過程で用いられる技術が分かる表である。

63 そのようなことは、金坡里遺跡の窪地床面から玄武岩堆積面までの約3～4mの厚さで十数万年の堆積が行われたことを意味することなので、その形成メカニズムを明らかにしておく必要がある。

64 報告者はハンドアックスを尖頭形 (Pick) と楕円形 (Biface Handaxe) の 2 種類に分けているが、本稿ではさらに直刃形 (Cleaver) を追加して 3 類型にしている。

65 『金坡里旧石器遺跡』100pp. にグラフ化された内容を引用。

66 表採資料中に作業はあまり進んでないが、両端に作業面を設けた資料も 1 点存在することから両端での細石刃製作作業可能性は残る。

67 Width は作業面側の幅を Height は作業面の長さを表す。

68 複数の時期であるとしても、後期旧石器時代の 1.6 万〜1.2 万の間の短い時間幅を持つ時期である。

69 周辺玄武岩の年代測定による年代値で石器自体の年代ではない。

70 しかし、これらの年代は全て地層の年代或いはほぼ同一層からの有機物の測定年代で石器の年代ではないことには注意を払う必要がある。

71 龍窟Ⅳ文化層とⅤ文化層出土遺物の測定結果は上下が逆転した結果が出ている。

72 長山里遺跡出土遺物は崖面から採取した石器である。

73 礫器といわれる石核石器類は、アフリカの石器群と形態的に類似していて両者の区別は形態だけでは難しい。

74 玄武岩の TL 分析法によると全谷里遺跡は 7.0 万〜19 万の間の遺跡になるとした測定結果もある。

75 龍湖洞遺跡出土剥片尖頭器 1 点がこの測定年代層より下の層から出土しているが、結果はこれからの関連資料の増加をまたなければならない。

76 その実態がまだはっきりしてないため前期旧石器時代として編年を組むことには異議が唱えられる可能性がある。しかし、中国やロシアなど周辺諸国の状況から考えると存在の可能性は十分ある。また石器の技術形態論からもその次にくる石器群とくらべると、より古くて大雑把な剥離技術は時期を区分してもよいのではないかと考えられる。

77 実際に観察し、多面体球は不定形の小型剥片を取るための多面体石核の性格と、叩き石としての潰れ痕が多く残っていることなどを考えると、多角的な使い方をしていた石器である。

78 老隠洞や堂下山遺跡などのソイルウェッジは大型のものもみられるが、小型のものが一般的である。小型の間に大型が入っている原因はまだ究明されていない。

79 著しい遠隔地というのは、AT 火山灰の場合給源から 1000km 以上、K－Ah の場合は 700km 以上離れた地域とした。

80 その後の分析により AT 火山ガラスではなく他の火山ガラスであることが判明された。

81 しかし、人類の道具製作体系は地域ごとの異なる生活様式や石材などを含んだ製作環境や自然環境などにより異なるため単純伝播論では説明できないのである。

韓国語要約

한국어 요약

1. 한국의 구석기시대 연구

　한반도의 구석기유적조사는 1960년대까지는 한반도 북부를 중심으로 한 조사가 주류였다. 북한의 가장 북부에 위치하는 동관진 유적의 발견 후 한반도의 구석기시대 연구는 한국전쟁이전까지는 한반도 북부에 중심을 둔 활동이 있었지만, 발견이 어려운 개지유적보다는 발견하기 쉬운 동굴유적에 집중되었다.

　동관진유적을 포함한 석장리유적조사 이전의 연구는 층위학과 형식학적인 연구를 바탕으로 한 형태구분에 방향성을 둔 연구였다. 동관진유적의 조사로부터 30년 후 한반도에서 한국인에 의한 최초의 구석기시대유적의 발굴조사가 굴포리유적에서 이루어졌다. 유적에서 출토 된 자갈돌 격지를 이용 한 찍개, 나이프, 그리고 찌르개가 출토되었다.

　북한에서 굴포리유적의 조사가 이루어진 다음해인 1964년 한국 충청남도 공주군에서 석장리유적의 조사가 실시되었다. 한국의 구석기시대유적의 조사는 이 조사가 그 시발이라 할 수 있다. 그러면 석장리유적의 발굴조사에서부터 현재까지의 연구사를 살펴보도록 하자. 석장리유적 발굴조사의 시작은 미국인의 지표면 채집유물의 확인으로부터 시작된다.

　석장리유적의 조사는 한국의 연구자들에 의해 이루어져 정리된 조사로서 의미가 있지만, 아직 유적구조 분석이나 석기군 내용의 분석이라고 하기 보다는 석기의 형태나 격지의 접합 그리고 석기의 기능 등을 포함한 석기연구가 주류였다.

　석장리유적의 조사로부터 10년 정도가 지난 1980년대에 들어서면서 전곡리유적의 조사가 시작된다. 유적에서 출토된 석기의 형태로부터 중기 아슐리안기에 상당하는 유적으로 파악하였는데 주요 석기 출토층은 적색점토층의 하부이다. 전곡리의 양면조정석기는 형태상으로는 전기수석기시대의 모습을 보이고 있으나 발굴 층위로 보면, 전기구석기라 하기보다는 늦은 시기의 석기, 아니면 중기구석기시대의 마지막 단계의 석기군으로 볼 수 있다는 견해와 석기의 형태가 이른 시기의 석기와 거의 같은 점에서 전기구석기로서 볼 수도 있다는 두 개의 학설이 아직도 대립하고 있는 상황이다.

　그 다음에 이루어진 발굴조사로는 충북대학교 이융조교수가 이끄는 조사단에 의해 이루어진 수양개유적의 조사가 있다. 수양개유적의 조사는 일본의 구석기시대 연구에서 규우슈를 중심으로 분포하는 후기구석기시대에 만들어진 기부에 가공을 한 슴베를 가진 특징이 있는 석기로서 알려진 슴베찌르개가 한반도에서 그것도 후속하는 시기인 세석기와 함께 출토된 센세이션한 사건이었다.

　전곡리유적의 연구가 층위학적인 연구였다고 한다면 수양개유적의 연구는 형식학적 연구가 이루어지고 있다. 현재까지의 수양개유적의 연구는 석기의 기종별 연구인 족성연구 또는 형식학적인 기술족성 연구라고도 할 수 있다. 유적에서 출토되는 대량의 슴베찌르개와 좀돌날몸돌의 기술형태학적 분류는 아시아 각 지역에서 출토되는 석기류를 비교의 대상으로 했다. 그러한 비교연구는 이전에도 일부 진행 되었으나 비교 될 수 있는 자료가 생긴 것으로 인해, 이전 연구에서는 찾아보기 힘들었던 부분에 젊은 연구자들의 시선이 일부이기는 하나 먼 유럽으로부터 아시아로 옮겨지는데 도움이 되었다.

2. 구석기시대와 자연환경

　고고학적으로 보면 후기구석기시대의 시작무렵이 되면 이전의 석기제작시스템하고는 구조가 다른 석기를 만들기 시작한다. 신인의 발달된 뇌구조는 현대인과 거의 같은 구조와 뇌 용적을 갖추게 됨으로 인하여 이전의 석기 만들기와는 다른 석기제작 시스템을 이용한 새로운 형태의 석기류가 등장하게 한다. 이런 석기들은 후기구석기시대 이전의 석기들과 비교하면, 소형인 경향을 지닌다. 후기구석기시대이전의 자갈돌석기의 제작공정을 밟으며 새로운 기술을 이용해 만든 석기가 등장하는 것은 최종빙기 최한냉기에 가까운 무렵부터이다. 동굴유적과 동물화석의 분포는 그러한 조건아래에서 개지유적의 석기류이외에는 이탄층이나 석회암등의 특별한 환경이 아닌 이상 남아있지 않는다. 남겨진 동물뼈라던가 석기류가 함께 출토하는 유적의 분포는, 석회암지역인 충청도에 집중되어있다.

유적에서 출토된 동물화석이나 뼈는 좋은 자료인데, 당시의 환경 복원이나 유적간의 시간적인 흐름을 파악하는 좋은 자료이다. 그러나 동물뼈와 석기가 같은 층에서 출토된 예는 적다. 대표적인 예로는 동관진유적에서 출토된 수점의 석기와 뼈가 있다. 이러한 동물뼈는 구석기시대의 자연 환경을 복원하는데 좋은 자료가 된다.

3. 한국의 구석기

한국의 구석기시대를 이해하는데 있어서 먼저 몸돌석기류(Core tool)를 볼 필요가 있다. 한국의 몸돌 석기류는 양면조정석기(Biface)와 한면조정석기(Uniface)로 크게 나눌 수 있다. 주먹도끼(Hand axe)나 찍개(Chopping tool)는 양면조정석기류에 포함되며, 한면찍개(Chopper)나 긁개(Scraper)류는 한면조정석기에 포함된다.

한국의 구석기시대 석기군의 편년을 생각함에 있어서 이른 시기부터 커다란 흐름을 이루고 있는 거친 몸돌석기류를 생각 할 수 있는데, 그 대표적인 석기로는 주먹도끼가 있다. 양면석기인 주먹도끼는 형태와 제작기술을 보면 격지 또는 자갈돌을 가공하여 앞뒤에 조정가공을 하였다. 가공의 정도에 의한 분류로 보면, I류는 자연면이 많이 남아 있으며 기부를 제외한 측변에 가공을 하였고, II류는 석기 전체에 조정이 이루어진 것으로 I류 보다는 끝이 뾰족하며, III류는 3개의 유형 가운데에서도 가공도가 가장 높다. 이러한 형태들이 많이 출토되고 있는 전곡리 유적에서의 주먹도끼를 보면, 자연면을 남기고 있는 양면석기류가 많은 것이 눈에 뜨인다. 자연면이 남아있는 부위는 대다수의 양면석기들이 기부를 중심으로 남아있다.

픽(Pick)의 소재는 주먹도끼와 같은 양면조정석기의 범주에 드는 석기로 형태적인 특징에서 분류 할 수 있다. 석기를 만드는 소재는 자연면이 남아있는 15~30cm 크기의 대형격지 아니면 자갈돌을 그대로 사용하고 있다. 그 중에 II류는 양면가공 된 날 부분의 끝이 뾰족하며 기부 쪽에 자연면을 남기고 있다. 기형 전체에서 보이는 가공은 구심 떼기에 의한 성형가공이 이루어져 끝 쪽에 2차가공이 보인다. 얼핏 보기에는 단순해 보이는 제작공정이지만 가공을 위한 「자갈돌의 선정→자갈돌면의 거친 떼기→성형→날 부분 형성」의 순으로 제작공정이 이루어지고 있다.

픽은 세계적으로 넓게 분포하는 자갈돌 석기로 년대적인 폭은 주로 전기에서 중기구석기시대에 걸쳐 존속했던 석기이지만 후기구석기시대의 유적에서도 종종 모습을 볼 수 있는데, 후기구석기시대가 되면 전기나 중기구석기시대의 석기와는 다른 모습으로 나타나게 된다. 그 예로 강원도에 위치하는 구호동유적이 있는데, 주먹도끼와 픽 등의 전·중기구석기시대 부터의 유물이 후기구석기시대의 층에서도 출토되고 있다. 그러나 구호동유적과 몇 개의 유적을 제외하면 픽은 중기구석기시대까지의 유적에서 출토되는 유물로 지역적인 범위는 임진·한탄강 유역을 중심으로 한국 전역에서 출토 되고 있다.

주먹자르개(Cleaver)의 형태는 대형격지를 이용한 경우, 한 면에 자연면이 있는 경우가 많다. 석기소재의 운용은 유적에 따라 다소 다른데 전곡리유적의 경우 옆방향격지를 즐겨 쓴 반면, 금파리유적에서는 긴방향격지를 이용하는 비율이 높다. 격지소재인 경우 날 부분을 만들기 위해 떼기 작업을 할 때 자연면과 격지가 이루는 각도는 예각이 되도록 한다. 예각을 유지하도록 배려해 떼어 낸 격지는 어느 정도 두꺼운 격지가 되는데, 날 부분은 대부분이 소재를 떼어 낼 때 생긴 자연 변을 그대로 이용하며, 기부를 제외한 부분에는 구심 떼기에 의해 성형이 이루어진다. 소재격지를 떼어내는 기술은 석기제작기술을 진보시킨다. 주먹자르개가 지닌 기술적 속성을 생각하면, 한반도에서는 후기구석기시대 이전의 중기구석기시대에 속하는 문화층에서 출토되고 있다고 할 수 있다.

찍개의 제작에 사용된 석재는 후기구석기시대이전의 석재로 주로 사용된 석영암이나 규암이다. 그 기술적 특징은 다른 몸돌석기와 그 속성을 같이하며 가공의 정도에 따른 분류가 가능하다. 그러나 기술적 특징을 분석해 보면 주먹도끼나 주먹자르개 제작에서 보였던 기술이 그대로 보이고 있다는 점에서, 주먹도끼와 같은 계통의 기술 구조를 지닌 기능을 중시 한 도구라는 인식을 할 수 있겠다.

주먹대패(Plane)는 일명 "Rabot"이라고 불리기도 하는 석기로, 일종의 대패와 같은 기능 구조를 이루고 있는데, 얼핏 보아 밀개를 대형화한 형태를 하고 있다. 배면으로 부터의 일방적인 가공에 의해 배면과 둔각을 이루는 날이 형성되는 석기로, 두꺼운 격지 또는 자갈돌을 소재로 이용한 석기이다. 주먹대패는 형태상 등 면의 거의 대부분, 아니면 날부분 이외에는 가공을 거의 하지 않는다. 배면은 평평한 자갈돌면 이나 평평한 주뗀면이 있는 두꺼운 격지를 이용했다. 이러한 점으로 미루어 보아 석기제작을 할 때 기형성형이라는 과정이 이루어지지 않았다는 것을 알 수 있다. 주먹대패는 중기부터 후기구석기시대까지 제작 사용된 석기로, 긁개나 밀개 등의 도구와 함께 사용되었다. 무겁고 간단한 형태와 급한 날 부분의 각도에서 긁는 성능에 관련된 석기라는 것으로 추측 할 수 있다.

한국의 구석기시대유적에서 출토되는 석기중에 여러면석기 (Polyhedron) 는 풍부한 출토사례를 보이고 있다. 제작기술과 형태를 보면 빈번한 타점이동에 의해 뗀 면이 많이 남겨진 결과 벌집구조를 띤 구형에 가까운 모양을 하고 있다. 오늘날의 구석기시대유적의 조사에서 거의 모든 유적에서 몇 점씩의 여러면석기가 자갈돌 석기와 섞여 출토되고 있지만 석기로서의 기능이나 제작 순서에 관해서는 아직 이해되지 않은 부분이 많다.

한국의 구석기시대유적중에 가장 전형적인 톱니날석기가 출토된 유적 중에 하나로 창내유적을 들 수 있다. 창내유적은 후기구석기시대의 유적으로 강이 만나는 합류지역에 위치한 유적이다. 조사자의 보고에 의하면 후기구석기시대 후기에 가까운 유적으로 하고 있다. 실제로 흑요석을 이용한 석기류 라던가 세석기관계의 석기류가 출토되고 있기에 층위가 불확실한 현재의 상황에서는 후기구석기시대 만기에 가깝다고 하지 안 될 지도 모른다.

그렇지만 창내유적에서는 후기구석기시대에서 보여 지는 석기와 그 이전 시기에 속하는 석기의 모습을 띤 석기가 섞여있는 가능성이 있다. 대형 긁개나 밀개, 석영암제의 석기나 격지의 존재, 그리고 대형규암을 이용한 소재 격지류는 자연면을 지닌 옆 방향 격지를 주로 이용해서 날 부분을 형성한다. 이러한 톱니날 석기는 중기구석기시대부터의 전통이라고 할 수 있는 대형 규암제의 자연면을 지닌 옆 방향 격지를 소재로 이용하고 있는 점이 큰 특징이라 하겠다. 중기구석기단계의 격지 운용시스템은 대형 격지를 방향에 상관없이 이용하고 있다는 점을 논했는데, 그러한 사례는 중기구석기시대 유적에서는 자주 보이는 것으로 그 배경에는 대형석기의 제작전통과 새로운 석재의 개발과 깊은 관련이 있다.

4. 한국의 돌날기법

중기구석기시대의 르발로아 격지를 연속적으로 떼어내는 르발로아 돌날이 르발로아 찌르개와 다른 방식 이었다는 것은 이전의 몸돌조정기술의 복원에서 연속해서 긴 방향의 격지를 떼 내는 생산기술 구조의 분석으로 집중하게 하였다. 돌날기법은 석기제작을 위한 안정된 형태의 소재 격지인 돌날을 연속으로 생산하는 기술의 일종이다. 돌날이라고 하는 규격격지를 연속해서 떼어내기 위해 돌날을 떼는 힘을 전달하는 타점이 필요하다.

그러한 기본적인 배려는 이전의 시기에 있었던 자갈돌석기제작에 사용되었던 석기제작기술과는 크게 다르다. 중기구석기시대나 전기구석기시대의 석기는 자갈돌석기가 주요 도구로 사용되었다. 자갈돌석기는 말 그대로 자갈돌을 소재로 만든 것이 기본인데, 몸돌을 중심으로 만들어진 형상을 상상하는 것에 의해 석기제작 설계도는 준비되었다. 그러나 이러한 설계도는 새로운 도구의 필요에 의하여 새로운 석기제작설계도로 바뀌게 되었다.

격지석기의 등장은 석기제작개시단계에서 보이지 않았던 도구의 최종형상을 상상하면서 석기를 만들기 위해 전 공정의 연쇄를 알고 있어야 할 필요가 있다. "석기 제작 공정 연쇄"는, 석기소재의 선택에서 작업개시 이전의 예비가공, 그리고 떼어낸 돌날을 이용한 도구의 최종형태나 기능 역할까지도 시스템 내에서 계산하고 있다. 돌날의 제작에는 돌날몸돌의 제작이 불가피하다. 이러한 부분측변조정과 격지의 긴 방향에의 이용이 돌날기법의 시작과 깊은 관련이 있다.

돌날기법의 발단은 긴 방향 격지의 대량생산방식에 있다. 물론 전기구석기시대에도 떼어낸 격지 중에 긴 방향의 격지가 존재하기는 한다. 그렇다고는 하지만 긴 방향 격지가 수 점 발견된 것으로 인하여 바로 긴방향 격지떼기 제작기술의 발생이라고는 할 수 없다. 돌날기법의 경우도 마찬가지로 양변에 병행하는 돌날모양의 격지 수점으로는 돌날기법의 발생이라고 말 할 수 없다. 한국에서의 현재까지의 연구에 의하면 돌날기법의 시작은 한국남부의 경상남도 지역에 있는 고례리유적이라 하였었다. 이 유적에서는 몸돌과 접합되는 상태의 슴베찌르개 1 점과 단독인 슴베찌르개가 수점 출토되고 있는데, 출토층위의 분석에 의해 한국의 슴베찌르개 편년에 있어 가장 이른 시기로 여

겨져 왔다.

한국의 돌날기법을 생각함에 있어 중요한 위치를 차지하는 유적의 조사가 이루어졌는데 바로 고례리유적과 진그늘유적이다. 유적에서 출토된 유물속에는 돌날몸돌이 다수 있는데, 한국의 돌날몸돌 연구에 다양하고 풍부한 자료를 제공하고 있다. 돌날떼기작업은 돌날몸돌의 유형을 작업 개시 이전의 돌날몸돌제작 아니면 준비에서 3개로 나눌 수 있다. 진그늘유적에서도 슴베찌르개를 비롯한 석기류와 돌날몸돌이 출토되고 있다. 이 두 유적의 형성 시기는 가까운 시간 폭을 가지고 있지만, 고례리유적이 진그늘유적보다 선행하는 돌날문화이다.

두 유적은 모두 AT 화산재가 쌓인 이후의 유적으로서 이해 할 수 있다. 그런데 두 유적보다 이른 유적으로서는 금굴이 있다. 연대적인 검증은 고례리유적보다 오래된 26,600B.P.가 나왔으며, 석기조성 면에서도 고례리보다 앞선 시기로 파악되어진다. 그러나 금굴에서는 돌날기법을 복원할 수 있는 돌날몸돌이 출토되지 않았으며 단지 가능성만이 남아있다.

현재까지의 조사에 의하면 돌날몸돌이 함께 출토되는 돌날석기군은 고례리유적이 가장 이른 유적이다. 이것은 단순히 돌날몸돌이 출토되지 않았다는 것을 기준으로 한 것으로 돌날몸돌이 없는 유적을 포함하면 전체적으로는 3만년을 넘을 가능성을 가진 유적으로써 용호동Ⅱ·Ⅲ 문화층, 4만년 전후의 연대를 갖고 있다고 알려진 화대리유적 하부층에서출토된 돌날에 가까운 긴방향격지를 이용한 슴베찌르개를 들 수 가 있다. 이러한 일련의 긴방향격지의 연속떼기 기술은 "고돌날기법" 이라 부를 수 있는 것으로 다음단계에서 볼 수 있는 돌날기법의 등장이 그리 멀지 않았음을 나타내고 있다.

긴방향격지 떼기 기술은 중기구석기시대 후반의 대형 격지떼기 기술과 연결된다. 슴베부를 마련하는 석기로서 슴베찌르개는 유명한데, 한국의 후기구석기를 대표하는 석기이다. 현재, 슴베찌르개의 분포는 북동아시아의 일부 지역에 극한 되어있지만, 슴베를 만드는 긴 방향 격지 아니면 돌날을 소재로 한다는 점과, 소재의 가공을 하지 않은 측변을 이용한다는 개념으로 보면 시기는 조금 다르지만 유럽에도 슴베찌르개가 존재한다. 그런데 슴베찌르개는 소재 만들기에 긴 방향 떼기에 의한 격지 아니면 돌날을 이용하고 있다.

한국에서 가장 오래된 슴베찌르개는 용호동유적 Ⅲ문화층에서 출토된 슴베찌르개 1점과, 화대리유적에서 출토된 긴방향격지를 이용한 반암제의 슴베찌르개 3점을 들 수 있다. 이러한 몸돌을 가진 가장 오래된 슴베찌르개 석기군은 현재로는 화대리유적이 유일한 가능성을 지니고 있다. 이러한 일련의 격지이용 기술로부터 한국에서의 슴베찌르개의 기술적 근원이 석기의 부분조정가공기술과 대형격지와 긴 방향 떼기 격지를 제작하는 중기구석기시대 후반에 있다는 것을 나타내고 있다고 할 수 있겠다.

5. 한국의 후기구석기시대와 이전의 석기제작

한국에 있는 구석기시대의 거의 모든 유물이 강 주변의 개지유적에서 출토되고 있다. 한국의 후기구석기시대 유적은 상부 토양쐐기 바로위의 세석기와 그 밑에 슴베찌르개 석기군이 위치하고 있으며, 하부 토양쐐기에는 주먹도끼와 같은 몸돌석기군으로 대표되는 중기구석기시대 이전의 구석기시대 문화층이 있다.

구석기시대유적의 분포유형은 강 유역에 집중하고 있는데, 기능 입지론에서 생각하면 3개로 나눌 수 있다. Ⅰ유형은 강을 낀 표주박형의 대지상에 다수의 유적이 집중하며, Ⅳ유형은 산에서 떨어진 강 유역의 단구나 자연제방과 같은 단구형 지역에 위치한다. 유적입지 모식도 Ⅰ류와 Ⅳ류는 전기나 중기구석기시대 등의 이른 유적에서 많이 보이는 유형이며, Ⅱ류와 Ⅲ류는 후기구석기시대의 유적에서 많이 보이는 유형이다. 유적의 규모가 크고 석기제작과 생활을 함께 하는 기능입지론은 Ⅰ류와 Ⅲ류의 복합형이 해당된다. 후기구석기시대의 유적이 주로 해당되는 Ⅱ류는 석재의 공급 라인과 생활에 적합한 자연환경 속에서 대규모유적을 많이 남기고 있다. Ⅲ류는 후기구석기시대의 유적이 많은데 고례리, 월평, 호평, 진그늘 등이 해당한다.

초기단계의 석영암질 석기는 몸돌석기를 생산하기위한 석영암질 석재에서 자갈돌석기로의 단일 생산라인이 성립되어 있었는데, 후기구석기시대라 되면서 석영암질 석기계는 석영암질 석재 중에서 더욱 가공하기 쉬우며 의도하는 기능부가 얻기 쉬운 석재의 개발을 서서히 해왔다. 이러한 석재의 개발 방법은 중기구석기시대 후기가 시작되면서 부터인데, 어느 단계 이전 까지는 사용되지 않았던 신 석재의 개발이 이루어져 석기생산 시스템 속에 새로운 바람을 불러 왔다.

석기제작기술은 기술의 공용과 전수를 위한 학습에 의해 발전되어 간다. 한국의 후기구석기시대와 그 이전의 석기제작과정에서 보여 지는 제작기술상의 특징을 살펴보자. 몸돌석기는 많은 연구자들에 의해 이른 시기부터 제작되어진 석기로서 논하여 졌다. 오래된 거친 제작 행위에 의해 형성된 석기의 최종형태로도 알 수 있지만, 소재단계의 석재의 선별은 석기의 기능을 제약하고 있다. 석기로 사용하기위해 소재가 주는 제약을 제거하기위한 제작행위는 석기제작행위의 진보를 불러 왔으며 다음 단계로의 스텝 업과 연결되어진다.

그러면 석기제작의 구조는 어떻게 되어있는지 살펴보기로 하자. 몸돌석기의 구조는 크게 3개로 나눌 수 있는데, 한국의 전·중기구석기시대의 유적에서 출토 되는 유물을 보면 석기표면에는 석기로써 가공하기 이전단계를 나타내고 있는 것이 많이 남아있다. 거꾸로 생각하면 도구제작에는 자연면, 즉 소재면이 전부 가공되지 않는 것을 말하기도 한다.

이른 시기의 몸돌 석기에 베풀어진 가공을 보면 대체로 가공방향에 일정한 방향성이 보인다. 이러한 점에서 몸돌석기에는 「자갈돌 선별 →기능부 만들기」인 "고단계"와 「자갈돌 선별→기능부 만들기→석기성형→기능부 다듬기」인 "신단계"의 두 개의 단계가 있다. 이러한 것은 석기제작 집단의 임기응변적인 석기 만들기와 깊이 연결된다. 제 9 표에서 볼 수 있듯이 격지석기의 제작공정은 간단하게 말하면 「자갈돌→격지→석기」라고 하는 계통도를 그릴 수 있다. 올드바이 계곡의 초기 석기군 중에도 격지석기의 비율은 몸돌석기와 함께 높은 비율을 차지하고 있다.

이 시기의 석장리유적에서의 석기제작활동은 "계통Ⅰ"과 "계통Ⅱ"가 섞여있는 상태가 되는데, 석기 중에는 긴 방향 떼기의 성향이 더욱 짙어지게 된다. 석장리의 대형 격지를 이용한 긁개류, 전곡리유적의 긁개류와 양면조정기를 포함한 주먹도끼·한면찍개·찍개, 금파리유적의 긁개·주먹도끼류 등의 출토 석기류는 대형격지를 소재로 이용한 유적들로, 전기구석기시대부터 중기구석기시대로 분류되어있다.

중기구석기의 마지막 단계에 해당하는 유적으로서 대표적인 대형격지가 출토된 죽내리유적의 격지를 보면, 대형격지의 석재는 석영맥암보다는 응회암을 사용하게 된다. 이러한 새로운 움직임은 석기제작 작업에서 필요한 석재의 선별에 새로운 선택이 늘어난 것을 나타내고 있다. 이 새로운 움직임은 후기구석기시대의 시작을 알리는 중요한 조짐으로서, 유적출토 석재의 구성비율이 변해 가는 것으로도 짐작 할 수 있다.

あとがき

　今日における旧石器時代研究は日々進歩の最中にある。考古学の研究範囲も当初から比べると、その多様性・専門性において以前とは異なる様相を呈しており、韓国の旧石器時代研究についてもそれに符合すると言えよう。1964年の石壮里遺跡の調査から始まった韓国の旧石器時代研究は、現在、数百を数え今後も増え続けてゆくであろうが、同時により新しくかつ深化した多様な方向へと向かっているのである。

　さて、韓国の旧石器時代研究は日本列島のそれと比べるといくつか異なる点がある。韓国はシベリア大陸と陸続きになっている地理的な状況からも分かるように、シベリアの旧石器時代と比較しうる資料を持っている。それは、礫器類と呼ばれる大きくて重い石核石器のことである。後期旧石器時代の小型石器類に比べると大型と言えるが、果たしてそれらはどのような形をしているのか。そして、いかなる過程を経て後期旧石器時代へと繋がったのか。あるいは後期旧石器時代は、それら大型石核石器類とはまったく異なる背景を持っていたのか。かような疑問に対して、本書はひとつの可能性を導こうと試みたものである。

　異なる石器文化を持つ両地域が接近した石器文化を見せ始めるのは後期旧石器時代に入ってからである。前・中期旧石器時代には見られなかった石器文化の共通性が、日本列島が大陸と陸続きになることにより可視化するのである。剥片尖頭器の登場は、後期旧石器時代が訪れるまで離れていた両地域を結ぶ共通因子である。それは国境などなかった時代に起きた自然な往来で、人類の自然な営みであった。人類の進化による文化の発展は道具の改良を呼び、技術の拡散を促した。

　ところで、韓国の石器文化は汎地球的な技術の進歩に伴う道具の改良と開発による石器群の中に、石核石器文化で見られる大型の礫器類を長く用いた。これを理由に、韓国の研究者の中には"礫器伝統"という表現を用いることもある。しかし、その本質に関しては、まだはっきりとした構造は明らかでない。ただし、新しい石材が開発されているのにも関わらず、前・中期旧石器時代から使われてきた石材を利用し続けるという観点からすると、石材利用における一つの伝統的な固執とも考えられよう。

　本書は、2004年に明治大学文学部に提出した博士学位論文を改編し、出版にあたっては日本学術振興会の研究費で一部賄われているものである。多くの先生方や諸先輩方からのご教示により実を結ぶにいたったが、自身の力不足から先学の研究を理解出来なかった部分もある。今後ともご指導を仰ぎ、叱咤激励を頂戴しながら研鑽を積み重ねてゆきたい。

　巻末ながら、本書を上梓するにあたり、数々のご教示やアドバイスをいただいた関係者の方々に深く感謝申し上げたい。国立忠北大学校李隆助先生、延世大学校朴英哲先生には、学生時代から貴重なるご教示を賜った。特に朴英哲先生には、写真利用の際の行政的な事務手続きにおいて、有益なご助言を頂戴しご尽力頂いた。国立忠北大学校博物館の禹鐘允先生、朝鮮大学校李起吉先生、延世大学校博物館の崔三龍先生には、遺物観察に格別のご配慮を賜った。嶺南大学校の鄭永和先生、(前)建国大学校崔茂藏先生、漢陽大学校裵基同先生、ソウル市立大学校朴喜顯先生、ソウル大学校李鮮馥先生、国立中央博物館、国立光州博物館、楊口先史博物館、畿旬文化財研究所、朝鮮大学校博物館、韓南大学校博物館、壇国大学校博物館など多くの諸先生方と関係機関には、遺物写真の利用を快諾していただいた。そのほか、東京大学の佐藤宏之先生をはじめ、知人、母校の後輩達など、名前を挙げられないほど多くの方々の絶大なるご支援に改めて心からお礼を申し上げたい。

　とりわけ私の恩師である明治大学の安蒜政雄先生には格別のご指導、ご助言を賜り、本書を作り上げる運びとなりましたこと、深甚の謝意を表したい。

　出版に関しては、学生時代から多方面でお世話になってきた六一書房の八木環一社長と三陽社の若槻真美子さんの暖かいご配慮に厚くお礼申し上げる。また、快く本書のタイトルを書いてくださった野松安秉漢先生、私の留学生活を応援してくれた藤井和夫先生、ソウルの家族達、最後に執筆に際し、多くの作業をともにしてくれた家内の恵美と息子の慶旻にもこの場を借りて心から感謝を捧げたい。

2005年9月

金　正　培

著者紹介

金　正培（きむ　じょんべ　Jeongbae Kim）

1966年　韓国に生まれる
1997年　明治大学文学部史学地理学科考古学専攻卒業
2005年　同大学大学院文学研究科博士後期課程修了、文学博士
現　在　東京大学文学部外国人特別研究員
　　　　日本学術振興会外国人特別研究員

韓国の旧石器文化

2005年10月20日　初版発行

著　者　金　正培
発行者　八木　環一
発行所　有限会社　六一書房
　　　　〒101-0064　東京都千代田区猿楽町1-7-1　高橋ビル1階
　　　　TEL　03-5281-6161　　　　FAX　03-5281-6160
　　　　http：//www.book61.co.jp　　E-mail　info@book61.co.jp
　　　　振替　00160-7-35346
印　刷　株式会社　三陽社

ISBN4-947743-00-X C3022　　　　　　　　　　　　　　Printed in Japan